第二册

致同研究之企业会计准则实务指引系列

新金融工具准则解析及实务应用示例

致同会计师事务所（特殊普通合伙）专业技术部　编写

中国财经出版传媒集团
经济科学出版社
Economic Science Press

图书在版编目（CIP）数据

新金融工具准则解析及实务应用示例/致同会计师事务所（特殊普通合伙）专业技术部编写.—北京：经济科学出版社，2020.8（2021.2重印）

（致同研究之企业会计准则实务指引系列）

ISBN 978-7-5218-1613-6

Ⅰ.①新… Ⅱ.①致… Ⅲ.①金融衍生产品-金融会计-会计准则-中国 Ⅳ.①F832.5②F832.2

中国版本图书馆 CIP 数据核字（2020）第 093274 号

责任编辑：周国强　黄双蓉
责任校对：蒋子明　靳玉环
责任印制：邱　天

新金融工具准则解析及实务应用示例
致同会计师事务所（特殊普通合伙）专业技术部　编写
经济科学出版社出版、发行　新华书店经销
社址：北京市海淀区阜成路甲 28 号　邮编：100142
总编部电话：010-88191217　发行部电话：010-88191522
网址：www.esp.com.cn
电子邮箱：esp@esp.com.cn
天猫网店：经济科学出版社旗舰店
网址：http://jjkxcbs.tmall.com
固安华明印业有限公司印装
787×1092　16 开　50.25 印张　1060000 字
2020 年 8 月第 1 版　2021 年 2 月第 2 次印刷
ISBN 978-7-5218-1613-6　定价：128.00 元
（图书出现印装问题，本社负责调换。电话：010-88191510）
（版权所有　侵权必究　打击盗版　举报热线：010-88191661
QQ：2242791300　营销中心电话：010-88191537
电子邮箱：dbts@esp.com.cn）

www.grantthornton.cn

"Grant Thornton（致同）"是指 Grant Thornton 成员所在提供审计、税务和咨询服务时所使用的品牌，并按语境的要求可指一家或多家成员所。

致同会计师事务所（特殊普通合伙）是 Grant Thornton International Ltd（GTIL，致同国际）的成员所。GTIL（致同国际）与各成员所并非全球合伙关系。GTIL（致同国际）和各成员所是独立的法律实体。服务由各成员所提供。GTIL（致同国际）不向客户提供服务。GTIL（致同国际）与各成员所并非彼此的代理，彼此间不存在任何义务，也不为彼此的行为或疏漏承担任何责任。

本出版物所含信息仅作参考之用。致同（Grant Thornton）不对任何依据本出版物内容所采取或不采取行动而导致的直接、间接或意外损失承担责任。

编 委 会

主　任：童登书

副主任：邱连强　储燕涛　刘丰收

编　委：李丽虹　李惠琦　王　涛　王洪涛　潘晓东
　　　　　万思宁　于春红　张彦丽　穆晨旭

序　言

致同会计师事务所（特殊普通合伙）首席合伙人

　　致同会计师事务所连续17年对沪深A股上市公司年度报告进行跟踪分析、归纳总结，《致同研究之企业会计准则实务指引系列（第二册）：新金融工具准则解析及实务应用示例》是结合新金融工具准则的实施情况，由专业技术部编写的一本对资本市场具有参考和借鉴意义的书籍。该书基于2017年财政部发布的修订后的新金融工具准则，对相关准则的核心要点进行归纳，并结合实务案例分析和2018年、2019年上市公司年度报告中的实务应用示例对准则的判断框架和关键点进行梳理，以准则解析为切入点，将新金融工具准则核心要点和上市公司年度财务报告的相关披露示例呈现于读者，是一本工具书。

　　会计信息披露质量的关键在于披露是否真实、可靠、充分、及时，以及披露的对象之间是否具有可比性。真实、可靠源自企业对会计准则的理解和应用。准则条文在实务中需要企业根据不同的情况作出判断和处理，准则涉及的内容繁多且部分要求较为原则，单纯地靠知识点记忆很难应对复杂的实务情形。本书以结构化、系统化、实例化的方式将准则的内容进行提炼，独特和创新之处在于每一章都对准则的判断框架或判断要点进行了梳理，同时辅以上市公司年报中针对同类型事项的示例，会计处理和披露一目了然。对于复杂的会计处理，还提供了详细的实务案例分析，以帮助读者深入理解新金融工具准则。另外，为便于会计师事务所执行有针对性的审计程序，本书还归纳整理了新金融工具准则的审计应对相关内容，包括核心审计程序和关键审计事项应对示例。

　　新金融工具准则对金融工具确认和计量做了较大改进，旨在减少金融资产分类，简化嵌入衍生工具的会计处理，强化金融工具减值会计要求。金融资产转移准则在维持金融资产转移及其终止确认判断原则不变的前提下，对相关判断标准、过程及会计处理进行了梳理，突出金融资产终止确认的判断流程，对相关实务问题提供了更加详细的指引。新套期会计的核心理念是将套期会计和风险管理紧密结合，使企业的风险管理活动能够恰当地体现在财务报告中。金融负债与权益工具的区分的基本原则虽然没有改变，但是后续发布的规定对会计准则相关要求及相关应用指南的内容进行了整合细化。上述变化会广泛且深刻影响企业的会计实务和年报披露，这些内容都在本书中有所体现。

致同会计师事务所将结合企业会计准则的最新变化,持续关注上市公司年度报告,研究企业会计准则所涉及的复杂会计事项,挖掘披露案例,为资本市场提供更多有参考意义的实务案例。

2020 年 8 月

前　　言

致同会计师事务所（特殊普通合伙）风险管理主管合伙人　**童登书**

　　致同研究包括企业会计准则实务指引、国际财务报告准则实务指引、美国公认会计原则实务指引、审计准则实务指引、行业及监管案例研究等五大系列，部分研究成果也已陆续通过致同官微、致同官网等渠道发布。目前，致同研究出版物包括"致同研究之美国公认会计原则实务指引系列"（第一册至第四册）及《致同研究之企业会计准则实务指引系列（第一册）：上市公司执行企业会计准则年报披露示例》《致同研究之企业会计准则实务指引系列（第二册）：新金融工具准则解析及实务应用示例》《致同研究之审计准则实务指引系列（第一册）：新审计报告准则解读及上市公司审计报告案例解析》。本书是"致同研究之企业会计准则实务指引系列"的第二册。

　　真实、准确、完整地披露信息，是公司股票合理定价的基础，更是投资者投资决策的基本依据。会计信息的披露质量影响投资者的投资决策、经济利益以及资本市场的秩序稳定。上市公司会计信息披露的质量一直是我国政府监管部门重点关注的领域。为掌握上市公司执行企业会计准则、企业内部控制规范和财务信息披露规则的情况，证监会会计部每年都会组织专门力量，审阅上市公司的年度财务报告，重点关注股权投资和企业合并、收入确认、金融工具、公允价值、资产减值、非经常性损益、所得税、政府补助等方面的会计处理、财务信息披露情况及其存在的问题，并对内部控制评价与审计报告的披露情况进行分析和总结，形成年度监管报告。对上市公司执行企业会计准则的信息披露进行深入研究，可以为上市公司、非上市公司、会计师事务所、会计从业人员、会计研究者提供更多具有借鉴意义的实务案例。

　　致同会计师事务所（特殊普通合伙）连续17年对沪深A股上市公司年度报告进行跟踪分析，形成事务所内部会计提示。新金融工具准则的施行，为会计实务和理论研究带来了新的挑战。《致同研究之企业会计准则实务指引系列（第二册）：新金融工具准则解析及实务应用示例》结合历年的年报分析研究成果，从新金融工具准则涉及的常见会计事项中选取一些广受关注的事项进行归纳整理和分析。本书共分为十章，分别为：新金融工具准则修订背景及主要变化，金融资产的分类和计量，金融负债的分类、计量和终止确认，金融工具的减值，金融资产转移，金融负债与权益工具的区分，套期会计，首次施行日衔接的会计处理，列报与披露，以及审计应对。每章均包含准则相关规定和监管指引、准则关键点分析、判断框架或判断要点，以及相关会计事项的上市公司披露示例。为便于会计师事务所执行有针对性的审计程序，本书还归纳整理了新金融工具准则的审计应对相关内容，包括分类和计量、减值和公允价值计量相关的核心审计程序，以及上市公司年报审计关键审计事项应对示例。

本书是"致同研究之企业会计准则实务指引系列"的第二册，另外，结合新收入准则、新租赁准则等新会计准则的陆续施行，致同将持续关注沪深两市A股上市公司的年度报告，继续研究企业会计准则所涉及的复杂会计事项，同时挖掘执行企业会计准则的上市公司年报中有参考借鉴意义的信息披露案例，陆续整理出版上市公司执行企业会计准则年报披露示例系列书籍。

我们希望本书可以作为与会计相关的学生、学者、会计从业人员、会计师事务所审计从业人员及财务报表使用者更好地理解和运用企业会计准则进行信息披露和报表分析的参考工具。

本书所有实务应用示例均摘录自相关上市公司公开披露的年度报告，分析成果是基于各上市公司公开披露的年度报告，致同不对其相关会计处理发表评论，实务中应以企业会计准则的规定和监管要求为准。本书引用的内容也不表明致同赞同或不赞同其做法。本书不应视为专业建议，未征得具体专业意见之前，不应依据本书所述内容采取或不采取任何行动。

2020 年 8 月

目　　录

第一章　**新金融工具准则修订背景及主要变化** / 1
　　第一节　新金融工具准则修订背景和实施规定 / 1
　　第二节　新金融工具准则主要变化 / 3
　　第三节　新金融工具准则的适用范围 / 6

第二章　**金融资产的分类和计量** / 9
　　第一节　金融资产的分类 / 9
　　第二节　金融资产的计量 / 33
　　第三节　实务应用示例 / 39

第三章　**金融负债的分类、计量和终止确认** / 94
　　第一节　金融负债的分类 / 94
　　第二节　金融负债的计量 / 95
　　第三节　金融负债的终止确认 / 96
　　第四节　实务应用示例 / 97

第四章　**金融工具的减值** / 99
　　第一节　预期信用损失模型 / 99
　　第二节　预期信用损失的计量 / 101

第三节 前瞻性调整 / 102

第四节 应收票据坏账准备计提 / 114

第五节 应收账款坏账准备计提 / 117

第六节 合同资产坏账准备计提 / 126

第七节 其他应收款坏账准备计提 / 128

第八节 债务工具投资减值准备的计提 / 134

第九节 实务应用示例 / 134

第五章 金融资产转移 / 373

第一节 准则规定与解析 / 373

第二节 保理业务实务应用示例 / 381

第三节 资产证券化业务实务应用示例 / 396

第六章 金融负债与权益工具的区分 / 423

第一节 准则规定与解析 / 423

第二节 优先股及永续债会计分类的实务应用示例 / 431

第三节 特殊金融工具会计分类的实务应用 / 478

第七章 套期会计 / 484

第一节 套期保值与套期会计 / 484

第二节 套期工具和被套期项目 / 487

第三节 套期关系评估 / 490

第四节 确认和计量 / 494

第五节 实务应用示例 / 504

第八章 首次施行日衔接的会计处理 / 533

第一节 准则规定与解析 / 533

　　　　　　第二节　实务应用示例 / 541

第九章　**列报与披露** / 559
　　　　　　第一节　准则规定与解析 / 559
　　　　　　第二节　实务应用示例 / 565

第十章　**审计应对** / 627
　　　　　　第一节　分类和计量相关的审计应对 / 627
　　　　　　第二节　减值相关的审计应对 / 637
　　　　　　第三节　公允价值计量相关的审计应对 / 668

附录　**金融工具准则新旧对比** / 681

　　　　后记 / 779

图目录

图 2-1 金融资产三分类的判断框架 ········· 10
图 5-1 金融资产终止确认判断流程 ········· 377
图 5-2 资产证券化交易结构 ············· 398
图 5-3 资产证券化现金流转 ············· 399
图 5-4 金融资产终止确认的判断 ·········· 407
图 7-1 期权的时间价值的会计处理 ········· 486
图 7-2 套期会计适用标准及有效性评价 ······ 491
图 7-3 套期有效性评价和再平衡 ·········· 493

表目录

表 1-1	新金融工具准则实施日期要求	2
表 1-2	新金融工具准则适用范围	6
表 2-1	"本金"和"利息"的含义	11
表 2-2	分类评估改变是否追溯调整仍持有的金融资产的分类——新旧变化	12
表 2-3	业务模式特点	13
表 2-4	债务工具的公允价值选择权——新旧变化	13
表 2-5	混合合同——新旧变化	14
表 2-6	金融资产"三分类"的列报项目	15
表 2-7	应收票据及应收账款分类及列示汇总	18
表 2-8	资产管理产品、结构性存款与一般性存款的比较	19
表 2-9	持有的资管产品与结构性存款的分类新旧对比	23
表 2-10	国债投资的分类新旧对比	25
表 2-11	一般企业债投资的分类新旧对比	25
表 2-12	公司债、中期票据、短期融资券投资的分类新旧对比	26
表 2-13	永续债投资的分类新旧对比	27
表 2-14	可转换债券投资的分类新旧对比	28
表 2-15	项目收益债券投资的分类新旧对比	29
表 2-16	资产支持证券投资的分类新旧对比	30
表 2-17	应收账款初始确认时的计量——新旧变化	33
表 2-18	金融资产后续计量	34
表 2-19	金融资产修改的会计处理	35
表 2-20	对某些权益投资及与其挂钩的衍生工具以成本计量的例外规定——新旧变化	35
表 2-21	金融资产重分类计量规定	38

表 2-22	金融资产重分类对报表的影响	38
表 4-1	预期信用损失的适用范围	99
表 4-2	预期信用损失的确认模型	100
表 4-3	减值模型适用要求	101
表 4-4	设定宏观经济指标评分标准和权重示例	104
表 4-5	设定评分值与前瞻性调整系数对照表示例	105
表 4-6	预测宏观经济指标值示例	106
表 4-7	根据宏观经济预测确定总得分示例	107
表 4-8	根据总得分确定前瞻性调整系数示例	108
表 4-9	取得宏观经济指标数值示例	110
表 4-10	计算相关性系数示例	110
表 4-11	多重共线性分析示例	111
表 4-12	计算因变量示例	111
表 4-13	自变量与因变量示例	111
表 4-14	回归分析示例	112
表 4-15	预测宏观经济指标示例	113
表 4-16	单项计提的预期信用损失率的计算	115
表 4-17	组合计提的历史损失率的计算	115
表 4-18	确定应收票据组合的依据参考示例	116
表 4-19	根据历史收回金额计算账龄	118
表 4-20	根据总的信用损失计算的各账龄类别的历史损失率	119
表 4-21	根据前瞻性信息调整损失率	119
表 4-22	根据预期信用损失率计算坏账准备	120
表 4-23	计算历史期间回收率	120
表 4-24	基于迁徙率计算历史损失率	121
表 4-25	计算账龄组合的预期信用损失率	122
表 4-26	根据预期信用损失率计算坏账准备	122
表 4-27	历史期间的账龄分布	123
表 4-28	各年迁徙率及平均迁徙率	123
表 4-29	根据平均迁徙率计算历史损失率	124
表 4-30	计算账龄组合的预期信用损失率	124
表 4-31	根据预期信用损失率计算坏账准备	125
表 4-32	确定应收账款组合的依据参考示例	125
表 4-33	确定合同资产组合的依据参考示例	127
表 4-34	确定信用风险是否显著增加时需要考虑的信息	129

表4-35	确定其他应收款组合的依据参考示例	132
表5-1	风险和报酬转移程度及会计处理	384
表5-2	过手安排的判断	389
表5-3	国内三种资产证券化模式	401
表5-4	SPV过手安排的判断	403
表5-5	是否控制的判断	407
表5-6	信托计划过手安排的判断	409
表5-7	现金流量的金额和时点变化的计算	411
表6-1	优先股条款及分析示例	434
表6-2	G公司优先股发行预案主要条款修订前后对比	435
表6-3	P银行优先股发行预案主要条款	438
表6-4	J公司优先股发行预案主要条款	440
表6-5	W公司永续债发行主要条款	446
表6-6	D公司永续债发行主要条款	448
表6-7	S集团可续期债发行主要条款	450
表6-8	K公司无固定期限委托贷款发行主要条款	452
表6-9	M公司长期存续中期票据发行主要条款	454
表6-10	F公司永续中票发行主要条款	458
表6-11	Z银行永续债发行主要条款	462
表6-12	S公司长期存续中期票据发行主要条款	465
表6-13	特殊金融工具分类为权益工具的条件	478
表6-14	有限合伙人出资属性分析	481
表7-1	与交易相关的被套期项目有关的期权时间价值	486
表7-2	与时间段相关的被套期项目有关的期权时间价值	487
表7-3	新套期会计准则新旧对比——套期工具	488
表7-4	新套期会计准则新旧对比——被套期项目	489
表7-5	新套期会计准则新旧对比——运用套期会计的条件	490
表7-6	风险管理策略与风险管理目标	492
表7-7	公允价值套期关系指定	496
表7-8	公允价值套期有效性	496
表7-9	现金流量套期关系指定	499
表7-10	现金流量套期有效性	499
表7-11	计量套期无效性	500
表7-12	境外经营净投资套期关系指定	502
表7-13	境外经营净投资套期有效性	502

表 8-1 SPPI 测试——追溯调整的例外 …………………………………… 534
表 8-2 公允价值选择权的过渡要求 ……………………………………… 534
表 9-1 新金融工具准则影响的财务报表列报项目 ……………………… 561
表 10-1 可能存在的重大错报风险及其针对性实质性程序 …………… 633

第一章

新金融工具准则修订背景及主要变化

第一节 新金融工具准则修订背景和实施规定

一、新金融工具准则修订背景

2014年7月，国际会计准则理事会（IASB）正式发布了《国际财务报告准则第9号——金融工具》（IFRS 9）终稿，这标志着金融工具会计处理改革项目在历经6年的艰苦探讨和反复修订后终于完成。金融危机之后，IASB开始制定IFRS 9，用以替代IAS 39，并且分成了金融工具分类和计量、金融资产减值、套期会计三个阶段。2009年11月，IASB完成了IFRS 9金融资产的分类和计量的修订；2010年10月，加入了金融负债的相关规定；2010年12月，发布套期会计的征求意见稿，2013年11月，完成对套期会计的修订；2009年11月发布了金融资产减值的征求意见稿，经过多次征求意见和反复修改后，2014年7月发布最终稿，至此IFRS 9完整版正式完成。

2017年3月和5月，财政部发布了修订后的新金融工具企业会计准则，包括《企业会计准则第22号——金融工具确认和计量》（CAS 22）、《企业会计准则第23号——金融资产转移》（CAS 23）、《企业会计准则第24号——套期会计》（CAS 24）和《企业会计准则第37号——金融工具列报》（CAS 37）（以下统称"新金融工具准则"）。新金融工具准则实现了与IFRS 9和《国际财务报告准则第7号——金融工具披露》（IFRS 7）的趋同。

二、新金融工具准则实施规定

新金融工具准则要求分类分批实施,以兼顾准则趋同的路线和充分准备的要求。新金融工具准则实施日期要求如表 1-1 所示。

表 1-1　　　　　　　　　　　　新金融工具准则实施日期要求

序号	修订或新增的企业会计准则	境内外同时上市及境外上市公司	其他境内上市公司及新三板挂牌公司	执行企业会计准则的非上市企业
1	《企业会计准则第 22 号——金融工具确认和计量》(2017 年修订)	自 2018 年 1 月 1 日起施行【不含符合条件的保险公司】	2019 年 1 月 1 日起施行【含证券公司;不含符合条件的保险公司】	自 2021 年 1 月 1 日起施行
2	《企业会计准则第 23 号——金融资产转移》(2017 年修订)			
3	《企业会计准则第 24 号——套期会计》(2017 年修订)			
4	《企业会计准则第 37 号——金融工具列报》(2017 年修订)			

根据全国股转公司《关于做好挂牌公司 2018 年年度报告披露相关工作的通知》(股转系统发〔2018〕2533 号),挂牌公司应自 2019 年 1 月 1 日起执行新金融工具准则(保险公司除外),自 2020 年 1 月 1 日起执行新收入准则。挂牌公司母公司在境外上市、或子公司在境外上市,且其境外财务报表按照新准则(新收入准则、新金融工具准则,下同)或与新准则相对应的国际财务报告准则或香港财务报告准则编制的,挂牌公司可提前采用新准则;挂牌公司拟于 2018 年 1 月 1 日以后在境外上市并采用国际财务报告准则、香港财务报告准则或我国企业会计准则(含新准则的有关规定)编制申报期财务报表的,可提前采用新准则。

根据证监会《关于证券公司执行〈企业会计准则第 22 号——金融工具确认与计量〉等会计准则的通知》(会计部函〔2017〕524 号),同时在境内外上市的证券公司及仅在境外上市的证券公司自 2018 年 1 月 1 日起执行新金融工具准则,其他证券公司自 2019 年 1 月 1 日起执行新金融工具准则。

在境内外同时上市的保险公司以及在境外上市并采用国际财务报告准则或企业会计准则编制财务报告的保险公司,符合《关于保险公司执行新金融工具相关会计准则有关过渡办法的通知》(财会〔2017〕20 号)规定的"保险公司暂缓执行新金融工具相关会计准则的条件"的,允许暂缓至 2021 年 1 月 1 日起执行新金融工具相关会计准则。其他保险公司自 2021 年 1 月 1 日起执行新金融工具相关会计准则。

第二节　新金融工具准则主要变化

一、《企业会计准则第 22 号——金融工具确认和计量》

（一）金融资产分类由"四分类"改为"三分类"

原金融工具确认和计量准则按照持有金融资产的意图和目的等将金融资产分为四类（即以公允价值计量且其变动计入当期损益的金融资产、持有至到期投资、贷款和应收款项、可供出售金融资产），分类较为复杂，存在一定的主观性，在一定程度上影响了会计信息的可比性。新修订的金融工具确认和计量准则规定以企业持有金融资产的"业务模式"和"金融资产合同现金流量特征"作为金融资产分类的依据，将金融资产分类为以摊余成本计量的金融资产、以公允价值计量且其变动计入其他综合收益的金融资产以及以公允价值计量且其变动计入当期损益的金融资产三类，减少了金融资产类别，提高了分类的客观性和会计处理的一致性。

（二）减值会计由"已发生损失法"改为"预期损失法"

原金融工具确认和计量准则对于金融资产减值的会计处理采用的是"已发生损失法"，即只有在客观证据表明金融资产已经发生损失时，才对相关金融资产计提减值准备。新修订的金融工具确认和计量准则将金融资产减值会计处理由"已发生损失法"修改为"预期损失法"，要求考虑包括前瞻性信息在内的各种可获得信息，从而更加及时、足额地计提金融资产减值准备，便于揭示和防控金融资产信用风险。

对于购入或源生的未发生信用减值的金融资产，企业应当判断金融工具的违约风险自初始确认以来是否显著增加，如果已显著增加，企业应采用概率加权方法，计算确定该金融工具在整个存续期的预期信用损失，以此确认和计提减值损失准备。如果未显著增加，企业应当按照相当于该金融工具未来 12 个月内预期信用损失的金额确认和计提损失准备。

（三）简化嵌入衍生工具的会计处理

原金融工具确认和计量准则规定，满足一定条件的嵌入衍生工具应当从混合合同中分拆，作为单独的衍生工具进行处理。如无法对嵌入衍生工具进行单独计量，应将混合合同整体指定为以公允价值计量且其变动计入当期损益。此规定涉及的专业判断较多，企业对其理解和把握口径存在差异。修订后的金融工具确认和计量准则对嵌入衍生工具的会计处理进行了简化：混合合同主合同为金融资产的，应将混合合同作为一个整体进行会计处理，不再分拆；混合合同不属于金融资产的，基本继续沿用原准则关于分拆的规定。

（四）调整非交易性权益工具投资的会计处理

原金融工具确认和计量准则下，许多企业将非交易性权益工具投资分类为可供出售金融资产处理，在可供出售金融资产处置时，原计入其他综合收益的累计公允价值变动额可转出计入当期损益。而在修订后的金融工具确认和计量准则下，允许企业将非交易性权益工具投资指定为以公允价值计量且其变动计入其他综合收益进行处理，但该指定不可撤销，且在处置时不得将原计入其他综合收益的累计公允价值变动额结转计入当期损益，只能计入留存收益。

二、《企业会计准则第23号——金融资产转移》

修订后的金融资产转移准则在维持金融资产转移及其终止确认判断原则不变的前提下，对相关判断标准、过程及会计处理进行了梳理，突出金融资产终止确认的判断流程，对相关实务问题提供了更加详细的指引，增加了继续涉入情况下相关负债计量的相关规定，并对此情况下企业判断是否继续控制被转移资产提供更多指引，对不满足终止确认条件情况下转入方的会计处理和可能产生的对同一权利或义务的重复确认等问题进行了明确。

另外，根据《企业会计准则第22号——金融工具确认和计量》的变化还进行其他调整。例如，对于分类为以公允价值变动计入其他综合收益的金融资产中的债务工具，在确定资产转移损益时，其计入其他综合收益的累计金额应予转回；对于继续涉入情况下金融资产发生重分类时，相关负债的计量需要进行追溯调整。

三、《企业会计准则第24号——套期会计》

（一）套期会计更加如实地反映企业的风险管理活动

新的套期会计准则拓宽了套期工具的范围，允许将以公允价值计量且其变动计入当期损益的非衍生金融工具指定为套期工具。拓宽了可以被指定的被套期项目的范围，增加了以下符合条件的被套期项目：一是允许将非金融项目的组成部分指定为被套期项目；二是允许将一组项目的风险总敞口和风险净敞口指定为被套期项目，并且对于风险净敞口套期的列报作出了单独的要求；三是允许将包括衍生工具在内的汇总风险敞口指定为被套期项目。

（二）改进套期有效性评估

取消了原准则中80%~125%的套期高度有效性量化指标及回顾性评估要求，代之以定性的套期有效性要求，更加注重预期有效性评估。定性的套期有效性要求的重点是，套期工具和被套期项目之间应当具有经济关系，使得套期工具和被套期项目的价值因面临相同的被套期风险而发生方向相反的变动，并且套期关系的套期比率不应当反映被套期项目和套期工具相对权重的失衡，否则会产生套期无效以及与套期会计目标不一致的会计结果。

（三）引入套期关系"再平衡"机制

原准则要求，如果套期关系不再符合套期有效性要求，企业应当终止套期会计。新套期会计准则引入了灵活的套期关系"再平衡"机制，如果套期关系由于套期比率的原因而不再满足套期有效性要求，但指定该套期关系的风险管理目标没有改变的，企业可以进行套期关系再平衡，通过调整套期关系的套期比率，使其重新满足套期有效性要求，从而延续套期关系，而不必如原准则所要求先终止再重新指定套期关系。

（四）增加期权时间价值的会计处理方法

原准则规定，当企业仅指定期权的内在价值为被套期项目时，剩余的未指定部分即期权的时间价值部分作为衍生工具的一部分，应当以公允价值计量且其变动计入当期损益，造成了损益的潜在波动，不利于反映企业风险管理的成果。新套期会计准则引入了新的会计处理方法，期权时间价值的公允价值变动应当首先计入其他综合收益，后续的会计处理取决于被套期项目的性质，被套期项目与交易相关的，对其进行套期的期权时间价值具备交易成本的特征，累计计入其他综合收益的金额应当采用与现金流量套期储备金额相同的会计处理方法进行处理；被套期项目与时间段相关的，对其进行套期的期权时间价值具备为保护企业在特定时间段内规避风险所需支付成本的特征，累计计入其他综合收益的金额应当按照系统、合理的方法，在套期关系影响损益（或其他综合收益）的期间内摊销，计入当期损益。

（五）增加信用风险敞口的公允价值选择权

新套期会计准则规定，符合一定条件时，企业可以在金融工具初始确认时、后续计量中或尚未确认（如贷款承诺）时，将金融工具的信用风险敞口指定为以公允价值计量且其变动计入当期损益的金融工具；当条件不再符合时，应当撤销指定。

四、《企业会计准则第37号——金融工具列报》

根据金融资产新的"三分类"，对企业财务报表相关列示项目和附注披露内容作出了相应修改，保持与金融工具确认和计量准则的一致。

结合新的"预期信用损失法"，详细规定了企业信用风险、预期信用损失的计量和减值损失准备等金融工具减值相关信息的列报要求。

结合套期会计的修订，根据套期业务特点、套期会计披露目标和有关金融风险类型，以不同套期类型对套期会计相关风险披露策略、套期工具、被套期项目、套期关系等要求进行了重新梳理，全面修订了套期会计相关披露要求。

第三节 新金融工具准则的适用范围

新金融工具准则适用范围增加：与在子公司、合营企业或联营企业中的权益相联系的衍生工具；风险投资机构、共同基金以及类似主体选择适用新金融工具准则的对联营企业或合营企业的投资；投资性主体对非服务性子公司的投资，租赁应收款的减值、终止确认；租赁应付款的终止确认以及租赁中嵌入的衍生工具；本身不是保险合同的嵌入保险合同的衍生工具；满足保险合同定义的财务担保合同（可选择）。明确能够以现金或者通过交付或发行其他金融工具净额结算的贷款承诺属于衍生工具；明确所有贷款承诺均应适用 CAS 22 关于终止确认的规定，发行方还应当适用减值的规定。明确"自用例外"的非金融合同不适用 CAS 22；对于满足"自用例外"的净额结算的非金融合同，也可以指定为以公允价值计量且其变动计入当期损益的金融资产，前提是该指定可以消除或显著减少会计错配。

新金融工具准则排除范围增加：职工薪酬计划形成的企业的权利和义务；收入准则规范的金融工具的合同权利和义务；将在未来购买日形成企业合并的远期合同。

与原金融工具准则相比，新金融工具准则适用范围的变化如表 1-2 所示。新金融工具准则适用于所有符合金融工具定义的项目，但表 1-2 所示的部分项目除外。

表 1-2　　　　　　　　　新金融工具准则适用范围

与原金融工具准则一致的适用范围	与原金融工具准则不同的适用范围
由《企业会计准则第 2 号——长期股权投资》规范的对子公司、合营企业和联营企业的投资，适用《企业会计准则第 2 号——长期股权投资》。 由《企业会计准则第 2 号——长期股权投资》《企业会计准则第 33 号——合并财务报表》《企业会计准则第 40 号——合营安排》规范的对子公司、合营企业和联营企业的投资，其披露适用《企业会计准则第 41 号——在其他主体中权益的披露》	明确以下四点： (1) 企业根据《企业会计准则第 2 号——长期股权投资》对子公司、合营企业和联营企业的投资按照《企业会计准则第 22 号——金融工具确认和计量》相关规定进行会计处理的，适用新金融工具准则。 (2) 企业符合《企业会计准则第 33 号——合并财务报表》有关投资性主体定义，且根据该准则规定对子公司的投资以公允价值计量且其变动计入当期损益的，对上述子公司的相关投资适用新金融工具准则。 (3) 企业持有的与在子公司、合营企业或联营企业中的权益相联系的衍生工具，适用新金融工具准则。 (4) 企业对结构化主体不实施控制或共同控制，且无重大影响的，企业在该结构化主体中权益的披露应当同时适用《企业会计准则第 37 号——金融工具列报》和《企业会计准则第 41 号——在其他主体中权益的披露》
	由《企业会计准则第 9 号——职工薪酬》规范的职工薪酬计划形成的企业的权利和义务，适用《企业会计准则第 9 号——职工薪酬》

续表

与原金融工具准则一致的适用范围	与原金融工具准则不同的适用范围
由《企业会计准则第11号——股份支付》规范的股份支付，适用《企业会计准则第11号——股份支付》	明确以下两点： (1) 股份支付中属于新金融工具准则范围的买入或卖出非金融项目的合同，适用新金融工具准则。 (2) 与股份支付相关的企业发行、回购、出售或注销的库存股，适用《企业会计准则第37号——金融工具列报》
因清偿按照《企业会计准则第13号——或有事项》所确认的预计负债而获得补偿的权利，适用《企业会计准则第13号——或有事项》	
	由《企业会计准则第14号——收入》规范的属于金融工具的合同权利和义务，适用《企业会计准则第14号——收入》，但该准则要求在确认和计量相关合同权利的减值损失和利得时应当按照《企业会计准则第22号——金融工具确认和计量》规定进行会计处理的，适用新金融工具准则有关减值和信用风险披露的规定
	对企业合并合同进行了明确，即购买方（或合并方）与出售方之间签订的，将在未来购买日（或合并日）形成《企业会计准则第20号——企业合并》规范的企业合并且其期限不超过企业合并获得批准并完成交易所必需的合理期限的远期合同，不适用《企业会计准则第22号——金融工具确认和计量》
由《企业会计准则第21号——租赁》规范的租赁的权利和义务，适用《企业会计准则第21号——租赁》	租赁应收款的减值、终止确认，租赁应付款的终止确认，以及租赁中嵌入的衍生工具，适用新金融工具准则
由保险合同相关会计准则规范的保险合同所产生的权利和义务，适用保险合同相关会计准则	明确以下三点： (1) 因具有相机分红特征而由保险合同相关会计准则规范的合同所产生的权利和义务，适用保险合同相关会计准则。 (2) 对于嵌入保险合同的衍生工具，该嵌入衍生工具本身不是保险合同的，适用新金融工具准则。该嵌入衍生工具本身为保险合同的，适用保险合同相关会计准则。 (3) 对于财务担保合同，发行方之前明确表明将此类合同视作保险合同，并且已按照保险合同相关会计准则进行会计处理的，可以选择适用新金融工具准则或保险合同相关会计准则。该选择可以基于单项合同，但选择一经做出，不得撤销。否则，相关财务担保合同适用新金融工具准则
《企业会计准则第22号——金融工具确认和计量》适用于下列贷款承诺： (1) 企业指定为以公允价值计量且其变动计入当期损益的金融负债的贷款承诺。 (2) 能够以现金或者通过交付或发行其他金融工具净额结算的贷款承诺。 (3) 以低于市场利率贷款的贷款承诺	对于贷款承诺，明确以下三点： (1) 对于企业指定为以公允价值计量且其变动计入当期损益的金融负债的贷款承诺。如果按照以往惯例，企业在贷款承诺产生后不久即出售其所产生资产，则同一类别的所有贷款承诺均应当适用本准则。 (2) 所有贷款承诺均适用《企业会计准则第22号——金融工具确认和计量》关于终止确认的规定。企业作为贷款承诺发行方的，还适用《企业会计准则第22号——金融工具确认和计量》关于减值的规定。 (3) 对于《企业会计准则第22号——金融工具确认和计量》未规范的贷款承诺，以及其他未确认的金融工具的披露，也适用《企业会计准则第37号——金融工具列报》

续表

与原金融工具准则一致的适用范围	与原金融工具准则不同的适用范围
对于能够以现金或其他金融工具净额结算，或者通过交换金融工具结算的买入或卖出非金融项目的合同，除了企业按照预定的购买、销售或使用要求签订并持有旨在收取或交付非金融项目的合同适用其他相关会计准则外，企业应当将该合同视同金融工具，适用金融工具准则	对于能够以现金或其他金融工具净额结算，或者通过交换金融工具结算的买入或卖出非金融项目的合同，即使企业按照预定的购买、销售或使用要求签订并持有旨在收取或交付非金融项目的合同的，企业也可以将该合同指定为以公允价值计量且其变动计入当期损益的金融资产或金融负债，并适用《企业会计准则第37号——金融工具列报》。企业只能在合同开始时做出该指定，并且必须能够通过该指定消除或显著减少会计错配。该指定一经做出，不得撤销

第二章

金融资产的分类和计量

第一节 金融资产的分类

一、金融资产三分类的判断框架

CAS 22 要求企业根据其管理金融资产的业务模式和金融资产的合同现金流量特征，将金融资产划分为三类：①以摊余成本计量的金融资产（AC）；②以公允价值计量且其变动计入其他综合收益的金融资产[FVOCI（债务工具）]；③以公允价值计量且其变动计入当期损益的金融资产（FVTPL）。

划分三分类时，需要首先判断投资类型，对于衍生工具或权益工具投资，只能划分为 FVTPL [除了在初始确认时将非交易性权益工具投资指定为 FVOCI（权益工具）的豁免]。新金融工具准则下金融资产三分类的基本判断框架如图 2-1 所示。

需要说明的是，FVOCI（权益工具）只是对满足条件的权益工具投资的一种列报上的豁免，而不是一种类别划分，即原则上权益工具投资都应该划分为 FVTPL，但是对于非交易性权益工具投资，可以在其他综合收益列报其公允价值波动，而且该指定必须在初始确认时作出，并不得撤销指定。

此外，FVOCI（权益工具）与 FVOCI（债务工具）有本质上的不同：首先，FVOCI（权益工具）只能是非交易性的权益工具投资——对于工具发行方来说须满足 CAS 37 中权益工具的定义；而 FVOCI（债务工具）只能是债务工具投资——合同现金流量仅为对本金和以未偿付本金金额为基础的利息的支付。其次，对于 FVOCI（权益工具），仅满足条件的股利收入才能计入损益；对于 FVOCI（债务工具），按实际利率法计算的利息收入、减值损失或利得及汇兑损益都计入损益。最后，FVOCI（权益工具）终止确认时，之前计入其他综合收益的累计利得或损失应当从其他综合收益中转出，计入留存收益；而FVOCI（债务工具）终止确认时，之前计入其他综合收益的累计利得或损失应当从其他综合收益中转出，计入当期损益。

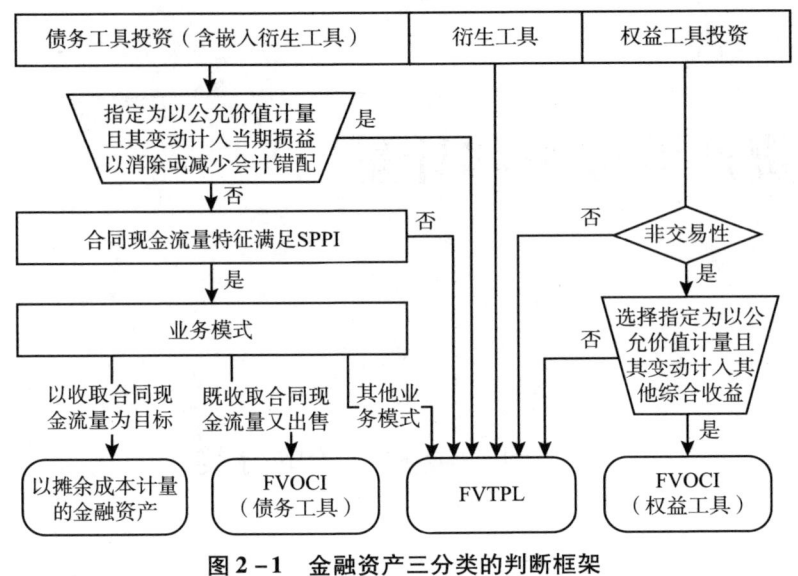

图2-1 金融资产三分类的判断框架

二、SPPI测试

对于金融资产，为了符合以摊余成本计量或分类为FVOCI（债务工具）的条件，其产生的现金流量需要满足"仅为对本金和以未偿付本金金额为基础的利息的支付"。该评估通常被称为SPPI测试，在单个工具层面执行。

合同现金流量如果能够通过SPPI测试，则该资产与一项基本借贷安排是一致的。在基本借贷安排中，利息的构成要素中最重要的通常是货币的时间价值和信用风险的对价。然而，引入并非产生极其微小的影响或不现实的现金流量特征、与基本借贷安排无关的合同现金流量的风险敞口或波动性（例如权益价格或商品价格变动敞口）的合同条款并不能通过SPPI测试。

金融资产的合同现金流量特征，是指金融工具合同约定的、反映相关金融资产经济特征的现金流量属性。企业分类为以摊余成本计量的金融资产FVOCI（债务工具），其合同现金流量特征，应当与基本借贷安排一致。即相关金融资产在特定日期产生的合同现金流量仅为对本金和以未偿付本金金额为基础的利息的支付（solely payments of principal and interest on the principal amount outstanding，SPPI）。

（一）金融资产本金和利息的含义

新金融工具准则对"本金"和"利息"的含义如表2-1所示。

表 2-1　　"本金"和"利息"的含义

名称	定义	说明
本金	金融资产在初始确认时的公允价值，并不是一项工具根据合同条款到期的金额。金额可能会随时间的推移发生变化，例如本金被偿还	如果是以折价或溢价获得资产，则本金并不等于合同票面金额，也不一定是工具初始发行时提供给债务人的贷款金额（当持有人在发行之后购买资产时）
利息	对下列因素的对价： （1）货币的时间价值，仅针对时间的推移；以及 （2）与特定时期未偿付金额相关的信用风险。 （3）对其他基本借贷风险（如流动性风险）和成本（如管理费用）的对价；以及 （4）利润率	在基本借贷安排中，利息的构成要素中最重要的通常是货币时间价值和信用风险的对价。其中，货币时间价值是利息要素中仅因为时间流逝而提供对价的部分，不包括为所持有金融资产的其他风险或成本提供的对价

需要注意的是，利息评估侧重于企业为什么得到补偿（即企业是因基本的借贷风险、成本和利润率收到对价，还是因其他原因得到补偿），而非企业从特定要素上收到多少补偿。

另外，根据会计准则委员会发布的会计准则实务问答，除非存在其他导致不符合本金加利息的合同现金流量特征的因素，从"贷款基准利率"调整为"贷款市场报价利率"本身不会导致相关金融资产不符合本金加利息的合同现金流量特征。例如，利率为"贷款市场报价利率＋200基点"，相关贷款符合合同现金流量特征；再如，利率为"贷款市场报价利率向上浮动20%"，相关贷款不符合合同现金流量特征。

（二）修正的货币时间价值

货币时间价值要素有时可能存在修正（即，不完善）。例如，如果金融资产的利率定期予以重设，但重设的频率与利率的期限错配（例如，利率每月被重设为一年期利率），或者如果金融资产的利率定期重设为特定短期和长期利率的平均值，则属于这种情况。也就是说，按合同计算的利息是对实际货币时间价值的修正。

在货币时间价值要素存在修正的情况下，企业应当对相关修正进行评估，以确定其是否满足上述合同现金流量特征的要求。评估经修正的货币时间价值要素的目标在于，确定合同（未折现的）现金流量与若货币时间价值要素未作出修正时（未折现的）现金流量（即，基准现金流量）之间有何差异。

需要注意的是，不能仅因为特定利率在特定市场中被视为是"正常"的，就认为该利率反映了仅针对货币时间价值的对价。例如，如果某一利率每年都重新设定，但其参考的利率总是15年期利率，则即使该利率在特定市场上是普遍使用的，主体也难以得出该利率是仅针对时间推移提供对价的结论。

三、业务模式测试

除了SPPI测试产生的结果，金融资产的分类还取决于企业持有金融资产的业务模式。新金融工具准则下,业务模式是可以通过观察企业的管理方式和提供给管理层的信息而确定的事实,不是非管理层的意图和认定。业务模式评估是基于例如商业计划和内部报告等理应可获得的信息来进行的。

新金融工具准则并未规定业务模式评估应在 SPPI 测试之前还是之后进行。企业管理金融资产的业务模式指企业如何管理其金融资产以产生现金流量。换而言之,企业的业务模式将决定现金流量是源自收取合同现金流量、出售金融资产或两者兼而有之。

业务模式是企业管理金融资产以产生现金流量的方式,是企业为了达成一个特定的业务目标而将多个组合的金融资产作为一个整体来管理的方法。但是,业务模式评估并非在企业层面进行,并且一个企业可能有一种以上管理金融资产的业务模式。此外在某些情况下,可适当地将一个资产组合分拆为若干细分组合。

企业在评估日评估所有可获得的相关和客观的证据,以确定特定金融资产的业务模式。该项评估不是在企业并不合理预期会发生情形的基础上进行的,而是基于事实情况的观察得出的。CAS 22 应用指南提供了下列相关和客观的证据的示例:

(1) 如何评估业务模式的绩效,以及如何向企业的关键管理人员进行相关汇报;
(2) 影响业务模式绩效的风险和风险管理的方法;
(3) 业务管理者获得报酬的方式。

此外,企业还要考虑前期出售的频率、数量、时间、此类出售的原因以及对未来出售活动的预期。但是有关出售活动信息并非孤立考虑,而是作为整体评估的一部分,来考虑企业如何实现管理金融资产的既定目标,以及如何实现现金流量。

需要强调的是,业务模式的评估是以客观事实为依据,是一项可观察的事实而非仅仅是认定,也不是一项选择,不依赖于管理层对单项工具的意图。

如果现金流量的实现方式不同于对业务模进行评估之日的预期(例如,如果企业出售的金融资产数量超出或少于在对资产作出分类时的预期),只要企业在进行业务模式评估的当时已考虑了所有可获得的相关信息,则并不会导致企业财务报表产生前期差错,也不会改变在该业务模式中持有的剩余金融资产(即企业在前期已确认且仍然持有的那些资产)的分类(见表 2-2)。

表 2-2　　分类评估改变是否追溯调整仍持有的金融资产的分类——新旧变化

原准则	新金融工具准则
持有至到期投资部分出售或重分类的金额较大,使该投资的剩余部分不再适合划分为持有至到期投资的,企业应当将该投资的剩余部分重分类为可供出售金融资产	只要在进行业务模式评估时,企业考虑了所有相关及客观信息,后续的出售不会导致对以摊余成本计量的现存资产进行重分类,不存在原准则下对持有至到期金融资产处理的"感染"的概念,在旧的业务模式下对现有资产进行分类。但是如果现金流量的实现方式发生变化,则会影响将来确认的新资产的分类

表 2-3 总结了每种业务模式的主要特点。

表 2-3　　　　　　　　　　　　　业务模式特点

业务模式	主要特点	计量类别
以收取合同现金流量为目标	管理该等资产的目标是通过在工具的存续期中收取合同付款而实现现金流量。出售金融资产是附带性质的活动，CAS 22 应用指南提供了下列可能符合以持有以收取合同现金流量模式的资产出售示例： (1) 出售是由于金融资产的信用风险增加； (2) 出售是不频繁的，即使是重大的； (3) 单独及汇总而言都是非常小的出售，即使是频繁的； (4) 出售的发生接近于金融资产到期日，并且出售的所得接近于应收取的剩余合同现金流量	摊余成本*
既以收取合同现金流量为目标又以出售该金融资产为目标	企业的关键管理人员决定收取合同现金流量和出售金融资产对于实现业务模式的目标都是不可或缺的。与持有以收取合同现金流量的业务模式相比，通常会涉及更高频率和更大价值的出售。因为出售金融资产对实现业务模式的目标是不可或缺的，而不仅是附带性质的，也非仅仅是偶然发生的。例如，业务模式的目标可能是管理每日的流动性需求，实现特定的利息收益率，或是匹配金融资产及为此类资产进行融资的负债的久期。为实现这些目标，将需要同时收取合同现金流量和出售金融资产	FVOCI*（与原准则相比，既不是一种剩余类别，也不是一项选择权）
其他业务模式	持有的目的是交易性的，或者基于公允价值作出决策并进行管理，收取合同现金流量并非实现该业务模式目标不可分割的一部分，而只是附带性质的活动。通常导致其积极地进行购买和出售。相关业务模式包括： (1) 以交易为目的而持有的金融资产； (2) 以公允价值为基础进行管理并评价其业绩的金融资产	FVTPL**

注：＊取决于资产是否满足 SPPI 标准以及企业是否使用公允价值选择权。
　　＊＊与 SPPI 测试不相关，在此业务模式下金融资产均应划分为 FVTPL。

四、将债务工具指定为 FVTPL 的选择权

尽管根据上述标准，满足特定条件时，债务工具将被分类为以摊余成本计量或 FVOCI。但企业在初始确认时有一项选择权，可将金融资产不可撤销地指定为 FVTPL，前提是这样做可以消除或显著减少计量或确认的不一致（会计错配）（见表 2-4）。

表 2-4　　　　　　　　　债务工具的公允价值选择权——新旧变化

原准则	新金融工具准则
如果满足以下一个或多个条件，允许企业在初始确认时享有将金融资产或金融负债指定为 FVTPL 的选择权： (1) 可以消除或显著减少会计错配； (2) 根据书面记载的风险管理或投资策略，在公允价值的基础上，管理一组金融资产、一组金融负债或一组金融资产及金融负债，并评价其业绩，同时内部在公允价值的基础上向企业的关键管理人员提供该组合的相关信息；或者 (3) 金融资产或金融负债是包含一项或多项原本可能需要分拆的嵌入衍生工具的混合合同	对于金融资产，仅保留了原准则规定中第（1）点所述的指定选择权，取消了第（2）点和第（3）点所述的选择权，原因为： (1) 任何以公允价值为基础进行管理的金融资产被强制要求分类为 FVTPL；以及 (2) 嵌入衍生工具不从混合金融资产中分拆出来。 对于金融负债，保留了三种指定选择权，因为金融负债的分类要求与原准则相比并没有发生实质性变化

五、混合合同

新金融工具准则简化了混合金融工具的分类。与原准则不同的是,包含金融资产主合同的混合合同中的嵌入衍生工具,不单独核算。新金融工具准则对所有金融工具以及带有金融资产主合同的混合合同采用单一分类方法。与其他金融资产相一致,具有金融资产主合同的混合合同应从整体上分类和计量,取消了原准则中运用"紧密相关"来决定一项嵌入衍生工具是否被要求与主合同分离。由此消除金融资产分拆的复杂性(见表2-5)。

表2-5　　　　　　　　　　混合合同——新旧变化

原准则	新金融工具准则
以新金融工具准则范围内的资产作为主合同的混合合同	
企业评估所有的合同,以确定其是否含有一项或多项要求从主合同分离且作为独立衍生工具进行会计处理的嵌入衍生工具	将整个混合合同作为一个整体进行分类评估,消除对嵌入衍生工具单独进行辨认和会计处理的要求(减少准则的复杂性)
非新金融工具准则范围内的资产作为主合同的混合合同	
企业评估所有的合同,以确定其是否含有一项或多项要求从主合同分离且作为独立衍生工具进行会计处理的嵌入衍生工具	同原准则的规定

六、金融资产的重分类

原准则包括金融资产重分类的复杂规则,不同的企业可选择在不同的情况下对金融资产进行重分类。相比之下,在初始确认后,新金融工具准则要求当且仅当企业变更管理相关金融资产的业务模式时,才须对金融资产进行重分类。此种变化预期发生频率很低,仅当企业开始或停止开展某项对其经营而言重要的活动时,例如企业收购、处置或终止某一业务线时,企业的业务模式才会发生变更。通过要求在业务模式发生变化时对金融资产进行重分类,确保始终提供与企业预期从管理金融资产中实现的现金流量相关的信息。

新金融工具准则不允许在以下情形下进行重分类:
(1) 对金融资产运用了公允价值选择权;
(2) 分类为 FVTPL 和 FVOCI 的权益投资;
(3) 承担的金融负债。

七、金融资产"三分类"的列报项目

原准则下金融资产"四分类"转换为新的"三分类"并不存在简单的对应关系，需要根据业务模式和合同现金流量特征进行分析。金融资产分类新要求的列报项目如表 2-6 所示。

表 2-6 金融资产"三分类"的列报项目

变化	新准则要求	列报项目分析
"四分类"变为"三分类"	以摊余成本计量的金融资产；FVOCI；FVTPL	应收票据或应收账款根据业务模式，可能涉及三个分类。对于经常性的贴现、背书或保理且终止确认，应划分为 FVOCI（应收款项融资），或者划分组别（用于贴现/背书或保理且终止确认的——"交易性金融资产"、持有以收取合同现金流量的——"应收票据""应收账款"）
		对于理财产品投资，固定收益类（保本保固定收益）可能能通过 SPPI 测试，列报为"其他流动资产"/"债权投资"
		对于债券投资，国债、公司债券、一般企业债（平台债、产业债等）通常能通过 SPPI 测试，分类主要取决于业务模式，对于持有以收取合同现金流量的部分，列报为"其他流动资产"/"债权投资"。发行方划分为权益工具的永续债（优先股）应划分为 FVTPL［除非在满足条件时选择指定为 FVOCI（权益工具）］，列报为"交易性金融资产"/"其他非流动金融资产"；发行方划分为金融负债的永续债（优先股），可列报为"其他流动资产"/"债权投资"。转换为固定数量股份的可转换债券不能通过 SPPI 测试，列报为"交易性金融资产"/"其他非流动金融资产"。项目收益债券若存在无追索权规定，投资人必须评估（看穿）特定标的资产或现金流量，如果不能通过 SPPI 测试，列报为"交易性金融资产"/"其他非流动金融资产"；若偿债资金来源并不仅限于项目收入，发行人以自身其他收入进行补足或存在其他差额补足义务人，则不属于真正的"无追索权"，可能可以通过 SPPI 测试，可列报为"其他流动资产"/"债权投资"。资产支持证券属于合同挂钩工具，持有的最次级份额一定不过 SPPI 测试，持有的优先级份额也不必然能通过 SPPI 测试
主合同为金融资产的混合合同不再分拆	应当将该混合合同作为一个整体适用金融资产分类的相关规定	嵌入衍生工具如果不是仅仅反映本金及相应利息，则混合合同不能通过 SPPI 测试，应列报为"交易性金融资产"/"其他非流动金融资产"。例如可转换成固定数量的发行人权益工具的可转换债券、不是仅与利率因素挂钩的保本浮动收益类理财产品、不保本浮动收益类理财产品等
权益工具投资必须公允价值计量	应当分类为以公允价值计量且其变动计入当期损益的金融资产（除非满足条件时指定）	"三无投资"（不具有控制、共同控制或重大影响的股权投资）应当分类为 FVTPL，列报为"交易性金融资产"/"其他非流动金融资产"。企业需要恰当确定权益工具投资的公允价值。但是，在初始确认时，可以将非交易性权益工具投资指定（以逐项工具为基础）为 FVOCI（权益工具），列报为"其他流动资产"/"其他权益工具投资"。"非交易性"即不是"交易性"（主要是为了近期出售或回购；近期实际存在短期获利模式；属于衍生工具）的。"权益工具投资"是指对于工具发行方来说，满足 CAS 37 中权益工具定义的工具，即不包括符合金融负债定义但是被分类为权益工具的特殊金融工具（可回售工具和发行方仅在清算时才有义务向另一方按比例交付其净资产的金融工具）

八、应收票据及应收账款的分类

原金融工具准则下,贸易性应收票据及应收账款通常属于"贷款和应收款项",并按摊余成本进行后续计量。新金融工具准则下,需要分别分析合同现金流量特征和业务模式,以确定恰当的分类,不能简单认为应收票据和应收账款都属于"以摊余成本计量的金融资产"。

(一)应收款项的业务模式

新金融工具准则下,应收票据及应收账款虽然通常不计息,但由于其信用期通常较短,也未与时间价值、信用风险以外的其他风险挂钩,一般不考虑利息的影响,或者即使期限较长(如应收质保金),也一般不含有重大融资成分。因而一般认为应收票据及应收账款在特定日期产生的现金流量,仅为对本金和以未偿付本金金额为基础的利息的支付——合同现金流量特征能通过 SPPI 测试。

所以,对于应收票据及应收账款的分类,核心在于分析企业管理该金融资产的业务模式。根据 CAS 22,企业管理金融资产的业务模式,是指企业如何管理其金融资产以产生现金流量。业务模式通常包括:以收取合同现金流量为目标;既以收取合同现金流量为目标又以出售该金融资产为目标;其他(如出售)。

需要注意的是,业务模式是由报告主体确定的,可通过主体为实现业务模式的目标而开展的活动进行观察,即集团合并报表与集团内各主体个别报表可能会有不同的业务模式。但是,业务模式应当在反映如何对多组金融资产一起进行管理以实现特定业务目标的层次上确定,单个主体可能具有一个以上管理其金融资产的业务模式。

如果企业管理应收票据及应收账款的业务模式是以收取合同现金流量为目标,即按信用期收取其源自与客户之间的合同的收入,则应分类为以摊余成本计量的金融资产。

但是,实务中,企业管理应收票据及应收账款的业务模式并非如此简单。

1. 持有以收取合同现金流量

对于一般企业而言,应收款项主要是企业拥有的、无条件(即,仅取决于时间流逝)向客户收取对价的权利。若企业按信用期收取款项,其业务模式即属于以收取合同现金流量为目标,应将应收票据及应收账款划分为以摊余成本计量的金融资产。

但是需要强调的是,该业务模式下并不是不允许有任何出售行为。企业的业务模式并非取决于管理层对单项金融工具的持有意图,持有以收取现金流量不是一种逐项工具的分类方法,而是应在一个更高的汇总层次上确定。

出售本身并不能决定业务模式。即使发生或预期在未来发生金融资产的出售,企业的业务模式也可以是持有金融资产以收取合同现金流量。例如,并不频繁(即使价值重大)的出售,或者单独及汇总而言价值非常小(即使发生频繁)的出售;又如，企业在资产信用风险增加时出售金融资产（无论其频率和价值如何）。进一步讲，即使出售并非不频繁，并且此类出售的价值（单独或汇总而言）并不是非常小，如果出售发生在金融资产临近到期时，且出售所得接近待收取的剩余合同现金流量，金融资产的业务模式仍然可能是以收取合同现金流量为目标。

2. 既收取合同现金流量又出售

如果企业管理应收票据及应收账款的业务模式既以收取合同现金流量为目标又以出售该金融资产为目标，则应划分为以公允价值计量且其变动计入其他综合收益的金融资产。

对于一般企业而言，这种业务模式也比较常见，例如经常进行应收票据贴现、背书或应收账款保理、证券化的企业。由于贴现、背书或保理属于企业日常管理应收款项活动的一部分，因此出售并非是附带性质的活动，公允价值和摊余成本的信息都有助于决策，企业的业务模式也就既以收取合同现金流量为目标又以出售该金融资产为目标。但是，需要强调的是，仅当上述贴现、背书或保理导致终止确认时，才会改变企业的业务模式。

就应收票据的贴现或背书而言，首先需要分析贴现或背书是否导致了终止确认。对于信用等级一般的银行承兑的汇票或由企业承兑的商业承兑汇票，贴现或背书时并不能终止确认，因此并未导致会计上的"出售"，进而也不会改变企业管理应收票据的业务模式仍是以收取合同现金流量为目标。其次，若企业的贴现或背书行为并不频繁，或者虽然频繁但金额不大，则也可能不改变以收取合同现金流量为目标的业务模式。

若企业经常进行导致终止确认的应收票据贴现或背书（例如贴现或背书信用等级较高的银行承兑的汇票），业务模式可能是既以收取合同现金流量为目标又以出售该金融资产为目标。当然，出售频率或价值并不存在明确界限，企业的目标是管理日常流动性需求，或将金融资产的存续期与相关负债的存续期进行匹配。

3. 以出售为目标

单个企业可能具有一个以上管理其金融资产的业务模式，因此，无须在报告主体层次上确定单一分类。在某些情况下，将金融资产组合拆分为次级组合以反映企业据以管理该等金融资产的层次可能是恰当的。

对于经常进行应收票据贴现、背书或应收账款保理、证券化，且可以终止确认的企业，也可以选择将出售的应收票据及应收账款划分为单独的组别，并将该组别划分为以公允价值计量且其变动计入当期损益的金融资产。剩余部分的业务模式则可能属于以收取合同现金流量为目标，从而应划分为以摊余成本计量的金融资产。

对于应收票据，可以划分为银行承兑汇票和商业承兑汇票两个组合，对于前者，如果经常进行贴现或背书且可以终止确认，则业务模式是既以收取合同现金流量为目标又以出售该金融资产为目标，列报为"应收款项融资"；对于后者，业务模式是以收取合同现金流量为目标，列报为"应收票据"。

此外，也可以将应收票据划分为以下两个组合：

组合1：信用等级较高的银行承兑的汇票；

组合2：信用等级较低的银行承兑的汇票和由企业承兑的商业承兑汇票。

对于组合1，如果经常进行贴现，则业务模式是既以收取合同现金流量为目标又以出售该金融资产为目标；如果全部进行贴现，则业务模式是以出售为目标。前者应列报为"应收款项融资"，后者则列报为"交易性金融资产"。

对于组合2，业务模式是以收取合同现金流量为目标，列报为"应收票据"。

（二）应收款项分类总结

对于应收票据及应收账款而言，并不必然属于以摊余成本计量的金融资产，在涉及经常性的贴现、背书或保理的情况下，应收票据及应收账款可能被划分为FVOCI，或者出售部分被划分为FVTPL。

应收票据及应收账款分类及列示的汇总如表2-7所示。

表2-7   应收票据及应收账款分类及列示汇总

业务模式	金融资产分类	报表项目
业务模式是以收取合同现金流量为目标【持有到期以收取款项，或信用恶化时出售，或不频繁的出售】	以摊余成本计量的金融资产	应收票据；应收账款
业务模式既以收取合同现金流量为目标又以出售该金融资产为目标【经常性的贴现、背书或保理且终止确认】	FVOCI（债务工具）	应收款项融资
其他业务模式【划分组别用于贴现/背书或保理且终止确认】；或未通过SPPI测试的	FVTPL	交易性金融资产

从表2-7可以看出，应收票据及应收账款可能不再简单地列示为"应收票据""应收账款"，根据业务模式的不同，可能会涉及三分类中的任何一个甚至多个。

对于应收款项融资，应按公允价值计量。应收票据及应收账款的公允价值是在计量日出售所能收到的价格（即"脱手价格"）。对票据而言，其公允价值是扣除贴现息后的贴现净额，按票面金额背书票据的可能性并不影响票据的公允价值，因为背书是结算一项负债的价格，不是出售时的脱手价格，从而背书金额不是公允价值。因此，即使最终的结果是信用等级较高的银行承兑的汇票多数被背书，而非贴现，其公允价值仅考虑贴现息的影响。当然，实务中还可以考虑重要性以决定是否调整贴现息的影响。

如果现金流量的实现方式不同于对业务模式执行评估之日的预期（例如，如果企业出售的金融资产数量超出或少于在对资产进行分类时的预期），并不会导致企业财务报表产生前期差错，也不必然会改变在该业务模式中持有的剩余金融资产的分类。前提是企业在执行业务模式评估的当时已考虑了可获得的所有相关信息。然而，当企业评估新源生或新购买的金融资产的业务模式时，其必须考虑关于过往现金流量如何实现的信息以及所有其他相关的信息。

九、资产管理产品投资与结构性存款的分类

(一)资管产品与结构性存款的定义

人民银行、银保监会、证监会、外汇局《关于规范金融机构资产管理业务的指导意见》(银发〔2018〕106号,简称"资管新规")明确指出,资产管理业务是指银行、信托、证券、基金、期货、保险资产管理机构、金融资产投资公司等金融机构接受投资者委托,对受托的投资者财产进行投资和管理的金融服务。资产管理业务是金融机构的表外业务,金融机构开展资产管理业务时不得承诺保本保收益。资产管理产品包括但不限于人民币或外币形式的银行非保本理财产品,资金信托,证券公司、证券公司子公司、基金管理公司、基金管理子公司、期货公司、期货公司子公司、保险资产管理机构、金融资产投资公司发行的资产管理产品等。

中国银保监会发布的《商业银行理财业务监督管理办法》(银保监会令2018年第6号,简称"理财新规")则明确了理财业务和理财产品的定义。理财业务是指商业银行接受投资者委托,按照与投资者事先约定的投资策略、风险承担和收益分配方式,对受托的投资者财产进行投资和管理的金融服务。理财产品是指商业银行按照约定条件和实际投资收益情况向投资者支付收益、不保证本金支付和收益水平的非保本理财产品。商业银行应当根据投资性质的不同,将理财产品分为固定收益类理财产品、权益类理财产品、商品及金融衍生品类理财产品和混合类理财产品。

根据中国银保监会办公厅《关于进一步规范商业银行结构性存款业务的通知》(银保监办发〔2019〕204号),结构性存款是指商业银行吸收的嵌入金融衍生产品的存款,通过与利率、汇率、指数等的波动挂钩或者与某实体的信用情况挂钩,使存款人在承担一定风险的基础上获得相应的收益。对商业银行而言,结构性存款需纳入表内核算,按照存款管理。

结构性存款不同于一般性存款,具有一定投资风险。但结构性存款在法律关系、业务实质、管理模式、会计处理、风险隔离等方面,与非保本理财产品"代客理财"的资产管理属性存在本质差异。

资产管理产品、结构性存款与一般性存款的比较如表2-8所示。理财产品根据是否保本保收益,分别按照资产管理产品、结构性存款或者其他存款进行规范管理。

表2-8 资产管理产品、结构性存款与一般性存款的比较

项目	资产管理产品	结构性存款	一般性存款
主要监管法规	《关于规范金融机构资产管理业务的指导意见》	《关于进一步规范商业银行结构性存款业务的通知》	《商业银行法》

续表

项目	资产管理产品	结构性存款	一般性存款
金融机构业务类型	表外业务	表内业务	表内业务
现金流特征	金融机构不得承诺保本保收益，金融机构不得以任何形式垫资兑付	含有嵌入金融衍生产品，与利率、汇率、指数等的波动挂钩或者与某实体的信用情况挂钩	商业银行应当保证存款本金和利息的支付
分类	按照投资性质的不同，分为固定收益类产品、权益类产品、商品及金融衍生品类产品和混合类产品	产品的收益带有结构，或者是结构化的，即与利率、汇率、指数等相关联，不是通常意义的固定利率或者浮动利率	根据存款人不同，分为个人储蓄存款和企业及其他单位存款
风险特征	委托人自担投资风险并获得收益	不同于一般性存款，收益存在不确定性，具有一定投资风险	存款本金和利息有保障

注：根据"资管新规"和"理财新规"，资产管理产品包括非保本理财产品；根据"理财新规"，商业银行已经发行的保证收益型和保本浮动收益型理财产品应当按照结构性存款或者其他存款进行规范管理。

（二）资产管理产品投资的分类

新金融工具准则下，除了满足条件时的初始指定，企业作为投资人需要分别分析合同现金流量特征和业务模式，来确定资产管理产品、结构性存款的分类。

对于一般性存款，通常满足划分为以摊余成本计量的金融资产的条件，从而在"银行存款"项目列报。

企业历史上均将理财产品/结构性存款持有至到期，且预计未来不会有变化，则业务模式可能是以收取合同现金流量为目标。

由于资产管理产品（包括非保本理财产品）并非保本保收益，因此通常情况下不能通过 SPPI 测试，需作为"交易性金融资产""衍生金融资产"或"其他非流动金融资产"列报。

但是，某些资产管理产品可能包含"无追索权条款"或属于"合同挂钩工具"，此时需要进一步进行分析。

1. 无追索权条款

如果购买的资产管理产品代表对特定资产或现金流量的投资，则可能包含无追索权条款。

某些资产管理产品使用本金和利息描述合同现金流量，但投资人的索偿要求仅限于金融机构发行的资产管理产品投资的底层资产（基础资产）或产生于底层资产的现金流量，此类合同可能不符合本金加利息的合同现金流量特征。此时，企业需要对特定的底层资产或其现金流量进行评估（即穿透），以确定待分类的资产管理产品是否符合本金加利息的合同现金流量特征。如果资产管理产品的合同条款产生了其他现金流量，或者以一种与代表本金和利息的支付不一致的方式限制了现金流量，则该资产管理产品不符合本金加利息的合同现金流量特征。

举例说明如下：

某理财计划合同约定，本理财计划不保障本金且不保证理财收益，本理财计划到期收益率由本理财计划实际投资业绩决定。投资方向和范围包括但不限于债券、资产支持证券、资金拆借、逆回购、银行存款，并可投资信托计划、资产管理计划等其他金融资产。"债券资产、资产管理计划和信托计划等"配置比例为10%～100%。

穿透来看，投资标的可能通不过SPPI测试（如投资于基础资产不仅仅是基本贷款的信托计划、资产支持证券的次级等）。合同现金流量特征并非构成极其微小的影响，若投资的资产管理计划和信托计划基础资产通不过SPPI测试，则理财产品的现金流变动可能很大。

另外，如果企业无法了解基础资产的具体情况（如投资的具体组成、期限、条款等），因而无法对特定的基础资产或其现金流量进行穿透评估，则企业无法确定待分类的金融资产是否符合本金加利息的合同现金流量特征。如果投资人在初始确认时无法穿透评估，那么应当分类为以公允价值计量且其变动计入当期损益的金融资产。这可能是比较常见的情形，投资人通常无法知晓资产管理产品具体的投资方向和范围。

2. 合同挂钩工具

根据"资管新规"，公募产品和开放式私募产品不得进行份额分级；根据"理财新规"，商业银行也不得发行分级理财产品。并且，分级资产管理产品不得直接或者间接对优先级份额认购者提供保本保收益安排。因此，即使持有的是资产管理产品的优先级份额，也通不过SPPI测试。因为分级的合同条款（在未穿透基础资产的情况下），产生的现金流量也并非仅为对本金和以未偿付本金金额为基础的利息的支付。

（三）结构性存款的分类

结构性存款虽然含有嵌入金融衍生产品，与利率、汇率、指数等的波动挂钩或者与某实体的信用情况挂钩，但是，不能直接认定结构性存款必然通不过SPPI测试。

1. 保证收益型和保本浮动收益型理财产品

根据"理财新规"，商业银行已经发行的保证收益型和保本浮动收益型理财产品应当按照结构性存款或者其他存款进行规范管理。

（1）保证收益型理财产品。

对于保证收益型理财产品，应根据合同条款判断是否真实的保本保固定收益。有些合同虽然宣称是保本保固定收益理财产品，但又称"对未来收益的预测仅供参考"，即实质上属于浮动收益理财计划。此外，也不应依据后续实际执行情况倒推初始确认日的分析。

如果根据合同条款确定为保证收益型（不是参考收益或预期收益）理财产品，则能通过SPPI测试，若业务模式为持有以收取合同现金流量，可将该结构性存款划分为以摊余成本计量的"债权投资"（企业购入的以摊余成本计量的一年内到期的债权投资的期末账面价值,在"其他流动资产"项目反映)。需要注意的是,基于实际利率法计算的利息应包含在金融资产的账面余额中,"应收利息"仅反映已到期可收取但尚未收到的利息。

若满足上述极其微小或不现实的条件,且能取得银行存款回函(银行回函注明是"存款"),则该结构性存款可以考虑作为定期存款列报。但即使可以列报为银行存款,其也不属于现金流量表中的现金,因为不能随时支取(现金,是指企业库存现金以及可以随时用于支付的存款)。

(2)保本浮动收益型理财产品。

保本浮动收益型理财产品包括保本保固定收益附加浮动收益和保本不保收益类理财产品。

若保本浮动收益型理财产品的浮动收益与利率或通货膨胀率挂钩,且该利率包含对货币时间价值、与特定时期未偿付本金金额相关的信用风险(对信用风险的对价可能仅在初始确认时确定,因此可能是固定的)、其他基本借贷风险、成本和利润的对价,则能通过 SPPI 测试。若浮动收益与通货膨胀率挂钩,该通胀指数是企业所在经济环境下用以计量通胀的公认指标,且不含有杠杆特征,则该浮动利率仅是把名义利率调整为实际利率,因此能通过 SPPI 测试。

其他保本浮动收益型理财产品,无论是否规定浮动收益上下限,若浮动收益与汇率、贵金属或大宗商品行情挂钩,或与其他经济环境中的利率挂钩,则与基本的借贷安排不同,没有反映货币时间价值、信用风险及其他基本借贷风险和成本以及利润率的对价,因此通不过 SPPI 测试,只能划分为"交易性金融资产""其他非流动金融资产"。除非浮动部分的现金流量特征的影响极其微小或是不现实的(如挂钩的汇率、价格变动几乎不可能出现),则不影响金融资产的分类。

2. 不现实的现金流量特征

如果金融资产合同中包含与基本借贷安排无关的合同现金流量风险敞口或波动性敞口(例如权益价格或商品价格变动敞口)的条款,则此类合同不符合本金加利息的合同现金流量特征。但是,如果合同现金流量特征仅对金融资产的合同现金流量构成极其微小的影响(a de minimis effect),则不会影响金融资产的分类。此外,如果合同现金流量特征(无论某一会计期间还是整个存续期)对合同现金流量的影响超过了极其微小的程度,企业应当进一步判断该现金流量特征是否是不现实的。如果现金流量特征仅在极端罕见、显著异常且几乎不可能的事件发生时(extremely rare, highly abnormal and very unlikely to occur)才影响该工具的合同现金流量,那么该现金流量特征是不现实的(not genuine)。如果该现金流量特征不现实,则不影响金融资产的分类。

对于结构性存款,不能仅因为其收益与汇率、商品价格等挂钩就直接认为通不过 SPPI 测试,而应该具体分析合同条款。举例说明如下:

某结构性存款合同约定,银行向存款人提供本金及保底利息的完全保障,并根据产品说明书的相关约定,按照挂钩标的的价格表现,向存款人支付浮动利息,其中保底利率为1.55%（年化），浮动利率范围：0.00%或2.01%（年化）。

波动区间是指黄金价格从"期初价格-1,200美元"至"期初价格+5,000美元"的区间范围（含边界）。如果到期观察日黄金价格水平未能突破波动区间，则本存款到期浮动利率为2.01%（年化）；如果到期观察日黄金价格水平突破波动区间，则本存款到期浮动利率为0。

观察期：[2018]年[12]月[04]日至[2019]年[09]月[03]日

伦敦金市下午定盘价约1200美元，短期上涨超过5000美元或跌至0几乎不可能，因此衍生工具与不现实的条款挂钩，产品收益实质上固定为3.56%（固定收益1.55%+浮动收益2.01%）。

需要注意的是，极其微小的影响不是收益变动的比例很小（如预期收益率3.35%/年或3.3%/年，仅变动1.49%＝0.05%/3.35%）。一般"极其微小"要从绝对值角度考虑，例如变动了100元。"不现实"不是"可能性极小"（如5%）。基于历史波动情况分析时，需考虑过去跨周期时的波动区间（例如过去12年的波动，包含2008年金融危机），而不能仅考虑挂钩期间（观察期）的变动情况或使用"后见之明"。

若满足上述极其微小或不现实的条件，且能取得银行存款回函（银行回函注明是"存款"），则结构性存款可以考虑作为定期存款列报。但即使可以列报为银行存款，其也不属于现金流量表里的现金，因为不能随时支取（现金，是指企业库存现金以及可以随时用于支付的存款）。若不能取得"银行存款"回函，则即使能通过SPPI测试，也属于债权投资（或其他流动资产列报），并且收益属于"投资收益"，不是"财务费用——利息收入"。

（四）资管产品与结构性存款分类新旧对比

新旧金融工具准则下，持有的银行理财产品投资的分类如表2-9所示。

表2-9　　　　　持有的资管产品与结构性存款的分类新旧对比

投资	原金融工具准则下分类	新金融工具准则下分类
A. 资产管理产品（包括非保本理财产品）	指定为公允价值计量且其变动计入当期损益的金融资产【持有目的为按公允价值管理】	指定为FVTPL【如果能够消除或显著减少会计错配】
	交易性金融资产【持有目的是近期出售或从价格的短期波动或买卖差价中获利】	通常情况下通不过SPPI测试，需划分为FVTPL，在"交易性金融资产""衍生金融资产"或"其他非流动金融资产"列报
	可供出售金融资产【剩余分类】	包含无追索权条款或属于合同挂钩工具（存在分级）时，需"穿透"至基础资产。但投资人通常无法知晓资产管理产品具体的投资方向和范围，因此无法了解基础资产的具体情况，应当分类为FVTPL。 极少情况下可以穿透评估，也可能可以通过SPPI测试，此时可划分为以摊余成本计量的金融资产。报表列示为"其他流动资产"/"债权投资"

续表

投资	原金融工具准则下分类	新金融工具准则下分类
B. 保证收益型结构性存款（保本保固定收益）	指定为公允价值计量且其变动计入当期损益的金融资产【持有目的为按公允价值管理】	指定为 FVTPL【如果能够消除或显著减少会计错配】
	贷款和应收款项【持有目的是在持有期间获取固定收益】	以摊余成本计量的金融资产报表列示为"其他流动资产"/"债权投资"*
	可供出售金融资产【剩余分类】	
C. 保本浮动收益型结构性存款	分拆为"交易性金融资产"和"贷款和应收款项"【不紧密相关时】	极少情形下（如浮动收益与利率或通货膨胀率挂钩，或浮动收益仅对现金流量构成极其微小的影响或是不现实的），能通过 SPPI 测试，可划分为以摊余成本计量的金融资产，报表列示为"其他流动资产"/"债权投资"*
	指定为公允价值计量且其变动计入当期损益的金融资产【持有目的为按公允价值管理】	通常通不过 SPPI 测试，例如浮动收益与汇率、贵金属或大宗商品行情挂钩，或与其他经济环境中的利率挂钩，需划分为 FVTPL，在"交易性金融资产""衍生金融资产"或"其他非流动金融资产"列报
	可供出售金融资产【剩余分类】	

注：*若能取得银行存款回函，该结构性存款可以考虑作为定期存款列报。但即使可以列报为银行存款，其也不属于现金流量表里的现金，因为不能随时支取。

十、债券投资的分类

公司（企业）债券，是指公司（企业）依照法定程序发行、约定在一定期限内还本付息的有价证券。对债券发行方而言，债券是金融负债或者权益工具，其中可能还含有金融资产；对债券投资方而言，债券是债务工具投资或权益工具投资，其中可能含有嵌入衍生工具，债券的核算需要遵循《企业会计准则第 22 号——金融工具确认和计量》的要求。

债券的类型多种多样，包括国债、一般企业债、公司债、中期票据、短期融资券、永续债、可转换债券、项目收益债券、资产支持证券等。此外，企业发放的委托贷款也与债权投资的分析类似。以下我们分别对上述债券投资的分类进行分析。

（一）国债

国债是由国家发行的债券，是中央政府为筹集财政资金而发行的一种政府债券。由于国债的发行主体是国家，所以它具有最高的信用度，国债利率通常被作为无风险利率，是反映货币的时间价值的利率。

原金融工具准则下，由于国债通常具有活跃市场，因此不能分类为贷款和应收款项。

新金融工具准则下，国债能通过 SPPI 测试，所以其投资分类主要取决于持有人的业务模式。

新旧金融工具准则下，持有的国债投资的分类如表 2-10 所示。

表 2-10　　　　　　　　　　国债投资的分类新旧对比

债券投资	原金融工具准则	新金融工具准则
国债	交易性金融资产【持有目的是近期出售或从价格的短期波动或买卖差价中获利】； 指定为以公允价值计量且其变动计入当期损益的金融资产【以公允价值为基础进行管理、评价和报告，消除或显著减少会计错配】	交易性金融资产【主要是为了近期出售，或近期实际存在短期获利模式】； 指定为 FVTPL【如果能够消除或显著减少会计错配】 报表列示："交易性金融资产"/"其他非流动金融资产"
	持有至到期投资【有明确意图和能力持有至到期的】	以摊余成本计量的金融资产【以收取合同现金流量为目标】 报表列示："其他流动资产"/"债权投资"
	可供出售金融资产【剩余分类】	FVOCI（债务工具）【既收取合同现金流量又出售】 报表列示："其他流动资产"/"其他债权投资"

（二）一般企业债

原金融工具准则下，由于一般企业债（平台债、产业债等）、地方政府债通常不具有活跃市场，因此不能分类为持有至到期投资。

新金融工具准则下，一般企业债通常能通过 SPPI 测试，所以其投资分类主要取决于持有人的业务模式。

新旧金融工具准则下，持有的一般企业债投资的分类如表 2-11 所示。

表 2-11　　　　　　　　　一般企业债投资的分类新旧对比

债券投资	原金融工具准则	新金融工具准则
一般企业债及发放的委托贷款	交易性金融资产【持有目的是近期出售或从价格的短期波动或买卖差价中获利】； 指定为以公允价值计量且其变动计入当期损益的金融资产【以公允价值为基础进行管理、评价和报告，消除或显著减少会计错配】	交易性金融资产【主要是为了近期出售，或近期实际存在短期获利模式】； 指定为 FVTPL【如果能够消除或显著减少会计错配】 报表列示："交易性金融资产"/"其他非流动金融资产"
	贷款和应收款项【持有目的是在持有期间获取固定收益】	以摊余成本计量的金融资产【以收取合同现金流量为目标】 报表列示："其他流动资产"/"债权投资"
	持有至到期投资【若有活跃市场且有明确意图和能力持有至到期】	

续表

债券投资	原金融工具准则	新金融工具准则
一般企业债及发放的委托贷款	可供出售金融资产【剩余分类】	FVOCI（债务工具）【既收取合同现金流量又出售】 报表列示："其他流动资产"/"其他债权投资"

（三）公司债、中期票据、短期融资券

原金融工具准则下，由于公司债、中期票据、短期融资券通常具有活跃市场，因此不能分类为贷款和应收款项。

新金融工具准则下，公司债、中期票据、短期融资券通常能通过 SPPI 测试，所以其投资分类主要取决于持有人的业务模式。

新旧金融工具准则下，持有的公司债、中期票据、短期融资券投资的分类如表 2-12 所示。

表 2-12　　　　公司债、中期票据、短期融资券投资的分类新旧对比

债券投资	原金融工具准则	新金融工具准则
公司债、中期票据、短期融资券	交易性金融资产【持有目的是近期出售或从价格的短期波动或买卖差价中获利】 指定为以公允价值计量且其变动计入当期损益的金融资产【以公允价值为基础进行管理、评价和报告，消除或显著减少会计错配】	交易性金融资产【主要是为了近期出售，或近期实际存在短期获利模式】； 指定为 FVTPL【如果能够消除或显著减少会计错配】 报表列示："交易性金融资产"/"其他非流动金融资产"
	持有至到期投资【有明确意图和能力持有至到期的】	以摊余成本计量的金融资产【以收取合同现金流量为目标】 报表列示："其他流动资产"/"债权投资"
	可供出售金融资产【剩余分类】	FVOCI（债务工具）【既收取合同现金流量又出售】 报表列示："其他流动资产"/"其他债权投资"

（四）永续债

永续债（perpetual bond），是没有固定到期日，债权人不能要求清偿，但可以按票面利息永久取得利息的债券。国内目前无可续期债券（永续债）的明确定义，仅发改委的文件中提到"可续期债券"。可续期债券通过嵌入发行人续期选择权，赋予发行人定期将债券（如公司债、企业债、中期票据、委托贷款等）期限延续的权利。

原金融工具准则下，对于发行方划分为权益工具的永续债（优先股），由于无固定到期日且金额不是固定或可确定的，因此不能分类为贷款和应收款项或持有至到期

投资。

新金融工具准则下,发行方划分为权益工具的永续债(优先股)通不过 SPPI 测试,只能划分为 FVTPL,或在满足"非交易性"的要求且对于工具发行方来说满足《企业会计准则第 37 号——金融工具列报》中权益工具定义时指定为 FVOCI(权益工具)。对于发行方划分为金融负债的永续债(优先股),需要分析其合同现金流量特征和业务模式。

新旧金融工具准则下,持有的永续债投资的分类如表 2-13 所示。

表 2-13　　　　　　　　　　永续债投资的分类新旧对比

债券投资	原金融工具准则	新金融工具准则
永续债	交易性金融资产【持有目的是近期出售或从价格的短期波动或买卖差价中获利】 指定为以公允价值计量且其变动计入当期损益的金融资产【以公允价值为基础进行管理、评价和报告,消除或显著减少会计错配】	FVTPL【不能通过 SPPI 测试的(包括发行方划分为权益工具及与基本借贷安排不同的发行方划分为金融负债的永续债(优先股))】; 指定为 FVTPL【能通过 SPPI 测试的,如果能够消除或显著减少会计错配】 报表列示:"交易性金融资产"/"其他非流动金融资产"
		指定为 FVOCI(权益工具)【对发行方而言满足权益工具定义的永续债(优先股),满足"非交易性"的要求时】 报表列示:"其他权益工具投资"
	贷款和应收款项【发行方划分为金融负债的永续债(优先股),持有目的是在持有期间获取固定收益】	以摊余成本计量的金融资产【能通过 SPPI 测试,且以收取合同现金流量为目标】 报表列示:"其他流动资产"/"债权投资"
	持有至到期投资【发行方划分为金融负债的永续债(优先股),且存在活跃市场,有明确意图和能力持有至到期的】	
	可供出售金融资产【剩余分类】	FVOCI(债务工具)【能通过 SPPI 测试,且既收取合同现金流量又出售】 报表列示:"其他流动资产"/"其他债权投资"

需要注意的是,仅因为该工具是永续工具并不能判定其不符合本金加利息的合同现金流量特征。永续工具可视为具有连续性的多项展期选择权。如果利息支付具有强制性且必须永久性支付,则可能导致其符合本金加利息的合同现金流量特征。同样,仅因为该工具可赎回并不能判定其不符合本金加利息的合同现金流量特征。即使赎回金额中包含因提前终止该工具而对持有人做出合理补偿的金额,其也有可能符合本金加利息的合同现金流量特征。

(五)可转换债券

可转换债券,全称为可转换为股票的公司债券,是指发行人依照法定程序发行,在一定期限内依照约定的条件可以转换为股票的公司债券。

原金融工具准则下,对于投资人持有的可按其选择转换为发行人权益的可转换债券,其中的转股特征为发行人就其权益股份签发的嵌入期权。就投资人而言,该嵌入衍生工具不与主债务工具紧密相关。对于不存在活跃市场的可转换债券,由于其回收金额通常可确定,因此债务主合同可以分类为贷款和应收款项。若不是为交易目的而购买债券,则可将持有的债务主合同分类为可供出售金融资产,并按照公允价值进行后续计量。

新金融工具准则下,可转换债券若可转换成固定数量的发行人权益工具,其回报与发行人的权益工具价值挂钩,不符合本金加利息的合同现金流量特征,应划分为FVTPL。如果发行人将其自身权益工具用作了"货币"的替代,例如该债券可转换为可变数量的股份,且其价值等于本金及未偿付本金金额的利息的未支付金额,则能通过SPPI测试。但转换特征附有上限,且该上限是真实的,则将不能通过SPPI测试。

新旧金融工具准则下,持有的可转换债券投资的分类如表2-14所示。

表2-14 可转换债券投资的分类新旧对比

债券投资	原金融工具准则	新金融工具准则
可转换债券	交易性金融资产【持有目的是近期出售或从价格的短期波动或买卖差价中获利】; 指定为以公允价值计量且其变动计入当期损益的金融资产【以公允价值为基础进行管理、评价和报告,消除或显著减少会计错配】	FVTPL【通常不能通过SPPI】 报表列示:"交易性金融资产"/"其他非流动金融资产"
	分拆为"交易性金融资产"和"贷款和应收款项"/"可供出售金融资产"【不紧密相关时】	以摊余成本计量的金融资产【极少情况下能通过SPPI测试,且以收取合同现金流量为目标】 报表列示:"其他流动资产"/"债权投资" FVOCI(债务工具)【极少情况下能通过SPPI测试,且既收取合同现金流量又出售】 报表列示:"其他流动资产"/"其他债权投资"

(六)项目收益债券

项目收益债券,是与特定项目相联系的,债券募集资金用于特定项目的投资与建设,债券的本息偿还资金完全或基本来源于项目建成后运营收益的债券。与一般企业债券不同,项目收益债券以项目或者项目公司自身的信用作为背书。

原金融工具准则下,对于投资人持有的项目收益债券,除了交易性或指定为

FVTPL 的,需要根据回收金额是否固定或可确定进行分析。由于偿债来源主要为项目收入,回收金额一般不是固定或可确定的,因此通常划分为可供出售金融资产。

新金融工具准则下,投资人的索偿要求仅限于发行方的特定资产或产生于特定资产的现金流量,即存在无追索权。如果存在无追索权规定,投资人必须评估(看穿)特定标的资产或现金流量以确定金融资产是否符合本金加利息的合同现金流量特征。无论基础资产为金融资产或非金融资产,均不会影响合同现金流量评估。项目收益债券可能不符合本金加利息的合同现金流量特征。然而,存在无追索权规定并不一定会导致金融资产不符合本金加利息的合同现金流量特征。

新旧金融工具准则下,持有的项目收益债券投资的分类如表 2-15 所示。

表 2-15　　　　　　　　　　项目收益债券投资的分类新旧对比

债券投资	原金融工具准则	新金融工具准则
项目收益债券	交易性金融资产【持有目的是近期出售或从价格的短期波动或买卖差价中获利】; 指定为以公允价值计量且其变动计入当期损益的金融资产【以公允价值为基础进行管理、评价和报告,消除或显著减少会计错配】	FVTPL【不能通过 SPPI 测试的】; 指定为 FVTPL【能通过 SPPI 测试的,如果能够消除或显著减少会计错配】 报表列示:"交易性金融资产"/"其他非流动金融资产"
	可供出售金融资产【剩余分类】	以摊余成本计量的金融资产【能通过 SPPI 测试(如并非真正的无追索权),且以收取合同现金流量为目标】 报表列示:"其他流动资产"/"债权投资"
		FVOCI(债务工具)【能通过 SPPI 测试,且既收取合同现金流量又出售】 报表列示:"其他流动资产"/"其他债权投资"

(七)资产支持证券

资产证券化业务,是指以基础资产所产生的现金流为偿付支持,通过结构化等方式进行信用增级,在此基础上发行资产支持证券的业务活动。

原金融工具准则下,对于投资人持有的资产支持证券,除了交易性或指定为 FVTPL 的,需要根据持有的级次(决定了回收金额是否固定或可确定)进行分析,对于持有的次级份额,通常因不存在活跃市场,可以划分为可供出售金融资产。

新金融工具准则下,资产支持证券属于合同挂钩工具,对于某一分级的金融资产持有人来说,仅当发行人取得足够的现金流量以满足更优先级的支付时,此类工具的持有人才有权取得对本金和未偿付本金的利息的偿付。当同时符合下列条件时,企业持有的某一分级的金融资产才符合本金加利息的合同现金流量特征:

(1)分级的合同条款(在未穿透基础资产的情况下),产生的现金流量仅为对本金和以未偿付本金金额为基础的利息的支付(例如该分级的利率未与商品价格指数挂钩)。

(2) 基础资产包含一个或多个符合本金加利息的合同现金流量特征的工具(以下称基础工具)。这里的基础资产,是指穿透到最底层的、源生现金流量而非过手现金流量的资产。

(3) 该分级所承担的基础资产的信用风险,等于或小于基础资产本身的信用风险。例如,分级的信用评级等于或高于假设发行单一工具(不分级),该工具所得到的信用评级。

持有的最次级份额一定通不过 SPPI 测试,持有的优先级份额也不必然能通过 SPPI 测试。

新旧金融工具准则下,持有的资产支持证券投资的分类如表 2-16 所示。

表 2-16　　　　　　　　　资产支持证券投资的分类新旧对比

债券投资		原金融工具准则	新金融工具准则
资产支持证券		交易性金融资产【持有目的是近期出售或从价格的短期波动或买卖差价中获利】; 指定为以公允价值计量且其变动计入当期损益的金融资产【以公允价值为基础进行管理、评价和报告,消除或显著减少会计错配】	FVTPL【不能通过 SPPI 测试的】; 指定为 FVTPL【能通过 SPPI 测试的,如果能够消除或显著减少会计错配】 报表列示:"交易性金融资产"/"其他非流动金融资产"
		贷款和应收款项【持有的优先级,且持有目的是在持有期间获取固定收益】 持有至到期投资【若有活跃市场且有明确意图和能力持有至到期的】	以摊余成本计量的金融资产【能通过 SPPI 测试(分级的现金流量能通过 SPPI + 基础资产包含能通过 SPPI 的工具 + 该分级所承担的信用风险等于或小于基础资产本身的信用风险),且以收取合同现金流量为目标】 报表列示:"其他流动资产"/"债权投资"
		可供出售金融资产【持有的次级,或作为剩余分类】	FVOCI(债务工具)【能通过 SPPI 测试,且既收取合同现金流量又出售】 报表列示:"其他流动资产"/"其他债权投资"

十一、权益工具投资的分类

(一) 权益工具投资的分类

原金融工具准则下,对被投资单位不具有控制、共同控制和重大影响的权益工具投资(简称"三无投资")可以作为"以公允价值计量且其变动计入当期损益的金融资产"或"可供出售金融资产"进行核算。

新金融工具准则下,三无投资不属于按照 CAS 22 第十七条分类为以摊余成本计量的金融资产和按照 CAS 22 第十八条分类为以公允价值计量且其变动计入其他综合收益的金融资产,应当分类为以公允价值计量且其变动计入当期损益的金融资产。但是，在初始确认时，企业可以将非交易性权益工具投资指定为 FVOCI（权益工具）。"非交易性"即不是"交易性"（主要是为了近期出售或回购；近期实际存在短期获利模式；属于衍生工具）的。"权益工具投资"是指对于工具发行方来说，满足 CAS 37 中权益工具定义的工具，即不包括符合金融负债定义但是被分类为权益工具的特殊金融工具（如可回售工具和发行方仅在清算时才有义务向另一方按比例交付其净资产的金融工具），例如某些开放式基金，基金持有人可将基金份额回售给基金，该基金发行的基金份额并不符合权益工具的定义，再如约定了固定期限的合伙企业（发行方本身是有限寿命主体），产生合同义务的清算确定将会发生并且不受发行方的控制，或者发生与否取决于该工具的持有方。

非交易性权益工具投资可以逐项工具为基础，指定为 FVOCI（权益工具）。需要强调的是，上述指定一经做出，不得撤销，即 FVOCI（权益工具）不存在重分类（无论是划入还是划出）。对于 FVOCI（权益工具），仅满足条件的股利收入才能计入损益，不涉及减值计提。其他相关的利得和损失（包括汇兑损益）均应当计入其他综合收益，且后续不得转入损益。

根据 CAS 22.69，企业根据本准则第十九条规定将非交易性权益工具投资指定为以公允价值计量且其变动计入其他综合收益的金融资产的，当该金融资产终止确认时，之前计入其他综合收益的累计利得或损失应当从其他综合收益中转出，计入留存收益。即对于选择划分为 FVOCI（权益工具）的原可供出售权益工具投资，累计公允价值变动（包括适用新金融工具准则之前及之后的），转换为新金融工具准则之时及之后，均不能计入损益（即使在适用新金融工具准则之后出售或视同出售）。

（二）新旧准则衔接的处理

在新金融工具准则下，所有的权益工具投资均需以公允价值计量。

根据 CAS 22.81，在本准则施行日，对于之前以成本计量的、在活跃市场中没有报价且其公允价值不能可靠计量的权益工具投资或与该权益工具挂钩并须通过交付该工具进行结算的衍生金融资产，企业应当以其在本准则施行日的公允价值计量。原账面价值与公允价值之间的差额，应当计入本准则施行日所在报告期间的期初留存收益或其他综合收益。

根据 CAS 22.81，在本准则施行日，对于之前以成本计量的、在活跃市场中没有报价且其公允价值不能可靠计量的权益工具投资或与该权益工具挂钩并须通过交付该工具进行结算的衍生金融资产，企业应当以其在本准则施行日的公允价值计量。原账面价值与公允价值之间的差额，应当计入本准则施行日所在报告期间的期初留存收益或其他综合收益。

1. 转换为 FVTPL

原成本法计量的可供出售权益工具投资，新金融工具准则下若分类为以公允价值计量且其变动计入当期损益的金融资产（FVTPL），则原账面价值（成本）与公允价值之间的差额应当计入新准则施行日所在报告期间的期初留存收益。

假设某可供出售金融资产初始入账价值1,000元，后续计提减值准备300元（计入减值损失体现为未分配利润负数）。新金融工具准则施行日，按其公允价值500元确认FVTPL（列报为"交易性金融资产"或"其他非流动金融资产"），原账面价值700元与公允价值500元之间的差额200元计入期初留存收益（盈余公积和未分配利润）。

若原可供出售权益工具投资按公允价值计量，则衔接处理还需要考虑其他综合收益的余额。例如，某可供出售金融资产初始入账价值1,000元，后续公允价值下跌200元（计入其他综合收益借方）、计提减值准备300元（计入减值损失体现为未分配利润负数）。新金融工具准则施行日，按其公允价值500元确认FVTPL（列报为"交易性金融资产"或"其他非流动金融资产"）；同时，将原计入其他综合收益的200元结转期初留存收益——即假设全面追溯调整（假设自开始即使用新金融工具准则）时，按FVTPL核算不会影响其他综合收益，但由于不调整前期比较财务报表数据，因此将原其他综合收益调整新金融工具准则施行日所在年度报告期间的期初留存收益。

可以看出，无论原可供出售金融资产是按成本计量还是按公允价值计量，新金融工具准则施行日的会计处理及影响是相同的。即FVTPL为500元，期初留存收益累积影响-500元。

FVTPL后续按公允价值计量，且公允价值变动计入"公允价值变动损益"。

2. 转换为FVOCI（权益工具）

原成本法计量的可供出售权益工具投资，若对于工具发行方来说满足CAS 37中权益工具的定义，且是非交易性的，则可以在新准则施行日指定为以公允价值计量且其变动计入其他综合收益的金融资产[FVOCI（权益工具）]。则原账面价值（成本）与公允价值之间的差额应当计入新准则施行日所在报告期间的其他综合收益。

假设某可供出售权益工具初始入账价值1,000元，后续计提减值准备300元（计入减值损失体现为未分配利润负数）。新金融工具准则施行日，满足指定为FVOCI（权益工具）的条件，企业选择指定该指定，则按其公允价值500元确认FVOCI（权益工具）（列报为"其他权益工具投资"），原账面价值700元与公允价值500元之间的差额200元计入其他综合收益；同时，将原计入未分配利润的300元结转期初其他综合收益——即假设全面追溯调整时，按FVOCI（权益工具）核算公允价值变动不会影响损益且不适用减值会计，但由于不调整前期比较财务报表数据，因此将原未分配利润负数调整新金融工具准则施行日所在年度报告期间的期初其他综合收益。

若原可供出售权益工具投资按公允价值计量，则衔接处理与原按成本计量相同。例如，某可供出售金融资产初始入账价值1,000元，后续公允价值下跌200元（计入其他综合收益借方）、计提减值准备300元（计入减值损失体现为未分配利润负数）。新金融工具准则施行日，满足指定为FVOCI（权益工具）的条件，企业选择指定该指定，则按其公允价值500元确认FVOCI（权益工具）（列报为"其他权益工具投资"）；同时，将原计入未分配利润的300元结转期初其他综合收益——即假设全面追溯调整时，按 FVOCI（权益工具）核算公允价值变动不会影响损益且不适用减值会计，但由于不调整前期比较财务报表数据，因此将原未分配利润负数调整新金融工具准则施行日所在年度报告期间的其他综合收益；原其他综合收益借方 200 元保持不变。即新金融工具准则施行日 FVOCI（权益工具）为 500 元，其他综合收益累积为 −500 元。

简单而言，原可供出售金融资产转换为 FVTPL，需要将原计入其他综合收益的金额结转期初留存收益——即假设追溯调整但不调整前期比较财务报表数据，因此调整期初留存收益。同样，转换为 FVOCI（权益工具）的，需要将原计入未分配利润的减值金额结转期初其他综合收益。

另外，根据会计准则委员会"会计准则实务问与答"，原分类为可供出售金融资产的权益工具投资原来计入损益的累计减值损失，原则上应当转入其他综合收益，实务上出于简化考虑，允许不对累计减值损失做出处理。

第二节 金融资产的计量

一、初始确认时的计量

新金融工具准则基本保留了原金融工具准则在初始确认时的计量要求，在初始确认时，除不具有重大融资成分的应收账款外，金融资产应以公允价值计量，对于未分类为 FVTPL 的金融工具，还应加上或减去可直接归属于获得或发行该金融工具的交易费用。对于应收账款，企业初始确认的应收账款未包含《企业会计准则第 14 号——收入》所定义的重大融资成分或根据《企业会计准则第 14 号——收入》规定不考虑不超过一年的合同中的融资成分的，应当按照该准则定义的交易价格进行初始计量（见表 2–17）。

表 2–17　　　　　　　应收账款初始确认时的计量——新旧变化

原金融工具准则	新金融工具准则
未包含重大融资成分或不考虑不超过一年的合同中的融资成分的应收账款	
以公允价值计量，相关交易费用计入初始确认金额	按照交易价格（企业因向客户转让商品而预期有权收取的对价金额）进行初始确认。 但与原金融工具准则的规定可能没有显著差异，因为当折现的影响不重要时，企业可以未折现的发票金额来计量没有既定利率的短期应收和应付款项

续表

原金融工具准则	新金融工具准则
包含重大融资成分的应收账款	
以公允价值计量,相关交易费用计入初始确认金额	与原金融工具准则的规定没有差异,按照公允价值计量。在对与客户之间的合同产生的应收款进行初始确认时,根据新金融工具准则计量的应收账款金额与已确认的相应收入金额之间的差额应作为费用(例如,减值损失)列报

二、后续计量

初始确认后,对不同类别的金融资产,分别按摊余成本、FVOCI 或 FVTPL 进行后续计量。对于每种计量类别,利得和损失的确认与列报见表 2-18。关于金融资产的减值要求,详见本书第四章。

表 2-18　　　　　　　　　　金融资产后续计量

计量类别	利得和损失的确认与列报
摊余成本	以下项目计入损益: 使用实际利率法计算的利息收入; 预期信用损失和转回;以及 汇兑损益。 终止确认时的利得或损失计入损益
FVOCI（债务工具）	利得和损失计入其他综合收益,以下项目计入损益(与按摊余成本计量的金融资产相同): (1) 使用实际利率法计算的利息收入; (2) 预期信用损失和转回;以及 (3) 汇兑损益。 终止确认时,之前计入其他综合收益的累计利得或损失重分类至损益
FVTPL	后续计量和终止确认产生的利得和损失均计入损益
FVOCI（权益工具）	公允价值变动、其他相关的利得和损失(包括汇兑损益)计入其他综合收益。不需计提减值准备。 股利收入计入损益,除非股利明确为对投资成本的部分偿还。 当金融资产终止确认时,之前计入其他综合收益的累计利得或损失应当从其他综合收益中转出,计入留存收益

(一) 金融资产的修改

新金融工具准则引入了修改不导致终止确认时,经修改的以摊余成本计量的金融资产的会计处理,关于金融资产修改的相关规定如下(见表 2-19):

表 2 – 19　　　　　　　　　　金融资产修改的会计处理

项目	原金融工具准则	新金融工具准则
金融资产修改——导致终止确认	修改后的金融资产确认为一项新的金融资产	同原金融工具准则的规定。对于如何判断相关的成本和费用应作为源生新资产的交易费用资本化，还是作为与终止确认的旧资产相关予以费用化没有明确规定
金融资产修改——不导致终止确认	无相关规定	（1）资产的账面总额按照修改后的合同现金流量以修改前的实际利率折现重新计算； （2）重新计算得出金额与原账面总额之间的差额，作为修改的利得或损失计入损益； （3）作为修改的一部分所产生的任何成本或费用调整修改后金融资产的账面金额，并在修改后金融资产的剩余期限内进行摊销

（二）公允价值计量

根据新金融工具准则的金融资产分类的规定，有更多的金融资产需要以公允价值计量。未通过 SPPI 测试的债务工具、在其他业务模式下持有的债务工具和所有的权益工具均应以公允价值计量。

值得一提的是，在计量无公开报价的权益工具（及该工具的衍生工具）时，原金融工具准则和新金融工具准则的会计处理有所不同。原金融工具准则包含了一项对无报价权益工具投资计量要求的例外，即没有活跃市场报价且其公允价值无法可靠计量的，这些金融工具以成本计量。新金融工具准则取消了此例外，要求所有权益投资（及其衍生工具）按照《企业会计准则第 39 号——公允价值计量》的要求以公允价值计量。因此，对该等投资进行估值将需要付出额外努力（见表 2 – 20）。

表 2 – 20　　　对某些权益投资及与其挂钩的衍生工具以成本计量的
例外规定——新旧变化

原金融工具准则	新金融工具准则
对在活跃市场没有报价且公允价值不能可靠计量的权益工具投资，以及与该权益工具挂钩并通过交付该权益工具进行结算的衍生金融资产按照成本计量	删除了原准则相关的规定，这些金融工具应按公允价值进行后续计量。但是新金融工具准则指出，在少数情况下，成本可能是对公允价值的适当估计，例如：用于计量公允价值的近期信息不充分；或者公允价值的估计数范围很广，而成本代表了该范围内的最佳估计。 但上述情况不适用于有报价、金融机构和投资基金类的企业持有的权益工具投资

（三）权益工具投资的公允价值计量

1. 公允价值计量的要求

CAS 22.44 要求企业对权益工具的投资和与此类投资相联系的合同应当以公允价

值计量。公允价值计量虽然会带来不确定性,但是成本作为一个可靠(和客观)的金额,只有(即便有)很少的相关性。并且如果采用恰当的估值技术和输入值,信息就是可靠的。技术上讲,权益投资的估值方法发展得比较成熟,而且通常远不如其他要求以公允价值计量的金融工具、包括许多复杂的衍生产品所要求的那么复杂(IFRS 9 – BC5.17)。

虽然在初始入账时,交易价格(取得成本)可能是公允价值的最佳证据,但是后续计量时,成本通常无法提供关于权益工具所产生的未来现金流量的有用信息(IFRS 9 – BC5.15),而简化的计量方法会增加分类方法的复杂性,并降低信息对财务报表使用者的有用性(IFRS 9 – BC5.19),因此新金融工具准则不再提供成本法豁免的简化方法。

根据《企业会计准则第 39 号——公允价值计量》,公允价值,是指市场参与者在计量日发生的有序交易中,出售一项资产所能收到或者转移一项负债所需支付的价格。企业以公允价值计量相关资产或负债,应当采用在当前情况下适用并且有足够可利用数据和其他信息支持的估值技术。使用的估值技术主要包括市场法、收益法和成本法。

原金融工具准则下,在活跃市场中没有报价且其公允价值不能可靠计量的权益工具投资,以及与该权益工具挂钩并须通过交付该权益工具结算的衍生金融资产,应当按照成本计量(成本法豁免)。需要强调的是,没有报价不等于公允价值不能可靠计量,也可以采用估值技术确定公允价值。公允价值不能可靠估计,即该权益性投资公允价值合理估计数的变动区间较大,且变动区间内各种用于确定公允价值估计数的概率不能合理地确定。鉴于估值技术的成熟,即使在原金融工具准则下,可以按成本计量的可供出售权益工具也并不多见。

2. 成本是否可代表对公允价值的恰当估计

CAS 22.44 指出,在有限情况下,如果用以确定公允价值的近期信息不足,或者公允价值的可能估计金额分布范围很广,而成本代表了该范围内对公允价值的最佳估计的,该成本可代表其在该分布范围内对公允价值的恰当估计。

可以看出,用成本代表公允价值的前提非常严格,与此前按成本计量的要求基本类似,即应当使用可获得的有关被投资方业绩和经营状况的所有信息而不能直接认定信息不足,或先要有估计的区间,再判断成本是否可代表对公允价值的恰当估计。不能直接简单认为可以将成本作为对公允价值的估计。

CAS 22.44 还列举了可能表明成本不代表相关金融资产的公允价值的七种情形,包括被投资方业绩、经济环境、市场发生重大变化,以及被投资方权益发生了外部交易并有客观证据等。

需要注意的是,CAS 22.45 指出,权益工具投资或合同存在报价的,企业不应当将成本作为对其公允价值的最佳估计。此外,将成本作为对其公允价值的最佳估计不适用于诸如金融机构和投资基金的特定主体所持有的权益投资(IFRS 9 – BC5.18)。

3. 使用估值技术确定公允价值

企业在估值技术的应用中，应当优先使用相关可观察输入值，只有在相关可观察输入值无法取得或取得不切实可行的情况下，才可以使用不可观察输入值。不可观察输入值，是指不能从市场数据中取得的输入值。该输入值应当根据可获得的市场参与者在对相关资产或负债定价时所使用假设的最佳信息确定。

对于持有的非上市公司股权，应在被投资方整体股权价值的基础上，考虑持股比例并结合流动性折扣等因素评估确定。股权流动性折扣通常可参考看跌期权法的分析结果确定，或参考第三方机构的统计分析数据，结合行业经验确定。常用的期权模型有欧式看跌期权以及亚式看跌期权。

市场法，是利用相同或类似的资产、负债或资产和负债组合的价格以及其他相关市场交易信息进行估值的技术。常用方法包括市场乘数法（如市盈率法、市净率法、企业价值倍数法等）、最近融资价格法（如投资本身是在近期取得且交易日后未发生影响公允价值计量的重大事件、被投资方最近融资价格等）等。

收益法，是将未来金额转换成单一现值的估值技术。常用方法包括自由现金流折现法、股利折现法等。

成本法，是反映当前要求重置相关资产服务能力所需金额的估值技术。常用方法主要为重置成本法、净资产法。重置成本法或净资产法适用于企业价值主要来源于其资产的公允价值的情形，例如银行、房地产公司、商业及酒店业公司和投资公司的价值。

部分企业可能没有轻易确定持有权益投资的公允价值的内部系统或专业知识，但是，基本的股东权利通常可确保其获得进行估值所需的必要信息（IFRS 9 - BC5.17）。因此通常不能直接认为用以确定公允价值的近期信息不足，从而使用成本代表公允价值。

中国证券投资基金业协会发布的《中国基金估值标准2018》对上市基金估值、非上市基金估值、投资基金投资流通受限股票的估值及私募投资基金非上市股权投资的估值均提供了详细的指引，并针对私募投资基金非上市股权投资的估值提供了范例。中国证券业协会发布的《证券公司金融工具估值指引》及《非上市公司股权估值指引》分别对估值的基本原则、投资股票的估值方法、投资固定收益品种的估值方法、投资资产管理产品的估值方法、投资其他金融资产的估值方法、金融负债的估值方法及非上市公司股权的估值进行了详细规定。企业在对无公开报价的金融资产进行估值时，可以参考上述规定，进行估值方法的选择，并参考上述规定在估值时对流动性折扣、特殊选择权、企业生命周期等特殊情况进行考虑。

（四）金融资产重分类的计量

如前所述，重分类不适用于权益工具和金融负债，也不适用于指定为FVTPL的金融资产。

若企业对金融资产进行重分类，则采用未来适用法自下一个报告期间的起始日进行重分类，前期不予重述。金融资产在重分类时的计量规定如表 2-21 所示。

表 2-21　　　　　　　　　　金融资产重分类计量规定

重分类	摊余成本	FVOCI（债务工具）	FVTPL
摊余成本		按照重分类日的公允价值计量。原账面价值与公允价值之间的差额计入其他综合收益。重分类不影响实际利率和预期信用损失的计量	按照重分类日的公允价值计量。原账面价值与公允价值之间的差额计入当期损益
FVOCI（债务工具）	之前计入其他综合收益的累计利得或损失转出，调整重分类日的公允价值，并以调整后的金额作为新的账面价值。重分类不影响实际利率和预期信用损失的计量		之前计入其他综合收益的累计利得或损失从其他综合收益转入当期损益
FVTPL	以重分类日的公允价值作为新的账面余额，并根据该金额确定实际利率。将重分类日视为初始确认日，开始适用减值规定	继续以公允价值计量并根据该金额确定实际利率。将重分类日视为初始确认日，开始适用减值规定	

另外，重分类对财务报表的影响分析如表 2-22 所示。

表 2-22　　　　　　　　　　金融资产重分类对报表的影响

原类别	新类别	对资产负债表的影响	对当期损益的影响	对其他综合收益的影响
以摊余成本计量	FVTPL	重分类日以公允价值计量	利得或损失＝原摊余成本与公允价值之间的差额	
FVTPL	以摊余成本计量	重分类日公允价值变成新的账面余额		
以摊余成本计量	FVOCI（债务工具）	重分类日以公允价值计量		利得或损失＝原摊余成本与公允价值之间的差额计入
FVOCI（债务工具）	以摊余成本计量	重分类日公允价值变成新的账面余额		重分类日原其他综合收益的利得或损失重分类作为对公允价值的调整

续表

原类别	新类别	对资产负债表的影响	对当期损益的影响	对其他综合收益的影响
FVTPL	FVOCI（债务工具）			
FVOCI（债务工具）	FVTPL		之前在其他综合收益中确认的利得/损失从权益重分类至损益	

第三节 实务应用示例[①]

一、重要会计估计和判断

（一）金融资产的分类

示例2-1　601390.SH 中国中铁

金融资产的分类

本集团在确定金融资产的分类时涉及的重大判断包括业务模式及合同现金流量特征的分析等。

本集团在金融资产组合的层次上确定管理金融资产的业务模式，考虑的因素包括评价和向关键管理人员报告金融资产业绩的方式、影响金融资产业绩的风险及其管理方式，以及相关业务管理人员获得报酬的方式等。

本集团在评估金融资产的合同现金流量是否与基本借贷安排相一致时，存在以下主要判断：本金是否可能因提前还款等原因导致在存续期内的时间分布或者金额发生变动；利息是否仅包括货币时间价值、信用风险、其他基本借贷风险以及与成本和利润的对价。例如，提前偿付的金额是否仅反映了尚未支付的本金及以未偿付本金为基础的利息，以及因提前终止合同而支付的合理补偿。

示例2-2　600874.SH 创业环保

金融资产的分类

本集团在确定金融资产的分类时涉及的重大判断包括业务模式及合同现金流量特征的分析等。本集团在金融资产组合的层次上确定管理金融资产的业务模式，考虑的

[①] 本书每章示例部分的内容，引自相关上市公司公开披露的年度报告，大多依循了上市公司年报的原体例格式进行摘录。——编者

因素包括评价和向关键管理人员报告金融资产业绩的方式、影响金融资产业绩的风险及其管理方式,以及相关业务管理人员获得报酬的方式等。

本集团在评估金融资产的合同现金流量是否与基本借贷安排相一致时,存在以下主要判断:本金是否可能因提前还款等原因导致在存续期内的时间分布或者金额发生变动;利息是否仅包括货币时间价值、信用风险、其他基本借贷风险以及与成本和利润的对价。例如,提前偿付的金额是否仅反映了尚未支付的本金及以未偿付本金为基础的利息,以及因提前终止合同而支付的合理补偿。

示例2-3　600688.SH 上海石化

金融资产的分类

本集团在确定金融资产的分类时涉及的重大判断包括业务模式及合同现金流量特征的分析等。

本集团在金融资产组合的层次上确定管理金融资产的业务模式,考虑的因素包括评价和向关键管理人员报告金融资产业绩的方式、影响金融资产业绩的风险及其管理方式,以及相关业务管理人员获得报酬的方式等。

本集团在评估金融资产的合同现金流量是否与基本借贷安排相一致时,存在以下主要判断:本金是否可能因提前还款等原因导致在存续期内的时间分布或者金额发生变动;利息是否仅包括货币时间价值、信用风险、其他基本借贷风险以及与成本和利润的对价。例如,提前偿付的金额是否仅反映了尚未支付的本金及以未偿付本金为基础的利息,以及因提前终止合同而支付的合理补偿。

示例2-4　603157.SH 拉夏贝尔

金融资产的分类

本集团在确定金融资产的分类时涉及的重大判断包括业务模式及合同现金流量特征的分析等。

本集团在金融资产组合的层次上确定管理金融资产的业务模式,考虑的因素包括评价和向关键管理人员报告金融资产业绩的方式、影响金融资产业绩的风险及其管理方式,以及相关业务管理人员获得报酬的方式等。

本集团在评估金融资产的合同现金流量是否与基本借贷安排相一致时,存在以下主要判断:本金是否可能因提前还款等原因导致在存续期内的时间分布或者金额发生变动;利息是否仅包括货币时间价值、预期、其他基本借贷风险以及与成本和利润的对价。例如,提前偿付的金额是否仅反映了尚未支付的本金及以未偿付本金为基础的利息,以及因提前终止合同而支付的合理补偿。

示例2-5　600548.SH 深高速

业务模式

金融资产于初始确认时的分类取决于本集团管理金融资产的业务模式,在判断业务模式是否以收取合同现金流量为目标时，本集团需要对金融资产到期日前的出售原因、时间、频率和价值等进行分析判断。

合同现金流量特征

金融资产于初始确认时的分类取决于金融资产的合同现金流量特征，需要判断合同现金流量是否仅为对本金和以未偿付本金为基础的利息的支付时，包含对货币时间价值的修正进行评估时，需要判断与基准现金流量相比是否具有显著差异、对包含提前还款特征的金融资产，需要判断提前还款特征的公允价值是否非常小等。

（二）金融资产的计量——公允价值的确定

示例 2-6 601390.SH 中国中铁

金融工具的公允价值确定

在活跃市场上交易的金融工具的公允价值以资产负债表日的市场报价为基础。若报价可方便及定期向交易所、证券商、经纪、行业团体、报价服务者或监管代理处获得，且该报价代表按公平交易基准进行的实际或常规市场交易时，该市场被视为活跃市场。不存在活跃市场的金融工具的公允价值采用估值方法确认，所使用的估值模型主要为现金流量折现模型和市场可比公司模型等。估值方法在最大程度上利用可观察市场信息，然而，当可观察市场信息无法获得时，管理层将对估值方法中包括的重大不可观察信息作出估计。该估计可能与下一年度的实际结果有所不同。

示例 2-7 601898.SH 中煤能源

公允价值计量和估值程序

本集团的某些资产在财务报表中按公允价值计量。在对某项资产的公允价值作出估计时，本集团采用可获得的可观察市场数据。如果无法获得第一层次输入值，本集团会成立内部评估小组或聘请第三方有资质的评估师来执行估价。本集团财务部门与评估小组及有资质的外部估价师紧密合作，以确定适当的估值技术和相关模型的输入值。在确定各类资产和负债的公允价值的过程中所采用的估值技术和输入值的相关信息在附注十一.4 中披露（略）。

示例 2-8 600548.SH 深高速

非上市股权投资的公允价值

以公允价值计量且其变动计入损益的非上市股权投资之公允价值利用市场基础估值法估算，所依据的假设为不可观察输入值。估值要求管理层按照行业、规模、杠杆比率及战略厘定可比公众公司（行家），并就已识别的每家可比公司计算合适的价格倍数，如企业价值对市价/息税前盈利（"EV/EBITDA"）比率，市净率（"P/B"）或市盈率（"P/E"）等。该倍数以可比公司的相关指数据计量计算，再以缺乏流动性百分比进行折扣。折扣后的倍数会应用于非上市股权投资的相应盈利或资产数据计量，以计算其公允价值。管理层相信，以上述估值方法得出的估计公允价值（于资产负债表记录）及相关的公允价值变动（于损益与其他综合收益表记录）属合理，且于报告期末为最恰当的价值。

示例2-9　600362.SH 江西铜业

非上市的股权投资及股权收益权的公允价值

本集团采用市场法来评估非上市的股权投资及股权收益权的公允价值。本集团管理层必须在采用该评估方法时，确定合适的可比的上市公司，选择恰当的价格倍数，并在评估时选择所应用的估计（包括流动性折扣和规模差异）。

二、应收款项融资

示例2-10　601005.SH 重庆钢铁

会计政策变更（2018年报）
财务报表列报方式变更

根据《关于修订印发2018年度一般企业财务报表格式的通知》（财会〔2018〕15号）要求，资产负债表中，将"应收票据"和"应收账款"归并至新增的"应收票据及应收账款"项目，将"应收利息"和"应收股利"归并至"其他应收款"项目，将"固定资产清理"归并至"固定资产"项目，将"工程物资"归并至"在建工程"项目，将"应付票据"和"应付账款"归并至新增的"应付票据及应付账款"项目，将"应付利息"归并至"其他应付款"项目，将"专项应付款"归并至"长期应付款"项目；在利润表中，增设"研发费用"项目列报研究与开发过程中发生的费用化支出，"财务费用"项目下分拆"利息费用"和"利息收入"明细项目等；本集团相应追溯调整了比较数据。该会计政策变更对合并及公司净利润和股东权益无影响。

会计政策变更（2019年报）
财务报表列报方式变更

根据《关于修订印发2019年度一般企业财务报表格式的通知》（财会〔2019〕6号）和《关于修订印发合并财务报表格式（2019版）的通知》（财会〔2019〕16号）要求，资产负债表中，"应收票据及应收账款"项目分拆为"应收票据"及"应收账款"，"应付票据及应付账款"项目分拆为"应付票据"及"应付账款"，原计入"其他流动资产"项目中的以公允价值计量且其变动计入其他综合收益的票据改为在"应收款项融资"项目单独列示，"其他应收款"项目中的"应收利息"改为仅反映相关金融工具已到期可收取但于资产负债表日尚未收到的利息（基于实际利率法计提的金融工具的利息包含在相应金融工具的账面余额中），"其他应付款"项目中的"应付利息"改为仅反映相关金融工具已到期应支付但于资产负债表日尚未支付的利息（基于实际利率法计提的金融工具的利息包含在相应金融工具的账面余额中）。本集团相应追溯调整了比较数据。该会计政策变更对合并及公司净利润和所有者权益无影响。

上述会计政策变更引起的追溯调整对财务报表的主要影响如下：

单位：千元

2019年	会计政策变更前 2018年末余额	会计政策变更 其他财务报表列报方式变更影响	会计政策变更后 2019年初余额
应收票据及应收账款	30,340	(30,340)	—
应收账款	—	30,340	30,340
其他流动资产	575,931	(575,652)	279
应收款项融资	—	575,652	575,652
应付票据及应付账款	2,946,316	(2,946,316)	—
应付票据	—	1,199,147	1,199,147
应付账款	—	1,747,169	1,747,169
其他应付款	354,665	(6,317)	348,348
一年内到期的非流动负债	410,000	6,317	416,317

单位：千元

2018年	会计政策变更前年初余额	会计政策变更其他财务报表列报方式变更影响	会计政策变更后年初余额
应收票据及应收账款	44,038	(44,038)	—
应收账款	—	44,038	44,038
其他流动资产	1,251,751	(123,096)	1,128,655
应收款项融资	—	123,096	123,096
应付票据及应付账款	2,155,294	(2,155,294)	—
应付票据	—	80,700	80,700
应付账款	—	2,074,594	2,074,594
其他应付款	1,491,912	(7,174)	1,484,738
一年内到期的非流动负债	400,000	7,174	407,174

报表主要项目注释

应收款项融资

单位：千元

项目	2019年12月31日	2018年12月31日
应收票据	861,373	575,652

本集团在日常资金管理中将部分银行承兑汇票背书或贴现，管理上述应收票据的业务模式既以收取合同现金流量为目标又以出售为目标，本集团将此类应收票据分类为以公允价值计量且其变动计入其他综合收益的金融资产，列报为应收款项融资。

单位：千元

	2019年12月31日	2018年12月31日
商业承兑汇票	200	2,900
银行承兑汇票	861,173	572,752
减：应收票据坏账准备	—	—
	861,373	575,652

公允价值的披露

以公允价值计量的资产和负债

单位：千元

2019年12月31日	公允价值计量使用的输入值			
	活跃市场报价（第一层次）	重要可观察输入值（第二层次）	重要不可观察输入值（第三层次）	合计
其他权益工具投资	—	—	5,000	5,000
应收款项融资	—	861,373	—	861,373
交易性金融资产	—	—	400,000	400,000
	—	861,373	405,000	1,266,373

示例 2-11　601898.SH 中煤能源

重要会计政策变更（2018 年报）

2018 年 1 月 1 日首次施行新金融工具准则的影响汇总表　　　　单位：千元

项目	按原金融工具准则列示的账面价值 2017 年 12 月 31 日（已重述）	施行新金融工具准则影响					按新金融工具准则列示的账面价值 2018 年 1 月 1 日
		重分类		重新计量			
		自原分类为贷款和应收款项类金融资产转入（注1）	自原分类为可供出售金融资产转入	预期信用损失	从摊余成本计量变为公允价值计量（注1）	从成本计量变为公允价值计量	
应收票据及应收账款	15,838,564	(9,038,690)	—	—	—	—	6,799,874
其他流动资产	3,750,129	9,038,690	—	(130,265)	—	—	12,658,554
可供出售金融资产	3,420,028	—	(3,420,028)	—	—	—	—
其他权益工具投资	—	—	3,420,028	—	—	249,008	3,669,036

注 1：自原分类为贷款和应收款项类金融资产转入。

本集团管理企业流动性的过程中会在部分应收票据到期前进行贴现或背书转让，并基于本集团已将相关应收票据几乎所有的风险和报酬转移给相关交易对手之后终止确认已贴现或背书的应收票据。本集团管理应收票据的业务模式是既以收取合同现金流量为目标又以出售该金融资产为目标的。因此，于 2018 年 1 月 1 日，人民币 9,038,690 千元的应收票据被重分类为以公允价值计量且其变动计入其他综合收益的金融资产，在资产负债表中其他流动资产项目下列报①。原先以摊余成本计量的应收票据改按公允价值计量导致其他流动资产账面价值减少人民币 130,265 千元，递延所得税资产增加人民币 28,373 千元，其他综合收益减少人民币 79,341 千元，少数股东权益减少人民币 22,551 千元。

重要会计政策变更（2019 年报）
财务报表列报格式

本集团按财政部于 2019 年 4 月 30 日颁布的《关于修订印发 2019 年度一般企业

---

① 财政部于 2019 年 5 月发布《关于修订印发 2019 年度一般企业财务报表格式的通知》（财会〔2019〕6 号），新增"应收款项融资"项目，反映分类以公允价值计量且其变动计入其他综合收益的金融资产的应收票据和应收账款等。因此，在上市公司 2018 年年报中分类为以公允价值计量且其变动计入其他综合收益的金融资产的应收票据和应收账款列报项目与"财会〔2019〕6 号"的规定不同。

财务报表格式的通知》（财会（2019）6号，以下简称"财会6号文件"）编制2019年度财务报表。财会6号文件对资产负债表和利润表的列报项目进行了修订，将"应收票据及应收账款"项目分拆为"应收票据"和"应收账款"两个项目，将"应付票据及应付账款"项目分拆为"应付票据"和"应付账款"两个项目，同时明确或修订了"一年内到期的非流动资产""递延收益""其他权益工具""研发费用""财务费用"项目下的"利息收入""其他收益""资产处置收益""营业外收入""营业外支出"项目的列报内容，调整了"资产减值损失"项目的列示位置，明确了"其他权益工具持有者投入资本"项目的列报内容。对于上述列报项目的变更，本集团对上年比较数据进行了追溯调整。

财务报表项目注释

应收款项融资

单位：千元

项目	2018年12月31日	应计利息	本年公允价值变动	2019年12月31日	成本	累计公允价值变动	累计在其他综合收益中确认的损失准备
以公允价值计量且其变动计入其他综合收益的应收票据	9,989,407	—	22,931	6,897,430	6,982,338	(84,908)	11,472

（1）以公允价值计量且其变动计入其他综合收益的应收票据分类列示。

单位：千元

项目	2019年12月31日	2018年12月31日
银行承兑汇票	6,641,102	9,580,925
商业承兑汇票	256,328	408,482
合计	6,897,430	9,989,407

（2）2019年12月31日已质押的以公允价值计量且其变动计入其他综合收益的应收票据。

单位：千元

项目	2019年12月31日
银行承兑汇票	456,013

注：于2019年12月31日，本集团将应收票据人民币447,055千元（2018年12月31日：人民币272,596千元）质押给银行作为取得人民币446,973千元（2018年12月31日：人民币264,810千元）应付票据的担保。

于 2019 年 12 月 31 日，本集团将应收票据人民币 8,958 千元（2018 年 12 月 31 日：人民币 996 千元）质押给银行作为取得人民币 9,000 千元（2018 年 12 月 31 日：人民币 1,000 千元）短期借款的担保。

（3）2019 年 12 月 31 日已背书或贴现且在资产负债表日尚未到期的以公允价值计量且其变动计入其他综合收益的应收票据。

单位：千元

项目	年末终止确认金额	年末未终止确认金额
银行承兑汇票	5,654,075	1,195,251
商业承兑汇票	—	62,499
合计	5,654,075	1,257,750

注：截至 2019 年 12 月 31 日，本集团将人民币 8,958 千元（2018 年：人民币 996 千元）的银行承兑汇票贴现给银行，将人民币 1,248,792 千元（2018 年：人民币 1,335,416 千元）的银行承兑汇票和商业承兑汇票背书给供应商，由于本集团没有转移金融资产所有权上几乎所有的风险和报酬，所以本集团没有对其予以终止确认。

截至 2019 年 12 月 31 日，本集团将人民币 5,654,075 千元（2018 年：人民币 3,401,174 千元）的银行承兑汇票向银行贴现或向供应商背书。根据中国法律，如果发行银行未履行付款，应收票据持有人有权对本集团追偿。本集团认为，本集团已将该等应收票据与所有权有关的绝大部分风险及回报进行转让，因此于应收票据贴现及背书予银行、供应商时终止确认应收票据及相关应付账款的账面价值。本集团继续涉入已背书及已贴现应收票据的最大风险敞口等于其账面价值。本集团认为，本集团继续涉入已终止确认应收票据之公允价值并不重大。

公允价值的披露

（1）以公允价值计量的资产和负债的年末公允价值。

单位：千元

项目	年末公允价值			
	第一层次公允价值计量	第二层次公允价值计量	第三层次公允价值计量	合计
一、持续的公允价值计量				
（一）应收款项融资	—	6,897,430	—	6,897,430
（二）其他权益工具投资	24,730	—	2,304,025	2,328,755
持续以公允价值计量的资产总额	24,730	6,897,430	2,304,025	9,226,185

上市其他权益工具投资的公允价值根据公开交易市场最后一个交易日收盘价格确定。

（2）持续第二层次公允价值计量项目，采用的估值技术和重要参数的定性及定量信息。

单位：千元

项目	2019年12月31日的公允价值	估值技术	输入值
应收款项融资	6,897,430	现金流量折现法	折现率

(3) 持续和非持续第三层次公允价值计量项目，采用的估值技术和重要参数的定性及定量信息。

单位：千元

项目	2019年12月31日的公允价值	估值技术	输入值
其他权益工具投资——对非上市公司权益工具投资	2,304,025	市场法/收益法	未来现金流量、折现率/同行业可比上市企业的市盈率或市净率

示例2-12　600688.SH　上海石化

重要会计政策变更（2018年报）

于2018年1月1日，本集团及本公司根据新金融工具准则下的计量类别，将原金融资产账面价值调整为新金融工具准则下的账面价值的调节表：

新金融工具准则下的计量类别	注释
以摊余成本计量的金融资产	表1
以公允价值计量且其变动计入其他综合收益的金融资产	表2

表1　新金融工具准则下以摊余成本计量的金融资产

单位：千元

| 应收票据及应收账款 | 注释 | 账面价值 | |
		合并	公司
2017年12月31日		3,426,439	2,573,172
减：转出至以公允价值计量且其变动计入其他综合收益的金融资产（新金融工具准则）	i)	(1,460,571)	(815,227)
2018年1月1日		1,965,868	1,757,945

表 2　　新金融工具准则下以公允价值计量且其变动计入其他综合收益的金融资产

单位：千元

以公允价值计量且其变动计入其他综合收益的金融资产	注释	账面价值	
		合并	公司
2017 年 12 月 31 日		—	—
加：自应收票据及应收账款转入（原金融工具准则）	i)	1,460,571	815,227
2018 年 1 月 1 日		1,460,571	815,227

i）本集团下属子公司中国金山联合贸易有限责任公司（"金贸公司"）和上海金贸国际贸易有限公司（"金贸国际"）视其日常资金管理的需要将一部分应收账款进行无追索权的福费廷业务，该子公司管理应收账款的业务模式既包括收取合同现金流量为目标又包括出售为目标，故于 2018 年 1 月 1 日，本集团将该子公司的第三方应收账款人民币 309,518 千元，分类为以公允价值计量且其变动计入其他综合收益的金融资产，仍列示于应收票据及应收账款。

本集团视日常资金管理的需要将一部分银行承兑汇票进行了贴现和背书，管理银行承兑汇票的业务模式既包括收取合同现金流量为目标又包括出售为目标，故于 2018 年 1 月 1 日，本集团将银行承兑汇票人民币 1,151,053 千元，分类为以公允价值计量且其变动计入其他综合收益的金融资产，仍列示于应收票据及应收账款。

上述以公允价值计量且其变动计入其他综合收益的金融资产公允价值与原账面价值无重大差异，故本集团未调整留存收益和其他综合收益。

重要会计政策变更（2019 年报）
一般企业报表格式的修改

单位：千元

会计政策变更的内容和原因	受影响的报表项目名称	影响金额增加/(减少)	
		2018 年 12 月 31 日	2018 年 1 月 1 日
本集团将应收票据及应收账款项目分拆为应收账款和应收票据项目	应收账款	3,181,142	2,275,386
	应收票据	789,103	1,151,053
	应收票据及应收账款	(3,970,245)	(3,426,439)
本集团将应付票据及应付账款项目分拆为应付账款和应付票据项目	应付账款	7,394,383	5,573,281
	应付票据	—	—
	应付票据及应付账款	(7,394,383)	(5,573,281)
本集团将以公允价值计量且其变动计入其他综合收益的应收票据和应收账款自应收票据和应收账款重分类至应收款项融资项目	应收款项融资	1,672,431	1,460,571
	应收票据	(789,103)	(1,151,053)
	应收账款	(883,328)	(309,518)

财务报表项目附注
应收款项融资

单位：千元

项目	2019年12月31日	2018年12月31日
应收款项融资	1,540,921	1,672,431

（a）本集团视其日常资金管理的需要将一部分银行承兑汇票进行贴现和背书，且符合终止确认的条件，故将应收票据分类为以公允价值计量且其变动计入其他综合收益的金融资产。于2019年12月31日，分类为以公允价值计量且其变动计入其他综合收益的金融资产的应收票据金额为人民币804,739千元（2018年12月31日：人民币789,103千元）。

（b）本集团无单项计提减值准备的银行承兑汇票，均按照整个存续期预期信用损失计量坏账准备。于2019年12月31日及2018年12月31日，本集团认为所持有的银行承兑汇票不存在重大信用风险，不会因银行违约而产生重大损失。

（c）于2019年12月31日，本集团无质押的应收票据（2018年12月31日：无）。

（d）于2019年12月31日，本集团列示于应收款项融资的已背书或已贴现但尚未到期的应收票据如下：

单位：千元

项目	已终止确认	未终止确认
银行承兑汇票	441,721	—

（e）本集团下属子公司上海金贸国际贸易有限公司（"金贸国际"）视其日常资金管理的需要将一部分应收账款进行无追索权的福费廷业务，该子公司管理应收账款的业务模式既包括收取合同现金流量为目标又包括出售为目标，故将该子公司的第三方应收账款分类为以公允价值计量且其变动计入其他综合收益的金融资产。于2019年12月31日，分类为以公允价值计量且其变动计入其他综合收益的金融资产的应收账款余额为人民币736,182千元（2018年12月31日：人民币883,328千元）。

（f）因金融资产转移而终止确认的应收账款分析如下：

2019年度，本集团下属子公司中国金山联合贸易有限责任公司（"金贸公司"）和金贸国际对应收账款进行无追索权的福费廷业务而终止确认的应收账款账面余额为3,095,035千元（2018年度：人民币5,665,160千元），相关损失为人民币11,137千元（2018年度：人民币25,391千元）。

示例 2-13   601899.SH 紫金矿业

会计政策变更（2018 年报）

本集团在日常资金管理中将部分银行承兑汇票背书，管理上述应收票据的业务模式既以收取合同现金流量为目标又以出售为目标，因此本集团 2018 年 1 月 1 日之后将该等应收票据重分类为以公允价值计量且其变动计入其他综合收益金融资产。

在首次执行日，金融资产按照修订前后金融工具确认计量准则的规定进行分类和计量结果对比如下：

单位：元

本集团	修订前的金融工具确认计量准则		修订后的金融工具确认计量准则	
	计量类别	账面价值	计量类别	账面价值
应收账款	贷款和应收款	1,292,864,505	摊余成本	1,292,864,505
应收票据	贷款和应收款	1,519,375,541	以公允价值计量且其变动计入其他综合收益（准则要求）	1,519,375,541

会计政策变更（2019 年报）

财务报表列报方式变更

根据《关于修订印发 2019 年度一般企业财务报表格式的通知》（财会〔2019〕6 号）和《关于修订印发合并财务报表格式（2019 版）的通知》（财会〔2019〕16 号）要求，资产负债表中，"其他应收款"项目中的"应收利息"改为仅反映相关金融工具已到期可收取但于资产负债表日尚未收到的利息（基于实际利率法计提的金融工具的利息包含在相应金融工具的账面余额中），"其他应付款"项目中的"应付利息"改为仅反映相关金融工具已到期应支付但于资产负债表日尚未支付的利息（基于实际利率法计提的金融工具的利息包含在相应金融工具的账面余额中），参照新金融工具准则的衔接规定不追溯调整比较数据。该会计政策变更对合并及公司净利润和所有者权益无影响。

资产负债表中，"应收票据及应收账款"项目分拆为"应收票据"及"应收账款"，"应付票据及应付账款"项目分拆为"应付票据"及"应付账款"，原计入"应收票据"项目中的以公允价值计量且其变动计入其他综合收益的票据更新为在"应收款项融资"项目单独列示。本集团相应追溯调整了比较数据。该会计政策变更对合并及公司净利润和所有者权益无影响。

上述会计政策变更引起的追溯调整对财务报表的主要影响如下：

项目	会计政策变更前 2018年末余额	会计政策变更 财务报表列报方式变更影响	会计政策变更后 2019年初余额
应收票据及应收账款	1,009,871,109	(1,009,871,109)	—
应收账款	—	1,009,871,109	1,009,871,109
应收款项融资		1,243,090,520	1,243,090,520
其他流动资产	2,504,018,792	(1,243,090,520)	1,260,928,272
应付票据及应付账款	4,700,981,856	(4,700,981,856)	—
应付票据	—	160,733,506	160,733,506
应付账款	—	4,540,248,350	4,540,248,350

财务报表主要项目注释
应收款项融资

单位：元

项目	2019年	2018年
应收票据（注1）	1,318,505,074	1,243,090,520

注1：本集团将应收票据重分类为以公允价值计量且其变动计入其他综合收益的金融资产，列报为应收款项融资，明细如下：

单位：元

项目	2019年	2018年
银行承兑汇票	1,048,460,012	971,636,786
商业承兑汇票	276,795,969	277,115,790
合计	1,325,255,981	1,248,752,576
减：应收款项融资减值准备	6,750,907	5,662,056
累计	1,318,505,074	1,243,090,520

示例2-14 002202.SZ 金风科技

重要会计政策变更（2018年报）

本集团在日常资金管理中将部分银行承兑汇票背书或贴现，管理上述应收票据的业务模式既以收取合同现金流量为目标又以出售为目标，因此本集团2018年1月1日之后将该等应收票据重分类为以公允价值计量且其变动计入其他综合收益的金融资产，但仍将其列报为应收票据。

重要会计政策变更（2019年报）
财务报表列报方式变更

根据《关于修订印发2019年度一般企业财务报表格式的通知》（财会〔2019〕6号）和《关于修订印发合并财务报表格式（2019版）的通知》（财会〔2019〕16号）要求，资产负债表中，"应收票据及应收账款"项目分拆为"应收票据"及"应收账款"，"应付票据及应付账款"项目分拆为"应付票据"及"应付账款"，"其他应收款"项目中的"应收利息"改为仅反映相关金融工具已到期可收取但于资产负债表日尚未收到的利息（基于实际利率法计提的金融工具的利息包含在相应金融工具的账面余额中），"其他应付款"项目中的"应付利息"改为仅反映相关金融工具已到期应支付但于资产负债表日尚未支付的利息（基于实际利率法计提的金融工具的利息包含在相应金融工具的账面余额中）；利润表中，"研发费用"项目除反映进行研究与开发过程中发生的费用化支出外，还包括了原在"管理费用"项目中列示的自行开发无形资产的摊销，本集团相应追溯调整了比较数据。该会计政策变更对合并及公司净利润和所有者权益无影响。

财务报表项目注释
应收款项融资

单位：元

项目	期末余额	期初余额
银行承兑票据	2,429,828,114.17	1,891,126,178.89
商业承兑票据	818,841.38	181,100,000.00
合计	2,430,646,955.55	2,072,226,178.89

其中，已质押的应收票据如下：

单位：元

项目	2019年12月31日	2018年12月31日
银行承兑汇票	55,035,194.30	63,953,752.72

已背书或贴现但在资产负债表日尚未到期的应收票据如下：

本集团在日常资金管理中将部分银行承兑汇票背书或贴现，管理上述应收票据的业务模式既以收取合同现金流量为目标又以出售为目标，因此本集团将该等应收票据重分类为以公允价值计量且其变动计入其他综合收益的金融资产，将其列报为应收款项融资。

单位：元

项目	2019年12月31日		2018年12月31日	
	终止确认	未终止确认	终止确认	未终止确认
银行承兑汇票	8,921,756,220.98	1,524,797,543.00	9,773,991,234.83	1,548,870,187.11

示例 2-15　000338.SZ 潍柴动力

重要会计政策变更（2018 年报）

本集团在日常资金管理中将部分银行承兑汇票背书或贴现，管理上述应收票据的业务模式既以收取合同现金流量为目标又以出售为目标，因此本集团 2018 年 1 月 1 日之后将该等应收票据重分类为以公允价值计量且其变动计入其他综合收益金融资产，列报为应收票据及应收账款。

在首次执行日，本集团金融资产按照修订前后金融工具确认计量准则的规定进行分类和计量结果对比如下：

单位：元

项目	修订前的金融工具确认计量准则		修订后的金融工具确认计量准则	
	计量类别	账面价值	计量类别	账面价值
应收票据	摊余成本（贷款和应收款）	25,291,238,910.52	摊余成本	18,244,008,954.57
			以公允价值计量且其变动计入其他综合收益（准则要求）	7,047,229,955.95
应收账款	摊余成本（贷款和应收款）	13,572,535,350.44	摊余成本	13,605,102,150.64
			以公允价值计量且其变动计入当期损益（准则要求）	145,122,780.00

重要会计政策变更（2019 年报）

2019 年 4 月 30 日，财政部以财会〔2019〕6 号发布了《关于修订印发 2019 年度一般企业财务报表格式的通知》（本示例中简称"财会 6 号文件"），通知适用于执行企业会计准则的非金融企业 2019 年度中期财务报表和年度财务报表及以后期间的财务报表。财会 6 号文件对资产负债表、利润表、现金流量表和所有者权益变动表的列报项目进行了修订，将"应收票据及应收账款"项目分拆为"应收票据"和"应收账款"两个项目，将"应付票据及应付账款"项目分拆为"应付票据"和"应付账款"两个项目，新增了"应收款项融资"和"专项储备"项目，明确或修订了"其他应收款""一年内到期的非流动资产""其他应付款""递延收益""其他权益工具""研发费用""财务费用"项目下的"利息收入""其他收益""营业外收入""营业外支出""其他权益工具持有者投入资本"的列报内容，同时规定了对贷款承诺、财务担保合同等项目计提的损失准备的列报要求，在"投资收益"项目下新增"以摊余成本计量的金融资产终止确认收益"项目，调整了利润表部分项目的列报位置，明确了政府补助在现金流量表的填列项目。对于上述列报项目的变更，本集团对上期比较数据进行了重述。该会计政策变更对合并及公司净利润和股东权益无影响。

本集团按财政部于2019年9月19日颁布的《关于修订印发合并财务报表格式（2019版）的通知》编制2019年度财务报表，引起的追溯调整对2018年12月31日的资产负债表主要影响如下：

单位：元

项目	会计政策变更前年末余额	会计政策变更调整额	会计政策变更后年末余额
应收票据		18,056,440,277.52	18,056,440,277.52
应收账款		13,155,363,494.20	13,155,363,494.20
应收票据及应收账款	38,148,028,169.82	-38,148,028,169.82	
应收款项融资		6,936,224,398.10	6,936,224,398.10
应付票据		15,925,016,265.08	15,925,016,265.08
应付账款		30,869,354,934.85	30,869,354,934.85
应付票据及应付账款	46,794,371,199.93	-46,794,371,199.93	
其他流动负债	6,321,615,150.06	-199,815,799.90	6,121,799,350.16
递延收益	3,056,191,818.80	199,815,799.90	3,256,007,618.70

财务报表项目注释
应收款项融资

单位：元

项目	2019年12月31日	2019年1月1日/2018年12月31日
以公允价值计量的银行承兑汇票	10,388,865,839.45	6,846,621,822.13
以公允价值计量的商业承兑汇票	149,044,144.26	89,602,575.97
合计	10,537,909,983.71	6,936,224,398.10

示例2-16　600362.SH 江西铜业

会计政策变更（2018年报）

本集团在日常资金管理中将部分银行承兑汇票背书或贴现，管理上述应收票据的业务模式既以收取合同现金流量为目标又以出售为目标，因此本集团2018年1月1日之后将该等应收票据重分类为以公允价值计量且其变动计入其他综合收益金融资产。

在首次执行日，金融资产按照修订前后金融工具确认计量准则的规定进行分类和计量结果对比如下：

合并财务报表

单位：元

项目	修订前的金融工具确认计量准则			修订后的金融工具确认计量准则	
	计量类别	账面价值	重新计量	计量类别	账面价值
应收票据	摊余成本（贷款和应收款）	3,200,366,630	—	以公允价值计量且其变动计入其他综合收益	3,200,366,630
理财产品、信托产品及资产管理计划	以公允价值计量且其变动计入其他综合收益（可供出售类资产）	2,856,762,320	—	以公允价值计量且其变动计入当期损益（准则要求）	2,856,762,320
	摊余成本（贷款和应收款）	70,375,466	—	以公允价值计量且其变动计入当期损益（准则要求）	70,375,466

会计政策变更（2019年报）

财务报表列报方式变更

根据《关于修订印发2019年度一般企业财务报表格式的通知》（财会〔2019〕6号）和《关于修订印发合并财务报表格式（2019版）的通知》（财会〔2019〕16号）要求，资产负债表中，"应收票据及应收账款"项目分拆为"应收票据"及"应收账款"，新增"应收款项融资"项目反映以公允价值计量且其变动计入其他综合收益的应收票据和应收账款等；"应付票据及应付账款"项目分拆为"应付票据"及"应付账款"；"其他应收款"项目中的"应收利息"改为仅反映相关金融工具已到期可收取但于资产负债表日尚未收到的利息（基于实际利率法计提的金融工具的利息包含在相应金融工具的账面余额中），"其他应付款"项目中的"应付利息"改为仅反映相关金融工具已到期应支付但于资产负债表日尚未支付的利息（基于实际利率法计提的金融工具的利息包含在相应金融工具的账面余额中）；利润表中，"研发费用"项目除反映进行研究与开发过程中发生的费用化支出外，还包括了原在"管理费用"项目中列示的自行开发无形资产的摊销；本集团相应追溯调整了比较数据。该会计政策变更对合并及公司净利润和所有者权益无影响。

上述会计政策变更引起的追溯调整对财务报表的主要影响如下：

单位：元

项目	按原准则列示的账面价值 2018年12月31日	其他财务报表列报方式变更影响	按新准则列示的账面价值 2019年1月1日
货币资金	22,773,300,539	183,053,488	22,956,354,027
应收票据	—	14,423,200	14,423,200
应收账款	—	5,727,719,572	5,727,719,572
应收款项融资	—	3,215,501,984	3,215,501,984
应收票据及应收账款	8,957,644,756	(8,957,644,756)	—
其他应收款	3,028,494,949	(230,393,282)	2,798,101,667
其他流动资产	2,933,737,673	47,339,794	2,981,077,467
短期借款	29,874,704,731	229,303,251	30,104,007,982
应付票据	—	1,923,462,976	1,923,462,976
应付账款	—	4,306,594,754	4,306,594,754
应付票据及应付账款	6,230,057,730	(6,230,057,730)	—
其他应付款	2,388,335,257	(239,791,862)	2,148,543,395
一年内到期的非流动负债	133,399,504	10,488,611	143,888,115

财务报表主要项目注释
应收款项融资

单位：元

项目	2019年	2018年
银行承兑汇票及信用证	2,593,968,796	3,215,501,984

已背书或贴现但在资产负债表日尚未到期的银行承兑汇票及信用证如下：

单位：元

项目	2019年		2018年	
	终止确认	未终止确认	终止确认	未终止确认
银行承兑汇票及信用证	13,276,827,626	—	4,347,650,904	—

示例 2-17　000063.SZ 中兴通讯

会计政策变更（2018 年报）

本集团在日常资金管理中将部分银行承兑汇票背书或贴现，管理上述应收票据的业务模式既以收取合同现金流量为目标又以出售为目标，因此本集团 2018 年 1 月 1 日之后将该等应收票据重分类为以公允价值计量且其变动计入其他综合收益金融资产，列报为其他流动资产。

本集团在日常资金管理中将少量应收款项通过无追索权保理进行出售，由于价值相对于应收账款总额非常小，管理应收账款的业务模式仍然是以收取合同现金流量为目标，因此本集团 2018 年 1 月 1 日之后应收款项的分类仍为摊余价值计量，列报为应收款项。

会计政策变更（2019 年报）

财务报表列报方式变更

根据《关于修订印发 2019 年度一般企业财务报表格式的通知》（财会〔2019〕6 号）要求，资产负债表中，"应收票据及应收账款"项目分拆为"应收票据"及"应收账款"，"应付票据及应付账款"项目分拆为"应付票据"及"应付账款"，增加"应收款项融资"项目，反映资产负债表日以公允价值计量且其变动计入其他综合收益的应收票据和应收账款等，"递延收益"项目中摊销期限只剩一年或不足一年的，或预计在一年内（含一年）进行摊销的部分，不得归类为流动负债，仍在该项目中填列；利润表中，投资收益下增加"以摊余成本计量的金融资产终止确认收益"明细项目，反映企业因转让等情形导致终止确认以摊余成本计量的金融资产而产生的利得或损失。本集团相应追溯调整了比较数据。该会计政策变更对合并及公司净利润和所有者权益无影响。

上述财务报表列报方式变更引起的追溯调整对财务报表的主要影响如下：

本集团合并资产负债表如下：

单位：千元

项目	按原准则列示的账面价值	其他财务报表列报方式变更影响	按新准则列示的账面价值
	2018 年 12 月 31 日		2019 年 1 月 1 日
应收票据及应收账款	21,592,325	(21,592,325)	—
其他流动资产	8,578,720	(2,730,351)	5,848,369
应收账款	—	21,592,325	21,592,325
应收款项融资	—	2,730,351	2,730,351
应付票据及应付账款	27,443,104	(27,443,104)	—

续表

项目	按原准则列示的账面价值	其他财务报表列报方式变更影响	按新准则列示的账面价值
	2018年12月31日		2019年1月1日
应付票据	—	19,527,404	19,527,404
应付账款	—	7,915,700	7,915,700

本集团合并利润表如下:

单位:千元

项目	按原准则列示的账面价值	其他财务报表列报方式变更影响	按新准则列示的账面价值
	截至2018年12月31日12个月期间		截至2019年1月1日12个月期间
财务费用	280,648	(320,281)	(39,633)
其中:利息费用	1,328,685	(320,281)	1,008,404
投资收益	294,486	(320,281)	(25,795)
其中:以摊余成本计量的金融资产终止确认损失	—	(320,281)	(320,281)

财务报表主要项目注释
应收款项融资

单位:千元

项目	2019年12月31日	2018年12月31日
商业承兑汇票	1,749,294	2,043,565
银行承兑汇票	681,095	686,786
合计	2,430,389	2,730,351

当应收票据的背书或贴现以及应收账款出售只是偶然发生或单独及汇总而言价值非常小,其业务模式依然以收取合同现金流量为目标,以摊余成本计量;如果企业对应收票据和应收账款管理的业务模式既以收取合同现金流为目标又以出售为目标,则分类为以公允价值计量且其变动计入其他综合收益的金融资产,列报为应收款项融资。

已贴现但在资产负债表日尚未到期的应收票据如下:

单位：千元

项目	2019 年 12 月 31 日		2018 年 12 月 31 日	
	终止确认	未终止确认	终止确认	未终止确认
商业承兑汇票	1,125,088	16,986	—	229,468
银行承兑汇票	884,550	62,830	167,820	423,189
合计	2,009,638	79,816	167,820	652,657

应收款项融资坏账准备的变动如下：

单位：千元

日期	年初余额	本年计提	本年转回	本年核销	年末余额
2019 年 12 月 31 日	2,455	—	(519)	—	1,936
2018 年 12 月 31 日	—	2,455	—	—	2,455

示例 2-18　601607.SH 上海医药

重要会计政策变更（2018 年报）
一般企业报表格式的修改
对合并资产负债表及利润表的影响列示如下：

单位：元

会计政策变更的内容和原因	受影响的报表项目名称	影响金额	
		2017 年 12 月 31 日	2017 年 1 月 1 日
本集团将应收票据和应收账款合并计入应收票据及应收账款项目	应收账款	(31,377,360,526.73)	(27,292,754,755.34)
	应收票据	(1,107,996,606.64)	(1,586,533,454.66)
	应收票据及应收账款	32,485,357,133.37	28,879,288,210.00
本集团将应收利息、应收股利和其他应收款合并计入其他应收款项目	应收利息	(3,089,220.47)	(2,525,803.98)
	应收股利	(97,560,709.29)	(2,606,115.48)
	其他应收款	100,649,929.76	5,131,919.46
本集团将应付票据和应付账款合并计入应付票据及应付账款项目	应付账款	(23,346,279,692.97)	(22,307,164,401.79)
	应付票据	(3,948,914,257.11)	(3,677,957,804.62)
	应付票据及应付账款	27,295,193,950.08	25,985,122,206.41
本集团将应付利息、应付股利和其他应付款合并计入其他应付款项目	应付利息	(128,215,818.36)	(94,637,405.49)
	应付股利	(51,715,354.18)	(65,203,301.48)
	其他应付款	179,931,172.54	159,840,706.97

重要会计政策变更（2019 年报）
一般企业报表格式的修改

对合并资产负债表影响列示如下：

单位：元

会计政策变更的内容和原因	受影响的报表项目名称	影响金额	
		2018 年 12 月 31 日	2018 年 1 月 1 日
本集团将应收票据及应收账款项目分拆为应收账款、应收票据及应收款项融资项目	应收账款	42,152,111,736.92	31,377,360,526.73
	应收票据	287,058,828.61	89,534,697.34
	应收款项融资	1,532,865,502.29	1,018,461,909.30
	应收票据及应收账款	(43,972,036,067.82)	(32,485,357,133.37)
本集团将应付票据及应付账款项目分拆为应付账款和应付票据项目	应付账款	30,974,710,058.37	23,346,279,692.97
	应付票据	4,173,256,983.28	3,948,914,257.11
	应付票据及应付账款	(35,147,967,041.65)	(27,295,193,950.08)
本集团将基于实际利率法计提的应付利息重分类至短期借款和一年内到期的非流动负债	短期借款	79,311,210.41	71,926,929.47
	一年内到期的非流动负债	96,039,255.84	56,288,888.89
	其他应付款	(175,350,466.25)	(128,215,818.36)

财务报表项目附注

应收款项融资

单位：元

项目	2019 年 12 月 31 日	2018 年 12 月 31 日
应收款项融资	2,187,059,525.49	1,532,865,502.29

本集团视其日常资金管理的需要将一部分银行承兑汇票进行贴现和背书，且符合终止确认的条件，故将银行承兑汇票分类为以公允价值计量且其变动计入其他综合收益的金融资产。

本集团无单项计提减值准备的银行承兑汇票。于 2019 年 12 月 31 日，本集团按照整个存续期预期信用损失计量坏账准备，相关金额为 5,345,115.47 元（2018 年 12 月 31 日：3,832,163.76 元）。本集团认为所持有的银行承兑汇票不存在重大信用风险，不会因银行违约而产生重大损失。

示例 2-19 000039.SZ 中集集团

重要会计政策变更（2018 年报）
一般企业报表格式的修改
（a）对资产负债表及利润表的影响列示如下：

单位：千元

会计政策变更的内容和原因	受影响的报表项目名称	影响金额			
		本集团		本公司	
		2017年12月31日	2017年1月1日	2017年12月31日	2017年1月1日
本集团将应收票据和应收账款合并计入应收票据及应收账款项目	应收账款	(16,396,726)	(11,526,075)	—	—
	应收票据	(1,376,864)	(1,536,191)	—	—
	应收票据及应收账款	17,773,590	13,062,266	—	—
本集团将应收利息、应收股利和其他应收款合并计入其他应收款项目	应收利息	(19,092)	(9,250)	—	—
	应收股利	(4,408)	(41,959)	(4,918,369)	(4,755,818)
	其他应收款	23,500	51,209	4,918,369	4,755,818
本集团将固定资产和固定资产清理合并计入固定资产项目	固定资产	147,661	130,050	1,117	—
	固定资产清理	(147,661)	(130,050)	(1,117)	—
本集团将应付票据和应付账款合并计入应付票据及应付账款项目	应付账款	(12,216,311)	(10,160,951)	—	—
	应付票据	(1,785,456)	(1,551,582)	—	—
	应付票据及应付账款	14,001,767	11,712,533	—	—
本集团将应付利息、应付股利和其他应付款合并计入其他应付款项目	应付利息	(377,793)	(303,375)	(89,295)	(75,755)
	应付股利	(254,434)	(16,746)	—	—
	其他应付款	632,227	320,121	89,295	75,755
本集团将长期应付款和专项应付款合并计入长期应付款项目	长期应付款	14,127	9,704	—	—
	专项应付款	(14,127)	(9,704)	—	—

单位：千元

会计政策变更的内容和原因	受影响的报表项目名称	影响金额	
		2017年度本集团	2017年度本公司
本集团将原计入管理费用项目的研发费用单独列示为研发费用项目	研发费用	651,729	40,774
	管理费用	(651,729)	(40,774)

(b) 对现金流量表的影响列示如下：

本集团及本公司将收到的与资产相关的政府补助款项从收到其他与投资活动有关的现金重分类至收到其他与经营活动有关的现金，2017 年度影响金额分别为人民币 189,452,000 元及人民币 2,880,000 元。

重要会计政策变更（2019 年报）
一般企业报表格式的修改

对资产负债表及利润表的影响列示如下：

单位：千元

会计政策变更的内容和原因	受影响的报表项目名称	影响金额			
		本集团		本公司	
		2018 年 12 月 31 日	2018 年 1 月 1 日	2018 年 12 月 31 日	2018 年 1 月 1 日
本集团及本公司将应收票据及应收账款项目分拆为应收账款和应收票据项目	应收账款	17,895,919	16,396,726	—	—
	应收票据	1,423,547	1,376,864	—	—
	应收票据及应收账款	(19,319,466)	(17,773,590)	—	—
本集团及本公司将应付票据及应付账款项目分拆为应付账款和应付票据项目	应付账款	13,210,828	12,216,311	—	—
	应付票据	1,889,785	1,785,456	—	—
	应付票据及应付账款	(15,100,613)	(14,001,767)	—	—
本集团及本公司将以公允价值计量且其变动计入其他综合收益的应收票据自其他流动资产重分类至应收款项融资项目	应收款项融资	179,412	—	—	—
	其他流动资产	(179,412)	—	—	—
本集团及本公司对于计入递延收益的政府补助，若摊销期限只剩一年或不足一年的，或预计未来一年内（含一年）摊销的部分均不再分类为一年内到期的非流动负债项目，仍在递延收益项目列报	递延收益	398,872	—	—	—
	一年内到期的非流动负债	(398,872)	—	—	—

财务报表项目注释
应收款项融资

单位：千元

项目	2019 年 12 月 31 日	2018 年 12 月 31 日
应收款项融资	1,236,504	179,412

本集团下属部分子公司视其日常资金管理的需要将一部分银行承兑汇票进行贴现和背书,且符合终止确认的条件,故将该子公司的银行承兑汇票分类为以公允价值计量且其变动计入其他综合收益的金融资产。

本集团无单项计提减值准备的银行承兑汇票。于2019年12月31日,本集团无按照整个存续期预期信用损失计量坏账准备(2018年12月31日:无)。本集团认为所持有的银行承兑汇票不存在重大信用风险,不会因银行违约而产生重大损失。

于2019年12月31日,本集团列示于应收款项融资的已质押的应收银行承兑汇票金额为人民币39,640,000元(2018年12月31日:无),已质押的应收商业承兑汇票金额为人民币28,796,000元(2018年12月31日:无)。

于2019年12月31日,本集团列示于应收款项融资的已背书或已贴现但尚未到期的应收票据如下:

单位:千元

项目	已终止确认	未终止确认
银行承兑汇票	1,363,239	631,105
商业承兑汇票	—	84,500
合计	1,363,239	715,605

示例2-20 601808.SH 中海油服

重要会计政策变更(2018年报)

财务报表的列报

本集团从编制2018年度财务报表起执行财会15号文件、问题解读,及财会1号文件对资产负债表和利润表的列报项目进行了修订,新增了"应收票据及应收账款""应付票据及应付账款""研发费用"行项目,修订了"其他应收款""其他应付款"和"长期应付款""管理费用""其他收益"行项目的列报内容,减少了"应收票据""应收账款""应收股利""应收利息""应付票据""应付账款""应付利息""应付股利"行项目,在"财务费用"项目下增加"其中:利息费用"和"利息收入"行项目并以正数进行列报,调整了利润表部分项目的列报位置;明确规定了企业实际收到的与资产相关的政府补助作为经营活动产生的现金流量列示。

对于上述列报项目的变更,除与新收入准则及新金融准则相关项目的列报按照相关准则的规定执行外,本集团已采用追溯调整法进行会计处理,并对可比年度财务报表进行调整。

重要会计政策变更(2019年报)

财务报表的列报

本集团按财政部于2019年4月30日颁布的《关于修订印发2019年度一般企业财务报表格式的通知》(财会〔2019〕6号,本示例中简称"财会6号文件")编制

2019 年度财务报表。财会 6 号文件对资产负债表和利润表的列报项目进行了修订，将"应收票据及应收账款"项目分拆为"应收票据"和"应收账款"两个项目，将"应付票据及应付账款"项目分拆为"应付票据"和"应付账款"两个项目，同时明确或修订了"一年内到期的非流动资产""递延收益""其他权益工具""研发费用""财务费用"项目下的"利息收入""其他收益""资产处置收益""营业外收入""营业外支出"行目的列报内容，调整了"资产减值损失"项目的列示位置，明确了"其他权益工具持有者投入资本"项目的列报内容。对于上述列报项目的变更，本集团对上年比较数据进行了追溯调整。

财务报表项目注释

应收款项融资

（1）应收款项融资分类列示。

单位：元

项目	期末余额	期初余额
银行承兑汇票	40,580,000	24,739,742
合计	40,580,000	24,739,742

（2）本集团在管理企业流动性的过程中会在部分应收银行承兑汇票到期前进行贴现或背书转让，并基于已将几乎所有的风险和报酬转移给相关交易对手之情况终止确认已贴现或背书的应收银行承兑汇票。该等本集团管理应收银行承兑汇票的业务模式既以收取合同现金流量为目标又以出售该金融资产为目标，因此其应收银行承兑汇票分类为以公允价值计量且其变动计入其他综合收益，公允价值的确定方法详见附注九（略）。

（3）截至 2019 年 12 月 31 日，本集团无已质押的应收款项融资（2018 年 12 月 31 日：无）。

（4）截至 2019 年 12 月 31 日，本集团应收款项融资均系与客户进行交易产生，因评估信用风险较低，未计提信用损失准备。

示例 2-21   603993.SH 洛阳钼业

财务报表项目注释

应收款项融资

单位：元

种类	2019 年 12 月 31 日	2018 年 12 月 31 日
应收票据	375,935,645.39	1,623,841,101.38
其中：银行承兑汇票	298,935,317.60	1,303,563,428.96

续表

种类	2019年12月31日	2018年12月31日
商业承兑汇票	77,000,327.79	320,277,672.42
合计	375,935,645.39	1,623,841,101.38

本集团根据日常资金需求将部分应收票据进行贴现或背书，因而相关的应收票据被分类为以公允价值计量且其变动计入其他综合收益的金融资产。

（1）应收款项融资信用风险。

本集团以信用风险评级与违约损失率对照表为基础计量应收款项融资的预期信用损失，应收款项融资中的预期信用损失情况如下：

单位：元

内部信用评级	2019年12月31日			2018年12月31日		
	预期平均损失率	账面价值	预期信用损失	预期平均损失率	账面价值	预期信用损失
低风险（未发生信用减值）	0.01%	329,948,077.60	29,700.00	0.02%	1,620,621,643.23	303,141.85
正常类（未发生信用减值）	2.27%	47,084,195.66	1,066,927.87	2.15%	3,600,000.00	77,400.00
损失（已发生信用减值）	100.00%	12,650,000.00	12,650,000.00	100.00%	12,650,000.00	12,650,000.00
合计		389,682,273.26	13,746,627.87		1,636,871,643.23	13,030,541.85

公允价值的披露

（1）以公允价值计量的资产和负债的年末公允价值。

单位：千元

项目	2019年12月31日公允价值			
	第一层次公允价值计量	第二层次公允价值计量	第三层次公允价值计量	合计
一、持续的公允价值计量				
（一）交易性金融资产：				
——应收账款	—	6,564,070	—	6,564,070

续表

项目	2019年12月31日公允价值			
	第一层次公允价值计量	第二层次公允价值计量	第三层次公允价值计量	合计
——其他	19,429	—	1,135,951	1,155,380
(二) 其他权益工具:				
——权益工具投资	—	—	85,344	85,344
(三) 存货:				
——消耗性生物资产	—	—	45,902	45,902
——贸易存货	—	11,298,753	—	11,298,753
(四) 应收款项融资:	—	—	375,936	375,936
(五) 其他非流动金融资产:				
——非银行金融机构委托理财产品	—	—	600,991	600,991
——银行金融机构委托理财产品	—	—	124,950	124,950
——合伙企业份额	—	—	1,354,796	1,354,796
——基金份额	—	—	425,950	425,950
——定向资管计划	—	—	1,538,294	1,538,294
——非上市公司股权	—	—	98,540	98,540
——上市公司股权	213,262	—	—	213,262
(六) 衍生金融资产:	1,465,849	670,161	49,933	2,185,943
持续以公允价值计量的资产总额	1,698,540	18,532,984	5,836,587	26,068,111
(七) 交易性金融负债:				
——应付账款	—	2,512,788	—	2,512,788
——公允价值计量的远期商品合约及黄金租赁形成的负债	—	645,164	—	645,164
(八) 衍生金融负债:	1,402,865	1,364,720	75,760	2,843,345
持续以公允价值计量的负债总额	1,402,865	4,522,672	75,760	6,001,297

(2) 持续第二层次公允价值计量项目市价的确定依据。

持续以第二层次公允价值计量的项目为分类为公允价值计量且其变动计入当期损

益的应收账款、贸易存货、应收款项融资、衍生金融资产、以公允价值计量计入当期损益的应付账款、以公允价值计量的债务工具及衍生金融负债,相关公允价值参考对应商品的收盘价、远期报价以及类似债务工具公开市场收益率确定。

(3) 持续第三层次公允价值计量项目市价的确定依据。

持续以第三层次公允价值计量的项目包括交易性金融资产、消耗性生物资产、衍生金融资产、其他权益工具投资、其他非流动金融资产及衍生金融负债。交易性金融资产及其他非流动金融资产中理财产品之公允价值参考第三方金融机构提供之预期收益率以及未来现金流折现计算得出,消耗性生物资产之公允价值参考市场同类木材成品价格、相关树种的成长周期、后续预计投入及维护费用并折现计算得出;应收款项融资之公允价值参考第三方金融资产提供之票据贴现率以及未来现金流折现计算得出;其他权益工具及其他非流动金融资产中合伙企业份额、基金份额、定向资管计划、非上市公司股权之公允价值根据可比公司法、协议转让价格或以第三方金融机构提供之净值报告或被投资单位提供之财务报表为基础做适当调整后得出;衍生金融资产及衍生金融负债之公允价值由管理层运用期权定价模型估值得出。

单位:千元

以公允价值计量的资产/负债	2019年12月31日的公允价值	估值技术	输入值	重大无法观察的输入数据	无法观察的输入数据与公允价值的关系
交易性金融资产/其他非流动金融资产	1,861,892	现金流量折现法	产品预期现金流量,非公开市场类似金融产品收益率	非公开市场类似金融产品收益率	较高的非公开市场类似金融产品收益率,较低的公允价值
其他权益工具投资/其他非流动金融资产	3,502,924	可比公司法/协议转让价格/净资产调整法	市销率,近期交易价格,缺乏流动性折扣,锁定期折扣	缺乏流通性折扣/锁定期折扣	折扣越高,公允价值越低
消耗性生物资产	45,902	现金流量折现法	木材价格,生长周期,后续预计投入	后续预计投入	较高的后续预计投入,较低的公允价值
应收款项融资	375,936	现金流量折现法	票据预期现金流量,非公开市场票据贴现率	非公开市场票据贴现率	较高的非公开市场票据贴现率,较低的公允价值
衍生金融资产	49,933	期权定价模型	金融产品现价,期权执行价格,有效期,无风险利率,市场波动率	市场波动率	市场波动率越高,公允价值越高
衍生金融负债	75,760				

(4) 持续的公允价值计量项目,本年内发生各层级之间的转换的,转换的原因及确定转换时点的政策。

2019年12月31日其他非流动金融资产中公允价值为人民币193,307,064.75元（2018年12月31日：人民币150,355,920.00元）的Y公司股权由于Y公司于2019年2月14日首次公开发行上市，其公允价值层级于当日由按第三层级计量转换为按第一层级计量。

示例2-22　600713.SH 南京医药

财务报表项目注释

应收款项融资

单位：元

项目	期末余额	期初余额
应收账款	1,888,274,809.91	—
应收票据	151,767,316.23	153,081,865.19
合计	2,040,042,126.14	153,081,865.19

公允价值的披露

（1）以公允价值计量的资产和负债的期末公允价值。

单位：元

项目	期末公允价值			
	第一层次公允价值计量	第二层次公允价值计量	第三层次公允价值计量	合计
一、持续的公允价值计量				
（一）交易性金融资产				
（二）其他债权投资			2,040,042,126.14	2,040,042,126.14
（三）其他权益工具投资	308,286,844.82		20,804,747.32	329,091,592.14
（四）投资性房地产				
持续以公允价值计量的资产总额	308,286,844.82		2,060,846,873.46	2,369,133,718.28

（2）持续和非持续第一层次公允价值计量项目市价的确定依据。

其他权益工具投资/可供出售金融资产中的权益工具投资是按资产负债表日的市场报价确定的。

（3）持续和非持续第三层次公允价值计量项目，采用的估值技术和重要参数的定性及定量信息。

本集团由专门团队负责对持续的第三层次公允价值计量的资产和负债进行估值，

该团队直接向集团管理层和审计委员会汇报。该团队于每年中期和年末编制公允价值计量的变动分析报告,并经集团管理层审阅和批准。每年中期和年末,该团队均会与集团管理层和审计委员会讨论估值流程和结果。

单位:元

项目	2019年12月31日的公允价值	估值技术	不可观察输入值	范围区间（加权平均值）
应收款项融资	2,040,042,126.14	现金流量折现法	风险调整折现率	0~1.67%
非上市权益工具投资	20,804,747.32	上市公司比较法	流动性折价	0~70%

单位:元

项目	2019年1月1日的公允价值	估值技术	不可观察输入值	范围区间（加权平均值）
应收款项融资	153,081,865.19	现金流量折现法	风险调整折现率	不适用*
非上市权益工具投资	23,287,132.53	上市公司比较法	流动性折价	0~70%

注:*本集团应收款项融资为本集团持有的既以收取合同现金流量为目标又以出售为目标的承兑汇票和应收账款,承兑汇票的公允价值与原账面之间无重大差异。

示例2-23 600528.SH 中铁工业

财务报表项目注释

应收款项融资

单位:元

项目	2019年12月31日	2018年12月31日
银行承兑汇票	88,915,455.57	64,223,300.00
减:坏账准备	—	—
净额	88,915,455.57	64,223,300.00

本集团视日常资金管理的需要将一部分银行承兑汇票进行背书或贴现,且符合终止确认的条件,故将银行承兑汇票分类为以公允价值计量且其变动计入其他综合收益的金融资产。

本集团认为所持有的银行承兑汇票不存在重大信用风险,不会因银行违约而产生重大损失。

公允价值估计

(1) 持续的以公允价值计量的资产和负债。

于 2019 年 12 月 31 日，持续的以公允价值计量的资产按上述三个层次列示如下：

单位：元

项目	第一层次	第二层次	第三层次	合计
金融资产			88,915,455.57	88,915,455.57
应收款项融资				
其他权益工具投资				
——上市权益工具	241,307,703.00			241,307,703.00
——非上市权益工具			112,710,000.00	112,710,000.00
金融资产合计	241,307,703.00		201,625,455.57	442,933,158.57

对于在活跃市场上交易的金融工具，本集团以其活跃市场报价确定其公允价值；对于不在活跃市场上交易的金融工具，本集团采用估值技术确定其公允价值。所使用的估值模型主要为现金流量折现模型和市场可比公司模型等。估值技术的输入值主要包括无风险利率、基准利率、汇率、信用点差、流动性溢价、EBITDA 乘数、缺乏流动性折价等。

第三层次公允价值计量的相关信息如下：

单位：元

项目	2019 年 12 月 31 日公允价值	估值技术	名称	范围/加权平均值	与公允价值之间的关系	可观察/不可观察
应收款项融资	88,915,455.57	现金流量折现法	预期未来现金流及能够反映相应风险水平的折现率	4.15	未来现金流量越高，应收款项融资的公允价值越高；折现率越低，应收款项融资的公允价值越高	不可观察
非上市权益工具	112,710,000.00	市场法	市净率	1.94	市净率越高，非上市权益工具的公允价值越高；市净率越低，非上市权益工具的公允价值越低	不可观察

三、理财产品投资

示例2-24　601808.SH 中海油服

重要会计政策变更（2018年报）

于2018年1月1日，本集团将人民币405,898,082元的浮动收益理财产品从其他流动资产重分类至交易性金融资产。

重要会计政策及会计估计（2019年报）

分类为以公允价值计量且其变动计入当期损益的金融资产

不符合分类为以摊余成本计量或以公允价值计量且其变动计入其他综合收益的金融资产条件，亦不指定为以公允价值计量且其变动计入其他综合收益的金融资产均分类为以公允价值计量且其变动计入当期损益的金融资产。本集团分类为以公允价值计量且其变动计入当期损益的金融资产根据其流动性在资产负债表中交易性金融资产、其他非流动金融资产项目下列报。

本集团以公允价值对该等金融资产进行后续计量，并将公允价值变动形成的利得或损失以及与该等金融资产相关的股利和利息收入计入当期损益。

财务报表项目注释

交易性金融资产

单位：元

项目	期末余额	期初余额
以公允价值计量且其变动计入当期损益的金融资产	4,511,248,067	1,749,722,574
其中：		
货币基金		1,246,689,697
浮动收益银行理财产品	4,511,248,067	503,032,877
合计	4,511,248,067	1,749,722,574

其他流动资产

单位：元

项目	期末余额	期初余额
保证收益银行理财产品	2,507,314,384	6,536,532,192
待认证增值税进项税及预缴增值税	24,617,367	29,122,474
合计	2,531,931,751	6,565,654,666

公允价值的披露

（1）以公允价值计量的资产和负债的公允价值。

单位：元

项目	期末余额		期初余额（经重述）	
	公允价值	所属层次	公允价值	所属层次
持续的公允价值计量				
以公允价值计量且其变动计入当期损益的金融资产				
交易性金融资产——浮动收益银行理财	4,511,248,067	第三层次	503,032,877	第三层次
交易性金融资产——货币基金	0	第一层次	1,246,689,697	第一层次
以公允价值计量且其变动计入其他综合收益的金融资产				
应收款项融资	40,580,000	第二层次	24,739,742	第二层次
合计	4,551,828,067	—	1,774,462,316	—

（2）持续第一层次公允价值计量项目市价的确定依据。

本集团以活跃市场报价作为第一层次金融资产的公允价值。

（3）持续第二层次公允价值计量项目市价的确定依据。

本集团以票据承兑人信用风险折现率折现，以此作为第二层次金融资产的估值技术和主要输入值。

（4）持续第三层次公允价值计量项目市价的确定依据。

本集团以预期收益率预计未来现金流量，并按管理层基于对预期风险水平的最佳估计所确定的利率折现，以此作为第三层次金融资产的估值技术和主要输入值。

示例2-25　603157.SH 拉夏贝尔

重要会计政策变更（2018年报）

保本浮动收益理财产品

于2017年12月31日，本集团持有保本浮动收益的365天理财产品公允价值为人民币17,000千元。本集团执行新金融工具准则后，由于该理财产品的合同现金流量特征不符合基本借贷安排，故于2018年1月1日，本集团将此银行理财产品从其他流动资产——可供出售金融资产重分类为以公允价值计量且其变动计入当期损益的金融资产，列示为交易性金融资产。

财务报表项目注释
交易性金融资产

单位：千元

项目	期末余额
以公允价值计量且其变动计入当期损益的金融资产	25,475
其中：	
交易性权益工具投资	53,675
列示于其他非流动金融资产的债务工具投资	-28,200
合计	25,475

其他说明：

于 2017 年度，本集团通过余杭农村商业银行购买"丰收·本嘉利"2017 年第九期人民币理财产品，本集团出资人民币 17,000 千元，该理财产品为保本浮动收益型理财产品，理财期限为 365 天。本集团执行新金融工具准则后，由于该理财产品的合同现金流量特征不符合基本借贷安排，故于 2018 年 1 月 1 日，本集团将此银行理财产品从其他流动资产——可供出售金融资产重分类为以公允价值计量且其变动计入当期损益的金融资产，列示为交易性金融资产。于 2018 年 12 月 31 日该金融资产已经全部赎回。

示例 2-26　601766.SH 中国中车

重要会计政策变更（2018 年报）
从可供出售金融资产转入交易性金融资产及其他非流动金融资产

于 2018 年 1 月 1 日，本集团将原列示于其他流动资产的银行理财产品投资、原列示于可供出售金融资产的优先股和永续债投资等根据其流动性重分类至交易性金融资产及其他非流动金融资产，这些金融资产为在活跃市场中有报价且其公允价值能可靠计量的投资。原以公允价值计量的累计公允价值变动从其他综合收益转入留存收益。

重要会计政策及会计估计（2019 年报）

以公允价值计量且其变动计入当期损益的金融资产包括分类为以公允价值计量且其变动计入当期损益的金融资产和指定为以公允价值计量且其变动计入当期损益的金融资产：

● 不符合分类为以摊余成本计量或以公允价值计量且其变动计入其他综合收益的金融资产条件的金融资产均分类为以公允价值计量且其变动计入当期损益的金融资产。

● 在初始确认时，为消除或显著减少会计错配，本集团可将金融资产不可撤销地指定为以公允价值计量且其变动计入当期损益的金融资产。

以公允价值计量且其变动计入当期损益的金融资产列示于交易性金融资产。自资产负债表日起超过一年到期（或无固定期限）且预期持有超过一年的，列示于其他非流动金融资产。

财务报表项目注释

交易性金融资产

单位：千元

项目	2019年12月31日	2018年12月31日
权益工具投资	1,174,225	891,841
衍生工具	2,550	2,515
其他（注）	8,003,841	6,352,380
合计	9,180,616	7,246,736

注：其他主要为本集团所购买的短期浮动收益型理财产品和货币基金。

公允价值的披露

（1）以公允价值计量的资产和负债的年末公允价值。

单位：千元

项目	2019年12月31日公允价值				估值技术和输入值	重大不可观察输入值
	第一层次公允价值计量	第二层次公允价值计量	第三层次公允价值计量	合计		
（一）交易性金融资产	2,598	8,006,391	1,171,627	9,180,616		
1. 衍生金融资产	—	2,550	—	2,550	注1	
2. 银行理财产品	—	8,003,841	—	8,003,841	注3	
3. 上市权益工具投资	2,598	—	—	2,598	注2	
4. 非上市权益工具投资	—	—	1,171,627	1,171,627	注4	注4
（二）应收款项融资	—	13,085,613	—	13,085,613	注3	—
（三）其他权益工具投资	1,398,150	—	1,256,452	2,654,602		
1. 上市权益工具投资	1,398,150	—	—	1,398,150	注2	—

续表

项目	2019年12月31日公允价值				估值技术和输入值	重大不可观察输入值
	第一层次公允价值计量	第二层次公允价值计量	第三层次公允价值计量	合计		
2. 非上市权益工具投资	—	—	1,256,452	1,256,452	注5	注5
（四）其他非流动金融资产	616,855	—	—	616,855		
1. 优先股等金融工具投资	616,855	—	—	616,855	注1	—
持续以公允价值计量的资产总额	2,017,603	21,092,004	2,428,079	25,537,686		
（五）其他非流动负债	—	—	5,396	5,396		
1. 可转换债券（嵌入衍生金融工具部分）	—	—	5,396	5,396	注6	注6
持续以公允价值计量的负债总额	—	—	5,396	5,396		

注1：折现现金流量计算方法。未来现金流量基于远期汇率（来源于财务报表日可观察到的远期汇率）和合同远期汇率估算，并以反映交易对手信用风险的折现率予以折现。

注2：活跃市场上未经调整的报价。

注3：折现现金流量计算方法。未来现金流按照预期回报估算，以反映交易对手的信用风险的折现率折现。

注4：折现现金流量计算方法。不可观察输入值包括收入增长率和系统风险系数，收入增长率基于被投资公司管理层的预测，系统风险系数基于可比公司历史股票价格的系统风险系数。

注5：采用可比上市公司比较法和股利贴现模型。可比上市公司比较法的不可观察输入值包括流动性折扣，股利贴现模型的不可观察输入值包括预期增长率和折现率。

注6：嵌入衍生金融工具的计量方法是二叉树期权定价模型，见附注五、40（略）。波动率基于本公司历史股票价格的波动率。本集团对波动率进行了敏感性分析，在其他参数取值不变的情况下，波动率上升或下降1%，可转换债券衍生工具部分的价值增加人民币573千元或减少人民币557千元（2018年12月31日：增加人民币2,659千元或减少人民币2,637千元）。

示例2-27　601298.SH 青岛港

重要会计政策变更（2018年报）

非保本浮动收益理财产品

于2017年12月31日，本集团持有非保本浮动收益的1年期以内理财产品账面价值为639,000,000元，超过1年期的理财产品111,357,788元，其中本公司持有非保本浮动收益的1年期以内理财产品账面价值为300,000,000元。执行新金融工具准则后，由于该理财产品的合同现金流量特征不符合基本借贷安排，故于2018年1月1日，本集团及本公司将此银行理财产品从可供出售金融资产重分类为以公允价值计量且其变动计入当期损益的金融资产,根据其流动性分别列示为交易性金融资产和其他非流动金融资产。

重要会计政策及会计估计（2019年报）
以公允价值计量且其变动计入当期损益

本集团将持有的未划分为以摊余成本计量和以公允价值计量且其变动计入其他综合收益的债务工具,以公允价值计量且其变动计入当期损益,列示为交易性金融资产。在初始确认时,本集团为了消除或显著减少会计错配,将部分金融资产指定为以公允价值计量且其变动计入当期损益的金融资产。自资产负债表日起超过一年到期且预期持有超过一年的,列示为其他非流动金融资产。

财务报表项目注释
交易性金融资产

单位：元

项目	期末余额	期初余额
以公允价值计量且其变动计入当期损益的金融资产	952,673,153	875,000,000
其中：		
理财产品（1）	900,997,200	875,000,000
金融债券（2）	51,675,953	
合计	952,673,153	875,000,000

注：（1）于2019年12月31日及2018年12月31日,理财产品系本集团购买的商业银行及其他金融机构发行的非保本浮动收益理财产品。

（2）于2019年12月31日,账面价值为51,675,953元的交易性金融资产系公司之子公司青港财务公司购买的国家开发银行发行的金融债券,将于一年以内到期。

其他非流动金融资产

单位：元

项目	期末余额	期初余额
金融债券	465,888,977	135,372,690
股权投资	72,207,877	72,207,877
非保本浮动收益理财产品	—	61,000,000
合计	538,096,854	268,580,567

注：（1）账面价值为465,888,977元的其他非流动金融资产主要系本公司之子公司青港财务公司购买的银行金融债券。本集团经评估认为,所持款项不存在重大信用风险,不会因银行违约产生重大信用损失。

（2）账面价值为72,207,877元的股权投资系本集团持有的山东滨海弘润管道物流股份有限公司、中国石化青岛液化天然气有限责任公司（"中石化青岛液化天然气"）及三亚亚龙湾开发股份公司（"三亚亚龙湾"）等非上市股权投资,持股比例分别为10%、1%及0.06%,本集团对其无控制权、共同控制权或重大影响。本集团尚无处置这些投资的计划,其公允价值变动计入当期损益。于2019年度,本公司收到中石化青岛液化天然气及三亚亚龙湾现金分红分别为11,214,100元及58,500元（2018年度：3,640,000元及58,500元）。

公允价值的披露

持续和非持续第三层次公允价值计量项目，采用的估值技术和重要参数的定性及定量信息

于 2019 年 12 月 31 日，本集团第三层次金融资产主要为银行理财产品、应收票据及权益工具等，其公允价值的估值技术为预期收益法及可比公司法等，其不可观察输入值为其预期收益率、EBITDA 乘数以及缺乏流动性折价等，管理层依据上述输入值对其公允价值进行评估。

示例 2-28　600600.SH 青岛啤酒

重要会计政策变更（2018 年报）

理财产品

于 2017 年 12 月 31 日，本集团持有非保本浮动收益的 1 年期内理财产品账面价值为 628,145,315 元。

本集团执行新金融工具准则后，由于该理财产品的合同现金流量特征不符合基本借贷安排，故于 2018 年 1 月 1 日，本集团将该银行理财产品从可供出售金融资产重分类为以公允价值计量且其变动计入当期损益的金融资产，列示为交易性金融资产。本集团相应将累计计入其他综合收益的税后金额 6,108,986 元转出至期初留存收益。

重要会计政策及会计估计（2019 年报）

以公允价值计量且其变动计入当期损益

本集团将持有的未划分为以摊余成本计量和以公允价值计量且其变动计入其他综合收益的债务工具，以公允价值计量且其变动计入当期损益，列示为交易性金融资产。在初始确认时，本集团为了消除或显著减少会计错配，将部分金融资产指定为以公允价值计量且其变动计入当期损益的金融资产。自资产负债表日起超过一年到期且预期持有超过一年的，列示为其他非流动金融资产。

财务报表项目注释

交易性金融资产

单位：元

项目	2019 年 12 月 31 日	2018 年 12 月 31 日
理财产品（i）	1,396,589,764	1,046,306,137
基金投资（ii）	127,203,255	156,238,354
合计	1,523,793,019	1,202,544,491

（i）系本公司之子公司财务公司购买的理财产品，于 2019 年 12 月 31 日，其公允价值基于未来现金流量评估确定。

（ii）系本公司之子公司财务公司购买的基金，于 2019 年 12 月 31 日，其公允价值根据相关基金管理公司发布的 2019 年 12 月最后一个交易日的当日市值确定。

公允价值的披露

持续和非持续第二层次公允价值计量项目，采用的估值技术和重要参数的定性及定量信息

使用第二级输入值（即未能达致第一级的可观察输入值）且并非使用重大不可观察输入值计量的公允价值。不可观察输入值为无市场数据的输入值。

本集团于日常业务过程中将一部分应收票据背书和贴现。于本年度内，应收票据的现金流量来自收取合约现金流量及出售金融资产。本集团按公允价值计入其他综合收益计量应收票据。应收票据的公允价值以贴现现金流模型计量。该模型纳入多项市场可观察输入值，包括类似金融产品的年化收益率及利率曲线。

本集团将购买的理财产品作为以公允价值计量且变动计入当期损益的金融资产，以预期现金流模型计量。该模型纳入多项市场可观察输入值，包括类似金融产品的年化收益率及利率曲线。该理财产品的公允价值与账面价值相若。

示例 2-29　601811.SH 新华文轩

重要会计政策变更（2018 年报）

将原指定为以公允价值计量且其变动计入当期损益的金融资产转入分类为以公允价值计量且其变动计入当期损益的金融资产。

于 2018 年 1 月 1 日，本集团不再将账面价值为人民币 1,157,828,233.14 元的其他流动资产（银行理财产品）指定为以公允价值计量且其变动计入当期损益的金融资产，因为上述金融资产根据新金融工具准则的规定需分类为以公允价值计量且其变动计入当期损益的金融资产，此类投资被重分类至交易性金融资产。

重要会计政策及会计估计（2019 年报）

以公允价值计量且其变动计入当期损益的金融资产包括分类为以公允价值计量且其变动计入当期损益的金融资产和指定为以公允价值计量且其变动计入当期损益的金融资产。

● 不符合分类为以摊余成本计量的金融资产、以公允价值计量且其变动计入其他综合收益的金融资产条件的金融资产均分类为以公允价值计量且其变动计入当期损益的金融资产。

● 在初始确认时，为消除或显著减少会计错配，本集团可以将金融资产不可撤销地指定为以公允价值计量且其变动计入当期损益的金融资产。

以公允价值计量且其变动计入当期损益的金融资产列示于交易性金融资产。自资产负债表日起超过一年到期（或无固定期限）且预期持有超过一年的，列示于其他非流动金融资产。

财务报表项目注释

交易性金融资产

单位：元

项目	期末余额	期初余额
以公允价值计量且其变动计入当期损益的金融资产	1,280,006,671.94	1,262,431,274.52
其中：		
银行理财产品	1,280,000,000.00	1,261,790,000.00
A股上市公司股票	6,671.94	641,274.52
合计	1,280,006,671.94	1,262,431,274.52

注：本集团分类为以公允价值计量且其变动计入当期损益的金融资产主要为本集团购买的期限为一年以内的银行理财产品以及A股上市公司股票。银行理财产品公允价值以现金流量折现法为基础确定。

示例2-30 603259.SH 药明康德

重要会计政策变更（2018年报）

于2018年1月1日，人民币297,686,559.54元的其他流动资产系银行发行的理财产品计划。本集团应用新金融工具准则前，将该类理财产品计划分类为应收款项类投资核算，并列报于其他流动资产。应用新金融准则之后，本集团分析其合同现金流量代表的不仅仅为对本金和以未偿本金为基础的利息的支付，因此本集团自2018年1月1日起将该等理财产品重分类为以公允价值计量且其变动计入当期损益的金融资产，列报为交易性金融资产。

重要会计政策及会计估计（2019年报）

以公允价值计量且其变动计入当期损益的金融资产包括分类为以公允价值计量且其变动计入当期损益的金融资产和指定为以公允价值计量且其变动计入当期损益的金融资产，列示于交易性金融资产。自资产负债表日起超过一年到期或无固定期限且预期持有超过一年的，列为其他非流动金融资产。

● 不符合分类为以摊余成本计量的金融资产或分类为以公允价值计量且其变动计入其他综合收益的金融资产条件的金融资产均分类为以公允价值计量且其变动计入当期损益。

● 在初始确认时，为消除或显著减少会计错配，本集团可将金融资产不可撤销地指定为以公允价值计量且其变动计入当期损益的金融资产。

财务报表项目注释

交易性金融资产

单位：元

项目	期末余额	期初余额
以公允价值计量且其变动计入当期损益的金融资产	1,701,637,915.47	2,125,333,652.33
其中：		
货币基金	795,702,219.41	1,019,431,143.49
银行理财产品（注）	905,935,696.06	1,105,902,508.84
合计	1,701,637,915.47	2,125,333,652.33

注：系银行发行的理财产品计划，这些产品计划主要投向货币市场工具及固定收益工具等。本集团应用新金融工具准则前，将该类理财产品计划分类为应收款项类投资进行核算，并列报于其他流动资产。2018年1月1日本集团应用新金融准则之后，本集团分析其合同现金流量代表的不仅仅为对本金和以未偿本金为基础的利息的支付，因此将该等理财产品重分类为以公允价值计量且其变动计入当期损益的金融资产，列报为交易性金融资产。

公允价值的披露

持续和非持续第二层次公允价值计量项目，采用的估值技术和重要参数的定性及定量信息。

第二层公允价值计量是指以第一级报价之外的资产或负债的可观察输入数据，无论是直接（价格）或者间接（价格推算）所进行的估值方法所进行计量。

单位：元

项目	2019年12月31的公允价值	估值技术	输入值
衍生金融资产			
其中：远期外汇合约	36,755,179.22	现金流量折现法	远期汇率、折现率
衍生金融负债			
其中：远期外汇合约	86,378,137.81	现金流量折现法	远期汇率、折现率
货币市场基金	795,702,219.41	现金流量折现法	期望收益
理财产品	905,935,696.06	现金流量折现法	期望收益

示例2-31 601633.SH 长城汽车

重要会计政策及会计估计（2018年报）

金融资产的合同条款规定在特定日期产生的现金流量仅为对本金和以未偿付本金金额为基础的利息的支付，且本集团管理该金融资产的业务模式是以收取合同现金流量为目标，则本集团将该金融资产分类为以摊余成本计量的金融资产。此类金融资产主要包括应收账款、属于金融资产的其他应收款、发放贷款和垫款、其他流动资产——理财产品、长期应收款及债权投资。

以公允价值计量且其变动计入当期损益的金融资产包括分类为以公允价值计量且其变动计入当期损益的金融资产和指定为以公允价值计量且其变动计入当期损益的金融资产，列示于交易性金融资产。自资产负债表日起超过一年到期（或无固定期限）且预期持有超过一年的，列示于其他非流动金融资产。

● 不符合分类为以摊余成本计量的金融资产、以公允价值计量且其变动计入其他综合收益的金融资产条件的金融资产均分类为以公允价值计量且其变动计入当期损益金融资产。

● 在初始确认时，为消除或显著减少会计错配，本集团可以将金融资产不可撤销地指定为以公允价值计量且其变动计入当期损益的金融资产。

财务报表项目注释
交易性金融资产

单位：元

项目	2018 年 12 月 31 日
以公允价值计量且其变动计入当期损益的金融资产	3,177,643,131.30
其中：权益工具投资	168,875,000.00
浮动收益理财产品	3,008,768,131.30
合计	3,177,643,131.30

其他流动资产

单位：元

项目	2018 年 12 月 31 日	2017 年 12 月 31 日
汽车涂料	3,852,766.38	3,985,488.60
待抵扣税金	627,518,124.32	89,476,960.84
模具（注）	129,553,847.89	71,271,439.91
理财产品	1,200,000,000.00	48,000,000.00
预缴企业所得税	68,780,272.09	33,535,258.60
其他	31,681,483.32	20,730,905.77
合计	2,061,386,494.00	267,000,053.72

注：预计使用期限不超过1年。

示例 2-32　002463.SZ 沪电股份

财务报表项目注释

以公允价值计量且其变动计入当期损益的金融资产

单位：元

项目	2019 年 12 月 31 日	2018 年 12 月 31 日
衍生金融资产	—	130,694,740

于 2018 年 12 月 31 日，本集团以公允价值计量且其变动计入当期损益的金融资产包含购买的两笔尚未到期的浮动收益理财产品。由于该理财产品含嵌入衍生工具的混合工具，本集团将其直接指定为以公允价值计量且其变动计入当期损益的金融资产。根据合同条款，该理财产品的收益挂钩工具为黄金价格，期末需根据挂钩工具的变动来确定理财产品收益率。因此，该理财产品期末的公允价值根据其收益挂钩工具以 2018 年 12 月 31 日的观察值确定。

其他应收款

单位：元

项目	2019 年 12 月 31 日	2018 年 12 月 31 日
国债逆回购	361,500,000	—
理财产品（i）	320,000,000	310,000,000
银行存款利息	3,503,594	24,181
认证、测试费	2,535,365	730,855
存出保证金	2,339,819	2,755,616
理财产品利息	1,729,773	2,076,836
员工借支款	1,263,497	2,464,343
应收出口退税	234,054	596,721
国债逆回购利息	146,568	100,142
其他	3,249,647	3,031,693
减：坏账准备	—	—
合计	696,502,317	321,780,387

（i）于 2019 年 12 月 31 日，本集团购买的尚未到期的银行保本保收益理财产品本金金额约人民币 320,000,000 元（2018 年 12 月 31 日：310,000,000 元），根据合同规定，全部将于一年内到期，到期后利随本清。

四、结构性存款

示例2-33　000338.SZ 潍柴动力

重要会计政策变更（2018年报）

本集团持有的某些结构性存款，其收益与黄金、外汇等变量挂钩。本集团于2018年1月1日之前将结构性存款中嵌入的衍生工具单独核算，主债务合同列报为货币资金。2018年1月1日之后，本集团分析其合同现金流量代表的不仅仅为对本金和以未偿本金为基础的利息的支付，因此将该等结构性存款重分类为以公允价值计量且其变动计入当期损益的金融资产，列报为交易性金融资产。

重要会计政策及会计估计（2019年报）

以公允价值计量且其变动计入当期损益的金融资产包括分类为以公允价值计量且其变动计入当期损益的金融资产和指定为以公允价值计量且其变动计入当期损益的金融资产，列示于交易性金融资产。自资产负债表日起超过一年到期且预期持有超过一年的，列示于其他非流动金融资产。

- 不符合分类为以摊余成本计量的金融资产、以公允价值计量且其变动计入其他综合收益的金融资产条件的金融资产均分类为以公允价值计量且其变动计入当期损益金融资产。
- 在初始确认时，为消除或显著减少会计错配，本集团可以将金融资产不可撤销地指定为以公允价值计量且其变动计入当期损益的金融资产。

财务报表项目注释

交易性金融资产

单位：元

项目	2019年12月31日	2018年12月31日
以公允价值计量且其变动计入当期损益的金融资产		
其中：其他债务工具投资	37,576,924.00	122,072,598.80
认股权证及现金补偿		189,752,130.38
远期外汇合约	73,270,312.50	69,754,649.70
交叉货币利率互换工具		85,236,433.51
结构性存款	4,339,954,315.07	3,648,383,787.84
其他衍生金融资产	257,911.50	
合计	4,451,059,463.07	4,115,199,600.23

注：于2018年12月31日，本集团持有的结构性存款投资的预期年利率为3.26%~4.92%。

示例 2-34　300741.SZ 华宝股份

交易性金融资产

单位：元

项目	期末余额	期初余额
以公允价值计量且其变动计入当期损益的金融资产	768,111,482	574,298,227
其中：		
权益工具投资（注a）	41,920,035	59,121,679
债务工具投资——银行理财产品	201,233,167	215,176,548
债务工具投资——结构性理财产品（注b）	524,958,280	300,000,000
合计	768,111,482	574,298,227

注 a. 股票投资的公允价值根据香港联合交易所年度最后一个交易日收盘价确定。

注 b. 于 2019 年 12 月 31 日，本公司持有的保本浮动收益型结构存款，其中，挂钩利率 3 个月 LIBOR 的产品年末估值为 203,150,000 元，到期日为 2020 年 8 月 28 日，到期日归还投资本金和收益；挂钩伦敦金银市场协会每天下午发布的黄金价格的产品年末估值为 201,073,834 元，到期日为 2020 年 3 月 11 日，到期日归还投资本金和收益。华宝孔雀持有保本浮动收益型结构存款，挂钩标的为 3 个月 LIBOR，年末估值为 100,537,260 元，到期日为 2020 年 5 月 8 日，到期日归还投资本金和收益。厦门琥珀持有的保本浮动收益型结构性理财产品，挂钩标的为伦敦金银市场协会每天下午发布的黄金价格，年末估值为 20,197,186 元，到期日为 2020 年 3 月 25 日，到期日归还投资本金和收益。

公允价值的披露

持续和非持续第三层次公允价值计量项目，采用的估值技术和重要参数的定性及定量信息。

对于不在活跃市场上交易的金融工具，本集团采用估值技术确定其公允价值。所使用的估值模型主要为现金流量折现模型和市场可比公司模型等。估值技术的输入值主要包括无风险利率、基准利率、汇率、信用点差、流动性溢价、EBITDA 乘数、缺乏流动性折价等。

单位：元

项目	2019年12月31日公允价值	估值技术	不可观察输入值		
			名称	范围/加权平均值	与公允价值之间的关系
交易性金融资产					
——银行理财产品	201,233,167	贴现现金流量预测法	预期年利率	3.40% ~ 4.20%	预期年利率越高公允价值越高
——结构性理财产品	524,958,280	贴现现金流量预测法	预期年利率	1.35% ~ 4.5%	预期年利率越高公允价值越高

续表

项目	2019年12月31日公允价值	估值技术	不可观察输入值		
			名称	范围/加权平均值	与公允价值之间的关系
小计	726,191,447				
其他权益工具投资					
——All stars	20,820,126	分占资产净值法	资产净值	不适用	资产净值越高公允价值越高

示例2-35 601880.SH 大连港

交易性金融资产

单位：元

项目	期末余额	期初余额
以公允价值计量且其变动计入当期损益的金融资产	304,951,193.83	1,892,520,046.14
其中：		
债务工具投资	303,229,643.83	1,887,883,698.64
权益工具投资	1,721,550.00	4,636,347.50
合计	304,951,193.83	1,892,520,046.14

注1：本集团本年自招商银行购入结构性存款人民币300,000,000.00元，该理财资金主要投资于货币市场工具，预期年化收益率为3.54%，到期日为2020年3月12日。

注2：权益工具投资均为A股上市公司股票，其公允价值根据上海证券交易所及深圳证券交易所最后一个交易日收盘价确定。

示例2-36 600688.SH 上海石化

交易性金融资产

单位：千元

项目	2019年12月31日	2018年12月31日
结构性存款	3,318,407	2,719,811

于2019年12月31日及2018年12月31日，交易性金融资产为本集团存放于银行期限为六个月以内的结构性存款。合同约定保证本金，收益与美元兑日元的汇率水平、欧元兑美元的汇率水平、国际市场美元三个月伦敦同业拆借利率等表现情况挂钩。

示例 2-37 600660.SH 福耀玻璃

交易性金融资产

单位：元

项目	期末余额	期初余额
以公允价值计量且其变动计入当期损益的金融资产	1,117,153,745	387,261,777
其中：		
结构性理财产品（a）	1,658,902	1,401,366
结构性存款（b）	1,115,494,843	385,860,411
合计	1,117,153,745	387,261,777

注：（a）于 2019 年 6 月 30 日，本集团结存的收益与摩根大通 MOZAIC WEEKLY 指数连结的保本型理财产品，该产品于 2018 年 8 月 17 日归还投资本金，将于 2019 年 8 月 16 日到期。于本报告末估值为 241,305 美元，折合人民币 1,658,902 元（2018 年 12 月 31 日：估值为 204,185 美元，折合人民币 1,401,366 元）。

（b）于 2019 年 6 月 30 日，本集团结存的收益与美元兑港币汇率连结的保本型结构性存款，投资金额合计人民币 600,000,000 元，本报告末估值为人民币 605,112,994 元（2018 年 12 月 31 日：投资金额合计人民币 200,000,000 元，估值为人民币 200,642,466 元，已于本报告期到期）。该等产品将于 2019 年 7 月 2 日至 2019 年 9 月 19 日到期。

于 2019 年 6 月 30 日，本集团结存的收益与 USD3M-LIBOR 连结的保本型结构性存款，投资金额合计人民币 500,000,000 元，本报告期末估值为人民币 510,381,849 元（2018 年 12 月 31 日：投资金额人民币 185,000,000 元，估值为人民币 185,217,945 元，已于本报告期到期）。该等产品将于 2019 年 7 月 4 日至 2019 年 7 月 10 日到期。

示例 2-38 603259.SH 药明康德

交易性金融资产

单位：元

项目	期末余额	期初余额
以公允价值计量且其变动计入当期损益的金融资产	1,701,637,915.47	2,125,333,652.33
其中：		
货币基金	795,702,219.41	1,019,431,143.49
理财产品	905,935,696.06	1,105,902,508.84
合计	1,701,637,915.47	2,125,333,652.33

注：截至报告期末，本集团理财产品主要为结构性存款、银行理财产品以及少量低风险信托类理财产品。

示例 2-39 000895.SZ 双汇发展

交易性金融资产

单位：元

项目	期末余额	期初余额
以公允价值计量且其变动计入当期损益的金融资产	3,052,713,858.41	2,178,116,849.22
其中：		
成本	3,006,100,000.00	2,147,500,000.00
公允价值变动	46,613,858.41	30,616,849.22
合计	3,052,713,858.41	2,178,116,849.22

注：本集团期末以公允价值计量且其变动计入当期损益的金融资产均为购买的银行结构性存款，2019 年 12 月 31 日，本集团持有的银行结构性存款本金为人民币 3,006,100,000.00 元，公允价值变动损益为人民币 46,613,858.41 元。

示例 2-40 002419.SZ 天虹股份

交易性金融资产

单位：元

项目	期末余额	期初余额
以公允价值计量且其变动计入当期损益的金融资产	3,516,647,809.36	3,504,127,760.27
其中：结构性存款	3,516,647,809.36	3,504,127,760.27
合计	3,516,647,809.36	3,504,127,760.27

注：截至 2019 年 12 月 31 日，交易性金融资产系本公司存放于银行的短期保本浮动收益结构性存款。

公允价值的披露

（1）以公允价值计量的项目和金额。

于 2019 年 12 月 31 日，以公允价值计量的资产及负债按上述三个层次列示如下：

单位：元

项目	第一层次公允价值计量	第二层次公允价值计量	第三层次公允价值计量	合计
持续的公允价值计量			3,668,897,809.36	3,668,897,809.36
交易性金融资产			3,516,647,809.36	3,516,647,809.36

续表

项目	第一层次公允价值计量	第二层次公允价值计量	第三层次公允价值计量	合计
结构性存款			3,516,647,809.36	3,516,647,809.36
其他非流动金融资产			152,250,000.00	152,250,000.00

（2）第三层次公允价值计量中使用的重要的不可观察输入值的量化信息。

单位：元

内容	期末公允价值	估值技术	不可观察输入值	范围（加权平均值）
交易性金融资产	3,516,647,809.36	现金流量折现法	预期收益率	3.55%~4.2%（3.96%）
其他非流动金融资产	152,250,000.00	现金流量折现法	预期收益率	4.35%

示例2-41 600418.SH 江淮汽车

交易性金融资产

单位：元

项目	期末余额	期初余额
以公允价值计量且其变动计入当期损益的金融资产	675,795,251.39	1,937,930,000.00
其中：		
结构性存款	675,795,251.39	1,810,000,000.00
银行理财产品		127,930,000.00
合计	675,795,251.39	1,937,930,000.00

注：（1）2019年末交易性金融资产主要系公司于2019年1月1日起执行新金融工具准则，核算以公允价值计量且其变动计入当期损益的结构性存款。

（2）期初余额与上年期末余额（2018年12月31日）差异系执行新金融工具准则调整2019年1月1日期初余额。

示例2-42 600970.SH 中材国际

交易性金融资产

单位：元

项目	期末余额	期初余额
以公允价值计量且其变动计入当期损益的金融资产	565,164,037.70	583,001,863.30

续表

项目	期末余额	期初余额
其中：		
权益工具投资	73,183,387.00	78,423,753.80
银行理财产品（注）	482,231,575.34	500,128,800.00
外汇远期合约	5,253,731.00	225,174.11
其他	4,495,344.36	4,224,135.39
合计	565,164,037.70	583,001,863.30

注：本公司上年购买保本型结构性存款 50,000.00 万元，本年购买保本型结构性存款 138,000.00 万元，本年支取 140,000.00 万元，剩余本金 48,000.00 万元。期末按照该产品最低档收益率计量公允价值。

公允价值的披露

（1）以公允价值计量的资产和负债的期末公允价值。

单位：元

项目	期末公允价值			
	第一层次公允价值计量	第二层次公允价值计量	第三层次公允价值计量	合计
一、持续的公允价值计量				
（一）交易性金融资产	15,802,529.88	487,485,306.34	61,876,201.48	565,164,037.70
1. 以公允价值计量且变动计入当期损益的金融资产	15,802,529.88	487,485,306.34	61,876,201.48	565,164,037.70
（1）权益工具投资	11,307,185.52		61,876,201.48	73,183,387.00
（2）银行理财产品		482,231,575.34		482,231,575.34
（3）外汇远期合约		5,253,731.00		5,253,731.00
（4）其他	4,495,344.36			4,495,344.36
（二）应收款项融资			1,089,587,138.20	1,089,587,138.20
持续以公允价值计量的资产总额	15,802,529.88	487,485,306.34	1,151,463,339.68	1,654,751,175.90
（六）交易性金融负债		17,729,365.69		17,729,365.69
1. 以公允价值计量且变动计入当期损益的金融负债		17,729,365.69		17,729,365.69
衍生金融负债		17,041,009.74		17,041,009.74
外汇远期合约		688,355.95		688,355.95
持续以公允价值计量的负债总额		17,729,365.69		17,729,365.69

(2) 持续和非持续第一层次公允价值计量项目市价的确定依据。

交易性金融资产——权益工具投资为上海证券交易所 A 股股票,市价确定依据为年末最后一个交易日收盘价。交易性金融资产——其他,市价确定依据为年末最后一个交易日相关资产公布的市值。

(3) 持续和非持续第二层次公允价值计量项目,采用的估值技术和重要参数的定性及定量信息。

交易性金融资产中远期外汇合约、交易性金融负债中远期外汇合约和衍生金融负债中利率掉期估值方法为贴现现金流,即未来现金流按年末可观察的远期汇率及合约远期利率来计算,并能反映各同业的信贷风险。交易性金融资产——理财产品,市价确定依据为年末该产品最低档收益率计量的公允价值。

(4) 持续和非持续第三层次公允价值计量项目,采用的估值技术和重要参数的定性及定量信息。

交易性金融资产中非上市权益工具投资,以本集团持有其账面净资产的份额代表该投资公允价值的最佳估计。应收款项融资以贴现率(期限超过一年)或相当于整个存续期内预期信用损失的金额代表该类金融资产公允价值的最佳估计。

示例 2–43　600200.SH 江苏吴中

交易性金融资产

单位:元

项目	期末余额	期初余额
以公允价值计量且其变动计入当期损益的金融资产	40,520,521.44	10,240,598.14
其中:		
权益工具投资	373,069.39	240,598.14
理财产品	40,147,452.05	10,000,000.00
合计	40,520,521.44	10,240,598.14

注:(1) 期初数与上期期末余额(2018 年 12 月 31 日)差异详见本节五、重要会计政策及会计估计 41. 重要会计政策和会计估计变更(略)。
(2) 权益工具投资为东吴行业轮动股票型基金,成本为 500,034.77 元,公允价值变动为 –126,965.38 元。
(3) 理财产品为公司认购的由中国农业银行发行的"汇利丰"2019 年第 6114 期对公定制人民币结构性存款产品,金额为 40,000,000.00 元。

示例 2-44　000029.SZ 深深房 A

货币资金

单位：元

项目	2019 年 12 月 31 日			2018 年 12 月 31 日		
	外币金额	折算率	人民币金额	外币金额	折算率	人民币金额
库存现金：	—	—	66,252.42	—	—	57,979.40
人民币			66,252.42			57,979.40
银行存款：	—	—	1,493,123,507.93	—	—	1,148,464,456.53
人民币	—		1,485,217,117.53	—		1,140,213,287.57
美元	5,532.95	6.9762	38,598.97	45,331.77	6.8845	312,086.57
港币	8,783,167.25	0.89578	7,867,791.43	9,031,948.11	0.8790	7,939,082.39
银行存款中：财务公司存款	—	—	—	—	—	—
其他货币资金：	—	—	1,017,950,685.00	—	—	900,000,000.00
人民币	—	—	1,017,950,685.00	—	—	900,000,000.00
合计	—	—	2,511,140,445.35	—	—	2,048,522,435.93
其中：存放在境外的款项总额	—	—	7,936,545.69	—	—	8,239,667.62

注：期末，其他货币资金 1,017,950,685.00 元，其中 1,003,950,685.00 元为符合准则规定以摊余成本计量的结构性存款本金 1,000,000,000.00 元及其利息 3,950,685.00 元，剩余 14,000,000.00 元为七天通知存款。

示例 2-45　300357.SZ 我武生物

货币资金

单位：元

项目	期末余额	期初余额
库存现金	17,386.24	14,434.06
银行存款	750,513,833.00	459,838,696.14
其他货币资金	240,000.00	190,000.00
合计	750,771,219.24	460,043,130.20

注：货币资金期末余额减去期限在三个月以上的定期存款及结构性存款 600,945,987.69 元，期末现金及现金等价物余额为 149,825,231.55 元。

本集团的结构性存款为与黄金、汇率及利率挂钩的,实质上具有固定收益特征,能够符合金融资产合同现金流量测试,以摊余成本计量。

银行活期存款按照银行活期存款利率取得利息收入。定期存款按照相应的银行定期存款利率取得利息收入。

第三章

金融负债的分类、计量和终止确认

新金融工具准则中关于金融负债的要求大部分沿用原金融工具准则的规定，但改进了有关金融负债公允价值选择权的相关要求，以应对企业自身信用风险的问题。这一改进反映了财务报表使用者及其他方在反馈意见中的一致观点，即由负债信用风险引起的变化不应该影响损益，除非该金融负债是为交易而持有的。

第一节 金融负债的分类

新金融工具准则保留了原金融工具准则中对于金融负债分类的要求，包括嵌入衍生工具的相关要求，因为IASB认为对实务进行变更的好处抵不上由此产生不利影响的成本。

根据新金融工具准则，除下列工具外，金融负债均分类为以摊余成本进行后续计量：

（1）为交易而持有的金融负债，包括衍生工具；

（2）在初始确认时指定为以公允价值计量且其变动计入当期损益的金融负债；

（3）金融资产转移不符合终止确认条件或者应用继续涉入法而形成的金融负债；

（4）财务担保合同；

（5）以低于市场利率提供贷款的承诺；

（6）购买方在企业合并中确认的或有对价。

在初始确认时，为了提供更相关的会计信息，企业可以将金融负债指定为以公允价值计量且其变动计入当期损益的金融负债，但该指定应当满足下列条件之一：

（1）能够消除或显著减少会计错配。

（2）根据正式书面文件载明的企业风险管理或投资策略，以公允价值为基础对金融负债组合或金融资产和金融负债组合进行管理和业绩评价，并在企业内部以此为基础向关键管理人员报告。

上述指定一经做出，不得撤销。

可以看出，金融负债的公允价值指定与金融资产的指定是不同的。对于金融资产而言，仅当在初始确认时，如果能够消除或显著减少会计错配，企业可以将金融资产指定为以公允价值计量且其变动计入当期损益的金融资产。

第二节　金融负债的计量

新金融工具准则基本保留了原金融工具准则在初始确认时的计量要求，在初始确认时，金融负债应以公允价值计量，对于未分类为 FVTPL 的金融负债，还应加上或减去可直接归属于获得或发行该金融工具的交易费用。

新金融工具准则基本保留了原金融工具准则对于金融负债后续计量的规定。因此，除衍生工具或企业采用公允价值选择权进行指定的金融负债外，大多数金融负债将继续以摊余成本计量。但是在原准则中，对于指定为 FVTPL 的金融负债，所有的公允价值变动计入损益，而新金融工具准则中，公允价值变动按照如下列报：

（1）归属于该负债信用风险变动的公允价值变动金额应在其他综合收益中列报，除非会扩大会计错配；

（2）其余的公允价值变动金额在损益中列报。

在其他综合收益中列报的金额不得重分类至损益，但是企业可以在权益内部转移累计的利得或损失，即转入留存收益。

新金融工具准则中的上述新规定对信用风险与资产特定的履约风险进行了区分。资产特定的履约风险与负债的发行人未能履约而产生的风险无关，而是与单项或多项资产的履约情况较差的风险有关。新金融工具准则作出此项新规定的原因为在相当长的时间内，负债信用风险变动应该不影响损益，除非该负债是交易性的。此项新规定避免了将信用质量下降的结果确认为收益的情况。

但是在以下两种例外情况下，无须按照上述要求分开列报，即所有利得与损失均在损益中列报：

（1）如果分开列报将产生或扩大损益的会计不匹配；或者

（2）如果金融负债是一项贷款承诺或财务担保合同。

为确定分开列报是否会产生或扩大损益的会计不匹配，企业应评估其是否预期金融负债信用风险变动的影响将在损益中被另一项 FVTPL 金融工具的公允价值变动所抵销。上述决定是以该金融负债的特征与另一项金融工具的特征之间的经济关系为基础做出的。企业在初始确认时做出此决定，且不重新评估。

企业采用下列方法之一确定由金融负债信用风险变动引起的公允价值变动金额：

（1）为公允价值变动金额中并非归属于产生市场风险的市场状况变化而引起的变动；这些市场状况可能包括基准利率、另一企业金融工具的价格、大宗商品价格、外汇汇率以及价格指数或利率指数；或者

（2）采用企业认为能够更真实地反映所需金额的替代方法。

仅当金融负债市场状况所发生的唯一重大相关变化是某一观察到的基准利率的变动时，上述第一种方法才是恰当的。

第三节　金融负债的终止确认

金融负债（或其一部分）的现时义务已经解除的，企业应当终止确认该金融负债（或该部分金融负债）。企业在判断金融负债现时义务的解除时应注意以下情形：

（1）企业将用于偿付金融负债的资产转入某个机构或设立信托，偿付债务的义务仍存在的，不应当终止确认该金融负债，也不能终止确认转出的资产。也就是说，虽然企业已为金融负债设立了"偿债基金"但金融负债对应的债权人仍然拥有全额追索的权利时，不能认为企业的相关现时义务已解除，从而不能终止确认金融负债。

（2）企业（借入方）与借出方之间签订协议，以承担新金融负债方式替换原金融负债（或其一部分），且合同条款实质上不同的，企业应当终止确认原金融负债（或其一部分），同时确认一项新金融负债。其中"实质上不同"是指按照新的合同条款，金融负债未来现金流量（包括支付和收取的任何费用）现值与原金融负债的剩余期间现金流量现值之间的差异至少相差10%。有关现值的计算均采用原金融负债的实际利率。

（3）如果一项债务工具的发行人回购了该工具，即使该发行人是该工具的做市商或打算在近期将其再次出售，企业（发行人）应当终止确认该债务工具。

在某些情况下，债权人解除了债务人对金融负债的主要责任，但要求债务人提供担保（承诺在合同主要责任方拖欠时进行支付）的，债务人应当以其担保义务的公允价值为基础确认一项新的金融负债，并按支付的价款加上新金融负债公允价值之和与原金融负债账面价值的差额确认利得和损失。

第四节 实务应用示例

示例 3-1 600030.SH 中信证券

交易性金融负债

单位：元

项目	2019 年 12 月 31 日		
	为交易目的而持有的金融负债	指定以公允价值计量且变动计入当期损益的金融负债	公允价值合计
债券	11,072,464,642.48	—	11,072,464,642.48
股票	1,027,666,657.31	—	1,027,666,657.31
结构化主体其他份额持有人投资份额	—	335,408,259.73	335,408,259.73
收益凭证及其他	27,011,788.02	45,254,447,438.20	45,281,459,226.22
合计	12,127,143,087.81	45,589,855,697.93	57,716,998,785.74

单位：元

项目	2018 年 12 月 31 日		
	为交易目的而持有的金融负债	指定以公允价值计量且变动计入当期损益的金融负债	公允价值合计
债券	5,994,425,429.89	—	5,994,425,429.89
股票	1,454,333,869.23	42,211,707.52	1,496,545,576.75
结构化主体其他份额持有人投资份额	—	402,853,891.73	402,853,891.73
收益凭证及其他	3,255,306.69	39,748,758,343.18	39,752,013,649.87
合计	7,452,014,605.81	40,193,823,942.43	47,645,838,548.24

于 2019 年 12 月 31 日及 2018 年 12 月 31 日，本集团指定为以公允价值计量且其变动计入当期损益的金融负债的公允价值并未发生由于本集团自身信用风险变化导致的重大变动。

示例3-2　600958.SH 东方证券

交易性金融负债

单位：元

类别	期末公允价值		
	分类为以公允价值计量且其变动计入当期损益的金融负债	指定为以公允价值计量且其变动计入当期损益的金融负债	合计
债券	4,124,611,741.87		4,124,611,741.87
结构化主体	—	286,059,246.99	286,059,246.99
结构化收益产品	—	705,649,606.20	705,649,606.20
其他	7,514,640,000.00	—	7,514,640,000.00
合计	11,639,251,741.87	991,708,853.19	12,630,960,595.06

单位：元

类别	期初公允价值		
	分类为以公允价值计量且其变动计入当期损益的金融负债	指定为以公允价值计量且其变动计入当期损益的金融负债	合计
债券	1,496,012,137.51		1,496,012,137.51
结构化主体	—	312,332,970.07	312,332,970.07
结构化收益产品	—	—	
其他	5,026,036,000.00	—	5,338,368,970.07
合计	6,522,048,137.51	312,332,970.07	6,834,381,107.58

注1：债券系债券借贷业务借入债券后卖出产生的交易性金融负债。

注2：结构化主体系因本集团能够实施控制而纳入合并财务报表范围的结构化主体的其他份额持有人利益。本集团将该类金融负债指定为以公允价值计量且其变动计入当期损益的金融负债，系这些结构化主体的金融资产主要以公允价值计量且其变动计入当期损益，该指定可以明显减少计量基础不同所导致的相关利得或损失在确认和计量方面不一致的情况。

第四章

金融工具的减值

原金融工具准则下,采用已发生损失模型,对贷款和应收款项、持有至到期投资、可供出售债务工具、可供出售权益工具分别规定了不同的减值判断和计提、转回标准,且贷款承诺和财务担保合同根据《企业会计准则第 13 号——或有事项》计提预计负债。

新金融工具准则将金融资产减值会计处理由"已发生损失法"变更为"预期损失法",要求考虑包括前瞻性信息在内的各种可获得信息,从而更加及时、足额地计提金融资产减值准备,便于揭示和防控金融资产信用风险。

第一节 预期信用损失模型

一、减值要求的适用范围

新金融工具准则要求以预期信用损失为基础,对特定项目进行减值会计处理并确认损失准备,具体设计项目如表 4-1 所示。

表 4-1   预期信用损失的适用范围

减值会计处理的范围	主要涉及的会计报表项目
(1) 以摊余成本计量的金融资产	应收票据、应收账款、其他应收款、一年内到期的非流动资产(剩余一年内到期的债权投资)、其他流动资产(一年内到期的债权投资);债权投资、长期应收款
(2) 以公允价值计量且其变动计入其他综合收益的应收款项及债权投资	应收款项融资、一年内到期的非流动资产(剩余一年内到期的其他债权投资)、其他流动资产(一年内到期的其他债权投资);其他债权投资

续表

减值会计处理的范围	主要涉及的会计报表项目
(3)《企业会计准则第14号——收入》定义的合同资产	合同资产、其他非流动资产（超过一年或一个正常营业周期结转的合同资产）
(4) 租赁应收款	长期应收款、一年内到期的非流动资产（剩余一年内到期的租赁应收款）
(5) 财务担保合同（以公允价值计量且其变动计入当期损益、金融资产转移不符合终止确认条件或继续涉入被转移金融资产所形成的除外）	计提时借记"信用减值损失"，贷记"预计负债"（用于贷款承诺及财务担保合同） （企业选择按照保险合同相关会计准则进行会计处理的财务担保合同，适用保险合同相关会计准则）

二、简化方法的适用范围

预期信用损失法的一般方法为三阶段法，如表4-2所示。即需要追踪信用风险是否显著增加，金融工具自初始确认后信用风险未显著增加的，处于第一阶段，按照未来12个月内的预期信用损失计量损失准备；金融工具自初始确认后信用风险已显著增加但尚未发生信用减值的，处于第二阶段，按照该工具整个存续期的预期信用损失计量损失准备；金融工具自初始确认后已经发生信用减值的，处于第三阶段，按照该工具整个存续期的预期信用损失计量损失准备。

表4-2　　　　　　　　　　预期信用损失的确认模型

项目	第一阶段	第二阶段	第三阶段
阶段特征	信用风险自初始确认后并未显著增加（或在资产负债表日只具有较低的信用风险）	信用风险自初始确认后已显著增加	可观察证据表明金融资产已发生信用减值
损失准备	未来12个月内预期信用损失	整个存续期内预期信用损失	整个存续期内预期信用损失
利息收入	账面余额乘以实际利率	账面余额乘以实际利率	摊余成本（账面余额扣除累计计提的损失准备）乘以实际利率

未来12个月内预期信用损失，是指因资产负债表日后12个月内（若金融工具的预计存续期少于12个月，则为预计存续期）可能发生的金融工具违约事件而导致的预期信用损失，是整个存续期预期信用损失的一部分，代表因报告日后12个月内可能发生的违约事件而导致的整个存续期内的现金短缺。整个存续期预期信用损失，是指因金融工具整个预计存续期内所有可能发生的违约事件而导致的预期信用损失。

对于由《企业会计准则第14号——收入》规范的交易形成的应收款项或合同资产，以及由《企业会计准则第21号——租赁》规范的交易形成的租赁应收款，则应该或可以使用简化方法。减值模型适用要求如表4-3所示。

表4-3　　　　　　　　　　　　减值模型适用要求

范围	一般方法（三阶段）	简化方法（无须跟踪）
根据 CAS 14 形成的未包含重大融资成分的应收款项或合同资产		√
根据 CAS 14 形成的包含重大融资成分的应收款项或合同资产	可选择	
根据 CAS 21 形成的租赁应收款	可选择	
其他以摊余成本计量的金融资产或 FVOCI（债务工具）	√	
不以 FVTPL 计量的贷款承诺和财务担保合同	√	

对于购买或源生的已发生信用减值的金融资产，确认整个存续期内预期信用损失。

实务中，为了简化处理，对于应收票据、应收账款及合同资产，无论是否存在重大融资成分，通常会选择适用简化方法，即始终按照相当于整个存续期内预期信用损失的金额计量其损失准备。需要注意的是，并非所有应收账款、合同资产或租赁应收款均属短期（即，期限足够短从而无须区分 12 个月预期信用损失和整个存续期预期信用损失），例如，向客户提供延长赊销期的主体的应收账款（如零售商允许其客户在 3 年内对购买的商品进行支付）。在这种情况下，与 12 个月预期信用损失相比，确认整个存续期预期信用损失可能会导致确认更多的损失准备。

第二节　预期信用损失的计量

预期信用损失，是指以发生违约的风险为权重的金融工具信用损失的加权平均值。信用损失，是指企业按照原实际利率折现的、根据合同应收的所有合同现金流量与预期收取的所有现金流量之间的差额，即全部现金短缺的现值。

一、预期信用损失反映各种可能性

企业应当以概率加权平均为基础对预期信用损失进行计量。企业对预期信用损失的计量应当反映发生信用损失的各种可能性，但不必识别所有可能的情形。估计预期信用损失的目的并非对最坏的情形或最好的情形作出估计，取而代之的是，预期信用损失的估计应当始终反映发生信用损失的可能性以及不发生信用损失的可能性（即便最可能发生的结果是不存在任何信用损失），而不是仅对最坏或最好的情形做出估计。

也就是说，即使金融资产信用风险很低，也不能直接认为不存在发生信用损失的可能性从而直接得出无须计提减值准备的结论。但某些金融资产信用风险可能性极低，从而预期信用损失金额很小，实务上可以考虑从重要性角度未计提减值准备——但这并不意味着不考虑减值。

二、预期信用损失的计量

企业计量金融工具预期信用损失的方法应当反映下列各项要素：（1）通过评价一系列可能的结果而确定的无偏概率加权平均金额；（2）货币时间价值；（3）在资产负债表日无须付出不必要的额外成本或努力即可获得的有关过去事项、当前状况以及未来经济状况预测的合理且有依据的信息。

由于预期信用损失考虑付款的金额和时间分布，因此即使企业预计可以全额收款但收款时间晚于合同规定的到期期限，也会产生信用损失。

在估计现金流量时，企业应当考虑金融工具在整个预计存续期的所有合同条款（如提前还款、展期、看涨期权或其他类似期权等）。企业所考虑的现金流量应当包括出售所持担保品获得的现金流量，以及属于合同条款组成部分的其他信用增级所产生的现金流量。

第三节　前瞻性调整

信用风险显著增加的评估及预期信用损失的计量均涉及前瞻性信息。实务中，为了简化处理，对于应收票据、应收账款及合同资产，无论是否存在重大融资成分，通常选择适用简化方法，即始终按照相当于整个存续期内预期信用损失的金额计量其损失准备。这样前瞻性信息的考虑就主要体现在预期信用损失的计量上。

一、预期信用损失计量中采集和使用的信息

（一）计量方法应当反映的要素

根据《企业会计准则第22号——金融工具确认和计量》第五十八条，企业计量金融工具预期信用损失的方法应当反映下列各项要素：（1）通过评价一系列可能的结果而确定的无偏概率加权平均金额；（2）货币时间价值；（3）在资产负债表日无须付出不必要的额外成本或努力即可获得的有关过去事项、当前状况以及未来经济状况预测的合理且有依据的信息。

实务中，无偏概率加权平均的要求可能并不需要企业开展复杂的分析。在某些情形下，运用相对简单的模型可能足以满足上述要求，而不需要使用大量具体的情景模

拟。例如，一个较大的具有共同风险特征的金融工具组合的平均信用损失，可能是概率加权金额的合理估计值。

货币时间价值主要取决于相关金融工具初始确认时确定的实际利率或其近似值，如果初始确认时的实际利率为零，也就无须考虑折现。除非应收账款到期仍未收款，而付款期限得以重新安排以至于实际上包含了重大融资成分，则实际利率可能不再为零。

有关过去事项、当前状况以及未来经济状况预测的合理且有依据的信息即体现了"预期信用损失模型"的前瞻性要求，要求对未来可能的信用损失（尚未发生）予以预计。而"已发生损失模型"强调现实损失，有客观证据表明该金融资产发生减值的，才计提减值准备。

（二）计量中采集和使用的信息

计量中采集和使用的信息应当既包含与借款人特定因素相关的信息，又包含反映总体经济状况和趋势的信息。

历史信息是企业计量预期信用损失的重要基准。某些情形下，未经调整的历史信息可能是最佳的合理且有依据的信息。而其他情形下，企业可能需要使用当期数据对历史数据进行调整，以反映当前状况和未来预测的影响，并剔除与未来现金流量不相关的历史因素的影响。

企业对预期信用损失的估计，应当反映相关可观察数据的变化并与其保持方向一致（例如，就业率、房价、商品价格的变化可能导致一项或一组金融工具信用损失的变化）。

在考虑前瞻性信息时，并不要求企业对金融工具整个预计存续期内的情况做出预测，企业只需根据现有资料对未来情况进行推断。

二、考虑前瞻性信息的方法

理论上讲，考虑前瞻性信息调整预期信用损失率的方法可以是基于专家判断的经验数值或者基于相关性分析（如回归分析）的量化计算。

前瞻性调整可以有不同的调整基础，例如，调整核销比例、调整不同账龄区间的回收率、调整最高账龄区间的平均迁徙率、调整历史损失率等。

（一）基于经验的前瞻性调整

专家判断时使用的信息应当既包含与借款人特定因素相关的信息，又包含反映总体经济状况和趋势的信息。例如，关于信用损失的企业内部历史经验、其他企业的信用损失经验、外部报告和外部统计数据等。

需要强调的是，专家应基于合理且有依据的对未来经济状况的预测进行判断，例如对 GDP 增长率、货币供应量 M2 增长率、消费者物价指数 CPI、社会消费品零售总额、固定资产投资完成额、房地产开发投资完成额、利率、失业率、国房景气指数、新建住宅价格指数等宏观经济指标的合理预测(包含乐观情景、基准情景和悲观情景)。此外,可能还需要考虑债务人地区、行业的相关指标。

可以对建立宏观经济环境预测的评分与前瞻性调整的对照表进行适当调整。

1. 宏观指标打分卡

(1)评价企业选择的用于前瞻性调整的经济指标。

假设历史经验表明 GDP 增长率、M2 增长率、社会消费品零售总额增长率及消费者物价指数 CPI 与公司信用损失相关性较高。

(2)设定评分标准和权重。

评分标准根据经济状况修改,反映合理可能的变动幅度,示例如表4-4所示。

表4-4　　　　　　设定宏观经济指标评分标准和权重示例

经济指标		评分标准	百分制赋分	权重
GDP 增长率	A	预计提高20%以上	100	35%
	B	预计提高10%~20%	80	
	C	预计提高5%~10%	65	
	D	预计持平(上下变动5%以内)	50	
	E	预计降低5%~10%	35	
	F	预计降低10%~20%	20	
	G	预计降低20%以上	0	
M2 增长率	A	预计提高20%以上	100	35%
	B	预计提高10%~20%	80	
	C	预计提高5%~10%	65	
	D	预计持平(上下变动5%以内)	50	
	E	预计降低5%~10%	35	
	F	预计降低10%~20%	20	
	G	预计降低20%以上	0	
社会消费品零售总额增长率	A	预计提高20%以上	100	20%
	B	预计提高10%~20%	80	
	C	预计提高5%~10%	65	
	D	预计持平(上下变动5%以内)	50	
	E	预计降低5%~10%	35	
	F	预计降低10%~20%	20	
	G	预计降低20%以上	0	

续表

经济指标		评分标准	百分制赋分	权重
消费者物价指数 CPI	A	预计提高 20% 以上	100	10%
	B	预计提高 10%～20%	80	
	C	预计提高 5%～10%	65	
	D	预计持平（上下变动 5% 以内）	50	
	E	预计降低 5%～10%	35	
	F	预计降低 10%～20%	20	
	G	预计降低 20% 以上	0	
合计				100%

需要注意的是，表 4-4 仅做示例参考，具体指标、评分标准、分值及权重需要结合公司实际情况进行设定。

（3）基于历史数据设定评分值与前瞻性调整系数的对照表。

预测情景和调整系数根据公司情况进行调整，调整系数应经过历史数据验证，示例如表 4-5 所示。

表 4-5　　　　　　　　设定评分值与前瞻性调整系数对照表示例

序号	得分区间	调整系数	预测情景
1	＞94	0.65	非常乐观
2	80～94	0.75	乐观
3	65～80	0.85	基准偏乐观
4	54～65	1.00	基准
5	40～54	1.15	基准偏谨慎
6	24～40	1.25	谨慎
7	＜24	1.35	非常谨慎

（4）取得预测的未来经济指标。

根据专家判断的结果，每年对经济指标进行预测，示例如表 4-6 所示。

表4-6　　　　　　　　　　预测宏观经济指标值示例

指标	情形	权重	未来1年	未来2年
GDP增长率	基本	75.00%	6.00%	6.20%
	上升	15.00%	6.60%	6.60%
	下降	10.00%	5.80%	6.00%
	预测值	100.00%	6.07%	6.24%
	预测值变动	—	-0.49%	2.30%
	对应情形	—	D	D
M2增长率	基本	80.00%	13.00%	13.50%
	上升	15.00%	15.00%	14.50%
	下降	5.00%	10.00%	11.00%
	预测值	100.00%	13.15%	13.53%
	预测值变动	—	1.15%	4.04%
	对应情形	—	D	D
社会消费品零售总额增长率	基本	80.00%	8.00%	8.20%
	上升	15.00%	8.20%	8.50%
	下降	5.00%	7.80%	7.90%
	预测值	100.00%	8.02%	8.23%
	预测值变动	—	-3.37%	-0.84%
	对应情形	—	D	D
消费者物价指数CPI	基本	80.00%	3.00%	3.50%
	上升	15.00%	4.00%	4.50%
	下降	5.00%	2.60%	2.80%
	预测值	100.00%	3.13%	3.62%
	预测值变动	—	11.79%	29.11%
	对应情形	—	C	A

需要注意的是，表4-6仅做示例参考，具体预测需要利用专家工作。

(5) 根据评分表确认总得分，然后根据对照表确定前瞻性调整系数。

根据预测结果对应评分表，计算加权后总得分，示例如表4-7所示。

表 4-7　　　　　　　　　根据宏观经济预测确定总得分示例

经济指标		评分标准	百分制赋分	权重	选择的情形	加权后得分
GDP 增长率	A	预计提高 20% 以上	100	35%	D	17.50
	B	预计提高 10%~20%	80			
	C	预计提高 5%~10%	65			
	D	预计持平（上下变动 5% 以内）	50			
	E	预计降低 5%~10%	35			
	F	预计降低 10%~20%	20			
	G	预计降低 20% 以上	0			
M2 增长率	A	预计提高 20% 以上	100	35%	D	17.50
	B	预计提高 10%~20%	80			
	C	预计提高 5%~10%	65			
	D	预计持平（上下变动 5% 以内）	50			
	E	预计降低 5%~10%	35			
	F	预计降低 10%~20%	20			
	G	预计降低 20% 以上	0			
社会消费品零售总额增长率	A	预计提高 20% 以上	100	20%	D	10.00
	B	预计提高 10%~20%	80			
	C	预计提高 5%~10%	65			
	D	预计持平（上下变动 5% 以内）	50			
	E	预计降低 5%~10%	35			
	F	预计降低 10%~20%	20			
	G	预计降低 20% 以上	0			
消费者物价指数 CPI	A	预计提高 20% 以上	100	10%	C	6.50
	B	预计提高 10%~20%	80			
	C	预计提高 5%~10%	65			
	D	预计持平（上下变动 5% 以内）	50			
	E	预计降低 5%~10%	35			
	F	预计降低 10%~20%	20			
	G	预计降低 20% 以上	0			
合计				100%		51.50

根据对照表确定前瞻性调整系数，示例如表 4-8 所示。

表 4-8　　　　　　　　根据总得分确定前瞻性调整系数示例

序号	得分区间	调整系数	预测情景	总得分	对应调整系数
1	>94	0.65	非常乐观		
2	80~94	0.75	乐观		
3	65~80	0.85	基准偏乐观		
4	54~65	1.00	基准	51.50	1.15
5	40~54	1.15	基准偏谨慎		
6	24~40	1.25	谨慎		
7	<24	1.35	非常谨慎		

即在历史损失率基础上，调增15%（历史损失率×1.15）得出预期信用损失率。

2. 前瞻性调整为零

《〈企业会计准则第22号——金融工具确认和计量〉应用指南（2018）》指出，历史信息是企业计量预期信用损失的重要基准，某些情形下，未经调整的历史信息可能是最佳的合理且有依据的信息。

应确定历史损失率发生时的经济状况能否代表资产负债表日面临风险敞口的期间内的未来经济状况。如果与借款人特定因素相关的信息（如行业技术发展）及反映总体经济状况和趋势的信息（如GDP、CPI）预计均与当前状况一致，则前瞻性调整可能并不重大，从而历史损失率可能是估计预期信用损失的适当基础。

另外，对于短期应收账款（如期限为60天的应收账款），鉴于面临信用风险敞口的期间内经济状况很可能不会发生重大变化，因此前瞻性调整可能并不重要。

需要强调的是，对未来经济状况的预测应是合理且有依据的，如基于公认的外部研究报告及政府预测数据，不能主观认定经济状况不会发生变化。

3. 调整不同账龄区间的回收率

追踪过去1年多笔赊销余额的回收情况以计算预期信用损失率的方法涉及回收率的计算（详见本章第五节方法2）。考虑前瞻性信息时，可以分析与回收率相关的主要宏观经济指标的变化。例如，专家基于过去事项、当前状况识别出以下相关信息：

（1）GDP增长率、就业率、行业发展等与当前状况不同，宏观经济增速将放缓；

（2）公司当年度为扩大销售，放宽了信用政策。

基于上述信息，专家预期新产生的应收账款回收率较上年下降8%，以前年度赊销余额回收率较上年下降5%。

4. 调整最高账龄区间的平均迁徙率

预期信用损失法要求企业在计提信用减值准备时考虑前瞻性调整，但这并不意味着在根据平均迁徙率计算得出历史损失率后必须单独进行前瞻性调整。前瞻性信息可以在设定最高账龄区间迁徙率时有所考虑，如果计算的历史损失率已经可以合理反映不同账龄的损失率差异，且在以前并未明显少提已发生损失准备的情况下可以实现平稳过渡，则首次施行日可能无须再单独进行前瞻性调整。正如《〈企业会计准则第22号——金融工具确认和计量〉应用指南（2018）》所说，历史信息是企业计量预期信用损失的重要基准，某些情形下，未经调整的历史信息可能是最佳的合理且有依据的信息。

但是，若新旧衔接时预计未来经济状况有明显变化，则需要在历史损失率的基础上进行调整，以反映当前状况和未来预测的影响，并剔除与未来现金流量不相关的历史因素的影响。

新旧衔接之后施行时，根据情况变化可以在设定最高账龄区间迁徙率的同时/或单独进行前瞻性调整。

5. 调整历史损失率

专家基于对宏观经济环境的预测，可以在历史损失率的基础上进行调整，以得到预期信用损失率。

例如，专家认为，目前的宏观经济增速放缓将对应收账款回收产生一定的负面影响。为了在历史损失经验基础上反映有关未来经济状况预测的信息，基于以往经验和判断，预计3年以下账龄的预期损失率很可能比历史损失率提高8%，3年以上的预期损失率很可能是100%。再如，账龄2~3年及3年以上的损失率调高至100%，账龄1~2年损失率调高至10%。

（二）量化计算的前瞻性调整

量化计算方法包括回归分析、信用价差调整法、违约概率校准法、莫顿模型等。本书举例说明回归分析方法的简单应用。

回归分析主要包括以下步骤：

（1）选择用于前瞻性调整的宏观经济指标；
（2）计算因变量；
（3）通过回归分析确定经济指标历史上与损失率变动之间的关系；
（4）预测未来宏观经济指标；
（5）利用回归方程确定前瞻性调整数值。

1. 选择宏观经济指标

不同行业客户的信用风险可能与不同的宏观经济指标具有相关性。通常前瞻性调整要求每个模型至少有三个宏观经济指标，且应包含GDP。除了GDP、M2、CPI这些总体经济指标外，可能还需要考虑债务人地区、行业的相关指标。

宏观经济指标的选择需要考虑各个指标与损失率的相关性，选取相关性最高的指标。同时还要考虑指标的多重共线性（指线性回归模型中的解释变量之间由于存在精确相关关系或高度相关关系而使模型估计失真或难以准确估计），避免发生过度拟合，提高模型的预测能力和解释力度。另外，宏观经济指标对违约概率的影响可能存在滞后，因此需要将指标滞后一定期间进行检测。

（1）宏观经济指标。

假设公司测算宏观经济指标 GDP 增长率、广义货币（M2）增长率、社会消费品零售总额、居民消费者价格指数（CPI）。历史期间的数据从统计局网站取得，示例如表 4-9 所示。

表 4-9　　　　　　　　取得宏观经济指标数值示例　　　　　　　　单位：%

时间	GDP 增长率	广义货币（M2）增长率	社会消费品零售总额	居民消费者价格指数（CPI）	CPI 滞后 2 季度	CPI 滞后 3 季度
本年度	6.10	13.00	8.30	2.80	2.70	2.30
过去 1 年	6.60	6.99	9.00	1.90	1.90	2.10
过去 2 年	6.90	8.11	10.20	1.80	1.50	0.90
过去 3 年	7.30	11.33	10.40	2.10	1.90	2.30
过去 4 年	7.80	13.34	10.70	1.60	1.40	1.40
过去 5 年	7.90	11.01	11.95	1.50	2.30	2.40
……						

（2）选取相关性高的指标。

将损失率的历史数据与宏观经济指标的历史数据进行回归分析，选取相关性高的指标，示例如表 4-10 所示。

表 4-10　　　　　　　　计算相关性系数示例

回归统计	GDP	M2	社会消费品零售总额	CPI	城镇固定资产投资增长率
Multiple R	0.481398	0.8910527	0.4653679	0.0208005	0.6937986
R Square	0.231744	0.793975	0.2165673	0.0004327	0.4813565
Adjusted R Square	0.03968	0.7424687	0.0207091	-0.249459	0.3516957
标准误差	0.0661459	0.0342539	0.0667961	0.0754494	0.0543481

CPI 指标相关性较低，选取 GDP（X1）、M2（X2）、社会消费品零售总额（X3）、城镇固定资产投资增长率（X4）进行多重共线性分析。还可以考虑增加自变量 X1×X2、X1×X3、X1×X4、X2×X3、X2×X4、X3×X4，以及 $X1^2$、$X2^2$、$X3^2$、$X4^2$。

（3）多重共线性分析。

多重共线性是指线性回归模型中的解释变量之间由于存在精确相关关系或高度相关关系而使模型估计失真或难以估计准确。需找出引起多重共线性的解释变量予以剔除。示例如表 4-11 所示。

表 4-11　　　　　　　　　　　多重共线性分析示例

多重共线性	GDP 增长率	广义货币（M2）增长率	社会消费品零售总额	城镇固定资产投资
GDP 增长率	1	0.253966353	0.947573564	0.8159278
广义货币（M2）增长率		1	0.121761299	0.4406036
社会消费品零售总额			1	0.8527946
城镇固定资产投资				1

当两个指标的相关性较高时，剔除与单变量分析中与违约概率相关性较低的指标。例如检验过程中的阈值可以设为 0.8。

得到最终的用于回归方程的宏观指标：GDP、M2、社会消费品零售总额。

2. 计算因变量

由于直接将前瞻性信息用于损失率的调整，因此因变量为历史期间损失率的变动比率。例如最近两年的因变量计算如表 4-12 所示。

表 4-12　　　　　　　　　　　计算因变量示例　　　　　　　　　　　单位：%

账龄	20×6~20×7年迁徙率	20×7年历史损失率	20×7~20×8年迁徙率	20×8年历史损失率	20×8~20×9年迁徙率	20×9年历史损失率
1 年以内	21.43	4.7	22.73	6.1	21.34	5.9
1~2 年	43.75	21.9	46.67	26.7	48.00	27.4
2~3 年	50.00	50.0	57.14	57.1	57.14	57.1
3 年以上	100.00	100.00	100.00	100.00	100.00	100.00
合计	—	9.34	—	12.30	—	14.35
损失率变动率				31.74		16.63

表 4-12 中 31.74% = (12.30% - 9.34%)/9.34%，16.63% = (14.35% - 12.30%)/12.30%。比较准确的方法应该是将各年损失率偏离长期平均损失率的程度作为因变量。

自变量与因变量示例如表 4-13 所示。

表 4-13　　　　　　　　　　　自变量与因变量示例　　　　　　　　　　　单位：%

时间	GDP（X1）	M2（X2）	社会消费品零售总额（X3）	损失率变动 Y
本年度	6.10	13.00	8.30	16.63
过去 1 年	6.60	6.99	9.00	31.74

续表

时间	GDP（X1）	M2（X2）	社会消费品零售总额（X3）	损失率变动 Y
过去 2 年	6.90	8.11	10.20	25.00
过去 3 年	7.30	11.33	10.40	18.50
过去 4 年	7.80	13.34	10.70	16.00
过去 5 年	7.90	11.01	11.95	14.00

回归分析中，一般要求样本量是自变量个数的 10 倍（10 EPV），可通过使用季度数据来增加样本量。

3. 建立宏观经济指标回归方程

使用回归分析求取回归方程，可使用 Excel 的"数据 – 数据分析 – 回归"，示例如表 4 – 14 所示。

表 4 – 14　　　　　　　　　　回归分析示例

SUMMARY OUTPUT					
回归统计					
Multiple R			0.9974604		
R Square			0.9949272		
Adjusted R Square			0.9873181		
标准误差			0.0076013		
观测值			6		
方差分析					
	df	SS	MS	F	Significance F
回归分析	3	0.022665	0.00755492	130.7538	0.0076
残差	2	0.000116	5.778E – 05		
总计	5	0.02278			

	Coefficients	标准误差	t Stat	P – value	Lower 95%	Upper 95%	下限 95.0%	上限 95.0%
Intercept	0.4874972	0.039416	12.3680693	0.006474	0.317905	0.65709	0.3179047	0.6570896
X Variable 1	8.9638113	1.686196	5.31599716	0.033612	1.708697	16.21893	1.708697	16.218926
X Variable 2	– 2.56196	0.147775	– 17.336847	0.003311	– 3.19779	– 1.92613	– 3.197786	– 1.926133
X Variable 3	– 6.425935	0.892821	– 7.1973395	0.018763	– 10.2674	– 2.58444	– 10.26743	– 2.584437

Multiple R（复相关系数）是 R^2 的平方根，又称相关系数，用来衡量自变量 x 与 y 之间的相关程度的大小；R Square（复测定系数），上述复相关系数 R 的平方。用

来说明自变量解释因变量 y 变差的程度,以测定因变量 y 的拟合效果;标准误差用来衡量拟合程度的大小,也用于计算与回归相关的其他统计量,标准误差越小,说明拟合程度越好。

Significance F(F 显著性统计量)的 P 值小于显著性水平 0.05,则说该回归方程回归效果显著,方程中至少有一个回归系数显著不为 0。T 检验的结果看 P – value,P – value 大于 0.05 的可以先删除最大 P 值的 X,对于余下的再重新回归。

根据上述回归结果,可得出回归方程:

$Y = 0.4874972 + 8.9638113 \times X1 - 2.56196 \times X2 - 6.425935 \times X3$

需要注意的是,各种可能的情景及其相关信用损失之间可能存在非线性的关系。

4. 预测未来经济指标

分别不同场景预测模型使用的宏观经济指标,确保预期信用损失是一个无偏估计,示例如表 4 – 15 所示。

表 4 – 15　　　　　　　预测宏观经济指标示例　　　　　　　单位:%

指标	情形	权重	未来 1 年	未来 2 年
GDP	基本	75.00	6.00	6.20
	上升	15.00	6.60	6.60
	下降	10.00	5.80	6.00
	预测值	100.00	6.07	6.24
M2	基本	80.00	13.00	13.50
	上升	15.00	15.00	14.50
	下降	5.00	10.00	11.00
	预测值	100.00	13.15	13.53
社会消费品零售总额	基本	80.00	8.00	8.20
	上升	15.00	8.20	8.50
	下降	5.00	7.80	7.90
	预测值	100.00	8.02	8.23

5. 使用回归方程计算前瞻性调整数值

将预测数据代入回归方程,可得出未来 1 年前瞻性调整数值(损失率增加百分比):

$Y = 0.4874972 + 8.9638113 \times 6.07\% - 2.56196 \times 13.15\% - 6.425935 \times 8.02\%$
$= 17.93\%$

即在历史损失率基础上,调增 17.93%(历史损失率 × 1.1793)得出预期信用损失率。

(三)新冠肺炎疫情的影响

新型冠状病毒疫情可能会影响债务人的履约能力,同时,经济增长放缓的预期可能增加债务人的违约概率,并且由于担保品价值可能下降,进而可能会导致违约损失率增加。

根据 CAS 22,企业计量金融工具预期信用损失的方法应当反映在资产负债表日无须付出不必要的额外成本或努力即可获得的有关当前状况以及未来经济状况预测的合理且有依据的信息。因此应考虑新冠肺炎疫情对预期信用损失的影响。

具体而言,宏观参数中应当考虑疫情导致的经济下行影响以及政府纾困措施的积极作用。企业可能需要下调宏观经济指标预测值、调整不同宏观经济情景的权重(例如调增悲观情景的权重)、针对疫情影响增加额外的宏观经济情景,或者考虑管理层叠加或调整。对不同行业、不同地区、不同规模的企业的影响也不尽相同。

企业应提供定性和定量披露,以使财务报表使用者能够了解信用风险对未来现金流量的金额、时间和不确定性的影响。

第四节 应收票据坏账准备计提

无论是划分为以摊余成本计量的金融资产从而列报为"应收票据",还是划分为以公允价值计量且其变动计入其他综合收益的金融资产而列报为"应收款项融资",都需要以预期信用损失为基础进行减值会计处理并确认损失准备。

实务操作中,对于应收票据,建议分析承兑人的信用风险,对于高质量的票据(如承兑行信用等级较高的银行承兑汇票),可以考虑单独作为信用记录优质的组合计提减值准备。其余应收票据,可以结合历史损失率并考虑前瞻性调整计提减值准备。

一、单项计提的预期信用损失率的确定

对于资产负债表日已发生信用减值但并非购买或源生已发生信用减值的金融资产,信用损失为该金融资产账面余额与按原实际利率折现的估计未来现金流量的现值之间的差额。

此时可以考虑不同情形下的未来现金流量回收的金额及各自情形发生的概率,计算概率加权的平均值,进而得出预期信用损失率。

假设票面金额为 100 元的应收票据在不同情形下的回收金额的现值和概率如表 4-16 所示(示例方法仅供参考)。

表 4-16　　　　　　　　单项计提的预期信用损失率的计算

不同情形下的未来现金流量（元）①	折现值（元）② 5.00%	发生概率③	概率加权（元）④=②×③	预期信用损失率⑤=④/票面金额
80.00	76.19	75.00%	57.14	—
70.00	66.67	15.00%	10.00	—
50.00	47.62	10.00%	4.76	—
合计	—	100.00%	71.90	28.10%

概率加权平均的回收金额现值与票面金额的差异即为预期信用损失金额，表 4-16 中预期信用损失金额为 28.10 元（100-71.90）。

二、组合计提的预期信用损失率的确定

对于划分为组合的应收票据，可参考历史信用损失经验，结合当前状况以及对未来经济状况的预测，通过违约风险敞口和整个存续期预期信用损失率，计算预期信用损失。

（一）计算历史损失率

假设某企业观察期内应收票据结转应收账款后的损失和直接损失情况如表 4-17 所示（示例方法仅供参考）。

表 4-17　　　　　　　　组合计提的历史损失率的计算

类型或票号	观察期内应收票据总额（元）	累计结转应收账款金额（元）	观察期自应收票据结转的应收账款损失率（%）	应收票据累计核销金额（元）	历史损失率（%）
银行承兑汇票					0.00
商业承兑汇票	1,000,000.00	20,000.00	25.00	10,000.00	1.50

应收票据损失金额包括到期结转应收账款预计损失金额及核销金额，即未收现、未背书或贴现部分（不考虑贴现息）损失额。贴现息是应收票据转让的代价（融资成本），不是信用损失。

（二）前瞻性调整

考虑前瞻性信息调整预期信用损失率的方法可以是基于专家判断的经验数值或者

基于相关性分析（如回归分析）的量化计算。

历史信息是企业计量预期信用损失的重要基准。某些情形下，未经调整的历史信息可能是最佳的合理且有依据的信息。而其他情形下，企业可能需要使用当期数据对历史数据进行调整，以反映当前状况和未来预测的影响，并剔除与未来现金流量不相关的历史因素的影响。企业对预期信用损失的估计，应当反映相关可观察数据的变化并与其保持方向一致（如就业率、房价、商品价格的变化可能导致一项或一组金融工具信用损失的变化）。

例如，根据统计，某企业商业承兑汇票的历史损失率（考虑货币时间价值）为1.50%，结合当前状况以及对未来经济状况的预测，调整预期信用损失率为2.00%。

三、具有不同信用风险特征的组合

应收票据通常以承兑为依据划分为银行承兑汇票和商业承兑汇票。一般可能认为所持有的银行承兑汇票不存在重大信用风险（需考虑承兑行的信用等级），不会因银行违约而产生重大损失。对于商业承兑汇票，需按照整个存续期预期信用损失计量坏账准备。参考示例如表4-18所示。

表4-18　　　　　　　　　确定应收票据组合的依据参考示例

公司简称	确定组合的依据	说明
601390.SH 中国中铁	银行承兑汇票；商业承兑汇票	本集团认为所持有的银行承兑汇票不存在重大的信用风险，不会因银行或其他出票人违约而产生重大损失；本集团按照整个存续期预期信用损失计量商业承兑汇票的坏账准备
601607.SH 上海医药	银行承兑汇票；商业承兑汇票	本集团认为所持有的银行承兑汇票不存在重大信用风险，不会因银行违约而产生重大损失；本集团按照整个存续期预期信用损失计量应收商业承兑汇票的坏账准备
603993.SH 洛阳钼业	低风险（未发生信用减值）；正常类（未发生信用减值）；损失（已发生信用减值）	本集团以信用风险评级与违约损失率对照表为基础计量应收票据的预期信用损失
601727.SH 上海电气	银行承兑汇票；商业承兑汇票	本集团认为所持有的银行承兑汇票不存在重大的信用风险，不会因银行违约而产生重大损失。本集团所持有的商业承兑汇票不存在重大的信用风险，因为这些票据主要由信誉良好的大型国有企业和上市公司出具，且根据历史经验，未出现过重大违约情况，因此未对应收银行承兑汇票和商业承兑汇票计提坏账准备
000039.SZ 中集集团	银行承兑汇票——信用风险较低的银行；商业承兑汇票	本集团认为所持有的银行承兑汇票不存在重大的信用风险，不会因银行违约而产生重大损失

第五节 应收账款坏账准备计提

无论是划分为以摊余成本计量的金融资产从而列报为"应收账款""长期应收款",还是划分为以公允价值计量且其变动计入其他综合收益的金融资产而列报为"应收款项融资",都需要以预期信用损失为基础进行减值会计处理并确认损失准备。

实务操作中,对于应收账款,可参照历史信用损失经验,编制应收账款逾期天数(或账龄)与固定准备率对照表(以账龄表为基础的减值准备矩阵)。同时,应当考虑对客户群体进行恰当的分组,在分组基础上建立减值矩阵(除非根据企业的历史经验,不同细分客户群体发生损失的情况没有显著差异)。若涉及账龄,账龄应当自应收账款确认日起开始计算。如果债务人未按合同规定时间支付约定的款项,则表明该应收款项发生逾期。

单项计提的预期信用损失率的确定与应收票据原理相同,详见表4-16示例。通常,考虑单项计提的应收账款包括存在客观证据[如债务人已破产或很可能破产、逾期超过(含)90日、债务人发生重大财务困难等]表明存在减值的应收账款以及其他适合于单项评估的应收账款(如客户信用评级极好的应收账款和有抵押担保物的应收账款)。

但是,需要注意的是,新金融工具准则下的单项计提与原金融工具准则下的单项计提除了前者要求考虑前瞻性信息之外,还有两点本质的区别:一是原金融工具准则下的"预计未来现金流量"明确不包括尚未发生的未来信用损失,而新金融工具准则下必须予以考虑,且这里的"预期信用损失"不是仅仅前瞻性调整可以涵盖的;二是原金融工具准则下并未强调概率加权,因此实务中多按照最大可能性进行估计,而新金融工具准则下必须以概率加权平均为基础对预期信用损失进行计量("预期"指的是分布的概率加权平均),这就明确禁止仅基于最可能的结果或以最佳估计数来估计预期信用损失,至少要反映发生信用损失和不发生信用损失两种可能性(即企业需要估计发生信用损失的概率和金额然后进行加权平均)。由于所有金融工具都有发生违约的风险,因此计量将体现违约发生的风险而非最可能发生的结果。同时,这也反映了"无偏"的要求,因为最可能的结果更可能是"有偏"的——要么偏乐观、要么偏悲观。

组合计提的预期信用损失率的确定可选择使用不同的方法计算历史损失率。需要说明的是,新金融工具准则的应用指南指出"企业可参照历史信用损失经验,编制应收账款逾期天数与固定准备率对照表,以此为基础计算预期信用损失",这里的"固定准备率"并不意味着仍可以参照此前的做法,按固定的账龄百分比计提坏账准备。此处的"固定准备率",应是指各类型或各阶段可以对应的单一预期信用损失率(不是区间或变动值),而不是指确定的预期信用损失率在各个会计期间均保持"固定"。损失率属于会计估计,应在每个资产负债表日以最近可利用的、可靠的信息为基础作出新的判断。

而且，账龄不是唯一的分组依据，实务中常见的分组依据包括：客户类型（如国企客户、海外客户等）、业务类型（如运输服务形成的应收账款、综合服务形成的应收账款等）、内部信用风险评级（如低风险、关注类、可疑类等），以及账龄（1年以内、1~2年、2~3年等）逾期天数（未逾期或逾期小于90天、逾期90~180天、逾期180天以上等）等。

下面举例说明划分组合后，再基于账龄计算预期信用损失率的不同方法，公司可以根据数据的可获得性、历史数据对未来的预测价值等选择不同的方法。其中方法1是追踪过去的一笔赊销在随后若干年的回收情况，方法2是追踪过去1年多笔赊销余额的回收情况，方法3是基于过去若干年不同账龄下的余额分布计算滚动率/迁徙率，进而确定预期信用损失率。

一、方法1：基于观察期赊销额后续回收的减值矩阵

A公司将某一地区具有类似风险特征的零售客户划分为一个单独的组合，并单独计量该组合的预期信用损失。20×9年末，A公司该组合应收账款余额2,500万元。假设该组合未包含重大融资成分，A公司按照相当于整个存续期内预计信用损失的金额计量其坏账准备。

A公司根据历史经验，发现账龄超过1年的应收账款依然有相当比例的部分可以正常回收，账龄超过5年的应收账款通过诉讼追讨等方式最终能收回其中的8%。

根据A公司的历史经验，不同细分客户群体发生损失的情况没有显著差异，因此在根据账龄计算减值准备时未进一步区分不同的客户群体。

第一步：追踪历史期间内赊销总额及坏账总额。

A公司选取同一地区、具有类似信用风险特征的零售客户在一定期间内的应收账款，追踪这些应收账款最终的核销情况。观察期内应收账款总额2,000万元，累计核销坏账总额69万元。

第二步：划分还款期（账龄）并计算相应的回款金额。

观察期应收账款账龄如表4-19所示。

表4-19　　　　　　　　　　根据历史收回金额计算账龄　　　　　　　　　单位：万元

账龄	历史收回金额	累计收款额	应收账款余额
1年以内	400.00	400.00	2,000.00
1~2年	640.00	1,040.00	1,600.00
2~3年	500.00	1,540.00	960.00
3~4年	250.00	1,790.00	460.00

续表

账龄	历史收回金额	累计收款额	应收账款余额
4~5年	135.00	1,925.00	210.00
5年以上	6.00	1,931.00	75.00
合计	1,931.00	—	—

第三步：根据实际损失金额计算历史损失率。

观察期应收账款账龄以及根据总的信用损失计算的各账龄类别的历史损失率如表4-20所示。

表4-20 根据总的信用损失计算的各账龄类别的历史损失率

账龄	应收账款余额（万元）	实际信用损失（万元）	历史损失率（%）
1年以内	2,000.00	69.00	3.45
1~2年	1,600.00	69.00	4.31
2~3年	960.00	69.00	7.19
3~4年	460.00	69.00	15.00
4~5年	210.00	69.00	32.86
5年以上	75.00	69.00	92.00
合计	—	69.00	—

第四步：根据前瞻性信息调整损失率。

预计经济下行，预期损失由69万元上升至75万元。计算的预期信用损失率如表4-21所示。

表4-21 根据前瞻性信息调整损失率

账龄	应收账款余额（万元）	历史信用损失（万元）	预期信用损失（万元）	说明	预期信用损失率（%）
1年以内	2,000.00	69.00	75.00	预期损失在历史核销金额的基础上调整	3.75
1~2年	1,600.00	69.00	75.00		4.69
2~3年	960.00	69.00	75.00		7.81
3~4年	460.00	69.00	75.00		16.30
4~5年	210.00	69.00	75.00		35.71
5年以上	75.00	69.00	75.00		100.00

第五步：根据预期信用损失率计提坏账准备。

取得预期信用损失率后，根据 A 公司资产负债表日 2,500 万元应收账款账龄分布，计算坏账准备金额，如表 4-22 所示。

表 4-22　　　　　　根据预期信用损失率计算坏账准备

账龄	应收账款余额（万元）	预期信用损失率（%）	坏账准备（万元）
1 年以内	650	3.75	24.38
1~2 年	700	4.69	32.83
2~3 年	600	7.81	46.86
3~4 年	350	16.30	57.05
4~5 年	120	35.71	42.85
5 年以上	80	100.00	80.00
合计	2,500		283.97

二、方法 2：基于滚动率（迁徙率）的减值矩阵

B 公司将某一地区具有类似风险特征的零售客户划分为一个单独的组合，并单独计量该组合的预期信用损失。20×9 年末，B 公司该组合应收账款余额 2,500 万元。假设该组合未包含重大融资成分，B 公司按照相当于整个存续期内预计信用损失的金额计量其坏账准备。

根据 B 公司的历史经验，不同细分客户群体发生损失的情况没有显著差异，因此在根据账龄计算减值准备时未进一步区分不同的客户群体。

第一步：计算历史回收率。

B 公司选取同一地区、具有类似信用风险特征的零售客户 20×8 年末的应收账款，并追踪这些应收账款在 20×9 年度回收情况。计算的历史期间回收率如表 4-23 所示。

表 4-23　　　　　　计算历史期间回收率

账龄	20×8 年末余额（万元）①	20×9 年收回金额（万元）②	20×9 年末余额（万元）	实际回收率（%）③=②/①
1 年以内	650.00	552.00	1,863.00	84.92
1~2 年	530.00	371.00	98.00	70.00
2~3 年	500.00	300.00	159.00	60.00

续表

账龄	20×8年末余额（万元）①	20×9年收回金额（万元）②	20×9年末余额（万元）	实际回收率（%）③=②/①
3~4年	200.00	100.00	200.00	50.00
4~5年	70.00	28.00	100.00	40.00
5年以上	50.00	10.00	80.00	20.00
合计	2,000.00	1,361.00	2,500.00	68.05

注：本示例仅计算了过去1年的回收率，实务中可以计算多期（如过去3年）后考虑取回收率的平均数。

第二步：根据实际回收率、迁徙率计算历史损失率。

历史损失率并不直接等于"1－实际回收率"，需要考虑账龄向下迁徙后仍有部分会收回。计算的历史期间损失如表4－24所示。

表4－24　　　　　　　　基于迁徙率计算历史损失率

账龄	实际回收率（%）③	迁徙率（%）④=1－③	历史损失率（%）
1年以内	84.92	15.08 [F]	0.43 [L=F×K]
1~2年	70.00	30.00 [E]	2.88 [K=E×J]
2~3年	60.00	40.00 [D]	9.60 [J=D×I]
3~4年	50.00	50.00 [C]	24.00 [I=C×H]
4~5年	40.00	60.00 [B]	48.00 [H=B×G]
5年以上	20.00	80.00 [A]	80.00 [G=A]

第三步：确定前瞻性调整。

可通过回归分析确定经济指标历史上与损失率之间的关系，并通过预测未来经济指标确定调整。

第四步：根据前瞻性调整计算预期信用损失率。

考虑经济、监管、技术环境、外部市场变化，以及客户财务状况，公司预计账龄"3年以上"的损失率为100%。同时，根据前述计算的前瞻性调整数值以及预计的核销率的变化，计算考虑前瞻性调整后的预期回收率，进而根据调整后的迁徙率计算预期信用损失率，计算过程如表4－25所示。

表 4-25　　　　　　　　　　　计算账龄组合的预期信用损失率

账龄	本年以后预期回收率			调整后的迁徙率（%）⑦=1-⑥	预期信用损失率（%）
	历史回收率（%）③	前瞻性调整（%）⑤	预期回收率（%）⑥=③×(1-⑤)		
1年以内	84.92	10.00	76.43	23.57 [F]	0.85 [L=F×K]
1~2年	70.00	0.00	70.00	30.00 [E]	3.60 [K=E×J]
2~3年	60.00	0.00	60.00	40.00 [D]	12.00 [J=D×I]
3~4年	50.00	0.00	50.00	50.00 [C]	30.00 [I=C×H]
4~5年	40.00	0.00	40.00	60.00 [B]	60.00 [H=B×G]
5年以上	20.00	100.00	0.00	100.00 [A]	100.00 [G=A]

第五步：根据预期信用损失率计提坏账准备。

取得预期信用损失率后，根据 B 公司资产负债表日 2,500 万元应收账款的账龄分布，计算坏账准备金额，如表 4-26 所示。

表 4-26　　　　　　　　根据预期信用损失率计算坏账准备

账龄	应收账款余额（万元）	预期信用损失率（%）	坏账准备（万元）
1年以内	650	0.85	5.53
1~2年	700	3.60	25.20
2~3年	600	12.00	72.00
3~4年	350	30.00	105.00
4~5年	120	60.00	72.00
5年以上	80	100.00	80.00
合计	2,500		359.73

三、方法3：基于平均迁徙率的减值矩阵

C 公司将某一地区具有类似风险特征的零售客户划分为一个单独的组合，并单独计量该组合的预期信用损失。20×9 年末，C 公司该组合应收账款余额 2,500 万元。假设该组合未包含重大融资成分，C 公司按照相当于整个存续期内预计信用损失的金额计量其坏账准备。

C 公司根据历史经验，发现账龄超过 1 年的应收账款依然有相当比例的部分可以正常回收，账龄超过 3 年的应收账款通过诉讼追讨等方式最终能收回其中的 8%。

根据 C 公司的历史经验,不同细分客户群体发生损失的情况没有显著差异,因此在根据账龄计算减值准备时未进一步区分不同的客户群体。

第一步:统计过去若干年的账龄分布情况。

C 公司选取同一地区、具有类似信用风险特征的零售客户过去 4 年应收账款的账龄分布情况。统计的历史期间账龄分布如表 4-27 所示。

表 4-27　　　　　　　　　　历史期间的账龄分布　　　　　　　　　　单位:万元

账龄	20×6 年末余额	20×7 年末余额	20×8 年末余额	20×9 年末余额
1 年以内	700	1,100	1,640	1,950
1~2 年	80	150	250	350
2~3 年	20	35	70	120
3 年以上	10	20	40	80
其中:上年末为 3 年以上账龄,本年继续迁徙部分	9	9.2	18.4	36.8
合计	810	1,305	2,000	2,500

基于历史账龄分布计算用于预期信用损失的历史损失率时,适用的历史期间并非越长越好,要考虑历史对未来预测的有用性,越接近预测日的数据可能预测性越好。一般选择计算三期迁徙率/滚动率,即一般使用过去四年的账龄分布。

另外,如果当年有核销,需将核销的金额加到下面各个账龄段的余额里,相当于核销部分的迁徙率是 100%。对核销当年而言,计算迁徙率时分子增加,迁徙率变大;对于后面各期而言,分子分母同时增加,迁徙率也变大。

第二步:计算各年迁徙率及平均迁徙率。

根据历史期间账龄分布计算各年迁徙率及平均迁徙率,迁徙率即为上年末该账龄余额至下年末仍未收回的金额占上年末该账龄余额的比例。计算的迁徙率如表 4-28 所示。

表 4-28　　　　　　　　　　各年迁徙率及平均迁徙率　　　　　　　　　　单位:%

账龄	20×6~20×7 年迁徙率	20×7~20×8 年迁徙率	20×8~20×9 年迁徙率	平均迁徙率
1 年以内	21.43	22.73	21.34	21.83
1~2 年	43.75	46.67	48.00	46.14
2~3 年	54.00	61.71	61.71	59.14
3 年以上	92.00	92.00	92.00	92.00

例如:20×6 年末"1 年以内"余额为 700 元,至 20×7 年末仍未收回的部分会

迁徙至"1~2年"期间，为150元，由此得到账龄"1年以内"20×6~20×7年的迁徙率为21.43%（150/700）、43.75%（35/80）、54.00%[（20-9.2）/20]、92.00%（9.2/10）。

需要注意的是，计算平均迁徙率是为了基于历史预测未来，因此计算结果应具有代表性——各年迁徙率应比较均衡。如果各年迁徙率波动较大，应分析原因并剔除异常数据（作单项分析或/并划分更细的组合），应注意不同细分客户群体发生损失的情况可能有显著差异。

第三步：根据平均迁徙率计算历史损失率。

根据三年平均迁徙率计算出各账龄的历史损失率，计算过程如表4-29所示。

表4-29　　　　　根据平均迁徙率计算历史损失率　　　　　单位：%

账龄	平均迁徙率	历史损失率
1年以内	21.83 [D]	5.48 [H = D × G]
1~2年	46.14 [C]	25.10 [G = C × F]
2~3年	59.14 [B]	54.41 [F = B × E]
3年以上	92.00 [A]	92.00 [E = A]

第四步：根据前瞻性信息调整损失率。

考虑经济、监管、技术环境、外部市场变化，以及客户财务状况，公司预计账龄"3年以上"的损失率为100%。同时，预计3年以下账龄段的预期损失率很可能比历史损失率提高10%。计算过程如表4-30所示。

表4-30　　　　　计算账龄组合的预期信用损失率　　　　　单位：%

账龄	历史损失率	前瞻性调整	预期信用损失率
1年以内	5.48	↑10	6.03
1~2年	25.10	↑10	27.62
2~3年	54.41	↑10	59.85
3年以上	92.00	+8	100.00

第五步：根据预期信用损失率计提坏账准备。

取得预期信用损失率后，根据C公司资产负债表日2,500万元应收账款的账龄分布，计算坏账准备金额，如表4-31所示。

表 4-31　　　　　　　　　根据预期信用损失率计算坏账准备

账龄	应收账款余额（万元）	预期信用损失率（%）	坏账准备（万元）
1 年以内	1,950	6.03	117.59
1～2 年	350	27.62	96.67
2～3 年	120	59.85	71.82
3 年以上	80	100.00	80.00
合计	2,500		366.08

四、具有不同信用风险特征的组合

当单项应收账款无法以合理成本评估预期信用损失的信息时，需要依据信用风险特征将应收账款划分为若干组合，在组合基础上计算预期信用损失。此时，应当考虑对客户群体进行恰当的分组，在分组基础上建立减值矩阵（除非根据企业的历史经验，不同细分客户群体发生损失的情况没有显著差异）。

可能采用的共同信用风险特征包括：金融工具类型、信用风险评级、担保物类型、初始确认日期、剩余合同期限、债务人所处行业、债务人所处地理位置等。实务中，常见的确定组合的依据包括：企业类型（如主权信用、国有企业、关联方、海外企业客户等）、客户类型（如销售商品形成的应收账款、提供劳务形成的应收账款等）、信用风险评级（如信用记录良好的客户、其他客户）等。参考示例如表 4-32 所示。

表 4-32　　　　　　　　确定应收账款组合的依据参考示例

公司简称	确定组合的依据	各组别内明细
601390.SH 中国中铁	应收中铁工合并范围内客户；应收地方政府/地方国有企业客户；应收中国国家铁路集团有限公司；应收海外企业客户；应收其他客户	1 年以内；1～2 年；2～3 年；3～4 年；4～5 年；5 年以上
601333.SH 广深铁路	通过中铁总清算的业务形成的应收账款；委托运输服务及综合服务收入形成的应收账款；非委托运输及综合服务收入及不通过中铁总清算的业务形成的应收账款	
601727.SH 上海电气	一般应收款项；主权信用	未逾期；逾期 1 年以内；逾期 1～2 年；逾期 2～3 年；逾期 3～4 年；逾期 4～5 年；逾期 5 年以上
000039.SZ 中集集团	集装箱业务组合；道路运输车辆业务组合；能源、化工及液态食品装备业务组合；海洋工程业务组合；空港装备业务组合；重卡业务组合；物流服务业务组合；其他业务组合	未逾期；逾期 1 个月以内；逾期 1～3 个月；逾期 3～12 个月；逾期 1～2 年；逾期 2～3 年；逾期 3 年以上

续表

公司简称	确定组合的依据	各组别内明细
601869.SH 长飞光纤	集团外关联方；中国电信网络运营商及其他信用记录良好的企业；其他客户	1年以内；1~2年；2~3年；3~4年；4~5年；5年以上
002594.SZ 比亚迪	新能源业务；非新能源业务	1年以内；1~2年；2~3年；3~4年；4~5年；5年以上
000338.SZ 潍柴动力	账龄组合（1年以内、1~2年、2~3年、3年以上）；信用记录优质组合；逾期账龄组合（未逾期或逾期小于90天、逾期大于90天且小于180天、逾期大于180天）	1年以内、1~2年、2~3年、3年以上；未逾期或逾期小于90天、逾期大于90天且小于180天、逾期大于180天
601600.SH 中国铝业	贸易；能源；氧化铝及电解铝；总部及其他	1年以内；1~2年；2~3年；3年以上
603993.SH 洛阳钼业	内部信用风险评级（低风险、正常类、关注类、可疑类（已减值）、损失（已减值））	
601330.SH 绿色动力	应收第三方	1年以内；1~2年
000002.SZ 万科A	账龄（1年以内；1~3年；3年以上）	根据历史经验，不同细分客户群体发生损失的情况没有显著差异，因此在计算减值准备时未进一步区分不同的客户群体
600585.SH 海螺水泥	账龄（1年以内；1~2年；2~3年；3年以上）	根据历史经验，不同细分客户群体发生损失的情况没有显著差异，因此在根据逾期信息计算减值准备时未进一步区分不同的客户群体
603259.SH 药明康德	账龄［1年以内（0~180天、181~365天）；1~2年；2年以上］	

第六节 合同资产坏账准备计提

合同资产，是指企业已向客户转让商品而有权收取对价的权利，且该权利取决于时间流逝之外的其他因素。合同资产根据其流动性，在资产负债表中分别列示为"合同资产"或"其他非流动资产"项目。企业拥有的、无条件（即，仅取决于时间流逝）向客户收取对价的权利应当作为应收款项单独列示。

与合同资产和应收款项相关的风险是不同的，应收款项仅承担信用风险，而合同资产除信用风险之外，还可能承担其他风险，如履约风险等。合同资产虽然不是金融资产，但也应以预期信用损失为基础，进行减值会计处理并确认损失准备。

一、具有不同信用风险特征的组合

当单项合同资产无法以合理成本评估预期信用损失的信息时，应依据信用风险特征将合同资产划分为若干组合，在组合基础上计算预期信用损失。确定组合的依据包括：项目类型（如销售商品、基础设施建设项目、土地一级开发项目、PPP 项目、设计咨询项目、未到期的质量保证金等），以及信用风险评级等。参考示例如表 4-33 所示。

表 4-33　　　　　　　　　确定合同资产组合的依据参考示例

公司简称	确定组合的依据	说明
601390.SH 中国中铁	基础设施建设项目；土地一级开发项目；处于建设期的金融资产模式的 PPP 项目；未到期的质保金	单项计提；组合计提
601186.SH 中国铁建	工程承包业务	运用简化计量方法，按照相当于整个存续期内预期信用损失的金额计量损失准备
601618.SH 中国中冶	工程承包服务相关的合同资产；工程质保金相关的合同资产	按预期信用损失一般模型计提坏账准备
601727.SH 上海电气	合同资产	单项计提；组合计提
601766.SH 中国中车	销售商品；工程承包	按预期信用损失一般模型计提坏账准备
002594.SZ 比亚迪	新能源业务	运用简化计量方法，按照相当于整个存续期内的预期信用损失金额计量损失准备
601828.SH 美凯龙	建筑施工及设计；项目前期品牌咨询委托管理费服务	运用简化计量方法，按照相当于整个存续期内的预期信用损失金额计量损失准备
601880.SH 大连港	应收散粮车转让款	账龄分析法
000039.SZ 中集集团	单项计提（海洋工程类，能源、化工及液态食品装备类）； 组合计提（空港装备类）	运用简化计量方法，按照相当于整个存续期内的预期信用损失金额计量损失准备
000063.SZ 中兴通讯	合同资产	单项计提；组合计提
002202.SZ 金风科技	已完工未结算资产	运用简化计量方法，按照相当于整个存续期内的预期信用损失金额计量损失准备
601898.SH 中煤能源	信用优良；信用较好；信用一般；信用较差	运用简化计量方法，按照相当于整个存续期内的预期信用损失金额计量损失准备

续表

公司简称	确定组合的依据	说明
603259.SH 药明康德	内部信用风险评级	按预期信用损失一般模型计提坏账准备
000002.SZ 万科A	建造合同	对应的客户主要是政府及其相关方等信用良好的交易对手方,本集团持续评估各项合同资产的信用风险,管理层认为合同资产信用风险较小

二、预期信用损失率的确定

单项计提的预期信用损失率的确定与应收票据原理相同,详见表4-4示例。通常考虑单项计提的合同资产包括存在客观证据表明存在减值的合同资产[如客户已破产或很可能破产、逾期超过(含)90日、客户发生重大财务困难等]以及其他适合于单项评估的合同资产(如客户信用评级极好和有抵押担保物的合同资产)。

组合计提的预期信用损失率的确定与应收账款原理相同,详见应收账款坏账准备计提的方法1、方法2和方法3。

需要注意的是,直接采用与应收账款相同的预期信用损失率计提坏账准备可能会高估合同资产减值,直接采用与未逾期(或账龄1年以内)的应收账款相同的预期信用损失率计提坏账准备可能会低估合同资产减值。

第七节 其他应收款坏账准备计提

其他应收款不适用简化方法,应采用预期信用损失模型的一般方法按三阶段计提预期信用损失,即必须追踪信用风险的变化。由于预期信用损失考虑付款的金额和时间分布,因此即使企业预计可以全额收款但收款时间晚于合同规定的到期期限,也会产生信用损失。

无论企业采用何种方式评估信用风险是否显著增加,通常情况下,如果逾期超过30日,则表明金融工具的信用风险已经显著增加,即进入第二阶段。发生违约(即进入第三阶段)的时间不应迟于金融资产逾期90日这一期限,除非企业具有合理及可支持的信息表明涵盖更长期间的违约标准更为恰当。如果交易对手方未按合同规定时间支付约定的款项,则表明该金融资产发生逾期。

一、信用风险是否显著增加

对于不适用简化方法的金融资产(详见表4-3),如其他应收款、债权投资、其他债权投资等,需要通过违约风险敞口和未来 12 个月内或整个存续期预期信用损失率,计算预期信用损失。

企业应通过比较金融工具在资产负债表日发生违约的风险与在初始确认日发生违约的风险,以确定金融工具预计存续期内发生违约风险的相对变化,以评估金融工具的信用风险自初始确认后是否已显著增加。

(一)确定信用风险是否显著增加时需要考虑的信息

在确定信用风险自初始确认后是否显著增加时,需要考虑无须付出不必要的额外成本或努力即可获得的合理且有依据的信息,包括前瞻性信息。考虑的信息如表 4-34 所示。

表 4-34   确定信用风险是否显著增加时需要考虑的信息

需要考虑的信息	说明 [CAS 22. AG 十一(二)1]
信用风险变化所导致的内部价格指标的显著变化	例如,同一金融工具或具有相同条款及相同交易对手的类似金融工具,在最近期间发行时的信用利差相对于过去发行时的变化
金融工具的利率或其他条款将发生的显著变化	若现有金融工具在报告日作为新金融工具源生或发行,该金融工具的利率或其他条款将发生的显著变化(如更严格的合同条款、增加抵押品或担保物或者更高的收益率等)
类似金融工具的信用风险的外部市场指标的显著变化	这些指标包括:(1)信用利差;(2)针对借款人的信用违约互换价格;(3)金融资产的公允价值小于其摊余成本的时间长短和程度;(4)与借款人相关的其他市场信息(如借款人的债务工具或权益工具的价格变动)
外部信用评级、内部信用评级下调	金融工具外部信用评级实际或预期的显著变化
	对借款人实际或预期的内部信用评级下调
	如果内部信用评级可与外部评级相对应或可通过违约调查予以证实,则更为可靠
借款人业务、财务或外部经济状况的不利变化	预期将导致借款人履行其偿债义务的能力发生显著变化的业务、财务或外部经济状况的不利变化。例如,实际或预期的利率上升,实际或预期的失业率显著上升
借款人经营成果实际或预期的显著变化	例如,借款人收入或毛利率下降、经营风险增加、营运资金短缺、资产质量下降、杠杆率上升、流动比率下降、管理出现问题、业务范围或组织结构变更(例如某些业务分部终止经营)
借款人所处的监管、经济或技术环境的显著不利变化	例如,技术变革导致对借款人产品的需求下降
其他金融工具的信用风险的不利变化	同一借款人发行的其他金融工具的信用风险显著增加

续表

需要考虑的信息	说明［CAS 22. AG 十一（二）1］
担保或信用增级质量的显著变化	作为债务抵押的担保物价值或第三方提供的担保或信用增级质量的显著变化。这些变化预期将降低借款人按合同规定期限还款的经济动机或者影响违约概率。例如，如果房价下降导致担保物价值下跌，则借款人可能会有更大动机拖欠抵押贷款
借款人还款的经济动机的显著变化	预期将降低借款人按合同约定期限还款的经济动机的显著变化。例如，母公司或其他关联公司能够提供的财务支持减少，或者信用增级质量的显著变化。关于信用增级的质量变化，企业应当考虑担保人的财务状况，次级权益预计能否吸收预期信用损失等
借款合同的预期变更	包括预计违反合同的行为可能导致的合同义务的免除或修订、给予免息期、利率跳升、要求追加抵押品或担保或者对金融工具的合同框架做出其他变更
借款人预期表现和还款行为的显著变化	例如，一组贷款资产中延期还款的数量或金额增加、接近授信额度或每月最低还款额的信用卡持有人的预期数量增加
企业对金融工具信用管理方法的变化	例如，企业信用风险管理实务预计将变得更为积极或者对该金融工具更加侧重，包括更密切地监控或更紧密地控制有关金融工具、对借款人实施特别干预
逾期信息	无论企业采用何种方式评估信用风险是否显著增加，如果合同付款逾期超过（含）30日，则通常可以推定金融资产的信用风险显著增加；除非企业以合理成本即可获得合理且有依据的信息，证明即使逾期超过30日，信用风险仍未显著增加。例如，如果未能及时付款是由于管理上的疏忽而并非借款人本身的财务困难所致。再如，企业能够获得的历史统计数据表明，发生违约的风险显著增加与逾期超过30日之间不存在相关性

根据金融工具的性质，企业可以单项金融工具或金融工具组合为基础评估信用风险是否显著增加。以金融工具组合为基础进行评估时，可基于共同信用风险特征对金融工具进行分类，例如逾期信息和信用风险评级。

此外，如果一项金融工具逾期超过（含）90日，则企业应当推定该金融工具已发生违约，除非企业有合理且有依据的信息，表明以更长的逾期时间作为违约标准更为恰当。

（二）较低信用风险

如果企业确定金融工具的违约风险较低，借款人在短期内履行其支付合同现金流量义务的能力很强，并且即使较长时期内经济形势和经营环境存在不利变化，也不一定会降低借款人履行其支付合同现金流量义务的能力，那么该金融工具可被视为具有较低的信用风险。如果一项金融工具具有"投资级"以上的外部信用评级，则该工具可能被视为具有较低信用风险。

对于在资产负债表日具有较低信用风险的金融工具，企业可以不用与其初始确认时的信用风险进行比较，而直接做出该工具的信用风险自初始确认后未显著增加的假定（企业对这种简化处理有选择权）。

需要注意的是，金融工具不能仅因其担保物的价值较高而被视为具有较低的信用风险，也不能仅因为其与其他金融工具相比违约风险较低，或者相对于企业所处的地区的信用风险水平而言风险相对较低而被视为具有较低的信用风险。

二、已发生信用减值的证据

当对金融资产预期未来现金流量具有不利影响的一项或多项事件发生时，该金融资产成为已发生信用减值的金融资产。金融资产已发生信用减值的证据包括下列可观察信息：

（1）发行方或债务人发生重大财务困难；
（2）债务人违反合同，如偿付利息或本金违约或逾期等；
（3）债权人出于与债务人财务困难有关的经济或合同考虑，给予债务人在任何其他情况下都不会做出的让步；
（4）债务人很可能破产或进行其他财务重组；
（5）发行方或债务人财务困难导致该金融资产的活跃市场消失；
（6）以大幅折扣购买或源生一项金融资产，该折扣反映了发生信用损失的事实。

金融资产发生信用减值，有可能是多个事件的共同作用所致，未必是可单独识别的事件所致。

三、其他应收款三阶段的划分

对于其他应收款应用预期信用损失模型的一般方法时三阶段的划分，实务中可以考虑账龄（如1年以内、超过1年）、是否存在客观证据表明存在减值（如债务人已破产或很可能破产、债务人发生重大财务困难等）以及具有较低的信用风险的其他应收款（如债务人信用评级极好）。

当单项其他应收款无法以合理成本评估预期信用损失的信息时，需要依据信用风险特征将应收账款划分为若干组合，在组合基础上计算预期信用损失。此时，应当考虑对债务人进行恰当的分组，在分组基础上建立减值矩阵。

可能采用的共同信用风险特征包括：金融工具类型、信用风险评级、担保物类型、初始确认日期、剩余合同期限、债务人所处行业、债务人所处地理位置等。实务中，常见的确定组合的依据包括：债务人类型（政府机关、关联方）、款项性质（如押金和保证金、员工备用金）等。参考示例如表4-35所示。

表 4-35　　　　　　　　确定其他应收款组合的依据参考示例

公司简称	确定组合的依据	信用风险显著增加及已发生信用减值的判断
601390.SH 中国中铁	应收押金和保证金；应收代垫款；应收其他款项	第一阶段（单项计提、组合计提）；第二阶段；第三阶段（单项计提、组合计提）
601186.SH 中国铁建	账龄（1年以内、1~2年、2~3年、3年以上）	第一阶段（组合计提）；第二阶段（单项计提、组合计提）；第三阶段（单项计提、组合计提）
600585.SH 海螺水泥	除政府代垫款及银行委托理财产品以外的其他应收款；政府代垫款；银行委托理财产品	
601588.SH 北辰实业	应收押金、保证金及备用金；应收关联公司款项；应收少数股东款项；应收代垫款项；应收其他款项	
603157.SH 拉夏贝尔	押金和保证金；员工备用金及其他；应收子公司款项	
601333.SH 广深铁路	保证金及押金；备用金；应收政府补助（应收三供一业款项）；代垫款项	第一阶段（非贸易性应收款项）；第二阶段；第三阶段（单项计提）
601607.SH 上海医药	保证金（含押金）；其他应收供应商款项；应收合并范围内公司款项	第一阶段（1年以内）；第二阶段；第三阶段（超过1年、单项计提）
601727.SH 上海电气	押金和保证金；员工备用金；其他	第一阶段（1年以内、单项计提）；第二阶段；第三阶段（超过1年、单项计提）
600808.SH 马钢股份	账龄（1年以内、1~2年、2~3年、3年以上）	
601865.SH 福莱特	信用风险评级（正常类、损失类）	第一阶段；第二阶段；第三阶段（损失类）
601766.SH 中国中车	账龄（1年以内、1~2年、2~3年、3~4年、4~5年、5年以上）	第一阶段（1年以内）；第二阶段（超过1年）；第三阶段（单项计提）
601111.SH 中国国航	应收购买飞机及发动机回扣款；租赁押金；其他	
000002.SZ 万科A	土地及其他保证金；合作方经营往来款；应收联营/合营企业款	第一阶段；第二阶段；第三阶段（单项计提）

续表

公司简称	确定组合的依据	信用风险显著增加及已发生信用减值的判断
601330.SH 绿色动力	应收税务局的退税款；代垫款项和关联方借款	第一阶段； 第二阶段； 第三阶段（单项计提）
600660.SH 福耀玻璃	应收股权转让款；应收关联方；应收赔偿款；应收退税；押金及保证金；代垫款项；员工借款；其他	第一阶段； 第二阶段； 第三阶段（单项计提）
002594.SZ 比亚迪	保证金及押金；出口退税及税金；未发货预付款转入；代扣代缴员工社保；待摊费用；员工借款；其他	第一阶段； 第二阶段； 第三阶段（单项计提）
600362.SH 江西铜业	账龄（1年以内、1~2年、2~3年、3年以上）	
600600.SH 青岛啤酒	子公司往来款；代垫回收瓶款；出口退税；其他单位款项	第一阶段（组合计提）； 第二阶段； 第三阶段（单项计提、组合计提）
601880.SH 大连港	账龄（1年以内、1~2年、2~3年、3年以上）	
601898.SH 中煤能源	账龄（1年以内、1~2年、2~3年、3~4年、4~5年、5年以上）	
000039.SZ 中集集团	关联方资金拆借；应收股权增资/转让款；预付股权转让款及财务资助；借款；买入返售金融资产；押金、保证金；应收拆迁补偿款；应收退税款；应收政府补助；其他	第一阶段（单项计提、组合计提）； 第二阶段； 第三阶段（单项计提）
600874.SH 创业环保	增值税退税；项目保证金；除增值税退税、项目保证金以外的其他应收款	
600029.SH 南方航空	飞机设备制造商回扣款；押金及保证金；应收政府补助款；其他	
600548.SH 深高速	应收政府及应收关联方；所有其他第三方	

四、预期信用损失率的确定

单项计提的预期信用损失率的确定与应收票据原理相同，详见表 4-16 示例。通常考虑单项计提的其他应收款包括有客观证据表明存在减值的其他应收款［如客户已破产或很可能破产、逾期超过（含）90 日、客户发生重大财务困难等］以及其他适合于单项评估的合同资产（如客户信用评级极好和有抵押担保物的其他应收款）。

组合计提的预期信用损失率的确定与应收账款原理相同,详见应收账款坏账准备计提的方法 1、方法 2 和方法 3。但应注意不同阶段会有不同的预期信用损失率。

第八节 债务工具投资减值准备的计提

债权投资应采用预期信用损失模型的一般方法按三阶段计提预期信用损失,即必须追踪信用风险的变化。由于预期信用损失考虑付款的金额和时间分布,因此即使企业预计可以全额收款但收款时间晚于合同规定的到期期限,也会产生信用损失。

对某些信用风险极低的投资,预期信用损失可视为接近于零,例如国债、央行票据、政策性金融债、活期存款、期限较短的货币市场业务等由于信用风险显著不重大,所以实务中可以从重要性考虑不计提减值准备。

公司债券、企业债券投资可参考《证券公司金融工具减值指引》(中证协发〔2018〕216 号),违约率使用外部评级与违约概率映射表(平滑后的违约率以 0.03% 为下限)确定、违约损失率参考巴塞尔协议或根据历史数据估计〔根据巴塞尔协议,在经济衰退期(经济差的环境)无担保的高级债权和次级债权的违约损失率分别为 45% 和 75%〕。但均需考虑前瞻性调整。

第九节 实务应用示例

一、重要会计估计和判断

(一)信用风险显著增加的判断

示例 4-1 600660.SH 福耀玻璃

本集团判断信用风险显著增加的主要标准为逾期天数超过 30 日,或者以下一个或多个指标发生显著变化:债务人所处的经营环境、内外部信用评级、实际或预期经营成果的显著变化、担保物价值或担保方信用评级的显著下降等。

本集团判断已发生信用减值的主要标准为逾期天数超过 90 日(即,已发生违约),或者符合以下一个或多个条件:债务人发生重大财务困难,进行其他债务重组或很可能破产等。

示例 4-2 600874.SH 创业环保

本集团判断政府客户组合信用风险显著增加的主要标准为逾期天数超过 90 日,

或者以下一个或多个指标发生显著变化：债务人所处的经营环境、内外部信用评级、实际或预期经营成果的显著变化等。

本集团判断政府客户组合已发生信用减值的主要标准为逾期天数超过 180 日（即，已发生违约），或者符合以下一个或多个条件：债务人发生重大财务困难，进行其他债务重组或很可能破产等。

政府客户组合应收账款的债务人为各地人民政府或其下辖职能部门，其资金拨付需经规定的财政预算拨付审批手续，相比一般的债务人，资金拨付周期较长，因此本集团进行以上判断。

本集团判断除政府客户组合以外的其他组合的信用风险显著增加的主要标准为逾期天数超过 30 日，或者以下一个或多个指标发生显著变化：债务人所处的经营环境、内外部信用评级、实际或预期经营成果的显著变化等。

本集团判断除政府客户组合以外的其他组合的已发生信用减值的主要标准为逾期天数超过 90 日（即，已发生违约），或者符合以下一个或多个条件：债务人发生重大财务困难，进行其他债务重组或很可能破产等。

示例 4-3　600688.SH 上海石化

本集团判断信用风险显著增加的主要标准为逾期天数超过 30 日，或者以下一个或多个指标发生显著变化：债务人所处的经营环境、内外部信用评级、实际或预期经营成果的显著变化、担保物价值或担保方信用评级的显著下降等。

示例 4-4　603157.SH 拉夏贝尔

本集团判断信用风险显著增加的主要标准为逾期天数超过 30 日，或者以下一个或多个指标发生显著变化：债务人所处的经营环境、内外部信用评级、实际或预期经营成果的显著变化、担保物价值或担保方信用评级的显著下降等。

本集团判断已发生信用减值的主要标准为逾期天数超过 90 日（即，已发生违约），或者符合以下一个或多个条件：债务人发生重大财务困难，进行其他债务重组或很可能破产等。

（二）预期信用损失的计量

示例 4-5　600660.SH 福耀玻璃

本集团通过违约风险敞口和预期信用损失率计算预期信用损失，并基于违约概率和违约损失率确定预期信用损失率。在确定预期信用损失率时，本集团使用内部历史信用损失经验等数据，并结合当前状况和前瞻性信息对历史数据进行调整。在考虑前瞻性信息时，本集团使用的指标包括经济下滑的风险、预期失业率的增长、外部市场环境、技术环境和客户情况的变化等。本集团定期监控并复核与预期信用损失计算相关的假设。上述估计技术和关键假设于 2018 年度未发生重大变化。

示例 4-6　600874. SH 创业环保

本集团通过违约风险敞口和预期信用损失率计算预期信用损失，并基于违约概率和违约损失率确定预期信用损失率。在确定预期信用损失率时，本集团使用内部历史信用损失经验等数据，并结合当前状况和前瞻性信息对历史数据进行调整。在考虑前瞻性信息时，本集团使用的指标包括经济下滑的风险、外部市场环境、技术环境和客户情况的变化等。本集团定期监控并复核与预期信用损失计算相关的假设。上述估计技术和关键假设于 2019 年度未发生重大变化。

示例 4-7　600688. SH 上海石化

本集团通过违约风险敞口和预期信用损失率计算预期信用损失，并基于违约概率和违约损失率确定预期信用损失率。在确定预期信用损失率时，本集团使用内部历史信用损失经验等数据，并结合当前状况和前瞻性信息对历史数据进行调整。在考虑前瞻性信息时，本集团使用的指标包括经济下滑的风险、预期失业率的增长、外部市场环境、技术环境和客户情况的变化等。本集团定期监控并复核与预期信用损失计算相关的假设。上述估计技术和关键假设于 2018 年度未发生重大变化。

示例 4-8　603157. SH 拉夏贝尔

本集团通过违约风险敞口和预期信用损失率计算预期信用损失，并基于违约概率和违约损失率确定预期信用损失率。在确定预期信用损失率时，本集团使用内部历史信用损失经验等数据，并结合当前状况和前瞻性信息对历史数据进行调整。在考虑前瞻性信息时，本集团使用的指标包括经济下滑的风险、外部市场环境和客户情况的变化等。本集团定期监控并复核与预期信用损失计算相关的假设。上述估计技术和关键假设于 2018 年度未发生重大变化。

示例 4-9　600548. SH 深高速

本集团采用预期信用损失模型对金融工具和合同资产的减值进行评估，应用预期信用损失模型需要做出重大判断和估计，需考虑所有合理且有依据的信息，包括前瞻性信息。在做出该等判断和估计时，本集团根据历史还款数据结合经济政策、宏观经济指标、行业风险等因素推断债务人信用风险的预期变动。不同的估计可能会影响减值准备的计提，已计提的减值准备可能并不等于未来实际的减值损失金额。

（三）应收款项的预期信用损失

示例 4-10　601390. SH 中国中铁

本集团通过应收账款及合同资产违约风险敞口和预期信用损失率计算应收账款及合同资产预期信用损失，并基于违约概率和违约损失率确定预期信用损失率。在确定预期信用损失率时,本集团使用内部历史信用损失经验等数据,并结合当前状况和前瞻性信息对历史数据进行调整。在评估前瞻性信息时,本集团考虑的因素包括经济政策、宏观经济指标、行业风险和客户情况的变化等。本集团定期监控并复核与预期信用损失计算相关的假设。上述估计技术和关键假设于2019年度未发生重大变化。

示例 4−11　601898.SH 中煤能源

本集团采用减值矩阵确定应收账款的预期信用损失准备。本集团基于内部信用评级对具有类似风险特征的各类应收账款确定相应的损失准备的比例。减值矩阵基于本集团历史逾期比例考虑无须付出不必要的额外成本或努力即可获得的合理且有依据的前瞻性信息确定。于2018年12月31日,本集团已重新评估历史可观察的逾期比例并考虑了前瞻性信息的变化。

该预期信用损失准备的金额将随本集团的估计而发生变化。本集团的应收账款的预期信用损失准备的具体情况详见附注七、4(略)。

示例 4−12　600362.SH 江西铜业

应收账款预期信用损失

本集团采用预期信用损失模型对应收账款的减值进行评估,应用预期信用损失模型需要做出重大判断和估计。对于已知存在财务困难的客户或回收性存在重大疑问的应收账款用个别认定法计提减值损失。在估计预期信用损失时,其余应收账款根据账龄组考虑不同客户的类似损失特征按照组合法计提减值损失。预期信用损失率基于类似应收账款的历史损失经验,并根据当前或前瞻信息做出调整,例如影响客户还款的宏观经济因素。在运用个别认定法和组合法评估应收账款的预期信用损失时,本集团考虑了抵押物的预计可变现价值。

应收保理款及其他应收款预期信用损失

本集团采用预期信用损失模型对应收保理款及其他应收款的减值进行评估,应用预期信用损失模型需要做出重大判断和估计。本集团在每个资产负债表日评估应收保理款及其他应收款的信用风险自初始确认后是否已显著增加。根据信用风险是否发生显著增加以及是否已发生信用减值,本集团对不同的应收保理款及其他应收款分别以12个月或整个存续期的预期信用损失计量减值准备。预期信用损失计量的关键参数包括违约概率、违约损失率和违约风险敞口。本集团考虑历史统计数据的定量分析及前瞻性信息,建立违约概率、违约损失率及违约风险敞口模型。在运用个别认定法和组合法评估应收保理款及其他应收款的预期信用损失时,本集团考虑了抵押物的预计可变现价值。

二、应收票据坏账准备计提

示例 4-13　601390.SH 中国中铁

会计政策

对于因销售商品、提供劳务等日常经营活动形成的应收票据、应收账款、应收款项融资和合同资产,无论是否存在重大融资成分,本集团均按照整个存续期的预期信用损失计量损失准备。

当单项应收票据、应收账款、应收款项融资和合同资产无法以合理成本评估预期信用损失的信息时,本集团依据信用风险特征将应收票据、应收账款、应收款项融资和合同资产划分为若干组合,在组合基础上计算预期信用损失,确定组合的依据如下:

应收票据组合1　商业承兑汇票
应收票据组合2　银行承兑汇票

对于划分为组合的应收票据、应收款项融资和合同资产,本集团参考历史信用损失经验,结合当前状况以及对未来经济状况的预测,通过违约风险敞口和整个存续期预期信用损失率,计算预期信用损失。

财务报表项目注释

应收票据

于2019年12月31日,组合计提坏账准备的应收票据分析如下:

单位:千元

项目	2019年12月31日		
	账面余额	坏账准备	
	金额	整个存续期预期信用损失率	金额
组合——商业承兑汇票	2,766,022	0.26%	7,254

于2019年12月31日,本集团按照整个存续期预期信用损失计量商业承兑汇票坏账准备,相关金额为人民币7,254千元。

组合——银行承兑汇票:

于2019年12月31日,本集团按照整个存续期预期信用损失计量银行承兑汇票坏账准备。本集团认为所持有的银行承兑汇票不存在重大的信用风险,不会因银行或其他出票人违约而产生重大损失。

本年度计提的坏账准备金额为人民币3,073千元,其中收回或转回的坏账准备金额为人民币2,082千元。重要的收回或转回金额列示如下:

组合	转回或收回原因	确定原坏账准备的依据及合理性	转回或收回金额（千克）	收回方式
应收票据组合1	收回工程款	收回可能性	56	银行存款
应收票据组合2	收回工程款	收回可能性	49	银行存款

本年度实际核销的应收票据账面余额为人民币108千元，坏账准备金额为人民币108千元，无单笔重要的应收票据核销。

示例4-14 601607.SH 上海医药

会计政策

对于因销售商品、提供劳务等日常经营活动形成的应收票据、应收账款、应收款项融资和合同资产，无论是否存在重大融资行为，本集团均按照整个存续期的预期信用损失计量损失准备。

当单项金融资产无法以合理成本评估预期信用损失的信息时，本集团依据信用风险特征将应收款项分为若干组合，在组合基础上计算预期信用损失，确定组合的依据如下：

组合一　账龄

组合二　关联方股利

组合三　利息及应收款项融资

组合四　保证金（含押金）组合及其他应收供应商款项

组合五　应收合并范围内公司款项

对于划分为组合的应收租赁款、因销售商品、提供劳务等日常经营活动形成的应收票据和应收款项融资，本集团参考历史信用损失经验，结合当前状况以及对未来经济状况的预测，通过违约风险敞口和整个存续期预期信用损失率，计算预期信用损失。

除此以外的应收票据、应收款项融资和划分为组合的其他应收款与长期应收款，本集团参考历史信用损失经验，结合当前状况以及对未来经济状况的预测，通过违约风险敞口和未来12个月内或整个存续期预期信用损失率，计算预期信用损失。

财务报表项目注释

应收票据

单位：元

项目	2019年12月31日	2018年12月31日
商业承兑汇票	278,630,344.59	288,966,004.24
减：坏账准备	(4,510,799.89)	(1,907,175.63)
净额	274,119,544.70	287,058,828.61

（1）于 2019 年 12 月 31 日，本集团无已质押的应收商业承兑汇票。

（2）于 2019 年 12 月 31 日，本集团无已背书或已贴现但尚未到期的应收票据。

2019 年度，本集团仅对极少数应收商业承兑汇票进行了背书或贴现，故仍将其分类为以摊余成本计量的金融资产。此外，本集团视其日常资金管理的需要将一部分银行承兑汇票进行贴现和背书，故将其分类为以公允价值计量且其变动计入其他综合收益的金融资产，列示为应收款项融资［附注四（5）］（略）。

（3）坏账准备。

本集团对于应收票据，无论是否存在重大融资成分，均按照整个存续期的预期信用损失计量损失准备。

①于 2019 年 12 月 31 日，本集团无单项计提坏账准备的应收票据。

②于 2019 年 12 月 31 日，组合计提坏账准备的应收票据分析如下：

组合——商业承兑汇票：

于 2019 年 12 月 31 日，本集团按照整个存续期预期信用损失计量应收商业承兑汇票的坏账准备，相关金额为 4,510,799.89 元（2018 年 12 月 31 日：1,907,175.63 元）。

③截至 2019 年 12 月 31 日，本集团无实际核销的应收票据。

应收款项融资

单位：元

项目	2019 年 12 月 31 日	2018 年 12 月 31 日
应收款项融资	2,187,059,525.49	1,532,865,502.29

本集团视其日常资金管理的需要将一部分银行承兑汇票进行贴现和背书，且符合终止确认的条件，故将银行承兑汇票分类为以公允价值计量且其变动计入其他综合收益的金融资产。

本集团无单项计提减值准备的银行承兑汇票。于 2019 年 12 月 31 日，本集团按照整个存续期预期信用损失计量坏账准备，相关金额为 5,345,115.47 元（2018 年 12 月 31 日：3,832,163.76 元）。本集团认为所持有的银行承兑汇票不存在重大信用风险，不会因银行违约而产生重大损失。

示例 4-15　601766.SH 中国中车

会计政策

本集团对由收入准则规范的交易形成的合同资产与应收款项，以及由《企业会计准则第 21 号——租赁》规范的交易形成的租赁应收款按照相当于整个存续期内预期信用损失的金额计量损失准备。

本集团除对单项金额重大或已发生信用减值的金融资产、合同资产、租赁应收款、贷款承诺和财务担保合同在单项资产/合同基础上确定其信用损失外，在组合基础上采用减值矩阵确定相关金融资产及其他项目的信用损失。本集团以共同信用风险特征为依据,将金融资产及其他项目分为不同组别。本集团采用的共同信用风险特征包括:金融工具类型、信用风险评级、担保物类型、剩余合同期限、债务人所处行业、债务人所处地理位置、担保品相对于金融资产的价值等。

重要会计估计和判断

应收款项及合同资产信用损失准备

本集团除对单项金额重大或已发生信用减值的应收款项及合同资产单独计提预期信用损失外,在组合基础上采用减值矩阵确定应收款项及合同资产的预期信用损失。对单项确定信用损失的应收款项及合同资产,本集团基于资产负债表日可获得的合理且有依据的信息并考虑前瞻性信息,通过估计预期收取的现金流量确定信用损失。对于除上述之外的应收款项及合同资产,本集团基于历史回款情况对具有类似信用风险特征的各类应收款项及合同资产按组合确定相应的损失准备的比例。减值矩阵基于本集团历史信用损失经验,考虑无须付出不必要的额外成本或努力即可获得的合理且有依据的前瞻性信息确定。2019 年 12 月 31 日,本集团已重新评估历史实际信用损失率并考虑了前瞻性信息的变化。

财务报表项目注释

应收票据

(1) 应收票据分类列示。

单位:千元

项目	2019 年 12 月 31 日	2018 年 12 月 31 日
银行承兑票据	5,098,282	5,138,671
商业承兑票据	9,189,560	10,398,924
减:信用损失准备	(41,877)	(62,489)
合计	14,245,965	15,475,106

(2) 年末已质押的应收票据。

单位:千元

项目	2019 年 12 月 31 日已质押金额
银行承兑票据	362,067
商业承兑票据	147,000
合计	509,067

(3) 年末已背书或贴现且在资产负债表日尚未到期的应收票据。

单位：千元

项目	2019年12月31日未终止确认金额
银行承兑票据	2,399,977
商业承兑票据	1,926,820
合计	4,326,797

（4）应收票据信用损失准备。

单位：千元

信用损失准备	未来12个月预期信用损失（未发生信用减值）	合计
2019年1月1日余额	62,489	62,489
本年计提	41,877	41,877
本年转回	(62,489)	(62,489)
2019年12月31日余额	41,877	41,877

应收款项融资

单位：千元

项目	2019年12月31日	2018年12月31日
应收票据	11,494,707	4,233,540
应收账款	1,590,906	1,044,101
合计	13,085,613	5,277,641

（1）公允价值变动情况。

单位：千元

项目	2019年12月31日
成本	13,317,886
公允价值	13,085,613
累计计入其他综合收益的公允价值变动金额	(232,273)

（2）年末已质押的应收票据。

单位：千元

项目	2019 年 12 月 31 日已质押金额
银行承兑票据	629,385
合计	629,385

（3）年末已背书或贴现且在资产负债表日尚未到期的应收票据。

单位：千元

项目	2019 年 12 月 31 日终止确认金额
银行承兑票据	11,672,780
合计	11,672,780

（4）应收款项融资信用损失准备。

单位：千元

信用损失准备	未来 12 个月预期信用损失（未发生信用减值）	合计
2019 年 1 月 1 日余额	19	19
本年计提	7,054	7,054
本年转回	(19)	(19)
2019 年 12 月 31 日余额	7,054	7,054

示例 4-16　603993.SH 洛阳钼业

会计政策

本集团对由收入准则规范的交易形成的未包含重大融资成分或不考虑不超过一年的合同中的融资成分的应收账款按照相当于整个存续期内预期信用损失的金额计量损失准备。

财务报表项目注释

应收款项融资

单位：元

种类	2019 年 12 月 31 日	2018 年 12 月 31 日
应收票据	375,935,645.39	1,623,841,101.38
其中：银行承兑汇票	298,935,317.60	1,303,563,428.96
商业承兑汇票	77,000,327.79	320,277,672.42
合计	375,935,645.39	1,623,841,101.38

本集团根据日常资金需求将部分应收票据进行贴现或背书，因而相关的应收票据被分类为以公允价值计量且其变动计入其他综合收益的金融资产。

（1）应收款项融资信用风险。

本集团以信用风险评级与违约损失率对照表为基础计量应收款项融资的预期信用损失，应收款项融资中的预期信用损失情况如下：

单位：元

内部信用评级	2019年12月31日		
	预期平均损失率	账面价值	预期信用损失
低风险（未发生信用减值）	0.01%	329,948,077.60	29,700.00
正常类（未发生信用减值）	2.27%	47,084,195.66	1,066,927.87
损失（已发生信用减值）	100.00%	12,650,000.00	12,650,000.00
合计	—	389,682,273.26	13,746,627.87

单位：元

内部信用评级	2018年12月31日		
	预期平均损失率	账面价值	预期信用损失
低风险（未发生信用减值）	0.02%	1,620,621,643.23	303,141.85
正常类（未发生信用减值）	2.15%	3,600,000.00	77,400.00
损失（已发生信用减值）	100.00%	12,650,000.00	12,650,000.00
合计	—	1,636,871,643.23	13,030,541.85

（2）于年末及年初，本集团已背书或贴现且在资产负债表日尚未到期的应收款项融资如下：

单位：元

种类	2019年末终止确认金额	2018年末终止确认金额
银行承兑汇票	1,509,138,489.45	324,130,239.49
合计	1,509,138,489.45	324,130,239.49

注：由于与该等银行承兑汇票相关的利率风险等主要风险与报酬已转移给银行或他方，因此本集团终止确认已贴现或已背书的银行承兑汇票。

示例4-17　000039.SZ 中集集团

会计政策

对于因销售商品、提供劳务等日常经营活动形成的应收票据、应收账款、应收款项融资和合同资产,无论是否存在重大融资成分,本集团均按照整个存续期的预期信用损失计量损失准备。对于应收租赁款,本集团亦选择按照整个存续期的预期信用损失计量损失准备。合同资产与未开票的在产品有关,其风险特征实质上与同类合同的应收账款相同。因此,本集团认为,应收账款的预期信用损失率与合同资产的预期信用损失率接近。

为计量预期信用损失,本集团按照相同的信用风险特征和逾期天数对应收账款和合同资产划分为若干组合,确定组合的依据如下:

性质独特的应收账款	涉及项目规模巨大,有长期合作关系或合作关系有异常情况的客户
银行承兑汇票	信用风险较低的银行
应收账款组合1	集装箱业务组合
应收账款组合2	道路运输车辆业务组合
应收账款组合3	能源、化工及液态食品装备业务组合
应收账款组合4	海洋工程业务组合
应收账款组合5	空港装备业务组合
应收账款组合6	重型卡车业务组合
应收账款组合7	物流服务业务组合
应收账款组合8	其他业务组合

对于划分为组合的应收账款、应收租赁款和因销售商品、提供劳务等日常经营活动形成的应收票据和应收款项融资,本集团参考历史信用损失经验,结合当前状况以及对未来经济状况的预测,通过违约风险敞口与整个存续期预期信用损失率,计算预期信用损失。

除此以外的应收票据、应收款项融资和划分为组合的其他应收款,本集团参考历史信用损失经验,结合当前状况以及对未来经济状况的预测,通过违约风险敞口和未来12个月内或整个存续期预期信用损失率,计算预期信用损失。

财务报表项目注释

应收票据

单位:千元

项目	2019年12月31日	2018年12月31日
银行承兑汇票	580,043	1,237,458
商业承兑汇票	58,068	186,089
减:坏账准备	(1,492)	—
合计	636,619	1,423,547

(a) 于 2019 年 12 月 31 日,本集团列示于应收票据的已质押的应收票据如下:

单位:千元

项目	2019 年 12 月 31 日
银行承兑票据	33,924

(b) 于 2019 年 12 月 31 日,本集团列示于应收票据的已背书或已贴现但尚未到期的应收票据如下:

单位:千元

项目	已终止确认	未终止确认
银行承兑汇票(i)	2,377,584	143,995
商业承兑汇票	—	5,334
合计	2,377,584	149,329

(i) 2019 年度,本集团下属部分子公司仅对极少数应收银行承兑汇票进行了背书或贴现并已终止确认,故仍将其分类为以摊余成本计量的金融资产。此外,本集团下属部分子公司视其日常资金管理的需要将一部分银行承兑汇票进行贴现和背书,故将其分类为以公允价值计量且其变动计入其他综合收益的金融资产,列示为应收款项融资。

本集团的应收票据均因销售商品、提供劳务等日常经营活动产生,无论是否存在重大融资成分,均按照整个存续期的预期信用损失计量损失准备。于 2019 年 12 月 31 日,本集团按照整个存续期预期信用损失计量坏账准备为人民币 1,492,000 元(2018 年 12 月 31 日:无)。

应收款项融资

单位:千元

项目	2019 年 12 月 31 日	2018 年 12 月 31 日
应收款项融资	1,236,504	179,412

本集团下属部分子公司视其日常资金管理的需要将一部分银行承兑汇票进行贴现和背书,且符合终止确认的条件,故将该子公司的银行承兑汇票分类为以公允价值计量且其变动计入其他综合收益的金融资产。

本集团无单项计提减值准备的银行承兑汇票。于 2019 年 12 月 31 日,本集团无按照整个存续期预期信用损失计量坏账准备(2018 年 12 月 31 日:无)。本集团认为所持有的银行承兑汇票不存在重大信用风险,不会因银行违约而产生重大损失。

于 2019 年 12 月 31 日，本集团列示于应收款项融资的已质押的应收银行承兑汇票金额为人民币 39,640,000 元（2018 年 12 月 31 日：无），已质押的应收商业承兑汇票金额为人民币 28,796,000 元（2018 年 12 月 31 日：无）。

于 2019 年 12 月 31 日，本集团列示于应收款项融资的已背书或已贴现但尚未到期的应收票据如下：

单位：千元

项目	已终止确认	未终止确认
银行承兑汇票	1,363,239	631,105
商业承兑汇票	—	84,500
合计	1,363,239	715,605

示例 4-18　601808.SH 中海油服

会计政策

本集团对由收入准则规范的交易形成的全部合同资产、应收票据和应收账款，以及由《企业会计准则第 21 号——租赁》规范的交易形成的租赁应收款按照相当于整个存续期内预期信用损失的金额计量损失准备。

本集团对金额重大的以及金额不重大但是具有特别信用风险的应收款项、租赁应收款、合同资产、其他流动资产——保证收益理财产品及财务担保合同在单项资产的基础上确定其信用损失，除此以外在组合基础上采用减值矩阵确定相关金融工具的信用损失。本集团以共同风险特征为依据，将金融工具分为不同组别。本集团采用的共同信用风险特征包括：金融工具类型、信用风险评级、逾期信息、债务人类型及其所处的经济环境等。本集团大部分应收款项在单项资产的基础上确定其信用损失。

财务报表项目注释

应收票据

（1）应收票据分类列示。

单位：元

项目	期末余额	期初余额
商业承兑汇票	44,244,578	208,164,606
合计	44,244,578	208,164,606

（2）截至 2019 年 12 月 31 日，本集团无已质押的应收票据（2018 年 12 月 31 日：无）。

（3）截至 2019 年 12 月 31 日，本集团无因出票人未履约而将其转入应收账款的票据（2018年12月31日：无）。

截至2019年12月31日，本集团应收票据均系与客户进行交易产生，因评估信用风险较低，未计提信用损失准备。

应收款项融资

（1）应收款项融资分类列示。

单位：元

项目	期末余额	期初余额
银行承兑汇票	40,580,000	24,739,742
合计	40,580,000	24,739,742

（2）本集团在管理企业流动性的过程中会在部分应收银行承兑汇票到期前进行贴现或背书转让，并基于已将几乎所有的风险和报酬转移给相关交易对手之情况终止确认已贴现或背书的应收银行承兑汇票。该等本集团管理应收银行承兑汇票的业务模式既以收取合同现金流量为目标又以出售该金融资产为目标，因此其应收银行承兑汇票分类为以公允价值计量且其变动计入其他综合收益，公允价值的确定方法详见附注九（略）。

（3）截至2019年12月31日，本集团无已质押的应收款项融资（2018年12月31日：无）。

（4）截至2019年12月31日，本集团应收款项融资均系与客户进行交易产生，因评估信用风险较低，未计提信用损失准备。

示例4-19　601727.SH 上海电气

会计政策

对于应收票据及应收账款和合同资产，无论是否存在重大融资成分，本集团均按照整个存续期的预期信用损失计量损失准备。

对于存在客观证据表明存在减值，以及其他适用于单项评估的应收账款，单独进行减值测试，确认预期信用损失，计提单项减值准备。对于不存在减值客观证据的应收账款或当单项金融资产无法以合理成本评估预期信用损失的信息时，本集团依据信用风险特征将应收款项划分为若干组合，在组合基础上计算预期信用损失，确定组合的依据如下：

应收票据及应收账款		
组合1	银行承兑汇票	
组合2	商业承兑汇票	

续表

组合 3	应收账款	一般应收款项
组合 4	应收账款	主权信用

对于划分为组合的应收票据，本集团参考历史信用损失经验，结合当前状况以及对未来经济状况的预测，通过违约风险敞口和整个存续期预期信用损失率，计算预期信用损失。

财务报表项目注释

应收票据

于 2018 年 12 月 31 日，本集团按照整个存续期预期信用损失计量坏账准备，银行承兑汇票和商业承兑汇票无须计提坏账准备。本集团认为所持有的银行承兑汇票不存在重大的信用风险，不会因银行违约而产生重大损失。本集团所持有的商业承兑汇票不存在重大的信用风险，因为这些票据主要由信誉良好的大型国有企业和上市公司出具，且根据历史经验，未出现过重大违约情况，因此未对应收银行承兑汇票和商业承兑汇票计提坏账准备。

三、应收账款坏账准备计提

示例 4-20　000039.SZ 中集集团

会计政策

对于因销售商品、提供劳务等日常经营活动形成的应收票据、应收账款、应收款项融资和合同资产，无论是否存在重大融资成分，本集团均按照整个存续期的预期信用损失计量损失准备。对于应收租赁款，本集团亦选择按照整个存续期的预期信用损失计量损失准备。合同资产与未开票的在产品有关，其风险特征实质上与同类合同的应收账款相同。因此，本集团认为，应收账款的预期信用损失率与合同资产的预期信用损失率接近。

为计量预期信用损失，本集团按照相同的信用风险特征和逾期天数将应收账款和合同资产划分为若干组合，确定组合的依据如下：

性质独特的应收账款	涉及项目规模巨大，有长期合作关系或合作关系有异常情况的客户
银行承兑汇票	信用风险较低的银行
应收账款组合 1	集装箱业务组合
应收账款组合 2	道路运输车辆业务组合

续表

应收账款组合3	能源、化工及液态食品装备业务组合
应收账款组合4	海洋工程业务组合
应收账款组合5	空港装备业务组合
应收账款组合6	重型卡车业务组合
应收账款组合7	物流服务业务组合
应收账款组合8	其他业务组合

对于划分为组合的应收账款、应收租赁款和因销售商品、提供劳务等日常经营活动形成的应收票据和应收款项融资，本集团参考历史信用损失经验，结合当前状况以及对未来经济状况的预测，通过违约风险敞口与整个存续期预期信用损失率，计算预期信用损失。

除此以外的应收票据、应收款项融资和划分为组合的其他应收款，本集团参考历史信用损失经验，结合当前状况以及对未来经济状况的预测，通过违约风险敞口和未来12个月内或整个存续期预期信用损失率，计算预期信用损失。

主要会计估计及判断

预期信用损失的计量

本集团通过违约风险敞口和预期信用损失率计算预期信用损失，并基于违约概率和违约损失率确定预期信用损失率。在确定预期信用损失率时，本集团使用内部历史信用损失经验等数据，并结合当前状况和前瞻性信息对历史数据进行调整。在考虑前瞻性信息时，本集团使用的指标包括经济下滑的风险、预期失业率的增长、外部市场环境、技术环境和客户情况的变化等。本集团定期监控并复核与预期信用损失计算相关的假设。上述估计技术和关键假设于2019年度未发生重大变化。

财务报表项目注释

应收账款——坏账准备

本集团对于应收账款，无论是否存在重大融资成分，均按照整个存续期的预期信用损失计量损失准备。

(1) 于2019年12月31日，单项计提坏账准备应收账款分析如下：

分类	账面余额（千元）	整个存续期预期信用损失率（%）	坏账准备（千元）	理由
集装箱制造类	3,528,460	3.18	112,354	按照整个存续期内预期信用损失的金额确认损失准备
道路运输车辆类	102,038	16.84	17,179	
能源、化工及液态食品装备类	174,825	68.09	119,041	
海洋工程类	2,702	66.51	1,797	

续表

分类	账面余额（千元）	整个存续期预期信用损失率（%）	坏账准备（千元）	理由
空港、消防及自动化物流装备类	313,755	21.97	68,917	按照整个存续期内预期信用损失的金额确认损失准备
物流服务类	371,289	2.59	9,609	
重型卡车类	404,161	66.78	269,901	
其他	1,461,033	3.16	46,219	
合计	6,358,263		645,017	

(2) 于 2019 年 12 月 31 日，组合计提坏账准备应收账款分析如下：

组合——集装箱制造类：

逾期情况	2019 年 12 月 31 日		
	账面余额（千元）	坏账准备	
		整个存续期预期信用损失率（%）	金额（千元）
未逾期	1,628,844	0.02	320
逾期 1 个月以内	9,931	0.35	35
逾期 1~3 个月	14,559	0.59	86
逾期 3~12 个月	92,441	2.71	2,503
逾期 1~2 年	101,017	5.77	5,829
逾期 2~3 年	519	100.00	519
逾期 3~5 年	21,189	100.00	21,189
逾期 5 年以上	126	100.00	126
合计	1,868,626		30,607

逾期情况	2018 年 12 月 31 日		
	账面余额（千元）	坏账准备	
		整个存续期预期信用损失率（%）	金额（千元）
未逾期	2,965,562	1.92	56,832
逾期 1 个月以内	19,558	2.03	397
逾期 1~3 个月	93,135	2.86	2,663
逾期 3~12 个月	144,896	7.16	10,378
逾期 1~2 年	5,848	8.69	508

续表

逾期情况	2018年12月31日		
	账面余额（千元）	坏账准备	
		整个存续期预期信用损失率（%）	金额（千元）
逾期2~3年	20,846	95.00	19,804
逾期3~5年	44,016	100.00	44,016
逾期5年以上	—	—	—
合计	3,293,861		134,598

组合——道路运输车辆类：

逾期情况	2019年12月31日		
	账面余额（千元）	坏账准备	
		整个存续期预期信用损失率（%）	金额（千元）
未逾期	1,494,656	1.18	17,623
逾期1个月以内	192,751	2.73	5,259
逾期1~3个月	256,294	3.22	8,243
逾期3~12个月	248,003	4.04	10,015
逾期1~2年	24,735	16.89	4,178
逾期2~3年	16,473	58.31	9,606
逾期3~5年	12,510	91.92	11,499
逾期5年以上	37,437	93.63	35,051
合计	2,282,859		101,474

逾期情况	2018年12月31日		
	账面余额（千元）	坏账准备	
		整个存续期预期信用损失率（%）	金额（千元）
未逾期	925,845	—	—
逾期1个月以内	814,206	0.47	3,825
逾期1~3个月	81,093	3.32	2,689
逾期3~12个月	86,100	3.32	2,855
逾期1~2年	19,453	32.01	6,226
逾期2~3年	32,856	96.14	31,588

第四章 金融工具的减值

续表

逾期情况	2018年12月31日		
	账面余额 （千元）	坏账准备	
		整个存续期预期信用损失率（%）	金额（千元）
逾期3~5年	12,072	99.38	11,997
逾期5年以上	7,549	99.38	7,502
合计	1,979,174		66,682

组合——能源、化工及液态食品装备类：

逾期情况	2019年12月31日		
	账面余额 （千元）	坏账准备	
		整个存续期预期信用损失率（%）	金额（千元）
未逾期	1,773,404	0.74	13,048
逾期1个月以内	94,255	3.57	3,364
逾期1~3个月	292,027	3.76	10,976
逾期3~12个月	243,930	5.89	14,367
逾期1~2年	122,565	31.17	38,199
逾期2~3年	33,834	47.27	15,995
逾期3~5年	88,361	72.13	63,736
逾期5年以上	49,932	100.00	49,932
合计	2,698,308		209,617

逾期情况	2018年12月31日		
	账面余额 （千元）	坏账准备	
		整个存续期预期信用损失率（%）	金额（千元）
未逾期	1,973,909	0.71	14,015
逾期1个月以内	410,475	3.01	12,355
逾期1~3个月	196,549	3.47	6,820
逾期3~12个月	157,596	5.33	8,400
逾期1~2年	134,504	17.80	23,942
逾期2~3年	55,059	52.96	29,159

续表

逾期情况	2018年12月31日		
	账面余额（千元）	坏账准备	
		整个存续期预期信用损失率（%）	金额（千元）
逾期3~5年	109,764	61.73	67,757
逾期5年以上	—		
合计	3,037,856		162,448

组合——海洋工程类：

逾期情况	2019年12月31日		
	账面余额（千元）	坏账准备	
		整个存续期预期信用损失率（%）	金额（千元）
未逾期	1,279	—	—
逾期1个月以内	1,156,503	1.00	11,529
逾期1~3个月	40,205	1.00	404
逾期3~12个月	53,764	1.00	540
逾期1~2年	54,019	3.43	1,854
逾期2年以上	7,925	49.78	3,945
合计	1,313,695		18,272

逾期情况	2018年12月31日		
	账面余额（千元）	坏账准备	
		整个存续期预期信用损失率（%）	金额（千元）
未逾期	24,130	—	—
逾期1个月以内	—	—	—
逾期1~3个月	—	—	—
逾期3~12个月	—	—	—
逾期1~2年	—	—	—
逾期2年以上	—	—	—
合计	—		—

组合——空港、消防及自动化物流装备类：

第四章 金融工具的减值

逾期情况	2019年12月31日		
	账面余额（千元）	坏账准备	
		整个存续期预期信用损失率（%）	金额（千元）
未逾期	1,242,796	0.15	1,892
逾期1个月以内	17,251	0.76	131
逾期1~3个月	62,997	0.86	543
逾期3~12个月	819,257	3.12	25,574
逾期1~2年	97,907	10.62	10,399
逾期2~3年	38,560	51.66	19,922
逾期3年以上	15,289	85.64	13,094
合计	2,294,057		71,555

逾期情况	2018年12月31日		
	账面余额（千元）	坏账准备	
		整个存续期预期信用损失率（%）	金额（千元）
未逾期	585,610	—	—
逾期1个月以内	609	—	—
逾期1~3个月	36,200	—	—
逾期3~12个月	1,032,773	5.96	61,576
逾期1~2年	63,655	23.00	14,641
逾期2~3年	27,959	50.00	13,980
逾期3年以上	435,111	63.00	27,412
合计	1,790,317		117,609

组合——重型卡车类：

逾期情况	2019年12月31日		
	账面余额（千元）	坏账准备	
		整个存续期预期信用损失率（%）	金额（千元）
未逾期	1,065,717	0.56	5,989
逾期1个月以内	41,683	2.58	1,075
逾期1~3个月	58,402	3.67	2,143
逾期3~12个月	61,976	7.98	4,943

续表

逾期情况	2019年12月31日		
	账面余额（千元）	坏账准备	
		整个存续期预期信用损失率（%）	金额（千元）
逾期1~2年	11,994	92.25	11,065
逾期2年以上	6,531	92.34	6,031
合计	1,246,303		31,246

逾期情况	2018年12月31日		
	账面余额（千元）	坏账准备	
		整个存续期预期信用损失率（%）	金额（千元）
未逾期	324,894	—	—
逾期1个月以内	—		
逾期1~3个月	2,026	—	—
逾期3~12个月	35,449	23.92	8,480
逾期1~2年	11,692	31.63	3,698
逾期2年以上	76,051	47.28	35,954
合计	450,112		48,132

组合——物流服务类：

逾期情况	2019年12月31日		
	账面余额（千元）	坏账准备	
		整个存续期预期信用损失率（%）	金额（千元）
未逾期	1,001,022	0.04	445
逾期1个月以内	62,685	1.53	957
逾期1~3个月	15,683	2.01	315
逾期3~12个月	35,484	4.47	1,586
逾期1~2年	3,449	38.59	1,331
逾期2~3年	13,368	88.79	11,869
逾期3年以上	4,352	100.00	4,352
合计	1,136,043		20,855

逾期情况	2018年12月31日		
	账面余额（千元）	坏账准备	
		整个存续期预期信用损失率（%）	金额（千元）
未逾期	1,000,650	—	—
逾期1个月以内	84,164	2.00	1,684
逾期1~3个月	35,958	2.82	1,014
逾期3~12个月	53,622	3.34	1,791
逾期1~2年	17,974	15.82	2,843
逾期2~3年	13,256	100.00	13,256
逾期3年以上	5,444	100.00	5,444
合计	1,211,068		26,032

组合——其他类：

逾期情况	2019年12月31日		
	账面余额（千元）	坏账准备	
		整个存续期预期信用损失率（%）	金额（千元）
未逾期	59,412	—	—
逾期1个月以内	3,504	—	—
逾期1~3个月	—	—	—
逾期3~12个月	152,372	0.18	275
逾期1~2年	102,428	—	—
逾期2~3年	12	—	—
逾期3~5年	13,356	40.05	5,349
逾期5年以上	801	100.00	801
合计	331,885		6,425

逾期情况	2018年12月31日		
	账面余额（千元）	坏账准备	
		整个存续期预期信用损失率（%）	金额（千元）
未逾期	62,060	—	—
逾期1个月以内	19,070	21.06	4,016
逾期1~3个月	729	—	—

续表

逾期情况	2018年12月31日		
	账面余额（千元）	坏账准备	
		整个存续期预期信用损失率（%）	金额（千元）
逾期3~12个月	52,034	5.39	2,808
逾期1~2年	1,839	—	—
逾期2~3年	9	—	—
逾期3~5年	—	—	—
逾期5年以上	—	—	—
合计	135,741		6,824

示例4-21 601390.SH 中国中铁

会计政策

对于因销售商品、提供劳务等日常经营活动形成的应收票据、应收账款、应收款项融资和合同资产，无论是否存在重大融资成分，本集团均按照整个存续期的预期信用损失计量损失准备。

当单项应收票据、应收账款、应收款项融资和合同资产无法以合理成本评估预期信用损失的信息时，本集团依据信用风险特征将应收票据、应收账款、应收款项融资和合同资产划分为若干组合，在组合基础上计算预期信用损失，确定组合的依据如下：

应收账款组合1　应收中央企业客户
应收账款组合2　应收中铁工合并范围内客户
应收账款组合3　应收地方政府/地方国有企业客户
应收账款组合4　应收中国国家铁路集团有限公司
应收账款组合5　应收海外企业客户
应收账款组合6　应收其他客户

对于划分为组合的应收账款，本集团参考历史信用损失经验，结合当前状况以及对未来经济状况的预测，编制应收账款账龄与整个存续期预期信用损失率对照表，计算预期信用损失。

重要会计估计和判断

应收账款及合同资产的预期信用损失

本集团通过应收账款及合同资产违约风险敞口和预期信用损失率计算应收账款及合同资产预期信用损失，并基于违约概率和违约损失率确定预期信用损失率。在确定预期信用损失率时，本集团使用内部历史信用损失经验等数据，并结合当前状况和前瞻性信息对历史数据进行调整。在评估前瞻性信息时，本集团考虑的因素包括经济政策、宏观经济指标、行业风险和客户情况的变化等。本集团定期监控并复核与预期信用损失计算相关的假设。上述估计技术和关键假设于2019年度未发生重大变化。

财务报表项目注释

应收账款——坏账准备

于2019年12月31日,单项计提坏账准备的应收账款分析如下:

项目	账面余额（千元）	整个存续期预期信用损失率（%）	坏账准备（千元）	理由
应收账款单位1	2,694,862	8.00	215,589	回收可能性
应收账款单位2	708,028	50.00	354,014	回收可能性
应收账款单位3	269,976	23.01	62,126	回收可能性
应收账款单位4	197,921	24.83	49,147	回收可能性
应收账款单位5	184,415	50.00	92,208	回收可能性
其他	5,559,983	46.30	2,574,444	回收可能性
合计	9,615,185		3,347,528	

组合——应收中央企业客户:

账龄	账面余额（千元）	2019年12月31日	
		坏账准备	
		整个存续期预期信用损失率（%）	金额（千元）
1年以内	7,445,296	0.20	14,802
1~2年	1,085,667	3.00	32,570
2~2年	402,070	5.00	20,104
3~4年	262,300	12.00	31,476
4~5	137,171	18.00	24,691
5年以上	129,919	40.00	51,967
合计	9,462,423		175,610

组合——应收地方政府/地方国有企业客户:

账龄	2019年12月31日		
	账面余额（千元）	坏账准备	
		整个存续期预期信用损失率（%）	金额（千元）
1年以内	43,145,857	0.40	172,579
1~2年	5,425,468	5.00	271,171
2~3年	2,563,862	10.00	256,386
3~4年	1,233,129	18.00	221,963
4~5年	485,415	25.00	121,330
4年以上	723,280	50.00	361,640
合计	53,577,011		1,405,069

组合——应收中国国家铁路集团有限公司：

账龄	2019年12月31日		
	账面余额（千元）	坏账准备	
		整个存续期预期信用损失率（%）	金额（千元）
1年以内	13,546,308	0.20	27,104
1~2年	2,077,935	3.00	62,338
2~3年	443,604	5.00	22,180
3~4年	290,430	10.00	29,043
4~5年	116,145	15.00	17,422
5年以上	118,450	30.00	35,535
合计	16,592,872		193,622

组合——应收海外企业客户：

账龄	2019年12月31日		
	账面余额（千元）	坏账准备	
		整个存续期预期信用损失率（%）	金额（千元）
1年以内	2,095,827	1.00	20,958
1~2年	945,385	8.00	75,631
2~3年	67,260	18.00	12,107
3~4年	26,771	35.00	9,370

续表

账龄	2019 年 12 月 31 日		
	账面余额（千元）	坏账准备	
		整个存续期预期信用损失率（%）	金额（千元）
4~5 年	3,074	50.00	1,537
5 年以上	17,967	65.00	11,679
合计	3,156,284		131,282

组合——应收其他客户：

账龄	2019 年 12 月 31 日		
	账面余额（千元）	坏账准备	
		整个存续期预期信用损失率（%）	金额（千元）
1 年以内	13,224,155	0.50	66,121
1~2 年	2,229,009	6.00	133,741
2~3 年	819,212	15.00	122,858
3~4 年	413,292	30.00	123,987
4~5 年	245,990	40.00	98,396
5 年以上	437,211	60.00	262,327
合计	17,368,869		807,430

2019 年度，本集团计提坏账准备人民币 2,086,347 千元（2018 年度：人民币 1,943,707 千元）；本年收回或转回坏账准备人民币 787,237 千元（2018 年度：人民币 1,385,369 千元），其中重要的收回或转回金额列示如下：

单位：千元

项目	转回或收回原因	确定原坏账准备的依据及合理性	转回或收回金额	收回方式
应收账款 1	收回工程款	收回可能性	85,631	银行存款
应收账款 2	收回工程款	收回可能性	61,381	银行存款
应收账款 3	收回工程款	收回可能性	37,829	银行存款

2019 年度，实际核销的应收账款为人民币 125,354 千元，无单笔重要的应收账款核销。

示例 4-22　601333.SH 广深铁路

会计政策

对于因销售商品、提供劳务等日常经营活动形成的应收票据、应收账款，无论是否存在重大融资成分，本集团均按照整个存续期的预期信用损失计量损失准备。

当单项金融资产无法以合理成本评估预期信用损失的信息时，本集团依据信用风险特征将应收款项划分为若干组合，在组合基础上计算预期信用损失，确定组合的依据如下：

组合一　通过中铁集团清算的业务形成的应收账款
组合二　委托运输服务及综合服务收入形成的应收账款
组合三　非委托运输及综合服务收入及不通过中铁集团清算的业务形成的应收账款
组合四　信用风险较低的银行承兑汇票
组合五　非贸易性应收款项

对于划分为组合的应收账款，本集团参考历史信用损失经验，结合当前状况以及对未来经济状况的预测，编制应收账款账龄分析整个存续期预期信用损失率，计算预期信用损失。

财务报表项目注释

应收账款——坏账准备

单位：元

类别	期初余额	本期变动金额				期末余额
		计提	收回或转回	转销或核销	其他变动	
应收账款	61,212,790	—	—	77,950	—	61,134,840
合计	61,212,790	—	—	77,950	—	61,134,840

本集团应收账款不存在重大融资成分，均按照整个存续期的预期信用损失计量损失准备。

（i）于 2019 年 12 月 31 日，本集团无单独计提坏账准备的应收账款。

（ii）于 2019 年 12 月 31 日及 2018 年 12 月 31 日，按组合计提坏账准备的应收账款分析如下：

组合	2019 年 12 月 31 日		
	账面余额（元）	坏账准备	
		整个存续期预期信用损失率（%）	金额（元）
组合一	232,847,181	—	—
组合二	4,033,727,317	1.41	(57,200,955)

续表

组合	2019 年 12 月 31 日		
	账面余额（元）	坏账准备	
		整个存续期预期信用损失率（%）	金额（元）
组合三	196,694,248	2.00	(3,933,885)
合计	4,463,268,746		(61,134,840)

组合	2018 年 12 月 31 日		
	账面余额（元）	坏账准备	
		整个存续期预期信用损失率（%）	金额（元）
组合一	248,480,894	—	—
组合二	3,560,959,300	1.66	(58,945,004)
组合三	113,389,295	2.00	(2,267,786)
合计	3,922,829,489		(61,212,790)

示例 4-23　601607.SH 上海医药

会计政策

对于因销售商品、提供劳务等日常经营活动形成的应收票据、应收账款、应收款项融资和合同资产，无论是否存在重大融资行为，本集团均按照整个存续期的预期信用损失计量损失准备。对于应收融资租赁款，本集团亦选择按照整个存续期的预期信用损失计量损失准备。

当单项金融资产无法以合理成本评估预期信用损失的信息时，本集团依据信用风险特征将应收款项分为若干组合，在组合基础上计算预期信用损失，确定组合的依据如下：

组合一　账龄

组合二　关联方股利

组合三　利息及应收款项融资

组合四　保证金（含押金）组合及其他应收供应商款项

组合五　应收合并范围内公司款项

对于划分为组合的应收账款，本集团参考历史信用损失经验，结合当前状况以及对未来经济状况的预测，采用编制应收账款账龄与整个存续期预期信用损失率对照表计算，对照表根据应收账款在预计还款期内观察所得的历史违约率确定，并就前瞻性估计进行调整。观察所得的历史违约率于每个报告日期进行更新，并对前瞻性估算的变动进行分析。

对于划分为组合的应收租赁款、因销售商品、提供劳务等日常经营活动形成的应收票据和应收款项融资，本集团参考历史信用损失经验，结合当前状况以及对未来经济状况的预测，通过违约风险敞口和整个存续期预期信用损失率，计算预期信用损失。

除此以外的应收票据、应收款项融资和划分为组合的其他应收款与长期应收款，本集团参考历史信用损失经验，结合当前状况以及对未来经济状况的预测，通过违约风险敞口和未来12个月内或整个存续期预期信用损失率，计算预期信用损失。

重要会计估计和判断

预期信用损失的计量

本集团通过违约风险敞口和预期信用损失率计算预期信用损失，并基于违约概率和违约损失率确定预期信用损失率。在确定预期信用损失率时，本集团使用内部历史信用损失经验等数据，并结合当前状况和前瞻性信息对历史数据进行调整。在考虑前瞻性信息时，本集团选取适当的经济指标，按不同的经济场景及权重进行分析。本集团定期监控并复核与预期信用损失计算相关的假设。上述估计技术和关键假设于2019年度未发生重大变化，且预期信用损失模型中采用的不同经济场景的权重对预期信用损失的影响不重大。

财务报表项目注释

应收账款——坏账准备

对于应收账款，无论是否存在重大融资成分，本集团均按照整个存续期的预期信用损失计量损失准备。

(i) 于2019年12月31日，单项计提坏账准备的应收账款分析如下：

项目	账面余额（元）	整个存续期预期信用损失率（%）	坏账准备（元）	理由
应收账款1	138,388,888.93	100.00	(138,388,888.93)	经评估，个别认定
应收账款2	122,055,136.82	100.00	(122,055,136.82)	经评估，个别认定
应收账款3	32,277,708.73	100.00	(32,277,708.73)	经评估，个别认定
应收账款4	30,779,863.61	100.00	(30,779,863.61)	经评估，个别认定
其他	232,796,184.66	100.00	(232,796,184.66)	经评估，个别认定
合计	556,297,782.75		(556,297,782.75)	

(ii) 组合计提坏账准备的应收账款分析如下：

财龄	2019年12月31日		
	账面余额（元）	坏账准备	
		整个存续期预期信用损失率（%）	金额（元）
少于6个月	42,699,726,610.65	1.00	(425,655,846.49)
6~12个月	4,842,400,728.25	4.21	(203,691,711.83)
1~2年	586,417,840.86	27.18	(159,394,084.23)
2年以上	718,644,081.82	100.00	(718,644,081.82)
合计	48,847,189,261.58		(1,507,385,724.37)

账龄	2018年12月31日		
	账面余额（元）	坏账准备	
		整个存续期预期信用损失率（%）	金额（元）
少于6个月	37,975,366,616.48	0.87	(329,600,006.27)
6~12个月	4,665,779,581.37	7.76	(362,232,278.74)
1~2年	557,621,084.75	63.63	(354,823,260.67)
2年以上	544,742,027.48	100.00	(544,742,027.48)
合计	43,743,509,310.08		(1,591,397,573.16)

（iii）于2019年度，本集团单项计提的坏账准备金额为241,571,860.98元，收回或转回的坏账准备金额为2,776,584.91元（2018年12月31日：74,222,958.60元），相应的账面余额为2,776,584.91元（2018年12月31日：74,222,958.60元）。重要的收回或转回金额列示如下：

单位：元

项目	转回或收回原因	确定原坏账准备的依据及合理性	转回或收回金额	收回方式
应收账款1	本年已收回	经评估，个别认定	1,423,584.91	现金
其他	本年已收回	经评估，个别认定	1,353,000.00	现金
合计			2,776,584.91	

示例4-24　601727.SH 上海电气

会计政策

对于应收票据及应收账款和合同资产，无论是否存在重大融资成分，本集团均按照整个存续期的预期信用损失计量损失准备。

对于存在客观证据表明存在减值，以及其他适用于单项评估的应收账款，单独进行减值测试，确认预期信用损失，计提单项减值准备。对于不存在减值客观证据的应收账款或当单项金融资产无法以合理成本评估预期信用损失的信息时，本集团依据信用风险特征将应收款项划分为若干组合，在组合基础上计算预期信用损失，确定组合的依据如下：

应收票据及应收账款		
组合1	银行承兑汇票	
组合2	商业承兑汇票	
组合3	应收账款	一般应收款项
组合4	应收账款	主权信用

对于划分为组合的应收账款和合同资产，本集团参考历史信用损失经验，结合当前状况以及对未来经济状况的预测，编制应收账款逾期天数与整个存续期预期信用损失率对照表，计算预期信用损失。

重要会计估计和判断
预期信用损失的计量

本集团通过违约风险敞口和预期信用损失率计算预期信用损失，并基于违约概率和违约损失率确定预期信用损失率。在确定预期信用损失率时，本集团使用内部历史信用损失经验等数据，并结合当前状况和前瞻性信息对历史数据进行调整。在考虑前瞻性信息时，本集团使用的指标包括经济下滑的风险、预期失业率的增长、外部市场环境、技术环境和客户情况的变化等。本集团定期监控并复核与预期信用损失计算相关的假设。

财务报表项目注释
应收账款——坏账准备
按单项计提坏账准备：

项目	期末余额			
	账面余额（千元）	坏账准备（千元）	计提比例（%）	计提理由
应收账款1	310,853	310,853	100	对方财务困难，预计无法收回
应收账款2	268,143	268,143	100	对方财务困难，预计无法收回
应收账款3	100,448	100,448	100	对方财务困难，预计无法收回
应收账款4	53,758	53,758	100	对方财务困难，预计无法收回
应收账款5	17,241	17,241	100	对方财务困难，预计无法收回

续表

项目	期末余额			
	账面余额（千元）	坏账准备（千元）	计提比例（%）	计提理由
其他	177,396	150,624		预计无法收回
合计	927,839	901,067		

按组合计提坏账准备：

逾期情况	期末余额		
	应收账款（千元）	坏账准备（千元）	计提比例（%）
未逾期	11,997,564	139,693	0~2
逾期1年以内	11,500,695	739,086	1~13
逾期1~2年	3,621,937	556,133	5~37
逾期2~3年	1,863,120	662,522	31~82
逾期3~4年	1,421,663	887,668	47~100
逾期4~5年	1,297,682	1,148,541	72~100
逾期5年以上	1,216,602	1,171,757	90~100
合计	32,919,263	5,305,400	

示例4-25　601330.SH 绿色动力

会计政策

对于应收账款和合同资产，本集团始终按照相当于整个存续期内预期信用损失的金额计量其损失准备。本集团基于历史信用损失经验、使用准备矩阵计算上述金融资产的预期信用损失，相关历史经验根据资产负债表日借款人的特定因素，以及对当前状况和未来经济状况预测的评估进行调整。

财务报表项目注释

应收账款

（1）应收账款按客户类别分析如下：

单位：元

客户类别	2019年	2018年
应收第三方	467,830,771.16	243,930,449.74
应收关联方	10,000,000.00	—

续表

客户类别	2019 年	2018 年
减：坏账准备	(25,047,141.46)	(12,209,551.93)
合计	452,783,629.70	231,720,897.81

（2）应收账款按账龄分析如下：

单位：元

账龄	2019 年	2018 年
1 年以内（含 1 年）	455,238,680.70	243,669,861.34
1~2 年（含 2 年）	22,332,107.06	260,588.40
2~3 年（含 3 年）	259,983.40	—
小计	477,830,771.16	243,930,449.74
减：坏账准备	(25,047,141.46)	(12,209,551.93)
合计	452,783,629.70	231,720,897.81

账龄自应收账款确认日起开始计算。

（c）应收账款按坏账准备计提方法分类披露：

单位：元

类别	注	2019 年 12 月 31 日				账面价值
		账面余额		坏账准备		
		金额	比例（%）	金额	比例（%）	
按单项计提坏账准备	(i)	—	0	—	0	—
按组合计提坏账准备	(ii)	477,830,771.16	100	(25,047,141.46)	100	452,783,629.70
合计		477,830,771.16		(25,047,141.46)		452,783,629.70

单位：元

类别	注	2018 年 12 月 31 日				账面价值
		账面余额		坏账准备		
		金额	比例（%）	金额	比例（%）	
按单项计提坏账准备	(i)	—	0	—	0	—

续表

类别	注	2018年12月31日				账面价值
		账面余额		坏账准备		
		金额	比例（%）	金额	比例（%）	
按组合计提坏账准备	（ii）	243,930,449.74	100	(12,209,551.93)	100	231,720,897.81
合计		243,930,449.74		(12,209,551.93)		231,720,897.81

注：（i）2019年无按单项计提坏账准备的应收账款。
（ii）2019年按组合计提坏账准备的确认标准及说明：
本集团的应收账款的客户均是位于中国境内的、本集团向其销售电力的电网客户或者是向其提供垃圾处理服务的公共服务事业单位。根据本集团的历史经验，不同细分客户群体发生损失的情况没有显著差异，因此在计算坏账准备时未进一步区分不同的客户群体。
（iii）应收账款预期信用损失的评估：
本集团始终按照相当于整个存续期内预期信用损失的金额计量应收账款的减值准备，并以违约损失率为基础计算其预期信用损失。根据本集团的历史经验，不同细分客户群体发生损失的情况没有显著差异，因此在计算减值准备时未进一步区分不同的客户群体。

2019年

账龄	违约损失率（%）	年末账面余额（元）	年末减值准备（元）
1年以内（含1年）	5	455,238,680.70	22,761,934.05
1~2年（含2年）	10	22,332,107.06	2,233,210.72
2~3年（含3年）	20	259,983.40	51,996.69
合计		477,830,771.16	25,047,141.46

2018年

账龄	违约损失率（%）	年末账面余额（元）	年末减值准备（元）
1年以内（含1年）	5	243,669,861.34	12,183,493.09
1~2年（含2年）	10	260,588.40	26,058.84
合计		243,930,449.74	12,209,551.93

违约损失率基于过去的实际信用损失经验计算，并根据历史数据收集期间的经济状况、当前的经济状况与本集团所认为的预计存续期内的经济状况三者之间的差异进行调整。

示例 4-26　600585.SH 海螺水泥

会计政策

对于应收账款和合同资产，本集团始终按照相当于整个存续期内预期信用损失的金额计量其损失准备。本集团基于历史信用损失经验、使用准备矩阵计算上述金融资产的预期信用损失，相关历史经验根据资产负债表日借款人的特定因素，以及对当前状况和未来经济状况预测的评估进行调整。

主要会计估计和判断

应收账款和合同资产减值

如附注三、9所述（略），本集团以预期信用损失为基础，对应收账款和合同资产进行减值会计处理并确认损失准备。本集团始终按照相当于整个存续期内预期信用损失的金额计量其损失准备。本集团基于历史信用损失经验、使用准备矩阵计算上述金融资产的预期信用损失，相关历史经验根据资产负债表日客户及借款人的特定因素，以及对当前状况和未来经济状况预测的评估进行调整。本集团在每个资产负债表日重新计量预期信用损失，由此形成的损失准备的增加或转回金额，作为减值损失或利得计入当期损益。

财务报表项目注释

应收账款

(1) 应收账款按客户类别分析如下：

单位：元

客户类别	2019年	2018年
1. 应收关联公司	3,942,992	5,491,314
2. 其他客户	1,287,008,326	1,237,466,526
小计	1,290,951,318	1,242,957,840
减：坏账准备	17,331,396	10,319,905
合计	1,273,619,922	1,232,637,935

(2) 应收账款按账龄分析如下：

单位：元

账龄	2019年	2018年
1年以内（含1年）	1,264,460,016	1,230,621,580
1~2年（含2年）	15,817,553	3,353,831
2~3年（含3年）	1,691,320	—

续表

账龄	2019 年	2018 年
3 年以上	8,982,429	8,982,429
小计	1,290,951,318	1,242,957,840
减：坏账准备	17,331,396	10,319,905
合计	1,273,619,922	1,232,637,935

账龄自应收账款确认日起开始计算。

(3) 应收账款按坏账准备计提方法分类披露。

应收账款预期信用损失的评估：

本集团始终按照相当于整个存续期内预期信用损失的金额计量应收账款的减值准备，并以逾期天数与违约损失率对照表为基础计算其预期信用损失。根据本集团的历史经验，不同细分客户群体发生损失的情况没有显著差异，因此在根据逾期信息计算减值准备时未进一步区分不同的客户群体。

截止至 2019 年 12 月 31 日：

逾期情况	违约损失率（%）	年末账面余额（元）	年末减值准备（元）
未逾期	0	1,124,955,387	——
逾期 1~3 个月	0	88,775,360	——
逾期 3~6 个月	5	31,575,804	1,578,790
逾期 6~12 个月	10	19,153,465	1,915,346
逾期 12~24 个月	20	15,817,553	3,163,511
逾期超过 24 个月	100	10,673,749	10,673,749
合计		1,290,951,318	17,331,396

违约损失率基于过去五年的实际信用损失经验计算，并根据历史数据收集期间的经济状况、当前的经济状况与本集团所认为的预计存续期内的经济状况三者之间的差异进行调整。

示例 4-27　603259.SH 药明康德

会计政策

本集团对由收入准则规范的交易形成的未包含重大融资成分或不考虑不超过一年的合同中的融资成分的合同资产与应收账款按照相当于整个存续期内预期信用损失的金额计量损失准备。

本集团对应收票据、应收账款、合同资产及其他应收款在组合基础上采用减值矩阵确定相关金融工具的信用损失。本集团以共同风险特征为依据，将金融工具分为不同组别。本集团采用的共同信用风险特征包括：金融工具类型、信用风险评级、初始确认日期、剩余合同期限、债务人所处行业、债务人所处地理位置等。

重要会计估计和判断

应收账款与合同资产的预期信用损失准备

本集团采用减值矩阵确定应收账款和合同资产的预期信用损失准备。本集团基于债务人内部信用风险评级对具有类似风险特征的各类应收账款和合同资产确定相应的损失准备的比例。减值矩阵基于本集团历史逾期比例考虑无须付出不必要的额外成本或努力即可获得的合理且有依据的前瞻性信息。于2019年12月31日，本集团已重新评估历史可观察的逾期比例并考虑了前瞻性信息的变化。

该预期信用损失准备的金额将随本集团的估计而发生变化。本集团的应收账款和合同资产的预期信用损失准备的具体情况详见附注七、5及七、10（略）。

财务报表项目注释

应收账款

（1）按账龄披露。

单位：元

账龄	期末账面余额
0～180天	2,826,442,735.32
181～365天	119,856,388.38
1年以内小计	2,946,299,123.70
1～2年	36,996,009.77
2～3年	8,786,493.00
3年以上	12,033,732.96
合计	3,004,115,359.43

（2）按坏账计提方法分类披露。

类别	期末余额				账面价值（元）
	账面余额		坏账准备		
	金额（元）	比例（%）	金额（元）	计提比例（%）	
按预期信用损失一般模型计提坏账准备	3,004,115,359.43	100.00	67,572,290.88	2.25	2,936,543,068.55
合计	3,004,115,359.43		67,572,290.88		2,936,543,068.55

类别	期末余额				账面价值（元）
	账面余额		坏账准备		
	金额（元）	比例（%）	金额（元）	计提比例（%）	
按预期信用损失一般模型计提坏账准备	2,027,040,970.88	100.00	32,352,525.51	1.60	1,994,688,445.37
合计	2,027,040,970.88		32,352,525.51		1,994,688,445.37

示例 4-28 002594.SZ 比亚迪

会计政策

对于不含重大融资成分的应收款项以及合同资产，本集团运用简化计量方法，按照相当于整个存续期内的预期信用损失金额计量损失准备。

对于含有重大融资成分的应收款项以及合同资产，本集团选择运用简化计量方法，按照相当于整个存续期内的预期信用损失金额计量损失准备。

重要会计估计和判断

金融工具减值

本集团采用预期信用损失模型对金融工具的减值进行评估，应用预期信用损失模型需要做出重大判断和估计，需考虑所有合理且有依据的信息，包括前瞻性信息。在做出该等判断和估计时，本集团根据历史还款数据结合经济政策、宏观经济指标、行业风险等因素推断债务人信用风险的预期变动。

财务报表项目注释

应收账款

对于传统燃油车的整车销售，本集团通常要求客户以应收票据的形式提前支付款项。对于新能源车的整车销售，本集团提供给主要客户的信用期通常为 30~360 天，或为客户提供 1~2 年的分期付款方式。

对于除上述产品以外的销售，本集团的应收账款信用期通常为 30 天，主要客户可以延长至 90 天。应收账款并不计息。

1) 应收账款分类披露。

类别	2018年12月31日（经审计）			
	账面余额		坏账准备	
	金额（千元）	比例（%）	金额（千元）	计提比例（%）
单项评估预期信用损失计提坏账准备	446,125	0.88	390,758	87.59

续表

类别	2018年12月31日（经审计）			
	账面余额		坏账准备	
	金额（千元）	比例（%）	金额（千元）	计提比例（%）
按信用风险组合评估预期信用损失计提坏账准备	49,971,086	99.12	742,919	1.49
合计	50,417,211	100.00	1,133,677	

单项评估预期信用损失计提坏账准备：

名称	2018年12月31日（经审计）			
	账面余额（千元）	坏账准备（千元）	计提比例（%）	计提理由
客户一	46,702	46,702	100.00	客户已破产
客户二	42,271	42,271	100.00	客户已破产
客户三	68,728	37,330	54.32	预计部分无法收回
客户四	44,052	37,133	84.29	预计部分无法收回
客户五	21,884	21,884	100.00	客户已破产保护
其他	222,488	205,438	92.34	
合计	446,125	390,758	—	—

按信用风险评估预期信用损失组合如下：
新能源业务。

账龄	2018年12月31日（经审计）		
	估计发生违约的账面余额（千元）	计提比例整个存续期间信用损失（千元）	预期信用损失率（%）
1年以内（含1年）	32,714,641	240,774	0.74
1~2年（含2年）	5,619,804	85,983	1.53
2~3年（含3年）	1,475,438	64,772	4.39
3~4年（含4年）	135,157	11,867	8.78
4~5年（含5年）	35,145	7,957	22.64
5年以上	6,864	6,864	100.00
合计	39,987,049	418,217	

注：含新能源补贴款。

非新能源业务。

账龄	2018年12月31日（经审计）		
	估计发生违约的账面余额（千元）	计提比例整个存续期间信用损失（千元）	预期信用损失率（%）
1年以内（含1年）	9,104,397	58,923	0.65
1年以上	879,640	265,779	30.21
合计	9,984,037	324,702	

示例4-29　000002.SZ万科A

会计政策

对于应收账款和合同资产，本集团始终按照相当于整个存续期内预期信用损失的金额计量其损失准备。本集团基于历史信用损失经验、使用准备矩阵计算上述金融资产的预期信用损失，相关历史经验根据资产负债表日应收对象的特定因素，以及对当前状况和未来经济状况预测的评估进行调整。

财务报表项目注释

应收账款

应收账款主要为待收取的购房款和物业服务应收款，并包括建造合同业务应收款人民币136,379,662.82元（2018年12月31日：人民币1,606,379.42元）。

（a）应收账款按账龄分析如下：

单位：元

账龄	2019年12月31日	2018年12月31日
1年以内（含1年）	1,330,099,355.39	1,084,868,663.11
1~3年（含3年）	545,096,133.19	476,865,068.01
3年以上	185,924,563.75	63,266,783.64
小计	2,061,120,052.33	1,625,000,514.76
减：坏账准备	73,044,314.66	38,819,750.66
合计	1,988,075,737.67	1,586,180,764.10

账龄自应收账款确认日起开始计算。

（b）坏账准备计提方法分类披露。

本集团对于应收账款始终按照整个存续期内的预期信用损失计量减值准备。根据本集团的历史经验，不同细分客户群体发生损失的情况没有显著差异，因此在计算减值准备时未进一步区分不同的客户群体。

2019 年 12 月 31 日应收账款的减值：

账龄	整个存续期预期信用损失率（%）	年末账面余额（元）	年末减值准备（元）
1 年以内（含 1 年）	0.96	1,330,099,355.39	12,716,207.99
1~3 年（含 3 年）	3.89	545,096,133.19	21,217,479.37
3 年以上	21.04	185,924,563.75	39,110,627.30
合计		2,061,120,052.33	73,044,314.66

2018 年 12 月 31 日应收账款的减值：

账龄	整个存续期预期信用损失率（%）	年末账面余额（元）	年末减值准备（元）
1 年以内（含 1 年）	0.82	1,084,868,663.11	8,875,134.29
1~3 年（含 3 年）	4.16	476,865,068.01	19,845,120.66
3 年以上	15.96	63,266,783.64	10,099,495.71
合计		1,625,000,514.76	38,819,750.66

整个存续期预期信用损失率基于历史实际信用损失经验计算，并考虑了历史数据收集期间的经济状况、当前的经济状况与本集团所认为的预计存续期内的经济状况。

示例 4-30　601880.SH 大连港

会计政策

对于不含重大融资成分的应收账款以及合同资产，本集团运用简化计量方法，按照相当于整个存续期内的预期信用损失金额计量损失准备。

本集团基于内部信用风险等级评估金融工具的预期信用损失。本集团考虑了不同客户的信用风险特征，以信用风险评级为基础评估应收款项的预期信用损失。

重要会计估计和判断

金融工具和合同资产减值

本集团采用预期信用损失模型对金融工具和合同资产的减值进行评估，应用预期信用损失模型需要做出重大判断和估计，需考虑所有合理且有依据的信息，包括前瞻性信息。在做出这些判断和估计时，本集团根据历史还款数据结合经济政策、宏观经济指标、行业风险等因素推断债务人信用风险的预期变动。不同的估计可能会影响减值准备的计提，已计提的减值准备可能并不等于未来实际的减值损失金额。

财务报表项目注释

应收账款

（1）按账龄披露。

单位：元

账龄	期末账面余额
1年以内小计	1,186,574,172.87
1~2年	137,145,331.46
2~3年	7,392,745.38
3年以上	68,664,078.61
其中：坏账准备	77,003,761.77
合计	1,322,772,566.55

（2）按坏账计提方法分类披露。

类别	期末余额				账面价值（元）
	账面余额		坏账准备		
	金额（元）	比例（%）	金额（元）	计提比例（%）	
按单项计提坏账准备	—	—	—	—	—
按组合计提坏账准备	1,399,776,328.32	100	77,003,761.77	5.50	1,322,772,566.55
合计	1,399,776,328.32	—	77,003,761.77	—	1,322,772,566.55

类别	期末余额				账面价值（元）
	账面余额		坏账准备		
	金额（元）	比例（%）	金额（元）	计提比例（%）	
按单项计提坏账准备	62,852,144.51	8.75	44,220,119.27	70.36	18,632,025.24
按组合计提坏账准备	655,647,526.35	91.25	16,084,832.54	2.45	639,562,693.81
合计	718,499,670.86	—	60,304,951.81	—	658,194,719.05

按组合计提坏账准备：

组合计提项目：按信用风险特征组合计提坏账准备。

名称	期末余额		
	应收账款（元）	坏账准备（元）	计提比例（%）
按信用风险特征组合计提坏账准备	1,399,776,328.32	77,003,761.77	5.50
合计	1,399,776,328.32	77,003,761.77	5.50

本集团采用账龄分析法计提坏账准备的应收账款情况如下：

组织	估计发生违约的账面余额（元）	预期信用损失率（%）	整个存续期预期信用损失（元）
组合 A	375,331,160.41	0.00～0.10	107,555.09
组合 B	929,320,552.16	0.10～0.30	1,283,168.15
组合 C	22,089,630.21	0.30～50.00	4,131,418.57
组合 D	73,034,985.54	50.00～100.00	71,481,619.96
合计	1,399,776,328.32	—	77,003,761.77

示例 4-31　000338.SZ 潍柴动力

会计政策

对于由收入准则规范的交易形成的应收款项、合同资产及由《企业会计准则第 21 号——租赁》规范的交易形成的租赁应收款，本集团按照相当于整个存续期内的预期信用损失金额计量损失准备。

本集团基于单项和组合评估金融工具的预期信用损失。本集团对金额重大的以及金额不重大但是具有特别信用风险的应收款项、租赁应收款、合同资产等在单项资产的基础上确定其信用损失，除此以外在组合基础上确定相关金融工具的信用损失。本集团考虑了不同客户的信用风险特征，以账龄组合、信用记录优质组合和逾期账龄组合为基础评估应收款项的预期信用损失。本集团考虑的不同信用风险特征包括：金融工具类型、信用风险评级、担保物类型、初始确认日期、剩余合同期限、债务人所处行业、债务人所处地理位置、担保品相对于金融资产的价值等。

重要会计估计和判断

应收账款及合同资产减值

本集团采用预期信用损失模型对应收账款及合同资产的减值进行评估，应用预期信用损失模型需要做出重大判断和估计，需考虑所有合理且有依据的信息，包括前瞻性信息。在做出该等判断和估计时，本集团根据历史还款数据结合经济政策、宏观经济指标、行业风险等因素推断债务人信用风险的预期变动。

本集团按照相当于整个存续期内预期信用损失的金额计量应收账款和合同资产的损失准备。对于在组合基础上采用减值矩阵确定信用损失的应收账款和合同资产，本集团以共同风险特征为依据,将其分为不同组别,所采用的共同信用风险特征包括:账龄、逾期账龄、信用风险评级等。对于单项金额重大以及单项金额不重大但具有特别信用风险的应收账款和合同资产,本集团单独进行减值测试。

如果重新估计结果与现有估计存在差异,该差异将会影响估计改变期间的利润和应收账款与合同资产的账面价值。

财务报表项目注释

应收账款

(1) 应收账款分类披露。

类别	2019年12月31日				
	账面余额		信用损失准备		账面价值(元)
	金额(元)	比例(%)	金额(元)	计提比例(%)	
按单项计提坏账准备的应收账款	2,728,834,722.55	17.11	1,215,508,645.54	44.54	1,513,326,077.01
按组合计提坏账准备的应收账款	13,216,860,499.77	82.89	444,924,279.69	3.37	12,771,936,220.08
合计	15,945,695,222.32	100.00	1,660,432,925.23	10.41	14,285,262,297.09

类别	2019年1月1日/2018年12月31日				
	账面余额		坏账准备		账面价值(元)
	金额(元)	比例(%)	金额(元)	计提比例(%)	
按单项计提坏账准备的应收账款	3,101,867,667.31	21.27	959,850,396.54	30.94	2,142,017,270.77
按信用风险特征组合计提坏账准备	11,478,209,971.17	78.73	464,863,747.74	4.05	11,013,346,223.43
合计	14,580,077,638.48	100.00	1,424,714,144.28	9.77	13,155,363,494.20

于2019年12月31日,本集团单项评估预期信用损失的应收账款情况如下:

名称	2019年12月31日			
	账面余额(元)	信用损失准备(元)	计提比例(%)	计提理由
客户1	861,496,175.25	242,433,900.00	28.14	偿债能力差
客户2	111,878,808.83	111,878,808.83	100.00	长账龄

续表

名称	2019年12月31日			
	账面余额（元）	信用损失准备（元）	计提比例（%）	计提理由
客户3	75,871,191.17	75,871,191.17	100.00	长账龄
客户4	56,927,140.00	56,927,140.00	100.00	长账龄
客户5	49,159,575.31	49,159,575.31	100.00	偿债能力差
客户6	45,031,302.15	44,144,627.12	98.03	长账龄
客户7	40,516,068.59	38,490,265.16	95.00	偿债能力差
客户8	37,449,568.86	35,577,090.42	95.00	公司清算中
客户9	33,808,426.00	33,808,426.00	100.00	长账龄
客户10	32,989,886.43	32,989,886.43	100.00	财产已查封
其他	1,383,706,579.96	494,227,735.10		长账龄等
合计	2,728,834,722.55	1,215,508,645.54	—	—

于2019年12月31日，本集团采用账龄分析法计提信用损失准备的应收账款情况如下：

账龄	2019年12月31日		
	估计发生违约的账面余额（元）	预期信用损失率（%）	整个存续期预期信用损失（元）
1年以内	3,935,347,856.55	3.08	121,024,489.19
1~2年	222,271,057.77	18.22	40,502,562.64
2~3年	53,577,948.07	33.13	17,752,321.11
3~4年	27,065,621.62	51.90	14,046,741.16
4~5年	23,397,461.68	83.05	19,431,413.41
5年以上	200,891,288.72	100.00	200,891,288.72
合计	4,462,551,234.41	9.27	413,648,816.23

名称	2018年12月31日		
	估计发生违约的账面余额（元）	预期信用损失率（%）	整个存续期预期信用损失（元）
1年以内	2,739,496,401.28	4.95	135,535,329.96
1~2年	156,025,486.22	23.74	37,047,858.92
2~3年	83,623,407.61	26.55	22,200,464.58
3~4年	76,916,263.87	50.30	38,691,421.82

续表

名称	2018年12月31日		
	估计发生违约的账面余额（元）	预期信用损失率（%）	整个存续期预期信用损失（元）
4~5年	65,664,316.88	90.94	59,712,116.54
5年以上	137,110,859.43	99.04	135,790,891.79
合计	3,258,836,735.29	13.16	428,978,083.61

根据开票日期，应收账款按照账龄分析如下：

单位：元

账龄	账面余额
1年以内（含1年）	14,360,458,470.45
1~2年	504,740,712.30
2~3年	115,039,514.56
3年以上	965,456,525.01
合计	15,945,695,222.32

于2019年12月31日，本集团采用逾期账龄作为信用风险特征计提信用损失准备的应收账款情况如下：

单位：元

逾期账龄	2019年12月31日		
	估计发生违约的账面余额（元）	预期信用损失率（%）	整个存续期预期信用损失（元）
未逾期或逾期小于90天	8,039,295,759.58	0.16	12,879,358.02
逾期大于90天且小于180天	202,437,909.95	2.58	5,229,588.11
逾期大于180天	174,172,994.22	5.54	9,654,624.20
合计	8,415,906,663.75	0.33	27,763,570.33

逾期账龄	2018年12月31日		
	估计发生违约的账面余额（元）	预期信用损失率（%）	整个存续期预期信用损失（元）
未逾期或逾期小于90天	7,026,511,254.02	0.05	3,817,909.19
逾期大于90天且小于180天	219,004,165.07	2.21	4,836,018.31

续表

逾期账龄	2018年12月31日		
	估计发生违约的账面余额（元）	预期信用损失率（%）	整个存续期预期信用损失（元）
逾期大于180天	179,185,225.96	4.55	8,144,872.95
合计	7,424,700,645.05	0.23	16,798,800.45

于2019年12月31日，本集团信用记录优质的应收款项组合计提信用损失准备的情况如下：

项目	2019年12月31日		
	估计发生违约的账面余额（元）	预期信用损失率（%）	整个存续期预期信用损失（元）
信用记录优质的应收款项组合	338,402,601.61	1.04	3,511,893.13

项目	2018年12月31日		
	估计发生违约的账面余额（元）	预期信用损失率（%）	整个存续期预期信用损失（元）
信用记录优质的应收款项组合	794,672,590.83	2.40	19,086,863.68

（2）本期计提、收回或转回的坏账准备情况。

本期计提坏账准备情况：

单位：元

信用损失准备	整个存续期预期信用损失（未发生信用减值）	整个存续期预期信用损失（已发生信用减值）	合计
2019年1月1日余额	948,755,206.62	475,958,937.66	1,424,714,144.28
2019年1月1日余额在本年			
——转入已发生信用减值	-2,277,960.89	2,277,960.89	
——转回未发生信用减值			
本年计提	180,579,795.04	216,702,527.04	397,282,322.08
本年转回	-122,343,102.77	-3,899,308.76	-126,242,411.53
本年核销或转销		-36,222,854.98	-36,222,854.98

续表

信用损失准备	整个存续期预期信用损失 （未发生信用减值）	整个存续期预期信用损失 （已发生信用减值）	合计
汇兑差额调整	901,725.38		901,725.38
2019年12月31日余额	1,005,615,663.38	654,817,261.85	1,660,432,925.23

示例4-32 601600.SH 中国铝业

会计政策

对于不含重大融资成分的应收款项以及合同资产，本集团运用简化计量方法，按照相当于整个存续期内的预期信用损失金额计量损失准备。

本集团对于：①销售商品及提供服务产生的客户信用评级极好及有抵押担保物的应收款项基于单项评估预期信用损失；②除①外，销售商品及提供服务产生的应收款项以账龄组合为基础评估应收账款的预期信用损失；③其他金融资产基于单项评估预期信用损失。

重要会计估计和判断

金融工具减值

本集团采用预期信用损失模型对以摊余成本计量的金融资产、以公允价值计量且其变动计入其他综合收益的债务工具投资、租赁应收款的减值进行评估，应用预期信用损失模型需要做出重大判断和估计，需考虑所有合理且有依据的信息，包括前瞻性信息。在做出该等判断和估计时，本集团根据历史还款数据结合经济政策、宏观经济指标、行业风险等因素推断债务人信用风险的预期变动。不同的估计可能会影响减值准备的计提，已计提的减值准备可能并不等于未来实际的减值损失金额。

财务报表项目注释

应收账款

（1）按账龄披露。

单位：千元

账龄	年末账面余额	年初余额（经重述）
1年以内	2,907,407	3,320,735
1~2年	742,477	906,302
2~3年	377,836	158,162
3年以上	1,246,249	1,483,597
减：坏账准备	-714,857	-659,261
合计	4,559,112	5,209,535

(2) 按坏账计提方法分类披露。

类别	年末余额				
	账面余额		坏账准备		账面价值（千元）
	金额（千元）	比例（%）	金额（千元）	计提比例（%）	
按单项计提坏账准备	4,140,046	78	429,723	10	3,710,323
按组合计提坏账准备	1,133,923	22	285,134	25	848,789
合计	5,273,969	—	714,857	—	4,559,112

类别	年初余额（经重述）				
	账面余额		坏账准备		账面价值（千元）
	金额（千元）	比例（%）	金额（千元）	计提比例（%）	
按单项计提坏账准备	4,246,067	72	212,964	5	4,033,103
按组合计提坏账准备	1,622,729	28	446,297	28	1,176,432
合计	5,868,796	—	659,261	—	5,209,535

按单项计提坏账准备：

名称	年末余额			
	账面余额（千元）	坏账准备（千元）	计提比例（%）	计提理由
国网宁夏电力有限公司	1,781,984	21,468	1.20	注：1
中铝淄博国际贸易有限公司	645,451	—	—	—
珠海鸿帆有色金属化工有限公司	274,519	272,354	99.21	注：1
Wiseson Resources（Singapore）PTE.，LTD	266,345	20,000	7.51	注：1
中铝河南铝业有限公司	247,163	—	—	—
内蒙古电力（集团）有限责任公司	61,839	417	0.67	注：1
振发新能源科技有限公司	42,074	9,181	21.82	注：1
其他	820,671	106,303	12.95	
合计	4,140,046	429,723	—	—

注1：该笔应收账款部分账龄较长，管理层经过评估预期该款项难以收回，根据评估结果，对预期不能收回部分计提坏账准备。

按组合计提坏账准备：

名称	年末余额		
	应收账款（千元）	坏账准备（千元）	计提比例（%）
贸易			
1年以内	113,596	159	0.14
1~2年	—	—	1.69
2~3年	1,001	41	4.05
3年以上	79,793	15,560	19.50
原值合计	194,390	15,760	—
能源			
1年以内	348,399	13,343	3.83
1~2年	11,722	2,496	21.29
2~3年	9,073	2,170	23.92
3年以上	7,269	3,555	48.91
原值合计	376,463	21,564	—
氧化铝及电解铝			
1年以内	207,602	1,910	0.92
1~2年	47,883	5,305	11.08
2~3年	20,712	18,643	90.01
3年以上	205,395	194,858	94.87
原值合计	481,592	220,716	—
总部及其他			
1年以内	51,774	3,117	6.02
1~2年	18,129	12,831	70.78
2~3年	5,399	5,127	94.96
3年以上	6,176	6,019	97.45
原值合计	81,478	27,094	
合计	1,133,923	285,134	

(3) 坏账准备的情况。

单位：千元

类别	年初余额（经重述）	本年变动金额				年末余额
		计提	收回或转回	转销或核销	其他变动	
应收账款坏账准备	659,261	236,238	-83,095	-97,554	7	714,857
合计	659,261	236,238	-83,095	-97,554	7	714,857

（4）本年实际核销的应收账款情况。

单位：千元

项目	核销金额
实际核销的应收账款	97,554

收账款核销说明：

本年计提坏账准备金额人民币 236,238 千元，本年收回或转回坏账金额人民币 83,095 千元。

示例 4-33 603993.SH 洛阳钼业

会计政策

本集团对由收入准则规范的交易形成的未包含重大融资成分或不考虑不超过一年的合同中的融资成分的应收账款按照相当于整个存续期内预期信用损失的金额计量损失准备。

本集团对其他应收款及其他非流动资产中的金融资产在单项资产的基础上确定其信用损失，对应收账款在组合基础上采用减值矩阵确定相关金融工具的信用损失。本集团以共同风险特征为依据，将金融工具分为不同组别。本集团采用的共同信用风险特征包括：金融工具类型、信用风险评级、担保物类型、初始确认日期、剩余合同期限、债务人所处行业、债务人所处地理位置、担保品相对于金融资产的价值等。

财务报表项目注释

应收账款

（1）按账龄披露。

账龄	期末余额		
	应收账款（元）	坏账准备（元）	计提比例（%）
1年以内	1,447,493,181.23	14,088,851.61	0.97
1~2年	72,085,630.15	9,043,657.34	12.55

续表

账龄	期末余额		
	应收账款（元）	坏账准备（元）	计提比例（%）
2~3年	5,879,624.20	5,879,624.20	100.00
3年以上	42,557,901.01	28,495,762.94	66.96
合计	1,568,016,336.59	57,507,896.09	—

（2）应收账款信用风险。

本集团位于巴西的铌业务长期与稳定的高信用评级客户进行交易，管理层认为信用风险较低。作为本集团信用风险管理的一部分，本集团对位于中国的钨钼业务以及位于巴西的磷业务客户进行内部信用评级，并确定各评级应收账款的预期损失率。于资产负债表日，本集团基于减值矩阵确认应收账款的预期信用损失准备。

内部信用风险评级	2019年12月31日			
	预期平均损失率（%）	账面余额（元）	减值准备（元）	账面价值（元）
低风险	0.06	1,074,863,215.71	689,873.46	1,074,173,342.25
正常类	2.26	101,035,330.59	2,283,269.58	98,752,061.01
关注类	5.96	358,314,896.82	21,359,397.94	336,955,498.88
可疑类（已减值）	49.46	1,241,641.83	614,103.47	627,538.36
损失（已减值）	100.00	32,561,251.64	32,561,251.64	—
合计		1,568,016,336.59	57,507,896.09	1,510,508,440.50

内部信用风险评级	2018年12月31日			
	预期平均损失率（%）	账面余额（元）	减值准备（元）	账面价值（元）
低风险	0.05	740,814,272.75	377,068.72	740,437,204.03
正常类	2.15	53,227,340.03	1,142,190.59	52,085,149.44
关注类	6.28	73,041,853.95	4,586,971.80	68,454,882.15
可疑类（已减值）	40.31	37,614.79	15,162.53	22,452.26
损失（已减值）	100.00	50,890,465.97	50,890,465.97	—
合计	—	918,011,547.49	57,011,859.61	860,999,687.88

上述预期平均损失率基于历史实际减值率并考虑了当前状况及未来经济状况的预

测。2019年度和2018年度本集团的评估方式与重大假设并未发生变化。

（3）应收账款预期信用损失准备变动情况。

单位：元

信用损失准备	整个存续期预期信用损失 （未发生信用减值）	整个存续期预期信用损失 （已发生信用减值）	合计
2019年1月1日	6,106,231.11	50,905,628.50	57,011,859.61
2019年1月1日应收账款账面余额在本期	—	—	—
——转入已发生信用减值	—	—	—
——转回未发生信用减值	5,786,571.43	(5,786,571.43)	—
本期计提预期信用损失	11,425,691.36	—	11,425,691.36
本期转回预期信用损失	(135,988.51)	(6,676,814.29)	(6,812,802.80)
本期核销	(45,965.61)	(5,266,887.67)	(5,312,853.28)
汇率变动	1,196,001.20	—	1,196,001.20
2019年12月31日	24,332,540.98	33,175,355.11	57,507,896.09

示例4-34 601869.SH 长飞光纤

会计政策

对于应收账款，本集团始终按照相当于整个存续期内预期信用损失的金额计量其损失准备。本集团基于历史信用损失经验、使用准备矩阵计算上述金融资产的预期信用损失，相关历史经验根据资产负债表日借款人的特定因素，以及对当前状况和未来经济状况预测的评估进行调整。

财务报表项目注释

应收账款

按单项计提坏账准备：

名称	期末余额			
	账面余额（元）	坏账准备（元）	计提比例（%）	计提理由
客户1	4,722,729	4,722,729	100	预计无法收回
客户2	3,293,582	3,293,582	100	预计无法收回
客户3	3,250,666	3,250,666	100	预计无法收回
客户4	2,056,881	2,056,881	100	预计无法收回

续表

名称	期末余额			
	账面余额（元）	坏账准备（元）	计提比例（%）	计提理由
客户5	45,311	45,311	100	预计无法收回
合计	13,369,169	13,369,169	100	

按组合计提坏账准备：

组合计提项目：按信用风险特征组合。

名称	期末余额		
	应收账款（元）	坏账准备（元）	计提比例（%）
群体1	333,868,828	10,770,196	3.23
群体2	1,704,184,801	28,763,801	1.69
群体3	1,018,625,884	40,388,532	3.97
合计	3,056,679,513	79,922,529	2.61

按组合计提坏账的确认标准及说明：

（1）2018年按组合计提坏账准备的确认标准及说明：

本公司根据历史经验，不同细分客户群体发生损失的情况存在差异，将本公司客户细分为以下群体：

群体1：集团外关联方；

群体2：中国电信网络运营商及其他信用记录良好的企业；

群体3：除群体1、群体2以外的其他客户；

（2）2018年应收账款预期信用损失的评估：

本集团始终按照相当于整个存续期内预期信用损失的金额计量应收账款的减值准备，并以逾期天数与违约损失率对照表为基础计算其预期信用损失。根据本集团的历史经验，不同细分客户群体发生损失的情况存在差异，因此本集团根据历史经验区分不同的客户群体根据逾期信息计算减值准备。

客户群体1账龄	违约损失率（%）	年末账面余额（元）	年末减值准备（元）
1年以内（含1年）	3	330,669,098	9,920,073
1~2年（含2年）	10	548,980	54,898
2~3年（含3年）	30	2,650,750	795,225
3~4年（含4年）	100		

续表

客户群体1账龄	违约损失率（%）	年末账面余额（元）	年末减值准备（元）
4~5年（含5年）	100		
5年以上	100		
合计		333,868,828	10,770,196
客户群体2账龄	违约损失率（%）	年末账面余额（元）	年末减值准备（元）
1年以内（含1年）	1	1,638,079,552	16,380,795
1~2年（含2年）	5	37,230,824	1,861,541
2~3年（含3年）	10	12,411,377	1,241,138
3~4年（含4年）	30	4,428,828	1,328,648
4~5年（含5年）	50	8,165,083	4,082,542
5年以上	100	3,869,137	3,869,137
合计		1,704,184,801	28,763,801
客户群体3账龄	违约损失率（%）	年末账面余额（元）	年末减值准备（元）
1年以内（含1年）	3	989,577,828	29,687,336
1~2年（含2年）	10	16,066,591	1,606,659
2~3年（含3年）	30	5,552,753	1,665,825
3~4年（含4年）	100	2,594,510	2,594,510
4~5年（含5年）	100	1,242,630	1,242,630
5年以上	100	3,591,572	3,591,572
合计		1,018,625,884	40,388,532

违约损失率基于过去5年的实际信用损失经验计算，并根据历史数据收集期间的经济状况、当前的经济状况与本集团所认为的预计存续期内的经济状况三者之间的差异进行调整。

四、合同资产减值准备计提

示例4-35　601390.SH 中国中铁

会计政策

对于因销售商品、提供劳务等日常经营活动形成的应收票据、应收账款、应收款项融资和合同资产，无论是否存在重大融资成分，本集团均按照整个存续期的预期信用损失计量损失准备。

当单项应收票据、应收账款、应收款项融资和合同资产无法以合理成本评估预期信用损失的信息时，本集团依据信用风险特征将应收票据、应收账款、应收款项融资和合同资产划分为若干组合，在组合基础上计算预期信用损失，确定组合的依据如下：

合同资产组合1　　基础设施建设项目
合同资产组合2　　土地一级开发项目
合同资产组合3　　处于建设期的金融资产模式的PPP项目
合同资产组合4　　未到期的质保金

对于划分为组合的应收票据、应收款项融资和合同资产，本集团参考历史信用损失经验，结合当前状况以及对未来经济状况的预测，通过违约风险敞口和整个存续期预期信用损失率，计算预期信用损失。

财务报表项目注释

合同资产

单位：千元

项目	2019年12月31日	2018年12月31日
合同资产	219,759,926	191,833,801
减：合同资产减值准备	1,719,865	1,371,230
小计	218,040,061	190,462,571
减：列示于其他非流动资产、一年内到期的非流动资产的合同资产（附注四（25）（10））①		
——原值	102,746,273	81,658,751
——减值准备	634,945	441,793
小计	102,111,328	81,216,958
合计	115,928,733	109,245,613

合同资产无论是否存在重大融资成分，本集团均按照整个存续期的预期信用损失计量损失准备。于2019年12月31日，计提减值准备的合同资产分析如下。

（i）于2019年12月31日，单项计提减值准备的合同资产分析如下：

合同资产	账面余额（千元）	整个存续期预期信用损失率（%）	减值准备（千元）	理由
合同资产1	489,312	10	49,090	预期信用损失
合同资产2	409,337	10	40,005	预期信用损失

---

① 本书示例部分保留了财务报表中关于"附注"的表述但并未列示附注的具体内容，下同。——编者

续表

合同资产	账面余额（千元）	整个存续期预期信用损失率（%）	减值准备（千元）	理由
合同资产3	387,169	25	96,792	预期信用损失
其他	2,419,700	7	170,039	预期信用损失
合计	3,705,518		355,926	

(ii) 于2019年12月31日，组合计提减值准备的合同资产分析如下：

合同资产	账面余额（千元）	整个存续期预期信用损失率（%）	减值准备（千元）	理由
基础设施建设项目	108,402,754	0.76	825,681	预期信用损失
未到期的质保金	70,541,795	0.50	352,709	预期信用损失
于建设期的金融资产模式的PPP项目	30,876,317	0.50	154,382	预期信用损失
土地一级开发项目	6,233,542	0.50	31,167	预期信用损失
合计	216,054,408		1,363,939	

其他非流动资产

单位：千元

项目	2019年12月31日	2018年12月31日
合同资产（附注四(10)）	102,746,273	81,658,751
预付购房款	1,700,809	1,030,897
预付投资款（注）	1,098,173	2,186,500
预付设备款	536,704	556,931
预付购地款	472,081	269,829
代垫土地整理款	328,170	585,736
抵债资产	225,417	355,919
其他	1,700,627	1,494,316
小计	108,808,254	88,138,879
减：减值准备	655,034	467,544
合计	108,153,220	87,671,335

续表

项目	2019 年 12 月 31 日	2018 年 12 月 31 日
减：一年内到期的其他非流动资产（附注四（11））		
——原值	14,303,530	13,777,697
——减值准备	77,335	76,314
小计	14,226,195	13,701,383
合计	93,927,025	73,969,952

注：预付投资款系本集团预付合营及联营企业的投资款，由于股权的登记或变更手续尚未完成，本集团尚未形成对被投资企业的共同控制或重大影响，因此于资产负债表日尚未形成长期股权投资。

示例 4−36　601186.SH 中国铁建

会计政策

本集团对由收入准则规范的交易形成的应收款项与合同资产以及租赁应收款按照相当于整个存续期内预期信用损失的金额计量损失准备。

本集团对租赁应收款及财务担保合同在单项资产或合同的基础上确定其信用损失。对应收账款与合同资产，本集团除对单项金额重大且已发生信用减值的款项单独确定其信用损失外，其余在组合基础上采用减值矩阵确定信用损失。对于其他以摊余成本计量的金融资产及分类为以公允价值计量且其变动计入其他综合收益的金融资产，除对单项金额重大的款项单独确定其信用损失外，本集团在组合基础上确定其信用损失。本集团以共同信用风险特征为依据，将金融工具分为不同组别。本集团采用的共同信用风险特征包括：金融工具类型、信用风险评级、工程项目合同结算周期、债务人所处行业等。

重要会计估计和判断

应收账款与合同资产减值

对于由收入准则规范的交易形成的应收账款与合同资产，本集团按照相当于整个存续期内预期信用损失的金额计量损失准备。对单项金额重大且已发生信用减值的应收账款与合同资产，管理层基于已发生信用减值的客观证据并考虑前瞻性信息，通过估计预期收取的现金流量确定信用损失。除上述之外的应收账款与合同资产，本集团基于共同信用风险特征采用减值矩阵确定信用损失，预期信用损失率基于本集团的历史实际损失率并考虑前瞻性信息确定。预期信用损失的确定涉及管理层的估计和判断，如重新估计结果与现有估计存在差异，该差异将会影响估计改变期间的利润和应收账款与合同资产的账面价值。

财务报表项目注释

合同资产

合同资产主要系本集团的工程承包业务产生。本集团根据与客户签订的工程承包施工合同提供工程施工服务，并根据履约进度在合同期内确认收入。本集团的客户根据合同规定与本集团就工程施工服务履约进度进行结算，并在结算后根据合同规定的信用期支付工程价款。本集团根据履约进度确认的收入金额超过已办理结算价款的部分确认为合同资产，根据其流动性，列示于合同资产/其他非流动资产。本集团已办理结算价款超过本集团根据履约进度确认的收入金额部分确认为合同负债。

单位：千元

项目	2019年12月31日		
	账面余额	信用损失准备	账面价值
合同资产	160,274,029	5,370,948	154,903,081

单位：千元

项目	2018年12月31日		
	账面余额	信用损失准备	账面价值
合同资产	129,206,889	5,268,738	123,938,151

示例4－37 601618.SH 中国中冶

会计政策

本集团对由收入准则规范的交易形成的未包含重大融资成分或不考虑不超过一年的合同中的融资成分的合同资产与应收账款按照相当于整个存续期内预期信用损失的金额计量损失准备。

重要会计估计和判断

信用损失准备

在预期信用损失法下，本集团对由收入准则规范的交易而形成的未包含重大融资成分或不考虑不超过一年的合同中的融资成分的合同资产与应收账款按照相当于整个存续期内预期信用损失的金额计量信用损失准备。信用损失准备的确认需要运用判断和估计。如重新估计结果与现有估计存在差异，该差异将会影响估计改变期间的利润、合同资产和应收账款账面价值。

财务报表项目注释

合同资产

（1）合同资产列示。

单位：千元

项目	2019 年 12 月 31 日		
	账面余额	减值准备	账面价值
工程承包服务相关的合同资产	71,573,380	3,388,866	68,184,514
工程质保金相关的合同资产	4,908,801	292,740	4,616,061
合计	76,482,181	3,681,606	72,800,575

（2）合同资产减值准备。

单位：千元

项目	整个存续期预期信用损失（未发生信用减值）	整个存续期预期信用损失（已发生信用减值）	合计
2018 年 12 月 31 日减值准备余额	1,709,855	1,161,685	2,871,540
本年计提	832,189	67,899	900,088
本年转回	(60,568)	(13,937)	(74,505)
其他变动	(6,158)	(9,359)	(15,517)
2019 年 12 月 31 日减值准备余额	2,475,318	1,206,288	3,681,606
2019 年 12 月 31 日合同资产账面余额	75,144,521	1,337,660	76,482,181

（3）有关合同资产的定性分析。

本集团提供的工程承包类服务通常整体构成单项履约义务，并属于在某一时段内履行的履约义务，本集团采用投入法，按照累计实际发生的成本占预计总成本的比例确定履约进度。工程承包服务需定期与客户进行结算，相关合同对价于结算完成后构成本集团拥有的无条件向客户收取对价的权利，于应收款项列示。一般情况下，工程承包服务合同的履约进度与结算进度存在时间上的差异。截至 2019 年 12 月 31 日，部分工程承包服务合同的履约进度大于结算进度，从而形成相关合同资产，其将于合同对价结算时转入应收款项。

本集团提供的工程承包类服务与客户结算后形成的工程质保金，本集团于质保期结束且未发生重大质量问题后拥有无条件向客户收取对价的权利。因此，该部分工程质保金形成合同资产，并于质保期结束且未发生重大质量问题后转入应收款项。

（4）西澳 SINO 铁矿项目情况。

2012 年度，由于一些诸如澳大利亚极端天气等不可预计的原因，本集团全资子公司中冶西澳矿业有限公司（以下简称"中冶西澳"）承接的共包括六条生产线建设的西澳 SINO 铁矿项目被迫延期。该项目业主为中国中信股份有限公司（以下简称"中信股份"），本集团与中国中信集团有限公司（以下简称"中信集团"，为中信股份的母公司）就项目延期和成本超支后的合同总价进行了协商。双方同意 2011 年 12 月 30 日签署的《关于西澳大利亚 SINO 铁矿项目的工程总承包补充协议（三）》项下完成第二条主工艺生产线带负荷联动试车的相关建设成本应控制在 43.57 亿美元以内。对于项目建设实际发生的总成本将在第三方审计认定后给予确认为最终合同额。根据上述与中信集团就合同总价达成的共识及对总成本的预计，本集团于 2012 年度共确认该项目合同损失 4.81 亿美元，约合人民币 30.35 亿元。

截至 2013 年 12 月 31 日，中冶西澳承接的该项目第一、二条线已建成投产。2013 年 12 月 24 日，中冶西澳与中信股份全资子公司 SinoIronPtyLtd.（以下简称"业主"）签订了《关于西澳大利亚 SINO 铁矿项目的工程总承包合同补充协议（四）》（以下简称《补充协议（四）》）。据此，由中冶西澳于 2013 年底将该项目第一、二条生产线和相关建设工程移交给业主；中冶西澳在原总承包合同项下的建设、安装、调试工作结束。对于第三至六条线工程建设，中冶西澳和本集团下属中冶北方工程技术有限公司已分别与业主新签订了《项目管理服务协议》及《工程设计、设备采购管理技术服务协议》，为业主提供后续技术管理服务。同时，双方同意共同委托独立第三方对项目已完工程的总支出及工程造价的合理性、工期延期的原因及责任等进行审计。双方将参照第三方审计结果，办理最终工程结算。

本集团以预期信用损失为基础，对相关合同资产进行评估。本集团认为：虽然最终合同额尚需经过第三方审计后确定，但是，相关建设成本应控制在 43.57 亿美元以内是本集团与中信集团间达成的共识，本集团合理预期该共识不会发生改变，本集团于 2019 年 12 月 31 日无须额外确认合同损失。

2019 年 12 月 31 日，上述项目合同资产金额为人民币 3,732,339 千元。待第三方审计结束后，本集团将与中信集团及业主积极进行协商、谈判以确定最终合同额，并进行相应的会计处理。

示例 4-38　601727.SH 上海电气

会计政策

对于应收票据及应收账款和合同资产，无论是否存在重大融资成分，本集团均按照整个存续期的预期信用损失计量损失准备。

对于划分为组合的应收账款和合同资产，本集团参考历史信用损失经验，结合当前状况以及对未来经济状况的预测，编制应收账款逾期天数与整个存续期预期信用损失率对照表，计算预期信用损失。

财务报表项目注释

合同资产

合同资产情况。

单位：千元

项目	期末余额		
	账面余额	减值准备	账面价值
合同资产	21,423,771	1,060,009	20,363,762
减：列示于其他非流动资产的合同资产（附注四（29））	-8,133,980		-8,133,980
合计	13,289,791	1,060,009	12,229,782

本期合同资产计提减值准备情况。

合同资产无论是否存在重大融资成分，本集团均按照整个存续期的预期信用损失计量损失准备。于2018年12月31日，单项计提减值准备的合同资产分析如下：

	账面余额（千元）	整个存续期预期信用损失率（%）	减值准备（千元）	理由
合同资产1	237,128	100.00	237,128	注（i）
合同资产2	124,682	100.00	124,682	预计无法收回
合同资产3	47,429	100.00	47,429	预计无法收回
其他	352,368	46.25	162,961	预计无法收回
合计	761,607	75.13	572,200	

注（i）：于2018年12月31日，本集团对某客户的合同资产为237,128千元。因该客户已处于资金短缺状态，并涉及数项诉讼，本集团认为该项合同资产难以收回，因此全额计提合同资产减值准备。

示例4-39　601766.SH 中国中车

会计政策

本集团对由收入准则规范的交易形成的合同资产与应收款项，以及由《企业会计准则第21号——租赁》规范的交易形成的租赁应收款按照相当于整个存续期内预期信用损失的金额计量损失准备。

本集团除对单项金额重大或已发生信用减值的金融资产、合同资产、租赁应收款、贷款承诺和财务担保合同在单项资产/合同基础上确定其信用损失外，在组合基础上采用减值矩阵确定相关金融资产及其他项目的信用损失。本集团以共同信用风险特征为依据，将金融资产及其他项目分为不同组别。本集团采用的共同信用风险特征包括：金融工具类型、信用风险评级、担保物类型、剩余合同期限、债务人所处行业、债务人所处地理位置、担保品相对于金融资产的价值等。

重要会计估计和判断

应收款项及合同资产信用损失准备

本集团除对单项金额重大或已发生信用减值的应收款项及合同资产单独计提预期

信用损失外，在组合基础上采用减值矩阵确定应收款项及合同资产的预期信用损失。对单项确定信用损失的应收款项及合同资产，本集团基于资产负债表日可获得的合理且有依据的信息并考虑前瞻性信息，通过估计预期收取的现金流量确定信用损失。对于除上述之外的应收款项及合同资产，本集团基于历史回款情况对具有类似信用风险特征的各类应收款项及合同资产按组合确定相应的损失准备的比例。减值矩阵基于本集团历史信用损失经验，考虑无须付出不必要的额外成本或努力即可获得的合理且有依据的前瞻性信息确定。2019年12月31日，本集团已重新评估历史实际信用损失率并考虑了前瞻性信息的变化。

财务报表项目注释
合同资产
（1）合同资产情况。

单位：千元

项目	2019年12月31日	2018年12月31日
销货合同相关（注1）	23,824,746	20,381,420
工程承包服务合同相关（注2）	2,312,863	3,389,039
减：合同资产信用损失准备	(231,803)	(188,638)
小计	25,905,806	23,581,821
减：列示于其他非流动资产的合同资产（附注五、27）（略）	(9,540,840)	(8,923,932)
合计	16,364,966	14,657,889

注1：本集团的销货合同通常约定在不同的阶段按比例分别付款。本集团在商品验收移交时点确认收入，对于不满足无条件收款权的收取对价的权利确认为合同资产，根据流动性列示于合同资产/其他非流动资产。

本集团的销货合同形成的质保金，本集团于质保期结束且未发生重大质量问题后拥有无条件向客户收取对价的权利。因此，该部分质保金形成合同资产，并于质保期结束且未发生重大质量问题后转入应收款项。

注2：本集团提供的工程承包服务按照履约进度确认收入，在客户办理验工结算后收取合同对价。本集团按照履约进度确认的收入超过客户办理结算的对价的部分，确认为合同资产，根据流动性列示于合同资产/其他非流动资产。

本集团提供的工程承包类服务与客户结算后形成的工程质保金，本集团于质保期结束且未发生重大质量问题后拥有无条件向客户收取对价的权利。因此，该部分工程质保金形成合同资产，并于质保期结束且未发生重大质量问题后转入应收款项。

（2）本年合同资产计提信用损失准备情况。

单位：千元

信用损失准备	整个存续期预期信用损失（未发生信用减值）	整个存续期预期信用损失（已发生信用减值）	合计
2019年1月1日余额	169,005	19,633	188,638
本年计提	130,271	1,495	131,766

续表

信用损失准备	整个存续期预期信用损失（未发生信用减值）	整个存续期预期信用损失（已发生信用减值）	合计
本年转回	(92,839)	(387)	(93,226)
其他变动	24,099	(19,474)	4,625
2019年12月31日余额	230,536	1,267	231,803

其他非流动资产

单位：千元

项目	2019年12月31日	2018年12月31日
合同资产（附注五、10）（略）	9,540,840	8,923,932
预付投资款	—	2,430,000
预付无形资产采购款	1,150,429	1,006,332
预付工程设备款	974,921	1,269,196
其他	381,531	203,986
小计	12,047,721	13,833,446
减：一年内到期的其他非流动资产（附注五、11）（略）	—	(6,960)
合计	12,047,721	13,826,486

示例4-40 002594.SZ 比亚迪

会计政策

对于不含重大融资成分的应收款项以及合同资产，本集团运用简化计量方法，按照相当于整个存续期内的预期信用损失金额计量损失准备。

对于含有重大融资成分的应收款项以及合同资产，本集团选择运用简化计量方法，按照相当于整个存续期内的预期信用损失金额计量损失准备。

财务报表项目注释

合同资产

单位：千元

项目	期末余额			期初余额		
	账面余额	减值准备	账面价值	账面余额	减值准备	账面价值
新能源业务	6,394,856	94,570	6,300,286	6,405,328	157,286	6,248,042
合计	6,394,856	94,570	6,300,286	6,405,328	157,286	6,248,042

合同资产的账面价值发生变动的情形包括：(1) 对合同对价的权利成为无条件权利（即，合同资产重分类为应收款项）的时间安排发生变化；(2) 合同资产发生减值。

本期合同资产计提减值准备情况

单位：千元

年份	上年期末余额	会计政策变更	年初余额	本年计提	本年转回	本年转销	年末余额
2018	—	157,286	157,286	—	-62,716	—	94,570

采用简化方法计提减值损失准备的合同资产情况如下：

项目	2018年		
	估计发生违约的账面余额（千元）	预期信用损失率（%）	整个存续期预期信用损失（千元）
新能源业务	6,394,856	1.48	94,570
合计	6,394,856	1.48	94,570

示例4-41　601828.SH 美凯龙

会计政策

对于不含重大融资成分的应收款项以及合同资产，本集团运用简化计量方法，按照相当于整个存续期内的预期信用损失金额计量损失准备。

本集团基于单项和组合评估金融工具的预期信用损失。本集团考虑了不同客户的信用风险特征，以账龄组合为基础评估应收账款、其他应收款、合同资产和长期应收款等金融工具的预期信用损失。

财务报表项目注释

合同资产

(1) 合同资产情况。

单位：元

项目	期末余额		
	账面余额	减值准备	账面价值
建筑施工及设计	244,753,296.98	7,342,598.91	237,410,698.07

续表

项目	期末余额		
	账面余额	减值准备	账面价值
项目前期品牌咨询委托管理费服务	610,648,142.87	40,949,067.77	569,699,075.10
合计	855,401,439.85	48,291,666.68	807,109,773.17

（2）本期合同资产计提减值准备情况。

单位：元

项目	其他（注）	本期计提	本期转回	本期转销/核销	原因
合同资产	62,422,871.94	7,342,598.91	21,473,804.17		
合计	62,422,871.94	7,342,598.91	21,473,804.17		

注：系执行新金融工具准则坏账准备对年初的影响金额。

如按预期信用损失一般模型计提坏账准备，请参照其他应收款披露：

	预计发生信用损失的账面余额（元）	预期信用损失率（%）	整个存续期预期信用损失（元）
建筑施工及设计	244,753,296.98	3.00	7,342,598.91
项目前期品牌咨询委托管理费服务	610,648,142.87	6.70	40,949,067.77
合计	855,401,439.85	5.65	48,291,666.68

示例4-42　601880.SH 大连港

会计政策

对于不含重大融资成分的应收账款以及合同资产，本集团运用简化计量方法，按照相当于整个存续期内的预期信用损失金额计量损失准备。

财务报表项目注释

合同资产

（1）合同资产情况。

单位：元

项目	2019年12月31日			2018年12月31日		
	账面余额	减值准备	账面价值	账面余额	减值准备	账面价值
应收散粮车转让款	—	—	—	49,549,600.00	12,387,400.00	37,162,200.00
合计	—	—	—	49,549,600.00	12,387,400.00	37,162,200.00

（2）报告期内账面价值发生重大变动的金额和原因。

单位：元

项目	变动金额	变动原因
应收散粮车转让款	-37,162,200.00	款项结算
合计	-37,162,200.00	—

（3）本期合同资产计提减值准备情况。

单位：元

项目	本期计提	本期转回	本期转销/核销	原因
应收散粮车转让款	—	12,387,400.00	—	款项结算
合计	—	12,387,400.00	—	

本集团采用账龄分析法计提坏账准备的合同资产情况如下：

项目	2018年		
	估计发生违约的账面余额（元）	预期信用损失率（%）	整个存续期预期信用损失（元）
1~2年	49,549,600.00	25	12,387,400.00

示例 4-43　000039.SZ 中集集团

会计政策

对于因销售商品、提供劳务等日常经营活动形成的应收票据、应收账款、应收款项融资和合同资产，无论是否存在重大融资成分，本集团均按照整个存续期的预期信用损失计量损失准备。对于应收租赁款，本集团亦选择按照整个存续期的预期信用损失计量损失准备。合同资产与未开票的在产品有关，其风险特征实质上与同类合同的应收账款相同。因此，本集团认为，应收账款的预期信用损失率与合同资产的预期信用损失率接近。

财务报表项目注释
合同资产

单位：千元

项目	2019年12月31日	2018年12月31日
合同资产	1,951,179	1,551,556
减：合同资产减值准备	(5,169)	(37,208)
合同资产账面价值	1,946,010	1,514,348

如附注五、1所述（略），本年度因发生非同一控制下企业合并，合同资产金额增加人民币71,837,000元。

于2019年12月31日，单项计提减值准备的合同资产分析如下：

类别	账面余额（千元）	整个存续期预期信用损失率（%）	减值准备（千元）	理由
海洋工程类	472,447	0.84	3,980	按照整个存续期内预期信用损失的金额确认损失准备
能源、化工及液态食品装备类	919,042	0.00	—	
合计	1,391,489		3,980	

于2018年12月31日，单项计提减值准备的合同资产分析如下：

类别	账面余额（千元）	整个存续期预期信用损失率（%）	减值准备（千元）	理由
海洋工程类	342,212	7.47	25,570	按照整个存续期内预期信用损失的金额确认损失准备
能源、化工及液态食品装备类	799,185	1.46	11,638	
合计	1,141,397		37,208	

于2019年12月31日，组合计提减值准备的合同资产分析如下：

类别	账面余额（千元）	整个存续期预期信用损失率（%）	减值准备（千元）	理由
空港、消防及自动化物流装备类	559,690	0.21	1,189	按照整个存续期内预期信用损失的金额确认损失准备

于 2018 年 12 月 31 日，组合计提减值准备的合同资产分析如下：

类别	账面余额（千元）	整个存续期预期信用损失率（%）	减值准备（千元）	理由
空港装备类	410,159	—	—	按照整个存续期内预期信用损失的金额确认损失准备

示例 4-44　000063.SZ 中兴通讯

会计政策

对于不含重大融资成分的应收款项、合同资产以及其他流动资产中的应收票据，本集团运用简化计量方法，按照相当于整个存续期内的预期信用损失金额计量损失准备。

对于包含重大融资成分的应收款项以及合同资产，本集团选择运用简化计量方法，按照相当于整个存续期内的预期信用损失金额计量损失准备。

本集团基于单项和组合评估金融工具的预期信用损失。本集团考虑了不同客户的信用风险特征，以客户信用等级组合和逾期账龄组合为基础评估应收款项、应收款项融资和合同资产的预期信用损失。

财务报表项目注释
合同资产

单位：千元

项目	2019 年 12 月 31 日		
	账面余额	减值准备	账面价值
合同资产	9,987,937	(450,087)	9,537,850

单位：千元

项目	2018 年 12 月 31 日		
	账面余额	减值准备	账面价值
合同资产	8,614,711	(152,485)	8,462,226

合同资产，是指企业已向客户转让商品而有权收取对价的权利。履约义务的履行早于合同中约定的付款进度则会出现合同资产。

合同资产减值准备的变动如下：

单位：千元

年度	年初余额	本年计提	本年转回	本年核销	汇率变动	年末余额
2019	152,485	294,632	—	—	2,970	450,087

采用单项计提坏账和客户信用等级分析法计提减值损失准备的合同资产情况如下：

项目	2019年12月31日		
	估计发生违约的账面余额（千元）	预期信用损失率（%）	整个存续期的预期信用损失（千元）
单项计提坏账准备	320,832	100	320,832
按信用风险特征组合计提坏账准备	9,667,105	1.34	129,255
合计	9,987,937		450,087

项目	2018年12月31日		
	估计发生违约的账面余额（千元）	预期信用损失率（%）	整个存续期的预期信用损失（千元）
单项计提坏账准备	41,311	100	41,311
按信用风险特征组合计提坏账准备	8,573,400	1.30	111,174
合计	8,614,711		152,485

示例4-45　002202.SZ 金风科技

会计政策

对于不含重大融资成分的应收账款以及合同资产，本集团运用简化计量方法，按照相当于整个存续期内的预期信用损失金额计量损失准备。

对于租赁应收款、包含重大融资成分的应收账款以及合同资产，本集团选择运用简化计量方法，按照相当于整个存续期内的预期信用损失金额计量损失准备。

财务报表项目注释

合同资产

合同资产主要系本集团的工程承包业务产生。本集团根据与客户签订的工程承包施工合同提供工程施工服务，并根据履约进度在合同期内确认收入。本集团的客户根据合同规定与本集团就工程施工服务履约进度进行结算，并在结算后根据合同规定的信用期支付工程价款。本集团根据履约进度确认的收入金额超过已办理结算价款的部分确认为合同资产，本集团已办理结算价款超过本集团根据履约进度确认的收入金额部分确认为合同负债。合同资产的账面价值增加主要系本年工程承包施工合同增加并根据履约进度在合同期内确认收入。

单位：元

项目	期末余额		
	账面余额	减值准备	账面价值
已完工未结算资产	928,169,673.06	4,361,014.90	923,808,658.16
合计	928,169,673.06	4,361,014.90	923,808,658.16

采用预期信用损失法计提减值损失的合同资产情况如下：

项目	2019年		
	估计发生违约的账面余额（元）	预期信用损失率（%）	整个存续期信用损失（元）
已完工未结算资产	928,169,673.06	0.5	4,361,014.90

项目	2018年		
	估计发生违约的账面余额（元）	预期信用损失率（%）	整个存续期信用损失（元）
已完工未结算资产	271,236,443.09	0.54	1,452,151.34

本期合同资产计提减值准备情况：

单位：元

项目	本期计提	本期转回	本期转销/核销	原因
已完工未结算资产	3,198,100.49	—	—	
合计	3,198,100.49	—	—	

合同资产减值准备的变动如下：

单位：元

年份	年初余额	本年计提	外币报表折算差额	年末余额
2019	1,452,151.34	3,198,100.49	-289,236.93	4,361,014.90
2018	596,412.03	855,739.31	—	1,452,151.34

示例 4-46　601898.SH 中煤能源

会计政策

本集团对由收入准则规范的交易形成的合同资产和应收账款，以及由《企业会计准则第 21 号——租赁》规范的交易形成的租赁应收款按照相当于整个存续期内预期信用损失的金额计量损失准备。

本集团对租赁应收款在单项资产的基础上确定其信用损失，对应收账款、合同资产、债权投资除对发生重大财务困难的债务人在单项资产的基础上确定其信用损失外，对其余款项在组合基础上采用减值矩阵确定相关金融工具的信用损失。本集团以共同风险特征为依据，将金融工具分为不同组别。本集团采用的共同信用风险特征包括：金融工具类型、信用风险评级、担保物类型、初始确认日期、剩余合同期限、债务人所处行业、债务人所处地理位置、担保品相对于金融资产的价值等。

本集团依据信用风险特征将应收账款和合同资产划分为若干组合，在组合基础上计算预期信用损失，确定组合的依据如下：

• 应收账款/合同资产组合 A，信用优良。在未来的信用风险很低，自身抗风险能力很强，不确定性因素对其经营与发展的影响很小。

• 应收账款/合同资产组合 B，信用较好。在未来的信用风险较低，自身有一定抗风险能力，但是可能存在一些影响其未来经营与发展的不确定性因素。

• 应收账款/合同资产组合 C，信用一般。在未来存在一定的信用风险，经营状况、盈利水平及未来发展易受不确定因素的影响。

• 应收账款/合同资产组合 D，信用较差。在未来的信用风险较高，未来前景不明朗或不安全，可能出现逾期非常严重的应收账款、合同资产。

对于划分为组合的合同资产，本集团参考历史信用损失经验，结合当前状况以及对未来经济状况的预测，通过违约风险敞口和整个存续期预期信用损失率，计算预期信用损失。

财务报表项目注释
合同资产

单位:千元

项目	2019 年 12 月 31 日		
	账面余额	减值准备	账面价值
煤机装备	957,294	(3,713)	953,581
合计	957,294	(3,713)	953,581

单位:千元

项目	2018 年 12 月 31 日		
	账面余额	减值准备	账面价值
煤机装备	1,017,975	(3,106)	1,014,869
合计	1,017,975	(3,106)	1,014,869

注:合同资产主要与本集团对已交付但未开发票的煤矿装备的对价相关,按照合同约定的付款安排收款,合同资产于该等权利变为无条件时转为应收账款。本集团预计通常在 12 个月内合同资产将转为应收账款。

示例 4-47 603259.SH 药明康德

会计政策

本集团对由收入准则规范的交易形成的未包含重大融资成分或不考虑不超过一年的合同中的融资成分的合同资产与应收账款按照相当于整个存续期内预期信用损失的金额计量损失准备。

本集团对应收票据、应收账款、合同资产及其他应收款在组合基础上采用减值矩阵确定相关金融工具的信用损失。本集团以共同风险特征为依据,将金融工具分为不同组别。本集团采用的共同信用风险特征包括:金融工具类型、信用风险评级、初始确认日期、剩余合同期限、债务人所处行业、债务人所处地理位置等。

重要会计估计和判断

应收账款与合同资产的预期信用损失准备

本集团采用减值矩阵确定应收账款和合同资产的预期信用损失准备。本集团基于债务人内部信用风险评级对具有类似风险特征的各类应收账款和合同资产确定相应的损失准备的比例。减值矩阵基于本集团历史逾期比例考虑无须付出不必要的额外成本或努力即可获得的合理且有依据的前瞻性信息。于 2018 年 12 月 31 日,本集团已重新评估历史可观察的逾期比例并考虑了前瞻性信息的变化。

该预期信用损失准备的金额将随本集团的估计而发生变化。本集团的应收账款和合同资产的预期信用损失准备的具体情况详见附注七、5 及七、10(略)。

财务报表项目注释
合同资产
(1) 合同资产情况。

单位：元

项目	期末余额		
	账面余额	减值准备	账面价值
按预期信用损失一般模型计提坏账准备的合同资产	382,211,776.66	2,815,842.62	379,395,934.04
合计	382,211,776.66	2,815,842.62	379,395,934.04

单位：元

项目	期初余额		
	账面余额	减值准备	账面价值
按预期信用损失一般模型计提坏账准备的合同资产	391,067,218.52	6,536,955.33	384,530,263.19
合计	391,067,218.52	6,536,955.33	384,530,263.19

(2) 本期合同资产计提减值准备情况。

单位：元

项目	本期计提	本期转回	本期转销/核销	原因
按预期信用损失一般模型计提坏账准备的合同资产	—	3,700,765.31	—	—
合计	—	3,700,765.31	—	—

如按预期信用损失一般模型计提坏账准备，请参照其他应收款披露：

单位：元

坏账准备	第一阶段	第二阶段	第三阶段	合计
	未来12个月预期信用损失	整个存续期预期信用损失（未发生信用减值）	整个存续期预期信用损失（已发生信用减值）	
2019年1月1日余额	—	5,338,674.42	1,198,280.91	6,536,955.33

续表

坏账准备	第一阶段 未来12个月预期信用损失	第二阶段 整个存续期预期信用损失 (未发生信用减值)	第三阶段 整个存续期预期信用损失 (已发生信用减值)	合计
2019年1月1日应收款账面余额在本期	—	—	—	—
——转入第二阶段	—	—	—	—
——转入第三阶段	—	—	—	—
——转回第二阶段	—	180,666.10	180,666.10	—
——转回第一阶段	—	—	—	—
本期计提	—	—	—	—
本期转回	—	3,700,765.31	—	3,700,765.31
本期转销	—	—	—	—
本期核销	—	—	—	—
其他变动	—	−20,347.40	—	−20,347.40
2019年12月31日余额	—	1,798,227.81	1,017,614.81	2,815,842.62

示例4-48　601298.SH 青岛港

会计政策

对于因销售商品、提供劳务等日常经营活动形成的应收票据、应收账款、应收款项融资和合同资产，无论是否存在重大融资成分，本集团均按照整个存续期的预期信用损失计量损失准备。

当单项金融资产无法以合理成本评估预期信用损失的信息时，本集团依据信用风险特征将应收款项划分为若干组合，在组合基础上计算预期信用损失，确定组合的依据如下：

组合D　应收合并范围外关联方及第三方的应收商业承兑汇票、应收账款及合同资产

财务报表项目注释

合同资产

（1）合同资产情况。

单位：元

项目	期末余额		
	账面余额	减值准备	账面价值
合同资产	208,607,428	13,984,735	194,622,693
合计	208,607,428	13,984,735	194,622,693

单位：元

项目	期初余额		
	账面余额	减值准备	账面价值
合同资产	302,144,963	21,172,441	280,972,522
合计	302,144,963	21,172,441	280,972,522

（2）本期合同资产计提减值准备情况。

单位：元

项目	本期计提	本期转回	本期转销/核销	原因
已完工尚未结算款	—	7,187,706	—	—
合计	—	7,187,706	—	—

如按预期信用损失一般模型计提坏账准备，请参照其他应收款披露：

单位：元

坏账准备	第一阶段 未来12个月预期信用损失	第二阶段 整个存续期预期信用损失 （未发生信用减值）	第三阶段 整个存续期预期信用损失 （已发生信用减值）	合计
2019年1月1日余额	21,172,441	—	—	21,172,441
2019年1月1日应收款账面余额在本期	—	—	—	—
本期转回	7,187,706	—	—	7,187,706
2019年12月31日余额	13,984,735	—	—	13,984,735

示例4-49 000002.SZ 万科A

会计政策

对于应收账款和合同资产，本集团始终按照相当于整个存续期内预期信用损失的金额计量其损失准备。本集团基于历史信用损失经验、使用准备矩阵计算上述金融资产的预期信用损失,相关历史经验根据资产负债表日应收对象的特定因素,以及对当前状况和未来经济状况预测的评估进行调整。

财务报表项目注释

合同资产

(1) 合同资产按性质分析如下:

单位:元

项目	2019年12月31日	2018年12月31日
建造合同	3,444,938,025.74	1,364,126,797.84

本集团的合同资产主要涉及本集团与不同客户的建造合同。本集团根据合同约定履行建造义务,并按约定收取款项。当本集团取得该无条件收取对价的权利时,合同资产将转为应收账款。

本集团的合同资产涉及的建造合同对应的客户主要是政府及其相关方等信用良好的交易对手方,本集团持续评估各项合同资产的信用风险,管理层认为截至2019年12月31日合同资产信用风险较小,因此未计提坏账准备。

(2) 合同资产本年的重大变动:

单位:元

项目	2019年
年初金额	1,364,126,797.84
年初确认的合同资产于本年结算	(558,790,828.55)
由于履约进度计量的变化而增加的金额	7,973,194,782.01
本年增加并结算金额	(5,333,592,725.56)
年末金额	3,444,938,025.74

五、租赁应收款坏账准备计提

示例4-50 000039.SZ 中集集团

会计政策

对于应收融资租赁款,本集团通过结合前瞻性信息评估预期信用损失。预期信用损失的计量中使用了模型和假设,包括未来经济状况的预期和承租人的信用状况(客户违约的可能性及相应损失)。

财务报表项目注释

长期应收款

单位：千元

项目	2019年12月31日	2018年12月31日
应收融资租赁款	26,948,998	28,169,139
减：未实现融资收益	(8,337,211)	(9,111,735)
应收融资租赁款净值	18,611,787	19,057,404
分期收款销售商品	84,853	53,332
其他	598,854	211,986
小计	19,295,494	19,322,722
减：坏账准备	(1,223,156)	(1,060,467)
小计	18,072,338	18,262,255
减：一年内到期的非流动资产	(4,294,669)	(4,387,886)
合计	13,777,669	13,874,369

本集团于资产负债表日后将收到的最低租赁收款额按未折现的合同现金流量［包括按合同利率（如果是浮动利率则按12月31日的现行利率）计算的利息］分析如下：

单位：千元

最低租赁收款额	2019年12月31日	2018年12月31日
1年以内（含1年）	6,295,488	6,525,655
1年以上2年以内（含2年）	3,484,786	3,305,901
2年以上3年以内（含3年）	2,779,570	2,462,104
3年以上	14,389,154	15,875,479
小计	26,948,998	28,169,139
减：未实现融资收益	(8,337,211)	(9,111,735)
合计	18,611,787	19,057,404

坏账准备及其账面余额变动表：

新金融工具准则解析及实务应用示例

单位：千元

坏账准备	第一阶段 未来12个月内预期信用损失				第二阶段 整个存续期预期信用损失已显著增加但未发生信用减值		第三阶段				合计
							整个存续期预期（已发生信用减值）（组合）		整个存续期预期（已发生信用减值）（单项）		
	账面余额	坏账准备（组合）	坏账准备（单项）	小计 坏账准备	账面余额	坏账准备	账面余额	坏账准备	账面余额	坏账准备	小计 坏账准备	坏账准备
2018年12月31日	6,991,551	251,402	30,117	281,519	470,513	243,831	160,300	140,269	484,653	394,848	535,117	1,060,467
本年新增的款项	4,249,518	184,806	136	184,942	81,618	45,061	—	—	27,755	17,470	17,470	247,473
本年减少的款项	(3,616,065)	(140,906)	(1,904)	(142,810)	(36,752)	(13,223)	(67,694)	(46,197)	(7,000)	(7,000)	(53,197)	(209,230)
其中：本年核销	—	—	—	—	—	—	(17,075)	(17,075)	(7,000)	(7,000)	(24,075)	(24,075)
终止确认	(1,148,967)	(89,073)	—	—	—	—	—	—	—	—	—	—
本年新增/转回的坏账准备（注）	—	—	77,666	(11,407)	—	110,906	—	(7,847)	—	32,794	24,947	124,446
转入第三阶段	50,288	27,844	—	27,844	(49,850)	(27,340)	5,104	5,104	44,745	22,236	27,340	—
转回第一阶段	(360,231)	(6,146)	—	(6,146)	(50,288)	(27,844)	—	—	—	—	27,340	—
转入第二阶段	—	—	—	—	—	19,066	(12,920)	(12,920)	—	—	(12,920)	—
2019年12月31日	7,315,061	227,927	106,015	333,942	788,392	350,457	84,790	78,409	550,153	460,348	538,757	1,223,156

注：除因本年新增、减少的款项引起的坏账准备变动外，由于确定预期信用损失时所采用的参数及数据发生变化，引起的坏账准备变动为人民币124,446,000元。

(i) 于 2019 年 12 月 31 日，处于第一阶段的单项计提的长期应收款坏账准备分析如下：

第一阶段单项计提	账面余额（千元）	未来12个月内预期信用损失率（%）	坏账准备（千元）	理由
应收融资租赁款	10,557,098	1.00	106,015	按照未来12个月内预期信用损失金额计量损失准备
合计	10,557,098		106,015	

于 2019 年 12 月 31 日及 2018 年 12 月 31 日，处于第一阶段的组合计提坏账准备的长期应收款分析如下：

第一阶段组合计提	2019 年 12 月 31 日			2018 年 12 月 31 日		
	账面余额（千元）	损失准备		账面余额（千元）	损失准备	
		计提比例（%）	金额（千元）		计提比例（%）	金额（千元）
应收融资租赁款	6,764,962	3.34	226,056	6,764,534	3.72	251,402
分期收款销售商品	48,119	—	—	15,031	—	—
其他	501,980	0.37	1,871	211,986	—	—
合计	7,315,061		227,927	6,991,551		251,402

(ii) 于 2019 年 12 月 31 日及 2018 年 12 月 31 日，处于第二阶段的组合计提的长期应收款的坏账准备分析如下：

第二阶段组合计提	2019 年 12 月 31 日			2018 年 12 月 31 日		
	账面余额（千元）	损失准备		账面余额（千元）	损失准备	
		计提比例（%）	金额（千元）		计提比例（%）	金额（千元）
应收融资租赁款	720,600	47.25	340,500	470,513	51.82	243,831
其他	67,792	14.69	9,957	—	—	—
合计	788,392		350,457	470,513		243,831

(iii) 于 2019 年 12 月 31 日，处于第三阶段的单项计提的长期应收款的坏账准备分析如下：

第三阶段单项计提	账面余额（千元）	整个存续期内预期信用损失率（%）	坏账准备（千元）	理由
应收融资租赁款	550,153	83.68	460,348	按照整个存续期内预期信用损失金额计提损失准备
合计	550,153		460,348	

于 2019 年 12 月 31 日及 2018 年 12 月 31 日，处于第三阶段的组合计提坏账准备的长期应收款分析如下：

第三阶段组合计提	2019 年 12 月 31 日			2018 年 12 月 31 日		
	账面余额（千元）	损失准备		账面余额（千元）	损失准备	
		计提比例（%）	金额（千元）		计提比例（%）	金额（千元）
应收融资租赁款	18,974	66.37	12,593	121,999	83.58	101,968
分期收款销售商品	36,734	100.00	36,734	38,301	100.00	38,301
其他	29,082	100.00	29,082	—	—	—
合计	84,790		78,409	160,300		140,269

示例 4-51　002202.SZ 金风科技

会计政策

对于租赁应收款、包含重大融资成分的应收账款以及合同资产，本集团选择运用简化计量方法，按照相当于整个存续期内的预期信用损失金额计量损失准备。

财务报表项目注释

长期应收款

（1）长期应收款情况。

单位：千元

项目	期末余额			期初余额		
	账面余额	坏账准备	账面价值	账面余额	坏账准备	账面价值
融资租赁款	4,871,015.41	17,057.83	4,853,957.58	4,816,576.35	24,883.76	4,791,692.59
其中：未实现融资收益	1,341,802.05		1,341,802.05	966,976.57		966,976.57
服务特许权安排下的应收款	3,913,749.52	3,787.10	3,909,962.42	3,566,352.13	2,399.28	3,563,952.85

续表

项目	期末余额			期初余额		
	账面余额	坏账准备	账面价值	账面余额	坏账准备	账面价值
应收股权转让款及其他	786,816.95	798.17	786,018.78	97,260.13		97,260.13
减：一年内到期的应收融资租赁款	362,005.77	362.01	361,643.77	333,100.77	1,694.09	331,406.68
一年内服务特许权安排下的应收款	104,492.15	53.12	104,439.04	55,389.26	34.27	55,354.98
一年内到期的应收股权转让款	776,816.95	788.17	776,028.78			
合计	8,328,267.00	20,439.80	8,307,827.20	8,091,698.58	25,554.67	8,066,143.91

（2）坏账准备减值情况。

单位：千元

坏账准备	第一阶段 未来12个月预期信用损失	第二阶段 整个存续期预期信用损失 （未发生信用减值）	第三阶段 整个存续期预期信用损失 （已发生信用减值）	合计
2019年1月1日余额	27,283.04			27,283.04
2019年1月1日余额在本期				
——转入第二阶段				
——转入第三阶段				
——转回第二阶段				
——转回第一阶段				
本期计提	2,510.77			2,510.77
本期转回	8,403.94			8,403.94
本期转销				
本期核销				
其他变动	253.23			253.23
2019年12月31日余额	21,643.09			21,643.09

示例 4-52　601727.SH 上海电气

会计政策

于每个资产负债表日，本集团对于处于不同阶段的金融工具的预期信用损失分别进行计量。金融工具自初始确认后信用风险未显著增加的，处于第一阶段，本集团按照未来 12 个月内的预期信用损失计量损失准备；金融工具自初始确认后信用风险已显著增加但尚未发生信用减值的，处于第二阶段，本集团按照该工具整个存续期的预期信用损失计量损失准备；金融工具自初始确认后已经发生信用减值的，处于第三阶段，本集团按照该工具整个存续期的预期信用损失计量损失准备。

对于存在客观证据表明存在减值，以及其他适用于单项评估的应收账款，单独进行减值测试，确认预期信用损失，计提单项减值准备。对于不存在减值客观证据的应收账款或当单项金融资产无法以合理成本评估预期信用损失的信息时，本集团依据信用风险特征将应收款项划分为若干组合，在组合基础上计算预期信用损失，确定组合的依据如下：

长期应收款组合：应收融资租赁款

对于划分为组合的其他应收款、贷款及贴现、长期应收款、其他债权投资和买入返售金融资产，本集团参考历史信用损失经验，结合当前状况以及对未来经济状况的预测，通过违约风险敞口和未来 12 个月内或整个存续期预期信用损失率，计算预期信用损失。

财务报表项目注释

长期应收款

（1）长期应收款情况。

单位：千元

项目	期末余额			期初余额		
	账面余额	坏账准备	账面价值	账面余额	坏账准备	账面价值
融资租赁款	10,280,606	910,135	9,370,471	12,016,134	629,267	11,386,867
其中：未实现融资收益						
其他	19,938	2,742	17,196	2,200,643	16,030	2,184,613
减：一年内到期的长期应收款	-4,952,749	-761,223	-4,191,526	-5,282,679	-467,170	-4,815,509
合计	5,347,795	151,654	5,196,141	8,934,098	178,127	8,755,971

（a）应收融资租赁款：

第四章 | 金融工具的减值

单位：千元

项目	2018年12月31日	2017年12月31日
应收融资租赁租金	11,476,783	13,380,254
减：未实现融资收益	-1,196,177	-1,364,120
应收融资租赁款余额	10,280,606	12,016,134
减：应收融资租赁款坏账准备	-910,135	-629,267
应收融资租赁款净值	9,370,471	11,386,867
减：一年内到期的应收融资租赁款	-4,180,012	-4,786,954
合计	5,190,459	6,599,913

于2018年12月31日，本集团无与融资租赁安排有关的或有租金及未担保余值。

（b）应收融资租赁款的到期日分析如下：

单位：千元

剩余期限	2018年12月31日	2017年12月31日
1年以内	5,591,864	5,758,566
1~2年	3,026,009	3,326,976
2~3年	1,705,446	2,388,255
3年以上	1,153,463	1,906,457
合计	11,476,782	13,380,254

（c）长期应收款坏账准备变动如下：

单位：千元

项目	2017年12月31日	会计政策变更	2018年1月1日	本年计提	2018年12月31日
坏账准备	645,297	51,519	696,816	216,061	912,877

（d）坏账准备计提情况：

单位：千元

坏账准备	第一阶段 未来12个月预期 信用损失	第二阶段 整个存续期预期 信用损失 （未发生信用减值）	第三阶段 整个存续期预期 信用损失 （已发生信用减值）	合计
2018年1月1日余额	-129,708	-164,693	-402,415	-696,816

续表

坏账准备	第一阶段 未来12个月预期 信用损失	第二阶段 整个存续期预期 信用损失 （未发生信用减值）	第三阶段 整个存续期预期 信用损失 （已发生信用减值）	合计
2018年1月1日余额在本期	−129,708	−164,693	−402,415	−696,816
——转入第二阶段				
——转入第三阶段				
——转回第二阶段				
——转回第一阶段				
本期计提	36,117	28,575	−10,123	54,569
本期转回				
本期转销				
本期核销				
其他变动（注）	20,409	−184,956	−103,341	−267,888
本年净增加/(减少)	56,526	−156,381	−113,464	−213,319
本年转移	−39,424	147,222	−107,798	0
从第一阶段转移至第二阶段	9,180	−9,180		0
从第一阶段转移至第三阶段	3,626		−3,626	0
从第二阶段转移至第三阶段		104,172	−104,172	0
从第二阶段转移至第一阶段	−52,230	52,230		0
从第三阶段转移至第一阶段				
从第三阶段转移至第二阶段				
2018年12月31日余额	−112,606	−173,852	−623,677	−910,135

注：其他变动是拨备新增/减少。

对本期发生损失准备变动的长期应收款账面余额显著变动的情况说明：

（i）于2018年12月31日，处于第一阶段的长期应收款的坏账准备分析如下：

组合计提	账面余额（千元）	未来12个月内预期信用损失率（%）	坏账准备（千元）
长期应收款	7,492,632	0~5	112,606

（ii）于2018年12月31日，处于第二阶段的长期应收款的坏账准备分析如下：

组合计提	账面余额（千元）	未来12个月内预期信用损失率（%）	坏账准备（千元）
长期应收款	760,434	0~32	173,852

（iii）于2018年12月31日，处于第三阶段的长期应收款的坏账准备分析如下：

单位：千元

项目	账面余额（千元）	整个存续期预期信用损失率（%）	坏账准备（千元）	理由
应收融资租赁款1	171,154	30	51,612	预计无法收回
应收融资租赁款2	137,333	46	62,762	预计无法收回
应收融资租赁款3	158,726	28	45,073	预计无法收回
其他	1,560,327	30	464,230	预计无法收回
合计	2,027,540		623,677	

示例4-53　601766.SH 中国中车

会计政策

本集团对由收入准则规范的交易形成的合同资产与应收款项，以及由《企业会计准则第21号——租赁》规范的交易形成的租赁应收款按照相当于整个存续期内预期信用损失的金额计量损失准备。

本集团除对单项金额重大或已发生信用减值的金融资产、合同资产、租赁应收款、贷款承诺和财务担保合同在单项资产/合同基础上确定其信用损失外，在组合基础上采用减值矩阵确定相关金融资产及其他项目的信用损失。本集团以共同信用风险特征为依据，将金融资产及其他项目分为不同组别。本集团采用的共同信用风险特征包括：金融工具类型、信用风险评级、担保物类型、剩余合同期限、债务人所处行业、债务人所处地理位置、担保品相对于金融资产的价值等。

财务报表项目注释

长期应收款

（1）长期应收款情况。

项目	2019年12月31日余额（千元）			2018年12月31日余额（千元）			折现率区间（%）
	账面余额	信用损失准备	账面价值	账面余额	坏账准备	账面价值	
融资租赁款	14,437,312	(2,947,657)	11,489,655	10,584,343	(2,384,667)	8,199,676	4.9~14

续表

项目	2019年12月31日余额			2018年12月31日余额			折现率区间(%)
	账面余额	信用损失准备	账面价值	账面余额	坏账准备	账面价值	
分期收款销售商品	3,015,135	(535,743)	2,479,392	3,027,523	(133,704)	2,893,819	4~6
工程施工款及"建造-转移"特许经营权应收款	3,217,432	(252,187)	2,965,245	2,945,358	(127,567)	2,817,791	3.5~6
合计	20,669,879	(3,735,587)	16,934,292	16,557,224	(2,645,938)	13,911,286	—
减：一年内到期的长期应收款（附注五、11）	—	—	(6,415,374)	—	—	(6,102,273)	
一年后到期的长期应收款	—	—	10,518,918	—	—	7,809,013	

(2) 信用损失准备计提情况。

单位：千元

损失准备	整个存续期预期信用损失（未发生信用减值）	整个存续期预期信用损失（已发生信用减值）	合计
2019年1月1日余额	212,488	2,433,450	2,645,938
本年计提	141,206	1,574,820	1,716,026
本年转回	(19,316)	(5,424)	(24,740)
本年核销	(722)	(457,298)	(458,020)
其他变动	(2,292)	(141,325)	(143,617)
2019年12月31日余额	331,364	3,404,223	3,735,587

(3) 应收融资租赁款。

单位：千元

项目	2019年12月31日	2018年12月31日
最低租赁收款额：		
资产负债表日后第1年	10,581,337	8,258,404
资产负债表日后第2年	2,231,130	1,448,623

续表

项目	2019年12月31日	2018年12月31日
资产负债表日后第3年	1,807,093	813,573
资产负债表日后第4年	1,088,612	660,040
资产负债表日后第5年	624,604	526,328
以后年度	922,540	1,415,186
最低租赁收款额合计	17,255,316	13,122,154
减：未实现融资收益	(2,818,004)	(2,537,811)
信用损失准备	(2,947,657)	(2,384,667)
应收融资租赁款	11,489,655	8,199,676
其中：1年内到期的应收融资租赁款	5,840,285	4,489,291
1年后到期的应收融资租赁款	5,649,370	3,710,385

示例 4-54　600016.SH 民生银行

会计政策

对于纳入预期信用损失计量的金融工具，本集团评估相关金融工具的信用风险自初始确认后是否已显著增加，运用"三阶段"减值模型分别计量其损失准备、确认预期信用损失。

财务报表项目注释

长期应收款

单位：百万元

项目	本集团	
	2019年	2018年
应收融资租赁款	139,372	133,574
减：未实现融资租赁收益	(18,836)	(19,105)
最低融资租赁收款额	120,536	114,469
减：减值准备	(3,943)	(3,645)
净额	116,593	110,824

（1）剩余期限分析：

单位：百万元

剩余期限	2019年12月31日	2018年12月31日
1年以内	52,113	38,081
1～2年	27,034	31,278
2～3年	15,105	16,096
3～5年	10,642	12,871
5年以上	12,475	12,505
无期限（注）	3,167	3,638
合计	120,536	114,469

注：无期限金额是指已减值或已逾期1个月以上的部分。

（2）信用损失准备变动：

单位：百万元

信用损失	2019年			
	阶段一	阶段二	阶段三	合计
2019年1月1日	(913)	(2,184)	(548)	(3,645)
转移：				
——转移至阶段二	5	(5)	—	—
——转移至阶段三	—	516	(516)	—
本年净计提	(143)	(66)	(301)	(510)
本年核销及转出	—	—	425	425
收回原核销应收款	—	—	(213)	(213)
2019年12月31日	(1,051)	(1,739)	(1,153)	(3,943)

示例4-55 002948.SZ 青岛银行

会计政策

本集团按照三个风险阶段计提预期信用损失。本集团计量金融工具预期信用损失的方法及阶段划分详见附注八、1信用风险（略）。

财务报表项目注释
长期应收款

单位：千元

项目	2019 年 12 月 31 日	2018 年 12 月 31 日
最低租赁收款额	10,172,304	8,636,534
减：未实现融资收益	(952,548)	(803,079)
应收融资租赁款现值	9,219,756	7,833,455
应计利息	85,729	70,610
小计	9,305,485	7,904,065
减：减值准备		
——未来 12 个月预期信用损失	(175,027)	(137,367)
——整个存续期预期信用损失	—	—
——未发生信用减值	(90,217)	—
——已发生信用减值	(2,422)	—
账面价值	9,037,819	7,766,698

长期应收款的减值准备变动情况如下：

单位：千元

| 减值准备 | 2019 年 | | | |
	未来 12 个月预期信用损失	整个存续期预期信用损失——未发生信用减值	整个存续期预期信用损失——已发生信用减值	合计
2019 年 1 月 1 日	137,367	—	—	137,367
转移至：				
——整个存续期预期信用损失	—	—	—	—
——未发生信用减值	(10,629)	10,629	—	—
——已发生信用减值	(224)	—	224	—
本年计提	48,513	79,588	2,198	130,299
2019 年 12 月 31 日	175,027	90,217	2,422	267,666

最低租赁收款额、未实现融资收益和应收融资租赁款现值按剩余期限分析如下：

单位：千元

剩余期限	2019年12月31日		
	最低租赁收款额	未实现融资收益	应收融资租赁款现值
实时偿还	51,938	(5,227)	46,711
1年以内（含1年）	3,950,432	(480,408)	3,470,024
1~2年（含2年）	3,243,597	(300,965)	2,942,632
2~3年（含3年）	2,048,164	(125,549)	1,922,615
3~5年（含5年）	865,077	(39,074)	826,003
无期限	13,096	(1,325)	11,771
合计	10,172,304	(952,548)	9,219,756

示例 4-56　601588.SH 北辰实业

会计政策

对于应收票据及应收账款和合同资产，无论是否存在重大融资成分，本集团均按照整个存续期的预期信用损失计量损失准备。

当单项金融资产无法以合理成本评估预期信用损失的信息时，本集团依据信用风险特征将应收款项划分为若干组合，在组合基础上计算预期信用损失，确定组合的依据如下：

应收账款组合1　　应收购房款
应收账款组合2　　应收物业费
应收账款组合3　　应收酒店及餐饮服务款
应收账款组合4　　应收会展服务款——国有企业
应收账款组合5　　应收会展服务款——其他企业
应收账款组合6　　应收租赁款

对于划分为组合的其他应收款、长期应收款，本集团参考历史信用损失经验，结合当前状况以及对未来经济状况的预测，通过违约风险敞口和未来12个月内或整个存续期预期信用损失率，计算预期信用损失。

财务报表项目注释
应收账款
按坏账计提方法分类披露

类别	期末余额				账面价值（元）
	账面余额		坏账准备		
	金额（元）	比例（%）	金额（元）	计提比例（%）	
按单项计提坏账准备	26,547,878	30.9	13,273,939	50.0	13,273,939
其中：					
应收租金	26,547,878	100.0	13,273,939	50.0	13,273,939
按组合计提坏账准备	59,250,719	69.1	2,349,462	4.0	56,901,257
其中：					
应收购房款	1,535,819	2.6	20,308	1.3	1,515,511
应收物业费	6,992,331	11.8	69,923	1.0	6,922,408
应收酒店及餐饮服务款	19,051,842	32.2	1,147,500	6.0	17,904,342
应收会展服务款——国有企业	6,389,210	10.8	128,904	2.0	6,260,306
应收会展服务款——其他企业	3,046,770	5.1	361,673	11.9	2,685,097
应收租赁款	22,234,747	37.5	621,154	2.8	21,613,593
合计	85,798,597	—	15,623,401	—	70,175,196

坏账准备的情况

单位：元

类别	期初余额	本期变动金额			期末余额
		计提	收回或转回	转销或核销	
应收租赁款	—	13,273,939	—	—	13,273,939
应收购房款	5,000	15,308	—	—	20,308
应收物业费	—	69,923	—	—	69,923
应收酒店及餐饮服务款	9,676	1,281,634	143,810	—	1,147,500
应收会展服务款——国有企业	—	128,904	—	—	128,904

续表

类别	期初余额	本期变动金额			期末余额
		计提	收回或转回	转销或核销	
应收会展服务款——其他企业	68,108	293,565	—	—	361,673
应收租赁款	—	621,154	—	—	621,154
合计	82,784	15,684,427	143,810	—	15,623,401

示例 4-57　601390.SH 中国中铁

会计政策

当单项其他应收款、长期应收款无法以合理成本评估预期信用损失的信息时，本集团依据信用风险特征将其他应收款、长期应收款划分为若干组合，在组合基础上计算预期信用损失，确定组合的依据如下：

长期应收款组合1　应收工程款、应收租赁款
长期应收款组合2　应收其他款项

对于长期应收工程款、应收租赁款，本集团参考历史信用损失经验，结合当前状况以及对未来经济状况的预测，通过违约风险敞口和整个存续期预期信用损失率，计算预期信用损失。除长期应收工程款、应收租赁款之外的划分为组合的其他应收款和长期应收款，通过违约风险敞口和未来12个月内或整个存续期预期信用损失率，计算预期信用损失。

财务报表项目注释

长期应收款

单位：千元

项目	2019年12月31日	2018年12月31日
应收长期工程款	35,255,618	18,403,126
应收租赁款	874,697	405,798
分期收款提供劳务	367,004	190,812
减：未实现融资收益	168,901	122,860
小计	36,328,418	18,876,876
减：坏账准备	3,377,752	3,221,495
小计	32,950,666	15,655,381
减：一年内到期的长期应收款［附注四（11）］（略）		
其中：应收长期工程款	3,939,696	3,429,389

续表

项目	2019年12月31日	2018年12月31日
应收租赁款	240,343	331,295
分期收款提供劳务	367,004	—
减：坏账准备	152,608	58,853
小计	4,394,435	3,701,831
净额	28,556,231	11,953,550

示例 4-58　600011.SH 华能国际

会计政策

对于应收账款、租赁应收款和合同资产，本公司及其子公司运用简化计量方法始终按照相当于整个存续期内预期信用损失的金额计量其损失准备。本公司及其子公司基于历史信用损失经验、损失准备矩阵计算上述金融资产的预期信用损失，相关历史经验根据资产负债表日债务人的特定因素，以及对当前状况和未来经济状况预测的评估进行调整。

财务报表项目注释

长期应收款

（1）长期应收款情况。

单位：千元

项目	期末余额			期初余额		
	账面余额	坏账准备	账面价值	账面余额	坏账准备	账面价值
融资租赁款 1	11,006,678	-3,142	11,003,536	11,683,013	-109	11,682,904
应收黄台 8 号机组代垫日常营运资金（附注七、8）（略）	485,000	—	485,000	485,000	—	485,000
应收黄台 5 号及 6 号机组款项 2	261,214	-261,214	—	261,214	-261,214	—
其他	281,447	—	281,447	751,692	—	751,692
减：1 年内到期的非流动资产（附注七、12）（略）	-483,691	—	-483,691	-874,293	—	-874,293
合计	11,550,648	-264,356	11,286,292	12,306,627	-261,323	12,045,304

①本公司之子公司华能山东如意（巴基斯坦）能源（私人）有限公司（以下简

称"如意巴基斯坦能源")与巴基斯坦中央购电局签署了购电协议。根据购电协议，巴基斯坦中央购电局有权决定电力设施的运行状况及发电量，且巴基斯坦中央购电局以支付电价的方式在固定期限内偿还如意巴基斯坦能源的资本性投入，并通过支付浮动电价承担如意巴基斯坦能源运营过程中的汇率、利率和其他变动成本上涨的风险。上述协议安排构成一项融资租赁，截至2019年12月31日，长期应收融资租赁款（含一年内到期部分）金额为人民币10,284,007,360元（2018年12月31日：人民币11,028,707,766元）。

本公司之子公司华能山东发电检修科技有限公司与8号机签署合同能源管理协议，该协议安排构成一项融资租赁，截至2019年12月31日，长期应收融资租赁款（含一年内到期部分）金额为人民币75,184,635元（2018年12月31日：人民币80,786,923元）。

②山东发电之子公司黄台发电应收5号及6号机组的长期资金占用款已全额计提坏账准备。该机组由地方政府投资建设，由黄台发电代为运营管理，已于以前年度关停。

(2) 坏账准备计提情况。

单位：千元

坏账准备	第一阶段 未来12个月 预期信用损失	第二阶段 整个存续期预期 信用损失	第三阶段 已发生信用减值 金融资产	合计
2019年年初余额	109	—	261,214	261,323
年初余额在本年				
——转入第二阶段	—	—	—	—
——转入第三阶段	—	—	—	—
——转回第二阶段	—	—	—	—
本年计提	3,036	—	—	3,036
本年转回	—	—	—	—
本年核销				
其他变动	-3	—	—	-3
2019年年末余额	3,142	—	261,214	264,356

长期应收款坏账准备变动情况如下：

单位：千元

年份	期初余额	本期计提	其他变动	期末余额
2019	261,323	3,036	-3	264,356
2018	261,214	107	2	261,323

示例 4-59　601898.SH 中煤能源

会计政策

本集团对由收入准则规范的交易形成的合同资产和应收账款，以及由《企业会计准则第21号——租赁》规范的交易形成的租赁应收款按照相当于整个存续期内预期信用损失的金额计量损失准备。

本集团对租赁应收款在单项资产的基础上确定其信用损失，对应收账款、合同资产、债权投资除对发生重大财务困难的债务人在单项资产的基础上确定其信用损失外，对其余款项在组合基础上采用减值矩阵确定相关金融工具的信用损失。本集团以共同风险特征为依据，将金融工具分为不同组别。本集团采用的共同信用风险特征包括：金融工具类型、信用风险评级、担保物类型、初始确认日期、剩余合同期限、债务人所处行业、债务人所处地理位置、担保品相对于金融资产的价值等。

财务报表项目注释

长期应收款

项目	2019年12月31日			2018年12月31日			折现率区间（%）
	账面余额（千元）	信用损失准备（千元）	账面价值（千元）	账面余额（千元）	信用损失准备（千元）	账面价值（千元）	
融资租赁款	241,190	—	241,190	417,695	—	417,695	4.35~6.25
其他	8,822	—	8,822	143,255	—	143,255	4.61
合计	250,012	—	250,012	560,950	—	560,950	—

六、其他应收款坏账准备计提

示例 4-60　601390.SH 中国中铁

会计政策

于每个资产负债表日，本集团对于处于不同阶段的金融工具的预期信用损失分别进行计量。金融工具自初始确认后信用风险未显著增加的，处于第一阶段，本集团按照未来12个月内的预期信用损失计量损失准备；金融工具自初始确认后信用风险已显著增加但尚未发生信用减值的，处于第二阶段，本集团按照该工具整个存续期的预期信用损失计量损失准备；金融工具自初始确认后已经发生信用减值的，处于第三阶段，本集团按照该工具整个存续期的预期信用损失计量损失准备。

当单项其他应收款、长期应收款无法以合理成本评估预期信用损失的信息时，本集团依据信用风险特征将其他应收款、长期应收款划分为若干组合，在组合基础上计算预期信用损失，确定组合的依据如下：

其他应收款组合1　应收押金和保证金

其他应收款组合2　应收代垫款

其他应收款组合3　应收其他款项

对于长期应收工程款、应收租赁款，本集团参考历史信用损失经验，结合当前状况以及对未来经济状况的预测，通过违约风险敞口和整个存续期预期信用损失率，计算预期信用损失。除长期应收工程款、应收租赁款之外的划分为组合的其他应收款和长期应收款，通过违约风险敞口和未来12个月内或整个存续期预期信用损失率，计算预期信用损失。

财务报表项目注释

其他应收款

单位：千元

项目	2019年12月31日	2018年12月31日
应收代垫款项	12,311,992	11,008,468
应收保证金	11,999,853	12,607,981
应收押金	2,455,275	2,579,847
应收股权转让款	2,400,455	—
应收利息	769,716	214,402
应收代缴税金	152,634	128,796
应收股利	44,758	22,164
其他	17,646,310	17,604,038
小计	47,780,993	44,165,696
减：坏账准备	14,193,230	13,923,498
合计	33,587,763	30,242,198

(1) 损失准备及其账面余额变动表。

①于2019年12月31日及2018年12月31日，处于第一阶段的其他应收款的坏账准备分析如下：

第四章 | 金融工具的减值

项目	2019 年 12 月 31 日			
	账面余额（千元）	未来12个月内预期信用损失率（%）	坏账准备（千元）	理由
单项计提：				
其他应收款单位1	3,523	3	106	回收可能性
其他应收款单位2	3,475	3	120	回收可能性
其他应收款单位3	2,082	10	204	回收可能性
其他应收款单位4	1,669	6	97	回收可能性
其他应收款单位5	100	8	8	回收可能性
其他	209,454	14	29,093	回收可能性
合计	220,303		29,628	
组合计提				
应收押金和保证金	9,804,755	0.50	48,534	回收可能性
应收代垫款	8,544,612	0.50	42,684	回收可能性
其他	5,976,154	0.50	30,179	回收可能性
合计	24,325,521		121,397	

项目	2018 年 12 月 31 日			
	账面余额（千元）	未来12个月内预期信用损失率（%）	坏账准备（千元）	理由
单项计提：				
其他应收款单位1	15,303	10	1,530	回收可能性
其他应收款单位2	10,000	4	400	回收可能性
其他应收款单位3	9,903	15	1,506	回收可能性
其他应收款单位4	8,318	100	8,318	回收可能性
其他应收款单位5	8,215	7	556	回收可能性
其他	731,102	8	57,663	回收可能性
合计	782,841		69,973	
组合计提				
应收押金和保证金	9,257,243	0.50	46,557	回收可能性
应收代垫款	5,902,067	0.50	29,579	回收可能性
其他	4,967,641	0.68	33,881	回收可能性
合计	20,126,951		110,017	

②于 2019 年 12 月 31 日，本集团不存在处于第二阶段的其他应收款（2018 年 12 月 31 日：无）。

③于 2019 年 12 月 31 日及 2018 年 12 月 31 日，处于第三阶段的其他应收款的坏账准备分析如下：

项目	2019 年 12 月 31 日			
	账面余额（千元）	整个存续期预期信用损失率（%）	坏账准备（千元）	理由
单项计提：				
其他应收款单位 1	1,327,999	97	1,287,369	回收可能性
其他应收款单位 2	1,072,942	100	1,072,942	回收可能性
其他应收款单位 3	917,134	100	917,134	回收可能性
其他应收款单位 4	843,030	100	843,030	回收可能性
其他应收款单位 5	738,764	100	738,764	回收可能性
其他	9,311,589	81	7,550,375	回收可能性
合计	14,211,458		12,409,614	
组合计提：				
应收押金和保证金	4,064,220	13.74	558,559	回收可能性
应收代垫款	1,726,213	24.50	422,876	回收可能性
其他	3,233,278	20.14	651,156	回收可能性
合计	9,023,711		1,632,591	

项目	2018 年 12 月 31 日			
	账面余额（千元）	整个存续期预期信用损失率（%）	坏账准备（千元）	理由
单项计提：				
其他应收款单位 1	1,302,128	99	1,287,369	回收可能性
其他应收款单位 2	1,072,942	100	1,072,942	回收可能性
其他应收款单位 3	917,134	100	917,134	回收可能性
其他应收款单位 4	748,764	100	748,764	回收可能性
其他应收款单位 5	709,586	100	709,586	回收可能性
其他	9,350,741	79	7,432,189	回收可能性
合计	14,101,295		12,167,984	
组合计提：				

续表

项目	2018年12月31日			
	账面余额（千元）	整个存续期预期信用损失率（%）	坏账准备（千元）	理由
应收押金和保证金	5,193,643	14.16	735,167	回收可能性
应收代垫款	1,643,313	18.92	310,954	回收可能性
其他	2,317,653	22.84	529,403	回收可能性
合计	9,154,609		1,575,524	

(2) 2019年度，本集团计提坏账准备人民币1,081,982千元（2018年度：人民币5,618,613千元）；本年收回或转回坏账准备人民币630,103千元（2018年度：人民币455,886千元）。其中重要的收回或转回金额列示如下：

单位：千元

项目	转回或收回原因	确定原坏账准备的依据及合理性	收回金额	收回方式
其他应收款1	收回保证金	回收可能性	37,009	银行存款
其他应收款2	收回保证金	回收可能性	16,509	银行存款
其他应收款3	收回保证金	回收可能性	15,297	银行存款

(3) 2019年度，实际核销的其他应收款为人民币186,771千元，无单笔重要的其他应收款核销。

示例4-61　601186.SH 中国铁建

会计政策

对于其他金融工具，除购买或源生的已发生信用减值的金融资产外，本集团在每个资产负债表日评估相关金融工具的信用风险自初始确认后的变动情况。若该金融工具的信用风险自初始确认后并未显著增加，本集团按照相当于该金融工具未来12个月内预期信用损失的金额计量其损失准备。金融工具自初始确认后信用风险已显著增加，本集团按照相当于该金融工具整个存续期内预期信用损失的金额计量其损失准备。

财务报表项目注释

其他应收款

其他应收款的账龄分析如下：

单位：千元

账龄	2019年12月31日	2018年12月31日
1年以内	50,868,850	51,410,221
1~2年	6,229,654	10,316,663
2~3年	2,998,293	2,411,940
3年以上	4,770,025	3,164,183
小计	64,866,822	67,303,007
减：信用损失准备/坏账准备	4,766,484	3,828,719
合计	60,100,338	63,474,288

其他应收款的信用损失准备的变动如下：

单位：千元

项目	2019年	2018年
年初余额	3,828,719	3,554,913
本年计提	1,000,212	697,462
减：本年转回	272,810	375,830
减：本年核销	53,916	26,573
其他	264,279	(21,253)
年末余额	4,766,484	3,828,719

（1）于2019年12月31日，处于第一阶段的其他应收款按组合计提的信用损失准备分析如下：

性质	账面余额（千元）	信用损失准备（千元）	计提比例（%）
合作开发款	23,622,256	23,744	0.10
保证金和押金	16,650,856	485,313	2.91
代垫代付款	6,342,722	127,372	2.01
其他	12,191,756	228,961	1.88
合计	58,807,590	865,390	1.47

（2）于2019年12月31日，处于第二阶段的其他应收款的信用损失准备分析如下：

类别	2019 年 12 月 31 日				账面价值（千元）
	账面余额		信用损失准备		
	金额（千元）	比例（%）	金额（千元）	比例（%）	
单项计提信用损失准备	1,145,162	54.01	243,635	21.28	901,527
按信用风险特征组合计提信用损失准备	975,160	45.99	408,899	41.93	566,261
合计	2,120,322	100.00	652,534	30.78	1,467,788

单项计提信用损失准备的其他应收款情况如下：

单位名称	账面余额（千元）	信用损失准备（千元）	计提比例（%）	理由
单位 1	847,837	193,345	22.8	注
其他	297,325	50,290	16.91	—
合计	1,145,162	243,635	21.28	—

注：本集团结合款项可收回情况，对其部分计提信用损失准备。

（3）于 2019 年 12 月 31 日，处于第三阶段的其他应收款的信用损失准备分析如下：

类别	2019 年 12 月 31 日				账面价值（千元）
	账面余额		信用损失准备		
	金额（千元）	比例（%）	金额（千元）	比例（%）	
单项计提信用损失准备	3,658,652	92.88	3,103,484	84.83	555,168
按信用风险特征组合计提信用损失准备	280,258	7.12	145,076	51.77	135,182
合计	3,938,910	100	3,248,560	82.47	690,350

单项计提信用损失准备的其他应收款情况如下：

单位名称	账面余额（千元）	信用损失准备（千元）	计提比例（%）	理由
单位 1	446,618	446,618	100	注
单位 2	193,168	193,168	100	注
单位 3	129,521	129,521	100	注
单位 4	123,104	123,104	100	注

续表

单位名称	账面余额（千元）	信用损失准备（千元）	计提比例（%）	理由
单位5	109,252	109,252	100	注
其他	2,656,989	2,101,821	79.11	—
合计	3,658,652	3,103,484	84.83	—

注：本集团结合款项可收回情况，对其全部或部分计提信用损失准备。

2019年，实际核销的其他应收款为人民币53,916千元（2018年：人民币26,573千元）。

其他应收款按性质分类如下：

单位：千元

性质	2019年12月31日账面余额	2018年12月31日账面余额
合作开发款	23,622,256	25,594,807
保证金、押金	17,947,945	17,466,964
代垫代付款	7,363,930	5,807,345
其他	15,932,691	18,433,891
合计	64,866,822	67,303,007

于2019年12月31日，其他应收款金额前五名如下：

单位名称	年末账面余额（千元）	占其他应收款余额合计数比例（%）	性质	账龄	信用损失准备（千元）
单位1	3,009,661	4.64	合作开发款	2年以内	3,007
单位2	2,528,986	3.90	合作开发款	2年以内	2,529
单位3	1,962,977	3.03	合作开发款	1年以内	1,963
单位4	1,540,329	2.37	合作开发款	1年以内	1,540
单位5	1,359,148	2.10	合作开发款	3年以内	1,359
合计	10,401,101	16.04	—	—	10,398

于2018年12月31日，其他应收款金额前五名如下：

单位名称	年末账面余额（千元）	占其他应收款余额合计数比例（%）	性质	账龄	信用损失准备（千元）
单位1	3,697,681	5.49	合作开发款	1年以内	3,698
单位2	2,865,484	4.26	合作开发款	1年以内	2,865
单位3	2,805,537	4.17	合作开发款	1年以内	2,806
单位4	2,749,694	4.09	合作开发款	1年以内	2,750
单位5	1,906,619	2.83	合作开发款	1年以内	1,907
合计	14,025,015	20.84	—	—	14,026

示例4-62 600585.SH 海螺水泥

会计政策

除应收账款和合同资产外，本集团对满足下列情形的金融工具按照相当于未来12个月内预期信用损失的金额计量其损失准备，对其他金融工具按照相当于整个存续期内预期信用损失的金额计量其损失准备：

- 该金融工具在资产负债表日只具有较低的信用风险；或
- 该金融工具的信用风险自初始确认后并未显著增加。

财务报表项目注释

其他应收款

单位：元

项目	注	2019年12月31日	2018年12月31日
应收利息	(1)	579,761,544	294,016,648
其他	(2)	3,043,618,407	11,133,959,280
合计		3,623,379,951	11,427,975,928

（1）应收利息。

单位：元

项目	2019年12月31日	2018年12月31日
定期存款	579,761,544	294,016,648
合计	579,761,544	294,016,648

本集团于2019年12月31日无逾期的应收利息。（2018年12月31日：无）

（2）其他。

(a) 按客户类别分析如下：

单位：元

客户类别	2019年12月31日	2018年12月31日
1. 应收关联方	141,525,302	126,585,178
2. 委托理财（注）	2,070,767,123	10,123,876,800
3. 其他	858,930,913	911,853,205
小计	3,071,223,338	11,162,315,183
减：坏账准备	27,604,931	28,355,903
合计	3,043,618,407	11,133,959,280

注：于2019年12月31日，委托理财为本集团向特定银行购买的理财产品，共计人民币2,000,000,000元，年收益率为4.5%，属于以摊余成本计量的金融资产，将于2020年到期。

(b) 按账龄分析如下：

单位：元

账龄	2019年12月31日	2018年12月31日
1年以内（含1年）	2,992,051,431	11,091,930,938
1~2年（含2年）	31,457,824	26,009,093
2~3年（含3年）	20,109,152	16,019,249
3年以上	27,604,931	28,355,903
小计	3,071,223,338	11,162,315,183
减：坏账准备	27,604,931	28,355,903
合计	3,043,618,407	11,133,959,280

账龄自其他应收款确认日起开始计算。

(c) 按坏账准备计提方法分类披露：

类别	2019年				
	账面余额		坏账准备		账面价值（元）
	金额（元）	比例（%）	金额（元）	计提比例（%）	
按单项计提坏账准备	—	—	—	—	—
按组合计提坏账准备					
组合1	852,696,215	28	27,604,931	3	825,091,284

续表

类别	2019年				
	账面余额		坏账准备		账面价值（元）
	金额（元）	比例（%）	金额（元）	计提比例（%）	
组合2	147,760,000	5	—	—	147,760,000
组合3	2,070,767,123	67	—	—	2,070,767,123
合计	3,071,223,338	100	27,604,931	1	3,043,618,407

类别	2018年				
	账面余额		坏账准备		账面价值（元）
	金额（元）	比例（%）	金额（元）	计提比例（%）	
按单项计提坏账准备	—	—	—	—	—
按组合计提坏账准备					
组合1	928,438,383	8	28,355,903	3	900,082,480
组合2	110,000,000	1	—	0	110,000,000
组合3	10,123,876,800	91	—	0	10,123,876,800
合计	11,162,315,183	100	28,355,903	1	11,133,959,280

(i) 2019年按组合计提坏账准备的确认标准及说明：

对于单项测试未发生减值的其他应收款，本集团会将其包括在具有类似信用风险特征的其他应收款组合中再进行减值测试。

确认组合的依据	按其他应收款项性质划分
组合1	除政府代垫款及银行委托理财产品以外的其他应收款
组合2	政府代垫款
组合3	银行委托理财产品

(d) 坏账准备的变动情况：

单位：元

坏账准备	2019年12月31日	2018年12月31日
原金融工具准则下的余额	—	27,260,438

续表

坏账准备	2019年12月31日	2018年12月31日
首次执行新金融工具准则的调整金额	—	—
调整后的年初余额	28,355,903	27,260,438
本年计提	—	1,095,465
本年收回或转回	-750,972	—
本年核销	—	—
年末余额	27,604,931	28,355,903

(e) 按款项性质分类情况：

单位：元

款项性质	2019年12月31日	2018年12月31日
1. 向地方政府提供的贷款	147,760,000	110,000,000
2. 存出保证金	341,522,028	410,357,659
3. 委托理财	2,070,767,123	10,123,876,800
4. 其他	511,174,187	518,080,724
小计	3,071,223,338	11,162,315,183
减：坏账准备	27,604,931	28,355,903
合计	3,043,618,407	11,133,959,280

(f) 按欠款方归集的年末余额前五名的情况：

单位名称	款项的性质	年末余额（元）	账龄	占年末余额的比例（%）	坏账准备年末余额（元）
1. 银行A	委托理财	2,070,767,123	一年以内	67.42	—
2. 国印尼巴布亚水泥有限公司（"西巴水泥"）	应收设备款项及服务费	58,043,111	一年以内	1.89	—
3. 客户F	向地方政府提供贷款	50,000,000	一年以内	1.63	—
4. 客户G	向地方政府提供贷款	35,000,000	一年以内	1.14	—
5. 客户H	向地方政府提供贷款	30,000,000	一年以内	0.98	—
合计		2,243,810,234		73.06	—

示例4-63 600315.SH 上海家化

会计政策

当单项金融资产无法以合理成本评估预期信用损失的信息时,本集团依据信用风险特征将应收款项划分为若干组合,在组合基础上计算预期信用损失,确定组合的依据如下:

组合一　银行承兑汇票
组合二　按信用等级分类的客户
组合三　应收合并范围内公司款项
组合四　其他应收款项

对于划分为组合的其他应收款,本集团参考历史信用损失经验,结合当前状况以及对未来经济状况的预测,通过违约风险敞口和未来12个月内或整个存续期预期信用损失率,计算预期信用损失。

财务报表项目注释

其他应收款

项目列示

单位:元

项目	期末余额	期初余额
应收利息	19,320,547.95	—
应收股利		
其他应收款	46,994,511.37	35,098,337.25
合计	66,315,059.32	35,098,337.25

应收利息

(1) 应收利息分类。

单位:元

项目	期末余额	期初余额
定期存款	19,320,547.95	—
合计	19,320,547.95	—

其他应收款

(1) 按账龄披露。

单位：元

账龄	期末账面余额
1年以内	25,886,389.20
1~2年	2,113,128.77
2~3年	1,269,844.28
3年以上	17,725,149.12
合计	46,994,511.37

（2）按款项性质分类情况。

单位：元

款项性质	期末账面余额	期初账面余额
应收押金款项	19,886,253.78	19,982,014.56
应收暂付款	1,428,121.14	2,445,531.99
应收代垫款	31,757,339.48	3,369,100.30
存出保证金	9,570,476.15	9,714,076.15
应收备用金	802,315.00	1,066,169.90
其他	1,385,438.52	2,798,807.38
减：坏账准备	-17,835,432.70	-4,277,363.03
合计	46,994,511.37	35,098,337.25

（3）坏账准备计提情况。

单位：元

坏账准备	第一阶段 未来12个月预期信用损失	第二阶段 整个存续期预期信用损失（未发生信用减值）	第三阶段 整个存续期预期信用损失（已发生信用减值）	合计
2019年1月1日余额	2,670,177.95		1,607,185.08	4,277,363.03
2019年1月1日余额在本期				
——转入第二阶段				
——转入第三阶段				
——转回第二阶段				
——转回第一阶段				

续表

坏账准备	第一阶段 未来12个月预期信用损失	第二阶段 整个存续期预期信用损失（未发生信用减值）	第三阶段 整个存续期预期信用损失（已发生信用减值）	合计
本期计提	9,236,629.21		4,494,530.19	13,731,159.40
本期转回				
本期转销				
本期核销	72,145.79		100,976.54	173,122.33
其他变动	32.60			32.60
2019年12月31日余额	11,834,693.97		6,000,738.73	17,835,432.70

于2019年12月31日，本集团不存在处于第二阶段的其他应收款。

本期坏账准备计提金额以及评估金融工具的信用风险是否显著增加的采用依据：

于2019年度，对于第一阶段和第三阶段的其他应收款分别计提的坏账准备，主要为对本年新增其他应收款计提的损失准备及从阶段一转移至阶段三的其他应收款由于本年内损失率变动对预期信用损失计量的影响。

（4）坏账准备的情况。

单位：元

类别	期初余额	本期变动金额				期末余额
		计提	收回或转回	转销或核销	其他变动	
其他应收款坏账准备——第一阶段	2,670,177.95	9,236,629.21		72,145.79	32.60	11,834,693.97
其他应收款坏账准备——第三阶段	1,607,185.08	4,494,530.19		100,976.54	0.00	6,000,738.73
合计	4,277,363.03	13,731,159.40		173,122.33	32.60	17,835,432.70

本期其他变动为外币报表折算差额。

（5）本期实际核销的其他应收款情况。

单位：元

项目	核销金额
实际核销的其他应收款	173,122.33

(6) 按欠款方归集的期末余额前五名的其他应收款情况。

单位名称	款项的性质	期末余额（元）	账龄	占其他应收款期末余额合计数的比例（%）	坏账准备期末余额（元）
CHURCH & DWIGHT-UK LTD	代垫款	23,395,015.74	1年以内	36.09	8,188,255.51
上海高泰房地产开发有限公司	押金	8,823,579.71	2~3年/3年以上	13.61	
漳州片仔癀上海家化口腔护理有限公司	代垫款	7,252,338.62	1年以内	11.19	2,538,318.52
上海美罗城专卖店	押金	1,548,862.15	3年以上	2.39	
北京麟联置业有限公司	押金	684,337.50	2~3年/3年以上	1.06	
合计	—	41,704,133.72	—	64.34	10,726,574.03

示例4-64　600989.SH 宝丰能源

会计政策

本集团在每个资产负债表日评估其信用风险自初始确认后是否已经显著增加，如果信用风险自初始确认后未显著增加，处于第一阶段，本集团按照相当于未来12个月内预期信用损失的金额计量损失准备，并按照账面余额和实际利率计算利息收入；如果信用风险自初始确认后已显著增加但尚未发生信用减值的，处于第二阶段，本集团按照相当于整个存续期内预期信用损失的金额计量损失准备，并按照账面余额和实际利率计算利息收入；如果初始确认后发生信用减值的，处于第三阶段，本集团按照相当于整个存续期内预期信用损失的金额计量损失准备，并按照摊余成本和实际利率计算利息收入。对于资产负债表日只具有较低信用风险的金融工具，本集团假设其信用风险自初始确认后未显著增加。

本集团对于①销售商品及提供服务产生的客户信用评级极好及有抵押担保物的应收款项基于单项评估预期信用损失；②除①外，销售商品及提供服务产生的应收款项以账龄组合为基础评估应收账款的预期信用损失；③其他金融资产基于单项评估预期信用损失。

财务报表项目注释
其他应收款
项目列示

单位：元

项目	期末余额	期初余额
其他应收款	45,037,814.86	20,709,274.60
合计	45,037,814.86	20,709,274.60

（1）按账龄披露。

单位：元

账龄	期末账面余额
1年以内小计	37,823,629.94
1～2年	6,062,911.39
2～3年	2,646,000.84
3年以上	18,959,786.39
减：其他应收款坏账准备	−20,454,513.70
合计	45,037,814.86

（2）按款项性质分类情况。

单位：元

款项性质	期末账面余额	期初账面余额
第三方代垫款项及借出款项	10,420,512.15	88,736,479.27
押金	11,155,221.11	12,256,631.98
员工借款/备用金	2,825,392.24	1,671,645.74
政府补助款	27,000,000.00	—
其他	14,091,203.06	16,597,882.38
减：坏账准备	−20,454,513.70	−98,553,364.77
合计	45,037,814.86	20,709,274.60

（3）坏账准备计提情况。

单位：元

坏账准备	第一阶段 未来12个月预期 信用损失	第二阶段 整个存续期预期 信用损失 （未发生信用减值）	第三阶段 整个存续期预期 信用损失 （已发生信用减值）	合计
2018年12月31日余额	98,553,364.77	—	—	98,553,364.77
会计政策变更	108,866.65	—	—	108,866.65
2019年1月1日余额	98,662,231.42			98,662,231.42
本期计提	1,245,272.55			1,245,272.55
本期转回	−79,452,990.27			−79,452,990.27
2019年12月31日余额	20,454,513.70			20,454,513.70

对本期发生损失准备变动的其他应收款账面余额显著变动的情况说明：

2019年3月，本公司收回对于马儿庄探矿支出款，转回以前年度计提的坏账准备人民币78,380,000.28元。2019年7月，本公司收回盐池县国土资源局应收赔偿款等各类应收款项，故按照会计政策转回坏账准备人民币1,072,989.99元。

（4）坏账准备的情况。

单位：元

类别	期初余额	本期变动金额				期末余额
		会计政策 变更影响	计提	收回或 转回	转销或 核销	
其他应收款	98,553,364.77	108,866.65	1,245,272.55	79,452,990.27	—	20,454,513.70
合计	98,553,364.77	108,866.65	1,245,272.55	79,452,990.27	—	20,454,513.70

其中本期坏账准备转回或收回金额重要的：

单位：元

单位名称	转回或收回金额	收回方式
马儿庄探矿支出款	78,380,000.28	现金
四股泉国土资源局补偿款	931,374.00	现金
合计	79,311,374.28	

（5）按欠款方归集的期末余额前五名的其他应收款情况。

2019年12月31日，其他应收款金额前五名如下：

单位名称	款项的性质	期末余额（元）	账龄	占其他应收款期末余额合计数的比例（%）	坏账准备期末余额（元）
银川市兴庆区财政局	政府补助	15,000,000.00	1年以内	33.31	90,000.00
银川经济技术开发区管理委员会财政社会发展基金管理局	政府补助	12,000,000.00	1年以内	26.64	72,000.00
北京科桥宝恒文化发展有限公司	押金	6,061,375.27	1年以内及2年	13.46	494,121.48
灵武市利源达再生资源回收有限公司	其他	4,650,000.00	5年以上	10.32	4,650,000.00
四川万瑞通信有限责任公司	第三方代垫款	3,000,000.00	5年以上	6.66	3,000,000.00
合计		40,711,375.27			8,306,121.48

2018年12月31日，其他应收款金额前五名如下：

单位名称	款项的性质	期末余额（元）	账龄	占其他应收款期末余额合计数的比例（%）	坏账准备期末余额（元）
宁夏宁东开发投资有限公司（"宁东投资"）	第三方应收款	78,380,000.28	2~3年	65.72	78,380,000.28
北京科桥宝恒文化发展有限公司	押金	4,869,715.20	1年以内	4.08	—
灵武市利源达再生资源回收有限公司	其他	4,650,000.00	3年以上	3.90	4,650,000.00
四川万瑞通信有限责任公司	第三方代垫款	3,000,000.00	3年以上	2.52	3,000,000.00
深圳市欣隆康贸易有限公司	其他	2,300,000.00	3年以上	1.93	2,300,000.00
合计		93,199,715.48		78.15	88,330,000.28

（6）涉及政府补助的应收款项。

单位：元

单位名称	政府补助项目名称	期末余额	期末账龄	预计收取的时间、金额及依据
银川市兴庆区财政局	上市奖励	15,000,000.00	1年以内	2020年底全额收回款项
银川经济技术开发区管理委员会财政社会发展基金管理局	上市奖励	12,000,000.00	1年以内	2020年3月11日已收回

其他说明：
应收的政府补助为上市后正常扶持性奖励。

示例 4-65　601333.SH 广深铁路

会计政策

于每个资产负债表日，本集团对于处于不同阶段的金融工具的预期信用损失分别进行计量。金融工具自初始确认后信用风险未显著增加的，处于第一阶段，本集团按照未来12个月内的预期信用损失计量损失准备；金融工具自初始确认后信用风险已显著增加但尚未发生信用减值的，处于第二阶段，本集团按照该工具整个存续期的预期信用损失计量损失准备；金融工具自初始确认后已经发生信用减值的，处于第三阶段，本集团按照该工具整个存续期的预期信用损失计量损失准备。

对于在资产负债表日具有较低信用风险的金融工具，本集团假设其信用风险自初始确认后并未显著增加，按照未来12个月内的预期信用损失计量损失准备。

当单项金融资产无法以合理成本评估预期信用损失的信息时，本集团依据信用风险特征将应收款项划分为若干组合，在组合基础上计算预期信用损失，确定组合的依据如下：

组合一　通过中铁集团清算的业务形成的应收账款
组合二　委托运输服务及综合服务收入形成的应收账款
组合三　非委托运输及综合服务收入及不通过中铁集团清算的业务形成的应收账款
组合四　信用风险较低的银行承兑汇票
组合五　非贸易性应收款项

对于划分为组合的其他应收款，本集团参考历史信用损失经验，结合当前状况以及对未来经济状况的预测，通过违约风险敞口和未来12个月内或整个存续期预期信用损失率，计算预期信用损失。

第四章 | 金融工具的减值

财务报表项目注释

其他应收款

单位：元

项目	2019年12月31日	2018年12月31日
代垫款项	129,452,250	9,567,478
备用金	56,680,518	39,065,046
保证金及押金	3,006,801	40,086,740
其他	66,354,436	84,767,539
小计	255,494,005	173,486,803
减：坏账准备	(10,589,715)	(10,589,715)
合计	244,904,290	162,897,088

(a) 其他应收款账龄分析如下：

单位：元

账龄	期末账面余额	期初账面余额
1年以内小计	209,156,936	144,047,100
1~2年	32,808,655	8,267,834
2~3年	138,446	6,279,442
3~4年	4,427,475	7,524,076
4~5年	2,289,691	548,960
5年以上	6,672,802	6,819,391
合计	255,494,005	173,486,803

(b) 损失准备及其账面余额变动表：

单位：元

坏账准备	第一阶段 未来12个月预期信用损失		第三阶段 整个存续期预期信用损失（已发生信用减值）		合计
	账面余额	坏账准备	账面余额	坏账准备	坏账准备
2019年1月1日余额	168,855,803	(5,958,715)	4,631,000	(4,631,000)	(10,589,715)

续表

坏账准备	第一阶段 未来12个月预期信用损失		第三阶段 整个存续期预期信用损失（已发生信用减值）		合计
	账面余额	坏账准备	账面余额	坏账准备	坏账准备
本年增加	209,156,936	(4,486,959)	—	—	(4,486,959)
本年减少	(127,149,734)	4,486,959	—	—	4,486,959
2019年12月31日余额	250,863,005	(5,958,715)	4,631,000	(4,631,000)	(10,589,715)
2019年1月1日余额	168,855,803	(5,958,715)	4,631,000	(4,631,000)	(10,589,715)
本年增加	209,156,936	(4,486,959)	—	—	(4,486,959)
本年减少	(127,149,734)	4,486,959	—	—	4,486,959
2019年12月31日余额	250,863,005	(5,958,715)	4,631,000	(4,631,000)	(10,589,715)

于2019年12月31日，本集团不存在处于第二阶段的其他应收款。

(i) 于2019年12月31日，单项计提坏账准备的其他应收款分析如下：

第三阶段	账面余额（元）	整个存续期预期信用损失率（%）	坏账准备（元）	理由
平南铁路往来款	4,631,000	100	(4,631,000)	长账龄款项，经管理层评估认为已无法收回

(ii) 于2019年12月31日及2018年12月31日，组合计提坏账准备的其他应收款均处于第一阶段，分析如下：

项目	2019年12月31日			2018年12月31日		
	账面余额（元）	损失准备		账面余额（元）	损失准备	
		计提比例（%）	金额（元）		计提比例（%）	金额（元）
非贸易性应收款项	250,863,005	2.38	(5,958,715)	168,855,803	3.53	(5,958,715)

(c) 2019年度，本集团无新增坏账准备（2018年度：4,631,000元），无收回或转回的坏账准备（2018年度：2,002元）。

(d) 2019 年度，本集团无实际核销的其他应收款（2018 年度：12,891,024 元）。

(e) 于 2019 年 12 月 31 日，按欠款方归集的余额前五名的其他应收款分析如下：

单位名称	款项的性质	期末余额（元）	账龄	占其他应收款期末余额合计数的比例（%）	坏账准备期末余额（元）
南广铁路有限责任公司	代垫款	77,261,189	1 年以内	30	(1,691,101)
广深港客运专线有限责任公司	代垫款	22,930,976	1 年以内	9	(501,916)
赣韶铁路股份有限公司	代垫款	17,699,239	1 年以内	7	(387,403)
广东珠三角城际轨道交通有限公司	代垫托管人员相关费用	7,093,722	1 年以内	3	(155,268)
广珠铁路有限责任公司	代垫款	4,847,517	1 年以内	2	(106,103)
合计		129,832,643		51	(2,841,791)

示例 4-66　601607.SH 上海医药

会计政策

于每个资产负债表日，本集团对于处于不同阶段的金融工具的预期信用损失分别进行计量。金融工具自初始确认后信用风险未显著增加的，处于第一阶段，本集团按照未来 12 个月内的预期信用损失计量损失准备；金融工具自初始确认后信用风险已显著增加但尚未发生信用减值的，处于第二阶段，本集团按照该工具整个存续期的预期信用损失计量损失准备；金融工具自初始确认后已经发生信用减值的，处于第三阶段，本集团按照该工具整个存续期的预期信用损失计量损失准备。

对于在资产负债表日具有较低信用风险的金融工具，本集团假设其信用风险自初始确认后并未显著增加，按照未来 12 个月内的预期信用损失计量损失准备。

当单项金融资产无法以合理成本评估预期信用损失的信息时，本集团依据信用风险特征将应收款项分为若干组合，在组合基础上计算预期信用损失，确定组合的依据如下：

组合一　账龄
组合二　关联方股利
组合三　利息及应收款项融资
组合四　保证金（含押金）组合及其他应收供应商款项
组合五　应收合并范围内公司款项

对于划分为组合的其他应收款与长期应收款，本集团参考历史信用损失经验，结合当前状况以及对未来经济状况的预测，通过违约风险敞口和未来 12 个月内或整个存续期预期信用损失率,计算预期信用损失。

财务报表项目注释

其他应收款

单位:元

项目	2019 年 12 月 31 日	2018 年 12 月 31 日
应收供应商补偿款	1,047,916,911.76	1,062,091,113.00
保证金(含押金)	637,742,998.60	624,944,424.41
应收公司往来款	254,505,921.15	179,978,826.98
应收股利	49,862,267.17	41,640,230.20
备用金	46,861,520.88	31,420,845.26
应收土地收储及搬迁补偿款	—	161,000,000.00
其他	865,377,352.93	857,559,650.32
小计	2,902,266,972.49	2,958,635,090.17
减:坏账准备	(699,306,175.78)	(666,892,049.90)
合计	2,202,960,796.71	2,291,743,040.27

(a) 其他应收账款账龄如下:

单位:元

账龄	2019 年 12 月 31 日	2018 年 12 月 31 日
1 年以内	1,888,570,486.34	2,106,308,938.17
1~2 年	288,389,607.98	162,983,578.99
2 年以上	725,306,878.17	689,342,573.01
合计	2,902,266,972.49	2,958,635,090.17

(b) 于 2019 年 12 月 31 日,单项计提坏账准备的其他应收款分析如下:

项目	账面余额(元)	第三阶段——整个存续期预期信用损失率(%)	坏账准备(元)	理由
其他应收账款 1	120,000,000.00	100.00	(120,000,000.00)	预期无法收回
其他应收账款 2	66,344,786.08	32.27	(21,409,047.26)	预期无法收回
其他应收账款 3	34,033,754.45	100.00	(34,033,754.45)	预期无法收回

续表

项目	账面余额（元）	第三阶段——整个存续期预期信用损失率（%）	坏账准备（元）	理由
其他应收账款4	33,375,018.03	100.00	(33,375,018.03)	预期无法收回
其他	258,300,988.78	100.00	(258,300,988.78)	预期无法收回
合计	512,054,547.34		(467,118,808.52)	

（c）于2019年12月31日，组合计提坏账准备的其他应收款分析如下：

其他应收款	2019年12月31日		
	账面余额（元）	损失准备	
		金额（元）	计提比例（%）
第一阶段——未来12个月预期信用损失（组合）			
1年以内	1,823,423,668.58	(11,966,648.36)	0.66
第三阶段——整个存续期预期信用损失（组合）			
1~2年	254,087,573.64	(33,281,152.56)	13.10
2年以上	312,701,182.93	(186,939,566.34)	59.78
合计	566,788,756.57	(220,220,718.90)	

其他应收款	2018年12月31日		
	账面余额（元）	损失准备	
		金额（元）	计提比例（%）
第一阶段——未来12个月预期信用损失（组合）			
1年以内	2,098,672,487.41	(21,070,033.33)	1.00
第三阶段——整个存续期预期信用损失（组合）			
1~2年	162,983,578.99	(28,449,499.07)	17.46
2年以上	286,636,855.76	(207,030,349.49)	72.23
合计	449,620,434.75	(235,479,848.56)	

于2019年12月31日及2018年12月31日，本集团不存在处于第二阶段的其他应收款。

（d）于2019年度，对于阶段一和阶段三的其他应收款的坏账准备分别计提6,150,359.20元和41,517,510.85元，主要为对本年新增其他应收款计提的损失准备及从阶段一转移至阶段三的其他应收款由于本年内损失率变动对预期信用损失计量的影响。

本年度，本集团无重要的阶段一及阶段三的坏账准备转回。

（e）本年度实际核销的其他应收款账面余额为 780,109.52 元，坏账准备金额为 780,109.52 元：

单位：元

项目	其他应收账款性质	核销金额	核销原因	履行的核销程序	是否因关联交易产生
其他应收账款1	货款	780,109.52	长账龄无法收回	管理层审批、专项审计	否

（f）于 2019 年 12 月 31 日，按欠款方归集的余额前五名的其他应收款分析如下：

项目	性质	余额（元）	账龄	占其他应收款余额总额比例（%）	坏账准备（元）
其他应收款1	往来款	120,000,000.00	5年以上	4.14	(120,000,000.00)
其他应收款2	往来款	66,344,786.08	2年以内	2.29	(21,409,047.26)
其他应收款3	往来款	37,513,830.37	1年以内	1.29	(564,842.67)
其他应收款4	往来款	34,033,754.45	5年以上	1.17	(34,033,754.45)
其他应收款5	往来款	33,375,018.03	5年以上	1.15	(33,375,018.03)
合计		291,267,388.93		10.04	(209,382,662.41)

示例 4-67 000807.SZ 云铝股份

会计政策

于每个资产负债表日，本集团对于处于不同阶段的金融工具的预期信用损失分别进行计量。金融工具自初始确认后信用风险未显著增加的，处于第一阶段，本集团按照未来 12 个月内的预期信用损失计量损失准备；金融工具自初始确认后信用风险已显著增加但尚未发生信用减值的，处于第二阶段，本集团按照该工具整个存续期的预期信用损失计量损失准备；金融工具自初始确认后已经发生信用减值的，处于第三阶段，本集团按照该工具整个存续期的预期信用损失计量损失准备。

对于在资产负债表日具有较低信用风险的金融工具，本集团假设其信用风险自初始确认后并未显著增加，按照未来 12 个月内的预期信用损失计量损失准备。

当单项金融资产无法以合理成本评估预期信用损失的信息时，本集团依据信用风险特征将应收款项划分为若干组合，在组合基础上计算预期信用损失，确定组合的依据和计提方法如下：

银行承兑汇票组合	全部银行承兑汇票
有信用期的应收款项组合	应收账款
其他应收款组合 1	押金和保证金
其他应收款组合 2	员工备用金
其他应收款组合 3	往来款及其他

对于和划分为组合的其他应收款，本集团参考历史信用损失经验，结合当前状况以及对未来经济状况的预测，通过违约风险敞口和未来 12 个月内或整个存续期预期信用损失率，计算预期信用损失。

财务报表项目注释

其他应收款

单位：元

项目	期末余额	期初余额
应收股利	960,000.00	960,000.00
其他应收款	151,906,204.77	146,895,397.42
合计	152,866,204.77	147,855,397.42

（1）应收股利。

①应收股利分类。

单位：元

项目（或被投资单位）	期末余额	期初余额
应收股利	960,000.00	960,000.00
合计	960,000.00	960,000.00

（2）其他应收款。

①其他应收款按款项性质分类情况。

单位：元

款项性质	期末账面余额	期初账面余额
应收往来款	52,554,942.98	64,591,163.35
应收押金和保证金	73,891,833.35	52,133,308.06
应收暂借款	40,000,000.00	40,000,000.00
应收股权过渡期损益	10,418,367.65	10,418,367.65

续表

款项性质	期末账面余额	期初账面余额
应收其他款项	8,158,941.94	9,250,265.33
减：坏账准备	-33,117,881.15	-29,497,706.97
合计	151,906,204.77	146,895,397.42

②坏账准备计提情况。

单位：元

坏账准备	第一阶段 未来12个月预期信用损失	第二阶段 整个存续期预期信用损失（未发生信用减值）	第三阶段 整个存续期预期信用损失（已发生信用减值）	合计
2019年1月1日余额	511,228.04	—	28,986,478.93	29,497,706.97
2019年1月1日余额在本期	—	—	—	—
本期计提	820,566.50	—	3,457,625.61	4,278,192.11
本期转回	377,173.94	—	280,843.99	658,017.93
2019年12月31日余额	954,620.60	—	32,163,260.55	33,117,881.15

损失准备本期变动金额重大的账面余额变动情况

按账龄披露

单位：元

账龄	账面余额
1年以内（含1年）	109,192,406.72
1～2年	9,588,886.61
2～3年	547,404.34
3年以上	65,695,388.25
3～4年	17,524,465.13
4～5年	7,589,033.01
5年以上	40,581,890.11
合计	185,024,085.92

③本期计提、收回或转回的坏账准备情况。

本期计提坏账准备情况：

单位：元

类别	期初余额	本期变动金额			期末余额
		计提	收回或转回	核销	
其他应收款坏账准备	29,497,706.97	4,278,192.11	658,017.93		33,117,881.15
合计	29,497,706.97	4,278,192.11	658,017.93		33,117,881.15

④按欠款方归集的期末余额前五名的其他应收款情况。

单位名称	款项的性质	期末余额（元）	账龄	占其他应收款期末余额合计数的比例（%）	坏账准备期末余额（元）
G公司	期货保证金	50,737,949.00	1年以内	27.42	
I公司	借款	40,000,000.00	3年以上	21.62	18,629,365.64
J公司	股权收购过渡期损益	10,418,367.65	3年以上	5.63	3,125,510.30
H公司	期货保证金	10,190,625.00	1年以内	5.51	
K公司	保证金	7,900,000.00	1年以内	4.27	
合计	—	119,246,941.65	—	—	21,754,875.94

示例4-68 600808.SH 马钢股份

会计政策

除采用简化计量方法以外的金融资产、贷款承诺及财务担保合同，本集团在每个资产负债表日评估其信用风险自初始确认后是否已经显著增加，如果信用风险自初始确认后未显著增加，处于第一阶段，本集团按照相当于未来12个月内预期信用损失的金额计量损失准备，并按照账面余额和实际利率计算利息收入；如果信用风险自初始确认后已显著增加但尚未发生信用减值的，处于第二阶段，本集团按照相当于整个存续期内预期信用损失的金额计量损失准备，并按照账面余额和实际利率计算利息收入；如果初始确认后发生信用减值的，处于第三阶段，本集团按照相当于整个存续期内预期信用损失的金额计量损失准备，并按照摊余成本和实际利率计算利息收入。对于资产负债表日只具有较低信用风险的金融工具，本集团假设其信用风险自初始确认后未显著增加。

本集团基于单项和组合评估金融工具的预期信用损失。本集团考虑了不同客户的信用风险特征，以账龄组合为基础评估应收款项的预期信用损失。

财务报表项目注释
其他应收款

单位：元

项目	2019年12月31日	2018年12月31日
应收利息	257,956	507,913
应收股利	—	20,346,208
其他应收款	156,033,895	127,111,413
合计	156,291,851	147,965,534

应收利息

单位：元

项目	2019年12月31日	2018年12月31日
定期存款	257,956	507,913
合计	257,956	507,913

应收股利

单位：元

项目	2019年12月31日	2018年12月31日
其他权益工具投资——十七冶	—	1,760,000
联营企业——马钢废钢公司	—	8,119,136
联营企业——安徽马钢嘉华	—	1,812,970
联营企业——马钢化工能源	—	8,654,102
合计	—	20,346,208

其他应收款

其他应收款的账龄分析如下：

单位：元

账龄	2019年12月31日	2018年12月31日
1年以内	111,650,679	123,297,588
1~2年	44,736,427	900,006
2~3年	146,600	7,626,419

续表

账龄	2019年12月31日	2018年12月31日
3年以上	418,435,047	411,648,933
小计	574,968,753	543,472,946
减：其他应收款坏账准备	418,934,858	416,361,533
合计	156,033,895	127,111,413

其他应收款按性质分类如下：

单位：元

类别	2019	2018
往来款	417,751,118	432,303,988
资产转让款	43,454,334	43,454,334
进口关税及增值税保证金	32,041,791	8,425,735
税收返还款	237,911	237,911
钢材期货保证金	47,141,529	74,298
其他	34,342,070	58,976,680
小计	574,968,753	543,472,946
减：坏账准备	418,934,858	416,361,533
合计	156,033,895	127,111,413

其他应收款按照12个月预期信用损失及整个存续期预期信用损失分别计提的坏账准备的变动如下：

2019年

单位：元

其他应收款	第一阶段 未来12个月预期信用损失	第二阶段 整个存续期预期信用损失	第三阶段 已发生信用减值金融资产（整个存续期预期信用损失）	合计
年初余额	1,008,277	12,035,629	403,317,627	416,361,533
年初余额在本年	(3,600)	3,600	—	—
——转入第二阶段	(3,600)	3,600	—	—
——转入第三阶段	—	—	—	—
——转回第二阶段	—	—	—	—

续表

其他应收款	第一阶段 未来12个月预期 信用损失	第二阶段 整个存续期预期 信用损失	第三阶段 已发生信用减值金融 资产（整个存续期 预期信用损失）	合计
——转回第一阶段	—	—	—	—
本年计提	—	4,218,900	—	4,218,900
本年转回	(775,059)	(869,087)	—	(1,644,146)
其他变动	(1,429)	—	—	(1,429)
年末余额	228,189	15,389,042	403,317,627	418,934,858

2018年

单位：元

其他应收款	第一阶段 未来12个月预期 信用损失	第二阶段 整个存续期预期 信用损失	第三阶段 已发生信用减值金融 资产（整个存续期 预期信用损失）	合计
年初余额在本年	—	—	—	—
——转入第二阶段	—	—	—	—
——转入第三阶段	—	—	—	—
——转回第二阶段	—	—	—	—
——转回第一阶段	—	—	—	—
本年计提	43,735	—	—	43,735
本年转回	(340,313)	(10,512,099)	(12,598,700)	(23,451,112)
其他变动	2,025	—	(169,618,372)	(169,616,347)
年末余额	1,008,277	12,035,629	403,317,627	416,361,533

本年无核销的其他应收款坏账准备（2018年：无）。

于2019年12月31日，其他应收款金额前五名如下：

公司	年末余额 （元）	占其他应收款 余额合计数的 比例（%）	性质	账龄	坏账准备年末余额 （元）
公司1	132,058,434	23	往来款	3年以上	(132,058,434)
公司2	127,685,367	22	往来款	3年以上	(127,685,367)

续表

公司	年末余额（元）	占其他应收款余额合计数的比例（%）	性质	账龄	坏账准备年末余额（元）
公司 3	60,939,960	11	往来款	3 年以上	(60,939,960)
公司 4	45,390,133	8	往来款	3 年以上	(45,390,133)
公司 5	43,454,334	8	往来款	1~2 年	—
合计	409,528,228	72			(366,073,894)

于 2018 年 12 月 31 日，其他应收款金额前五名如下：

公司	年末余额（元）	占其他应收款余额合计数的比例（%）	性质	账龄	坏账准备年末余额（元）
公司 1	132,058,434	24	往来款	3 年以上	(132,058,434)
公司 2	127,685,367	23	往来款	3 年以上	(127,685,367)
公司 3	60,939,960	11	往来款	3 年以上	(60,939,960)
公司 4	45,390,133	8	往来款	3 年以上	(45,390,133)
公司 5	43,454,334	8	往来款	1 年以内	(869,087)
合计	409,528,228	74			(366,942,981)

于 2019 年 12 月 31 日，应收政府补助款项如下：

应收政府补助	补助项目	金额（元）	账龄	预计收取时间金额及依据
应收太白镇政府款项	2004~2009 年政策性返还	237,911	3 年以上	注

于 2018 年 12 月 31 日，应收政府补助款项如下：

单位：元

应收政府补助	补助项目	金额（元）	账龄	预计收取时间金额及依据
应收太白镇政府款项	2004~2009 年政策性返还	237,911	3 年以上	注

注：该款项为安徽省当涂县太白镇政府因本公司的控股子公司安徽长江钢铁股份有限公司（简称"安徽长江钢铁"）2004~2009 年及时并足额缴纳各项税款，于 2009 年给予的政策性奖励，该政府补助已计入往年当期损益，2018 年收回人民币 5,000,000 元，剩余款项预计于 2020 年收回。

本集团于 2019 年 12 月 31 日和 2018 年 12 月 31 日的其他应收款余额中，并无因作为金融资产转移终止确认的其他应收款。

示例 4-69 600688.SH 上海石化

会计政策

对于其他应收款，本集团参考历史信用损失经验，结合当前状况以及对未来经济状况的预测，通过违约风险敞口和未来 12 个月内或整个存续期预期信用损失率，计算预期信用损失。

财务报表项目注释

其他应收款

单位：千元

项目	2019 年 12 月 31 日	2018 年 12 月 31 日
应收关联方	2,010	3,183
应收第三方	26,240	105,947
小计	28,250	109,130
减：坏账准备	(139)	(144)
合计	28,111	108,986

（a）其他应收款账龄分析如下：

单位：千元

账龄	2019 年 12 月 31 日	2018 年 12 月 31 日
1 年以内	28,111	108,986
1~3 年	—	—
3 年以上	139	144
合计	28,250	109,130

（b）损失准备及其账面余额变动表：

单位：千元

损失准备	第一阶段				第三阶段		合计
	未来12个月内 预期信用损失 （组合）		未来12个月内 预期信用损失 （单项）		小计	整个存续期 预期信用损失 （已发生信用减值）		合计
	账面余额	坏账准备	账面余额	坏账准备	坏账准备	账面余额	坏账准备	坏账准备
2018年12月31日	108,986	—	—	—	—	144	(144)	(144)
本年新增	—	—	—	—	—	—	—	—
本年转回	—	—	—	—	—	—	5	5
2019年12月31日	28,111	—	—	—	—	139	(139)	(139)

（c）2019年度，本集团没有以前年度已全额计提坏账准备，或计提坏账准备的比例较大，但在本年度全额收回或转回，或在本年度收回或转回比例较大的其他应收账款（2018年度：无）。

（d）2019年度，本集团未核销重大的其他应收款（2018年度：本集团核销的其他应收款账面余额为894千元，坏账准备金额为894千元）。

（e）于2019年12月31日，按欠款方归集的余额前五名的其他应收款分析如下：

单位：千元

单位名称	性质	余额 （元）	账龄	占其他应收款 余额总额比例（％）	坏账准备 （元）
国家税务总局上海市金山区税务局	出口退税	8,957	1年以内	32	—
上海银行金山支行	应收利息	6,372	1年以内	23	—
上海雨凡物流有限公司	代垫费用	3,988	1年以内	14	—
中信银行上海分行	应收利息	3,255	1年以内	12	—
上海石化比欧西气体有限责任公司（"比欧西公司"）	往来款项	1,830	1年以内	6	—
合计		24,402		87	

示例4-70　601766.SH　中国中车

会计政策

对于其他金融工具，除购买或源生的已发生信用减值的金融资产外，本集团在每个资产负债表日评估相关金融工具的信用风险自初始确认后的变动情况。若该金融工具的信用风险自初始确认后已显著增加，本集团按照相当于该金融工具整个存续期内预期信用损失的金额计量其损失准备；若该金融工具的信用风险自初始确认后并未显著增加,本集团按照相当于该金融工具未来 12 个月内预期信用损失的金额计量其损失准备。信用损失准备的增加或转回金额,作为减值损失或利得计入当期损益,除分类为以公允价值计量且其变动计入其他综合收益的金融资产、财务担保合同和贷款承诺外,信用损失准备抵减金融资产的账面价值;对于分类为以公允价值计量且其变动计入其他综合收益的金融资产,本集团在其他综合收益中确认其信用损失准备,不减少该金融资产在资产负债表中列示的账面价值。

财务报表项目注释
其他应收款

(1) 分类列示。

单位:千元

项目	2019 年 12 月 31 日	2018 年 12 月 31 日
应收利息	45,355	43,817
应收股利	148,563	70,473
其他应收款	2,405,137	2,915,597
合计	2,599,055	3,029,887

(2) 应收利息。

单位:千元

项目	2019 年 12 月 31 日	2018 年 12 月 31 日
债券投资	16,656	31,602
其他	28,699	12,215
合计	45,355	43,817

(3) 应收股利。

单位:千元

被投资单位	2019 年 12 月 31 日	2018 年 12 月 31 日
关联方	92,074	68,703
第三方	56,489	1,770
合计	148,563	70,473

(4) 其他应收款。

(i) 按账龄披露:

单位：千元

账龄	2019年12月31日	2018年12月31日
1年以内	1,756,099	2,439,539
1~2年	725,883	326,745
2~3年	294,238	57,511
3~4年	54,800	67,229
4~5年	58,588	283,030
5年以上	572,822	300,240
小计	3,462,430	3,474,294
减：信用损失准备	(1,057,293)	(558,697)
合计	2,405,137	2,915,597

（ii）按款项性质分类情况：

单位：千元

款项性质	2019年12月31日	2018年12月31日
代垫往来款	840,371	848,026
保证金及押金	525,761	446,587
应收土地转让款	51,525	698,067
其他	987,480	922,917
合计	2,405,137	2,915,597

（iii）信用损失准备计提情况：

单位：千元

损失准备	未来12个月预期信用损失	整个存续期预期信用损失（未发生信用减值）	整个存续期预期信用损失（已发生信用减值）	合计
2019年1月1日余额	7,158	40,280	511,259	558,697
转入第三阶段	—	(39,194)	39,194	—
本年计提	28,204	10,067	341,645	379,916
本年转回	(4,355)	(3,486)	—	(7,841)
本年核销	—	—	(1,700)	(1,700)
其他变动	55	105	128,061	128,221
2019年12月31日余额	31,062	7,772	1,018,459	1,057,293

(iv) 按欠款方归集的年末余额前五名的其他应收款情况:

单位名称	款项的性质	2019 年 12 月 31 日账面余额（千元）	占其他应收款总额的比例（%）
汇总前五名其他应收款	关联方/第三方	779,468	22.5

(5) 2019 年 12 月 31 日，其他应收款余额中应收本集团关联方的情况，详见附注十、5（略）。

示例 4-71　601111.SH 中国国航

会计政策

本集团对已经发生信用减值的应收账款按照单项考虑预期信用损失，对于其他应收账款在组合基础上采用减值矩阵确定相关信用损失。本集团以共同风险特征为依据，将按组合考虑的应收账款分为不同组别，采用的共同信用风险特征包括：应收账款对应的业务类型和业务渠道、债务人所处地理位置等。

本集团对于其他应收款项（包括应收票据、其他应收款、一年内到期的非流动资产、其他流动资产、长期应收款等）和其他债权投资按照单项考虑预期信用损失。

财务报表项目注释

其他应收款

(1) 其他应收款按性质分类如下：

单位：千元

分类	2019 年 12 月 31 日	2018 年 12 月 31 日
应收购买飞机及发动机回扣款	1,341,074	821,725
租赁押金	219,449	238,332
其他	2,523,515	3,969,723
小计	4,084,038	5,029,780
减：减值准备	(838,599)	(1,998,62)
合计	3,245,439	3,031,157

(2) 其他应收款的账龄情况如下：

单位：千元

账龄	2019 年 12 月 31 日	2018 年 12 月 31 日
1 年以内	2,095,555	2,075,728

续表

账龄	2019年12月31日	2018年12月31日
1~2年	287,902	366,027
2~3年	315,058	114,075
3年以上	1,385,523	2,473,950
小计	4,084,038	5,029,780
减：减值准备	(838,599)	(199,862)
合计	3,245,439	3,031,157

（3）其他应收款减值准备的变动如下：

单位：千元

其他应收款减值准备	未来12个月预期信用损失	整个存续期预期信用损失（未发生信用减值）	整个存续期预期信用损失（已发生信用减值）	合计
2019年1月1日	25,312	5,319	1,967,992	1,998,623
转入已发生信用减值	(700)	(53)	753	—
核销	—	—	(1,159,854)	(1,159,854)
外币财务报表折算差额	20	—	—	20
本年预期信用损失调整 2019年12月31日	724,639	(197) 5,069	-808,891	(190) 838,599
2019年1月1日	25,312	5,319	1,967,992	1,998,623
转入已发生信用减值	(700)	(53)	753	—

于2018年12月31日，本集团已发生信用减值的其他应收款主要为本公司子公司深圳航空应收深圳市汇润投资有限公司（以下简称"汇润投资"）及应收深圳市深航房地产开发有限责任公司（以下简称"深航房地产"）及其下属子公司的往来款项。2019年汇润投资破产清算管理人解散，本集团认为相关应收款项预计无法收回，将账面余额人民币774,820千元的应收汇润投资款项予以核销。截至2019年12月31日，本集团剩余应收深航房地产款项人民币468,796千元，均已全额计提减值准备。

（4）按欠款方归集的年末余额前五名的其他应收款情况：

欠款方	与本集团关系	金额（千元）	账龄	占其他应收款余额的比例（%）
客户1	第三方	633,013	5年以内	15

续表

欠款方	与本集团关系	金额（千元）	账龄	占其他应收款余额的比例（%）
客户 2	第三方	526,127	1 年以内	13
国货航［附注七、7（2）］（略）	关联方	440,460	5 年以内	11
客户 3	第三方	91,098	1 年以内	2
无锡市祥翼发展有限公司（以下简称"无锡祥翼"）［附注七、7（2）］（略）	关联方	78,433	1 年以内	2
		1,769,131		43

（5）其他应收款中主要包括以下外币余额：

单位：千元

外币	2019 年 12 月 31 日			2018 年 12 月 31 日		
	原币金额	汇率	折合人民币	原币金额	汇率	折合人民币
美元	126,645	6.9762	883,501	231,815	6.8632	1,590,993
欧元	1,607	7.8155	12,560	1,740	7.8473	13,654
港币	993	0.8958	890	3,336	0.8762	2,923

示例 4-72 000002.SZ 万科 A

会计政策

除应收账款和合同资产外，本集团对满足下列情形的金融工具按照相当于未来 12 个月内预期信用损失的金额计量其损失准备，对其他金融工具按照相当于整个存续期内预期信用损失的金额计量其损失准备：

——该金融工具在资产负债表日只具有较低的信用风险；或

——该金融工具的信用风险自初始确认后并未显著增加。

财务报表项目注释

其他应收款

（1）其他应收款按款项性质分类情况。

单位：元

项目	2019 年 12 月 31 日	2018 年 12 月 31 日
土地及其他保证金	26,249,723,218.46	20,743,237,579.59
合作方经营往来款	90,993,166,603.05	84,157,936,223.03

续表

项目	2019年12月31日	2018年12月31日
应收联营/合营企业款	114,544,260,713.85	136,894,780,483.08
应收利息	11,855,603.02	2,608,382.06
应收股利	19,024,413.08	27,329,808.99
其他	5,313,958,683.96	3,992,498,566.85
小计	237,131,989,235.42	245,818,391,043.60
减：坏账准备	1,666,981,885.62	1,494,248,104.85
合计	235,465,007,349.80	244,324,142,938.75

（2）其他应收款按账龄分析如下：

单位：元

账龄	2019年12月31日	2018年12月31日
1年以内（含1年）	129,681,350,232.80	155,569,740,448.26
1~2年（含2年）	65,782,599,275.56	57,600,994,026.67
2~3年（含3年）	23,479,132,367.29	20,943,905,944.26
3年以上	18,188,907,359.77	11,703,750,624.41
小计	237,131,989,235.42	245,818,391,043.60
减：坏账准备	1,666,981,885.62	1,494,248,104.85
合计	235,465,007,349.80	244,324,142,938.75

账龄自其他应收款确认日起开始计算。

（3）按坏账准备计提方法分类披露。

类别	2019年12月31日				
	账面余额		坏账准备		账面价值（元）
	金额（元）	比例（%）	金额（元）	计提比例（%）	
按单项计提坏账准备	232,239,520,267.76	97.94	1,049,332,065.06	0.45	231,190,188,202.70
按组合计提坏账准备	4,892,468,967.66	2.06	617,649,820.56	12.62	4,274,819,147.10
合计	237,131,989,235.42	100.00	1,666,981,885.62		235,465,007,349.80

单位：元

类别	2018 年 12 月 31 日				账面价值（元）
	账面余额		坏账准备		
	金额（元）	比例（%）	金额（元）	计提比例（%）	
按单项计提坏账准备	243,289,400,241.88	98.97	915,608,846.19	0.38	242,373,791,395.69
按组合计提坏账准备	2,528,990,801.72	1.03	578,639,258.66	22.88	1,950,351,543.06
合计	245,818,391,043.60	100.00	1,494,248,104.85		244,324,142,938.75

由于土地及其他保证金、合作方经营往来款和应收联营/合营企业款等的回收情况必须考虑相关开发项目的情况，本集团按照单项计算预期信用损失。

对于其他性质的其他应收款，作为具有类似信用风险特征的组合，本集团基于历史实际信用损失率计算预期信用损失，并考虑历史数据收集期间的经济状况、当前的经济状况与未来经济状况预测。

（4）坏账准备的变动情况。

单位：元

坏账准备	第一阶段 未来 12 个月 预期信用损失	第二阶段 整个存续期预期 信用损失 （未发生信用减值）	第三阶段 整个存续期 预期信用损失 （已发生信用减值）	合计
2019 年 1 月 1 日余额	116,695,513.88	461,943,744.79	915,608,846.18	1,494,248,104.85
2019 年 1 月 1 日余额在本年				
——转入第二阶段	(15,590,463.07)	15,590,463.07	—	—
——转入第三阶段	—			
——转回第二阶段				
——转回第一阶段				
本年计提	16,852,850.02	53,327,188.85	136,911,897.88	207,091,936.75
本年转回	(5,272,433.89)	(16,683,473.55)	(3,188,679.00)	(25,144,586.44)
合并范围变化	(9,213,569.54)	—	—	(9,213,569.54)
2019 年 12 月 31 日余额	103,471,897.40	514,177,923.16	1,049,332,065.06	1,666,981,885.62

注：本集团本年无金额重大的其他应收款核销情况。

(5) 按交易方归集的年末余额前五名其他应收款情况:

单位名称	款项的性质	年末余额（元）	账龄	占其他应收款年末余额合计数的比例（%）	坏账准备年末余额
杭州西曙置业有限公司	应收合营往来	7,229,922,300.69	1年以内	3.05	—
昆明万睿房地产开发有限公司	应收合营往来	4,444,786,766.76	1~2年（含2年）	1.87	—
成都万科南城置业有限公司	应收合营往来	4,275,137,487.95	1~3年（含3年）	1.80	—
深圳市凯福投资实业有限公司	应收联营往来	3,359,924,298.14	1年以内、2~3年（含3年）	1.42	—
上海恺冠臻房地产开发有限公司	应收联营往来	3,244,949,372.17	1~3年、3年以上	1.37	—
合计		22,554,720,225.71		9.51	—

示例 4-73　601330.SH 绿色动力

会计政策

除应收账款外，本集团对满足下列情形的金融工具按照相当于未来12个月内预期信用损失的金额计量其损失准备，对其他金融工具按照相当于整个存续期内预期信用损失的金额计量其损失准备:

——该金融工具在资产负债表日只具有较低的信用风险；或

——该金融工具的信用风险自初始确认后并未显著增加。

财务报表项目注释

其他应收款

单位:元

项目	注	2019年	2018年
应收利息		—	63,972.93
其他应收款	(1)	22,779,939.42	67,214,562.04
合计		22,779,939.42	67,278,534.97

(1) 其他。

(a) 按客户类别分析如下:

单位：元

客户类别	2019 年	2018 年
应收第三方	45,405,856.45	89,834,745.86
减：坏账准备	-22,625,917.03	-22,620,183.82
合计	22,779,939.42	67,214,562.04

(b) 按账龄分析如下：

单位：元

账龄	2019 年	2018 年
1 年以内（含 1 年）	18,973,312.52	59,567,082.87
1～2 年（含 2 年）	1,200,853.17	8,495,025.39
2～3 年（含 3 年）	3,534,223.16	545,768.94
3～4 年（含 4 年）	545,798.94	1,622,062.87
4～5 年（含 5 年）	1,617,862.87	928,761.00
5 年以上	19,533,805.79	18,676,044.79
小计	45,405,856.45	89,834,745.86
减：坏账准备	(22,625,917.03)	(22,620,183.82)
合计	22,779,939.42	67,214,562.04

账龄自其他收账款确认日起开始计算。

(c) 按坏账准备计提方法分类披露：

类别	2019 年				
	账面余额		坏账准备		账面价值（元）
	金额（元）	比例（%）	金额（元）	比例（%）	
按单项计提坏账准备					
——履约保证金	8,030,000.00	18	(5,151,500.00)	23	2,878,500.00
——原股东款项	17,800,529.85	39	(13,126,249.60)	58	4,674,280.25
按组合计提坏账准备					
——应收增值税即退及其他应退税款					
——其他	5,013,482.89	11	—	0	5,013,482.89
合计	14,561,843.71	32	(4,348,167.43)	19	10,213,676.28

类别	2018 年				账面价值（元）
	账面余额		坏账准备		
	金额（元）	比例（%）	金额（元）	比例（%）	
按单项计提坏账准备					
——履约保证金	10,025,000.00	11	(4,450,000.00)	20	5,575,000.00
——原股东款项	12,880,234.85	14	(12,880,234.85)	57	—
按组合计提坏账准备					
——应收增值税即退及其他应退税款	9,913,233.99	11	—	0	9,913,233.99
——其他	57,016,277.02	64	(5,289,948.97)	23	51,726,328.05
合计	89,834,745.86	100	(22,620,183.82)	100	67,214,562.04

（i）2019 年按单独计提坏账准备的确认标准及说明：

其他应收款（按单位）	账面余额（元）	坏账准备（元）	计提比例（%）	计提理由
深圳瀚洋控股公司	6,988,073.50	(6,988,073.50)	100	账龄较长且存在收回风险
绿色动力环保投资有限公司	5,160,600.00	(5,160,600.00)	100	账龄较长且存在收回风险
广东博海昕能环保有限公司原股东	4,920,295.00	(246,014.75)	5	存在回收风险
射阳县政府	4,000,000.00	(4,000,000.00)	100	账龄较长且存在收回风险
南京市公共资源交易中心	2,000,000.00	(100,000.00)	5	存在回收风险
常州市武进区城市管理局	1,000,000.00	(1,000,000.00)	100	账龄较长且存在收回风险
葫芦岛市政务服务中心	1,000,000.00	(50,000.00)	5	存在回收风险
郑生	355,664.38	(355,664.38)	100	账龄较长且存在收回风险
绿色动力国际控股（集团）有限公司	294,835.67	(294,835.67)	100	账龄较长且存在收回风险
荆州市长江河道管理局石首分局	30,000.00	(1,500.00)	5	存在回收风险
黄建中	70,000.00	(70,000.00)	100	账龄较长且存在收回风险
郑道斌	11,061.30	(11,061.30)	100	账龄较长且存在收回风险
合计	25,830,529.85	(18,277,749.60)		

（ii）2019 年按组合计提坏账准备的确认标准及说明：

本集团主要根据其他应收款的性质对其进行分组。其中，应收增值税即退及其他应退税款主要是应收税局的退税款；其他主要是应收的代垫款项和关联方借款。

(d) 坏账准备的变动情况：

单位：元

坏账准备	2019 年			
	第一阶段 未来 12 个月预期 信用损失	第二阶段 整个存续期预期 信用损失——未 发生信用减值	第三阶段 整个存续期预期 信用损失——已 发生信用减值	合计
原金融工具准则下的余额	—	—	—	—
首次执行新金融工具准则 的调整金额				
年初余额	2,481,442.43	2,808,506.54	17,330,234.85	22,620,183.82
转入第二阶段	(60,042.66)	60,042.66	—	—
转入第三阶段	—	—	—	—
转回第二阶段				
转回第一阶段				
非同一控制下企业合并	16,349.97	—	—	16,349.97
本年（转回）/计提	(1,891,258.28)	1,179,141.52	701,500.00	(10,616.76)
年末余额	546,491.46	4,047,690.72	18,031,734.85	22,625,917.03

单位：元

坏账准备	2018 年			
	第一阶段 未来 12 个月预期 信用损失	第二阶段 整个存续期预期 信用损失——未 发生信用减值	第三阶段 整个存续期预期 信用损失——已 发生信用减值	合计
原金融工具准则下的余额	573,957.09	1,326,333.18	15,880,234.85	17,780,525.12
首次执行新金融工具准则 的调整金额	—	—	—	—
年初余额	573,957.09	1,326,333.18	15,880,234.85	17,780,525.12
转入第二阶段	(152,154.98)	152,154.98	—	—
转入第三阶段				
转回第二阶段	—			
转回第一阶段				

续表

坏账准备	2018 年			
	第一阶段 未来 12 个月预期 信用损失	第二阶段 整个存续期预期 信用损失——未 发生信用减值	第三阶段 整个存续期预期 信用损失——已 发生信用减值	合计
非同一控制下企业合并	21,310.40	975,357.20	—	996,667.60
本年（转回）/计提	2,038,329.92	354,661.18	1,450,000.00	3,842,991.10
年末余额	2,481,442.43	2,808,506.54	17,330,234.85	22,620,183.82

（e）按款项性质分类情况：

单位：元

款项性质	2019 年	2018 年
履约保证金	8,030,000.00	10,025,000.00
应收增值税即征即退及应收其他退税款	5,013,482.89	9,913,233.99
其他	32,362,373.56	69,896,511.87
小计	45,405,856.45	89,834,745.86
减：坏账准备	(22,625,917.03)	(22,620,183.82)
合计	22,779,939.42	67,214,562.04

（f）按欠款方归集的年末余额前五名的情况：

	2019 年				
单位名称	款项的性质	年末余额 （元）	账龄	占年末余额 合计数的比例 （%）	坏账准备 年末余额 （元）
深圳瀚洋控股公司	原股东往来款	6,988,073.50	5 年以上	15	(6,988,073.50)
绿色动力环保投资有限公司	原股东往来款	5,160,600.00	5 年以上	11	(5,160,600.00)
射阳县政府	履约保证金	4,000,000.00	5 年以上	9	(4,000,000.00)
贵州西洁环境卫生管理有限公司	其他	2,668,488.18	2～4 年	6	(618,173.06)
广东博海昕能环保有限公司原股东	原股东往来款	4,920,295.00	1 年以内	11	(246,014.75)
合计		23,737,456.68		52	(17,012,861.31)

		2018 年			
单位名称	款项的性质	年末余额（元）	账龄	占年末余额合计数的比例（%）	坏账准备年末余额（元）
丰城绿色动力环保有限公司	企业往来款	37,816,510.20	1年以内	42	(1,890,825.51)
深圳瀚洋控股公司	原股东往来款	6,988,073.50	5年以上	8	(6,988,073.50)
平阳县公共资源交易中心	其他	6,000,000.00	1年以内	7	(300,000.00)
绿色动力环保投资有限公司	原股东往来款	5,160,600.00	5年以上	6	(5,160,600.00)
宁河县市容和园林管理委员会	履约保证金	5,000,000.00	1~2年	6	(250,000.00)
合计		60,965,183.70		69	(14,589,499.01)

示例 4-74　600650.SH 锦江投资

会计政策

本集团对其他流动资产（委托贷款）在单项资产的基础上确定其信用损失，对应收票据、应收账款和其他应收款在组合基础上采用减值矩阵确定相关金融工具的信用损失。本集团以共同风险特征为依据，将金融工具分为不同组别。本集团采用的共同信用风险特征包括：金融工具类型、债务人所处行业等。

财务报表项目注释

其他应收款

（1）按账龄披露。

单位：元

账龄	期末账面余额
1年以内	18,972,344.16
1~2年	4,083,666.93
2~3年	5,230,694.00
3年以上	
3~4年	321,745.00
4~5年	7,901,997.50
5年以上	
合计	36,510,447.59

账龄	年末余额		
	其他应收款（元）	坏账准备（元）	计提比例（%）
1年以内	18,972,344.16	—	—
1年以上	17,538,103.43	5,656.78	0.03
合计	36,510,447.59	5,656.78	0.02

（2）按款项性质分类情况。

单位：元

款项性质	期末账面余额	期初账面余额
押金及保证金	16,706,088.14	16,038,224.00
关联方往来款	4,560,358.68	5,988,694.29
代垫款项	2,581,910.35	2,843,138.04
备用金	526,000.00	855,534.00
其他	12,130,433.64	12,402,446.14
合计	36,504,790.81	38,128,036.47

（3）坏账准备计提情况。

单位：元

坏账准备	第一阶段 未来12个月预期信用损失	第二阶段 整个存续期预期信用损失（未发生信用减值）	第三阶段 整个存续期预期信用损失（已发生信用减值）	合计
2019年1月1日余额			3,551.29	
2019年1月1日余额在本期				
——转入第二阶段				
——转入第三阶段				
——转回第二阶段				
——转回第一阶段				
本期计提			2,105.49	
本期转回				
本期转销				

续表

坏账准备	第一阶段	第二阶段	第三阶段	合计
	未来12个月预期信用损失	整个存续期预期信用损失（未发生信用减值）	整个存续期预期信用损失（已发生信用减值）	
本期核销				
其他变动				
2019年12月31日余额			5,656.78	

对本期发生损失准备变动的其他应收款账面余额显著变动的情况说明：
于2019年12月31日，其他应收款的信用风险与预期信用损失情况如下：

单位：元

内部信用评级	本年年末数			合计
	未来12个月预期信用损失	整个存续期预期信用损失（未发生信用减值）	整个存续期预期信用损失（已发生信用减值）	
正常	27,874,100.05	—	—	27,874,100.05
关注	—	—	—	—
预警	—	—	—	—
损失	—	—	5,656.78	5,656.78
账面余额合计	27,874,100.05	—	5,656.78	27,879,756.83
减值准备	—	—	5,656.78	5,656.78
账面价值	27,874,100.05	—	—	27,874,100.05

（4）坏账准备的情况。

单位：元

类别	期初余额	本期变动金额				期末余额
		计提	收回或转回	转销或核销	其他变动	
其他应收款	3,551.29	2,105.49				5,656.78
合计	3,551.29	2,105.49				5,656.78

（5）按欠款方归集的期末余额前五名的其他应收款情况。

单位名称	款项的性质	期末余额（元）	账龄	占其他应收款期末余额合计数的比例（%）	坏账准备期末余额（元）
单位一	保证金	6,975,000.00	2~3年	19.11	
单位二	保证金	6,000,000.00	3年以上	16.44	
上海锦江客运有限公司	关联方往来款	4,252,413.48	2年之内	11.65	
单位三	押金	1,763,583.74	1年之内	4.83	
单位四	往来款	1,650,000.00	1年之内	4.52	
合计		20,640,997.22		56.55	

示例4-75　601155.SH 新城控股

会计政策

于每个资产负债表日，本集团对于处于不同阶段的金融工具的预期信用损失分别进行计量。金融工具自初始确认后信用风险未显著增加的，处于第一阶段，本集团按照未来12个月内的预期信用损失计量损失准备；金融工具自初始确认后信用风险已显著增加但尚未发生信用减值的，处于第二阶段，本集团按照该工具整个存续期的预期信用损失计量损失准备；金融工具自初始确认后已经发生信用减值的，处于第三阶段，本集团按照该工具整个存续期的预期信用损失计量损失准备。

本集团依据信用风险特征将应收款项划分为若干组合，在组合基础上计算预期信用损失，确定组合的依据如下：

组合1　应收银行承兑汇票
组合2　应收账款
组合3　其他应收款——应收政府有关机构款项
组合4　其他应收款——应收关联方款项
组合5　其他应收款——应收少数股东和房产合作方款项

对于划分为组合的其他应收款，本集团参考历史信用损失经验，结合当前状况以及对未来经济状况的预测，通过违约风险敞口和未来12个月内或整个存续期预期信用损失率，计算预期信用损失。

财务报表项目注释

其他应收款

（i）按款项性质分类情况。

单位：元

款项性质	期末账面余额	期初账面余额
应收关联方款项[附注八（6）]	22,405,197,748	24,245,305,186
应收少数股东款项	14,650,229,198	9,976,641,924
应收房产合作方款项	1,927,279,043	5,636,983,496
商品房预售资金监管	2,203,379,152	613,750,510
其他保证金	1,894,837,642	1,124,222,191
土地投标保证金	1,119,490,000	345,000,000
城中村改造意向金	621,810,175	2,300,000,000
代垫款项	336,088,999	228,231,342
住房担保押金	283,036,557	140,923,166
应收政府房票款	199,225,580	294,477,588
其他	1,431,889,479	849,350,171
合计	47,072,463,573	45,754,885,574

(ii) 坏账准备计提情况。

单位：元

坏账准备	第一阶段 未来12个月预期信用损失	第二阶段 整个存续期预期信用损失 （未发生信用减值）	第三阶段 整个存续期预期信用损失 （已发生信用减值）	合计
2019年1月1日余额	412,299,953		16,620,330	428,920,283
2019年1月1日余额在本期				
——转入第二阶段				
——转入第三阶段				
——转回第二阶段				
——转回第一阶段				
本期计提	139,889,439			139,889,439
本期转回			-900,000	-900,000
本期转销				
本期核销				
本年新增的款项				
本年减少的款项				

续表

坏账准备	第一阶段 未来12个月预期信用损失	第二阶段 整个存续期预期信用损失（未发生信用减值）	第三阶段 整个存续期预期信用损失（已发生信用减值）	合计
其他变动				
2019年12月31日余额	552,189,392		15,720,330	567,909,722

对本期发生损失准备变动的其他应收款账面余额显著变动的情况说明：

单位：元

其他应收款	第一阶段					第三阶段		合计
	未来12个月内预期信用损失（组合）		未来12个月内预期信用损失（单项）		小计	整个存续期预期信用损失（已发生信用减值）		
	账面余额	坏账准备	账面余额	坏账准备	坏账准备	账面余额	坏账准备	坏账准备
2018年12月31日	44,868,119,312	403,598,494	870,145,932	8,701,459	412,299,953	16,620,330	16,620,330	428,920,283
本年新增的款项	—	—	2,731,926,273	161,659,629	161,659,629			161,659,629
本年减少的款项	-1,413,448,274	-21,770,190	—	—	-21,770,190	-900,000	-900,000	-22,670,190
其中：本年核销	—	—	—	—	—	—	—	—
终止确认								
转入第三阶段								
转入第一阶段								
本年新增/转回的坏账准备								
其他	—	—	—	—				
2019年12月31日	43,454,671,038	381,828,304	3,602,072,205	170,361,088	552,189,392	15,720,330	15,720,330	567,909,722

单位：元

其他应收款	第一阶段					第三阶段		合计
	未来12个月内预期信用损失（组合）		未来12个月内预期信用损失（单项）		小计	整个存续期预期信用损失（已发生信用减值）		
	账面余额	坏账准备	账面余额	坏账准备	坏账准备	账面余额	坏账准备	坏账准备
2017年12月31日	28,132,347,320	—	387,878,896			16,620,330	16,620,330	16,620,330
会计政策变更	—	254,314,673		3,878,789	258,193,462			258,193,462
2018年1月1日	28,132,347,320	254,314,673	387,878,896	3,878,789	258,193,462	16,620,330	16,620,330	274,813,792

续表

其他应收款	第一阶段				小计	第三阶段		合计
	未来12个月内预期信用损失（组合）		未来12个月内预期信用损失（单项）			整个存续期预期信用损失（已发生信用减值）		
	账面余额	坏账准备	账面余额	坏账准备	坏账准备	账面余额	坏账准备	坏账准备
本年新增	16,735,771,992	149,283,821	482,267,036	4,822,670	154,106,491	—	—	154,106,491
本年转回	—	—	—	—	—	—	—	—
本年转销	—	—	—	—	—	—	—	—
其中：本年核销	—	—	—	—	—	—	—	—
终止确认	—	—	—	—	—	—	—	—
转入第三阶段	—	—	—	—	—	—	—	—
转入第一阶段	—	—	—	—	—	—	—	—
其他	—	—	—	—	—	—	—	—
2018年12月31日	44,868,119,312	403,598,494	870,145,932	8,701,459	412,299,953	16,620,330	16,620,330	428,920,283

于2019年12月31日，本集团不存在处于第二阶段的其他应收款。处于第一阶段和第三阶段的其他应收款分析如下：

（iii）于2019年12月31日，单项计提坏账准备的其他应收款分析如下：

第一阶段	账面余额（元）	未来12个月内预期信用损失率（%）	坏账准备（元）	理由
应收某合营企业	1,385,635,677	11	148,196,723	i）

第三阶段	账面余额（元）	未来12个月内预期信用损失率（%）	坏账准备（元）	理由
应收某保温节能技术公司	15,720,330	100	15,720,330	ii）

注：i）于2019年12月31日，本集团基于某合营企业的财务状况计提了相应的坏账准备。
ii）于2019年12月31日，应收某保温节能技术公司15,720,330元已逾期。基于分析，本集团认为该项其他应收款难以收回，因此全额计提坏账准备。

（iv）于2019年12月31日及2018年12月31日，组合计提坏账准备的其他应收款均处于第一阶段，分析如下：

其他应收款	2019年12月31日			2018年12月31日		
	账面余额（元）	损失准备		账面余额（元）	损失准备	
		金额（元）	计提比例（%）		金额（元）	计提比例（%）
应收政府有关机构款项	5,857,600,726	5,857,601	0.10	5,009,188,646	5,009,189	0.10
应收关联方	21,019,562,071	210,195,621	1	24,245,305,186	242,453,050	1
应收少数股东和房产合作方款项	16,577,508,241	165,775,082	1	15,613,625,480	156,136,255	1
合计	43,454,671,038			44,868,119,312		

（v）坏账准备的情况。

单位：元

类别	期初余额	本期变动金额				期末余额
		计提	收回或转回	转销或核销	其他变动	
其他应收款坏账准备	428,920,283	139,889,439	900,000			567,909,722
合计	428,920,283	139,889,439	900,000			567,909,722

2019年度，本集团计提的坏账准备金额为139,889,439元，收回以前年度已计提坏账准备的应收款项900,000元（2018年度：无）。

（vi）按欠款方归集的期末余额前五名的其他应收款情况。

单位：元

单位名称	款项的性质	期末余额（元）	账龄	占其他应收款期末余额合计数的比例（%）	坏账准备期末余额（元）
上海新碧房地产开发有限公司	应收少数股东款项	1,407,297,606	2年以内	3	14,072,976
南京新保弘房地产有限公司	应收关联方款项	1,385,635,677	3年以内	3	148,196,723
卓越置业集团有限公司	应收少数股东款项	1,191,942,904	2年以内	3	11,919,429

续表

单位名称	款项的性质	期末余额（元）	账龄	占其他应收款期末余额合计数的比例（%）	坏账准备期末余额（元）
惠州中奕房地产开发有限公司	应收关联方款项	1,167,123,643	3年以内	3	11,671,236
常州新城悦兴房地产开发有限公司	应收关联方款项	1,112,334,515	1年以内	2	11,123,345
合计		6,264,334,345		14	196,983,709

于2018年12月31日，本集团按欠款方归集的余额前五名的其他应收款分析如下：

单位名称	款项的性质	期末余额（元）	账龄	占其他应收款期末余额合计数的比例（%）	坏账准备期末余额（元）
苏州聿盛房地产开发有限公司	应收关联方款项	3,084,522,993	2年以内	7	30,845,230
常州新城宏业房地产有限公司	应收关联方款项	3,066,267,643	1年以内	7	30,662,676
地方政府	城中村改造意向金	2,300,000,000	2年以内	5	2,300,000
惠州中奕房地产开发有限公司	应收关联方款项	1,480,359,331	2年以内	3	14,803,593
卓越置业集团有限公司	应收少数股东款项	1,278,246,195	1年以内	3	12,782,462
合计		11,209,396,162		25	91,393,961

示例4-76　600362.SH 江西铜业

会计政策

本集团基于单项和组合评估金融工具的预期信用损失。本集团考虑了不同客户的信用风险特征，以账龄组合为基础评估应收账款、其他应收款的预期信用损失，以逾期账龄组合为基础评估应收保理款的预期信用损失。

财务报表项目注释
其他应收款

单位：元

项目	2019 年	2018 年
往来款	1,797,365,585	1,286,343,014
商品期货合约保证金	1,665,029,077	1,716,864,558
其他	423,634,659	485,097,773
小计	3,886,029,321	3,488,305,345
减：坏账准备	956,788,565	690,203,678
合计	2,929,240,756	2,798,101,667

其他应收款的账龄分析如下：

单位：元

账龄	2019 年	2018 年
1 年以内	1,476,814,995	1,539,551,988
1～2 年	481,446,826	468,664,512
2～3 年	461,112,339	22,853,295
3 年以上	1,466,655,161	1,457,235,550
小计	3,886,029,321	3,488,305,345
减：其他应收款坏账准备	956,788,565	690,203,678
合计	2,929,240,756	2,798,101,667

其他应收款按照 12 个月预期信用损失及整个存续期预期信用损失计提的坏账准备的变动如下：

2019 年

单位：元

坏账准备	第一阶段 未来12个月 预期信用损失	第二阶段 整个存续期 预期信用损失 （单项评估）	第二阶段 整个存续期 预期信用损失 （组合评估）	第三阶段 已发生信用 减值金融资产 （整个存续期）	合计
年初余额	—	—	2,295,188	687,908,490	690,203,678

续表

坏账准备	第一阶段 未来12个月 预期信用损失	第二阶段 整个存续期 预期信用损失 （单项评估）	第二阶段 整个存续期 预期信用损失 （组合评估）	第三阶段 已发生信用 减值金融资产 （整个存续期）	合计
年初余额在本年——转入第三阶段	—	—	(2,865,546)	2,865,546	—
非同一控制下企业合并	—	—	6,979,984	13,978,297	20,958,281
本年计提	—	—	2,079,331	284,575,907	286,655,238
本年转回	—	—	(2,117,637)	(16,295,012)	(18,412,649)

2018年

单位：元

坏账准备	第一阶段 未来12个月 预期信用损失	第二阶段 整个存续期 预期信用损失 （单项评估）	第二阶段 整个存续期 预期信用损失 （组合评估）	第三阶段 已发生信用 减值金融资产 （整个存续期）	合计
2018年1月1日余额	—	—	8,240,051	799,266,386	807,506,437
2018年1月1日余额在本期 ——转入第三阶段	—	—	(8,062,500)	8,062,500	—
本期计提	—	—	2,117,637	51,764,850	53,882,487
本期转回	—	—	—	(170,858,913)	(170,858,913)
本期转销	—	—	—	(326,333)	(326,333)
合计	—	—	2,295,188	687,908,490	690,203,678

于2019年12月31日，本集团计提坏账准备人民币286,655,238元（2018年：人民币53,882,487元），收回或转回坏账准备人民币18,412,649元（2018年：人民币170,858,913元），核销坏账准备人民币22,615,983元（2018年：人民币326,333元）。

于2019年12月31日及2018年12月31日，本集团对部分其他应收款余额持有担保物，本集团在运用个别认定法和组合法评估其他应收款预期信用损失时，考虑抵押物的预计可变现价值。

于2019年12月31日，其他应收款金额前五名如下：

项目	年末余额（元）	占其他应收款余额合计数的比例（％）	性质	账龄	坏账准备年末余额（元）
其他应收款1	930,651,612	23.95	尚未收回的预付货款	3年以上	362,825,524
其他应收款2	781,872,885	20.12	期货保证金	1年以内	—
其他应收款3	264,640,000	6.81	尚未收回的预付货款	3年以上	87,610,322
其他应收款4	211,363,548	5.44	尚未收回的预付货款	3年以上	211,363,548
其他应收款5	156,506,708	4.03	期货保证金	1年以内	—
合计	2,345,034,753	60.35			661,799,394

于2018年12月31日，其他应收款金额前五名如下：

项目	年末余额（元）	占其他应收款余额合计数的比例（％）	性质	账龄	坏账准备年末余额（元）
其他应收款1	930,651,612	26.68	尚未收回的预付货款	3年以上	140,053,940
其他应收款2	667,569,715	19.14	期货保证金	1年以内	—
其他应收款3	264,640,000	7.59	尚未收回的预付货款	3年以上	35,316,762
其他应收款4	211,363,548	6.06	尚未收回的预付货款	3年以上	211,363,548
其他应收款5	89,829,345	2.58	期货保证金	1年以内	—
合计	2,164,054,220	62.05			386,734,250

示例4-77 600600.SH青岛啤酒

会计政策

于每个资产负债表日，本集团对于处于不同阶段的金融工具的预期信用损失分别进行计量。金融工具自初始确认后信用风险未显著增加的，处于第一阶段，本集团按照未来12个月内的预期信用损失计量损失准备；金融工具自初始确认后信用风险已显著增加但尚未发生信用减值的，处于第二阶段，本集团按照该工具整个存续期的预期信用损失计量损失准备；金融工具自初始确认后已经发生信用减值的，处于第三阶段，本集团按照该工具整个存续期的预期信用损失计量损失准备。

对于在资产负债表日具有较低信用风险的金融工具，本集团假设其信用风险自初始确认后并未显著增加，按照未来12个月内的预期信用损失计量损失准备。

当单项金融资产无法以合理成本评估预期信用损失的信息时，本集团依据信用风险特征将应收款项划分为若干组合，在组合基础上计算预期信用损失，确定组合的依据如下：

其他应收款组合　押金及保证金
其他应收款组合　子公司往来款
其他应收款组合　其他单位款项

对于划分为组合的其他应收款，本集团参考历史信用损失经验，结合当前状况以及对未来经济状况的预测，通过违约风险敞口和未来 12 个月内或整个存续期预期信用损失率，计算预期信用损失。

财务报表项目注释

其他应收款

单位：元

项目	2019 年 12 月 31 日	2018 年 12 月 31 日
押金及保证金	21,877,494	26,370,094
应收材料及废料款	19,060,595	17,455,477
应收土地及房屋退还款	17,441,647	17,441,647
备用金	14,544,689	14,280,248
代垫回收瓶款	8,988,995	39,305,857
应收工程及设备款（i）	1,997,404	3,036,687
出口退税	963,020	5,936,000
应收利息	—	183,887,992
其他	74,760,438	67,213,211
小计	159,634,282	374,927,213
减：坏账准备	(73,364,846)	(77,142,452)
合计	86,269,436	297,784,761

注：（i）系本公司之子公司青岛啤酒设备制造有限公司（以下简称"设备制造公司"）及青岛啤酒机械设备有限公司（以下简称"机械设备公司"）应收外部单位的工程及设备款。

（a）其他应收款账龄分析如下：

单位：元

账龄	2019 年 12 月 31 日	2018 年 12 月 31 日
未逾期	83,701,082	295,013,273
逾期 1 年以内	2,319,520	2,514,379
逾期 1~2 年	729,620	765,656
逾期 2 年以上	72,884,060	76,633,905
合计	159,634,282	374,927,213

(b) 损失准备及其账面余额变动表。

单位：元

损失准备	第一阶段 未来12个月内预期信用损失（组合）		第三阶段 整个存续期预期信用损失（已发生信用减值）		合计
	账面余额	坏账准备	账面余额	坏账准备	坏账准备
2018年12月31日	3,280,035	(508,547)	76,633,905	(76,633,905)	(77,142,452)
本年新增的款项	1,939,985	(257,313)	—	(120,670)	(377,983)
本年转回的款项	(1,929,540)	164,404	(2,302,501)	2,302,501	2,466,905
本年核销的款项	—	—	(1,688,684)	1,688,684	1,688,684
转入第三阶段	(241,340)	120,670	241,340	(120,670)	—
2019年12月31日	3,049,140	(480,786)	72,884,060	(72,884,060)	(73,364,846)

于2019年12月31日，本集团不存在处于第二阶段的其他应收款。处于第一阶段和第三阶段的其他应收款分析如下：

（i）于2019年12月31日，单项计提坏账准备的其他应收款分析如下：

第三阶段	账面余额（元）	未来12个月内预期信用损失率区间（％）	坏账准备（元）	理由
应收土地及房屋退还款	17,441,647	100	(17,441,647)	i)
其他单位款项	55,442,413	100	(55,442,413)	ii)
合计	72,884,060		(72,884,060)	

注：i) 公司多年前一块土地被政府回收，政府承诺给予本公司其他土地，管理层认为获得新的土地使用权的可能性较低，因此将被政府收回的原土地使用权成本8,584,437元及地上建筑物成本8,857,210元转入其他应收款并全额计提坏账准备。
ii) 因逾期超过两年，本集团判断已发生信用减值，全额计提坏账准备。

（ii）于2019年12月31日及2018年12月31日，组合计提坏账准备的其他应收款处于第一阶段，分析如下：

项目	2019年12月31日			2018年12月31日		
	账面余额（元）	损失准备		账面余额（元）	损失准备	
		金额（元）	计提比例（%）		金额（元）	计提比例（%）
押金及保证金	1,783,418	(295,918.00)	5~50	1,496,306	(239,131.00)	5~50
其他单位款项	1,265,722	(184,868.00)	5~50	1,783,729	(269,416.00)	5~50
合计	3,049,140	(480,786)		3,280,035	(508,547)	

本集团参考历史信用损失经验，结合当前状况以及对未来经济状况的预测计提坏账准备。

(c) 本年度计提的坏账准备金额为377,983元；其中收回或转回的坏账准备金额为2,466,905元，其相应的账面余额为4,232,041元。

(d) 本年度实际核销的其他应收款账面余额及坏账准备金额均为1,688,684元。

(e) 于2019年12月31日，按欠款方归集的余额前五名的其他应收款分析如下：

其他应收款	性质	余额（元）	账龄	占其他应收款余额总额比例（%）	坏账准备（元）
第一名	应收土地退还款	8,584,437	5年以上	5	(8,584,437)
第二名	代垫回瓶款	6,206,670	6个月以内	4	—
第三名	应收材料款	5,000,000	5年以上	3	(5,000,000)
第四名	应收材料款	4,616,730	5年以上	3	(4,616,730)
第五名	代垫款项	4,022,410	5年以上	3	(4,022,410)
合计		28,430,247		18	(22,223,577)

(f) 于2019年12月31日，本集团无按照应收金额确认的政府补助。

示例4-78 601880.SH 大连港

会计政策

除采用简化计量方法以外的金融资产，本集团在每个资产负债表日评估其信用风险自初始确认后是否已经显著增加，如果信用风险自初始确认后未显著增加，处于第一阶段，本集团按照相当于未来12个月内预期信用损失的金额计量损失准备，并按照账面余额和实际利率计算利息收入；如果信用风险自初始确认后已显著增加但尚未发生信用减值的，处于第二阶段，本集团按照相当于整个存续期内预期信用损失的金额计量损失准备，并按照账面余额和实际利率计算利息收入；如果初始确认后发生信用减值的,处于第三阶段,本集团按照相当于整个存续期内预期信用损失的金额计量损失准备,并按照摊余成本和实际利率计算利息收入。对于资产负债表日只具有较低信用风险的金融工具,本集团假设其信用风险自初始确认后未显著增加。

本集团基于单项和组合评估金融工具的预期信用损失。本集团考虑了不同客户的信用风险特征,以账龄组合为基础评估应收款项及合同资产的预期信用损失。

财务报表项目注释
其他应收款
项目列示

单位:元

项目	期末余额	期初余额
应收利息	3,425,024.59	—
应收股利	297,341,498.52	146,000,226.01
其他应收款	456,067,606.28	488,474,511.08
合计	756,834,129.39	634,474,737.09

应收利息

(1) 应收利息分类。

单位:元

项目	期末余额	期初余额
委托贷款	3,425,024.59	—
合计	3,425,024.59	—

其他说明:
本集团管理层认为,于资产负债表日之应收利息无须计提减值准备。
(2) 应收股利。

单位:元

项目(或被投资单位)	期末余额	期初余额
大连港毅都冷链有限公司	92,189,824.35	95,289,824.35
大连集龙物流有限公司	22,507,539.23	22,507,539.23
锦州新时代集装箱码头有限公司	8,149,773.00	7,760,250.43
大连胜狮国际集装箱有限公司	8,911,730.60	7,614,047.00
太仓兴港拖轮有限公司	—	6,428,565.00

续表

项目（或被投资单位）	期末余额	期初余额
大连汽车码头有限公司	6,400,000.00	4,800,000.00
大连舜德集发供应链管理有限公司	—	1,200,000.00
大连万鹏港口工程检测有限公司	640,000.00	400,000.00
大连大港中海集装箱码头有限公司	1,382,375.33	—
大连港口设计研究院有限公司	580,000.00	—
大连港新丝路国际物流有限公司	560,000.00	—
大连联合国际船舶代理有限公司	2,000,000.00	—
大连中联理货有限公司	415,597.59	—
大连港集团财务有限公司	153,604,658.42	—
合计	297,341,498.52	146,000,226.01

其他说明：

本集团管理层认为，于资产负债表日之应收股利无须计提减值准备。

其他应收款

（3）按账龄披露。

单位：元

账龄	期末账面余额
1年以内小计	346,839,983.85
1~2年	123,835,736.93
2~3年	20,770,756.68
3年以上	22,922,198.48
其中：坏账准备	-58,301,069.66
合计	456,067,606.28

（4）按款项性质分类情况。

单位：元

款项性质	期末账面余额	期初账面余额
应收代理采购款	194,460,417.91	235,008,103.00
应收委托管理服务收入	76,324,199.59	78,527,307.21
应收工程款及工程质保金	53,245,335.49	46,076,197.79

续表

款项性质	期末账面余额	期初账面余额
委托贷款	49,530,570.84	39,024,022.72
港建及港杂费	26,559,385.30	37,533,375.40
应收运费、押金及保证金	26,265,259.77	30,009,601.58
应收政府补贴款	47,293,451.37	32,409,706.59
公共基础设施维护费用	5,935,683.83	6,026,376.24
其他	34,754,371.84	30,731,458.34
其中：坏账准备	-58,301,069.66	-46,871,637.79
合计	456,067,606.28	488,474,511.08

（5）坏账准备计提情况。

单位：元

坏账准备	第一阶段 未来12个月预期信用损失	第二阶段 整个存续期预期信用损失（未发生信用减值）	第三阶段 整个存续期预期信用损失（已发生信用减值）	合计
2019年1月1日余额	24,067,877.23	8,856,853.74	13,946,906.82	46,871,637.79
2019年1月1日余额在本期				
——转入第二阶段	-10,885,018.58	10,885,018.58	—	—
——转入第三阶段	-669,232.72	—	669,232.72	—
——转回第二阶段				
——转回第一阶段				
本期计提	—	12,944,642.77	10,855,263.16	23,799,905.93
本期转回	-12,370,474.06	—	—	-12,370,474.06
本期转销				
本期核销				
其他变动				
2019年12月31日余额	143,151.87	32,686,515.09	25,471,402.70	58,301,069.66

2019年计提坏账准备人民币23,799,905.93元（2018年：人民币26,503,398.41元），收回或转回坏账准备人民币12,370,474.06元（2018年：无）。

（6）坏账准备的情况。

单位：元

类别	期初余额	本期变动金额				期末余额
		计提	收回或转回	转销或核销	其他变动	
坏账准备	46,871,637.79	23,799,905.93	12,370,474.06			58,301,069.66
合计	46,871,637.79	23,799,905.93	12,370,474.06			58,301,069.66

（7）按欠款方归集的期末余额前五名的其他应收款情况。

单位名称	款项的性质	期末余额（元）	账龄	占其他应收款期末余额合计数的比例（％）	坏账准备期末余额（元）
上海智昶贸易有限公司	其他	147,210,102.92	1年以内	28.62	14,721.01
大连长兴岛港口投资发展有限公司	其他	80,085,459.96	3年以内	15.57	15,624,916.06
大连长兴岛港口有限公司	其他	40,921,576.55	5年以上	7.96	11,029,884.27
上海优内特贸易有限公司	其他	39,404,980.11	1年以内	7.66	3,940.50
通辽市科区政府	补贴款	26,487,859.37	1年以内	5.15	2,648.79
合计		334,109,978.91		64.96	26,676,110.63

（8）涉及政府补助的应收款项。

单位：元

单位名称	政府补助项目名称	期末余额	期末账龄	预计收取的时间、金额及依据
内蒙古陆港保税物流园有限公司	集装箱运输补贴款	26,487,859.37	1年以内	《科尔沁区人民政府关于对中欧班列进行补贴的批复》
黑龙江绥穆大连港物流有限公司	仓库建设及经营补贴	13,359,192.00	1～2年及3～4年	《穆棱经济开发区下城子物流中心项目合作协议》及《关于解决绥穆大连港物流主要困难事宜》会议纪要
大连集发环渤海集装箱运输有限公司	集装箱运输补贴款	7,446,400.00	1～2年	《关于对东营港区发展集装箱运输予以扶持的请示》

其他说明：

于2019年12月31日，本集团按信用风险评级组合计提坏账准备的其他应收款情况如下：

项目	估计发生违约的账面余额（元）	预期信用损失率（%）	未来12个月预期信用损失（元）	整个存续期预期信用损失（元）
组合 A	302,248,497.08	0.00～0.10	32,702.24	—
组合 B	68,013,434.74	0.10～0.30	110,449.63	—
组合 C	116,260,093.43	0.30～50.00	—	32,686,515.09
组合 D	27,846,650.69	50.00～100.00	—	25,471,402.70
合计	514,368,675.94		143,151.87	58,157,917.79

示例 4-79　601898.SH 中煤能源

会计政策

对于其他金融工具，除购买或源生的已发生信用减值的金融资产外，本集团在每个资产负债表日评估相关金融工具的信用风险自初始确认后的变动情况。若该金融工具的信用风险自初始确认后已显著增加，本集团按照相当于该金融工具整个存续期内预期信用损失的金额计量其损失准备；若该金融工具的信用风险自初始确认后并未显著增加，本集团按照相当于该金融工具未来 12 个月内预期信用损失的金额计量其损失准备。

其他应收款

项目列示

单位：千元

项目	2019 年 12 月 31 日	2018 年 12 月 31 日（已重述）
应收利息	339,350	161,660
应收股利	421,830	275,639
其他应收款	2,386,021	1,447,546
合计	3,147,201	1,884,845

应收利息

（1）应收利息分类。

单位：千元

项目	2019 年 12 月 31 日	2018 年 12 月 31 日
定期存款	174,809	154,644
贷款	164,541	7,016
合计	339,350	161,660

应收股利

单位：千元

被投资单位	2019年12月31日	2018年12月31日
河北中煤旭阳焦化有限公司（"旭阳焦化"）	295,950	164,145
西安煤矿机械有限公司（"西煤机"）	75,965	76,437
山西平朔煤矸石发电有限责任公司（"平朔煤矸石"）	20,677	17,625
大同中新能源有限公司（"大同中新"）	8,926	8,926
朔州市平朔路达铁路运输有限公司（"平朔路达"）	8,006	—
中信中煤江阴码头有限公司（"中信码头"）	7,592	—
大同路达铁路运输有限责任公司（"大同路达"）	6,883	2,071
镇江科美机械制造有限公司	3,365	3,365
北京中水长固液分离技术有限公司（"北京中水长"）	715	715
天津港中煤华能煤码头有限公司（"中煤华能"）	—	8,604
减：信用损失准备	(6,249)	(6,249)
合计	421,830	275,639

其他应收款

单位：千元

账龄	2019年12月31日	2018年12月31日（已重述）
1年以内	811,435	1,231,078
1~2年	884,422	58,139
2~3年	30,471	62,867
3~4年	23,047	44,212
4~5年	23,921	53,664
5年以上	1,128,480	451,276
小计	2,901,776	1,901,236
减：信用损失准备	(515,755)	(453,690)
合计	2,386,021	1,447,546

（1）其他应收款按款项性质分类情况。

第四章 | 金融工具的减值

单位：千元

款项性质	2019年12月31日	2018年12月31日（已重述）
应收关联方借款（注1）	692,134	—
应收补偿价款（注2）	663,931	663,931
代垫款（注3）	367,694	318,307
应收产能指标价款（注4）	163,875	—
保证金及抵押金	132,980	131,502
往来款	55,132	75,702
备用金	6,253	16,225
资产转让款（注5）	6,117	13,772
临时耕地占用税	—	8,357
其他	813,660	673,440
减：信用损失准备	(515,755)	(453,690)
合计	2,386,021	1,447,546

注1：系本公司之子公司中煤平朔集团有限公司（简称"平朔集团"）对关联方中煤平朔第一煤矸石发电有限公司（简称"平朔第一煤矸石"）的借款人民币625,000千元及其他往来款人民币67,134千元。平朔第一煤矸石原为平朔集团的子公司，本年平朔集团以所持第一煤矸石51%股权评估价值人民币663,047千元为交割价作为对联营公司苏晋能源控股有限公司（简称"苏晋能源"）的第二期资本金出资，出资完成后平朔第一煤矸石成为苏晋能源的子公司。

注2：系本集团从中煤集团收购其控股若干子公司产生相关款项需要按照当地政府规定进行调整后确定。

注3：该代垫款中人民币200,000千元为本公司之子公司鄂尔多斯市伊化矿业资源有限责任公司（简称"伊化矿业"）代其另一少数股东内蒙古博源控股集团有限公司垫付的探矿权配置资源转让价款。

注4：系本公司之子公司蒙大矿业应收第三方中铁资源苏尼特左旗芒来矿业有限公司销售产能指标价款。

注5：该资产转让款为本公司之子公司上海大屯能源股份有限公司（简称"上海能源"）应收中煤集团之下属子公司大屯煤电（集团）有限责任公司（简称"大屯煤电"）龙东煤矿采矿权款。该资产转让行为发生于2016年度，价款共计人民币168,644千元，其中2016年度收回人民币142,377千元，2017年度收回人民币7,031千元，2019年度收回人民币13,119千元，剩余本金人民币6,117千元将于2020年底收回。

（2）信用损失准备计提情况。

单位：千元

信用损失准备	第一阶段 未来12个月预期信用损失	第二阶段 整个存续期预期信用损失 （未发生信用减值）	第三阶段 整个存续期预期信用损失 （已发生信用减值）	合计
2018年12月31日余额	67,635	1,347	384,708	453,690
本年计提	2,675	1,469	333	4,477
本年转回	(7,189)	(146)	(23,597)	(30,932)

续表

信用损失准备	第一阶段 未来12个月预期信用损失	第二阶段 整个存续期预期信用损失（未发生信用减值）	第三阶段 整个存续期预期信用损失（已发生信用减值）	合计
本年核销	—	—	(71)	(71)
其他变动	—	—	88,591	88,591

（3）按欠款方归集的年末余额前五名的其他应收款情况。

单位名称	款项的性质	账面余额（千元）	账龄	占其他应收款账面余额的比例（%）	信用损失准备余额（千元）
A公司	代垫款	692,134	5年以上	24	—
B公司	应收补偿价款	663,931	1~2年	23	(664)
C公司	代垫款	200,000	1年以内	7	(200)
D公司	应收产能指标价款	163,875	2年以内	6	(164)
E公司	其他	88,611	5年以上	3	(88,611)
合计		1,808,551		63	(89,639)

示例4-80　000039.SZ 中集集团

会计政策

于每个资产负债表日，本集团对于处于不同阶段的金融工具的预期信用损失分别进行计量。金融工具自初始确认后信用风险未显著增加的，处于第一阶段，本集团按照未来12个月内的预期信用损失计量损失准备；金融工具自初始确认后信用风险已显著增加但尚未发生信用减值的，处于第二阶段，本集团按照该工具整个存续期的预期信用损失计量损失准备；金融工具自初始确认后已经发生信用减值的，处于第三阶段，本集团按照该工具整个存续期的预期信用损失计量损失准备。

对于划分为组合的其他应收款，本集团参考历史信用损失经验，结合当前状况以及对未来经济状况的预测，通过违约风险敞口和未来12个月内或整个存续期预期信用损失率，计算预期信用损失。

财务报表项目注释
其他应收款
（1）其他应收款按分类列示如下：

第四章 | 金融工具的减值

单位：千元

项目	注	2019年12月31日	2018年12月31日
关联方资金拆借	四、7（7）（略）	4,084,526	2,334,961
押金、保证金		787,839	1,216,741
应收股权增资/转让款		500,490	3,956,738
财务公司同业拆借		453,453	1,331,414
借款	（i）	412,964	400,584
应收退税款		244,754	234,306
买入返售金融资产	（ii）	200,000	670,000
应收政府补助		25,879	16,200
应收利息		23,786	8,775
应收股利		16,769	12,816
应收拆迁补偿款		6,971	91,445
预付股权转让款及财务资助款		—	178,634
其他		1,075,444	1,248,659
小计		7,832,875	11,701,273
减：坏账准备合计		(241,387)	(425,129)
合计		7,591,488	11,276,144

注：（i）借款主要包括车贷代偿款以及第三方借款和员工备用金借款。
（ii）买入返售金融资产为本集团子公司财务公司与同业间的债券质押式逆回购业务。

（2）损失准备及其账面余额变动表。

单位：千元

损失准备	第一阶段					第二阶段					合计
	未来12个月内预期信用损失（组合）		未来12个月内预期信用损失（单项）		小计	整个存续期预期信用损失（组合）（已发生信用减值）		整个存续期预期信用损失（单项）（已发生信用减值）		小计	
	账面余额	坏账准备	账面余额	坏账准备	坏账准备	账面余额	坏账准备	账面余额	坏账准备	坏账准备	坏账准备
2018年12月31日	11,270,237	—	178,749	178,749	178,749	—	—	252,287	246,380	246,380	425,129
本年新增的款项	20,382,190	—	4,188,541	—	—	—	—	—	—	—	—
本年减少的款项	(28,230,849)	—	—	—	—	—	—	(208,280)	(203,403)	(203,403)	(203,403)
其中：本年核销	—	—	—	—	—	—	—	(203,287)	(203,287)	(203,287)	(203,287)
终止确认	—	—	—	—	—	—	—	—	—	—	—
本年新增（转回的坏账准备 i）	—	78,263	—	(32,841)	45,422	—	(11,193)	—	(14,568)	(25,761)	19,661
转入第三阶段	(19,900)	(19,434)	(139,394)	(136,130)	(155,564)	19,900	19,434	139,394	136,130	155,564	—
2019年12月31日	3,401,678	58,829	4,227,896	9,778	68,607	19,900	8,241	183,401	164,539	172,780	241,387

i) 除因本年新增、减少的款项及第一、第三阶段间互相转换引起的坏账准备变动外，由于确定预期信用损失时所采用的参数及数据发生变化引起的坏账准备变动为人民币 **19,661,000** 元。

（2）损失准备及其账面余额变动表（续）。

（i）于 2019 年 12 月 31 日，单项计提坏账准备的其他应收款分析如下：

第一阶段	账面余额（千元）	未来12个月内预期信用损失率（%）	坏账准备（千元）	理由
借款	36,038	0.01	5	注：按照未来12个月内预期信用损失的金额确认损失准备
关联方资金拆借	3,173,050	0.00	80	
应收股权增资/转让款	132,164	0.00	—	
押金、保证金	186,595	0.33	624	
应收退税款	81,968	0.00	—	
应收拆迁补偿款	2,999	0.00	—	
其他	615,082	1.47	9,069	
合计	4,227,896		9,778	

第三阶段	账面余额（千元）	未来12个月内预期信用损失率（%）	坏账准备（千元）	理由
借款	85,757	99.03	84,929	注：按照整个存续期内预期信用损失的金额确认损失准备
应收股权增资/转让款	20,758	100.00	20,758	
押金、保证金	23,485	51.08	11,997	
应收拆迁补偿款	3,231	100.00	3,231	
其他	50,170	86.95	43,624	
合计	183,401		164,539	

（ii）于 2019 年 12 月 31 日及 2018 年 12 月 31 日，组合计提坏账准备的其他应收款分析如下：

第一阶段	2019年12月31日			2018年12月31日		
	账面余额（千元）	损失准备 金额（千元）	损失准备 计提比例（%）	账面余额（千元）	损失准备 金额（千元）	损失准备 计提比例（%）
关联方资金拆借	911,476	—	—	2,334,881	—	—

续表

第一阶段	2019年12月31日			2018年12月31日		
	账面余额（千元）	损失准备		账面余额（千元）	损失准备	
		金额（千元）	计提比例（%）		金额（千元）	计提比例（%）
应收股权增资/转让款	347,568	—	—	3,956,738	—	—
借款	290,921	1,383	0.48%	323,151	—	—
买入返售金融资产	200,000	—	—	670,000	—	—
押金、保证金	575,359	30,642	5.33%	1,172,696	—	—
应收拆迁补偿款	741	—	—	91,055	—	—
应收退税款	162,786	12	0.01%	234,306	—	—
应收政府补助	25,879	—	—	16,200	—	—
应收利息	23,786	—	—	8,775	—	—
应收股利	16,769	—	—	12,816	—	—
财务公司同业拆借	453,453	—	—	1,331,414	—	—
其他	392,940	26,792	6.82%	1,118,205	—	—
合计	3,401,678	58,829		11,270,237	—	

第三阶段	2019年12月31日			2018年12月31日		
	账面余额（千元）	损失准备		账面余额（千元）	损失准备	
		金额（千元）	计提比例（%）		金额（千元）	计提比例（%）
借款	248	31	12.50	—	—	—
押金、保证金	2,400	1,431	59.63	—	—	—
其他	17,252	6,779	39.29	—	—	—
合计	19,900	8,241				

（3）本年度计提的坏账准备金额为人民币 38,731,000 元（2018 年度：人民币 9,246,000 元），收回或转回的坏账准备金额为人民币 6,685,000 元（2018 年度：人民币 6,145,000 元）。

第四章 | 金融工具的减值

(4) 本年度实际核销其他应收款金额合计人民币 203,287,000 元（2018 年度：人民币 29,860,000 元）。

(5) 于 2019 年 12 月 31 日，按欠款方归集的余额前五名的其他应收款分析如下：

单位名称	注	性质	余额（千元）	账龄	占其他应收款余额的比例（%）	坏账准备
招商局蛇口工业区控股股份有限公司（"招商局蛇口"）	(i)	关联方资金拆借	1,431,908	1 年以内	18.28	—
东莞市碧桂园房地产开发有限公司（"东莞碧桂园"）	(ii)	关联方资金拆借	1,017,984	2～3 年	13.00	—
曲靖市中碧瑞房地产开发有限公司（"曲靖中碧瑞"）		关联方资金拆借	641,678	1 年以内	8.19	—
深圳市碧桂园房地产投资有限公司（"深圳碧桂园"）		关联方资金拆借	282,748	1 年以内	3.61	—
南洋商业银行（中国）有限公司		借款——同业拆借	244,167	1 年以内	3.12	—
合计			3,618,485		46.20	—

注：(i) 集达发展、集宇发展、商启置业、乐艺置业为本集团子公司。于 2019 年 10 月 30 日，招商蛇口、集达发展与乐艺置业，以及招商蛇口、集宇发展与商启置业分别签署了《盈余资金借用框架协议》。乐艺置业按照股东持股比例分别向集达发展、招商蛇口提供财务资助，商启置业按照股东持股比例分别向集宇发展、招商蛇口提供财务资助。截至 2019 年 12 月 31 日，商启置业、乐艺置业分别向招商蛇口提供的无息往来资金人民币 1,149,242,000 元、人民币 282,666,000 元均未收回。

(ii) 截至 2019 年 12 月 31 日，本集团子公司东莞正易向碧桂园地产的子公司东莞碧桂园提供的往来资金人民币 1,017,984,000 元尚未收回。

(6) 年末其他应收款中持有公司 5%（含 5%）以上表决权股份的股东单位情况：

于 2019 年 12 月 31 日及 2018 年 12 月 31 日，本集团其他应收款中无持有本公司 5%（含 5%）以上表决权股份的股东单位。

(7) 于 2019 年 12 月 31 日其他应收关联方款项情况。

单位名称	与本集团关联关系	2019年12月31日				2018年12月31日			
		金额（千元）	性质	占其他应收款总额的比例（%）	坏账准备	金额（千元）	性质	占其他应收款总额的比例（%）	坏账准备
碧桂园地产及其子公司	本集团子公司的少数股东	1,996,083	资金拆借及应收股权增资款	25.48	—	2,028,506	资金拆借	17.34	—
招商蛇口	本集团重要股东的子公司	1,431,908	资金拆借	18.28	—	—			
扬州集智	本集团联营公司	400,013	资金拆借	5.11	—	—			
镇江中集润宇置业有限公司（"润宇置业"）	本集团联营公司及子公司少数股东的子公司	163,067	资金拆借	2.08	—	256,952	资金拆借	2.20	—
深圳招商房地产有限公司	本集团重要股东的子公司	70,650	股权转让款	0.90	—	70,650	股权转让款	0.60	—
中远海运集装箱运输有限公司	本集团重要股东的子公司	48,464	股权转让款	0.62	—	—			
上海丰扬	本集团联营公司	34,204	资金拆借	0.44	—	34,204	资金拆借	0.29	—
青岛港国际	本集团联营公司	28,045	资金拆借	0.36	—	93	资金拆借	0.00	—
OOS International B.V.	本集团联营公司	14,790	资金拆借	0.19	—	—			
南通新洋环保板业有限公司（"南通新洋"）	本集团联营公司	11,000	资金拆借	0.14	—	11,028	资金拆借	0.09	—
其他关联方		5,304		0.07	—	5,000		0.04	—
合计		4,203,528		53.67		2,406,433		20.56	

示例4-81 600874.SH 创业环保

会计政策

于每个资产负债表日，本集团对于处于不同阶段的金融工具的预期信用损失分别进行计量。金融工具自初始确认后信用风险未显著增加的，处于第一阶段，本集团按照未来 12 个月内的预期信用损失计量损失准备；金融工具自初始确认后信用风险已显著增加但尚未发生信用减值的，处于第二阶段，本集团按照该工具整个存续期的预期信用损失计量损失准备；金融工具自初始确认后已经发生信用减值的，处于第三阶段，本集团按照该工具整个存续期的预期信用损失计量损失准备。

对于在资产负债表日具有较低信用风险的金融工具，本集团假设其信用风险自初始确认后并未显著增加，按照未来 12 个月内的预期信用损失计量损失准备。

当单项金融资产无法以合理成本评估预期信用损失的信息时，本集团依据信用风险特征将应收款项划分为若干组合，在组合基础上计算预期信用损失，确定组合的依据和计提方法如下：

政府客户组合　　　除省会城市以及直辖市政府客户以外的其他政府客户
其他客户组合　　　其他客户
项目保证金组合　　项目保证金
其他组合　　　　　除增值税退税、项目保证金以外的其他应收款

对于划分为组合的其他应收款，本集团参考历史信用损失经验，结合当前状况以及对未来经济状况的预测，通过违约风险敞口和未来 12 个月内或整个存续期预期信用损失率，计算预期信用损失。

财务报表项目注释

（1）分类列示。

单位：千元

项目	期末余额	期初余额
应收利息	—	—
应收股利	—	—
其他应收款	65,156	36,162
合计	65,156	36,162

（2）按账龄披露。

单位：千元

账龄	期末账面余额
1 年以内	48,815
1~2 年	4,626
2~3 年	9,046
3 年以上	2,690

续表

账龄	期末账面余额
3~4年	
4~5年	
5年以上	
合计	65,177

（3）按款项性质分类情况。

单位：千元

款项性质	期末账面余额	期初账面余额
增值税退税	31,670	10,379
项目保证金	26,847	18,922
其他	6,660	6,871
合计	65,177	36,172

（4）坏账准备计提情况。

单位：千元

坏账准备	第一阶段 未来12个月预期信用损失	第二阶段 整个存续期预期信用损失（未发生信用减值）	第三阶段 整个存续期预期信用损失（已发生信用减值）	合计
2019年1月1日余额	10			10
2019年1月1日余额在本期				
——转入第二阶段				
——转入第三阶段				
——转回第二阶段				
——转回第一阶段				
本期计提	11			11
本期转回				
本期转销				
本期核销				
其他变动				
2019年12月31日余额	21			21

对本期发生损失准备变动的其他应收款账面余额显著变动的情况说明：
于2019年12月31日，本集团其他应收款损失准备变动金额不重大。
（5）坏账准备的情况。

单位：千元

类别	期初余额	本期变动金额				期末余额
		计提	收回或转回	转销或核销	其他变动	
项目保证金账龄组合	7	8				15
其他账龄组合	3	3				6
合计	10	11				21

（6）按欠款方归集的期末余额前五名的其他应收款情况。

单位名称	款项的性质	期末余额（千元）	账龄	占其他应收款期末余额合计数的比例（%）	坏账准备期末余额（千元）
国家税务总局天津市税务局	应收增值税返还	24,004	1年以内	37	
石家庄市藁城区建设投资有限公司	项目保证金	10,000	1年以内	15	5
临夏市供排水公司	项目保证金	8,000	2～3年	12	4
国家税务总局巴彦淖尔市临河区税务局	应收增值税返还	2,337	1年以内	4	
贵阳市南明区税务局	应收增值税返还	2,183	1年以内	3	
合计		46,524		71	9

（7）涉及政府补助的应收款项。

单位：千元

单位名称	政府补助项目名称	期末余额	期末账龄	预计收取的时间、金额及依据
本公司	增值税返还	24,004	1年以内	依据以往年度的收款情况，应收增值税即征即退款项预计于2020年全额收款
内蒙古巴彦淖尔创业水务有限责任公司	增值税返还	2,337	1年以内	依据以往年度的收款情况，应收增值税即征即退款项预计于2020年全额收款

续表

单位名称	政府补助项目名称	期末余额	期末账龄	预计收取的时间、金额及依据
贵州创业水务有限公司	增值税返还	2,183	1年以内	依据以往年度的收款情况,应收增值税即征即退款项预计于2020年全额收款
西安创业水务有限公司	增值税返还	1,333	1年以内	依据以往年度的收款情况,应收增值税即征即退款项预计于2020年全额收款
天津中水有限公司	增值税返还	921	1年以内	依据以往年度的收款情况,应收增值税即征即退款项预计于2020年全额收款
阜阳创业水务有限公司	增值税返还	311	1年以内	依据以往年度的收款情况,应收增值税即征即退款项预计于2020年全额收款
宝应创业水务有限责任公司	增值税返还	229	1年以内	依据以往年度的收款情况,应收增值税即征即退款项预计于2020年全额收款
文登创业水务有限公司	增值税返还	196	1年以内	依据以往年度的收款情况,应收增值税即征即退款项预计于2020年全额收款
安国创业水务有限公司	增值税返还	96	1年以内	依据以往年度的收款情况,应收增值税即征即退款项预计于2020年全额收款
武汉天创环保有限公司	增值税返还	60	1年以内	依据以往年度的收款情况,应收增值税即征即退款项预计于2020年全额收款
合计	增值税返还	31,670		

其他说明:

于2019年12月31日及2018年12月31日,组合计提坏账准备的其他应收款均处于第一阶段,分析如下:

其他应收款	2019年12月31日			2018年12月31日		
	账面余额(千元)	损失准备		账面余额(千元)	损失准备	
		金额(千元)	计提比例(%)		金额(千元)	计提比例(%)
项目保证金账龄组合:						
1年以内	12,688	7	0.05	5,346	2	0.05
1~2年	2,985	2	0.05	10,362	4	0.05
2~3年	8,950	5	0.05	32	—	0.05
3年以上	2,224	1	0.05	3,182	1	0.05

续表

其他应收款	2019 年 12 月 31 日			2018 年 12 月 31 日		
	账面余额（千元）	损失准备		账面余额（千元）	损失准备	
		金额（千元）	计提比例（%）		金额（千元）	计提比例（%）
小计	26,847	15		18,922	7	
其他账龄组合：						
1 年以内	4,457	4	0.10	3,542	2	0.10
1~2 年	1,641	2	0.10	2,815	1	0.10
2~3 年	96	—	0.10	19	—	0.10
3 年以上	466	—	0.10	495	—	0.10
小计	6,660	6		6,871	3	
合计	33,507	21		25,793	10	

于 2019 年 12 月 31 日，本集团其他应收款损失准备变动金额不重大。于 2019 年 12 月 31 日，本集团无已逾期但未减值的其他应收款（2018 年 12 月 31 日：无）。

示例 4－82　600029.SH 南方航空

会计政策

除应收账款和租赁应收款外，本集团对满足下列情形的金融工具按照相当于未来 12 个月内预期信用损失的金额计量其损失准备，对其他金融工具按照相当于整个存续期内预期信用损失的金额计量其损失准备：

——该金融工具在资产负债表日只具有较低的信用风险；或

——该金融工具的信用风险自初始确认后并未显著增加。

财务报表项目注释

其他应收款

单位：百万元

项目	2019 年 12 月 31 日	2018 年 12 月 31 日
应收利息	8	1
应收股利（a）	7	3
其他（b）	2,348	2,339
减：坏账准备	23,635	23,435
合计	2,358	2,338

(a) 应收股利。

单位：百万元

单位分类	2019年12月31日	2018年12月31日
香港商用航空中心有限公司（"香港商用航空"）	6	—
其他	1	3
合计	7	3

于2019年12月31日，本集团不存在重要的账龄超过1年的应收股利。

(b) 其他。

(i) 按客户类别分析如下：

单位：百万元

客户类别	2019年12月31日	2018年12月31日
应收关联方[附注八(6)]（略）	20	22
应收第三方	2,328	2,317
减：坏账准备	23,485	23,395
合计	2,343	2,334

(ii) 按账龄分析如下：

单位：百万元

账龄	2019年12月31日	2018年12月31日
1年以内（含1年）	1,733	1,711
1~2年（含2年）	173	116
2~3年（含3年）	66	62
3年以上	376	450
减：坏账准备	23,485	23,395
合计	2,343	2,334

于2019年12月31日及2018年12月31日，账龄在1年以上的其他应收款主要为本集团可用于抵扣未来航材采购款或修理费用的应收飞机设备制造商回扣款以及押金及保证金。

(iii) 按款项性质分类情况：

单位：百万元

项目	2019年12月31日	2018年12月31日
飞机设备制造商回扣款	616	686
押金及保证金	203	426
应收政府补助款	1,275	982
其他	254	245
减：坏账准备	23,485	23,395
合计	2,343	2,334

（iv）坏账准备的变动情况：

单位：百万元

坏账准备	2019年12月31日	2018年12月31日
年初余额	5	3
本年计提	2	2
本年核销	(2)	—
年末余额	5	5

其他应收款按款项性质为基础预期信用损失。飞机设备制造商回扣款、押金及保证金以及应收政府补助款的预计信用损失风险为低，本集团未计提坏账准备。

于2019年12月31日，本集团对其他应收款项按照预期信用损失的金额计提坏账准备合计人民币约5,000,000元（2018年12月31日：人民币约5,000,000元）。

（v）于2019年12月31日，按欠款方归集的余额前五名的其他应收款分析如下：

客户	性质	余额（百万元）	账龄	占其他应收款余额总额比例（%）
客户1	飞机设备制造商回扣款	198	6年以内	8.4
客户2	政府补助款	189	1年以内	8
客户3	政府补助款	155	1年以内	6.6
客户4	政府补助款	117	2年以内	5
客户5	政府补助款	110	1年以内	4.7
合计		769		32.7

（vi）本年度，本集团不存在因金融资产转移而予以终止确认的其他应收款情况。

示例 4-83 600548.SH 深高速

会计政策

本集团基于单项和组合评估金融工具的预期信用损失。本集团考虑了不同客户的信用风险特征,以账龄组合为基础评估应收账款的预期信用损失。详见下表:

按信用风险特征组合计提坏账准备的计提方法	
组合1 应收政府及应收关联方	其他方法
组合2 应收除组合1和组合3之外的所有其他第三方	账龄分析法
组合3 应收风机销售行业客户	账龄分析法

当本集团不再合理预期能够全部或部分收回金融资产合同现金流量时,本集团直接减记该金融资产的账面余额。

财务报表项目注释

其他应收款

(1) 其他应收款分类如下:

单位:元

项目	期末余额	期初余额
应收利息	6,517,105.90	2,367,187.50
其他应收款	367,669,345.72	1,577,889,017.01
合计	374,186,451.62	1,580,256,204.51

(2) 其他应收款的账龄分析如下:

单位:元

账龄	期末账面余额	期初账面余额
1年以内	263,138,925.19	1,575,487,005.82
1~2年	89,901,338.25	676,601.04
2~3年	17,290,150.38	668,709.88
3年以上	3,856,037.80	3,423,887.77
合计	374,186,451.62	1,580,256,204.51

(3) 其他应收款按照预期信用损失的账面余额和坏账准备的变动如下:

2019 年

单位：元

其他应收款	第一阶段		第三阶段	
	未来12个月预期信用损失		已发生信用减值金融资产	
	账面余额	坏账准备	账面余额	坏账准备
年初余额	1,580,256,204.51	—	—	—
本年增加	712,202,822.38	—	—	—
本年减少	1,918,272,575.27	—	—	—
年末余额	374,186,451.62	—	—	—

2018 年

单位：元

其他应收款	第一阶段		第三阶段	
	未来12个月预期信用损失		已发生信用减值金融资产	
	账面余额	坏账准备	账面余额	坏账准备
年初余额	41,691,364.33	—	14,115.84	—
本年增加	3,131,143,411.79	—	—	14,115.84
本年减少	1,592,578,571.61	—	14,115.84	14,115.84
年末余额	1,580,256,204.51	—	—	—

（4）按款项性质分类情况。

单位：元

款项性质	期末账面余额	期初账面余额
应收代垫款项	164,880,235.27	6,778,921.63
押金及保证金	152,948,350.82	9,257,016.93
应收盐排、盐坝路段取消收费站项目款项	11,170,906.19	
应收退回预付土地款	10,000,000.00	—
应收利息	6,517,105.90	2,367,187.50
员工预借款	4,258,371.18	1,791,768.65
行政备用金	3,118,676.45	3,897,417.77
应收梅观公司改扩建政府补偿收入多交税金	2,441,247.40	2,442,470.58

续表

款项性质	期末账面余额	期初账面余额
应收三项目相关税费	—	932,672,618.97
应收减资款项	—	606,662,489.40
其他	18,851,558.41	14,386,313.08
合计	374,186,451.62	1,580,256,204.51

(5) 按欠款方归集的期末余额前五名的其他应收款情况。

单位名称	款项的性质	期末余额（元）	账龄	占其他应收款期末余额合计数的比例（%）	坏账准备期末余额
南京宁风能源科技有限公司（"南京宁风"）	应收代垫款项	125,704,571.95	3年以内	33.59	—
河南森源集团有限公司	保证金	80,000,000.00	1年以内	21.38	—
中国电建集团江西省电力建设有限公司	保证金	41,200,000.00	1年以内	11.01	—
宁夏中卫新塘新能源有限公司	保证金及应收代垫款项	25,200,000.00	1年以内	6.73	—
樟树市高传新能源有限公司	应收代垫款项	24,524,497.74	2年以内	6.56	—
合计		296,629,069.69		79.27	—

2018年

单位名称	款项的性质	年末余额（元）	账龄	占其他应收款年末余额合计数的比例（%）	坏账准备年末余额
深圳市交通运输局	三项目政府承担税费	932,672,618.97	1年以内	59.02	—
深圳市深国际联合置地有限公司	应收减资款	606,662,489.40	1年以内	38.39	—
张钧宇、庞燕喜	押金	3,700,000.00	1年以内	0.23	—
中华联合财产保险股份有限公司	应收保险公司赔款	2,591,805.00	1年以内	0.16	—

续表

单位名称	款项的性质	年末余额（元）	账龄	占其他应收款年末余额合计数的比例（%）	坏账准备年末余额
政府税务机关	应收补偿收入多交税金	2,442,470.58	2年以内	0.15	—
合计		1,548,069,383.95		97.95	—

七、债权投资减值准备计提

示例4-84　601766.SH 中国中车

财务报表项目注释

债权投资

(1) 债权投资情况：

单位：千元

项目	2019年12月31日			2018年12月31日		
	账面余额	损失准备	账面价值	账面余额	损失准备	账面价值
招商局集团有限公司5年期 美元票据	209,285	—	209,285	205,895	—	205,895
民生金融租赁股份有限公司 5年期中期票据	209,284	—	209,284	205,894	—	205,894
同方股份有限公司3年期债券	207,719	—	207,719	203,210	—	203,210
中国飞机租赁集团控股有限 公司7年期中期票据	187,673	—	187,673	184,077	—	184,077
"建造-转移"项目相关-南京麒麟现代有轨电车建设有限公司	174,660	—	174,660	174,660	—	174,660
中国飞机租赁集团控股有限 公司5年期中期票据	145,952	—	145,952	142,762	—	142,762
青岛城市建设投资（集团）有限 责任公司5年期债券	139,387	—	139,387	137,088	—	137,088

续表

项目	2019年12月31日			2018年12月31日		
	账面余额	损失准备	账面价值	账面余额	损失准备	账面价值
其他	419,737	(600)	419,137	1,249,791	(600)	1,249,191
小计	1,693,697	(600)	1,693,097	2,503,377	(600)	2,502,777
减：计入1年内到期的非流动资产的债权投资（附注五、11）（略）	(34,863)	—	(34,863)	(880,525)	—	(880,525)
合计	1,658,834	(600)	1,658,234	1,622,852	(600)	1,622,252

（2）信用损失准备计提情况：

单位：千元

损失准备	第一阶段	合计
	未来12个月预期信用损失	
2019年1月1日及2019年12月31日余额	600	600

示例4－85　601088.SH 中国神华

财务报表项目注释

债权投资

单位：百万元

项目	2019年12月31日	2018年12月31日
发放贷款（注1）	16,511	9,161
委托贷款	—	420
国债（注2）	5,009	—
小计	21,520	9,581
减：减值准备（注3）	413	229
合计	21,107	9,352

注1：于2019年12月31日，发放贷款为神华财务公司发放予国家能源集团子公司的长期贷款人民币16,511百万元，贷款按年利率4.22%至4.75%（2018年12月31日：4.28%至4.41%）计息，将于2~12年内收回。

注2：于2019年12月31日，本集团持有国债人民币5,009百万元，当前票面利率为2.94%，按照摊余成本法计量，将于2024年10月17日到期。

注3：于2019年12月31日，本集团发放的贷款的减值准备余额为人民币413百万元（2018年12月31日：人民币229百万元），本年本集团计提减值准备金额为人民币184百万元（2018年12月31日：转回人民币23百万元）。

示例4-86 002202.SZ 金风科技

财务报表项目注释

债权投资

单位：元

项目	期末余额			期初余额		
	账面余额	减值准备	账面价值	账面余额	减值准备	账面价值
新疆新能源债券	50,338,861.96	50,338.86	50,288,523.10	49,996,051.55	49,950.01	49,946,101.54
对独立第三方的债权投资	256,506,949.45	256,457.32	256,250,492.13	260,037,048.36	265,883.11	259,771,165.25
合计	306,845,811.41	306,796.18	306,539,015.23	310,033,099.91	315,833.12	309,717,266.79

重要的债权投资

债权项目	期末余额				期初余额			
	面值（元）	票面利率（%）	实际利率（%）	到期日	面值（元）	票面利率（%）	实际利率（%）	到期日
新疆新能源债券	50,000,000.00	5.00	5.10	2021年12月06日	50,000,000.00	5.00	5.10	2021年12月06日
合计	50,000,000	—	—	—	50,000,000	—	—	—

减值准备计提情况

单位：元

坏账准备	第一阶段	第二阶段	第三阶段	合计
	未来12个月预期信用损失	整个存续期预期信用损失（未发生信用减值）	整个存续期预期信用损失（已发生信用减值）	
2019年1月1日余额	315,833.12			315,833.12
2019年1月1日余额在本期	—			—
——转入第二阶段				

坏账准备	第一阶段 未来12个月预期信用损失	第二阶段 整个存续期预期信用损失（未发生信用减值）	第三阶段 整个存续期预期信用损失（已发生信用减值）	合计
——转入第三阶段				
——转回第二阶段				
——转回第一阶段				
本期计提	81,127.49			81,127.49
本期转回	90,574.91			90,574.91
本期转销				
本期核销				
其他变动	581.85			581.85
2019年12月31日余额	306,967.55			306,967.55

示例4-87　601066.SH 中信建投

财务报表项目注释
债权投资
2019年12月31日

单位：元

项目	初始成本	利息	公允价值变动	账面价值	累计减值准备
金融债	1,403,506,919.13	30,062,930.00	10,140,670.87	1,443,710,520.00	—
企业债	4,785,921,571.93	113,498,360.30	67,386,230.46	4,966,806,162.69	4,102,768.10
公司债	18,960,759,615.07	381,332,724.36	70,147,939.76	19,412,240,279.19	21,994,704.15
中期票据	3,626,129,575.25	74,720,880.00	48,770,494.75	3,749,620,950.00	1,207,224.28
政府支持债	2,291,375,877.11	26,429,950.00	(3,153,507.11)	2,314,652,320.00	—
地方政府债	280,017,653.65	3,167,780.00	3,158,136.35	286,343,570.00	—
其他	249,782,890.00	5,601,340.00	1,276,540.00	256,660,770.00	134,096.71
合计	31,597,494,102.14	634,813,964.66	197,726,505.08	32,430,034,571.88	27,438,793.24

2018 年 12 月 31 日

单位：元

项目	初始成本	利息	公允价值变动	账面价值	累计减值准备
金融债	1,549,374,769.71	34,982,450.00	15,806,380.29	1,600,163,600.00	—
企业债	5,046,974,226.18	131,492,674.14	31,139,584.25	5,209,606,484.57	2,408,215.65
公司债	16,073,329,530.96	279,123,000.62	6,737,892.66	16,359,190,424.24	7,189,404.53
中期票据	2,224,479,374.29	40,242,190.00	(3,977,194.29)	2,260,744,370.00	334,392.95
次级债	367,810,574.00	9,579,370.00	1,979,756.00	379,369,700.00	40,602.42
政府支持债	50,783,784.77	1,189,850.00	193,865.23	52,167,500.00	—
地方政府债	350,140,470.48	5,679,950.00	(631,220.48)	355,189,200.00	—
其他	1,653,223,137.45	39,762,208.00	1,900,661.55	1,694,886,007.00	238,054.79
合计	27,316,115,867.84	542,051,692.76	53,149,725.21	27,911,317,285.81	10,210,670.34

于 2019 年 12 月 31 日，本集团持有的其他债权投资中含在卖出回购金融资产款、转融通业务、短期借款和债券借贷业务中作为担保物的证券公允价值为人民币 24,019,912,413.31 元（2018 年 12 月 31 日：人民币 20,429,959,164.79 元）。

示例 4-88　600036.SH 招商银行

财务报表项目注释

以摊余成本计量的金融投资

单位：百万元

项目	本集团	本行
	2019 年 12 月 31 日	2019 年 12 月 31 日
以摊余成本计量的金融投资（a）（b）	921,467	920,669
应收利息	13,821	13,817
小计	935,288	934,486
以摊余成本计量的金融投资损失准备（a）（b）（c）	(13,995)	(13,846)
应收利息损失准备	(65)	(65)
小计	(14,060)	(13,911)
合计	921,228	920,575

(a) 以摊余成本计量的金融投资:

单位:百万元

项目	本集团	本行
	2019年12月31日	2019年12月31日
债券投资:		
按发行人分类		
政府债券	498,310	498,310
政策性银行债券	239,480	239,480
商业银行及其他金融机构债券	33,026	32,765
其他债券	7,354	6,817
小计	778,170	777,372
按上市情况分类		
境内上市	772,837	772,837
境外上市	3,243	2,621
非上市	2,090	1,914
小计	778,170	777,372
上市债券投资的公允价值	794,212	793,692
其他投资:		
按投资标的分类		
非标资产——票据资产	1,334	1,334
非标资产——贷款	138,749	138,749
非标资产——同业债权资产收益权	2,650	2,650
其他	564	564
小计	143,297	143,297
按上市情况分类		
非上市	143,297	143,297
合计	921,467	920,669
损失准备		
——阶段一(12个月的预期信用损失)	(9,179)	(9,178)
——阶段二(整个存续期预期信用损失)	(283)	(283)
——阶段三(整个存续期预期信用损失——已减值)	(4,533)	(4,385)
以摊余成本计量的金融投资净额	907,472	906,823

(b) 以摊余成本计量的金融投资按预期信用损失的评估方式：

单位：百万元

项目	本集团			
	2019 年 12 月 31 日			
	阶段一（12 个月预期信用损失）	阶段二（整个存续期预期信用损失）	阶段三（整个存续期预期信用损失——已减值）	合计
以摊余成本计量的金融投资总额	916,206	580	4,681	921,467
减：损失准备	(9,179)	(283)	(4,533)	(13,995)
以摊余成本计量的金融投资净额	907,027	297	148	907,472

(c) 以摊余成本计量的金融投资损失准备变动情况列示如下：

单位：百万元

项目	本集团			
	2019 年			
	阶段一（12 个月预期信用损失）	阶段二（整个存续期预期信用损失）	阶段三（整个存续期预期信用损失——已减值）	合计
年初余额	3,582	517	3,981	8,080
转移：				
——至阶段一	1	(1)	—	—
——至阶段二	—	—	—	—
——至阶段三	(2)	(1)	3	—
本年计提（转回）（附注49）	5,593	(232)	442	5,803
已减值债券折现回拨	—	—	(2)	(2)
收回已核销的债权	—	—	105	105
汇率变动	5	—	4	9
年末余额	9,179	283	4,533	13,995

示例 4-89　601328.SH 交通银行

财务报表项目注释

以摊余成本计量的金融投资

单位：百万元

项目	2019 年 12 月 31 日
政府债券	1,500,430
公共实体债券	25,343
同业及其他金融机构债券	211,424
公司债券	26,678
资金信托及资产管理计划	134,383
债权融资计划及其他	6,130
以摊余成本计量的金融投资应计利息	28,564
减：预期信用减值准备	(3,263)
合计	1,929,689

以摊余成本计量的金融投资账面余额变动概述如下：

单位：百万元

金融投资	第一阶段	第二阶段	第三阶段	合计
2019 年 1 月 1 日	2,002,789	—	1,085	2,003,874
新增源生或购入的金融资产	289,477	—	—	289,477
于本年终止确认的金融资产（核销除外）	(360,855)	—	(21)	(360,876)
本年转移：	(1,816)	1,497	319	—
第一阶段与第二阶段间净转移	(1,497)	1,497	—	—
第一阶段与第三阶段间净转移	(319)	—	319	—
第二阶段与第三阶段间净转移	—	—	—	—
应计利息的变动	(536)	—	—	(536)
外汇及其他变动	1,013	—	—	1,013
2019 年 12 月 31 日	1,930,072	1,497	1,383	1,932,952

八、其他债权投资减值准备计提

示例 4-90 000039.SZ 中集集团

财务报表项目注释
其他债权投资

单位：元

项目	2019 年 12 月 31 日	2018 年 12 月 31 日
国家开发银行 2015 年第十期金融债券	31,272	30,581
减：其他债权投资减值准备	—	—
合计	31,272	30,581

2019 年 12 月 31 日，该其他债权投资的账面价值为人民币 30,000,000 元，票面利率 4.21%，到期收益率 3.32%，到期日为 2025 年 4 月 10 日，公允价值为人民币 31,272,000 元。

2019 年 12 月 31 日，本集团持有的债券均具有投资级的外部信用评级，交易对手方偿还能力较强，违约风险较低，本集团将其视为较低信用风险的金融工具，按照未来 12 个月内预期信用损失计量损失准备。

示例 4-91 601727.SH 上海电气

会计政策
本集团对于以摊余成本计量的金融资产、以公允价值计量且其变动计入其他综合收益的债务工具投资、合同资产和财务担保合同等，以预期信用损失为基础确认损失准备。

本集团考虑有关过去事项、当前状况以及对未来经济状况的预测等合理且有依据的信息，以发生违约的风险为权重，计算合同应收的现金流量与预期能收到的现金流量之间差额的现值的概率加权金额，确认预期信用损失。

于每个资产负债表日，本集团对处于不同阶段的金融工具的预期信用损失分别进行计量。金融工具自初始确认后信用风险未显著增加的，处于第一阶段，本集团按照未来 12 个月内的预期信用损失计量损失准备；金融工具自初始确认后信用风险已显著增加但尚未发生信用减值的，处于第二阶段，本集团按照该工具整个存续期的预期信用损失计量损失准备；金融工具自初始确认后已经发生信用减值的，处于第三阶段，本集团按照该工具整个存续期的预期信用损失计量损失准备。

对于在资产负债表日具有较低信用风险的金融工具，本集团假设其信用风险自初始确认后并未显著增加，按照未来12个月内的预期信用损失计量损失准备。

对于存在客观证据表明存在减值，以及其他适用于单项评估的应收账款，单独进行减值测试，确认预期信用损失，计提单项减值准备。对于不存在减值客观证据的应收账款或当单项金融资产无法以合理成本评估预期信用损失的信息时，本集团依据信用风险特征将应收款项划分为若干组合，在组合基础上计算预期信用损失，确定组合的依据如下：

其他债权投资	
组合	其他债权投资

对于划分为组合的其他应收款、贷款及贴现、长期应收款、其他债权投资和买入返售金融资产，本集团参考历史信用损失经验，结合当前状况以及对未来经济状况的预测，通过违约风险敞口和未来12个月内或整个存续期预期信用损失率，计算预期信用损失。

本集团将计提或转回的损失准备计入当期损益。对于持有的以公允价值计量且其变动计入其他综合收益的债务工具，本集团在将减值损失或利得计入当期损益的同时调整其他综合收益。

财务报表项目注释
其他债权投资
（a）其他债权投资情况。

单位：千元

项目	期初余额	应计利息	本期公允价值变动	期末余额	成本	累计在其他综合收益中确认的损失准备
债券			261,372	261,372	257,404	3,968
同业存单			5,787,735	5,787,735	5,741,413	46,322
减：列示于其他流动资产的其他债权投资				-5,787,735		
合计			6,049,107	261,372	5,998,817	50,290

其他说明：

于2018年度，本集团处置了12,238,762千元债务工具投资，处置价格为12,453,524千元，将累计其他综合收益的金额254,430千元转入投资收益［附注四(68)］（略）。

于2018年12月31日，本集团预期该项债务工具投资信用减值风险很低，未计提信用减值损失。

（b）同业存单。

本集团持有的同业存单主要包括：

单位：千元

同业存单名称	同业存单主要从事的投资活动	2018年12月31日账面价值
同业存单一	银行业存款类金融机构面向个人、非金融企业、机关团体等发行的一种大额存款凭证	488,809
同业存单二	银行业存款类金融机构面向个人、非金融企业、机关团体等发行的一种大额存款凭证	484,490
同业存单三	银行业存款类金融机构面向个人、非金融企业、机关团体等发行的一种大额存款凭证	484,490
同业存单四	银行业存款类金融机构面向个人、非金融企业、机关团体等发行的一种大额存款凭证	484,413

示例4-92　601328.SH 交通银行

财务报表项目注释

金融投资：以公允价值计量且其变动计入其他综合收益的金融投资。

单位：百万元

项目	2019年12月31日	2018年12月31日
以公允价值计量且其变动计入其他综合收益的债权投资		
同业及其他金融机构债券	327,218	309,893
公司债券	69,054	54,183
政府债券	255,936	66,059
公共实体债券	2,044	3,618
应计利息	6,459	3,877
小计	660,711	437,630
以公允价值计量且其变动计入其他综合收益的权益投资		
上市股权	2,316	2,414
非上市股权	6,629	4,974
小计	8,945	7,388
合计	669,656	445,018

本集团将部分非交易性权益工具投资指定为以公允价值计量且其变动计入其他综合收益。

2019年12月31日，本集团及本银行作为被套期项目的以公允价值计量且其变动计入其他综合收益的债权投资账面价值为人民币105,044百万元和人民币82,956百万元（2018年12月31日：人民币67,742百万元和人民币64,091百万元）。

对以公允价值计量且其变动计入其他综合收益的金融投资的说明如下：

单位：百万元

项目	2019年12月31		
	以公允价值计量且其变动计入其他综合收益的债权投资	以公允价值计量且其变动计入其他综合收益的权益投资	合计
成本/摊余成本	648,422	11,137	659,559
公允价值	654,252	8,945	663,197
累计计入其他综合收益的公允价值变动金额	4,365	(2,192)	2,173
已计提减值金额	(1,053)	—	(1,053)

以公允价值计量且其变动计入其他综合收益的债权投资账面余额变动概述如下：

单位：百万元

债权投资	第一阶段	第二阶段	第三阶段	合计
2019年1月1日	437,630	—	—	437,630
新增源生或购入的金融资产	415,485	—	—	415,485
于本年终止确认的金融资产（核销除外）	(205,700)	—	—	(205,700)
本年转移：	—	—	—	—
第一阶段与第二阶段间净转移	—	—	—	—
第一阶段与第三阶段间净转移	—	—	—	—
第二阶段与第三阶段间净转移	—	—	—	—
应计利息的变动	2,582	—	—	2,582
汇率影响	5,822	—	—	5,822
公允价值变动	4,892	—	—	4,892
2019年12月31日	660,711	—	—	660,711

以公允价值计量且其变动计入其他综合收益的债权投资减值准备变动概述如下：

单位：百万元

	第一阶段	第二阶段	第三阶段	合计
2019年1月1日	718	—	467	1,185
本年新增/(转回)	114	—	(81)	33
本年核销	—	—	—	—
核销后收回	—	—	—	—
本年转移：	—	—	—	—
第一阶段与第二阶段间净转移	—	—	—	—
第一阶段与第三阶段间净转移	—	—	—	—
第二阶段与第三阶段间净转移	—	—	—	—
重新计量	(193)	—	—	(193)
汇率影响	21	—	7	28
2019年12月31日	660	—	393	1,053

示例4-93 601288.SH 农业银行

会计政策

根据财政部颁发的《企业会计准则第22号——金融工具确认和计量》、《企业会计准则第37号——金融工具列报》和《金融负债与权益工具的区分及相关会计处理规定》以及国际会计准则理事会发布的《国际财务报告准则第9号——金融工具》和《国际会计准则第32号——金融工具：列报》的规定，本行认为优先股农行优1（证券代码360001）和农行优2（证券代码360009）的条款符合作为权益工具核算的要求。

金融资产

本集团根据管理金融资产的业务模式和金融资产的合同现金流量特征，将金融资产划分为以下三类：

(i) 以摊余成本计量的金融资产；

(ii) 以公允价值计量且其变动计入其他综合收益的金融资产；

(iii) 以公允价值计量且其变动计入损益的金融资产。

财务报表项目注释

其他债权投资

(a) 按计量方式分析。

单位：百万元

其他债权投资	2019年12月31日	2018年12月31日
债券——按发行方划分：		
政府债券	744,035	707,987
公共实体及准政府债券	247,527	263,005
金融机构债券	478,172	544,934
公司债券	165,270	186,738
债券小计	1,635,004	1,702,664
其他（i）	18,556	14,287
小计	1,653,560	1,716,951
应计利息	18,186	18,941
合计	1,671,746	1,735,892

注：(i) 其他主要包括本集团投资的信托计划及债权投资计划，属于本集团持有投资的其他未纳入合并范围的结构化主体［附注十、4 (2)］（略）。

(b) 按预期信用损失的评估方式分析。

单位：百万元

其他债权投资	本集团			
	2019年12月31日			
	阶段一	阶段二	阶段三	合计
	12个月预期信用损失	整个存续期预期信用损失		
以公允价值计量且其变动计入其他综合收益的其他债权投资账面价值	1,671,525	—	221	1,671,746
以公允价值计量且其变动计入其他综合收益的其他债权投资损失准备	(6,874)		(23)	(6,897)

处于预期信用损失阶段二和阶段三的以公允价值计量且其变动计入其他综合收益的债权投资主要包括本行投资的公司债券。

(c) 按损失准备变动情况分析 (ii)。

单位：百万元

其他债权投资	本集团			
	2019 年			
	阶段一	阶段二	阶段三	合计
	12 个月预期信用损失	整个存续期预期信用损失		
2018 年 12 月 31 日	5,720	552	55	6,327
阶段二转移至阶段一	26	(26)	—	—
新增源生或购入的金融资产	2,129	—	—	2,129
重新计量	186	—	23	209
到期或转出 2019 年 12 月 31 日	(1,187)	(526)	(55)	(1,768)
2019 年 12 月 31 日	6,874	—	23	6,897

注：(ii) 于 2019 年 12 月 31 日，本集团和本行以公允价值计量且其变动计入其他综合收益的其他债权投资损失准备的增加，主要由于本年新增债权投资及存量债权投资的到期和转出所致。

（2）其他权益工具投资。

单位：百万元

其他权益工具投资	2019 年 12 月 31 日	
	本集团	本行
银行及非银行金融机构	2,878	2,753
其他企业	204	150
合计	3,082	2,903

示例 4-94　600999.SH 招商证券

财务报表项目注释

其他债权投资

（1）其他债权投资情况。

单位：元

项目	2019 年 12 月 31 日				
	初始成本	应计利息	公允价值变动	账面价值	累计减值准备
国债	4,140,075,000.00	78,225,182.19	55,244,632.93	4,273,544,815.12	—
金融债	7,520,000,000.00	135,952,330.15	97,078,661.83	7,753,030,991.98	—

续表

项目	2019 年 12 月 31 日				
	初始成本	应计利息	公允价值变动	账面价值	累计减值准备
金融债	12,210,000,000.00	401,464,704.64	156,286,581.67	12,767,751,286.31	—
企业债	13,315,645,700.00	283,717,746.34	120,545,363.80	13,719,908,810.14	6,892,106.40
其他	6,984,000,000.00	141,392,406.30	94,678,575.25	7,220,070,981.55	2,630,640.00
合计	44,169,720,700.00	1,040,752,369.62	523,833,815.48	45,734,306,885.10	9,522,746.40

（2）存在限售期限及有承诺条件的其他债权投资。

单位：元

项目	限制条件	2019 年 12 月 31 日	2018 年 12 月 31 日
债券	卖出回购业务转让过户或质押	31,677,045,831.33	22,850,421,027.26
债券	债券借贷业务质押	4,808,441,540.32	5,982,207,486.08

（3）预期信用损失减值准备。

单位：元

项目	2019 年 12 月 31 日			合计
	第一阶段	第二阶段	第三阶段	
其他债权投资	预期未来 12 个月预期信用损失	整个存续预期信用损失（未发生信用减值）	整个存续预期信用损失（已发生信用减值）	
本金及应计利息	45,696,723,192.70	47,106,438.80	—	45,743,829,631.50
预期信用损失	9,421,496.40	101,250.00	—	9,522,746.40

示例 4-95　601066.SH 中信建投

财务报表项目注释

金融投资：其他债权投资

单位：元

项目	2019 年 12 月 31 日				
	初始成本	利息	公允价值变动	账面价值	累计减值准备
金融债	1,403,506,919.13	30,062,930.00	10,140,670.87	1,443,710,520.00	—
企业债	4,785,921,571.93	113,498,360.30	67,386,230.46	4,966,806,162.69	4,102,768.10

续表

项目	2019年12月31日				
	初始成本	利息	公允价值变动	账面价值	累计减值准备
公司债	18,960,759,615.07	381,332,724.36	70,147,939.76	19,412,240,279.19	21,994,704.15
中期票据	3,626,129,575.25	74,720,880.00	48,770,494.75	3,749,620,950.00	1,207,224.28
政府支持债	2,291,375,877.11	26,429,950.00	(3,153,507.11)	2,314,652,320.00	—
地方政府债	280,017,653.65	3,167,780.00	3,158,136.35	286,343,570.00	—
其他	249,782,890.00	5,601,340.00	1,276,540.00	256,660,770.00	134,096.71
合计	31,597,494,102.14	634,813,964.66	197,726,505.08	32,430,034,571.88	27,438,793.24

于2019年12月31日，本集团持有的其他债权投资中含在卖出回购金融资产款、转融通业务、短期借款和债券借贷业务中作为担保物的证券公允价值为人民币24,019,912,413.31元（2018年12月31日：人民币20,429,959,164.79元）。

示例4-96 600036.SH 招商银行

财务报表项目注释

以公允价值计量且其变动计入其他综合收益的债务工具投资。

单位：百万元

项目	本集团	本行
	2019年12月31日	2019年12月31日
以公允价值计量且其变动计入其他综合收益的债务工具（a）	472,586	410,136
应收利息	6,270	6,045
合计	478,856	416,181
以公允价值计量且其变动计入其他综合收益的债务工具损失准备（b）	(2,600)	(1,924)
应收利息损失准备	(1)	(1)
合计	(2,601)	(1,925)

以公允价值计量且其变动计入其他综合收益的债务工具投资，其账面金额以公允价值计量不扣除损失准备。

（a）以公允价值计量且其变动计入其他综合收益的债务工具投资：

单位：百万元

债券投资	本集团	本行
	2019年12月31日	2019年12月31日
按发行人分类		
政府债券	260,092	226,815
政策性银行债券	66,318	56,957
商业银行及其他金融机构债券	102,750	91,109
其他债券	43,426	35,255
合计	472,586	410,136
按上市情况分类		
境内上市	323,090	318,561
境外上市	54,995	38,071
非上市	94,501	53,504
合计	472,586	410,136

(b) 以公允价值计量且其变动计入其他综合收益的债务工具投资损失准备变动情况：

单位：百万元

损失准备	本集团	本行
	2019年	2019年
年初余额	1,897	1,380
本年计提（转回）（附注49）（略）	678	529
已减值债券折现回拨	(3)	—
汇率变动	28	15
年末余额	2,600	1,924

示例 4-97 600958.SH 东方证券

财务报表项目注释

其他债权投资

单位：元

项目	期末余额				
	初始成本	利息	公允价值变动	账面价值	预期信用损失
国债	13,453,959,917.63	127,331,418.60	77,897,563.37	13,659,188,899.60	
地方债	9,818,904,476.13	151,752,670.09	87,167,712.27	10,057,824,858.49	
金融债	2,411,879,445.36	63,877,234.37	41,408,287.04	2,517,164,966.77	112,152.42
企业债	9,073,057,502.46	260,962,273.05	185,952,150.34	9,519,971,925.85	4,541,851.06
公司债	11,766,178,008.13	286,828,444.98	75,642,750.47	12,128,649,203.58	28,229,783.63
其他	16,397,931,803.24	337,359,558.13	277,472,209.59	17,012,763,570.96	91,764,632.75
合计	62,921,911,152.95	1,228,111,599.22	745,540,673.08	64,895,563,425.25	124,648,419.86

其他说明：

其他债权投资的预期信用损失计入其他综合收益。

变现受限制的其他债权投资

单位：元

项目	限售条件或变现方面的其他重大限制	2019 年 12 月 31 日
债券	债券借贷作为担保物	1,792,282,604.37
债券	卖出回购业务作为担保物	33,456,044,874.91

示例 4-98 601211.SH 国泰君安

财务报表项目注释

其他债权投资

单位：元

项目	期末余额				
	初始成本	利息	公允价值变动	账面价值	累计减值准备
国债	6,268,815,464	63,080,579	83,230,000	6,415,126,043	—

续表

项目	期末余额				
	初始成本	利息	公允价值变动	账面价值	累计减值准备
地方债	5,859,126,676	74,216,180	−13,614,915	5,919,727,941	22,043,985
金融债	8,981,347,092	236,713,311	122,738,828	9,340,799,231	—
企业债	26,943,807,090	635,149,265	268,912,874	27,847,869,229	143,583,791
其他	10,414,433,060	225,877,325	102,994,799	10,743,305,184	42,522,985
合计	58,467,529,382	1,235,036,660	564,261,586	60,266,827,628	208,150,761

其他说明：

于 2019 年 12 月 31 日，存在限售期限或有承诺条件的其他债权投资的账面价值为人民币 47,317,435,000 元（2018 年 12 月 31 日：人民币 29,111,503,684 元）。

示例 4−99　601788.SH 光大证券

财务报表项目注释

其他债权投资

单位：元

项目	期末余额				
	初始成本	利息	公允价值变动	账面价值	累计减值准备
公司债	1,447,523,452.53	43,016,507.63	−163,042,407.48	1,327,497,552.68	202,098,383.18
金融债	3,430,000,000.00	123,030,302.51	35,268,605.32	3,588,298,907.83	78,106.23
企业债	664,404,000.00	19,941,113.73	15,031,683.95	699,376,797.68	924,021.70
同业存单	2,666,659,850.00	32,080,917.46	1,920,189.20	2,700,660,956.66	1,700,206.65
短期融资券	—	—	—	—	—
中期票据	1,700,000,000.00	50,570,708.39	19,343,322.48	1,769,914,030.87	1,779,988.43
定向工具	360,000,000.00	16,291,774.83	3,607,230.00	379,899,004.83	513,130.51
地方政府债	1,530,000,000.00	39,611,448.64	14,540,189.04	1,584,151,637.68	988,855.20
资产支持证券	61,380,000.00	678,801.30	−220,069.79	61,838,731.51	81,508.43
其他	410,000,000.00	27,927,108.57	3,302,936.80	441,230,045.37	275,894.08
合计	12,269,967,302.53	353,148,683.06	−70,248,320.48	12,552,867,665.11	208,440,094.41

其他说明:
变现有限制的其他债权投资

单位:元

项目	限制条件	2019年12月31日
债券		
——金融债	质押	2,851,617,040.11
——地方政府债	质押	1,039,334,611.90
——中期票据	质押	635,259,409.00
——政府支持机构债	质押	243,980,346.61
——同业存单	质押	208,582,305.50
——企业债	质押	69,409,151.82
——公司债	质押	52,123,521.31
——短期融资券	质押	—
——定向工具	质押	
合计		5,100,306,386.25

九、长期应收款坏账准备计提

示例4-100　600874.SH 创业环保

财务报表项目注释

长期应收款

(1) 长期应收款情况。

单位:千元

项目	期末余额			期初余额		
	账面余额	坏账准备	账面价值	账面余额	坏账准备	账面价值
应收天津市贷款道路建设车辆通行费征收办公室款项	236,588	138	236,450	253,824	138	253,686
合计	236,588	138	236,450	253,824	138	253,686

(2) 坏账准备计提情况。

单位：千元

坏账准备	第一阶段 未来12个月预期 信用损失	第二阶段 整个存续期预期 信用损失 （未发生信用减值）	第三阶段 整个存续期预期 信用损失 （已发生信用减值）	合计
2019年1月1日余额		138		138
2019年1月1日余额在本期				
——转入第二阶段				
——转入第三阶段				
——转回第二阶段				
——转回第一阶段				
本期计提				
本期转回				
本期转销				
本期核销				
其他变动				
2019年12月31日余额		138		138

其他说明：

该款项是在道路特许经营期内以未来保证最低交通流量为基础按照实际利率法确定的摊余成本。

天津市贷款道路建设车辆通行费征收办公室为天津市政府下辖事业单位，具有较低的信用风险。根据历史经验，本公司均能在约定期限内收款。因此本公司预计该应收款项款项整个存续期预期信用损失率为0.05%。

示例4-101　601298.SH青岛港

财务报表项目注释

长期应收款

(1) 长期应收款情况。

单位：元

项目	期末余额			期初余额		
	账面余额	坏账准备	账面价值	账面余额	坏账准备	账面价值
向关联方提供贷款	1,336,799,281	33,926,274	1,302,873,007	2,035,653,884	57,181,649	1,978,472,235
向关联方提供融资租赁	688,998,556	17,485,911	671,512,645			
其中：一年内到期的部分	-457,290,407	-11,536,281	-445,754,126	-383,189,720	-9,077,313	-374,112,407
其他				1,720,653		1,720,653
合计	1,568,507,430	39,875,904	1,528,631,526	1,654,184,817	48,104,336	1,606,080,481

（2）坏账准备计提情况。

单位：元

坏账准备	第一阶段	第二阶段	第三阶段	合计
	未来12个月预期信用损失	整个存续期预期信用损失（未发生信用减值）	整个存续期预期信用损失（已发生信用减值）	
2019年1月1日余额	57,181,649			57,181,649
本期转回	5,769,464			5,769,464
2019年12月31日余额	51,412,185			51,412,185

其他说明：

向关联方提供贷款为本公司向关联方提供的长期委托贷款、本公司之子公司青港财务公司向关联方发放的长期贷款。其中，将于一年内收回的贷款及相关贷款减值准备列示为一年内到期的非流动资产。

示例 4-102　601186.SH 中国铁建

财务报表项目注释

长期应收款

单位：千元

项目	2019年12月31日		
	账面余额	信用损失准备	账面价值
应收长期工程款	29,711,700	518,519	29,193,181

续表

项目	2019 年 12 月 31 日		
	账面余额	信用损失准备	账面价值
长期贷款及应收款项	21,037,729	139,544	20,898,185
一级土地开发	10,357,357	50,625	10,306,732
其他	10,615,141	53,245	10,561,896
合计	71,721,927	761,933	70,959,994
减：一年内到期的非流动资产	10,207,608	52,228	10,155,380
其中：应收长期工程款	3,696,172	21,366	3,674,806
长期贷款及应收款项	3,127,905	13,945	3,113,960
一级土地开发	3,293,487	16,467	3,277,020
其他	90,044	450	89,594
一年以后到期的长期应收款合计	61,514,319	709,705	60,804,614

本集团基于单项和共同信用风险特征组合为基础评估长期应收款的预期信用损失。

类别	2019 年 12 月 31 日				
	账面余额		信用损失准备		账面价值
	金额（千元）	比例（%）	金额（千元）	计提比例（%）	（千元）
单项计提信用损失准备	747,596	1.04	406,378	54.36	341,218
按信用风险特征组合计提信用损失准备	70,974,331	98.96	355,555	0.50	70,618,776
合计	71,721,927	100.00	761,933	1.06	70,959,994

于 2019 年 12 月 31 日，对于包含重大融资成分的长期应收款均按照折现后净值列示，折现率为 4.35%～5.50%（2018 年 12 月 31 日：折现率为 4.75%～6.17%）。

长期应收款信用损失准备的变动如下：

单位：千元

项目	2019 年	2018 年
年初余额	491,547	364,792
本年计提	325,863	138,780

续表

项目	2019 年	2018 年
减：本年转回	55,646	1,005
其他	169	(11,020)
年末余额	761,933	491,547

因金融资产转移而终止确认的长期应收款分析如下：

2019 年，本集团因金融资产转移而终止确认的长期应收款金额为人民币 2,902,721 千元（2018 年：无），确认终止确认损失人民币 158,656 千元（2018 年：无）。

转移长期应收款且继续涉入形成的资产、负债：

于 2019 年 12 月 31 日，本集团因转移长期应收款且继续涉入形成的资产、负债分别为人民币 15,250 千元及人民币 15,250 千元（2018 年 12 月 31 日：无）。

本集团所有权受到限制的长期应收款见附注五、65（略）。

示例 4-103　000063.SZ 中兴通讯

财务报表项目注释

长期应收款

单位：千元

项目	2019 年 12 月 31 日	2018 年 12 月 31 日
分期收款提供通信系统建设工程	2,887,559	873,726
减：长期应收款坏账准备	67,953	30,297
合计	2,819,606	843,429

长期应收款采用的折现率区间为 4.50%~7.81%。

长期应收款按照整个存续期预期信用损失计提，长期应收款均未到期，预期信用损失率为 2.35%。

不符合终止确认条件的长期应收账款的转移，本集团在"长期应收款保理"科目和"长期应收款保理之银行拨款"科目单独反映。长期应收款转移，参见附注八、2（略）。

本年长期应收款坏账准备和长期应收账款保理坏账准备增减变动情况参见附注五、21（略）。

资产减值准备/信用减值准备
2019 年 12 月 31 日

单位：千元

项目	年初余额	本年计提	本年减少		汇率影响	年末余额
			转回	转销/核销		
坏账准备	12,547,999	3,102,744	(1,168,446)	(1,371,727)	298,245	13,408,815
其中：应收账款	12,381,983	2,943,516	(1,163,353)	(1,359,859)	297,963	13,100,250
长期应收款	30,297	37,466	—	—	190	67,953
其他应收款	130,770	121,762	(619)	(11,868)	92	240,137
应收账款保理	2,853	—	(2,565)	—	—	288
长期应收款保理	2,096	—	(1,909)	—	—	187
存货跌价准备	3,199,272	1,476,827	(215,962)	(157,402)	(38,187)	4,264,548
合同资产减值准备	152,485	294,632	—	—	2,970	450,087
固定资产减值准备	41,353	—	—	(74)	(20)	41,259
无形资产减值准备	77,898	—	—	—	(38)	77,860
长期股权投资减值准备	1,006,699	20,205	—	—	—	1,026,904
商誉减值准备	123,263	—	—	—	—	123,263
应收款项融资减值准备	2,455	—	(519)	—	—	1,936
合计	17,151,424	4,894,408	(1,384,927)	(1,529,203)	262,970	19,394,672

本集团以预期信用损失为基础，运用简化计量方法，在资产负债表日评估应收账款的预期信用风险，并计提预期信用减值准备。

存货按照成本与可变现净值孰低计量，对成本高于可变现净值的，计提存货跌价准备，计入当期损益。

示例 4-104　601992.SH 金隅集团

财务报表项目注释

长期应收款

单位：元

项目		期末余额	
账面余额	账面余额	坏账准备	账面价值
分期收款销售商品	613,816,168.84	20,103,877.84	593,712,291.00

续表

项目	期末余额		
账面余额	账面余额	坏账准备	账面价值
分期收款提供劳务			
关联方贷款	428,258,733.22	—	428,258,733.22
合计	1,042,074,902.06	20,103,877.84	1,021,971,024.22

其他说明：

本集团的混凝土业务存在客户支付款项与承诺的商品所有权转移之间的时间间隔超过一年的合同，考虑重大融资成分后将应收款项于长期应收款列报。本集团在计算重大融资成分时参考银行同期贷款利率，并考虑一定的风险加成作为折现率，本年的折现率为5%。

关联方贷款主要为本集团下属子公司非洲犀牛有限公司向其合营公司 Cross Point Trading 274 (Pty) Ltd (RF) 及 Mamba Cement Company (Pty) Ltd (RF) 提供的借款及应收利息。根据双方协议，该等款项将于2044年3月前收回。其他为本公司向联营公司北京宸宇房地产开发有限公司提供的借款，根据双方协议，该款项到期日分别为2021年2月27日和2021年5月24日。

长期应收款按照整个存续期预期信用损失计提的坏账准备的变动如下：

单位：元

坏账准备	2019年12月31日	2018年12月31日
年初余额	30,179,310.27	22,092,206.76
收购子公司转入	—	14,924,409.37
本年转回	-10,075,432.43	-6,837,305.86
年末余额	20,103,877.84	30,179,310.27

示例4-105　600548.SH 深高速

财务报表项目注释

长期应收款

（1）长期应收款情况。

项目	期末余额（元）			折现率区间（%）
	账面余额	坏账准备	账面价值	
应收深汕特别合作区开发建设有限公司代垫款（a）	159,360,103.10	—	159,360,103.10	—

续表

项目	期末余额（元）			折现率区间（%）
	账面余额	坏账准备	账面价值	
应收贵州省龙里县政府关于贵龙项目款项（b）	22,548,751.19	—	22,548,751.19	—
电费补贴收入（c）	180,731,074.84	981,059.95	179,750,014.89	4.75
应收广告牌质保金	—			—
小计	362,639,929.13	981,059.95	361,658,869.18	—
减：一年内到期的部分	22,548,751.19		22,548,751.19	—
合计	340,091,177.94	981,059.95	339,110,117.99	—

注：(a) 为本公司子公司深高速（深汕特别合作区）基建环保开发有限公司（"深汕公司"）应收深汕特别合作区开发建设有限公司代垫款项。截至 2019 年 12 月 31 日，深汕公司承接该公司南门河水系综合治理一期工程项目应收款余额为人民币 109,534,176.62 元；土地平整、相关配套工程项目及鲘门项目应收款余额为人民币 49,825,926.48 元。

(b) 本公司子公司贵州贵深投资发展有限公司（"贵深公司"）受托建设的龙里 BT 项目已于 2014 年底全部完工。截至 2019 年 12 月 31 日，应收龙里 BT 项目款项为人民币 22,548,751.19 元（2018 年：人民币 22,548,751.19 元）。

(c) 截至 2019 年 12 月 31 日，本年度包头南风应收电费补贴收入折现现值余额为人民币 179,750,014.89 元，折现率为 4.75%。

(2) 长期应收款按照预期信用损失账面余额和坏账准备的变动如下：

单位：元

长期应收款	第一阶段未来 12 个月预期信用损失	
	账面余额	坏账准备
年初余额	160,973,492.73	—
本年增加	19,627,986.82	252,529.92
非同一控制下的企业合并增加	163,989,698.39	728,530.03
本年减少	4,500,000.00	—
年末余额	340,091,177.94	981,059.95

示例4-106　601618.SH 中国中冶

财务报表项目注释

长期应收款

（1）长期应收款情况。

单位：千元

项目	2019年12月31日	2018年12月31日
应收长期工程款项	25,271,138	22,052,258
给予关联方借款	1,209,488	2,460,338
待收回股权出售款	333,485	333,485
其他	1,512,710	1,415,068
账面余额合计	28,326,821	26,261,149
减：长期应收款信用损失准备	1,921,114	1,141,857
账面净值合计	26,405,707	25,119,292
其中：一年内到期的长期应收款净值	2,078,913	3,498,610
一年以后到期的长期应收款净值	24,326,794	21,620,682

2019年12月31日，长期应收款均按照折现后净额列示，折现率为4.35%～4.90%。

（2）长期应收款坏账计提情况。

单位：千元

项目	第一阶段 未来12个月预期 信用损失	第二阶段 整个存续期预期 信用损失 （未发生信用减值）	第三阶段 整个存续期预期 信用损失 （已发生信用减值）	合计
2018年12月31日信用损失准备余额	105,792	116,330	919,735	1,141,857
本年计提	20,304	170,526	2,988	193,818
本年转回	(16,780)	(130,095)	(2,756)	(149,631)
其他变动	—	—	735,070	735,070
2019年12月31日信用损失准备余额	109,316	156,761	1,655,037	1,921,114
2019年12月31日长期应收款账面余额	25,238,963	1,391,565	1,696,293	28,326,821

(3) 2019年12月31日,本集团无因其所有权上几乎所有的风险和报酬已转移给转入方而整体终止确认但继续涉入已转移金融资产的长期应收款(2018年12月31日:无)。

示例4-107 601800.SH 中国交建

财务报表项目注释

长期应收款

单位:元

项目	2019年12月31日	2018年12月31日
PPP项目(含BT)应收款	102,226,480,464	60,061,411,297
土地一级开发	18,130,791,218	15,992,201,888
应收工程款	74,331,441,466	57,461,688,514
应收履约保证金	2,909,754,768	3,691,276,443
长期应收借款	13,396,671,485	11,763,927,124
其他	9,727,042,744	7,105,629,514
小计	220,722,182,145	156,076,134,780
减:长期应收款坏账准备	2,806,603,430	1,498,949,439
长期应收款账面价值	217,915,578,715	154,577,185,341
减:一年内到期的长期应收款	44,244,998,404	39,771,431,214
超过一年到期的长期应收款	173,670,580,311	114,805,754,127

2019年长期应收款均按照实际利率法计算其摊余成本,实际利率为4.75%~4.90%(2018年:4.75%~4.90%)。

长期应收款按照12个月预期信用损失及整个存续期预期信用损失分别计提的坏账准备的变动如下:

2019年

单位:元

坏账准备	第一阶段未来12个月预期信用损失	第二阶段整个存续期预期信用损失	第三阶段已发生信用减值金融资产(整个存续期预期信用损失)	合计
年初余额	906,021,541.00	559,711,363.00	33,216,535.00	1,498,949,439.00
年初余额在本年				
——转入第二阶段	(2,910,151.00)	2,910,151.00	—	

续表

坏账准备	第一阶段未来12个月预期信用损失	第二阶段整个存续期预期信用损失	第三阶段已发生信用减值金融资产（整个存续期预期信用损失）	合计
本年计提	722,235,804.00	481,094,026.00	—	1,203,329,830.00
收购子公司	8,005,359.00	—	—	8,005,359.00
本年转回	(83,575,494.00)	(90,274,891.00)	—	(173,850,385.00)
本年转销	(33,231,790.00)	—	—	(33,231,790.00)
处置子公司	(2,058,404.00)	—	—	(2,058,404.00)
其他变动	24,452,124.00	281,007,257.00	—	305,459,381.00
合计	1,538,938,989.00	1,234,447,906.00	33,216,535.00	2,806,603,430.00

示例4-108 601111.SH 中国国航

财务报表项目注释

长期应收款

单位：千元

项目	2019年12月31日	2018年12月31日
租赁飞机押金	674,490	650,662
对关联方发放贷款［附注七、7(3)，7(4)］（略）	192,400	222,409
应收关联方款项［附注七、7(4)］（略）	3,724	335,136
其他	15,467	5,491
小计	886,081	1,213,698
减：减值准备	(4,155)	(4,54)
长期应收款账面价值	881,926	1,209,152
减：一年内到期的长期应收款	(67,419)	(66,91)
超过一年到期的长期应收款	814,507	1,142,235

示例 4-109 601811.SH 新华文轩

财务报表项目注释

长期应收款

项目	期末余额（元）			折现率区间（%）
	账面余额	坏账准备	账面价值	
分期收款销售商品	476,566,778.52		476,566,778.52	4.75~5
减：计入一年内到期的非流动资产的长期应收款	-125,609,106.15		-125,609,106.15	
合计	350,957,672.37		350,957,672.37	

注：本集团分期收款销售商品为教育信息化业务收入的应收款项，分期收款按具体合同约定执行，合同约定期间为 2~5 年，按 4.75%~5% 折现率折现。

示例 4-110 601588.SH 北辰实业

会计政策

当单项金融资产无法以合理成本评估预期信用损失的信息时，本集团依据信用风险特征将应收款项划分为若干组合，在组合基础上计算预期信用损失，确定组合的依据如下：

其他应收款组合1 应收押金、保证金及备用金
其他应收款组合2 应收关联公司款项
其他应收款组合3 应收少数股东款项
其他应收款组合4 应收代垫款项
其他应收款组合5 应收其他款项
长期应收款组合1 应收、保证金
长期应收款组合2 应收关联公司款项

对于划分为组合的其他应收款、长期应收款，本集团参考历史信用损失经验，结合当前状况以及对未来经济状况的预测，通过违约风险敞口和未来 12 个月内或整个存续期预期信用损失率，计算预期信用损失。

财务报表项目注释

长期应收款

单位：元

项目	期末余额			期初余额			折现率区间
	账面余额	坏账准备	账面价值	账面余额	坏账准备	账面价值	
应收保证金	36,066,073	180,330	35,885,743	35,937,500	—	35,937,500	—
应收关联方款项	74,507,134	74,507	74,432,627	1,470,788,834	—	1,470,788,834	—
合计	110,573,207	254,837	110,318,370	1,506,726,334	—	1,506,726,334	—

示例4-111　002594.SZ 比亚迪

会计政策

本集团以预期信用损失为基础，对以摊余成本计量的金融资产及以公允价值计量且其变动计入其他综合收益的债务工具投资、租赁应收款、合同资产及财务担保合同进行减值处理并确认损失准备。

对于不含重大融资成分的应收款项以及合同资产，本集团运用简化计量方法，按照相当于整个存续期内的预期信用损失金额计量损失准备。

对于含有重大融资成分的应收款项以及合同资产，本集团选择运用简化计量方法，按照相当于整个存续期内的预期信用损失金额计量损失准备。

除上述采用简化计量方法以外的金融资产及财务担保合同，本集团在每个资产负债表日评估其信用风险自初始确认后是否已经显著增加，如果信用风险自初始确认后未显著增加，处于第一阶段，本集团按照相当于未来12个月内预期信用损失的金额计量损失准备，并按照账面余额和实际利率计算利息收入；如果信用风险自初始确认后已显著增加但尚未发生信用减值的，处于第二阶段，本集团按照相当于整个存续期内预期信用损失的金额计量损失准备，并按照账面余额和实际利率计算利息收入；如果初始确认后发生信用减值的，处于第三阶段，本集团按照相当于整个存续期内预期信用损失的金额计量损失准备，并按照摊余成本和实际利率计算利息收入。对于资产负债表日只具有较低信用风险的金融工具，本集团假设其信用风险自初始确认后未显著增加。

财务报表项目注释

长期应收款

（1）长期应收款情况。

项目	期末余额（千元）			期初余额（千元）			上年期末余额（千元）			折现率区间（%）
	账面余额	坏账准备	账面价值	账面余额	坏账准备	账面价值	账面余额	坏账准备	账面价值	
分期收款销售商品	2,169,500	35,095	2,134,405	1,049,938	3,193	1,046,745	1,049,938		1,049,938	4.75~4.9
合计	2,169,50	35,095	2,134,405	1,049,938	3,193	1,046,74	1,049,938		1,049,938	—

长期应收账款坏账准备的变动如下：

单位：千元

坏账准备	上年期末余额	会计政策变更	年初余额	本期变动金额				期末余额
				本期计提	收回或转回	本期核销	外币报表折算差额	
2018年12月31日（经审计）		3,193	3,193	31,902				35,095

长期应收款采用简化方法计提减值损失准备如下：

方法	2018年12月31日			
	账面余额（千元）	比例（%）	坏账金额（千元）	计提比例（%）
单项评估预期信用损失计提坏账准备	166,865	7.69	27,090	16.23
按信用风险组合评估预期信用损失计提坏账准备	2,002,635	92.31	8,005	0.40
合计	2,169,500	100.00	35,095	

本年影响损失准备变动的长期应收款账面余额重大变动：新增分期收款销售导致账面余额增加103%，并相应导致整个存续期预期信用损失的增加；

于2018年12月31日，上述长期应收款中未实现融资收益为人民币308,681千元（2017年：人民币135,724千元）。

示例4-112　600660.SH 福耀玻璃

会计政策

本集团对于以摊余成本计量的金融资产、以公允价值计量且其变动计入其他综合收益的债务工具投资、合同资产和财务担保合同等，以预期信用损失为基础确认损失准备。

本集团考虑有关过去事项、当前状况以及对未来经济状况的预测等合理且有依据的信息，以发生违约的风险为权重，计算合同应收的现金流量与预期能收到的现金流量之间差额的现值的概率加权金额，确认预期信用损失。

于每个资产负债表日，本集团对于处于不同阶段的金融工具的预期信用损失分别进行计量。金融工具自初始确认后信用风险未显著增加的，处于第一阶段，本集团按照未来12个月内的预期信用损失计量损失准备；金融工具自初始确认后信用风险已显著增加但尚未发生信用减值的，处于第二阶段，本集团按照该工具整个存续期的预期信用损失计量损失准备；金融工具自初始确认后已经发生信用减值的，处于第三阶段，本集团按照该工具整个存续期的预期信用损失计量损失准备。

对于在资产负债表日具有较低信用风险的金融工具，本集团假设其信用风险自初始确认后并未显著增加，按照未来12个月内的预期信用损失计量损失准备。

财务报表项目注释
长期应收款

单位：元

项目	期末余额			期初余额		
	账面余额	坏账准备	账面价值	账面余额	坏账准备	账面价值
应收关联方	190,000,000		190,000,000	190,000,000		190,000,000
减：一年内到期的长期应收款	−190,000,000		−190,000,000			
合计	0		0	190,000,000		190,000,000

于2018年12月31日及2017年12月31日，长期应收款190,000,000元为本集团向联营企业金垦玻璃工业双辽有限公司（以下简称"金垦玻璃"）提供的借款，借款期限2年，年利率5.225%，每季度付息一次。该借款以双辽市金源玻璃制造有限公司和吉林省华生燃气集团有限公司合计持有的金垦玻璃75%股权无条件质押，及以金垦玻璃拥有的所有机器设备、车辆等动产与不动产（包括但不限于房屋建筑物、土地使用权等）无条件抵押给本集团，作为该借款的担保。截至2018年12月31日，金垦玻璃抵押物账面价值为310,542,195元（2017年12月31日：304,974,465元）金垦玻璃抵押物账面价值为304,974,465元。于2018年12月31日，本集团未计提长期应收款减值准备（2017年：无）。

十、前瞻性信息披露示例

示例4-113　600030.SH 中信证券

重大会计判断和会计估计

预期信用损失模型中包括的前瞻性信息

计量预期信用损失时应充分考虑前瞻性信息。信用风险显著增加的评估及预期信用损失的计算均涉及前瞻性信息。本集团通过进行历史数据分析，识别出影响各资产组合的信用风险及预期信用损失的关键经济指标。这些经济指标及其对违约概率的影响，对不同的金融工具有所不同。本集团通过进行回归分析确定这些经济指标与违约概率之间的关系，以理解这些指标历史上的变化对违约率的影响。

金融工具风险管理

信用风险——预期信用损失计量

对于阶段一和阶段二的债券投资类金融资产及融资类金融产品（包括融出资金、买入返售金融资产中的股票质押式回购及约定购回式业务），管理层运用包含违约概率、违约损失率、违约风险敞口及损失率比率等关键参数的风险参数模型法评估损失准备。对于阶段三已发生信用减值的上述金融资产，通过预估未来与该金融资产相关的现金流，计量损失准备。上述阶段一、阶段二以及阶段三金融资产的减值评估，管理层均考虑了前瞻性因素。

前瞻性信息

信用风险显著增加的评估及预期信用损失的计算均涉及前瞻性信息。

对于债券投资，本公司通过进行历史数据分析，识别出影响信用风险及预期信用损失的关键经济指标，主要包括国内生产总值、工业增加值和固定资产投资完成额。本公司通过进行回归分析确定这些经济指标历史上与违约概率、违约敞口和违约损失率之间的关系，并通过预测未来经济指标确定预期的违约概率、违约敞口和违约损失率。

对于融资类业务，本公司基于对产品特性进行分析，识别出与融资类业务风险相关的经济指标，即上证综指和深证成指的波动率。通过构建这些经济指标与业务风险特征之间的关系，对融资类业务的预期损失进行前瞻性的调整。其中，国内生产总值的区间范围是5.40%~6.60%。

除了提供基本经济情景外，本公司的管理层专家小组也提供了其他可能的情景及情景权重。针对每一个主要产品类型分析、设定不同的情景，以确保考虑到指标非线性发展特征。本公司在每一个资产负债表日重新评估情景的数量及其特征。

本公司认为，在2019年12月31日及2018年12月31日，对于公司的债券以及融资类资产组合，应当考虑应用3种不同情景来恰当反映关键经济指标发展的非线性特征。本公司结合统计分析及专家判断来确定情景权重，也同时考虑了各情景所代表的可能结果的范围,目前本公司采用的基准情景权重超过非基准情景权重之和。

本公司以加权的 12 个月预期信用损失(阶段一)或加权的整个存续期预期信用损失(阶段二及阶段三)计量相关的损失准备。上述加权的信用损失是由各情景下预期信用损失乘以相应情景的权重计算得出。

与其他经济预测类似,对预计经济指标和发生可能性的估计具有高度的固有不确定性,因此实际结果可能同预测存在重大差异。本公司认为这些预测体现了公司对可能结果的最佳估计。

敏感性分析

预期信用损失计量对模型中使用的参数、前瞻性预测的宏观经济变量、经济场景权重及运用专家判断时考虑的其他因素等是敏感的。这些参数、假设和判断的变化将对信用风险显著增加以及预期信用损失计量产生影响。

本公司将乐观、基准及悲观这三种情景适用于所有资产组合,于 2019 年 12 月 31 日,各类情景下的敏感性分析结果如下:

(i)假设按上述三种情景加权计算得出的预期信用损失与仅采用基准情景计算得出的预期信用损失相比上升幅度不超过 5.00%;

(ii)假设将乐观情景权重增加 10.00%,基准情景权重减少 10.00%,则预期信用损失下降幅度不超过 5.00%;

(iii)假设将悲观情景权重增加 10.00%,基准情景权重减少 10.00%,则预期信用损失上升幅度不超过 5.00%。

同时,本公司还对信用风险阶段分类对预期信用损失准备进行了敏感性分析。于 2019 年 12 月 31 日及 2018 年 12 月 31 日,假设信用风险自初始确认后未发生显著变化,导致阶段二的金融资产全部进入阶段一,则预期信用损失下降幅度不超过以摊余成本计量以及以公允价值计量且其变动计入其他综合收益的债务工具年末总额的 5.00%。

示例 4-114　601066.SH 中信建投

重大会计判断和会计估计

预期信用损失的计量

对于以摊余成本计量和公允价值计量且其变动计入其他综合收益计量的金融资产债务工具投资,其预期信用损失的计量中使用了模型和假设。这些模型和假设涉及未来的宏观经济情况和客户的信用行为(例如,客户违约的可能性及相应损失)。

根据会计准则的要求对预期信用损失进行计量涉及许多重大判断,例如:

- 选择计量预期信用损失的适当模型和假设;
- 判断信用风险显著增加的标准;
- 针对不同类型的产品,在计量预期信用时确定需要使用的前瞻性信息和权重。

预期信用损失模型中包括的前瞻性信息

根据新金融工具准则计量预期信用损失时应充分考虑前瞻性信息。信用风险显著增加的评估及预期信用损失的计算均涉及前瞻性信息。本集团通过进行历史数据分析，识别出影响各资产组合的信用风险及预期信用损失的关键经济指标。这些经济指标及其对违约概率的影响，对不同的金融工具有所不同。本集团通过进行回归分析确定这些经济指标与违约概率之间的关系，以理解这些指标历史上的变化对违约率的影响。

风险分析及控制状况

信用风险

前瞻性信息

信用风险显著增加的评估及预期信用损失的计算均涉及前瞻性信息。本公司通过历史数据分析，识别出影响各资产组合的信用风险及预期信用损失的关键经济指标，主要包括国内生产总值、生产价格指数、人民币贷款利率等。本公司通过进行回归分析确定这些经济指标与违约概率、违约敞口和违约损失率之间的关系，预测未来经济指标并将其作用至违约概率、违约敞口和违约损失率的计量中。

除了提供基本经济情景外，本公司的管理层专家小组也提供了其他可能的情景及情景权重。针对每一个主要产品类型分析、设定不同的情景，以确保考虑到指标非线性发展特征。本公司在每一个资产负债表日重新评估情景的数量及其特征。

于2019年1月1日及2019年12月31日，本公司认为所有资产组合均应当考虑应用三种不同情景来恰当反映关键经济指标发展的非线性特征。本公司结合统计分析及专家判断来确定情景权重，也同时考虑了各情景所代表的可能结果的范围。

本公司在判断信用风险是否发生显著增加时，使用了基准及其他情景下的整个存续期违约概率乘以情景权重，并考虑了定性和上限指标。本公司以加权的12个月预期信用损失或加权的整个存续期预期信用损失计量相关的损失准备。上述加权的信用损失是由各情景下预期信用损失乘以相应情景的权重计算得出。

与其他经济预测类似，对预计经济指标和发生可能性的估计具有高度的固有不确定性，因此实际结果可能同预测存在重大差异。本公司认为这些预测体现了集团对可能结果的最佳估计。

敏感性分析

预期信用损失计量对模型中使用的参数、前瞻性预测的宏观经济变量、经济场景权重及运用专家判断时考虑的其他因素等是敏感的。这些参数、假设和判断的变化将对信用风险显著增加以及预期信用损失计量产生影响。

于2019年12月31日，乐观、基准及悲观这三种情景适用于所有资产组合，若按上述三种情景加权计算得出的预期信用损失与仅采用基准情景计算得出的预期信用损失相比上升幅度不超过5%。

假设将乐观情景权重增加10%，基准情景权重减少10%，则预期信用损失下降幅度不超过5%；若将悲观情景权重增加10%，基准情景权重减少10%，则预期信用损失上升幅度不超过5%。

同时，本公司还对信用风险显著增加进行了敏感性分析。于2019年12月31日，假设相关金融资产的信用风险自初始确认后未发生显著变化,导致阶段二的金融资产全部进入阶段一,则于资产负债表中确认的预期信用损失下降幅度不超过5%。

示例4-115　600837.SH 海通证券

重要会计政策及会计估计

在应用计量预期信用损失的会计要求时,需要作出以下重要判断:

前瞻性信息

在评估预期信用损失时,本集团使用了合理且有依据的前瞻性信息,这些信息基于对不同经济驱动因素的未来走势的假设,以及这些经济驱动因素如何相互影响的假设。

风险管理

信用风险管理

前瞻性信息

公司在计算预期信用损失时使用前瞻性信息,该信息为可获得且无不合理成本,或在评价信用风险的重大增长及测量预期信用损失时不会过于烦琐。公司采用三种不同情景来反映不同宏观经济环境对预期信用损失计量可能带来的影响,并结合专家经验判断确定各场景的权重。在进行上述情景分析时,公司综合考虑外部信息和内部专家意见对相关经济变量的未来预测,使用的外部信息包括但不限于国内生产总值(GDP)增长率、广义货币(M2)增速、股指变动、企业景气指数、社会融资规模增长率等宏观经济因子。公司采用前瞻性信息对违约概率等风险计量参数进行调整。

示例4-116　600958.SH 东方证券

重要会计政策及会计估计

金融工具减值

前瞻性信息:在评估预期信用损失时,本集团使用了合理且有依据的前瞻性信息,这些信息基于对不同经济驱动因素的未来走势的假设,以及这些经济驱动因素如何相互影响的假设。

风险管理

信用风险

本集团在判断金融资产的信用风险自初始确认后是否显著增加以及计量预期信用损失时,均结合了前瞻性信息。本集团通过进行历史数据分析,识别出影响各业务类型信用风险及预期信用损失的关键经济指标。关键经济指标包括宏观经济指标和反映市场波动率的指标,如国内生产总值、生产价格指数、居民消费物价指数、股票指数等。

为了确定这些经济指标与违约概率和违约损失率之间的关系,本集团通过建立经济模型来评估这些经济指标的历史变动对违约概率和违约损失率的影响。

本集团根据反映上述主要经济指标的情景,对预期信用损失进行前瞻性估计。为在组合基础上确定信用风险是否显著增加并确认预期信用损失的目的，本集团基于共同信用风险特征对金融工具进行分类，共同信用风险特征的例子可包括但不限于：工具类型、信用风险评级、担保品类型、初始确认日期、剩余到期期限和担保人相对于金融资产的价值，若这对拖欠发生的概率构成影响，本集团将定期评估共同信用风险敞口。

示例4-117　000166.SZ 申万宏源

主要会计政策及会计估计

金融工具——预期信用损失的计量

对于应收账款、租赁应收款和合同资产，本集团始终按照相当于整个存续期内预期信用损失的金额计量其损失准备。本集团基于历史信用损失经验、使用准备矩阵计算上述金融资产的预期信用损失，相关历史经验根据资产负债表日借款人的特定因素，以及对当前状况和未来经济状况预测的评估进行调整。

除应收账款、租赁应收款和合同资产外，本集团对满足下列情形的金融工具按照相当于未来12个月内预期信用损失的金额计量其损失准备，对其他金融工具按照相当于整个存续期内预期信用损失的金额计量其损失准备：

- 该金融工具在资产负债表日只具有较低的信用风险；或
- 该金融工具的信用风险自初始确认后并未显著增加。

风险管理

信用风险——预期信用损失的计量

每个阶段的计提方法、主要参数和估值技术

本集团根据资产的风险特征和数据情况，采用违约概率/违约损失率方法、损失率方法等计量预期信用损失。

违约概率/违约损失率方法是指通过估计单笔资产或资产组合的违约风险暴露、违约概率、违约损失率等参数计量预期信用损失的方法。损失率方法是指在不估计违约概率和违约损失率等情况下，直接估计损失率计量预期信用损失的方法。

本集团信用业务的减值计量采用损失率法。

前瞻性调整

本集团综合考虑经济增长、投资、价格指数、利率指标、股票市场等5项指标，对5项指标分别赋予一定权重加权后计算综合得分，综合根据得分所属不同区间确定前瞻性调整系数。

示例4-118　601318.SH 中国平安

重要会计估计及其关键假设

金融资产——减值

本集团对于以摊余成本计量的金融资产、以公允价值计量且其变动计入其他综合收益的债务工具投资、贷款承诺和除适用于保险合同会计核算方法外的财务担保合同等，考虑有关过去事项、当前状况以及对未来经济状况的预测等合理且有依据的信息，以发生违约的风险为权重，计算合同应收的现金流量与预期能收到的现金流量之间差额的现值的概率加权金额，确认预期信用损失。预期信用损失计量中，重要的假设和判断列示如下：

i）选择预期信用损失计量适当的模型和参数，如违约概率、违约损失率和风险敞口等；

ii）信用风险显著变化的判断标准；

iii）预期信用损失计量使用的前瞻性情景数量和权重。

金融工具风险管理

信用风险——预期信用损失计量

前瞻性信息

在确定12个月及整个存续期违约风险敞口、违约概率及违约损失率时应考虑前瞻性经济信息。本集团通过历史数据分析，识别出影响各资产组合的信用风险及预期信用损失的关键宏观经济指标，通过指标池建立、数据准备、前瞻性调整建模等步骤建立宏观经济前瞻调整模型，指标池包括国内生产总值同比变动率、居民消费价格指数同比变动率、采购经理指数等。通过进行回归分析确定这些经济指标历史上与违约风险敞口、违约概率和违约损失率之间的关系，并通过预测未来经济指标确定预期的违约风险敞口、违约概率和违约损失率。估值方法和关键假设在2019年度没有发生重大变更。

2019年，本集团从万得信息技术股份有限公司公布的中国宏观经济数据库采集过去10年的宏观经济指标时间序列数据，分析经济指标之间的跨期内生关系，在蒙特卡洛方法模拟随机冲击基础上，建立预测函数，结合专家经验判断，选取不同分位点作为不同情景的取值。除了考虑基本经济情景外，本集团也考虑了其他可能的情景及情景权重。根据对每一个主要产品结构的分析，设定不同的情景，以确保考虑到指标非线性发展特征。本集团定期重新评估情景的数量及其特征。于2019年度，本集团结合统计分析来确定经济情景权重，也同时考虑了各情景所代表的可能结果的范围，确定最终宏观经济假设及权重以计量相关的减值准备。

这些经济指标对违约概率和违约损失率的影响，对不同的业务类型有所不同。本集团综合考虑内外部数据、专家预测以及统计分析确定这些经济指标与违约概率和违约损失率之间的关系。本集团至少每年对这些经济指标进行评估预测，并提供未来的最佳估计，并定期检测评估结果。

与其他经济预测类似，对预计经济指标和发生可能性的估计具有高度的固有不确定性，因此实际结果可能同预测存在重大差异。本集团认为这些预测体现了本集团对可能结果的最佳估计。

敏感性分析

预期信用损失对模型中使用的参数，前瞻性预测的宏观经济变量，三种情景下的权重概率及运用专家判断时考虑的其他因素等是敏感的。这些输入参数、假设、模型和判断的变化将对信用风险显著增加以及预期信用损失的计量产生影响。

本集团基准情形权重占比最高，且基准情形权重与非基准情形权重之和相近。对于本集团的银行业务，假设乐观情形的权重增加10%，而基准情形的权重减少10%，本集团于2019年12月31日的信用减值准备减少人民币918百万元（2018年12月31日：571百万元）；假设悲观情形的权重增加10%，而基准情形的权重减少10%，本集团的信用减值准备增加人民币1,554百万元（2018年12月31日：814百万元）。

示例4-119　000001.SZ 平安银行

重大会计判断和会计估计

预期信用损失的计量

本公司对以摊余成本计量和以公允价值计量且其变动计入其他综合收益的金融资产，以及信用承诺使用预期信用损失模型计量其减值准备。其中涉及关键定义、参数和假设的建立和定期复核，例如对未来的宏观经济情况和借款人的信用行为的估计（例如，客户违约的可能性及相应损失）。对预期信用损失的计量存在许多重大管理层判断和假设，例如：

- 将具有类似信用风险特征的业务划入同一个组合，选择恰当的计量模型，并确定计量相关的关键参数；
- 信用风险显著增加、违约和已发生信用减值的判断标准；
- 用于前瞻性计量的预测经济指标以及多经济情景及其权重影响的参数和假设；
- 针对模型未覆盖的重大不确定因素的管理层叠加调整；及
- 阶段三的企业贷款和垫款及债权投资的未来现金流预测。

风险披露

信用风险——预期信用损失计量

前瞻性信息

信用风险显著增加的评估及预期信用损失的计算均涉及前瞻性信息。本公司通过进行历史数据分析，识别出影响各业务类型信用风险及预期信用损失的关键经济指标，如国内生产总值同比增长率、居民消费物价指数增长率、采购经理指数、广义货币同比增长率等。

本公司至少每年对这些经济指标进行评估预测，并提供未来的最佳估计，并定期检测评估结果。2019年，本公司从万得信息技术股份有限公司公布的中国宏观经济数据库采集过去10年的上述关键经济指标的时间序列数据，分析经济指标之间的跨期内生关系，在蒙特卡洛方法模拟随机冲击基础上，建立预测函数，结合专家经验和专业判断，预测不同情景下的关键经济指标预测值。本公司选取不同分位点作为不同乐观、基础和悲观三种情景的宏观经济取值，确定宏观经济假设及情景权重以计量相关的减值准备。

这些经济指标对违约概率和违约损失率的影响，对不同的业务类型有所不同。本公司综合考虑内外部数据、专家预测以及统计分析确定这些经济指标与违约概率、违约损失率和违约敞口之间的关系。本公司每年根据外部经济发展、行业及区域风险变化等情况对预期信用损失计算所使用的关键参数和假设进行复核,并做出必要的更新和调整。

敏感性分析及管理层叠加

预期信用损失对模型中使用的参数,前瞻性预测的宏观经济变量,三种情景下的权重概率及运用专家判断时考虑的其他因素等是敏感的。这些输入参数、假设、模型和判断的变化将对信用风险显著增加以及预期信用损失的计量产生影响。

本公司基准情景权重占比最高,且基准情景权重与非基准情景权重之和相近。假设乐观情景的权重增加10%,而基准情景的权重减少10%,本公司于2019年12月31日的信用减值准备减少9.18亿元(2018年12月31日:人民币5.71亿元);假设悲观情景的权重增加10%,而基准情景的权重减少10%,本公司的信用减值准备增加15.54亿元(2018年12月31日:人民币8.14亿元)。

对于未通过模型反映的外部经济形势的新变化,本公司管理层也已考虑并因此额外调增了损失准备,进一步增强风险抵补能力。

示例4－120　601916.SH 浙商银行

重大会计估计及判断

信用减值损失的计量

对于发放贷款及垫款、金融投资中的债权投资、贷款承诺及财务担保合同,其信用减值损失的计量中使用了复杂的模型和大量的假设。这些模型和假设涉及未来的宏观经济情况和借款人的信用行为(例如,客户违约的可能性及相应损失)。

本集团对信用减值损失进行计量涉及许多重大判断,例如:
- 选择恰当的计量模型,并确定计量相关的关键参数;
- 信用风险显著增加、违约和已发生信用减值的判断标准;
- 用于前瞻性计量的经济指标、经济情景及其权重的采用;
- 针对模型未覆盖的重大不确定因素的管理层叠加调整;
- 阶段三公司贷款及垫款、金融投资中的债权投资、贷款承诺及财务担保合同通过前瞻性预测的现金流量及折现率。

金融风险管理

信用风险——信用减值损失计量

信用减值损失模型中包括的前瞻性信息及管理层叠加

本集团自行构建宏观预测模型,并由本集团经济专家对多个前瞻性情景的权重进行调整,定期完成乐观、中性和悲观等三种国内宏观情景下多个宏观指标的预测,以确保覆盖非线性特征。其中,中性情景定义为未来最可能发生的情况,作为其他情景的比较基础。乐观和悲观情景分别是比中性情景更好和更差且较为可能发生的情景,也可以作为敏感性分析的来源之一。

信用减值损失模型主要采用自上而下的开发方法,建立了GDP、PPI、M2等不同宏观指标与本集团违约风险参数的回归模型,以宏观指标的预测结果驱动减值计算,实现对减值准备的"前瞻性"计算。

对于未通过模型反映的外部经济形势的新变化,本集团管理层也已考虑并因此额外调增了信用减值损失准备,进一步增强风险抵补能力。

示例4-121　002948.SZ 青岛银行

主要会计估计及判断

预期信用损失的计量

对于以摊余成本计量和以公允价值计量且其变动计入其他综合收益的债权投资,以及非以公允价值计量且其变动计入当期损益的贷款承诺及财务担保合同,其预期信用损失的计量中使用了复杂的模型和大量的假设。这些模型和假设涉及未来的宏观经济情况和客户的信用行为(例如,客户违约的可能性及相应损失)。附注八、1信用风险具体说明了预期信用损失计量中使用的参数、假设和估计技术(略)。

风险管理

信用风险

预期信用损失模型中包括的前瞻性信息

信用风险显著增加的评估及预期信用损失的计算均涉及前瞻性信息。本集团通过历史数据分析,识别出影响各资产组合的信用风险及预期信用损失的关键经济指标,包括国内生产总值、居民消费价格指数、生产价格指数等。本集团通过进行回归分析确定这些经济指标历史上与违约概率之间的关系,并通过预测未来经济指标确定预期的违约概率。

本集团在判断信用风险是否发生显著增加时,使用了基准及其他情景下的整个存续期违约概率乘以情景权重,并考虑了定性和上限指标。本集团以加权的12个月预期信用损失(第一阶段)或加权的整个存续期预期信用损失(第二阶段及第三阶段)计量相关的损失准备。上述加权的信用损失是由各情景下预期信用损失乘以相应情景的权重计算得出。

与其他经济预测类似,对预计经济指标和发生可能性的估计具有高度的固有不确定性,因此实际结果可能同预测存在重大差异。本集团认为这些预测体现了集团对可能结果的最佳估计。

其他未纳入上述情景的前瞻性因素,如监管变化、法律变化的影响,也已纳入考虑,但不视为具有重大影响,因此并未据此调整预期信用损失。本集团按季度复核并监控上述假设的恰当性。

示例4-122　600036.SH 招商银行

重要会计估计和判断

信用减值损失的计量

- 信用风险的显著增加:预期信用损失模型中损失准备的确认为第一阶段资产

采用12个月内的预期信用损失,第二阶段或第三阶段资产采用整个存续期内的预期信用损失。当初始确认后信用风险显著增加时,资产进入第二阶段。在评估资产的信用风险是否显著增加时,本集团会考虑定性和定量的合理且有依据的前瞻性信息。

● 前瞻性信息:在评估预期信用损失时,本集团使用了合理且有依据的前瞻性信息,这些信息基于对不同经济驱动因素的未来走势的假设,以及这些经济驱动因素如何相互影响的假设。

风险管理

信用风险——预期信用损失的计量

考虑前瞻性信息

本集团根据资产不同的风险特征,将资产划分为不同的资产组,根据资产组的风险特征找出与信用风险相关的宏观指标,并建立回归模型。

本集团在合理的成本和时间范围内运用前瞻性信息测量预期信用损失,同时预测宏观经济假设,所使用的外部信息包括宏观经济数据,政府或监管机构发布的预测信息,比如GDP、固定资产投资、社会消费总额等宏观指标。本集团赋予不同的情景假设以不同的发生概率。

本集团定期对宏观经济指标池的各项指标进行预测,结合宏观数据分析及专家判断结果确定乐观、中性、悲观的情景下宏观经济指标的表现及其权重,并加权平均计算其违约概率,结合业务的动态违约损失率,作为前瞻性调整后的预期损失。

示例4-123　601658.SH 邮储银行

重要会计估计和判断

预期信用损失的计量

对于以摊余成本计量和以公允价值计量且其变动计入其他综合收益的金融资产,其预期信用损失的计量中使用了复杂的模型和大量的假设。这些模型和假设涉及未来的宏观经济情况和客户的信用行为(例如,客户违约的可能性及相应损失)。

根据会计准则的要求对预期信用损失进行计量涉及众多重大判断,例如:

● 将具有类似信用风险特征的业务划入同一个组合,选择恰当的计量模型,并确定计量相关的关键参数;

● 信用风险显著增加、违约和已发生信用减值的判断标准;

● 用于前瞻性计量的经济指标、经济情景及其权重的采用;

● 针对模型未覆盖的重大不确定因素的管理层叠加调整;

● 阶段三单项金额重大的贷款的未来现金流预测。

金融风险管理

信用风险——预期信用损失计量

前瞻性信息

预期信用损失的计算涉及前瞻性信息。本集团通过进行历史数据分析,识别出影响各资产组合的信用风险及预期信用损失的关键经济指标,主要包括国内生产总值、居民消费价格指数、生产价格指数、房价指数等。

这些经济指标及其对违约概率的影响,对不同的业务类型有所不同。本集团在此过程中也应用了专家判断。本集团每年对这些经济指标进行预测("基本经济情景"),通过进行回归分析确定这些经济指标与违约概率之间的关系,以理解这些指标历史上的变化对违约概率的影响。

本集团结合宏观数据、统计分析及专家判断结果,确定乐观、中性和悲观的情景及其权重。通常中性情景占比最高,乐观和悲观占比比较低且相近。

本集团按季度复核并监控上述假设的恰当性。

预期信用损失模型所使用的宏观经济情景权重、宏观经济因子预测值、信用风险显著增加等涉及较多的管理层判断。由于模型内在的复杂性,以上关键输入的变动势必引起预期信用损失的变化。本集团分别考虑宏观经济情景权重的变化、宏观经济因子预测值的增减变动和阶段二金融资产全部进入阶段一,分析预期信用损失模型的敏感性。

假设中性情景的权重为100%,本集团于2019年12月31日计提的减值准备余额变动比例不超过5%。

假设核心经济预测指标国内生产总值同比增长率上浮或下浮10%,本集团于2019年12月31日计提的减值准备余额变动比例不超过5%。

假设阶段二的金融资产全部转移至阶段一,本集团于2019年12月31日计提的减值准备余额减少不超过10%。

示例4-124　601998.SH 中信银行

重要会计政策和会计估计

金融工具

金融工具的减值

对于摊余成本计量和以公允价值计量且其变动计入其他综合收益的债务工具金融资产、贷款承诺和财务担保合同以及应收租赁款项,本集团结合前瞻性信息进行了预期信用损失评估。

预期信用损失,是指以发生违约的风险为权重的金融资产信用损失的加权平均值。信用损失,是指本集团按照原实际利率折现的、根据合同应收的所有合同现金流量与预期收取的所有现金流量之间的差额,即全部现金短缺的现值。其中,对于本集团购买或源生的已发生信用减值的金融资产,应按照该金融资产经信用调整的实际利率折现。

风险管理

信用风险

前瞻性信息

信用风险显著增加的评估及预期信用损失的计算均涉及前瞻性信息。本集团通过进行历史数据分析,识别出影响各资产组合信用风险及预期信用损失的关键经济指标。

这些经济指标对违约概率的影响,对不同的金融工具有所不同。本集团每年对这些经济指标进行预测,并进行回归分析,在此过程中本集团运用了专家判断,根据专家判断的结果,确定这些经济指标对违约概率和违约敞口的影响。

除了提供基础经济情景外,本集团结合统计分析及专家判断结果来确定其他可能的情景及其权重。本集团以加权的 12 个月预期信用损失(第一阶段)或加权的整个存续期预期信用损失(第二阶段及第三阶段)计量相关的减值准备。上述加权信用损失是由各情景下预期信用损失乘以相应情景的权重计算得出。

宏观经济场景及权重信息

本集团自行构建宏观预测模型,并通过进行历史数据分析,识别出影响各业务类型信用风险及预期信用损失的关键经济指标,如国内生产总值(GDP)、发电量、城镇登记失业率等。

2019 年度,本集团考虑了不同的宏观经济情景,用于估计预期信用损失的重要宏观经济假设列示如下:

项目	范围
国内生产总值同比增长率	5.70% ~ 6.41%
发电量累计同比	1.76% ~ 7.24%
城镇登记失业率	3.56% ~ 3.73%

减值模型主要采用自上而下的开发方法,建立了公司及零售等减值模型,包括建立了不同关键经济指标与新增实际违约率的回归模型,并利用模型预测结果和历史违约信息计算调整系数,进而对各债项违约概率(PD)进行前瞻性调整,实现对拨备的前瞻性计算。

本集团综合考虑内外部数据、专家预测以及未来的最佳估计,定期完成乐观、基础和悲观三种国内宏观情景和宏观指标的预测,用于资产减值模型。其中,基础情景定义为未来最可能发生的情况,作为其他情景的比较基础。乐观和悲观分属比基础情景更好和更差且较为可能发生的情景。目前本集团采用的基础情景权重等于非基础情景权重之和。本集团根据未来 12 个月三种情形下信用损失的加权平均值计提阶段一的信用损失准备金,根据未来存续期内三种情形下信用损失的加权平均值计提阶段二及阶段三信用损失准备金。

对于无法建立回归模型的资产组合,如客户违约率极低,或没有合适的内部评级数据的资产组合等,本集团主要采用已建立回归模型的类似组合的预期损失比,以便增加现有减值模型的覆盖范围。

敏感性信息及管理层叠加

上述预期信用损失计量使用的参数以及前瞻性信息的变化会对信用风险显著增加

的评估和预期信用损失的计量产生影响。

于2019年12月31日，假设乐观情形的权重增加10%，而基础情形的权重减少10%，本集团和本行的信用减值准备减少人民币23.45亿元（2018年12月31日：人民币28.68亿元）和人民币22.39亿元（2018年12月31日：人民币27.38亿元）；假设悲观情形的权重增加10%，而基础情形的权重减少10%，本集团和本行的信用减值准备增加人民币18.96亿元（2018年12月31日：人民币21.66亿元）和人民币17.69亿元（2018年12月31日：人民币20.21亿元）。

对于未通过模型反映的外部经济形势的新变化，本集团也已考虑并因此额外调增了损失准备，进一步增强风险抵补能力。

示例4-125　601988.SH 中国银行

主要会计政策

金融工具——金融资产的减值计量

前瞻性信息

信用风险显著增加的评估及预期信用损失的计算均涉及前瞻性信息。本集团通过进行历史数据分析，识别出影响各业务类型信用风险及预期信用损失的关键宏观经济指标，如国内生产总值、生产价格指数、居民消费价格指数、固定资产投资完成额、住宅价格指数、社会融资规模等。

这些经济指标对违约概率和违约损失率的影响，对不同的业务类型有所不同。本集团在此过程中应用了专家判断，根据专家判断的结果，每季度对这些经济指标进行预测，并通过进行回归分析确定这些经济指标对违约概率和违约损失率的影响。

除了提供基准经济情景外，本集团结合统计分析及专家判断结果来确定其他可能的情景及其权重。本集团以加权的12个月预期信用损失（第一阶段）或加权的整个存续期预期信用损失（第二阶段及第三阶段）计量相关的减值准备。上述加权信用损失是由各情景下预期信用损失乘以相应情景的权重计算得出。

金融风险管理

信用风险——信用风险的计量

本行实施基于违约概率（PD）模型的客户信用评级系统。PD模型运用逻辑回归原理预测客户在未来一年内的违约概率。根据计算得到的违约概率值，通过相关的映射关系表，得到客户的风险评级。本集团根据每年客户实际违约情况，对模型进行回溯测试，使模型计算结果与客观实际更加贴近。

本行将客户按信用等级划分为A、B、C、D四大类，并进一步分为AAA、AA、A、BBB+、BBB、BBB-、BB+、BB、BB-、B+、B-、CCC、CC、C、D 15个信用等级。D级为违约级别，其余为非违约级别。

示例 4-126　601398.SH 工商银行

主要会计政策和会计估计

金融工具——预期信用损失的计量

本集团计量金融工具预期信用损失的方法反映下列各项要素：(i) 通过评价一系列可能的结果而确定的无偏概率加权平均金额；(ii) 货币时间价值；(iii) 在资产负债表日无须付出不必要的额外成本或努力即可获得的有关过去事项、当前状况以及未来经济状况预测的合理且有依据的信息。

金融工具风险管理

预期信用损失中包含的前瞻性信息

预期信用损失的计算涉及前瞻性信息。本集团通过进行历史数据分析，识别出与预期信用损失相关的关键经济指标，如国内生产总值（GDP）、居民消费价格指数（CPI）、采购经理人指数（PMI）、M2、工业增加值、全国房地产开发景气指数等。本集团通过进行回归分析确定这些经济指标与违约概率和违约损失率之间的关系，以确定这些指标历史上的变化对违约概率和违约损失率的影响。本集团至少于每季度对这些经济指标进行预测，并提供未来一年经济情况的最佳估计。

本集团结合宏观数据分析及专家判断结果确定乐观、中性、悲观的情景及其权重，从而计算本集团加权平均预期信用损失准备金。

示例 4-127　601939.SH 建设银行

重要会计估计及判断

预期信用损失的计量

对于以摊余成本计量的金融资产和以公允价值计量且其变动计入其他综合收益的债务工具，其预期信用损失的计量中使用了复杂的模型和大量的假设。这些模型和假设涉及未来的宏观经济情况和客户的信用行为（例如，客户违约的可能性及相应损失）。

根据会计准则的要求对预期信用损失进行计量涉及众多重大判断，例如：

——判断信用风险显著增加的标准；

——选择计量预期信用损失的适当模型和假设；

——针对不同类型的产品，在计量预期信用时确定需要使用的前瞻性信息和权重；及

——为预期信用损失的计量进行金融工具的分组，将具有类似信用风险特征的项目划入一个组合。

风险管理

信用风险——预期信用损失计量

预期信用损失中包含的前瞻性信息

信用风险显著增加的评估及预期信用损失的计算均涉及前瞻性信息。本集团通过进行历史数据分析，识别出与预期信用损失相关的关键经济指标并进行了前瞻性调

整,如国内生产总值(GDP)、居民消费价格指数(CPI)、M2、生产价格指数(PPI)、人民币存款准备金率、伦敦现货黄金价格、美元兑人民币平均汇率等。以GDP指标为例,中性情形下预测值符合当前中央政府发布的发展主要预期目标,乐观和悲观情形预测值在中性情形预测值基础上上下浮动一定比例。本集团对宏观经济指标池的各项指标定期进行预测。本集团通过构建计量模型得到历史上宏观经济指标与违约概率和违约损失率之间的关系,根据未来宏观指标预测值计算未来一定时期的违约概率和违约损失率。

本集团建立了计量模型用以确定乐观、中性、悲观三种情形的权重。于2019年12月31日及2018年12月31日,乐观、中性、悲观三种情形的权重相若。本集团根据未来12个月三种情形下信用损失的加权平均值计提阶段一的信用损失准备金,根据未来存续期内三种情形下信用损失的加权平均值计提阶段二及阶段三信用损失准备金。

示例4-128　600016.SH 民生银行

重要会计政策及会计估计

金融工具——金融工具的减值

对于摊余成本计量和以公允价值计量且其变动计入其他综合收益的债务工具金融资产,以及部分贷款承诺和财务担保合同,本集团结合前瞻性信息进行预期信用损失评估。

金融风险管理

信用风险——预期信用损失计量

预期信用损失中包含的前瞻性信息

预期信用损失的计算均涉及前瞻性信息。本集团通过进行历史数据分析,识别出与预期信用损失相关的关键经济指标,如国内生产总值(GDP)、货币供应量(M2)、消费者物价指数(CPI)等。本集团对宏观经济指标池的各项指标定期进行预测,并选取最相关因素进行估算。

本集团通过构建计量模型确定这些经济指标与违约概率和违约损失率之间的关系,以确定这些指标历史上的变化对违约概率和违约损失率的影响。

本集团结合宏观数据分析及专家判断结果确定乐观、中性、悲观的情景及其权重,从而计算本集团加权平均预期信用损失准备金。于2019年末,乐观、中性、悲观三种情景的权重相若。

示例4-129　601288.SH 农业银行

重要会计政策及会计估计

金融工具

金融工具的减值

对于摊余成本计量和以公允价值计量且其变动计入其他综合收益的债务工具金融

资产,以及部分贷款承诺和财务担保合同,本集团结合前瞻性信息进行预期信用损失评估。

金融风险管理

信用风险——预期信用损失计量

前瞻性计量

信用风险显著增加的评估及预期信用损失的计算均涉及前瞻性信息。本集团通过进行历史数据分析,识别出影响各业务类型信用风险及预期信用损失的关键经济指标,如国内生产总值(GDP)、消费者物价指数(CPI)、工业增加值等。

这些经济指标对违约概率和违约损失率的影响,对不同的业务类型有所不同。本集团综合考虑内外部数据、专家预测以及统计分析确定这些经济指标与违约概率和违约损失率之间的关系。本集团至少每年对这些经济指标进行评估预测,并提供未来的最佳估计,并定期检测评估结果。其中,目前基准情景下使用的核心经济预测指标国内生产总值(GDP)与国家相关研究机构的预测数据基本一致。

本集团结合统计分析及专家判断结果来确定多种情景下的经济预测及其权重。其中主要核心经济预测指标在乐观、悲观情景下的波动不超过基准情景的正负10%。

基准情景的权重高于其他情景权重之和。本集团以加权的12个月预期信用损失(阶段一)或加权的整个存续期预期信用损失(阶段二及阶段三)计量相关的减值准备。上述加权信用损失是由各情景下预期信用损失乘以相应情景的权重计算得出。

本集团对前瞻性计量所使用的经济指标进行了敏感性分析,当乐观、悲观情景权重变动10%且经济指标预测值相应变动时,预期信用损失的变动不超过当前预期信用损失计量的5%。

示例4-130　002936.SZ 郑州银行

主要会计政策和主要会计估计

金融工具——预期信用损失的计量

本集团基于历史信用损失经验、使用准备矩阵计算上述金融资产的预期信用损失,相关历史经验根据资产负债表日借款人的特定因素,以及对当前状况和未来经济状况预测的评估进行调整。

风险管理

信用风险——预期信用损失的计量

本集团每季度监控并复核预期信用损失计算相关的假设,包括各期限下的违约概率及担保物价值的变动情况。

信用风险显著增加的评估及预期信用损失的计算均涉及前瞻性信息。本集团通过历史数据分析,识别出影响各资产组合的信用风险及预期信用损失的关键经济指标,包括GDP、工业增加值、CPI等。

本报告期内,估计技术或关键假设未发生重大变化。

示例 4-131 002966.SZ 苏州银行

重大会计判断和估计

金融工具减值

本集团采用预期信用损失模型对金融工具的减值进行评估，应用预期信用损失模型需要做出重大判断和估计，需考虑所有合理且有依据的信息，包括前瞻性信息。在做出该等判断和估计时，本集团根据历史还款数据结合经济政策、宏观经济指标、行业风险等因素推断债务人信用风险的预期变动。不同的估计可能会影响减值准备的计提，已计提的减值准备可能并不等于未来实际的减值损失金额。

金融工具及其风险分析

信用风险的计量

前瞻性信息

信用风险显著增加的评估及预期信用损失的计算均涉及前瞻性信息。本集团通过进行历史数据分析，识别出影响各业务类型信用风险及预期信用损失的关键经济指标。

这些经济指标对违约概率的影响，对不同的业务类型有所不同。本集团应用外部专业机构对于定期经济指标的预测，并通过进行回归分析确定关键经济指标，如国内生产总值、生产价格指数、居民消费价格指数、固定资产投资完成额、工业增加值等，对违约概率的影响。

除了提供基准经济情景外，本集团结合实践及专家判断结果来确定其他可能的情景及其权重。本集团以加权的 12 个月预期信用损失（第一阶段）或加权的整个存续期预期信用损失（第二阶段及第三阶段）计量相关的减值准备。上述加权信用损失是由各情景下预期信用损失乘以相应情景的权重计算得出。

示例 4-132 601186.SH 中国铁建

重大会计判断和估计

应收账款与合同资产减值

对于由收入准则规范的交易形成的应收账款与合同资产，本集团按照相当于整个存续期内预期信用损失的金额计量损失准备。对单项金额重大且已发生信用减值的应收账款与合同资产，管理层基于已发生信用减值的客观证据并考虑前瞻性信息，通过估计预期收取的现金流量确定信用损失。除上述之外的应收账款与合同资产，本集团基于共同信用风险特征采用减值矩阵确定信用损失，预期信用损失率基于本集团的历史实际损失率并考虑前瞻性信息确定。预期信用损失的确定涉及管理层的估计和判断，如重新估计结果与现有估计存在差异，该差异将会影响估计改变期间的利润和应收账款与合同资产的账面价值。

与金融工具相关的风险

信用风险

除对单项金额重大且已发生信用减值的款项单独确定其信用损失外,本集团在组合基础上采用减值矩阵评估应收账款的预期信用损失。本集团的应收账款涉及大量客户,账龄信息可以反映这些客户对于应收账款的偿付能力。本集团依据不同类型客户的信用风险特征将应收账款划分为若干组合,根据历史数据计算各组合在不同账龄期间的历史实际损失率,并考虑当前及未来经济状况的预测,如国家GDP增速、消费者物价指数等前瞻性信息进行调整得出预期损失率。对于合同资产和长期应收款,本集团综合考虑结算期、合同约定付款期、债务人的财务状况和债务人所处行业的经济形势,并考虑上述前瞻性信息进行调整后对于预期信用损失进行合理评估。对于其他金融资产,本集团通过违约风险敞口和未来12个月内或整个存续期的预期信用损失率,计算预期信用损失。

示例4-133　688366.SH 昊海生科

重大会计判断和估计

金融工具减值

本集团采用预期信用损失模型对金融工具的减值进行评估,应用预期信用损失模型需要做出重大判断和估计,需考虑所有合理且有依据的信息,包括前瞻性信息。在做出这些判断和估计时,本集团根据历史还款数据结合经济政策、宏观经济指标、行业风险等因素推断债务人信用风险的预期变动。不同的估计可能会影响减值准备的计提,已计提的减值准备可能并不等于未来实际的减值损失金额。

金融工具风险

信用风险

预期信用损失计量的参数

信用风险显著增加的评估及预期信用损失的计算均涉及前瞻性信息。本集团通过进行历史数据分析,识别出影响各业务类型信用风险及预期信用损失的关键经济指标。

这些经济指标对违约概率和违约损失率的影响,对不同的业务类型有所不同。本集团在此过程中应用了专家判断,根据专家判断的结果,每季度对这些经济指标进行预测,并通过进行回归分析确定这些经济指标对违约概率和违约损失率的影响。

集团按照简化方法直接对应收账款以及按照通用方法对其他应收款整个存续期预期信用损失计提减值准备。管理层基于应收账款迁徙率计算出历史损失率,基于历史损失率考虑前瞻性信息(前瞻性信息通过历史数据与GDP及CPI的回归分析得出)分别计算出每个账龄区间段的预期损失率,风险矩阵详情见附注七、3及附注七、5(略)。

示例 4-134 600989.SH 宝丰能源

重大会计判断和会计估计
应收款项的减值

本集团采用预期信用损失模型对应收款项的减值进行评估，应用预期信用损失模型需要做出重大判断和估计，需考虑所有合理且有依据的信息，包括前瞻性信息。在做出该等判断和估计时，本集团根据历史还款数据结合经济政策、宏观经济指标、行业风险等因素推断债务人信用风险的预期变动。

金融工具风险管理
信用风险——预期信用损失计量的参数

根据信用风险是否发生显著增加以及是否已发生信用减值，本集团对不同的资产分别以 12 个月或整个存续期的预期信用损失计量减值准备。预期信用损失计量的关键参数包括违约概率、违约损失率和违约风险敞口。本集团考虑历史统计数据（如交易对手评级、担保方式及抵质押物类别、还款方式等）的定量分析及前瞻性信息，建立违约概率、违约损失率及违约风险敞口模型。

信用风险显著增加的评估及预期信用损失的计算均涉及前瞻性信息。本集团通过进行历史数据分析，识别出影响各业务类型信用风险及预期信用损失的关键经济指标。

这些经济指标对违约概率和违约损失率的影响，对不同的业务类型有所不同。本集团在此过程中应用了专家判断对这些经济指标进行预测，并通过进行回归分析确定这些经济指标对违约概率和违约损失率的影响。

示例 4-135 000807.SZ 云铝股份

重要会计估计及其关键假设
预期信用损失的计量

本集团通过违约风险敞口和预期信用损失率计算预期信用损失，并基于违约概率和违约损失率确定预期信用损失率。在确定预期信用损失率时，本集团使用内部历史信用损失经验等数据，并结合当前状况和前瞻性信息对历史数据进行调整。在考虑前瞻性信息时，本集团使用的指标包括经济下滑的风险、外部市场环境、技术环境和客户情况的变化等。本集团定期监控并复核与预期信用损失计算相关的假设。上述估计技术和关键假设于 2019 年度未发生重大变化。

示例 4-136 601899.SH 紫金矿业

重大会计判断和估计
金融工具减值

本集团采用预期信用损失模型对金融工具的减值进行评估，应用预期信用损失模型需要做出重大判断和估计，需考虑所有合理且有依据的信息，包括前瞻性信息。在做出这些判断和估计时，本集团根据历史还款数据结合经济政策、宏观经济指标、行业风险等因素推断债务人信用风险的预期变动。不同的估计可能会影响减值准备的计提，已计提的减值准备可能并不等于未来实际的减值损失金额。

金融工具风险管理
信用风险
预期信用损失计量的参数

根据信用风险是否发生显著增加以及是否已发生信用减值，本集团对不同的资产分别以12个月或整个存续期的预期信用损失计量减值准备。预期信用损失计量的关键参数包括违约概率、违约损失率和违约风险敞口。本集团考虑历史统计数据（如交易对手评级、担保方式及抵质押物类别、还款方式等）的定量分析及前瞻性信息，建立违约概率、违约损失率及违约风险敞口模型。

信用风险显著增加的评估及预期信用损失的计算均涉及前瞻性信息。本集团通过进行历史数据分析，识别出影响各业务类型信用风险及预期信用损失的关键经济指标。

示例 4-137　601880.SH 大连港

重大会计判断和估计
金融工具和合同资产减值

本集团采用预期信用损失模型对金融工具和合同资产的减值进行评估，应用预期信用损失模型需要做出重大判断和估计，需考虑所有合理且有依据的信息，包括前瞻性信息。在做出这些判断和估计时，本集团根据历史还款数据结合经济政策、宏观经济指标、行业风险等因素推断债务人信用风险的预期变动。不同的估计可能会影响减值准备的计提，已计提的减值准备可能并不等于未来实际的减值损失金额。

金融工具风险
信用风险
预期信用损失计量的参数

根据信用风险是否发生显著增加以及是否已发生信用减值，本集团对不同的资产分别以12个月或整个存续期的预期信用损失计量减值准备。预期信用损失计量的关键参数包括损失率、交易对手评级和风险敞口。本集团考虑历史统计数据的定量分析及前瞻性信息，建立损失率及风险敞口模型。

信用风险显著增加的评估及预期信用损失的计算均涉及前瞻性信息。本集团通过进行历史数据分析，识别出影响各业务类型信用风险及预期信用损失的关键经济指标。

这些经济指标对违约概率和违约损失率的影响，对不同的业务类型有所不同。

示例 4-138　600315.SH 上海家化

重要会计估计及其关键假设

信用风险显著增加的判断及预期信用损失的计量

本集团利用可获得的合理且有依据的前瞻性信息，通过比较金融资产在资产负债表日发生的违约风险与在初始确认日发生的违约风险，以确定工具的信用风险自初始确认后是否显著增加。

本集团通过违约风险敞口和预期信用损失率计算预期信用损失，并基于违约概率和违约损失率确定预期信用损失率。在确定预期信用损失率时，本集团使用内部历史信用损失经验等数据，并结合当前状况和前瞻性信息对历史数据进行调整。在考虑前瞻性信息时，本集团使用的指标包括经济下滑的风险、预期失业率的增长、外部市场环境、技术环境和客户情况的变化等。本集团定期监控并复核与预期信用损失计算相关的假设。

第五章

金融资产转移

第一节 准则规定与解析

为加快资金回笼、改善资产负债结构,越来越多的公司将持有的金融资产予以转让。实务中,企业贴现或者背书应收票据、将应收款项进行保理和资产证券化的交易越来越多。此类交易中,企业转移了金融资产,从而面临是否应终止确认相关金融资产的问题。判断金融资产能否终止确认,应当依据《企业会计准则第23号——金融资产转移》等进行判断。对于金融资产终止确认的披露应适用《企业会计准则第37号——金融工具列报》。

一、准则相关规定与监管指引

(一)《企业会计准则第22号——金融工具确认和计量》(2017年修订)

第十一条 金融资产满足下列条件之一的,应当终止确认:
(一)收取该金融资产现金流量的合同权利终止。
(二)该金融资产已转移,且该转移满足《企业会计准则第23号——金融资产转移》关于金融资产终止确认的规定。
本准则所称金融资产或金融负债终止确认,是指企业将之前确认的金融资产或金融负债从其资产负债表中予以转出。

(二)《企业会计准则第23号——金融资产转移》(2017年修订)

第六条 金融资产转移,包括下列两种情形:

（一）企业将收取金融资产现金流量的合同权利转移给其他方。

（二）企业保留了收取金融资产现金流量的合同权利，但承担了将收取的该现金流量支付给一个或多个最终收款方的合同义务，且同时满足下列条件：

1. 企业只有从该金融资产收到对等的现金流量时，才有义务将其支付给最终收款方。企业提供短期垫付款，但有权全额收回该垫付款并按照市场利率计收利息的，视同满足本条件。

2. 转让合同规定禁止企业出售或抵押该金融资产，但企业可以将其作为向最终收款方支付现金流量义务的保证。

3. 企业有义务将代表最终收款方收取的所有现金流量及时划转给最终收款方，且无重大延误。企业无权将该现金流量进行再投资，但在收款日和最终收款方要求的划转日之间的短暂结算期内，将所收到的现金流量进行现金或现金等价物投资，并且按照合同约定将此类投资的收益支付给最终收款方的，视同满足本条件。

第七条　企业在发生金融资产转移时，应当评估其保留金融资产所有权上的风险和报酬的程度，并分别下列情形处理：

（一）企业转移了金融资产所有权上几乎所有风险和报酬的，应当终止确认该金融资产，并将转移中产生或保留的权利和义务单独确认为资产或负债。

（二）企业保留了金融资产所有权上几乎所有风险和报酬的，应当继续确认该金融资产。

（三）企业既没有转移也没有保留金融资产所有权上几乎所有风险和报酬的〔即除本条（一）、（二）之外的其他情形〕，应当根据其是否保留了对金融资产的控制，分别下列情形处理：

1. 企业未保留对该金融资产控制的，应当终止确认该金融资产，并将转移中产生或保留的权利和义务单独确认为资产或负债。

2. 企业保留了对该金融资产控制的，应当按照其继续涉入被转移金融资产的程度继续确认有关金融资产，并相应确认相关负债。

继续涉入被转移金融资产的程度，是指企业承担的被转移金融资产价值变动风险或报酬的程度。

第八条　企业在评估金融资产所有权上风险和报酬的转移程度时，应当比较转移前后其所承担的该金融资产未来净现金流量金额及其时间分布变动的风险。

企业承担的金融资产未来净现金流量现值变动的风险没有因转移而发生显著变化的，表明该企业仍保留了金融资产所有权上几乎所有风险和报酬。如将贷款整体转移并对该贷款可能发生的所有损失进行全额补偿，或者出售一项金融资产但约定以固定价格或者售价加上出借人回报的价格回购。

企业承担的金融资产未来净现金流量现值变动的风险相对于金融资产的未来净现金流量现值的全部变动风险不再显著的,表明该企业已经转移了金融资产所有权上几乎所有风险和报酬。如无条件出售金融资产,或者出售金融资产且仅保留以其在回购时的公允价值进行回购的选择权。

企业通常不需要通过计算即可判断其是否转移或保留了金融资产所有权上几乎所有风险和报酬。在其他情况下,企业需要通过计算评估是否已经转移了金融资产所有权上几乎所有风险和报酬的,在计算和比较金融资产未来现金流量净现值的变动时,应当考虑所有合理、可能的现金流量变动,对于更可能发生的结果赋予更高的权重,并采用适当的市场利率作为折现率。

第九条 企业在判断是否保留了对被转移金融资产的控制时,应当根据转入方是否具有出售被转移金融资产的实际能力而确定。转入方能够单方面将被转移金融资产整体出售给不相关的第三方,且没有额外条件对此项出售加以限制的,表明转入方有出售被转移金融资产的实际能力,从而表明企业未保留对被转移金融资产的控制;在其他情形下,表明企业保留了对被转移金融资产的控制。

在判断转入方是否具有出售被转移金融资产的实际能力时,企业考虑的关键应当是转入方实际上能够采取的行动。被转移金融资产不存在市场或转入方不能单方面自由地处置被转移金融资产的,通常表明转入方不具有出售被转移金融资产的实际能力。

转入方不大可能出售被转移金融资产并不意味着企业(转出方)保留了对被转移金融资产的控制。但存在看跌期权或担保而限制转入方出售被转移金融资产的,转出方实际上保留了对被转移金融资产的控制。如存在看跌期权或担保且很有价值,导致转入方实际上不能在不附加类似期权或其他限制条件的情形下将该被转移金融资产出售给第三方,从而限制了转入方出售被转移金融资产的能力,转入方将持有被转移金融资产以获取看跌期权或担保下相应付款的,企业保留了对被转移金融资产的控制。

第十三条 企业在判断金融资产转移是否满足本准则规定的金融资产终止确认条件时,应当注重金融资产转移的实质。

(一)企业转移了金融资产所有权上几乎所有风险和报酬,应当终止确认被转移金融资产的常见情形有:

1. 企业无条件出售金融资产。

2. 企业出售金融资产,同时约定按回购日该金融资产的公允价值回购。

3. 企业出售金融资产,同时与转入方签订看跌期权合同(即转入方有权将该金融资产返售给企业)或看涨期权合同(即转出方有权回购该金融资产),且根据合同条款判断,该看跌期权或看涨期权为一项重大价外期权(即期权合约的条款设计,使得金融资产的转入方或转出方极小可能会行权)。

(二)企业保留了金融资产所有权上几乎所有风险和报酬,应当继续确认被转移金融资产的常见情形有:

1. 企业出售金融资产并与转入方签订回购协议，协议规定企业将回购原被转移金融资产，或者将予回购的金融资产与售出的金融资产相同或实质上相同、回购价格固定或原售价加上回报。

2. 企业融出证券或进行证券出借。

3. 企业出售金融资产并附有将市场风险敞口转回给企业的总回报互换。

4. 企业出售短期应收款项或信贷资产，并且全额补偿转入方可能因被转移金融资产发生的信用损失。

5. 企业出售金融资产，同时与转入方签订看跌期权合同或看涨期权合同，且根据合同条款判断，该看跌期权或看涨期权为一项重大价内期权（即期权合约的条款设计，使得金融资产的转入方或转出方很可能会行权）。

（三）企业应当按照其继续涉入被转移金融资产的程度继续确认被转移金融资产的常见情形有：

1. 企业转移金融资产，并采用保留次级权益或提供信用担保等方式进行信用增级，企业只转移了被转移金融资产所有权上的部分（非几乎所有）风险和报酬，且保留了对被转移金融资产的控制。

2. 企业转移金融资产，并附有既非重大价内也非重大价外的看涨期权或看跌期权，导致企业既没有转移也没有保留所有权上几乎所有风险和报酬，且保留了对被转移金融资产的控制。

（三）《企业会计准则第23号——金融资产转移》应用指南（2018）

金融资产终止确认判断流程可总结如图5-1所示。

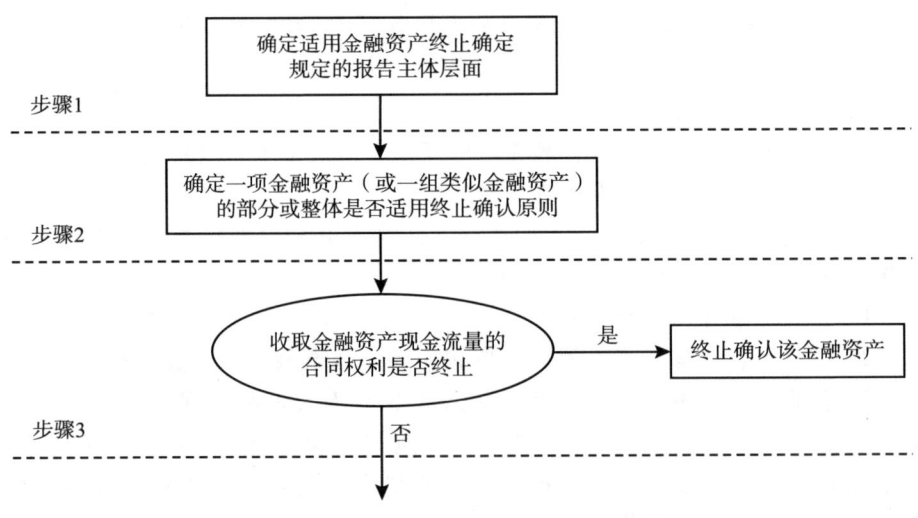

（转下页）

（接上页）

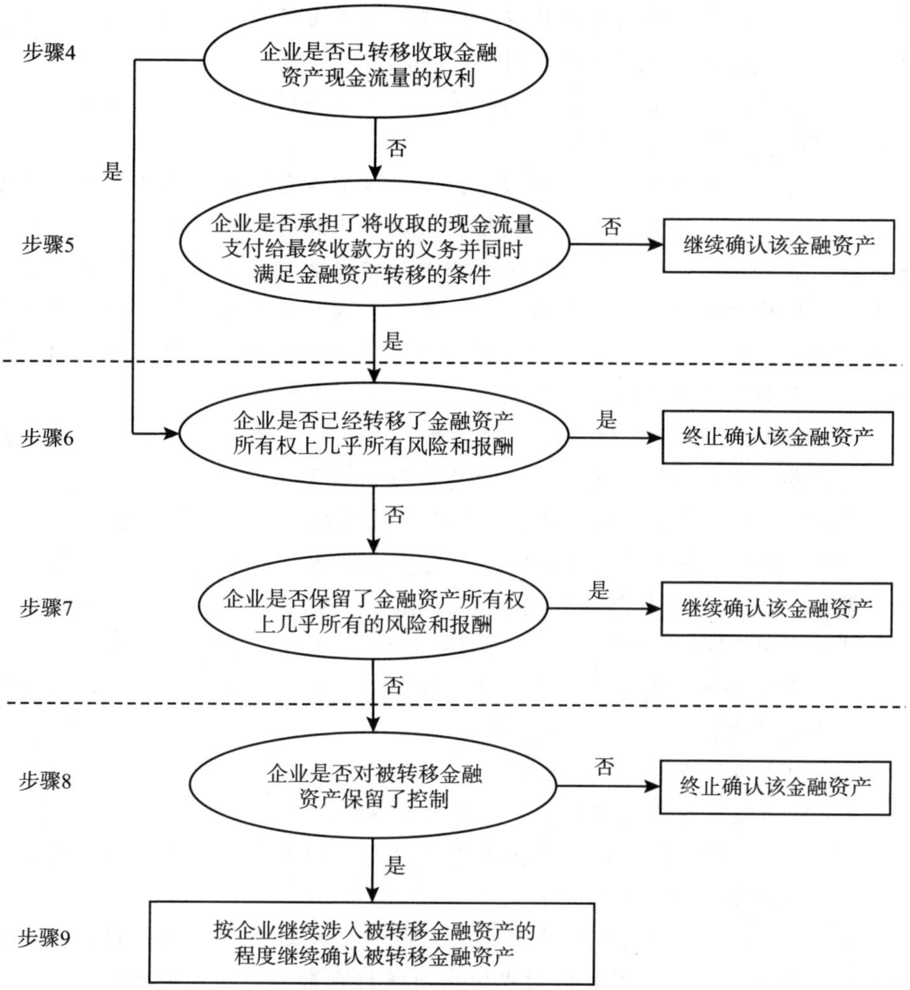

```
步骤4 ──是──┐  企业是否已转移收取金融资产现金流量的权利
              │         │否
              │         ↓
步骤5         企业是否承担了将收取的现金流量支付给最终收款方的义务并同时满足金融资产转移的条件 ──否──→ 继续确认该金融资产
              │         │是
              │         ↓
步骤6 ────────企业是否已经转移了金融资产所有权上几乎所有风险和报酬 ──是──→ 终止确认该金融资产
                        │否
                        ↓
步骤7         企业是否保留了金融资产所有权上几乎所有的风险和报酬 ──是──→ 继续确认该金融资产
                        │否
                        ↓
步骤8         企业是否对被转移金融资产保留了控制 ──否──→ 终止确认该金融资产
                        │是
                        ↓
步骤9         按企业继续涉入被转移金融资产的程度继续确认被转移金融资产
```

图 5-1　金融资产终止确认判断流程

（四）《企业会计准则第 37 号——金融工具列报》（2017 年修订）

第九十八条　企业应当就资产负债表日存在的所有未终止确认的已转移金融资产，以及对已转移金融资产的继续涉入，按本准则要求单独披露。

本章所述的金融资产转移，包括下列两种情形：

（一）企业将收取金融资产现金流量的合同权利转移给另一方。

（二）企业保留了收取金融资产现金流量的合同权利，但承担了将收取的现金流量支付给一个或多个最终收款方的合同义务。

第九十九条　企业对于金融资产转移所披露的信息，应当有助于财务报表使用者了解未整体终止确认的已转移金融资产与相关负债之间的关系，评价企业继续涉入已终止确认金融资产的性质和相关风险。

企业按照本准则第一百零一条和第一百零二条所披露信息不能满足本条前款要求的，应当披露其他补充信息。

第一百条　本章所述的继续涉入，是指企业保留了已转移金融资产中内在的合同权利或义务，或者取得了与已转移金融资产相关的新合同权利或义务。转出方与转入方签订的转让协议或与第三方单独签订的与转让相关的协议，都有可能形成对已转移金融资产的继续涉入。如果企业对已转移金融资产的未来业绩不享有任何利益，也不承担与已转移金融资产相关的任何未来支付义务，则不形成继续涉入。下列情形不形成继续涉入：

（一）与转移的真实性以及合理、诚信和公平交易等原则有关的常规声明和保证，这些声明和保证可能因法律行为导致转移无效。

（二）以公允价值回购已转移金融资产的远期、期权和其他合同。

（三）使企业保留了收取金融资产现金流量的合同权利但承担了将收取的现金流量支付给一个或多个最终收款方的合同义务的安排，且这类安排满足《企业会计准则第23号——金融资产转移》第六条（二）中的三个条件。

第一百零一条　对于已转移但未整体终止确认的金融资产，企业应当按照类别披露下列信息：

（一）已转移金融资产的性质；

（二）仍保留的与所有权有关的风险和报酬的性质；

（三）已转移金融资产与相关负债之间关系的性质，包括因转移引起的对企业使用已转移金融资产的限制；

（四）在转移金融资产形成的相关负债的交易对手方仅对已转移金融资产有追索权的情况下，应当以表格形式披露所转移金融资产和相关负债的公允价值以及净头寸，即已转移金融资产和相关负债公允价值之间的差额；

（五）继续确认已转移金融资产整体的，披露已转移金融资产和相关负债的账面价值；

（六）按继续涉入程度确认所转移金融资产的，披露转移前该金融资产整体的账面价值、按继续涉入程度确认的资产和相关负债的账面价值。

第一百零二条　对于已整体终止确认但转出方继续涉入已转移金融资产的，企业应当至少按照类别披露下列信息：

（一）因继续涉入确认的资产和负债的账面价值和公允价值，以及在资产负债表中对应的项目。

（二）因继续涉入导致企业发生损失的最大风险敞口及确定方法。

（三）应当或可能回购已终止确认的金融资产需要支付的未折现现金流量（如期权协议中的行权价格）或其他应向转入方支付的款项，以及对这些现金流量或款项的到期期限分析。如果到期期限可能为一个区间，应当以企业必须或可能支付的最早日期为依据归入相应的时间段。到期期限分析应当分别反映企业应当支付的现金流量（如远期合同）、企业可能支付的现金流量（如签出看跌期权）以及企业可选择支付的现金流量（如购入看涨期权）。在现金流量不固定的情形下，上述金额应当基于每个资产负债表日的情况披露。

（四）对本条（一）至（三）定量信息的解释性说明，包括对已转移金融资产、继续涉入的性质和目的，以及企业所面临风险的描述等。其中，对企业所面临风险的描述包括下列各项：

1. 企业对继续涉入已终止确认金融资产的风险进行管理的方法；

2. 企业是否应先于其他方承担有关损失，以及先于本企业承担损失的其他方应承担损失的顺序及金额；

3. 企业向已转移金融资产提供财务支持或回购该金融资产的义务的触发条件。

（五）金融资产转移日确认的利得或损失，以及因继续涉入已终止确认金融资产当期和累计确认的收益或费用（如衍生工具的公允价值变动）。

（六）终止确认产生的收款总额在本期分布不均衡的（例如大部分转移金额在临近报告期末发生），企业应当披露本期最大转移活动发生的时间段、该段期间所确认的金额（如相关利得或损失）和收款总额。

企业在披露本条所规定的信息时，应当按照其继续涉入面临的风险敞口类型分类汇总披露。例如，可按金融工具类别（如附担保或看涨期权继续涉入方式）或转让类型（如应收账款保理、证券化和融券）分类汇总披露。企业对某项终止确认的金融资产存在多种继续涉入方式的，可按其中一类汇总披露。

第一百零三条 企业按照本准则第一百条的规定确定是否继续涉入已转移金融资产时，应当以自身财务报告为基础进行考虑。

（五）《票据法》

第十条 票据的签发、取得和转让，应当遵循诚实信用的原则，具有真实的交易关系和债权债务关系。票据的取得，必须给付对价，即应当给付票据双方当事人认可的相对应的代价。

第二十七条 持票人可以将汇票权利转让给他人或者将一定的汇票权利授予他人行使。出票人在汇票上记载"不得转让"字样的，汇票不得转让。持票人行使第一款规定的权利时，应当背书并交付汇票。背书是指在票据背面或者粘单上记载有关事项并签章的票据行为。

第六十一条 汇票到期被拒绝付款的，持票人可以对背书人、出票人以及汇票的其他债务人行使追索权。汇票到期日前，有下列情形之一的，持票人也可以行使追索权：

（一）汇票被拒绝承兑的；
（二）承兑人或者付款人死亡、逃匿的；
（三）承兑人或者付款人被依法宣告破产的或者因违法被责令终止业务活动的。

二、应收票据贴现或背书的终止确认

（一）终止确认的一般原则

企业在判断是否已将金融资产所有权上几乎所有的风险和报酬转移给了转入方时，应当比较转移前后该金融资产未来现金流量净现值及时间分布的波动使其面临的风险。企业面临的风险因金融资产转移发生实质性改变，即金融资产转让后保留的风险和报酬与转让前的风险和报酬相比不再重大时，表明该企业已将金融资产所有权上几乎所有的风险和报酬转移给了转入方。历史上没有违约和逾期未付的记录并不能证明转让的应收票据没有风险。

（二）对票据贴现或背书终止确认的简要分析

根据《票据法》，汇票的出票人、背书人、承兑人和保证人对持票人承担连带责任。持票人可以不按照汇票债务人的先后顺序，对其中任何一人、数人或者全体行使追索权，因此，票据贴现或背书是属于附追索权的金融资产转移。

对于已贴现或背书的应收票据能否终止确认同样适用终止确认的一般原则，即企业已将应收票据所有权上几乎所有的风险和报酬转移给银行或被背书方的，应当终止确认该应收票据。在分析应收票据所有权上的风险和报酬转移时，需考虑的主要风险包括信用风险、延迟支付风险和利率风险。

实务中，可以根据承兑行信用等级情况进行判断。对于承兑行信用等级不够高的银行承兑汇票、由企业承兑的商业承兑汇票，资产相关的主要风险为信用风险和延迟支付风险。由于《票据法》对追索权进行了明确规定，因此这类应收票据在贴现或背书后，其所有权相关的上述主要风险并没有转移给银行，相应企业在贴现或背书此类应收票据时不应终止确认。对于承兑行信用等级较高的银行承兑汇票，资产相关的主要风险是利率风险。通常情况下，由于利率风险已随票据的贴现及背书转移，相关票据可以在贴现、背书时予以终止确认。

关于应收账款保理和资产证券化涉及的金融资产终止确认的分析详见本章第二节和第三节。

第二节 保理业务实务应用示例

一、保理业务概述

(一) 保理的含义

根据《国际保付代理公约》,保理 (factoring) 是指销售商 (供应商、出口商,the seller) 与保理商 (the factor) 间存在一种契约关系,根据该契约,销售商将其现在或将来的基于其与购货商 (债务人) 订立的货物销售、服务合同所产生的应收账款转让给保理商,保理商为销售商提供下列服务中的至少两项:①贸易融资;②销售分类账管理;③应收账款催收;④信用风险控制与坏账担保。

根据《商业银行保理业务管理暂行办法》(银监会令 2014 年第 5 号) 的规定,保理业务是以债权人转让其应收账款为前提,集应收账款催收、管理、坏账担保及融资于一体的综合性金融服务。债权人将其应收账款转让给商业银行,由商业银行向其提供下列服务中至少一项的,即为保理业务:

(1) 应收账款催收:商业银行根据应收账款账期,主动或应债权人要求,采取电话、函件、上门等方式或运用法律手段等对债务人进行催收。

(2) 应收账款管理:商业银行根据债权人的要求,定期或不定期向其提供关于应收账款的回收情况、逾期账款情况、对账单等财务和统计报表,协助其进行应收账款管理。

(3) 坏账担保:商业银行与债权人签订保理协议后,为债务人核定信用额度,并在核准额度内,对债权人无商业纠纷的应收账款,提供约定的付款担保。

(4) 保理融资:以应收账款合法、有效转让为前提的银行融资服务。

以应收账款为质押的贷款,不属于保理业务范围。应收账款,是指企业因提供商品、服务或者出租资产而形成的金钱债权及其产生的收益,但不包括因票据或其他有价证券而产生的付款请求权。

保理融资是指银行在卖方转让应收账款的基础上,应卖方申请向其提供融资。销售分类账管理是指银行向卖方提供的针对不同买方的销售情况进行销售分类账管理的服务。应收账款催收是指银行向卖方提供的催收应收账款的服务。信用风险控制及坏账担保是指银行为买方核定一个信用额度,对于卖方在买方核定信用额度内的发货所产生的应收账款,银行向买方提供坏账担保。

(二) 保理业务的分类

保理业务根据委托者权益转让程度的不同,可分为有追索权 (回购型) 保理和无追索权（非回购型）保理；按是否公开保理银行（银行等金融机构）的名称或保理关系来看，可分为公开保理（明保理）和隐蔽保理（暗保理）；根据销售商与购货商的分布情况，可分为国际保理和国内保理。

（1）有追索权（回购型）保理是指销售商将符合保理协议约定条件且经银行认可的应收账款债权转让给银行，约定应收账款债权不能如期足额回收时，由销售商负责回购应收账款或归还融资，银行对销售商有追索权。

（2）无追索权（非回购型）保理是指销售商将符合保理协议约定条件且经银行认可的应收账款债权售与银行取得商业资信调查、贸易融资、销售分类账管理、应收账款催收、信用风险担保等服务。在无商业纠纷等情况下，购货商因财务或资信原因不能履行付款责任时银行必须按其确认的保理额度向销售商支付全额保理款项。若银行已向销售商提供了保理项下融资，银行无权向销售商追索融资款，由商业银行承担应收账款的坏账风险。无追索权保理又称买断型保理。

（3）公开保理（明保理）是指在应收账款债权从销售商转让给银行的同时，通知购货商债权转让的事实，在票据上写明货款付给银行。

（4）隐蔽保理（暗保理）是指不通知购货商债权转让的事实，按一般程序收款，不在票据上写明该票据是在银行承办的，不突出保理银行的名称。

需要注意的是，债权人或受让人是否将应收账款转让的事项通知债务人并不是应收账款转让成立与生效的必备条件；债权人或受让人是否将应收账款转让事项通知债务人的区别在于该应收账款转让是否对债务人发生法律效力。

二、保理业务的经济实质

保理业务实质上是销售商将基于其与购货商订立的销售合同所产生的应收账款转让给保理商，保理商针对受让的应收账款为销售商提供贸易融资、销售分类账管理、应收账款催收和信用风险控制与坏账担保等服务中特定的至少两项综合金融服务。应收账款保理业务的核心在于与应收债权有关的风险和报酬实质上是否发生转移，这也是保理是否可以出表的核心判断。

无论保理合同是否附追索权，均应结合运用风险和报酬分析与控制分析来确定一项转让是否符合终止确认的条件。通常情况下，追索权条款的存在使得销售商保留了应收账款所有权上几乎所有的风险和报酬，即应继续确认被保理的应收账款。少数情况下，追索权条款导致销售商保留部分但不是几乎所有的风险和报酬，则此时需要考虑控制分析。大多数情况下，因为应收账款没有活跃的市场，保理商没有出售被保理的应收账款的实际能力，意味着销售商继续控制应收账款，即可以采用继续涉入会计处理方法。

有追索权的保理业务的经济实质是销售商以应收账款为质押取得借款，保理商并不收取信用风险担保费用，而只收取贸易融资利息费用（实质上是贷款利息收入）和其他劳务服务费用，所以成本一般会比无追索权的保理业务低。但保理与权利质押还是存在着区别，根本的区别是保理商对购货商行使权利的条件和方式不同，前者是保理商在应收账款到期时以债权人身份行使权利，后者则必须是在销售商不按期归还贷款的前提下，保理商以质押权人的身份行使权利。

三、终止确认的判断

《商业银行保理业务管理暂行办法》（银监会令 2014 年第 5 号）规定，商业银行提供保理融资时，有追索权保理按融资金额计入债权人征信信息；无追索权保理不计入债权人及债务人征信信息。商业银行进行担保付款或垫款时，应当按保理业务的风险实质，决定计入债权人或债务人的征信信息。

但判断保理的应收债权是否应终止确认，不能仅依据是否计入或计入何方的征信信息，而应根据安排的条款分析保理业务风险与报酬的转移情况。

（一）全部抑或部分用终止确认原则

根据《企业会计准则第 23 号——金融资产转移》，在对金融资产的一部分（或一组类似金融资产的一部分）进行分析判断时，当且仅当该部分满足以下三项条件之一时，按终止确认规则对该部分进行处理：①将金融资产所产生现金流量中特定、可辨认部分转移，如企业将一组类似贷款的应收利息转移等。②将金融资产所产生全部现金流量的一定比例转移，如企业将一组类似贷款的本金和应收利息合计的一定比例转移等。③将金融资产所产生现金流量中特定、可辨认部分的一定比例转移，如企业将一组类似贷款的应收利息的一定比例转移等。

对应收账款保理业务而言，不能按终止确认规则对应收账款的一部分（折后部分）进行处理，原因在于：

（1）优先受偿的折后部分的现金流既不是能够明确辨认的现金流量，也不是债权资产所产生的全部或部分现金流量的完全成比例的一个份额（无法辨认优先受偿的折后部分的现金流将来自应收账款组合中的哪些款项）。

（2）任何信用损失首先由转出方承担，且不是由双方按比例分担；而该损失可能产生于应收账款组合中的任何一笔款项，因而其风险敞口与全部债权资产相关。

因此，必须按终止确认规则对整个应收账款组合进行处理。

（二）风险和报酬是否转移

与资产所有权相关的风险和报酬转移的程度不同，转让的会计处理就不同，如表 5-1 所示。

表 5-1　　　　　　　风险和报酬转移程度及会计处理

出让人向受让人转移的风险和报酬的程度		出让人的会计处理
已转移几乎所有风险和报酬		终止确认被转让资产；确认新的资产/负债
既没有转移也没有保留所有权上几乎所有的风险和报酬	出让人不再保留控制权——受让人能够单方面出售被转让资产	终止确认被转让资产；确认新的资产/负债
	出让人保留控制权——受让人不能单方面出售被转让资产	按继续涉入程度确认资产和负债
保留了几乎所有的风险和报酬		继续确认被转让的资产

1. 风险和报酬分析

风险和报酬分析旨在确定金融资产转让后，企业是否继续承担该资产所有权上的风险和/或继续享有其产生的收益。风险和报酬分析包含的典型风险有利率风险、信用风险（即违约风险）、延迟支付风险、外汇风险、权益价格风险及提前偿付风险。对于应收账款，需考虑的主要风险是信用风险（credit risk）和延迟支付风险（late payment risk）；如果以外币交易，可能还需考虑外汇风险；对于抵押贷款，需考虑的主要风险可能是利率风险、提前偿付风险和信用风险。

企业无条件出售金融资产，或出售金融资产并附按回购时的公允价值回购该金融资产的期权，或出售金融资产并附重大价外期权（即期权合约的条款设计使得买方极小可能会到期行权），以及在符合条件的过手协议中出售一项资产现金流量的完全成比例的份额，通常属于企业已转让了所有权上几乎所有的风险和报酬。

保留了所有权上几乎所有的风险和报酬的例子包括：回购价格为固定价格或销售价格加上一定回报的卖出回购交易；通过总回报互换将市场风险转回企业的金融资产出售；附重大价内期权的金融资产出售交易；企业向受让人承诺对可能发生的所有信用损失进行补偿的短期应收款项出售交易。

风险和报酬分析应当考虑在金融资产转让后保留的风险和报酬与转让前的风险和报酬相比是否不再重大。历史上没有违约和逾期未付的记录并不能证明转让的应收账款没有风险。

在保理协议中，通常会存在一些常规的担保条款，如出售货物时提供的在货品出现质量问题时允许客户在规定期限内退货并获得全额退款的质保条款，因为这些担保针对的是交易的业务风险（商业纠纷），与出售日的资产状况以及是否存在有效的应收款项相关，不是与应收账款相关的财务风险，不与未来履约情况的风险和利益相关，故不妨碍对应收账款风险与报酬转移的判断。另外，销售商给客户提供的数量折扣条件也不影响终止确认分析，因为数量折扣与销售商和其客户之间的总体合同关系相关，不与应收账款本身的风险相关。

双方抵销协议也不影响终止确认分析。有时，销售商的客户可能拥有将应付销售商的款项与应收销售商的款项进行抵销的权利。销售商在抵销权被行使时向保理商的支付仅是将其结清与客户的债权时应收取的金额转让给保理商,与应收账款未来的回收情况无关。

2. 控制分析

企业应当首先应用风险与报酬分析,仅当企业既未转移也未保留金融资产所有权上几乎所有的风险和报酬时才应用控制分析。

如果受让人(转入方)具有出售被转让资产的实际能力(单方面和不受限制地出售),则受让人拥有资产的控制权。反之,如果受让人没有出售被转让资产的实际能力,则出让人(转出方)保留了被转让资产的控制权。如果满足以下条件,则转入方具有出售被转让资产的"实际能力":转入方能够向非关联的第三方整体出售该项资产;并且,转入方能够单方面实施此能力,而无附加的额外限制。前述条件的评估应考虑转入方在实际操作中的能力,而不仅是考虑合同赋予的权利。

如果被转让的资产存在活跃市场,则转入方具有出售被转让资产的实际能力,因为如果当其需要将资产归还转出方时,可以从市场上回购被转让资产。控制权概念的关注重点是转入方实际上能够做什么。反之,即使转入方拥有处置被转让资产的合同权利,但如果被转让资产没有市场,该权利也就几乎没有实际意义。

如果转入方具有出售被转让资产的实际能力,则转入方对资产拥有控制权。即转出方失去控制权,并须对资产进行终止确认。相反地,如果转入方没有出售被转让资产的实际能力,则转出方保留了被转让资产的控制权,须根据继续涉入的程度对资产进行确认。

(三)继续涉入

如果企业既未转移也未保留所有权上几乎所有的风险和报酬,并且控制权尚未转移至转入方,则按企业继续涉入被转移金融资产的程度继续确认被转移金融资产,并相应确认相关负债。

当企业转移了一些重大风险和报酬,同时保留了其他的风险和报酬,且因企业保留了对所转让资产的控制而未能终止确认,企业将按其继续涉入程度继续确认该资产。继续涉入被转移金融资产的程度,是指企业承担的被转移金融资产价值变动风险或报酬的程度。

企业按继续涉入程度继续确认的被转移金融资产以及确认的相关负债不应当相互抵销。企业应当对继续确认的被转移金融资产确认所产生的收入(或利得),对相关负债确认所产生的费用(或损失),两者不得相互抵销。

四、对保理协议条款和条件的分析

分析保理协议时,不能仅凭对所谓核心条款——违约、回售条款等的分析,就得出能否终止确认的结论,而是要详细分析协议的所有条款,考虑这些条款之间的相互影响和综合效果,并关注这些条款背后的商业逻辑。

（一）定义及释义

1. 保理业务

可终止确认的保理业务需包含保理商的坏账担保服务，合同中不能回避该坏账担保服务。另外，合同对保理业务的定义也不宜使用"向卖方预付应收账款转让价款"等表述，否则与向卖方支付转让款的实质不符，即能实现终止确认的转让款支付不应是预付款。

但分析时，不能仅凭保理的定义规避坏账担保服务，就认定风险和报酬没有转移，还需结合其他条款和条件综合分析。

2. 合格应收账款

对合格应收账款的定义通常与出售日的资产状况以及是否存在有效的应收款项相关，不是与应收账款相关的财务风险，不与未来履约情况的风险和利益相关，故通常不妨碍对应收账款风险与报酬转移的判断。

3. 商业纠纷/贸易争议/争议

商业纠纷/贸易争议/争议的定义不能过于宽泛，使得保理商实质不承担债务人任何信用风险。例如，商业纠纷是指买方拒收货物或商业发票，或者根据《交易合同》或卖方的履约行为提出的，与保理商受让的应收账款有关的任何抗辩、反诉或抵销。

4. 买方信用风险

可终止确认时，保理商应承担买方信用风险（及延迟支付风险），且买方信用风险应只排除严格限定的商业纠纷。

若信用风险的定义限于例外事件（破产、倒闭、无支付能力）和恶意拖欠，且限于若干天内，即银行不承担超过若干天的延迟支付风险和买方临时周转不利的拖欠。若该款项的主要风险是"超过若干天的延迟支付风险或临时周转不利的拖欠"，则主要风险并未转移。例如，信用风险仅指因买方破产、倒闭、无支付能力或恶意拖欠所导致的买方未能在应收账款付款日后若干（不超过30天）天内足额付款。再如，买方信用风险是指除《交易合同》项下发生符合本合同约定的商业纠纷外，买方在催账期届满时无力支付或破产、清盘等情况下的风险。

（二）保护性条款

保理协议通常会要求转出方做出承诺与保证，这些条款若仅用于保护保理商不承担商业纠纷导致的风险，或者用于发生商业纠纷从而反索时保护保理商可以足额收款，或者限于几乎不具有可能性的事件，则属于一般性保护条款。但若保理协议要求转出方对款项未来的可收回性作出承诺，或者设定了其他对可收回性兜底的约定，则该等承诺与保证将导致风险和报酬并未实质上转移。例如，转出方承诺：转出方与买方不存在任何尚未解决的和可预见将要发生的贸易纠纷；转出方已按商务合同约定充分、合法地履行了全部义务，并且该履行将不会引致商务合同买方对应收账款付款的任何抗辩。

在保理协议中，通常会存在一些常规的担保条款，如出售货物时提供的在货品出现质量问题时允许客户在规定期限内退货并获得全额退款的质保条款。这些担保针对的是交易的业务风险（商业纠纷），与出售日的资产状况以及是否存在有效的应收款项相关，不是与应收债权相关的财务风险，不与未来履约情况的风险和利益相关，故不妨碍对应收债权风险与报酬转移的判断。

（三）反转让条款

反转让条款或违约事件应明确限定于商业纠纷、对初始资产状况（合格应收账款）的约定或减资、修改章程、破产等例外事项，而非宽泛的转让方任何违约。

反转让条款或违约事件的范围不能过于宽泛，不应包含兜底条款，例如，"其他损害保理商权益的情况""保理商认为债权人或债务人的行为造成应收账款无法回收的情形"兜底条款可能导致保理商在任何情况下都不承担风险。

（四）优先收款权

保理商优先收款权的存在可能导致保理商实质上几乎不承担买方信用风险。例如，本合同项下应收账款到期收取方式为由债务人直接向保理商付款，转让方承诺已通知债务人付款至保理商指定账户，并同意商务合同项下的全部应收账款（包括未转让的）优先支付至保理商账户。

（五）交叉违约条款

保理协议有时会约定当转出方或其关联方或债务人与保理商的其他合同、协议（如其他借款合同）发生违约时，即视同本保理合同下的违约。此时需要分析其他协议是否存在及违约的可能性，若不在转出方控制范围内且很可能发生，则可能导致回购，从而风险并未转移。

交叉保护条款和一般保护性条款/违约条款虽然一般取决于转出方自身信用状况，不与原始债务人的信用风险相关，但从经济实质上考虑，保理商不会增加过多无实质意义的一般性保护条款，需要考虑各条款和条件的综合影响。并且，不能因为这些条款与债务人无关就直接认定不影响风险和报酬转移，当对应的情形很可能发生或者保理商可以自行认定是否已经发生时，保理商实质上可以通过这些条款不承担债务人的信用风险或延迟支付风险。

（六）逾期支付违约金

可以终止确认的保理业务中，转出方使用收到的转让价款的对价应在转让时即确定，后续不应因为已终止确认的应收账款的保理期间或催账期（债务人未在应收账款到期日前全额支付保理商受让的应收账款时，保理商向转出方进行催收的期限）而发生任何成本。即使用自身资金不会发生基于所谓违约期间的向其他单位的支付义务。

保理合同计算折扣或费用均不应涉及后续的催账期/逾期支付违约金，实质上是指资金使用期间，否则表明的是转出方向保理商融资而不是卖断债权。

五、符合终止确认条件的转移

（一）明确且完整定义"保理"

可终止确认的保理业务需包含保理商的坏账担保服务，合同中不能回避该坏账担保服务。另外，合同对保理业务的定义也不宜使用"向卖方预付应收账款转让价款"等表述，否则与向卖方支付转让款的实质不符，即能实现终止确认的转让款支付不应仅是预付款。

（二）明确定义"商业纠纷"

追索或违约事项应明确限定于商业纠纷或减资、修改章程等例外事项，而非宽泛的卖方任何违约。商业纠纷，应限于商务合同买方与应收账款转出方之间因相关的货物或发票或其他因商务合同事由出现争议而造成商务合同买方对本协议项下应收账款提出的抗辩、反索或抵销或类似行为。

（三）准确定义"买方信用风险"

可终止确认时，保理商应承担买方信用风险（及延迟支付风险）。买方信用风险应只排除严格限定的商业纠纷，并包括客观上无力还款和主观上无理拒付两种情况。

另外，需考虑延迟支付风险与信用风险相比是否重大。若延迟支付风险重大，则建议明确保理商是否承担债务人延迟支付风险。

（四）满足"过手安排"的要求

如企业并未将收取金融资产现金流量的合同权利转移给保理商（如未进行应收账款转让登记），则可能需要进行以下过手安排测试。

根据《企业会计准则第 23 号——金融资产转移》，金融资产转移包括下列两种情形：

（1）将收取金融资产现金流量的权利转移给另一方；

（2）将金融资产转移给另一方，但保留收取金融资产现金流量的权利，并承担将收取的现金流量支付给最终收款方的义务，同时满足下列条件：

①从该金融资产收到对等的现金流量时，才有义务将其支付给最终收款方。企业发生短期垫付款，但有权全额收回该垫付款并按照市场上同期银行贷款利率计收利息的，视同满足本条件。

②根据合同约定,不能出售该金融资产或作为担保物,但可以将其作为对最终收款方支付现金流量的保证。

③有义务将收取的现金流量及时支付给最终收款方。企业无权将该现金流量进行再投资,但按照合同约定在相邻两次支付间隔期内将所收到的现金流量进行现金或现金等价物投资的除外。企业按照合同约定进行再投资的,应当将投资收益按照合同约定支付给最终收款方。

具体而言,在转出方保留收取现金流量的权利的情况下,需同时满足"过手安排"的要求,具体要求如表 5 – 2 所示。

表 5 – 2　　　　　　　　　　　过手安排的判断

序号	过手安排的判断内容	判断结果
①	无论是否收到原始债务人的支付,均需向保理商支付现金流?——延迟支付风险、信用风险由转出方承担,转出方没有负债	若结论为"是",则不满足"过手安排"的要求
②	转出方是否有权出售或抵押拟转让的应收账款	若结论为"是",则不满足"过手安排"的要求
③	收款专项账户内资金投资的对象是否可以投资"现金或现金等价物"之外的项目,如超过 3 个月的国债、发放贷款?专项账户内资金投资的收益是否可由转出方享有	若结论为"是",则不满足"过手安排"的要求
若①②③的结论有"是",则转出方未转移几乎所有的风险和报酬,需要继续确认该项资产		

若转出方即使收到其他现金流(非对等),也有义务支付给保理商,则不满足过手安排的条件,应继续确认应收账款。

(五)其他需满足的条件

(1)明确定义违约事件或反索/回售条件。违约事件或反索/回售条件的范围不能过于宽泛,不应包含兜底条款。

(2)折扣或融资费的计算不应涉及催账期。后续的催账期实质上是指资金使用期间,与终止确认后转出方使用自有资金的逻辑不符。

(六)未来履约情况的风险几乎全部由保理商承担

保理商为转出方提供贸易融资、销售分类账管理、应收账款催收和信用风险控制与坏账担保的全功能保理。转出方将应收账款出售给保理商后,在所售应收账款到期无法收回时,保理商不能向转出方进行追偿,所售应收账款未来履约情况的风险(主要是信用风险和延迟支付风险)几乎全部由保理商承担。

六、是否终止确认判断的量化分析

企业通常不需要通过计算即可判断其是否转移或保留了金融资产所有权上几乎所有风险和报酬。但在某些情况下,可能需要通过计算判断是否已将金融资产所有权上几乎所有的风险和报酬转移给了转入方。为了终止确认的目的而进行的数值计算、比较是一个相对测试,不是看绝对结果。

风险和报酬按企业承担的被转让资产现金流量变动的风险进行计量。在此评估中应计算和比较转让前后对被转让资产未来净现金流量现值的变化所承担的敞口。在计算和比较时使用的折现率应当采用恰当的当前市场利率;净现金流量(包括金额和时点)所有合理的可能变化都应予以考虑,且应对发生可能性更大的结果使用更大的权重,也就是说,金额和时点需要按概率进行加权。

需要注意的是,被转让资产净现金流量金额和时点变动的程度的计量是同总变动相对应的,并不因为转出方承担的资产剩余风险和报酬的绝对值很小,就可以达到终止确认。也就是说,风险和报酬分析的目的是确定哪一方承担着资产现金流量的变动风险,而不是谁承担了最多的预计损失。

量化计算的示例,可以参考《〈企业会计准则第 23 号——金融资产转移〉应用指南》(2018)中的【例3】、【例4】。

实务中,若转让后承担的相对变动小于 10%,则可以认为已经转移了所有权上几乎所有的风险和报酬。

七、保理业务的会计处理

根据是否可以终止确认,保理业务涉及不同的会计处理。

(一)未终止确认的保理的会计处理

企业仍保留与所转移金融资产所有权上几乎所有的风险和报酬的,应当继续确认所转移金融资产整体,并将收到的对价确认为一项金融负债。此类金融资产转移实质上属于质押借款融资,不能将金融资产与所确认的金融负债相互抵销。

转让应收账款时,企业应根据与银行等保理商达成的协议,按实际收到的款项确认银行存款和金融负债:

借:银行存款【实际收到的款项】
　　贷:短期借款(其他应付款)【按收到的对价计量并考虑借款期限】

保理期间,企业应按根据保理费用和利息计算的实际利率计算并确认有关利息费用:

借:利息支出【保理期间按实际利率法计算利息费用】
　　贷:短期借款(其他应付款)

应收账款原始债务人向保理商付款时，解除金融负债，同时终止确认应收账款：
借：短期借款（其他应付款）
　　银行存款【收到的余款】
　　贷：应收账款
该笔应收账款应继续使用预期信用损失法计提信用减值准备。

（二）终止确认的保理的会计处理

金融资产整体转移满足终止确认条件的，应当将所转移金融资产的账面价值与因转移而收到的对价的差额计入当期损益。

企业应根据与银行等保理商达成的协议，分别按实际收到的款项、已提取的坏账准备金额、应支付的相关手续费的金额、转让应收账款的账面余额等作以下会计处理：
借：银行存款【实际收到的款项】
　　坏账准备【已提取的坏账准备金额】
　　投资收益【差额】
　　贷：应收账款【应收账款的账面余额】
　　　　投资收益【差额】

根据《关于修订印发2019年度一般企业财务报表格式的通知》（财会〔2019〕6号），利润表中"投资收益——其中以摊余成本计量的金融资产终止确认收益"反映企业因转让等情形导致终止确认以摊余成本计量的金融资产而产生的利得或损失。

若保理的应收账款为根据《企业会计准则第22号——金融工具确认和计量》第十八条分类为以公允价值计量且其变动计入其他综合收益的"应收款项融资"，则计入损益的差额还要包括原直接计入其他综合收益的公允价值变动累计额，作以下会计处理：
借：银行存款【实际收到的款项】
　　贷：应收款项融资【应收账款的账面价值】
　　　　投资收益【差额】

同时，将原计入其他综合收益的公允价值变动转出：
借：其他综合收益——公允价值变动【累计的公允价值变动金额】
　　贷：投资收益

八、反向保理

由保理商向货物或服务的购买方提供融资服务，从而为支付采购产生的应付账款提供融资，这通常被称为"供应商融资"或"反向保理"。

购买方选择其拟进行反向保理或供应商融资安排的应付账款，并通知保理商代为付款。购买方之所以愿意进行这种安排是为了获得原本在一般采购付款安排中无法获得的提前支付折扣。购买方通常不应将应支付保理商的负债列报为应付账款，因为一般认为应付账款是在与供应商进行的日常业务活动中产生的"应付账款"科目核算企业以摊余成本计量的因购买材料、商品和接受劳务供应等经营活动应支付的款项。保理商支付融资款给供应商后，购买方对于供应商的原始负债（应付账款）已经被解除，所产生的对于保理商的新负债应当列报为保理商的借款（如短期借款、其他应付款）。供应商收到保理商付款后其应收账款的收款权得以履行，应终止确认应收账款。

还有一种模式是由保理商代表购买方直接与供应商协商，保理商在约定到期日前向供应商付款以获得提前支付折扣。供应商同意在合同到期时从购买方获取扣除折扣后的金额，并在收到购买方付款后向保理商偿还同一金额。如果供应商不能向保理商偿还，则购买方同意向保理商偿还。保理商向购买方收取费用，实际上是保理商和买卖双方在分享提前支付折扣利益。该情形下，保理商的支付不会导致购买方对供应商的支付义务被合法解除，供应方也未合法免除购买方的初始义务，因此，购买方将继续确认对供应商的应付账款。同时，由于购买方承诺如果供应商没有向保理商偿还则其将向银行偿还，购买方为此将确认一项担保义务（以公允价值进行初始计量）。对供应商而言，也应继续确认原应收账款，收到的保理商融资属于新的负债（列报为短期借款、其他应付款等）。

九、保理业务的披露

根据《企业会计准则第37号——金融工具列报》，对于已转移但未整体终止确认的金融资产，企业应当按照类别披露下列信息：

（1）已转移金融资产的性质；

（2）仍保留的与所有权有关的风险和报酬的性质；

（3）已转移金融资产与相关负债之间关系的性质，包括因转移引起的对企业使用已转移金融资产的限制；

（4）在转移金融资产形成的相关负债的交易对手方仅对已转移金融资产有追索权的情况下，应当以表格形式披露所转移金融资产和相关负债的公允价值以及净头寸，即已转移金融资产和相关负债公允价值之间的差额；

（5）继续确认已转移金融资产整体的，披露已转移金融资产和相关负债的账面价值；

（6）按继续涉入程度确认所转移金融资产的，披露转移前该金融资产整体的账面价值、按继续涉入程度确认的资产和相关负债的账面价值。

十、实务应用示例

示例 5-1 600983.SH 惠而浦

短期借款

单位:元

项目	期末余额	期初余额
质押借款	74,833,871.12	
抵押借款		
保证借款		
信用借款		
合计	74,833,871.12	

短期借款分类的说明:

于 2018 年 12 月 31 日,质押借款系本集团以人民币 74,833,871.12 元的应收账款为质押,与交通银行股份有限公司开展的应收账款保理融资业务而形成,融资年利率为 3.5%(2017 年:无),详见与金融工具相关的风险。

所有权或使用权受到限制的资产

单位:元

项目	期末账面价值	受限原因
应收票据及应收账款	74,833,871.12	
合计	74,833,871.12	

其他说明:

于 2018 年 12 月 31 日,账面价值为人民币 74,833,871.12 元(2017 年 12 月 31 日:无)的应收账款保理业务用于融资,融资起始日为 2018 年 12 月 29 日,融资到期日在 2019 年 4 月 27 日之前。

与金融工具相关的风险——金融资产转移

已转移但未整体终止确认的金融资产

作为日常业务的一部分,本集团和交通银行股份有限公司达成了应收账款保理安排并将某些应收账款转让给交通银行股份有限公司。在该安排下,如果应收账款债务人推迟付款,本集团被要求补偿银行 180 天内的利息损失。转移后,本集团不再保留使用其的权利,包括将其出售、转让或质押给其他第三方的权利。截至 2018 年 12 月

31日，在该安排下转移但尚未结算的应收账款的原账面价值为人民币74,833,871.12元（2017年12月31日：无）。截至2018年12月31日，本集团因继续涉入确认的资产的账面价值为人民币74,833,871.12元（2017年12月31日：无），与之相关的负债为人民币74,833,871.12元（2017年12月31日：无），分别计入应收账款和短期借款。

示例5-2 002713.SZ 东易日盛

短期借款

单位：元

项目	期末余额	期初余额
有追索权的应收账款保理	21,613,676.00	

短期借款分类的说明：

本集团本年通过应收账款保理方式取得短期借款人民币21,613,676.00元，对应收到货币资金人民币20,090,442.78元。因本集团保留了该等应收账款与所有权有关的风险和报酬，未终止确认。

示例5-3 600019.SH 宝钢股份

应收账款

2018年12月31日，本集团应收账款人民币8,453,252.58元（2017年12月31日：36,560,834.94元）通过保理业务作为质押物取得短期借款人民币8,453,252.58元（2017年12月31日：人民币36,560,834.94元），计提坏账准备人民币402,535.84元（2017年12月31日：人民币1,740,992.14元）。

与金融工具相关的风险——金融资产转移

已转移但未整体终止确认的金融资产

作为日常业务的一部分，本集团和银行达成了应收账款保理安排并将某些应收账款转让给银行。在该安排下，如果应收账款债务人推迟付款，本集团将被要求归还相应的未偿融资款，因而本集团继续暴露于转移后应收账款债务人违约风险。转移后，本集团不再保留使用其的权利，包括将其出售、转让或质押给其他第三方的权利。于2018年12月31日，本集团在该安排下转移但尚未结算的应收账款的账面价值为人民币8,050,716.74元（2017年12月31日：人民币34,819,842.80元）。于2018年12月31日，本集团因继续涉入确认的资产的账面价值为人民币8,050,716.74元（2017年12月31日：人民币34,819,842.80元），与之相关的负债为人民币8,453,252.58元（2017年12月31日：人民币36,560,834.94元），分别计入应收票据及应收账款和短期借款。

示例 5-4　300674.SZ 宇信科技

短期借款

单位：元

项目	期末余额	期初余额
质押借款	106,083,632.42	156,305,400.00
抵押借款	400,000,000.00	320,000,000.00
保证借款	2,500,000.00	117,792,143.87
合计	508,583,632.42	594,097,543.87

短期借款分类的说明：

子公司无锡宇信易诚科技有限公司于 2018 年 3 月 30 日与招商银行股份有限公司北京北三环支行签订《国内保理业务协议》（编号：2017 年北授字第 019-001 号），以应收本公司 5,000 万元应收账款做保理，取得 5,000 万元的保理借款，实际借款金额为 4,803.71 万元，借款期限自 2018 年 3 月 30 日至 2019 年 3 月 29 日。

示例 5-5　603117.SH 万林物流

其他应收款

转移其他应收款且继续涉入形成的资产、负债的金额

根据本公司与客户中国建筑股份有限公司之下属子公司（以下简称"中国建筑"）签订的销售协议，中国建筑以保理或商业承兑汇票的方式支付本公司货款。本公司根据中国建筑的安排，与其指定的银行或相关机构签订协议，向其转让本公司对中国建筑的其他应收款或商业承兑汇票。上述转让均使用中国建筑在这些银行或机构的信用额度。于 2018 年 12 月 31 日，上述转让的其他应收款及应收票据中人民币 555,313,683.76 元及人民币 114,637,949.77 元尚未收到实际债务人中国建筑的偿付。根据与银行及相关机构签署的转让协议，该些其他应收款及应收票据相关的主要风险与报酬仍由本公司承担，本公司继续确认这些应收款和应收票据的账面金额，并将因转让而收到的款项确认为一项负债。

于 2018 年度，上述向银行及相关机构转让的其他应收款及应收票据共计产生现金流入人民币 798,878,364.58 元，本公司将其作为"取得借款收到的现金"在现金流量表筹资活动中列示。

于 2018 年 12 月 31 日，上述保理的其他应收款中共计人民币 20,382,944.61 元的保理有效期为 2020 年，因此本公司将该款项同时确认为长期应收款及长期借款。剩余保理的其他应收款及贴现的应收票据到期日均为 2019 年，因此本公司相应确认应收票据、其他应收款及短期借款，参见附注（七）、4 及 26（略）。

长期借款

单位：元

项目	期末余额	期初余额
保理借款	20,382,944.61	

长期借款分类的说明：

根据本公司与客户中国建筑股份有限公司签订的销售协议，中国建筑以保理或商业承兑汇票的方式支付本公司货款。本公司根据中国建筑的安排，与其指定的银行或相关机构签订协议，向其转让本公司对中国建筑的其他应收款或商业承兑汇票。上述转让均使用中国建筑在这些银行或机构的信用额度。于2018年12月31日，上述转让的其他应收款及应收票据中人民币555,313,683.76元及人民币114,637,949.77元尚未收到实际债务人中国建筑的偿付。

根据与银行及相关机构签署的转让协议，这些其他应收款及应收票据相关的主要风险与报酬仍由本公司承担，本公司继续确认该些其他应收款和应收票据的账面金额，并将因转让而收到的款项确认为一项负债。

第三节 资产证券化业务实务应用示例

一、资产证券化

（一）资产证券化的概念

资产证券化（asset securitization）是指发起人（原始权益人）将缺乏流动性，但具有可预测现金流的资产或者资产组合（基础资产）出售给特定的机构或载体，通过对其风险和现金流进行结构性重组，并实施一定的信用增级，以该基础资产产生的现金流为支持发行证券（资产支持证券），从而将其预计现金流转换为可出售、可流通的证券产品，以获得融资并最大化提高资产流动性的一种结构性融资手段。

与传统债务融资方式相比，资产证券化融资是基于资产信用，而非发起人的信用。标准资产证券化的核心是把购买资产证券化产品与购买原始权益人债券区别开来。资产证券化的证券风险与资产的特性和产品结构设计有关，与原始权益人的信用状况无关。

另外，根据证监会公告〔2014〕49 号的规定，资产证券化业务，是指以基础资产所产生的现金流为偿付支持，通过结构化等方式进行信用增级，在此基础上发行资产支持证券的业务活动。而银监会 2005 年第 3 号令及银监会公告〔2005〕第 7 号则规定，信贷资产证券化业务是指银行业金融机构作为发起机构，将信贷资产信托给受托机构，由受托机构以资产支持证券的形式向投资机构发行受益证券，以该财产所产生的现金支付资产支持证券收益的结构性融资活动。银行间交易商协会所称的资产支持票据，是指非金融企业为实现融资目的，采用结构化方式，通过发行载体发行的，由基础资产所产生的现金流作为收益支持的，按约定以还本付息等方式支付收益的证券化融资工具。

（二）资产证券化的基本原理

1. 真实出售

如果某项财产转让给他人，不再属于债务人的财产范围，那么该项转让通常称为"真实出售"（true sale）。即发起人（通常是原始权益人）真正把证券化资产（基础资产）的风险和报酬转让给了特殊目的载体（special purpose vehicle，SPV）。

证券化资产只有经过真实出售，才能够和发起人的经营风险完全隔离。证券化资产一旦实现真实出售，即使发起人由于经营不善而破产，发起人的债权人和股东对证券化资产也没有任何追索权。同样，如果基础资产不足以偿还本息，投资者的追索权也仅限于基础资产，对发起人的其他资产也没有任何追索权。

资产的真实出售要求做到两个方面：①证券化资产必须完全转移到 SPV 手中。这既保证了原始权益人的债权人对已转移的证券化资产没有追索权，也保证了 SPV 的债权人（即投资者）对原始权益人的其他资产没有追索权。②由于资产控制权已经从原始权益人转移到了 SPV，因此可能可以将这些资产从原始权益人的资产负债表上剔除，使资产证券化成为一种表外融资方式。

如果资产转让合同将超过一定数额的回收款直接约定由转让人享有，即资产转让人享有资产剩余收益权，则很可能资产所有权并没有转让，该转让从而不构成真实出售。

2. 破产隔离

破产隔离（bankruptcy remote）是资产证券化的灵魂或本质，一是证券化资产与原始权益人破产风险相隔离（证券化资产不属于原始权益人的清算财产），二是原始权益人的其他资产与 SPV 的破产相隔离（原始权益人的其他资产不属于 SPV 的清算财产）。破产隔离相当于是对资产支持证券的一种强有力的内部信用增级手段。

证券化过程必须设计合理的风险隔离机制，才能确保证券化产品的风险与原始权益人的风险无关，而只与基础资产本身相关。

3. 信用增级

所谓信用增级（credit enhancement），就是发行人运用各种手段与方法来保证能按时、足额地支付投资者利息和本金的过程。信用增级可以补偿资产现金流的不足，使证券化产品获得"投资级"以上的信用评级。具体的信用增级措施分为内部和外部两种。内部增信包括超额抵押、对发行人的追索权、资产支持证券分层结构（优先/次级）；外部增信包括第三方担保、债券保险等。

实务当中，绝大多数信贷资产支持证券都采取了四种内部信用增级措施，即优先级/次级的分档设计、超额利息收入、储备账户和触发机制安排。少数产品采取了外部信用增级措施，如由发起人（银行）提供流动性支持等。券商专项资产管理计划由于存在破产隔离风险，除了内部信用增级，更为普遍地采用了第三方担保、差额支付安排、流动性贷款等外部信用增级措施。资产支持票据和专项计划一样，同样依赖外部信用增级措施，如第三方信用支持、资产抵质押和外部现金储备等。

（三）资产证券化的交易结构

1. 资产证券化交易结构

资产证券化交易结构如图5-2所示。

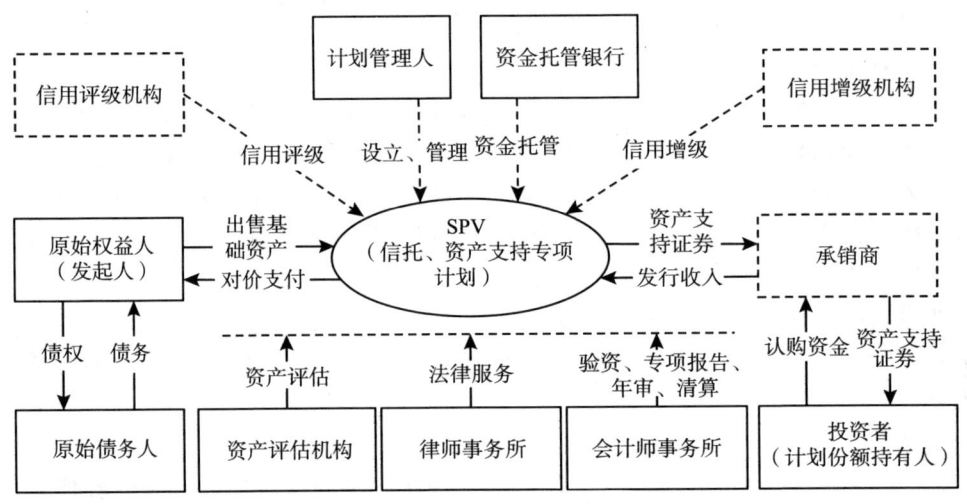

图5-2 资产证券化交易结构

对信贷资产证券化而言，银监会要求发行人应组建承销团发行资产支持证券。

2. 资产证券化现金流转

资产证券化现金流转如图5-3所示。

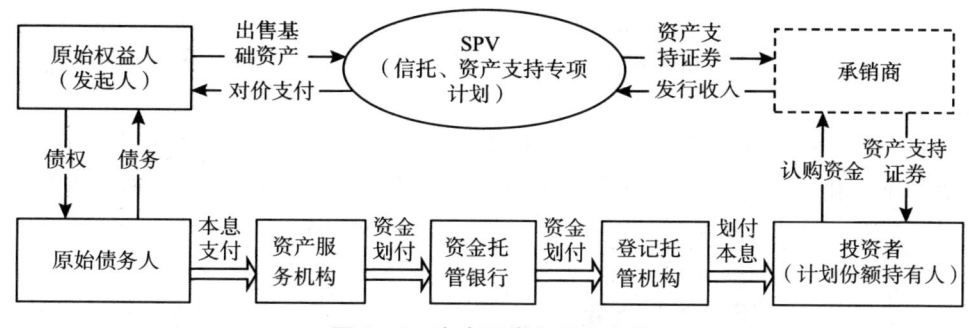

图 5-3 资产证券化现金流转

为了保证债券投资者能够及时获得本息的偿付,一般需要有专门的资产服务机构来负责从债务人收取本息的日常工作,该职能通常由原始权益人来承担。

(四)资产证券化的要素

1. 基础资产

资产证券化的实质是将基础资产(underlying assets)产生的现金流重组成易于出售的证券,将可预期的未来现金流立即变现,所以可预期的现金流是进行证券化的先决条件。证券化表面上是以资产为支持,但实际上是以资产所产生的现金流为支持的。

基础资产,是指符合法律法规规定,权属明确,可以产生独立、可预测的现金流且可特定化的财产权利或者财产。可以是企业应收款、租赁债权、信贷资产、信托受益权等财产权利,基础设施、商业物业等不动产财产或不动产收益权,以及中国证监会认可的其他财产或财产权利(证监会公告〔2014〕49 号)。

基础资产可以是单项财产权利或者财产,也可以是多项财产权利或者财产构成的资产组合。

基础资产在法律上应能够准确、清晰地予以界定,权属明确,法律要件具备,能够合法、有效的转让,能产生独立、稳定、可评估预测的现金流,不能附带抵押、质押等担保负担或其他权利限制。

2. 特殊目的载体(SPV)

SPV 是证券化过程的核心机构,是证券化产品的名义发行人。发起人通过将资产出售给 SPV,实现了真实出售和破产隔离,再通过信用增级,由 SPV 发行证券化的收益凭证或证券。所谓特殊目的,指它的设立仅仅是为了发行证券化产品和收购资产,不再进行其他投融资或经营活动。另外,在资产支持证券尚未清偿完毕的情况下,SPV 不能进行清算、解体、兼并及资产的销售或重组等影响 SPV 独立和连续经营的活动。

SPV 可以是由证券化发起人设立的一个附属机构,也可以是一个长期存在的专门进行资产证券化的机构,设立的形式可以是信托投资公司、担保公司或其他法人实体。SPV 是发行证券的主体，也是基础资产的拥有主体。根据其组织形式，SPV 分为特殊目的公司（special purpose company, SPC）和特殊目的信托（special purpose trust, SPT）两种。

对企业资产证券化而言，特殊目的载体，是指证券公司、基金管理公司子公司为开展资产证券化业务专门设立的资产支持专项计划或者中国证监会认可的其他特殊目的载体（证监会公告〔2014〕49 号）。对信贷资产证券化而言，特定目的信托受托机构是指在信贷资产证券化过程中，因承诺信托而负责管理特定目的信托财产并发行资产支持证券的机构（银监会 2005 年第 3 号令）。对资产支持票据而言，特殊目的载体可以为特定目的信托、特定目的公司或交易商协会认可的其他特定目的载体，也可以为发起机构。

需要注意的是，SPV 自己并不管理基础资产，而是交由受托机构来管理。受托机构不仅负责向投资者支付本金和利息，而且需要保证整个证券化交易过程中投资者利益不受侵害。

由于我国《公司法》等相关法律法规的限制，SPC 的交易结构目前有一定的法律障碍，故而依据《信托法》设立 SPT 达到法律上转移基础资产的受益权是中国资产证券化交易过程中现实的选择。目前，我国的 SPV 主要是信托以及券商的专项资产管理计划。

3. 资产支持证券

资产支持证券（asset-backed security, ABS）是一种债券性质的金融工具，其向投资者支付的本息来自基础资产池（pool of underlying assets）产生的现金流或剩余权益。与股票和一般债券不同，资产支持证券不是对某一经营实体的利益要求权，而是对基础资产池所产生的现金流和剩余权益的要求权，是一种以资产信用为支持的证券。

资产证券化支付本金的时间常依赖于涉及资产本金回收的时间，这种本金回收的时间和相应的资产支持证券相关本金支付时间的固有的不可预见性，是资产支持证券区别于其他债券的一个主要特征。另一个特征是资产支持证券的发行人通常不是一个积极的管理实体，它是一个消极的实体，仅拥有相关资产并且只要求管理人（由第三方履行）去收取那些资产产生的到期现金流量。

对信贷资产证券化而言，资产支持证券是由特定目的信托受托机构发行，代表特定目的信托的信托受益权份额（《信贷资产证券化试点管理办法》）。

按对现金流的处理方式和偿付结构的不同，资产支持证券分为过手证券（pass-through securities）、转付证券（pay-through securities）和抵押支持债券（mortgage-backed bonds）三种形式。

（五）国内三种资产证券化模式

国内的资产证券化在实践中采取了三种模式：信贷资产证券化、企业资产证券化和资产支持票据（ABN），如表 5-3 所示。

表 5-3　　　　　　　　　　　　　国内三种资产证券化模式

	信贷资产证券化	企业资产证券化	资产支持票据（ABN）
主管部门	银监会、人民银行	证监会	银行间市场交易商协会
审核方式	备案制（事前）	实行基金业协会事后备案和基础资产负面清单管理	注册制
发起人	银行业金融机构（商业银行、政策性银行、邮政储蓄银行、财务公司、信用社、汽车金融公司、金融资产管理公司等）	非金融企业（包括部分金融企业，如金融租赁公司）	非金融企业
发行方式	公开发行或定向发行	公开发行或非公开发行	公开发行或定向发行
模式选择	以信托计划为SPV的表外模式	以资产支持专项计划为SPV的表外模式	表内模式（风险没有完全转移）或表外模式
基础资产	银行信贷资产（含不良信贷资产），如个人住房抵押贷款、基础设施建设贷款、地方政府融资平台贷款、涉农贷款、中小企业贷款等	企业应收款、租赁债权、信贷资产、信托受益权等财产权利，基础设施、商业物业等不动产财产或不动产收益权，以及中国证监会认可的其他财产或财产权利	企业应收账款、租赁债权、信托受益权等财产权利，以及基础设施、商业物业等不动产财产或相关财产权利等
计划管理人	信托公司	证券公司、基金管理公司子公司	商业银行承销
投资者	银行、保险公司、证券投资基金、企业年金、全国社保基金等	合格投资者，且合计不超过200人	公开发行面向银行间市场所有投资人；定向发行面向特定机构投资者
还款来源	基础资产产生的现金流	基础资产产生的现金流	基础资产产生的现金流；或在如基础资产产生的现金流不足时由发起机构以日常经营收入补足
信用评级	优先级需评级	优先级需债券评级	公开发行需评级（最低档次票据可不进行信用评级）
交易场所	全国银行间债券市场	证券交易所、全国中小企业股份转让系统、证券业协会机构间报价与转让系统、证券公司柜台市场	全国银行间债券市场或交易所
登记托管机构	中央国债登记结算有限责任公司（银监会公告〔2005〕第7号）；上海清算所注	中国证券登记结算有限责任公司	上海清算所（主要负责创新产品、货币市场工具等金融产品的登记、托管和结算）
主要法规	《信贷资产证券化试点管理办法》	《证券公司及基金管理公司子公司资产证券化业务管理规定》	《非金融企业资产支持票据指引》（修订稿）

注：上海清算所已开办短期融资券（2011年9月）、定向工具、区域集优中小企业集合票据、非金融企业资产支持票据、信贷资产支持证券（2012年7月）和信用风险缓释凭证的托管业务。中央国债登记结算有限责任公司主要承担国债和中长期债券的统一登记、托管和结算。

二、终止确认会计处理核心判断

中国人民银行、中国银行业监督管理委员会、财政部联合发布的《关于进一步扩大信贷资产证券化试点有关事项的通知》（银发〔2012〕127号）要求，信贷资产证券化会计处理按照《企业会计准则第23号——金融资产转移》及财政部发布的相关《企业会计准则解释》的有关规定执行。

实务中，应该针对资产证券化的具体条款，按实质重于形式的原则，根据上述条款进行判断。而且，在判断之前，需要在合并报表层面分析原始权益人是否应当合并SPV（如资产支持专项计划、信托计划）。

（一）一般原则

发起人向SPV转让债权类基础资产，应该根据《企业会计准则第23号——金融资产转移》规定的原则判断是否可以对该债权终止确认。

发起人通常会为资产证券化提供信用增级。对于内部增级，发起人通常会采取超额担保、认购次级收益凭证[①]、基础资产回购承诺等措施，这些措施相当于发起人享有债权（基础资产）的超额收益，并承担了债权（基础资产）损失的最终风险。对于外部增级，发起人通常会采取第三方担保等方式，而且多数会同时存在发起人向第三方提供反担保的情形。

如果这些信用增级条款影响足够重大，使得发起人面临的风险没有因基础资产转移发生实质性改变，则表明该发起人仍保留了金融资产所有权上几乎所有的风险和报酬，因此不能对债权（基础资产）终止确认。发起人取得的发行收益实质相当于债务融资，应该按类似发债的方式进行会计处理。如果根据相关发行条款满足债权（基础资产）终止确认的条件，则应按债权处置处理，在损益中确认债权账面价值和收取对价的差额。实务中的很多信用增级条款通常会使资产证券化不满足终止确认的条件。

（二）过手安排

根据金融资产终止确认的相关规定，首先需要判断发起人是否已转让收取金融资产现金流量的权利，或是否承担将收取的现金流量支付给最终收款方并同时满足金融资产转让的条件。若发起人保留了获取现金流量的合同权利（如发起人控制SPV），则核心在于判断是否满足"过手安排"的条件（如表5-4所示）。

[①]《关于进一步扩大信贷资产证券化试点有关事项的通知》要求，扩大试点阶段，信贷资产证券化各发起机构应持有由其发起的每一单资产证券化中的最低档次资产支持证券的一定比例，该比例原则上不得低于每一单全部资产支持证券发行规模的5%，持有期限不得低于最低档次证券的存续期限。

表 5-4　　　　　　　　　　　SPV 过手安排的判断

序号	需同时满足的条件	核心判断
(1)	企业只有从该金融资产收到对等的现金流量时，才有义务将其支付给最终收款方。企业提供短期垫付款，但有权全额收回该垫付款并按照市场利率计收利息的，视同满足本条件	无论是否收到原始债务人的支付，均需向投资人支付现金流？或者发起人向 SPV 提前支付了保证金
(2)	转让合同规定禁止企业出售或抵押该金融资产，但企业可以将其作为向最终收款方支付现金流量义务的保证	发起人是否有权出售或抵押原始资产
(3)	企业有义务将代表最终收款方收取的所有现金流量及时划转给最终收款方，且无重大延误。企业无权将该现金流量进行再投资，但在收款日和最终收款方要求的划转日之间的短暂结算期内，将所收到的现金流量进行现金或现金等价物投资，并且按照合同约定将此类投资的收益支付给最终收款方的，视同满足本条件	专项账户内资金投资的对象是否可以投资 "现金或现金等价物" 之外的项目，如超过 3 个月的国债、发放贷款？ 专项账户内资金投资的收益是否可由发起人享有
若 (1)~(3) 的回答有 "是"，则发起人未转让金融资产，需要继续确认该项资产		

上述条件（1）表明发起人（转出方）没有负债（支付现金的现时义务），条件（2）和条件（3）表明转出方没有资产（控制与被转移资产之相关的未来经济利益）。

（三）风险和报酬分析

风险和报酬分析旨在确定金融资产转让后，发起人（原始权益人）是否继续承担该资产所有权上的风险和/或继续享有其产生的收益。风险和报酬分析包含的典型风险有利率风险、信用风险（即违约风险）、延迟支付风险、外汇风险、权益价格风险及提前偿付风险。对于应收账款，需考虑的主要风险是信用风险和延迟支付风险；如果以外币交易，可能还需考虑外汇风险；对于抵押贷款，需考虑的主要风险可能是利率风险、提前偿付风险和信用风险。

风险和报酬分析应当考虑在金融资产转让后保留的风险和报酬与转让前的风险和报酬相比是否不再重大。历史上没有违约和逾期未付的记录并不能证明转让的贷款和应收账款没有风险。

如果根据合同协议，与金融资产的未来现金流量现值的总变动相比，发起人作为转出方承担的变动风险不再重大，则被视为已经转移了金融资产所有权上几乎所有的风险和报酬。需要注意的是，被转让资产净现金流量金额和时点变动的程度的计量是同总变动相对应的，并不因为转出方承担的资产剩余风险和报酬的绝对值很小，就可以达到终止确认。也就是说，风险和报酬分析的目的是确定哪一方承担着资产现金流量的变动风险，而不是谁承担了最多的预计损失。

三、终止确认判断的参考示例

（一）业务背景概要

K 公司将其合法所有的租赁应收款信托予 X 信托，由 X 信托设立信托计划作为特殊目的载体，向投资者发行资产支持证券。

通过信托的设立，实现了租赁应收款与 K 公司其他自有资产的风险隔离，实现了租赁应收款与 K 公司自身破产风险的隔离。投资者（资产支持证券持有人）以信托财产为限进行追索。K 公司作为资产服务机构，负责租赁应收款的管理、款项收回及划付。

1. 信托受益权

信托受益权分为优先档信托受益权和次级档信托受益权。其中，优先档信托受益权包括优先 A 档信托受益权和优先 B 档信托受益权。

优先 A 档资产支持证券发行总量为 8 亿元人民币；优先 B 档资产支持证券发行总量为 1 亿元人民币。次级档资产支持证券发行总量为 1.2 亿元人民币，全部由 K 公司认购。

K 公司对资产支持证券的收益不作任何保证或担保。资产支持证券仅代表特定目的信托受益权的相应份额，不构成 K 公司对资产支持证券持有人的负债。

2. 回收款划付

K 公司在收到租赁应收款的每笔回收款后，应当在两个工作日内将回收款划付至信托账户。

3. 资金分配

每个分配日，X 信托将收到的资金总额按以下顺序分配（若同一顺序的多笔款项不足以同时足额支付，则按各笔款项应受偿金额的比例支付）：

（1）与信托相关的税收和规费；

（2）相关报酬和费用：登记托管机构的报酬；代理兑付机构的报酬；受托人信托报酬；资金保管机构报酬；贷款服务机构报酬；评级机构、审计师的报酬；其他必要的不超过优先支出上限的费用支出；

（3）优先 A 档资产支持证券当期应付的利息及本金；

（4）优先 B 档资产支持证券当期应付的利息及本金；

（5）次级档资产支持证券当期应付的利息及本金；

（6）剩余资金全部作为次级档资产支持证券的利息。

4. 不合格信贷资产的赎回

在信托期限内，如发现不合格租赁应收款产，X 信托有权要求 K 公司赎回不合格租赁应收款。不合格租赁应收款是指在初始起算日或信托财产交付日不符合合格标准的租赁应收款。合格标准就每一笔租赁应收款及其附属权益而言，是指在初始起算日和信托财产交付日：

（1）各笔租赁应收款均为委托人合法所有的应收账款；

（2）委托人将全部或部分租赁应收款设立信托，以及转让或出售该等租赁应收款行为不会由于任何原因而被禁止或限制；

（3）租赁应收款项下不包含涉及军工或国家机密的应收账款；

（4）各笔租赁应收款均不涉及未决的诉讼或仲裁；

（5）债务人对租赁应收款不享有任何主张扣减或减免应付款项的权利（但法定抵销权除外）；

（6）各笔租赁应收款所对应的保证（如有）、质权（如有）、抵押权（如有）均合法有效；

（7）各笔租赁应收款如含最高额担保的，则截至初始起算日该最高额担保的主债权已确定或相应的担保人在该笔应收账款转让给受托人后继续承担相应的担保责任；

（8）债务人、担保人均为依照中国法律在中国成立并合法存续的法人或其他组织或具有完全民事行为能力的自然人；

（9）债务人在近3年与委托人的所有欠款交易中未出现租赁应收款拖欠、破产或无清偿能力的情况；

（10）债务人评级按委托人内部信用评级不低于A级；

（11）租赁应收款所包含的每笔信贷资产的合同到期日不早于20×7年1月1日且不晚于20×9年12月31日；

（12）同一债务人的全部入池租赁应收款的未偿本金余额不小于4,000万元人民币，但不超过2亿元人民币。

赎回价格是在回购起算日二十四时（24:00），以下三项数额之和：①该等不合格租赁应收款的未偿本金余额；②至相关回购起算日时有关该笔租赁应收款的所有已经被核销的本金；③该等不合格租赁应收款的未偿本金余额及已经被核销的本金从初始起算日至相关回购起算日的所有应付却未偿付的利息。

5. 清仓回购

K公司在满足下述条件时，可以选择按照公允价值进行清仓回购：

（1）租赁应收款的未偿本金余额总和在回购起算日24:00降至初始起算日资产池余额的10%或以下；

（2）截至回购起算日24:00剩余租赁应收款的市场价值不少于下述A+B之和。A指在K公司发出清仓回购通知书的前一日全部优先档资产支持证券的未偿本金余额、已产生但未支付的优先档资产支持证券的利息和信托应付的税款和任何应付费用之和。B为下列①和②两者间数值较高者：①0；②截至回购起算日24:00次级档资产支持证券的未偿本金余额减累计净损失的差值。

6. 受托人责任

X信托作为受托人发行资产支持证券并管理、运用和处分信托财产。

受托人的服务报酬 = 信托资产未偿本金余额 × 0.45% × 实际天数 ÷ 365。

资产支持证券持有人大会有权解任受托人并书面通知受托人。

各类别资产支持证券持有人分别组成该类别证券持有人大会。就每一类别资产支持证券持有人大会而言,单独或共同持有本类别证券未偿本金余额 10% 或以上的资产支持证券持有人,为共同利益事项,可以请求受托人召集资产支持证券持有人大会。

解任委托人需经单独或合计持有本类别资产支持证券未偿本金余额 75% 以上的资产支持证券持有人出席,且经出席资产支持证券持有人表决权总数的 75% 以上同意。如果不同类别资产支持证券持有人大会就同一事项所做的决议不同,或存在冲突,则按照以下规则确定各类资产支持证券持有人大会决议的效力:如果优先 A 档资产支持证券本息尚未清偿完毕,应以优先 A 档资产支持证券持有人大会的决议为准;如果优先 A 档资产支持证券已清偿完毕,而优先 B 档资产支持证券本息尚未清偿完毕,应以优先 B 档资产支持证券持有人大会的决议为准;当全部优先档资产支持证券已清偿完毕,应以次级档资产支持证券持有人大会的决议为准。

(二)终止确认的决策图

根据《〈企业会计准则第 23 号——金融资产转移〉应用指南》,判断金融资产是否应当终止确认,以及在多大程度上终止确认,可按图 5-4 进行决策。

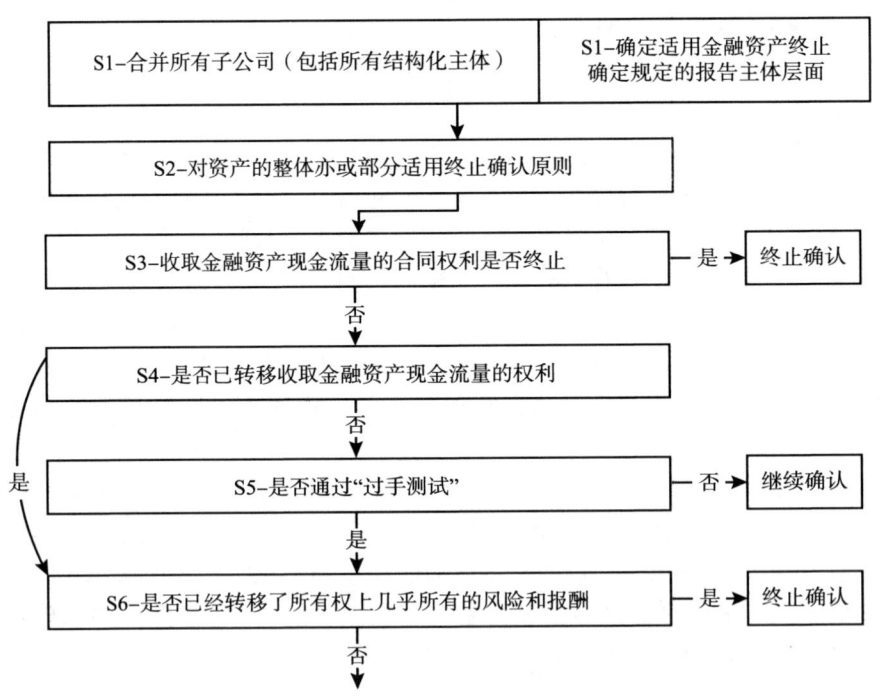

(转下页)

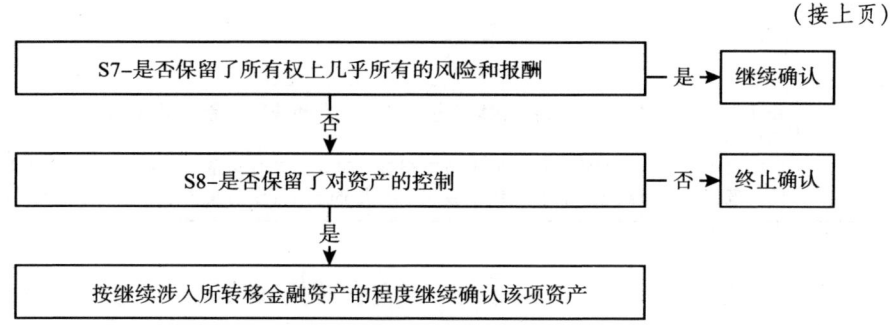

图 5-4 金融资产终止确认的判断

（三）终止确认的分析

1. 合并所有子公司（包括所有结构化主体）【步骤1】

步骤1是确定考虑终止确认金融资产的报告主体——合并层面或个别报表层面。

即首先需要分析K公司（委托人）是否应当合并信托计划，判断过程如表5-5所示。

表5-5　　　　　　　　　　　　　是否控制的判断

判断的事项	对应情形	结论
被投资者的目标及设计	SPV（信托计划）相关活动由章程或框架协议确定	K公司最终面临信用风险、延迟支付风险、利率风险
是否控制	—	—
（1）权利	X信托作为受托人发行资产支持证券并管理、运用和处分信托财产，但委托人K公司为资产服务机构，实质性地具体参与信托财产的管理，负责租赁应收款的管理、款项收回及划付——相关活动	委托人K公司主导被投资方信托计划的相关活动。X信托仅提供通道
（2）面临可变回报的风险	委托人［K公司］持有次级档资产支持证券，自被投资方［信托计划］取得的回报会随着项目公司业绩而变动。预计租赁应收款未来的违约率约为5%。经判断，违约率高于10%的可能性微乎其微	享有可变回报——次级档资产支持证券的收益、本金及剩余收益及获得的流动性；持有的次级档资产支持证券占整个资产支持证券的11.76%［1.2÷(8+1+1.2)×100%］，但自被投资方承担可变回报的风险或享有可变回报的收益远超该比例
（3）使用权力影响可变回报的能力	受托人［X信托］的薪酬按信托资产未偿本金余额的0.45%收取，与其提供的服务相称，薪酬协议仅包括常见的条款、条件和金额，且不拥有权利，属于代理人	X信托仅提供通道，并按通用条款及条件收取酬金。K公司持有次级档资产支持证券，因该利益所面临SPV的可变回报相对SPV全部可变回报的量级并不仅限于持有的份额比例，且可变动性较大

续表

判断的事项	对应情形	结论
结论	委托人拥有权利,且因为持有次级档资产支持证券和获取服务报酬而面临特定目的信托可变回报的敞口。 K 公司在 SPV 中所面临的可变回报敞口相对特定目的信托全部可变回报的量级(不同于持有的份额比例)量级重大,且次级档吸收了绝大部分的可变动性,此时应合并 SPV(信托计划)	

若 K 公司(委托人)控制信托计划,则在合并报表层面,通过过手测试对转移至最终投资者的金融资产进行分析[若 K 公司(委托人)不控制信托计划,则需分析在 K 公司个别报表上是否能实现终止确认,即对转移至 SPV 的金融资产进行分析]。

本例中,根据信托合同,K 公司拥有权利,面临可变回报的风险,决策权范围较大、其他方不享有实质性权利、因持有次级档资产支持证券而承担的可变回报的风险重大,因此有能力运用对被投资方的权力影响其回报金额,表明存在控制,应合并 SPV。

2. 全部抑或部分用终止确认原则【步骤2】

根据《企业会计准则第 23 号——金融资产转移》,在对金融资产的一部分(或一组类似金融资产的一部分)进行分析判断时,当且仅当该部分满足以下三项条件之一时,按终止确认规则对该部分进行处理:

(1)将金融资产所产生现金流量中特定、可辨认部分转移,如企业将一组类似贷款的应收利息转移等。

(2)将金融资产所产生全部现金流量的一定比例转移,如企业将一组类似贷款的本金和应收利息合计的一定比例转移等。

(3)将金融资产所产生现金流量中特定、可辨认部分的一定比例转移,如企业将一组类似贷款的应收利息的一定比例转移等。

对本例而言,不能按终止确认规则对租赁应收款的一部分(优先档资产支持证券)进行处理,原因在于:

(1)优先受偿的优先档资产支持证券的现金流(9 亿元)既不是能够明确辨认的现金流量,也不是信贷资产所产生的全部或部分现金流量的完全成比例的一个份额(无法辨认优先受偿的优先档资产支持证券的现金流将来自租赁应收款组合中的哪些款项)。

(2)任何信用损失首先由 K 公司(转让方)承担,且不是由双方按比例分担;而该损失可能产生于 10.2 亿元中的任何一笔款项,因而其风险敞口与全部租赁应收款相关。

因此,必须按终止确认规则对整个租赁应收款进行处理。

3. 收取金融资产的现金流的合同权利是否终止【步骤3】

该步骤考虑的是金融资产的合同权利是否已经到期。如果已经到期,则终止确认金融资产。

本例中，K公司转让的信贷资产尚未到期，收取金融资产的现金流的合同权利没有终止。

4. 是否已转移收取金融资产现金流量的权利【步骤4】

根据《企业会计准则第23号——金融资产转移》，金融资产转移，包括下列两种情形：

（1）将收取金融资产现金流量的权利转移给另一方；

（2）将金融资产转移给另一方，但保留收取金融资产现金流量的权利，并承担将收取的现金流量支付给最终收款方的义务，同时满足下列条件：

①从该金融资产收到对等的现金流量时，才有义务将其支付给最终收款方。企业发生短期垫付款，但有权全额收回该垫付款并按照市场上同期银行贷款利率计收利息的，视同满足本条件。

②根据合同约定，不能出售该金融资产或作为担保物，但可以将其作为对最终收款方支付现金流量的保证。

③有义务将收取的现金流量及时支付给最终收款方。企业无权将该现金流量进行再投资，但按照合同约定在相邻两次支付间隔期内将所收到的现金流量进行现金或现金等价物投资的除外。企业按照合同约定进行再投资的，应当将投资收益按照合同约定支付给最终收款方。

若K公司不控制SPV，则对转移至SPV的金融资产进行分析；若K公司控制SPV，则通过过手安排对转移至最终投资者的金融资产进行分析。

本例中，若K公司不控制信托计划，则其将收取金融资产现金流量的权利转移给了信托计划。

5. 是否承担将收取的现金流支付给最终收款方的义务【步骤5】

若K公司控制信托计划，则在合并报表层面，收取金融资产现金流量的权利并未转移，需通过过手安排对转移至最终投资者的金融资产进行分析。

若发起人保留了获取现金流量的合同权利（如委托人控制信托计划），则核心在于判断是否满足过手安排。信托计划过手安排的判断如表5-6所示。

表5-6　　　　　　　　　　　　信托计划过手安排的判断

序号	过手安排的判断内容	判断结果
（1）	无论是否收到原始债务人的支付，均需向投资人支付现金流？——延迟支付风险、信用风险由发起人承担	若"是"，则不满足"过手安排"的要求
（2）	发起人是否有权出售或抵押原始资产	若"是"，则不满足"过手安排"的要求
（3.1）	专项账户内资金投资的对象是否可以投资"现金或现金等价物"之外的项目，如超过3个月的国债、发放贷款	若"是"，则不满足"过手安排"的要求

续表

序号	过手安排的判断内容	判断结果
(3.2)	专项账户内资金投资的收益是否可由发起人享有	若"是",则不满足"过手安排"的要求

若(1)~(3)的回答有"是",则发起人未转让金融资产,需要继续确认该项资产;若(1)~(3)的回答全为"否",则满足过手安排的条件

本例中,K公司应合并信托计划,作为资产服务机构负责回收租赁应收款,因此未转移收取金融资产现金流量的权利。K公司在收到租赁应收款的每笔回收款后,应当在2个工作日内将回收款划付至信托账户,无须垫付、无权处置,也不得延误,满足过手安排的条件,因此K公司承担了将收取的现金流量支付给最终收款方的义务并同时满足金融资产转移的条件。

6. 风险和报酬分析【步骤6和步骤7】

(1) 定性分析。

企业通常不需要通过计算即可判断其是否转移或保留了金融资产所有权上几乎所有风险和报酬。

本例中,K公司持有的次级档资产支持证券占整个资产支持证券的11.76% [$1.2 \div (8+1+1.2) \times 100\%$]。

如果信贷资产组合的预计损失率不高于11.76%(即回收率不低于88.24%;通常情况下,预计损失率不会超过次级证券的比例),则K公司持有的次级留存权益吸收了租赁应收款净现金流量的所有可能变动,即K公司保留了几乎所有的风险和报酬,应继续确认全部租赁应收款。所收到的转让款应作为抵押借款。

如果租赁应收款组合的预计回收率低于88.24%,则需进一步评估被转让资产净现金流量在转让前后金额和时点变动的程度。

(2) 现金流量金额和时点的变化。

风险和报酬按转出方承担的被转让资产现金流量变动的风险进行计量。在此评估中应计算和比较转让前后对被转让资产未来净现金流量现值的变化所承担的敞口。在计算和比较时使用的折现率应当采用恰当的当前市场利率;净现金流量(包括金额和时点)所有合理的可能变化都应予以考虑,且应对发生可能性更大的结果使用更大的权重,也就是说,金额和时点需要按概率进行加权。

如果根据合同协议,与金融资产的未来净现金流量现值的总变动相比,转出方承担的变动风险不再重大,则转出方被视为已经转移金融资产所有权上几乎所有的风险和报酬。需要强调的是,为了终止确认的目的而进行的数值计算、比较是一个相对测试,不是看绝对结果。换言之,被转让资产净现金流量金额和时点变动的程度的计量是同总变动相对应的,并不因为转出方承担的资产剩余风险和报酬的绝对值小,就可以达到终止确认。

本例中,假设 K 公司预计租赁应收款组合的预计回收率为 85%,即预计损失为 1.53 亿元 [(8+1+1.2)×(1-85%)],而 K 公司承担了 1.2 亿元的损失。就此来看,K 公司承担了所有预计损失的 78.43%,似乎是 K 公司保留了所有权上几乎所有的风险和报酬,但是计算不能以这种方式进行。测试的目的是确定哪一方承担着资产现金流量的变动风险,而不是谁承担了最多的预计损失。

现金流量的金额和时点变化的测算过程:

①第一步是为从租赁应收款组合产生的现金流量设定不同的假设情景,对转让前现金流量金额和时点的变动进行评估;

②第二步是对于每种假设情景,使用适宜的当前市场利率计算现金流量现值;

③第三步是在考虑所有净现金流量合理可能变动的基础上,确定每种假设情景的概率,且发生的概率越大,权重也应越大;

④第四步是计算预期差异,评估现金流量金额和时点的总变动;

⑤对于转让后仍然保留的现金流量重复以上步骤;

⑥将转让后的预期差异与转让前的差异进行对比,确定现金流量金额和时点是否由于转让而发生显著变化。如果变化不明显,则可以确定没有转移所有权上几乎所有的风险和报酬;如果变化显著,则可以确定所有权上几乎所有的风险和报酬以被转移。

本例中,假设计算结果如表 5-7 所示。

表 5-7　　　　　　　　　现金流量的金额和时点变化的计算

转让前假设情景	未来现金流量的现值(亿元)	概率(%)	预计现值(亿元)	现值变动(亿元)	概率加权	预计变动
	1	2	3 = 1×2	4 = 1 - ∑3	5 = 2×4	绝对值
低损失	10.10	15.00	1.51	0.11	0.02	0.02
正常损失和少量提前还款	10.05	20.00	2.01	0.06	0.01	0.01
正常损失	10.00	35.00	3.50	0.01	0.00	0.00
正常损失和大量提前还款	9.89	25.00	2.47	-0.09	-0.02	0.02
严重损失	9.79	4.50	0.44	-0.19	-0.01	0.01
非常严重损失	9.69	0.50	0.05	-0.30	-0.01	0.00
合计		100.00	9.99	-0.39	0.00	0.0660

续表

转让前 假设情景	未来现金流量的现值（亿元）	概率（%）	预计现值（亿元）	现值变动（亿元）	概率加权	预计变动
	1	2	3 = 1×2	4 = 1 − ∑3	5 = 2×4	绝对值
低损失	1.19	15.00	0.18	0.10	0.02	0.02
正常损失和少量提前还款	1.15	20.00	0.23	0.06	0.01	0.01
正常损失	1.10	35.00	0.39	0.01	0.00	0.00
正常损失和大量提前还款	1.00	25.00	0.25	−0.09	−0.02	0.02
严重损失	0.90	4.50	0.04	−0.19	−0.01	0.01
非常严重损失	0.80	0.50	0.00	−0.29	−0.00	0.00
合计		100.00	1.09	−0.39	0.00	0.0638

转让后承担的相对变动 = 0.0638/0.0660 × 100% = 96.68%，这意味着转出方保留了所有权上几乎所有的风险和报酬。

7. 控制分析【步骤8】

应当首先应用风险与报酬分析，仅当转出方既未转移也未保留金融资产所有权上几乎所有的风险和报酬时才应用控制分析。此时转出方保留了一部分风险和报酬，但并非几乎所有的风险和报酬。

如果受让人（转入方）具有出售被转让资产的实际能力（单方面和不受限制地出售），则受让人拥有资产的控制权。反之，如果受让人没有出售被转让资产的实际能力，则出让人（转出方）保留了被转让资产的控制权。

如果满足以下条件，则转入方具有出售被转让资产的实际能力：转入方能够向非关联的第三方整体出售该项资产；并且，转入方能够单方面实施此能力，而无附加的额外限制。前述条件的评估应考虑转入方在实际操作中的行为能力，而不仅是考虑合同赋予的权利。一般认为，在我国现行法规环境下不良信贷资产转入方可能没有实际能力在市场上方便地处置被转移不良信贷资产。

本例中，如果上述步骤认定K公司保留了几乎所有的风险和报酬，则不需进行控制分析。若上述步骤认定K公司既未转移也未保留金融资产所有权上几乎所有的风险和报酬，才进行此步骤。

根据信托合同的约定和租赁应收款的特征，被转让的租赁应收款不存在活跃市场，转入方（信托计划）不具有出售被转让资产的实际能力，即转入方（信托计划）不控制被转让的资产，而是转出方（K公司）保留了被转让资产的控制权，此时需根据继续涉入的程度对资产进行确认。

8. 继续涉入【步骤9】

当转出方按其继续涉入程度继续确认一项资产时，其也将确认一项相关负债。相关负债的计量应使得所转让资产和相关负债的账面净值效果如下：

（1）若所转让的资产是以摊余成本计量的，则等于转出方所保留的权利和义务的摊余成本；或

（2）若所转让资产是以公允价值计量的，当单独计量时，则等于转出方所保留的权利和义务的公允价值。

转出方可能仅继续涉入某项金融资产的一部分，而不是该资产的全部。这种情况可能发生在当转出方保留一项期权以回购所转让资产的一部分，或者保留一项不会导致保留了所有权上几乎所有的风险和报酬的剩余权益，同时保留对资产的控制。在此情形下，转出方将该金融资产此前的账面价值在继续涉入下的继续确认部分以及终止确认部分之间，按照这两部分于转让日的相对公允价值进行分摊。

本例中，如果上述步骤认定K公司既未转移也未保留所有权上几乎所有的风险和报酬，并且控制权尚未转移至转入方，则适用继续涉入法。此时K公司将确认一项资产2.4亿元和一项相关负债1.2亿元。这就提供了可预期的净资产1.2亿元，代表了K公司持有的次级留存收益1.2亿元。该交易实际可分解为：

（1）保留一项占所转让资产11.76%的非次级权益；以及

（2）该权益被次级化，即等同于转出方提供一项信用担保。

上述两项组成部分导致继续涉入，且都需要进行会计计量。第一项（保留11.76%的非次级权益）产生继续涉入资产1.2亿元；另外，第二项（该权益被次级化，即等同于转出方提供对首个1.2亿元损失的担保）也产生继续涉入资产1.2亿元，以及负债1.2亿元（K公司可能由于失去因第一项而确认的资产1.2亿元而必须支付的最高金额）。因此，K公司将确认一项总额2.4亿元的继续涉入资产和一项金额为1.2亿元的相关负债。

（四）合并报表的处理

若上述分析表明发起人应合并信托计划，则无论是否在母公司层面终止确认金融资产，相关资产均在合并报表层面不能实现终止确认，且金融资产和金融负债不能相互抵销。

对信托计划而言，其收到的资产支持证券发行价款作为"实收信托"列示在信托权益项。就合并报表而言，"实收信托"中优先档部分对发起人而言符合金融负债的定义——不能无条件地避免以交付现金或其他金融资产来履行一项合同义务。故应将"实收信托"在合并报表中重分类为金融负债。

四、实务应用示例

示例 5-6 600297.SH 广汇汽车

长期借款

单位:元

项目	期末余额	期初余额
质押借款	6,728,067,864.93	6,377,531,263.72
抵押借款	130,772,276.80	28,979,308.93
保证借款		97,500,000.00
信用借款	13,241,505,974.08	12,734,515,512.35
资产证券化	2,230,044,974.46	3,787,619,950.91
减:一年内到期的长期借款		
质押借款	-4,287,678,504.16	-3,824,767,088.05
抵押借款	-42,470,048.89	
保证借款		-97,500,000.00
信用借款	-2,988,223,277.70	-854,450,000.00
资产证券化	-1,676,641,603.55	-2,584,205,800.00
合计	13,335,377,655.97	15,665,223,147.86

其他说明,包括利率区间:

本集团之子公司汇通信诚租赁有限公司(以下简称"融资租赁公司")利用长期应收融资租赁款作为基础资产,通过设立资产支持专项管理计划的形式,向特定条件的合格投资者推广发行优先级资产支持证券,融资租赁公司作为基础资产的原始权益人认购全部的次级资产支持证券。由于本集团保留了该类资产支持专项管理计划下所有权上几乎全部风险和报酬,本集团继续确认长期应收融资租赁款,并在借款下确认对应负债。

其他非流动资产

单位:元

项目	期末余额	期初余额
继续涉入资产——专项资产管理计划	549,589,490.44	315,213,206.33
预付工程设备款	353,254,417.49	433,980,979.62

续表

项目	期末余额	期初余额
预付购地款	142,545,810.53	999,275,292.00
预付股权转让款	86,100,000.00	220,750,000.00
长期押金	10,400,433.39	44,150,079.79
到期日在一年以上的利率互换合约	10,359,120.19	6,572,750.73
合计	1,152,249,272.04	2,019,942,308.47

其他说明：

于2016年9月，本集团将其部分应收融资租赁款的请求权和其他权利及其附属担保权益（以下简称"汇通八期标的资产"）转让给国金证券股份有限公司设立的汇通八期资产支持专项计划（以下简称"汇通八期"）。汇通八期以发行资产证券化产品募集资金总量人民币1,158,000,000.00元，其中优先资产支持证券和次级资产支持证券分别为人民币964,000,000.00元和人民币194,000,000.00元。

于2018年12月31日，本集团尚留有认购的上述汇通八期中次级资产支持证券约97.84%的份额。同时，本集团作为汇通八期的资产服务机构，在服务期间，按照约定享有一定的服务报酬。因此，本集团没有放弃对汇通八期标的资产的控制权，且既没有转移也没有保留汇通八期标的资产所有权上几乎所有风险和报酬，最终本集团依据对于这部分应收融资租赁款的继续涉入程度确认金融资产及金融负债。于2018年12月31日，本集团以最佳估计确认了因上述专项计划继续涉入而引起的风险敞口，计提的继续涉入资产和继续涉入负债分别为人民币174,859,638.36元和177,597,686.82元。

于2018年11月，本集团将其部分应收融资租赁款的请求权和其他权利及其附属担保权益（以下简称"汇通十四期标的资产"）转让给国金证券股份有限公司设立的汇通十四期资产支持专项计划（以下简称"汇通十四期"）。汇通十四期以发行资产证券化产品募集资金总量人民币1,853,000,000.00元，其中优先资产支持证券和次级资产支持证券分别为人民币1,511,000,000.00元和人民币342,000,000.00元。

于2018年12月31日，本集团尚留有认购的上述汇通十四期中次级资产支持证券的份额约97.54%。同时，本集团作为汇通十四期的资产服务机构，在服务期间，按照约定享有一定的服务报酬。因此，本集团没有放弃对汇通十四期标的资产的控制权，且既没有转移也没有保留汇通十四期标的资产所有权上几乎所有风险和报酬，最终本集团依据对于这部分应收融资租赁款的继续涉入程度确认金融资产及金融负债。于2018年12月31日，本集团以最佳估计确认了因上述专项计划继续涉入而引起的风险敞口，计提的继续涉入资产和继续涉入负债分别为人民币374,729,852.08元和394,521,737.22元。

其他非流动负债

单位：元

项目	期末余额	期初余额
资产证券化产品的继续涉入负债	572,119,424.04	325,292,269.50
应付租金	64,493,534.09	33,021,952.43
递延收益		267,580,061.73
到期日在一年以上的外汇远期合约		13,739,292.39
其他	10,690,566.23	11,994,984.79
减：一年内到期的其他非流动负债	-31,292,535.80	-137,594,465.27
合计	616,010,988.56	514,034,095.57

收到的其他与筹资活动有关的现金

单位：元

项目	本期发生额	上期发生额
资产证券化款净收回额	789,672,531.39	231,925,920.83
借款保证金	119,332,000.00	1,615,060,690.40
借入被收购单位原股东及其关联单位款项净额	99,400,000.00	257,612,614.92
其他	169,944,864.22	34,437,684.12
合计	1,178,349,395.61	2,139,036,910.27

示例 5-7　000099.SZ 中信海直

应付债券

单位：元

项目	期末余额	期初余额
2017年第一期信托资产支持票据	315,000,000.00	315,000,000.00
减：一年内到期的应付债券	-315,000,000.00	
合计		315,000,000.00

应付债券的增减变动（不包括划分为金融负债的优先股、永续债等其他金融工具）

单位：元

债券名称	面值	发行日期	债券期限	发行金额	期初余额	本期发行	按面值计提利息	溢折价摊销	本期偿还	重分类至一年内到期的应付债券	期末余额
2017年第一期信托资产支持票据	1.00	04/05/2017	3年	315,000,000.00	315,000,000.00					315,000,000.00	0.00
合计	—	—	—								

其他说明

经中国银行间市场交易商协会中市协注〔2016〕ABN8号文核准，本公司于2017年5月4日发行公司债券。此债券采用单利按年计息，固定年利率为5.18%，每年4月30日付息一次，本息兑付日为2020年3月31日。于2019年12月31日，本公司将于一年内支付的应付债券本金为315,000,000.00元，列示于一年内到期的非流动负债。

在其他主体中的权益

对结构化主体的合并

本年度纳入合并范围的结构化主体为本公司于2017年5月4日发行的2017年度第一期信托资产支持票据。2017年5月4日，本公司2017年第一期信托资产支持票据优先级和次级在中国银行间债券市场发行，发行总额为3.52亿元，其中优先级发行总额为3.15亿元；次级发行总额为0.37亿元，由本公司认购。该应收账款信托资产支持票据，为本公司实际控制的"结构化主体"，纳入合并财务报表范围。

于2019年12月31日，该结构化主体的资产总额为2,504,871.09元（2018年12月31日：3,052,232.45元），合并资产包括货币资金及其他应收款；该结构化主体利用信托专户内的现金金额按照分配顺序分配后剩余的资金购买理财产品，于2019年度取得投资收益47,832.72元。本公司未向纳入合并范围的结构化主体提供财务或其他支持。

示例5-8 601588.SH 北辰实业

长期应付款

单位：元

项目	期初余额	期末余额
应付少数股东款项	4,046,574,000	878,178,016

续表

项目	期初余额	期末余额
应付北京三建款项	—	701,298,000
应付关联方款项	—	—
天风—北辰长沙洲际酒店资产支持专项计划（以下称"专项计划"）（iii）	985,000,000	—

注：（iii）经上海证券交易所"上证函〔2018〕1320号"文核准，于2018年12月20日，本公司之全资子公司北辰地产集团发行资产支持专项计划，募集金额为人民币1,050,000,000元，其中优先A类资产支持证券人民币527,000,000元，利率为5.2%，期限为18年，分期还本；优先B类资产支持证券人民币473,000,000元，利率为6.2%，期限为18年，到期一次还本；C类资产支持证券人民币50,000,000元，由北辰地产集团认购，不设预期收益率，期限为18年。本集团为优先A类及优先B类资产支持证券提供差额补足及流动性支持的增信承诺。

示例5-9 000415.SZ 渤海租赁

应付债券

单位：千元

项目	2017年12月31日	2016年12月31日
公司债	71,439,297	7,463,443
短期融资券	1,560,640	3,008,481
资产支持证券	6,692,413	4,837,789
其他债务融资工具	2,095,273	2,090,479
	81,787,623	17,400,192
其中：流动负债部分	1,560,640	3,008,481
一年内到期的应付债券（附注五、29）（略）	6,399,609	1,084,782
非流动负债部分	73,827,374	13,306,929

2016年12月2日，本公司之子公司皖江租赁发行第一期租赁资产支持类债券，簿记建档配售总额为人民币13.75亿元。其中，皖金2016年第一期租赁资产支持证券优先A-1档，面值人民币7亿元，票面利率为3.99%，起息日为2016年12月7日，预计到期日为2017年10月26日；皖金2016年第一期租赁资产支持证券优先A-2档，面值人民币5.85亿元，票面利率为4.10%，起息日为2016年12月7日，预计到期日为2019年1月26日。皖金2016年第一期租赁资产支持证券优先B档，面值人民币0.9亿元，票面利率为4.60%，起息日为2016年12月7日，预计到期日为2019年4月26日。第一期租赁支持类债券分期支付利息和本金。上述证券由应收

融资租赁款人民币576,588千元质押取得。

2017年7月24日,本公司之子公司皖江租赁发行第一期租赁资产支持类债券,发行总额为人民币25.14亿元。其中,皖金2017年第一期租赁资产支持证券优先A-1档,面值人民币11.5亿元,票面利率为5%,起息日为2017年7月24日,预计到期日为2018年7月26日;皖金2017年第一期租赁资产支持证券优先A-2档,面值人民币11.68亿元,票面利率为5.7%,起息日为2017年7月24日,预计到期日为2019年10月26日;皖金2017年第一期租赁资产支持证券优先B档,面值人民币1.96亿元,票面利率为6.5%,起息日为2017年7月24日,预计到期日为2020年1月26日。上述证券由应收融资租赁款人民币2,061,669千元质押取得。

2017年11月24日,本公司之子公司皖江租赁发行第二期租赁资产支持类债券,发行总额为人民币15.55亿元。第二期资产支持证券皖金A-1,面值人民币8.5亿元,票面利率为5.8%,起息日为2017年11月22日,预期到期日为2018年10月26日;第二期资产支持证券皖金2A2,面值人民币5.73亿元,票面利率为6.0%,起息日为2017年11月22日,预期到期日为2020年1月26日;第二期资产支持证券皖金2B,面值人民币1.32亿元,票面利率为6.7%,起息日为2017年11月22日,预期到期日为2020年7月26日。上述证券由应收融资租赁款人民币1,586,780千元质押取得。

与金融工具相关的风险——金融资产转移

已转移但未整体终止确认的金融资产

2016年12月2日,本集团下属子公司皖江租赁发行规模为人民币13.75亿元的皖金2016年第一期租赁资产支持证券,租赁资产总规模为人民币16.64亿元;2017年7月27日,本集团下属子公司皖江租赁发行规模为人民币25.41元的皖金2017年第一期租赁资产支持证券,租赁资产总规模为人民币29.72亿元;2017年11月24日,本集团下属子公司皖江租赁发行规模为人民币15.55元的皖金2017年第二期租赁资产支持证券,租赁资产总规模为人民币18.87亿元。根据相关合同安排,如果租赁资产的承租人发生违约,皖江租赁需将租赁资产赎回。因此本集团认为,本集团保留了租赁资产所有的风险和报酬,包括与其相关的违约风险,因此继续全额确认租赁资产。租赁资产证券化之后,本集团不再保留对其继续使用的权利,包括将其出售、转让或质押给其他第三方的权利。于2017年12月31日,本集团确认的租赁资产支持证券总额为人民币37.19亿元。

示例 5-10　600104.SH 上汽集团

应付债券

单位：元

项目	期末余额	期初余额
上汽通用金融非银行金融机构债	15,961,421,566.19	7,979,482,866.95
金融资产支持证券（注2）	413,000,000.00	2,953,451,871.90
华域汽车公司债		2,700,490,000.00
减：一年内到期的应付债券［附注（八）39］（略）	-2,999,629,135.22	-6,561,571,389.61
合计	13,374,792,430.97	7,071,853,349.24

注2：本公司之子公司上汽金控于2018年10月18日发起发行面值总计为人民币413,000,000.00元的固定利率优先级资产支持票据，该资产支持票据预计于2020年1月26日到期，按月计息。

其他非流动资产

单位：元

项目	期末余额	期初余额
预付长期资产款项	1,455,848,123.44	1,324,323,865.74
长期委托贷款	407,000,000.00	155,000,000.00
应收款项类投资（注1）	1,293,000,000.00	220,000,000.00
继续涉入资产（注1）	1,055,985,144.66	182,200,000.00
其他	1,249,984,027.00	464,865,644.79
减：其他非流动资产减值准备（注1）	-237,819,336.36	-37,800,000.00
减：一年内到期的其他非流动资产［附注（八）10］（略）	-382,000,000.00	—
合计	4,841,997,958.74	2,308,589,510.53

注1：于本年年末，应收款项类投资系本公司之子公司财务公司及上汽通用金融持有的特殊目的信托发行的次级资产支持证券。该应收款项类投资的总额为人民币1,293,000,000.00元，已计提减值准备人民币237,014,855.34元，账面价值为人民币1,055,985,144.66元。此外，财务公司及上汽通用金融根据对所转让金融资产继续涉入的程度，分别确认了继续涉入资产合计人民币1,055,985,144.66元及继续涉入负债合计人民币1,055,985,144.66元［参见附注（八）45］（略）。

预计负债

单位：元

项目	期初余额	期末余额	形成原因
对外提供担保			
未决诉讼			
产品质量保证	16,823,298,242.55	17,009,056,005.50	
预计赔偿支出	712,019,572.89	711,821,194.26	
继续涉入负债款	182,200,000.00	1,055,985,144.66	
重组义务			
待执行的亏损合同			
其他	2,389,905,438.56	2,450,571,105.70	
减：一年内到期的预计负债	-6,646,505,329.10	-5,961,745,793.71	
合计	13,460,917,924.90	15,265,687,656.41	

与金融工具相关的风险

金融资产转移

本集团在信贷资产证券化交易中，根据在被转让金融资产中保留的风险和收益程度，部分或整体终止确认该类金融资产。

于本年末，本集团之子公司财务公司及上汽通用金融已终止确认之证券化信贷资产情况如下：

单位：亿元

项目	金额
已终止确认的证券化信贷资产于转让前的账面价值	201.00
财务公司及上汽通用金融确认的应收款项类投资的账面价值（注）	10.56
财务公司及上汽通用金融确认的继续涉入金融资产和金融负债的账面价值（注）	10.56

注：上述已终止确认的证券化信贷资产由财务公司及上汽通用金融继续提供管理服务。财务公司及上汽通用金融既没有转移也没有保留相关贷款组合所有权上几乎所有的风险和报酬，且财务公司及上汽通用金融并没有完全放弃对上述信贷资产的控制，因此财务公司及上汽通用金融按照继续涉入所转移信贷资产的程度，确认相关继续涉入金融资产和金融负债。

此外，于本年末，由本集团之子公司上汽金控继续提供管理服务的未终止确认的证券化信贷资产于发行前的账面价值为人民币4.13亿元。由于上汽金控持有上述资产支持证券所有次级部分，故上汽金控保留了所转移信贷资产所有权上几乎所有的风险和报酬，因此上汽金控不终止确认所转移的信贷资产。

示例 5-11　000652.SZ 泰达股份

长期应付款

单位：元

项目	期末余额	期初余额
非金融机构借款	856,144,141.82	1,622,807,633.55
资产支持专项计划	136,797,795.74	264,623,320.84
减：一年内到期的非金融机构借款	-575,955,369.36	-839,545,641.69
一年内到期的资产支持专项计划	-136,797,795.74	-127,825,525.10
合计	280,188,772.46	920,059,787.60

其他说明：

本公司子公司天津泰达环保的垃圾焚烧发电收费收益权资产支持专项计划（以下简称"专项计划"）于2015年12月23日成立。专项计划的原始权益人分别为本公司子公司天津泰达环保、扬州环保及大连环保，基础资产为原始权益人合法拥有的相关生活垃圾焚烧发电项目自专项计划设立起五年的发电上网收费收益权。专项计划总规模为63,300万元，其中优先级资产支持证券61,300万元，次级资产支持证券人民币2,000万元。优先级资产支持证券泰达01、泰达02、泰达03、泰达04、泰达05的期限分别为1年、2年、3年、4年和5年，预期收益率分别为5.0%、5.1%、5.35%、5.5%和5.7%，按年支付收益，到期一次还本。次级资产支持证券由天津泰达环保认购，当期优先级资产支持证券预期支付额分配完毕后，专项计划账户内资金超过1,000万元的部分按年向次级资产证券持有人分配收益，专项计划向所有优先级资产支持证券持有人分配完其收益和本金后，如有剩余，全部分配给次级资产证券持有人。2019年根据上述专项计划，还款13,000万元，并摊销推广费用217万元。

第六章

金融负债与权益工具的区分

第一节 准则规定与解析

在鼓励与规范创新金融工具发展、深化金融体制改革的背景下，越来越多的金融机构和非金融机构通过发行优先股、永续债补充资本、筹集稳定资金。优先股、永续债、可转债等创新型、复合型融资工具的法律形式和合同条款多种多样，但经济实质和适用的会计处理原则基本相同。此类金融工具会计处理的核心问题，是区分发行的相关金融工具的会计属性是权益工具还是金融负债，或者拆分为一部分负债、一部分权益。

将优先股、永续债划分为负债还是权益对企业财务报表各项指标有重大影响，而区分金融负债与权益工具的判断过程又相对复杂、颇具挑战性。判断金融工具的会计属性，应当依据《企业会计准则第37号——金融工具列报》（2017年修订）和《永续债相关会计处理的规定》（财会〔2019〕2号），结合合同具体条款，包括股利取消机制、利息递延机制、股利/利息制动机制、股利/利息推动机制、赎回/回售机制、利率跳升机制等进行分析判断。

一、准则相关规定

（一）《企业会计准则第37号——金融工具列报》（2017年修订）

1. 通过交付现金、其他金融资产或交换金融资产或金融负债结算

如果主体不能无条件地避免以交付现金或其他金融资产来履行一项合同义务，则该合同义务符合金融负债的定义。如果发行的金融工具将以现金或其他金融资产结算，那么该工具导致主体承担了交付现金或其他金融资产的义务。

2. 通过自身权益工具结算

如果发行的金融工具须用或可用主体自身权益工具结算，需要考虑用于结算该工具的主体自身权益工具，是作为现金或其他金融资产的替代品，还是为了使该工具持有人享有在发行方扣除所有负债后的资产中的剩余权益。

如果是作为现金或其他金融资产的替代品，该工具是发行方的金融负债；如果是为了使该工具持有人享有在发行方扣除所有负债后的资产中的剩余权益，该工具是发行方的权益工具。

3. 衍生工具与非衍生工具

对于将来须用或可用主体自身权益工具结算的金融工具的分类，应当区分衍生工具还是非衍生工具。

对于衍生工具，如果发行方只能通过以固定数量的自身权益工具交换固定金额的现金或其他金融资产进行结算，则该衍生工具是权益工具。

对于非衍生工具，如果发行方未来没有义务交付可变数量的自身权益工具进行结算，则该非衍生工具是权益工具；否则，该非衍生工具是金融负债。

4. 或有结算条款

或有结算条款，指是否通过交付现金或其他金融资产进行结算，或者是否以其他导致该金融工具成为金融负债的方式结算，需要由发行方和持有方均不能控制的未来不确定事项（如股价指数、消费价格指数变动，利率或税法变动，发行方未来收入、净收益或债务权益比率等）的发生或不发生（或发行方和持有方均不能控制的未来不确定事项的结果）来确定的条款。

因为在初始确认时，发行方不能控制最终的结果，其不具有无条件避免交付现金或其他金融资产（或者通过形成主体的一项金融负债来结算这一合同）的权利，附或有结算条款的金融工具属于金融负债。除非：

（1）要求以现金、其他金融资产或以其他导致该工具成为金融负债的方式进行结算的或有结算条款几乎不具有可能性，即相关情形极端罕见、显著异常或几乎不可能发生。因为此时的结算条款是非现实的，所以不予以考虑。例如主体发行了优先股，约定如果股指在两个月内翻三倍就以现金予以赎回。该约定事项几乎不可能发生，因而是不现实的条款，在分类时应予以忽略。

（2）只有在发行方清算时，才需以现金、其他金融资产或以其他导致该工具成为金融负债的方式进行结算。因为结算的义务在正常的业务流程中不会发生，所以予以忽略。但是，如果对工具的赎回是在可能最后导致清算的事项发生时（例如主体在其无法控制的情况下资不抵债、被接管等），则仍应将该工具划分为金融负债。值得注意的是，此处的清算是指企业的清盘解散，不包括企业陷入偿付能力不足、破产重整等所有其他情况。

（3）分类为权益工具的可回售工具。此时虽然符合金融负债的定义，但作为一项例外，在满足某些严格条件的情况下，将本符合金融负债定义的金融工具划分为权益。

5. 结算选择权

在某些情况下，可转换工具中可能包含结算选择权，发行方或持有方能选择以现金净额或以发行股份交换现金等方式进行结算。此类存在结算选择权的衍生工具是一项金融资产或金融负债，除非所有可选的结算方式都将使其成为一项权益工具。

（二）《企业会计准则第 37 号——金融工具列报》应用指南（2018）

在判断一项金融工具是否应划分为金融负债或权益工具时，应当以相关合同条款及其所反映的经济实质而非仅以法律形式为依据，运用金融负债和权益工具区分的原则，正确地确定该金融工具或其组成部分的会计分类。对金融工具合同所反映经济实质的评估应基于合同的具体条款。企业不应仅依据监管规定或工具名称进行划分。

如果企业能够无条件地避免交付现金或其他金融资产，例如能够根据相应的议事机制自主决定是否支付股息（即无支付股息的义务），同时所发行的金融工具没有到期日且合同对手没有回售权，或虽有固定期限但发行方有权无限期递延（即无支付本金的义务），则此类交付现金或其他金融资产的结算条款不构成金融负债。如果发放股利由发行方根据相应的议事机制自主决定，则股利是累积股利还是非累积股利本身不影响该金融工具被分类为权益工具。

企业应当基于真实、完整的合同进行相关分析和判断。在实务中，有时存在部分条款措辞不够严谨或不够明确的情况，企业应当进一步明确合同条款是否会导致发行人存在交付现金或其他金融资产的义务。企业应当确保合同措辞明确，能够以此为基础作出合理的会计判断。另外，某些永续债条款可能也会约定永续债债权人破产清算时的清偿顺序等同于其他债务。在此类情况下，企业应当考虑这些条款是否会导致该永续债分类为金融负债。

判断一项金融工具是划分为权益工具还是金融负债，不受下列因素的影响：

（1）以前实施分配的情况；
（2）未来实施分配的意向；
（3）相关金融工具如果没有发放对发行方普通股的价格可能产生的负面影响；
（4）发行方的未分配利润等可供分配权益的金额；
（5）发行方对一段期间内损益的预期；
（6）发行方是否有能力影响其当期损益。

有些金融工具虽然没有明确地包含交付现金或其他金融资产义务的条款和条件，但有可能通过其他条款和条件间接地形成合同义务。例如，企业可能在显著不利的条件下选择交付现金或其他金融资产，而不是选择履行非金融合同义务，或选择交付自身权益工具。在实务中，相关合同可能包含利率跳升等特征，往往可能构成发行方交付现金或其他金融资产的间接义务。企业须借助合同条款和相关信息，全面分析判断。例如，对于示例中存在的"票息递增"条款，考虑到其只有一次利率跳升机会，且跳升幅度为 3%（300 基点），尚不构成 CAS 37 第十条所述的间接义务。

(三)《永续债相关会计处理的规定》(财会〔2019〕2号)

《永续债相关会计处理的规定》(以下简称"新规定")是对 CAS 22 和 CAS 37 等企业会计准则相关规定及相关应用指南内容的整合细化,并未提出新的分类原则或推翻此前的规定。

1. 关于到期日

永续债发行方在确定永续债会计分类时,应当以合同到期日等条款内含的经济实质为基础,谨慎判断是否能无条件地避免交付现金或其他金融资产的合同义务。当永续债合同其他条款未导致发行方承担交付现金或其他金融资产的合同义务时,发行方应当区分下列情况处理:

(1) 永续债合同明确规定无固定到期日且持有方在任何情况下均无权要求发行方赎回该永续债或清算的,通常表明发行方没有交付现金或其他金融资产的合同义务。

(2) 永续债合同未规定固定到期日且同时规定了未来赎回时间(即"初始期限")的:

①当该初始期限仅约定为发行方清算日时,通常表明发行方没有交付现金或其他金融资产的合同义务。但清算确定将会发生且不受发行方控制,或者清算发生与否取决于该永续债持有方的,发行方仍具有交付现金或其他金融资产的合同义务。

②当该初始期限不是发行方清算日且发行方能自主决定是否赎回永续债时,发行方应当谨慎分析自身是否能无条件地自主决定不行使赎回权。如不能,通常表明发行方有交付现金或其他金融资产的合同义务。

2. 关于清偿顺序

永续债发行方在确定永续债会计分类时,应当考虑合同中关于清偿顺序的条款。当永续债合同其他条款未导致发行方承担交付现金或其他金融资产的合同义务时,发行方应当区分下列情况处理:

(1) 合同规定发行方清算时永续债劣后于发行方发行的普通债券和其他债务的,通常表明发行方没有交付现金或其他金融资产的合同义务。

(2) 合同规定发行方清算时永续债与发行方发行的普通债券和其他债务处于相同清偿顺序的,应当审慎考虑此清偿顺序是否会导致持有方对发行方承担交付现金或其他金融资产合同义务的预期,并据此确定其会计分类。

3. 关于利率跳升和间接义务

永续债发行方在确定永续债会计分类时,应当考虑 CAS 37 第十条规定的"间接义务"。永续债合同规定没有固定到期日、同时规定了未来赎回时间、发行方有权自主决定未来是否赎回且如果发行方决定不赎回则永续债票息率上浮(即"利率跳升"或"票息递增")的,发行方应当结合所处实际环境考虑该利率跳升条款是否构成交付现金或其他金融资产的合同义务。

如果跳升次数有限、有最高票息限制(即"封顶")且封顶利率未超过同期同行业同类型工具平均的利率水平，或者跳升总幅度较小且封顶利率未超过同期同行业同类型工具平均的利率水平，可能不构成间接义务；如果永续债合同条款虽然规定了票息封顶，但该封顶票息水平超过同期同行业同类型工具平均的利率水平，通常构成间接义务。

（四）会计准则委员会"会计准则实务问与答"

问："让渡表决权"和"拖卖权"条款是否构成间接义务，从而使相关金融工具符合《企业会计准则第 37 号——金融工具列报》（财会〔2017〕14 号）中金融负债的定义？

答：假设债权人将债权转为对债务人的股权投资，同时约定在未来某个时点可以询问债务人的母公司是否愿意受让该股权，如果债务人母公司不同意，债权人有权要求：（1）让渡表决权，即母公司让渡对其子公司股东会表决权给债权人，从而失去对其子公司的控制，但享有的利润和净资产份额不受影响；（2）拖卖权，即债权人将股权转让给第三方时，有权要求母公司跟随其按相同比例以公允价格出售所持子公司的股权给第三方，并收到股权转让对价。

根据金融工具列报准则及其应用指南，企业不能无条件地避免以交付现金或其他金融资产来履行一项合同义务的，该合同义务符合金融负债的定义。有些金融工具虽然没有明确地包含交付现金或其他金融资产义务的条款和条件，但有可能通过其他条款和条件间接地形成合同义务。例如，企业可能在显著不利的条件下选择交付现金或其他金融资产，而不是选择履行非金融合同义务或交付自身权益工具。

通常情况下，在债务人的母公司合并报表层面，如果能够判断不会在显著不利的条件下选择交付现金或其他金融资产，上述"让渡表决权"和"拖卖权"不构成间接义务，不应因存在上述条款认为相关金融工具符合金融负债的定义。

二、会计分类判断要点

划分金融负债和权益的基本原则是：发行方是否能够无条件地避免交付现金、其他金融资产或以其他导致该工具成为金融负债的方式进行结算。如果发行方不能无条件地避免以交付现金或其他金融资产来履行一项合同义务，以及合同实质上无法证明享有发行方扣除所有负债后的净资产的剩余权益，那么该合同就不是一项权益工具。

实务中主要分析发行方是否有还本付息的义务，以及这些义务是否可以由发行方无条件地避免，即是否无须还本、股息的支付是否由发行方控制等。合同义务是将一项金融工具划分为负债的必要条件。这种合同义务可以明确地确立，也可以间接地形成。

需要注意的是，根据会计准则委员会发布的"会计准则实务问与答"，会计上将永续债作为金融负债或权益工具处理，不一定对应适用税务上的利息或股利政策，反之亦然。

1. 合同到期日与赎回条款

当清算是或有事件（即发行方和持有方均不能控制）时，根据"附有或有结算条款的金融工具"的例外规定［CAS 37.12（二）］，发行方没有交付现金或其他金融资产的合同义务；但清算确定将会发生且不受发行方控制，或者清算发生与否取决于该永续债持有方的，发行方仍具有交付现金或其他金融资产的合同义务。即当清算不是或有事件时，不适用"附有或有结算条款的金融工具"的例外规定［CAS 37.12（二）］。此时，还需根据清算的触发机制进行分析：

（1）当清算确定将会发生且不受发行方控制时，属于"发行方仅在清算时才有义务向另一方按比例交付其净资产的金融工具"（有限寿命工具），此时符合金融负债定义，若要分类为权益工具，还需其他条件（如按比例份额清算、最次级、同等、无其他基于总回报且限制或固定了永续债持有方剩余回报）。

（2）当清算发生与否取决于该永续债持有方时，发行方不能无条件地避免以交付现金或其他金融资产来履行合同义务，该永续债属于金融负债。

初始期限（未规定固定到期日且同时规定了未来赎回时间）不是发行方清算日且发行方能自主决定是否赎回永续债时，通常表明发行方没有交付现金或其他金融资产的合同义务，不构成金融负债。但是，新规定要求发行方应当谨慎分析自身是否能无条件地自主决定不行使赎回权。如发行方不能无条件地自主决定不行使赎回权，通常表明发行方有交付现金或其他金融资产的合同义务。

例如，若持有方大会可以要求发行方赎回或合同条款未明确禁止持有方可以要求发行方赎回，或设置了兜底条款使得持有方在可能遭受重大损失时启动投资者保护机制（如合同规定当发行方进行"其他可能影响持有方权益安全的重大行为"时，需按持有方要求回购），则可能表明发行方不能单方面自主决定是否行使赎回权，从而实质上发行方不能无条件避免交付现金或其他金融资产的合同义务。即可划分为权益工具的融资工具应未给予（直接或间接）持有方回售权。

同时，可划分为权益工具的优先股、永续债应含有利息递延支付条款，即约定：除非发生强制付息事件，发行方可自行选择将当期利息以及已经递延的所有利息及其孳息推迟至下一个付息日支付，且不受到任何利息递延支付次数的限制；前述利息递延不构成发行方未能按照约定足额支付利息的行为。

2. 清偿顺序

新规定就如何考虑合同中关于清偿顺序的条款做了进一步规范，当清算时永续债与发行方发行的普通债券和其他债务处于相同清偿顺序时，不能直接证明持有方拥有发行方在扣除所有负债后的资产中的剩余权益，即使无其他条款未导致发行方承担交付现金或其他金融资产的合同义务，也需要审慎考虑此清偿顺序是否会导致持有方对发行方承担交付现金或其他金融资产合同义务的预期。

清偿顺序本身并不直接决定会计分类，但若与其他合同条款或条件相结合，可能会使持有方形成回购的有效预期。银行发行永续债主要是为了补充其他一级资本工具，这要求受偿顺序排在存款人、一般债权人和次级债务之后，且不得使持有方形成赎回权将被行使的预期。

例如，若合同规定发行方清算时永续债与发行方发行所有其他待偿还债务融资工具处于相同清偿顺序，则此清偿顺序可能会导致持有方对发行方承担交付现金或其他金融资产合同义务的预期（如可以获得本金及利息的支付）。

3. 利率跳升条款

新规定就利率跳升是否会形成间接义务做了进一步规范，如果利率跳升不封顶或封顶票息水平超过同期同行业同类型工具平均的利率水平（即不具有合理的商业实质），通常构成间接义务。

一般认为，利率跳升形成发行方的经济压力，经济压力本身并不会导致一项金融工具被划分为负债。但考虑到银行补充其他一级资本工具的融资工具不得含有利率跳升机制或其他赎回激励的要求，新规定也要求计入权益工具的永续债封顶利率不得超过同期同行业同类型工具平均的利率水平（即可以跳升但需合理封顶）。此外，从理性经济人角度看（会计准则无此规定），几乎可以确定发行方在利率跳升到一定数值之前会理性地选择付息或回购，即此时合同的条款和条件可能间接地形成了合同义务。

如果约定票面利率公式为：当期票面利率 = 当期基准利率 + 初始利差 + 300 个基点，由于"当期基准利率"未包含"初始利差 + 300 个基点"，未导致累加，因此利率跳升有上限，可以认为不构成间接义务。如果约定票面利率公式为：当期票面利率 = 上期利率 + 初始利差 + 300 个基点，则"上期利率"除了第一个计息周期，后面每期均增加"初始利差 + 300 个基点"，则由于累积，利率跳升不封顶，发行方可能在此显著不利的条件下选择赎回，从而间接地形成合同义务，符合金融负债的定义。同样，当期票面利率 = 当期基准利率 + 初始利差 + 重置次数 × 300bps，也导致利率跳升不封顶。

4. 强制付息事件

对于强制付息事件，分析的重点在于判断发行方是否能自主决定相关事件的发生与否，即若认定不存在支付利息的合同义务，发行方必须能控制强制付息事件的发生与否。

通常认为"向普通股股东分红""减少注册资本"属于发行方可控制的事项。但对于"向劣后于本优先股、永续债的其他融资工具分红或支付利息"，若要认定不构成合同义务，需满足：发行方没有向劣后级的其他工具支付利息或分红的义务——即其他劣后级的工具不属于债务工具或不存在负债成分。此外，若发行方存在国有股东，则建议将"向普通股股东分红"改为"向普通股股东分红（按规定上缴国有资本收益除外）"，以避免触发支付义务。

5. 破产清算等违约事件

某些融资工具约定的违约事件包括破产、清算事件，且违约时永续债到期（除非持有人大会通过豁免的决议）。如约定的违约事件包括：解散（发行方于所有未赎回本期永续债获赎回前解散或因其他原因不再存在，因获准重组引致的解散除外）；

破产（本公司不能清偿到期债务，并且资产不足以清偿全部债务或者明显缺乏清偿能力并根据《破产法》规定进入破产程序）。

违约事件为发行方和持有方均不能控制的未来不确定事项时，属于或有结算条款。或有结算条款通常构成合同义务，除非符合 CAS 37.12 的例外条件：（1）或有结算条款几乎不具有可能性，即相关情形极端罕见、显著异常或几乎不可能发生；（2）只有在发行方清算时，才需以现金、其他金融资产或以其他导致该工具成为金融负债的方式进行结算；（3）按照 CAS 37 第三章分类为权益工具的可回售工具。

破产清算等违约事件若适用例外条件，须明确："解散"是指企业的清盘解散，不包括陷入偿付能力不足、破产重整等所有其他情况；并且明确"破产"是指进入破产清算程序。

在这些合同中，破产往往是指无力偿债、拖欠到期应付款项、停止或暂停支付所有或大部分债务或终止经营其业务，或根据《破产法》规定进入破产程序，因此，由于发行方不能控制能否按时偿债、财务状况是否发生重大变化，进而无法无条件地避免以交付现金或其他金融资产来履行一项合同义务。因此，包含此类条款的永续债应当被分类为金融负债。

6. 交叉保护条款

"股利制动机制""股利推动机制"与普通股的股利连接，发行方根据相应的议事机制能够自主决定普通股股利的支付，则"股利制动机制"及"股利推动机制"本身均不会导致相关金融工具被分类为金融负债。但仅适用于与普通股股利支付相连接的情形，不能推广适用到其他情形，例如与交叉保护条款或其他投资者保护条款相连接。

某些融资工具含有交叉保护条款，如约定：发行方发生未能清偿到期债务（债务种类包括但不限于中期票据、企业债券等公开发行债务，以及银行贷款、承兑汇票等非公开发行债务）的情况，且足以影响到永续债的按时、足额兑付时，将启动宣布到期或提供持有方满意的担保等投资者保护机制。此时，其他债务是否违约取决于发行方未来经营情况，未来业绩发行方不能控制，即发行方不能无条件避免应急事件的出现，进而不能无条件地避免支付义务。

7. 其他投资者保护条款

某些融资工具包含广泛的投资者保护条款，例如，一旦发行方发生超过净资产 10% 以上重大损失、财务指标承诺未达标、财务状况发生重大变化、控制权变更或信用评级被降级、发生其他投资者认定足以影响债权实现的事项等情形，那么该永续债一次到期应付，除非持有人大会通过豁免的决议。

在这些合同中，由于发行方不能控制是否会发生超过净资产 10% 以上重大损失、财务指标承诺能否达标、财务状况是否发生重大变化、控制权是否会变更或信用等级是否会被降级、是否会发生其他投资者认定足以影响债权实现的事项等情形，进而无法无条件地避免以交付现金或其他金融资产来履行一项合同义务。因此，包含此类条款的永续债也应当被分类为金融负债。除非即使触发保护条款，持有人大会的决议也需要发行方的认可,或者持有人的决议仅仅是适当封顶的利率跳升、发行方可自主选择是否接受的提前赎回、不得新增发行债务融资工具等经济压力。

8. 优先股的转股条款

对于可转换优先股或可转债,即使转股价初始固定,但为了确保此类金融工具持有方在发行方权益中的潜在利益不会被稀释,合同条款会规定在股份拆分或合并、配股、转增股本、增发新股、发放现金股利等事项发生时,转股价将相应进行调整。

原则上,如果按照转股价格调整公式进行"反稀释"调整,可使得稀释事件发生之前和之后,每一份此类金融工具所代表的发行方剩余利益与每一份现有普通股所代表的剩余利益的比例保持不变,即此类金融工具持有方相对于现有普通股股东所享有的在发行方权益中的潜在相对利益保持不变,则可认为这一调整并不违背"固定换固定"原则。

需要说明的是,对企业履行交付现金或其他金融资产的合同义务能力的限制(如无法获得外币、需要得到有关监管部门的批准才能支付或其他法律法规的限制等),并不能解除企业就该金融工具所承担的合同义务,也不能表明该企业无须承担该金融工具的合同义务。

发行方应当基于真实、完整的合同进行相关分析和判断。不能仅根据个别条款或事项得出结论,例如,根据发行方进行了展期或递延支付利息,就认为发行方无合同义务。实务中,有时存在部分条款措辞不够严谨或不够明确的情况,此时应当进一步明确合同条款是否会导致发行方存在交付现金或其他金融资产的义务。发行方应当确保合同完整、措辞明确,能够以此为基础作出合理的会计判断。

例如,某永续债合同约定违约事件(违约时永续债到期)包括:发行方转移资产,抽逃资金,以逃避债务;发生与其他任何金融机构协议项下债务违约事件或潜在违约事件;其他具体违约事项。这些约定若无明确定义或界定,会导致持有方可单方面作出有利于自身的解释,从而使发行方不能无条件地自主决定不行使赎回权,进而表明发行方有交付现金或其他金融资产的合同义务。

第二节 优先股及永续债会计分类的实务应用示例

一、优先股、永续债简介

(一)优先股

优先股是指依照《公司法》,在一般规定的普通种类股份之外,另行规定的其他种类股份,其股份持有人优先于普通股股东分配公司利润和剩余财产,但参与公司决策管理等权利受到限制。

2013年11月30日，国务院发布了《关于开展优先股试点的指导意见》（国发〔2013〕46号），优先股开始试点。指导意见从优先股股东的权利与义务、优先股发行与交易、组织管理和配套政策三个方面，对开展优先股试点提出了要求。试点期间，公开发行优先股的主体限于证监会规定的上市公司，非公开发行优先股的主体限于上市公司（含注册地在境内的境外上市公司）和非上市公众公司。

2014年3月21日，证监会发布《优先股试点管理办法》（证监会令第97号），明确非银行上市公司公开发行的优先股，在有可分配税后利润的情况下必须向优先股股东分配股息，且未向优先股股东足额派发股息的差额部分应当累积到下一会计年度。非银行上市公司不得发行可转换为普通股的优先股。

2014年4月18日，银监会、证监会联合发布了《关于商业银行发行优先股补充一级资本的指导意见》（银监发〔2014〕12号）。规定了商业银行发行优先股的申请条件和发行程序，进一步明确了优先股作为商业银行其他一级资本工具的合格标准。商业银行应在发行合约中明确有权取消优先股的股息支付且不构成违约事件；未向优先股股东足额派发的股息不累积到下一计息年度。商业银行应设置将优先股强制转换为普通股的条款，即当触发事件发生时，商业银行按合约约定将优先股转换为普通股（须采取非公开方式）。商业银行不得发行附有回售条款的优先股。

（二）永续债

永续债（perpetual bond）是没有到期日，投资人可以按票面利息永久取得利息的债券。我国《公司法》规定：公司债券，是指公司依照法定程序发行、约定在一定期限还本付息的有价证券。《企业债券管理条例》及《公司债券发行试点办法》中的定义也类似。也就是说，目前公司债券与企业债券都限定了"一定期限"，未实现"永续"，已经发行的永续债都采取"可续期"的形式。

2018年3月，银监会、人民银行、证监会、保监会和国家外汇局联合发布《关于进一步支持商业银行资本工具创新的意见》，明确支持商业银行通过多种渠道发行资本工具，提出要在原有优先股及减计型二级资本债券的基础上积极研究增加资本工具种类，为银行发行无固定期限资本债券、转股型二级资本债券、含定期转股条款资本债券和总损失吸收能力债务工具等资本工具创造有利条件。

2018年12月25日，国务院金融稳定发展委员会办公室召开专题会议，研究多渠道支持商业银行补充资本有关问题，推动尽快启动永续债发行。

2019年1月24日，人民银行发布公告，决定创设央行票据互换工具（central bank bills swap，CBS），为银行发行永续债提供流动性支持。

（三）划分为权益的基本条件

优先股、永续债划分为权益工具需满足的条件包括（须同时满足）：

（1）不构成支付义务，即发行方能够无条件避免支付。为满足这一条件，发行方需（不限于）：无须或自主决定分红付息、不存在或有支付义务、不存在或有结算条款（除非满足例外规定）、不存在结算选择权。

（2）转股条件（如有）不会导致交付可变数量的自身权益工具，或者符合"固定换固定"的标准。

（3）持有方不享有回售权。

二、优先股的会计分类

（一）优先股的条款及类别

试点期间发行的优先股，不允许在股息和剩余财产分配上具有不同的优先顺序，但允许在其他条款上进行不同的设计。这些其他条款涉及：优先股的股息能否累积、公司能否赎回、优先股能否转换为普通股、股息发放方式，以及投票权的限制、多余盈利分配参与权限等；另外还涉及发行方式是公开还是私募、交易场所、评级情况等多种条款。

根据不同的股息分配、赎回与转换方式，优先股可以分为多个种类：

（1）固定股息率优先股和浮动股息率优先股；
（2）强制分红优先股和非强制分红优先股；
（3）可累积优先股和非累积优先股；
（4）参与优先股和非参与优先股；
（5）可转换优先股和不可转换优先股；
（6）可赎回优先股和不可赎回优先股。

基于不同的合同条款，其会计处理可能得出不同的结论，例如，对股息如何支付、本金是否可赎回等的约定，可能会导致不同的权益或负债的列报；而某些复杂的条款（如转股权、赎回权、回售权等）可能构成嵌入衍生工具，需要按照企业会计准则的要求分析是否需要进行分拆并以公允价值计量。

负债、权益类别的划分之所以重要，是因为其不仅对发行方的资本结构（如资产负债率）有影响，而且还会有不同的会计后果：即，负债类别的后续价值变化要在损益中反映，而权益类别则无须再进行后续计量。而企业发行优先股的具体核算，应根据会计准则的规定，按照经济实质重于法律形式的原则进行处理。不得依据监管规定或工具名称进行会计处理。

（二）优先股条款的影响分析

发行方因优先股股东根据合同安排享有优先权而承担的合同义务，是区分优先股是债务工具还是权益工具并进而拆分不同成分的关键。合同义务是将一项金融工具划分为负债的必要条件。这种合同义务可以明确地确立，也可以间接地形成。但是，这种义务必须由金融工具的条款和条件来确立。

由于优先股条款的多样化，各项条款本身或与其他条款的组合效果都可能影响或改变对负债或权益分类的判断,以及对这类复合型金融产品各成分的拆分和核算方式。优先股条款及分析示例如表6-1所示。

表6-1 优先股条款及分析示例

项目	优先股条款	分类时的考虑
本金的赎回	本金无须赎回,或发行方可自主决定是否赎回	可能表明具有权益特征,但须分析股息的支付机制。若必须支付股息,则负债部分等于支付的永续股利的现值;若自主决定是否支付股息,则属于权益。 若发行方可自行选择在某一未来日期赎回,则发行方以现金赎回股票的看涨期权是一项嵌入衍生工具
	需在某固定或未来日期按照固定或可确定的金额强制赎回	负债,还需分析股息的支付机制。若必须支付股息,则整体为负债;若自主决定是否支付股息,则负债部分等于赎回金额的现值,权益部分等于发行收入减去负债部分
股息支付	发行方可自主决定是否支付或无限期地递延股息而无任何支付义务(即使股息可累积)	可能表明具有权益特征,还需分析本金的赎回机制。若本金无须赎回或发行方可自主决定是否赎回,则属于权益;若本金需强制赎回,则负债部分等于赎回金额的现值,权益部分等于发行收入减去负债部分
	强制付息——固定股息,发行方不能递延支付	负债。若本金无须赎回或发行方可自主决定是否赎回,则负债部分等于支付的永续股利的现值;若本金需强制赎回,则整体为负债
	强制付息——浮动股息	负债。若本金无须赎回或发行方可自主决定是否赎回,则负债部分等于支付的永续股利的现值;若本金需强制赎回,则整体为负债。 应分析浮动机制是否构成一项嵌入衍生工具并评估其是否与主合同紧密相关
	股息支付与另一项强制付息的金融工具相关联	若优先股的股息支付与另一项强制付息的金融工具相关联,即支付另一关联工具的利息时,就必须支付该优先股股息,则仍然形成了支付该优先股股息的合同义务
赎回选择权	需在某固定或未来日期按照固定或可确定的金额强制赎回	若必须支付股息,则整体为负债;若自主决定是否支付股息,则负债部分等于赎回金额的现值,权益部分等于发行收入减去负债部分,但若赎回时需支付的金额还包括未支付的股利,则整体上为负债
	仅发行方有权选择赎回	可能不影响其分类。 若必须支付股息,则负债部分等于支付的永续股利的现值,且发行方以现金赎回股票的看涨期权是一项嵌入衍生工具;若自主决定是否支付股息,则属于权益
	投资方有权选择赎回	负债,还需分析股息的支付机制。若必须支付股息,则整体上为负债,且以现金赎回股票的嵌入看跌期权是一项嵌入衍生工具;若自主决定是否支付股息,则负债部分等于赎回金额的现值,权益部分等于发行收入减去负债部分,但若赎回时需支付的金额还包括未支付的股利,则整体上为负债

续表

项目	优先股条款	分类时的考虑
剩余利润分配	无权同普通股股东一起参加剩余利润分配	通常不影响根据其他条款划分的类别
	有权同普通股股东一起参加剩余利润分配	通常表明存在权益成分（享有剩余收益），但还需考虑金融负债的计量金额
转股权条款	转换为固定数量的股份或固定金额转换固定数量的股份	该转股权具有权益特征，通常需要拆分
	转换为可变数量的股份或固定金额转换可变数量的股份	该转股权具有负债特征，需要判断是否需要拆分

注：假定所述优先股均不满足"可回售工具或清算产生的义务"中划分为权益的条件。

需要注意的是，并不因为是普通股，发行方就必然能够自主决定普通股股息的派发。有时因为监管法规或者公司章程等的特殊规定或约定，发行方可能无法自主决定普通股股息的派发，因而导致普通股股息的支付构成一项金融负债，若此时优先股的股息支付与普通股相关联，则支付优先股股息的合同义务构成金融负债。

其他条款，包括表决权条款、担保条款等还需要根据具体情况进行分析。上述分析，仅是针对常见条款的简单汇总，实务中很可能出现更复杂的优先股设计，从而导致更复杂的分析和会计处理。

（三）实务案例分析

1. G公司优先股非公开发行预案

2014年4月，G公司公告了非公开发行优先股预案及新的公司章程，是《优先股试点管理办法》（证监会令第97号）发布后国内上市公司首单优先股。4月27日，G公司公告了非公开发行优先股预案（修订稿），对此前的发行预案、公司章程进行了修订。将原属于金融负债的优先股修订为符合权益工具定义的优先股。

（1）优先股发行预案主要条款修订前后对比（如表6-2所示）。

表6-2　　　　G公司优先股发行预案主要条款修订前后对比

原预案	预案（修订稿）
公司实施积极的利润分配办法……	公司实施积极的利润分配办法……优先股股东的股息应当以现金形式支付
公司现金方式分红的具体条件和比例：公司在盈利且现金能够满足公司持续经营和长期发展的前提下，于依法弥补亏损、提取法定公积金后有可分配利润的，应当进行现金分红……公司连续三年以现金方式累计分配的利润不少于最近三年实现的年均可供分配利润的30%	公司现金方式分红的具体内容、条件和比例：公司在盈利且现金能够满足公司持续经营和长期发展的前提下，于依法弥补亏损、提取公积金后有可分配利润且累计未分配利润为正的，应当进行现金分红……公司连续三年以现金方式累计分配的利润不少于最近三年实现的年均可供分配利润的30%

续表

原预案	预案（修订稿）
	公司在向优先股股东完全支付约定的股息之前，不得向普通股股东分配利润
本次发行采取浮动股息率。优先股股东分红年度的票面股息率调整方案由公司董事会提出并提交股东大会审议。在基准票面股息率的基础上，对于调整比例绝对值在10%（含10%）以内的票面股息率调整事项，由股东大会以普通决议的形式表决通过；对于调整比例绝对值超过10%的票面股息率调整事项，由股东大会以特别决议的形式表决通过。普通股股东（含表决权恢复的优先股股东）与优先股股东（不含表决权恢复的优先股股东）实行分类表决。在未触发调整事项的前提下，公司的优先股股息将按照基准票面股息率进行支付	本次发行采取浮动股息率…… 在未触发下述调整事项的前提下，公司股东大会以基准股息率作为参照，向优先股股东支付本期股息。 公司股东大会有权决定每年优先股是否支付股息。但在审议本次优先股股息分配事项前12个月内发生以下情形之一时，公司须向优先股股东进行本期优先股股息支付： (1) 向普通股股东进行了分红； (2) 减少注册资本。 公司审议本章程第三十二条第三款第二项规定的优先股股东有权参与的事项（含一次或累计减少公司注册资本超过10%）时，优先股股东与普通股股东应分类表决，优先股股东所持每一优先股有一表决权，相关事项的决议，除经出席会议的普通股股东（含表决权恢复的优先股股东）所持表决权的2/3以上通过外，还须经出席会议的优先股股东（不含表决权恢复的优先股股东）所持表决权的2/3以上通过
股东大会有权根据分红年度盈利情况及市场利率情况在基准票面股息率基础上调整分红年度的优先股票面股息率	如果股东大会通过决定对优先股股东进行股息支付，则优先股股息率支付的确定方法如下： 本次发行采取浮动股息率。在基准股息率基础上，股东大会有权根据分红年度盈利情况及市场利率情况调整分红年度的优先股股息率
发行优先股的种类：本次非公开发行优先股的种类为浮动股息率、非累积、非参与、不设置赎回和回售条款、不可转换的优先股	公司如果因本会计年度可分配利润不足而未向优先股股东足额派发股息，未向优先股股东足额派发的股息不累计到下一计息年度
	优先股股东除按照约定的股息率分得股息外，不再同普通股股东一起参加剩余利润分配
回购条款：本次发行不设置赎回和回售条款	回购条款：本次发行不设回售条款，公司可根据经营情况并在符合相关法律、法规、规范性文件的前提下回购注销本公司的优先股股份（赎回权）
	公司按照股东持有的股份类别及比例分配，在向股东分配剩余财产时，应优先向优先股股东支付未派发的股息、公司章程约定的清算金额等
	公司财产在按照公司法和破产法的有关规定进行清偿后的剩余财产，应当向优先股股东支付未派发的股息和公司章程约定的清算金额，不足以支付的按照优先股股东持股比例分配

注：根据公司公告整理。

(2) 负债与权益区分的分析。

①原预案。

就原预案而言，条款约定"在未触发调整事项的前提下，公司的优先股股息将按照基准票面股息率进行支付。"而且调整的仅是股息率，而不能取消支付。即公司在有盈利的情况下（属于公司不能控制的事项）的强制付息是一项不能避免的合同义务。符合金融负债的定义。

如果票面股息率低于市场利率，则股息的现值——负债部分的公允价值，低于发行收入。该优先股属于复合金融工具，权益部分等于发行收入减去负债部分的公允价值。如果票面股息率按发行日的市场利率设定，且因没有支付任意股利（自主决定的股利）的条款，故发行收入等于支付的永续股利的公允价值，该优先股整体上属于金融负债。

②修改后的预案。

修改后的预案规定公司股东大会有权决定每年优先股是否支付股息，将强制付息义务改为"在未触发下述调整事项的前提下，公司股东大会以基准股息率作为参照，向优先股股股东支付本期股息"，即没有强制付息义务；且无强制性可赎回条款，而是公司有权选择赎回。

虽然公司在向优先股股东完全支付约定的股息之前，不得向普通股股东分配利润。但该"股利制动机制"并不形成公司的合同义务，优先股股息的支付完全取决于公司的自主决定。另外，尽管公司在向普通股股东进行了分红就需支付优先股的股息（"股利推动机制"），但对普通股的股利支付是自主决定的，进而对优先股的股息支付也是自主决定的。"公司在盈利且现金能够满足公司持续经营和长期发展的前提下，于依法弥补亏损、提取公积金后有可分配利润且累计未分配利润为正的，应当进行现金分红"[①] 的约定形成公司的推定义务，但不是公司的合同义务，且公司可以无条件避免（公司股东大会有权决定每年优先股是否支付股息）。公司股价可能下跌的经济压力本身并不会导致一项优先股被划分为负债。

公司减少注册资本时须支付优先股股息的义务是否构成或有结算事项取决于公司是否能控制减资事项，由于减资需要公司股东大会同意，因此一般认为并非公司不能控制的事项。减少注册资本不是或有结算事项，进而也就不形成公司的合同义务。

清算时优先向优先股股东支付未派发的股息和清算金额的义务，如果合同规定发行方清算时优先股劣后于发行方发行的普通债券和其他债务的，通常表明发行方没有交付现金或其他金融资产的合同义务；如果合同规定发行方清算时优先股与发行方发行的普通债券和其他债务处于相同清偿顺序的，应当审慎考虑此清偿顺序是否会导致持有方对发行方承担交付现金或其他金融资产合同义务的预期，并据此确定其会计分类（财会〔2019〕2号文件生效后）。

[①] 公司章程约定有可供分配利润就应当分红，此时是否无须股东大会的分红决议就构成公司的支付义务，还需结合相关法律法规和公司章程的其他约定进一步分析。

2. P银行优先股非公开发行预案

2014年4月,P银行公告了非公开发行优先股预案及新的公司章程,是《关于商业银行发行优先股补充一级资本的指导意见》(银监发〔2014〕12号)发布后国内商业银行首单优先股。

(1)优先股发行预案主要条款如表6-3所示。

表6-3　　P银行优先股发行预案主要条款

项目	主要条款	分析
票面股息率	采用分阶段调整的票面股息率,即在一个股息率调整期内以约定的固定股息率支付股息。 票面股息率包括基准利率和固定溢价两个部分,其中固定溢价以发行时确定的票面股息率扣除发行时的基准利率后确定,一经确定不再调整。 在重定价日,将确定未来新的一个股息率调整期内的股息率水平,确定方式为根据重定价日的基准利率加首次定价时所确定的固定溢价得出	固定股息率
股息支付方式	公司以现金方式支付优先股股息。 本次发行的优先股采用每年付息一次的付息方式,计息起始日为公司本次优先股发行的缴款截止日	交付现金的合同义务,需分析是否可以避免
股息发放的条件	在确保资本充足率满足监管要求的前提下,公司在依法弥补亏损、提取法定公积金和一般准备后,有归属于母公司所有者可分配税后利润的情况下,可以向优先股股东分配股息,优先股股东分配股息的顺序在普通股股东之前	自主决定是否付息
股息发放的取消	在有可分配税后利润的情况下,应对优先股股东分派股息,但根据国务院银行业监督管理机构规定,为满足其他一级资本工具合格标准的监管要求,公司有权全部或部分取消优先股股息的宣派和支付,且不构成违约事件。 股东大会授权董事会,在股东大会审议通过的框架和原则下,依照发行文件的约定,宣派和支付全部优先股股息;但在取消优先股股息支付或部分支付股息的情形下,仍需提交公司股东大会审议	有权无条件取消股息的支付,即公司可以避免交付股息的合同义务
股息制动机制	在确保完全派发约定的当年优先股股息前,公司将不向普通股股东分配利润	股息制动机制不影响判断
股息累积方式	本次发行的优先股采取非累积股息支付方式,即在特定年度未向优先股股东足额派发股息的差额部分,不累积到下一年度,且不构成违约事件	非累积,不影响判断
历史分红情况	2010年、2011年和2012年公司现金分红金额占当年归属于母公司股东净利润的比例分别为11.97%、20.51%和30.01%。最近三年以现金方式累计分配的利润占最近三年年均可分配利润的比例为67.52%。根据公司董事会提出的2013年利润分配方案,现金分红占归属于母公司股东净利润的比例为30.08%。 公司将继续实施积极的现金分红政策	历史股利支付情况不影响判断
剩余利润分配	本次发行的优先股的股东按照约定的票面股息率获得分配后,不再同普通股股东一起参加剩余利润分配	非参与,不影响判断

续表

项目	主要条款	分析
回购/赎回条件及赎回期	本次发行的优先股的回购选择权为公司所有，即公司拥有赎回权。公司行使赎回权应遵循《商业银行资本管理办法（试行）》等相关规定，并以取得中国银监会的批准为前提条件，且不应形成优先股将被赎回的预期。 本次发行的优先股的赎回价格为优先股票面金额。本次优先股赎回期为自优先股发行日期满5年之日起，至全部赎回或转股之日止。 本次发行的优先股不设置投资者回售条款，优先股股东无权向公司回售其所持有的优先股	仅发行方有权选择赎回，不构成合同义务
强制转股条款	当公司核心一级资本充足率降至5.125%（或以下）时，由公司董事会决定，本次发行的优先股应按照强制转股价格全额或部分转为公司A股普通股，并使公司的核心一级资本充足率恢复至5.125%以上； 当公司发生二级资本工具触发事件时，本次发行的优先股应按照强制转股价格全额转为公司A股普通股。其中，二级资本工具触发事件是指以下两种情形的较早发生者：①中国银监会认定若不进行转股或减记，公司将无法生存；②相关部门认定若不进行公共部门注资或提供同等效力的支持，公司将无法生存	公司有权强制转股，持有方无权要求转股
强制转股条款	本次发行的优先股强制转股期为自优先股发行完成后的第一个交易日起至优先股全部赎回或转股之日止。 本次优先股强制转股价格为本次发行董事会决议公告日前最近一个会计年度末（即2013年12月31日）公司合并报表口径经审计的归属于母公司所有者的每股净资产，即10.96元/股。 当触发事件发生时，公司应当报中国银监会审查并决定，并由董事会根据中国银监会批准和股东大会授权，确认所需进行强制转股的优先股票面总金额，对届时已发行且存续的优先股实施全额或部分强制转股，其中转股数量的计算公式为：$Q = V_0/P$ 其中：V_0为届时经董事会确认的优先股股东持有的需转股的优先股票面金额；P为已发行的优先股对应的转股价格	转股权不包括交付可变数量的自身权益工具进行结算的合同义务，属于权益
强制转股价格调整方式	在公司董事会通过本次优先股发行方案之日起，当公司因派送股票股利、转增股本、增发新股（不包括因公司发行的带有可转为普通股条款的融资工具转股而增加的股本）或配股等情况使公司普通股股份发生变化时，将按下述公式进行转股价格的调整： 送红股或转增股本：$P_1 = P_0/(1+n)$ 增发新股或配股：$P_1 = P_0 \times (N + Q \times (A/M))/(N+Q)$ 其中：P_0为调整前有效的强制转股价格，n为该次送股率或转增股本率，Q为该次增发新股或配股的数量，N为该次增发新股或配股前公司普通股总股本数，A为该次增发新股或配股价，M为该次增发新股或配股的新增股份登记日前一交易日A股普通股收盘价，P_1为调整后有效的强制转股价格。 本次优先股的强制转股价格不因公司派发普通股现金股利的行为而进行调整。 当公司发生普通股股份回购、公司合并、分立或任何其他情形使公司股份及股东权益发生变化从而可能影响本次优先股股东的权益时，公司将……视具体情况调整强制转股价格	反稀释条款用于在稀释事项发生时，使得优先股持有人相对于现有普通股股东的经济地位与之前相同，不违反"不包括交付可变数量的自身权益工具"的要求。 但派发现金股利不作调整可能会使持有人受损（除非现金股利很小，或者，可以认为合同双方在此类工具发行时已在其估值中考虑了现金股利的预期影响）

项目	主要条款	分析
清算偿付顺序及清算方法	本次发行的优先股股东受偿顺序位列存款人、一般债权人和次级债务（包括但不限于次级债、混合资本债券、二级资本工具等）之后，先于公司普通股股东；本次发行的优先股股东位于同一受偿顺序。 公司优先股股东优先于普通股股东分配剩余财产，所获得的清偿金额为票面金额。公司剩余财产不足以支付的，按照优先股股东持股比例分配	清算时优先股劣后于发行方发行的普通债券和其他债务的，通常表明发行方没有交付现金或其他金融资产的合同义务
担保安排	本次发行的优先股无担保安排	无其他负债特征

注：主要条款根据公司公告整理。

（2）负债与权益区分的分析。

公司支付固定股息的义务可以无条件取消；本金有权（但无须）赎回；转股权满足换取固定数量的自身权益工具的标准。即公司没有交付现金或其他金融资产或交换金融资产或金融负债结算的合同义务，公司可用企业自身普通股结算且优先股持有人享有剩余权益，公司未来没有义务交付可变数量的自身权益工具进行结算，因此该优先股属于权益工具。

3. J 公司优先股非公开发行预案

2014 年 5 月，J 公司公告了非公开发行优先股预案。其非公开发行优先股的种类为附单次跳息安排的固定股息率、累积股息、非参与、发行方有权选择赎回、不设回售条款、不可转换的优先股。该优先股预案为国内首单股息累积的优先股（2015 年 3 月实际发行时改为非累积优先股）。

（1）优先股发行预案主要条款如表 6-4 所示。

表 6-4   J 公司优先股发行预案主要条款

项目	主要条款	分析
票面股息率	本次发行的优先股采用附单次跳息安排的固定股息率。 第 1~5 个计息年度优先股的票面股息率由股东大会授权董事会结合发行时的国家政策、市场状况、公司具体情况以及投资者要求等因素，通过询价方式或监管机构认可的其他方式经公司与保荐人（主承销商）按照有关规定协商确定并保持不变。自第 6 个计息年度起，如果公司不行使全部赎回权，每股股息率在第 1~5 个计息年度股息率基础上增加 2 个百分点，第 6 个计息年度股息率调整之后保持不变	附单次跳息安排的固定股息率，跳升次数有限、有最高票息限制（即"封顶"），如封顶利率未超过同期同行业同类型工具平均的利率水平，则不构成间接义务
股息支付方式	公司以现金方式支付优先股股息。公司在当年盈利且累计未分配利润为正的情况下，采取现金方式分配股利，每年以现金方式向普通股股东分配的利润原则上不少于当年实现的可供分配利润的 15%。 本次发行的优先股采用每年支付一次股息的方式。首个计息起始日为公司本次优先股发行的缴款截止日。自本次优先股发行的缴款截止日起每满一年为一计息年度	交付现金的合同义务，需分析是否可以避免

续表

项目	主要条款	分析
股息发放的条件	本公司在依法弥补亏损、提取公积金后有可分配利润的情况下，可以向本次优先股股东派发股息。本次发行优先股股息的派发由公司股东大会审议决定，股东大会授权董事会具体实施全部优先股股息的宣派和支付事宜。若涉及优先股股息的部分或全部递延，则该等事宜仍需由股东大会审议批准，且应在股息支付日前至少10个工作日按照相关部门的规定通知优先股股东	自主决定是否付息
股息发放与延迟	除非发生强制付息事件，公司股东大会有权决定将优先股当期股息以及按本条款已经递延的所有优先股股息及其孳息推迟至下一期支付，且不受到任何递延支付股息次数的限制；前述股息递延不构成公司违约。每笔递延股息在递延期间应按当期票面利率累计计息。强制付息事件指在股息支付日前12个月内发生以下情形之一：（1）公司向普通股股东支付股利；（2）减少注册资本（因股权激励计划导致需要赎回并注销股份的，或通过发行优先股赎回并注销普通股股份的除外）	股息的支付由股东大会审议，公司可以无条件避免支付股息。尽管公司在向普通股股东进行了分红就需支付优先股的股息（"股利推动机制"），但对普通股的股利支付是自主决定的，进而对优先股的股息支付也是自主决定的。公司减少注册资本时须向支付优先股股息的义务是否构成或有结算事项取决于公司是否能控制减资事项，由于减资需要公司股东大会同意，因此一般认为并非公司不能控制的事项。减少注册资本不是或有结算事项，进而也就不形成公司的合同义务
股息制动机制	不同次发行的优先股在股息分配上具有相同的优先顺序。优先股股东分配股息的顺序在普通股股东之前，在确保完全派发优先股约定的股息前，公司不得向普通股股东分配利润。公司股东大会有权决定将优先股当期股息以及按本条款已经递延的所有优先股股息及其孳息推迟至下一期支付，且不受到任何递延支付股息次数的限制；前述股息递延不构成公司违约	股息制动机制不影响判断；公司有权无条件取消股息的支付，即公司可以避免交付股息的合同义务
股息累积方式	本次发行的优先股采取累积股息支付方式，即在之前年度未向优先股股东足额派发股息和孳息的差额部分，累积到下一年度，且不构成违约	股利累积，但是公司可以无限期地递延且没有任何支付被递延的股利的合同义务，只要可以自主决定是否发放股利，经济压力本身并不会导致一项金融工具被划分为负债
历史分红情况	2011年、2012年和2013年公司现金分红金额占当年归属于母公司股东净利润的比例分别为17.60%、20.00%和21.00%。最近三年以现金方式累计分配的利润占最近三年年均可分配利润的比例为59.3%。公司将继续实施积极的现金分红政策	历史股利支付情况不影响判断
剩余利润分配	本次发行的优先股的股东按照约定的票面股息率分配股息后，不再同普通股股东一起参加剩余利润分配	非参与，不影响判断

续表

项目	主要条款	分析
回购/赎回条件及赎回期	本次发行的优先股的赎回权为公司所有，即公司可根据经营情况并在符合相关法律、法规、规范性文件的前提下赎回注销本公司的优先股股份。本次发行的优先股不设置投资者回售条款，即优先股股东无权向公司回售其所持有的优先股。 本次发行优先股赎回期为自首个计息起始日起（分期发行的，自每期首个计息日起）期满5年之日起，至全部赎回之日止。公司有权自首个计息起始日起（分期发行的，自每期首个计息日起）期满5年之日起，于每年的该期优先股股息支付日全部或部分赎回注销本次发行的该期优先股。公司决定执行部分赎回时，应对所有该期优先股股东进行等比例赎回。除法律法规要求外，本次发行优先股的赎回无须满足其他条件。 本次发行的优先股的赎回价格为优先股票面金额加累计未支付股息（包括所有递延支付的股息及其孳息）。 股东大会授权董事会，根据相关法律法规及募集说明书的要求，全权办理与赎回相关的所有事宜	仅发行方有权选择赎回，不构成合同义务
清算偿付顺序及清算方法	本公司进行清算时，本公司财产在分别支付清算费用、职工的工资、社会保险费用和法定补偿金，缴纳所欠税款，清偿本公司债务后的剩余财产，本公司按照以下顺序及方式分配给股东： 1. 向优先股股东支付累积未派发的股息与发行价格之和，不足以支付的按照优先股股东持股占全部优先股的比例分配；2. 普通股股东按照其持有的普通股占全部普通股的比例分配	清算时优先股劣后于发行方发行的普通债券和其他债务的，通常表明发行方没有交付现金或其他金融资产的合同义务
担保安排	本次发行的优先股无担保安排	无其他负债特征

注：主要条款根据公司公告整理。

（2）负债与权益区分的分析。

上述预案规定，发行优先股股息的派发由公司股东大会审议决定，即没有强制付息义务；股息累积，但股东大会有权决定将优先股当期股息以及已经递延的所有优先股股息及其孳息推迟支付，且不受到任何递延支付股息次数的限制，也不构成公司违约。另外无强制性回售条款，而是公司有权选择赎回。

在确保完全派发约定的当年优先股股息前，公司将不向普通股股东分配利润。该"股利制动机制"并不形成公司的合同义务。

尽管公司只要向普通股股东进行了分红就需支付优先股的股息（"股利推动机制"），但对普通股的股利支付是自主决定的，进而对优先股的股息支付也是自主决定的。

公司减少注册资本时须支付优先股股息的义务是否构成或有结算事项取决于公司是否能控制减资事项，由于减资需要经公司股东大会同意，因此一般认为并非公司不能控制的事项。减少注册资本不是或有结算事项，进而也就不形成公司的合同义务。

清算时永续债劣后于发行方发行的普通债券和其他债务的，通常表明发行方没有交付现金或其他金融资产的合同义务，不影响对优先股会计属性的划分。

由于优先股中没有任何支付股利的合同义务且没有义务偿还本金，也不存在或有结算事项。即公司没有交付现金或其他金融资产或交换金融资产或金融负债结算的合同义务。另外，没有转股条款，即无须用企业自身权益工具结算。因此，预案中的优先股属于一项权益工具。

（四）实务应用示例

示例 6-1 002948.SZ 青岛银行

优先股

（1）年末发行在外的优先股情况表。

发行在外金融工具	发行时间	会计分类	初始股息率	发行价格	数量（千股）	原币（千元）	折合人民币（千元）	到期日	转换情况
境外优先股	2017年9月19日	权益工具	5.5%	20美元/股	60,150	1,203,000	7,883,259	永久存续	无
募集资金合计							7,883,259		
减：发行费用							(29,295)		
账面余额							7,853,964		

（a）股息。

在本次境外优先股发行后的一定时期内采用相同股息率，随后每隔 5 年重置一次（该股息率由基准利率加上初始固定息差确定）。股息每一年度支付一次。

（b）股息发放条件。

在确保资本充足率满足监管法规要求的前提下，本行在依法弥补以往年度亏损、提取法定公积金和一般准备后，有可分配税后利润的情况下，可以向境外优先股股东分配股息，且优先于普通股股东分配股息。任何情况下，经股东大会审议通过后，本行有权取消境外优先股的全部或部分股息支付，且不构成违约事件。

（c）股息制动机制。

如本行全部或部分取消境外优先股的股息支付，在决议完全派发当期优先股股息之前，本行将不会向普通股股东分配股息。

（d）清偿顺序及清算方法。

美元境外优先股的股东位于同一受偿顺序，受偿顺序排在存款人、一般债权人及二级资本债券持有人之后，优先于普通股股东。

（e）强制转股条件。

当其他一级资本工具触发事件发生时，即核心一级资本充足率降至 5.125%（或以下)时,本行有权在报告监管机构并获得其批准但无须获得优先股股东或普通股股东同意的情况下,将届时已发行且存续的境外优先股按照总金额全部或部分转为H股普通股,并使本行的核心一级资本充足率恢复到5.125%以上;当境外优先股转换为H股普通股后,任何条件下不再被恢复为优先股。

当二级资本工具触发事件发生时,本行有权在报告监管机构并获得其批准但无须获得优先股股东或普通股股东同意的情况下,将届时已发行且存续的境外优先股按照总金额全部转为H股普通股。当境外优先股转换为H股普通股后,任何条件下不再被恢复为优先股。其中,二级资本工具触发事件是指以下两种情形的较早发生者:(1)监管机构认定若不进行转股或减记,本行将无法生存;(2)相关部门认定若不进行公共部门注资或提供同等效力的支持,本行将无法生存。

(f) 赎回条款。

在取得监管机构批准并满足赎回条件的前提下,本行有权在第一个赎回日以及后续任何股息支付日赎回全部或部分境外优先股。境外优先股的赎回价格为发行价格加当期已宣告且尚未支付的股息。

美元优先股的第一个赎回日为发行结束之日起5年后。

(g) 股息的设定机制。

境外优先股采取非累积股息支付方式,即未向优先股股东足额派发的股息的差额部分,不累积到下一计息年度。境外优先股的股东按照约定的股息率分配股息后,不再与普通股股东一起参加剩余利润分配。境外优先股股东优先于普通股股东分配股息。

示例6-2   601668.SH 中国建筑

其他权益工具

(a) 优先股。

于2014年6月10日及2014年12月25日,本公司分别获得国资委《关于中国建筑股份有限公司非公开发行优先股股票有关问题的批复》(国资产权〔2014〕436号)及中国证券监督管理委员会《关于核准中国建筑股份有限公司非公开发行优先股的批复》(证监许可〔2014〕1419号),核准本公司向合格投资者非公开发行不超过300,000,000股优先股,每股发行价格为人民币100元,采用分次发行方式,首次发行不少于150,000,000股。本公司有权自每期发行的首个计息起始日起期满5年之日起,于每年的该期优先股股息支付日全部或部分赎回注销本次发行的该期优先股,投资者无回售权。除非发生可以由本公司自主决定从而控制其是否发生的强制付息事件,本公司股东大会有权决定取消支付部分或全部优先股股息,且不构成公司违约,本次发行的优先股股息不累积。于2015年3月2日首次发行的150,000,000股优先股之发行总额扣除相关交易费用后实际收到的金额人民币14,975,410千元作为其他权益工具核算。

针对公司决定支付的优先股股息,采用每年支付一次股息的方式。股息支付日为本次优先股发行的缴款截止日起每满一年的当日,其中首期发行的优先股的股息支付日为 3 月 2 日,如该日为法定节假日或休息日,则顺延至下一个工作日,顺延期间应付股息不另计孳息。本次发行的优先股采用附单次跳息安排的固定股息率。首期发行的优先股第 1~5 个计息年度的票面股息率通过询价方式确定为 5.80%,并保持不变。自第 6 个计息年度起,如果公司不行使全部赎回权,每股股息率在第 1~5 个计息年度股息率基础上增加 2 个百分点,第 6 个计息年度股息率调整之后保持不变。前述强制付息事件是指在股息支付日前 12 个月内发生以下情形之一:(1) 向普通股股东支付股利(包括现金、股票、现金与股票相结合及其他符合法律法规规定的方式);(2) 减少注册资本(因股权激励计划导致需要赎回并注销股份的,或通过发行优先股赎回并注销普通股股份的除外)。

于 2018 年 12 月 31 日及 2017 年 12 月 31 日,本公司发行在外的优先股的账面价值为人民币 14,975,410 千元。

三、永续债的会计分类

(一)永续债的特点

对于发行人而言,永续债券与股票的性质相近,可以获得长期投资资本,可能具有权益属性。对于银行等金融企业,永续债券可以被视作可计入非核心一级资本的混合资本工具;而对于非金融企业,其发行的永续债券在满足一定条件下可以在财务报表中体现为权益工具而非债务工具。

从条款来看,永续债券一般具备如下特征:

(1) 清偿顺序。

永续债一般为次级债务,其清偿顺序优先于普通股与优先股,也有一些设置为和普通债券清偿顺序一致,这会影响永续债的会计分类。

(2) 期限与赎回条款。

期限安排是永续债最突出的特征,一般没有明确的到期时间或者期限非常长。

另外,永续债一般都带有发行人赎回条款,即发行人在条款约定的时间点或者时间段内拥有按约定价格赎回永续债券的权利。赎回条款的存在可能使得永续债的实际存续期并非"永久"。

(3) 票息和利率重置条款。

永续债的票息水平一般较高。而且多数永续债设置了"可变票息"或"利率跳升",即对永续债在进入赎回期之前和赎回期设置不同的票面利率,后者一般高于前者,这样的安排实际上达到了促使发行人赎回债券的效果。

(4) 利息延迟支付。

永续债的发行人可自主决定延迟支付利息或在一定条件下强制延迟支付利息,且一般还约定下列相关条款:延息累计/免除:延迟的利息可约定累计(复利/单利),

也可约定免除(有条件/无条件)。

(5) 股息推动和停发机制。

永续债的发行人向清偿顺序相同或靠后的证券(如普通股)派息时,必须向永续债付息。永续债利息未获全额清偿前,清偿顺序相同或靠后的证券也不得派息。

(6) 无担保。

永续债存在次级属性,加上为满足计入权益所需要的诸多条件,一般不设置担保等条款。

(二) 实务案例分析

1. W 公司可续期债

我国首单可续期企业债券于 2013 年 10 月 25 日获国家发改委批复,并于 2013 年 10 月 28 日发行。该可续期债发行总额 23 亿元,采用浮动利率形式,规定在本期债券每 5 个计息年度末,发行人有权选择将本期债券期限延续 5 年,或选择在该计息年度末到期全额兑付本期债券。该债券可认为是一种变相的永续债券。

(1) 永续债发行主要条款如表 6-5 所示。

表 6-5   W 公司永续债发行主要条款

项目	主要条款	分析
债券发行依据	本期债券业经国家发展和改革委员会发改财金〔2013〕2112 号文件批准公开发行	发改委审批的企业债
票面利息率	本期债券采用浮动利率形式,单利按年计息。票面年利率由基准利率加上基本利差确定。基准利率每 5 年确定一次。首次基准利率为发行公告日前 1,250 个工作日的一周上海银行间同业拆放利率(Shibor)的算术平均数,其后每 5 年的基准利率为在该 5 年计息周期起息日前 1,250 个工作日的一周上海银行间同业拆放利率的算术平均数(四舍五入保留两位小数)。一周上海银行间同业拆放利率由全国银行间同业拆借中心在上海银行间同业拆放利率网(www.shibor.org)上公布。 本期债券基本利差上限为 5.70%,由发行人和主承销商在发行时根据簿记建档结果确定,基本利差确定后在债券存续期保持不变	浮动利率;利差设定上限,有最高票息限制(即"封顶")且封顶利率未超过同期同行业同类型工具平均的利率水平,不构成间接义务
利息支付方式	本期债券每年付息一次。 自 2013 年 10 月 29 日开始计息,本期债券存续期内每年的 10 月 29 日为该计息年度的起息日。本期债券存续期内每年的 10 月 29 日为上一个计息年度的付息日	交付现金的合同义务,需分析是否可以避免
利息发放的条件	每年付息时按债权登记日日终在证券登记托管机构名册上登记的各债权持有人所持债券面值所应获利息进行支付。年度付息款项自付息日起不另计利息	每年需支付利息,不能递延或取消,支付利息的义务形成金融负债

续表

项目	主要条款	分析
存续期间/续期选择权	在本期债券每 5 个计息年度末，发行人有权选择将本期债券期限延续 5 年，或选择在该计息年度末到期全额兑付本期债券。发行人应至少于续期选择权行权年度付息日前 30 个工作日，在相关媒体上刊登续期选择权行使公告。 若发行人在续期选择权行权年度末，选择延续本期债券期限，则本期债券的期限自该计息年度付息日起延续 5 年	发行方有权续期，使得该企业债可"永续"
回购/赎回条件及赎回期	在本期债券每 5 个计息年度末，发行人有权选择将本期债券期限延续 5 年，或选择在该计息年度末到期全额兑付本期债券。 若在某一续期选择权行权年度末，发行人选择全额兑付本期债券，则该计息年度的付息日即为本期债券兑付日	仅发行方有权选择赎回，不构成合同义务
利息偿付保证金	为降低本期债券利息偿付风险、保护债券持有人权益，本期债券设立利息偿付保证金。武汉市财政局于本期债券每个付息日前 10 个工作日，将人民币 2 亿元资金自"武汉市轨道交通建设发展专项资金"划入发行人在账户及资金监管银行开设的"利息偿付保证金专户"中，作为本期债券当期利息的偿付保证金	设立利息偿付保证金，不影响负债与权益的判断
流动性支持	本期债券存续期内，当公司对本期债券本息偿付发生资金流动性不足时，中国工商银行股份有限公司武汉硚口支行限于在国家法律法规信贷政策允许的范围或条件下，依据上级行的管理要求，可根据公司的申请，按照中国工商银行股份有限公司武汉硚口支行的内部规定程序进行评审，经评审合格后，对公司提供不低于本期债券本息偿还金额的流动性支持信贷	获得流动性支持信贷的授信，不影响负债与权益的判断
担保安排	本期债券无担保	无其他负债特征
信用评级	经中诚信国际信用评级有限责任公司综合评定，发行人主体长期信用等级为 AA+，本期债券的信用等级为 AA+	评级不影响负债与权益的判断

注：根据公司债券募集说明书整理。

（2）负债与权益划分的分析。

每年需支付利息，不能递延或取消，支付利息的义务形成金融负债。

如果票面利息率低于市场利率，则利息的现值——负债部分的公允价值，低于发行收入。该可续期债属于复合金融工具，权益部分等于发行收入减去负债部分的公允价值。如果票面利息率按发行日的市场利率设定，则发行收入等于支付的永续利息的公允价值，该可续期债整体上属于金融负债。

2. D 公司永续中票

D 公司于 2013 年 12 月发行了中期票据。本期中票为我国债券市场首只永续中票。发行总额 10 亿元，采取"5+N"的方式，即第 5 年末发行人有一次赎回权，如不赎回，第 6 年起实行利率跳升机制。

（1）永续债发行主要条款如表 6-6 所示。

表 6-6　　　　　　　　　　　D 公司永续债发行主要条款

项目	主要条款	分析
债券发行依据	"永续中期票据"	银行间市场交易商协会注册的中期票据
票面利息率	本期中期票据前 5 个计息年度的票面利率将通过簿记建档、集中配售方式确定，在前 5 个计息年度内保持不变。自第 6 个计息年度起，每 5 年重置一次票面利率。 前 5 个计息年度的票面利率为初始基准利率加上初始利差，其中初始基准利率为簿记建档日前 5 个工作日中国债券信息网公布的中债银行间固定利率国债收益率曲线中，待偿期为 5 年的国债收益率算术平均值（四舍五入计算到 0.01%）；初始利差为票面利率与初始基准利率之间的差值。 如果发行人不行使赎回权，则从第 6 个计息年度开始票面利率调整为当期基准利率加上初始利差再加上 300 个基点，在第 6 个计息年度至第 10 个计息年度内保持不变。当期基准利率为票面利率重置日前 5 个工作日中国债券信息网公布的中债银行间固定利率国债收益率曲线中，待偿期为 5 年的国债收益率算术平均值。此后每 5 年重置票面利率以当期基准利率加上初始利差再加上 300 个基点确定。 票面利率公式为：当期票面利率 = 当期基准利率 + 初始利差 + 300bps	附利率跳升安排的固定股息率； 利差设定上限，有最高票息限制（即"封顶"）且封顶利率未超过同期同行业同类型工具平均的利率水平，不构成间接义务
利息支付方式	发行首日、簿记建档日为 2013 年 12 月 18 日，起息日、缴款日、债务债权登记日 2013 年 12 月 20 日，上市流通日 2013 年 12 月 23 日，付息日为每年的 12 月 20 日（如遇法定节假日，则顺延至下一工作日），首个票面利率重置日为 2018 年 12 月 20 日	交付现金的合同义务，需分析是否可以避免
利息发放的条件	付息日前 12 个月，发生以下事件的，发行人不得递延当期利息以及按照本条款已经递延的所有利息及其孳息： （1）向普通股股东分红； （2）减少注册资本	尽管公司在向普通股股东进行了分红就需支付优先股的股息，但对普通股的股利支付是自主决定的，进而对中票的利息支付也是自主决定的。 公司减少注册资本时须向支付利息的义务是否构成或有结算事项取决于公司是否能控制减资事项，由于减资需要公司股东大会同意，因此一般认为并非公司不能控制的事项。减少注册资本不是或有结算事项，进而也就不形成公司的合同义务
股息发放与延迟	除非发生强制付息事件，本期中期票据的每个付息日，发行人可自行选择将当期利息以及按照本条款已经递延的所有利息及其孳息推迟至下一个付息日支付，且不受到任何递延支付利息次数的限制；前述利息递延不构成发行人未能按照约定足额支付利息。每笔递延利息在递延期间应按当期票面利率累计计息	利息累积，但是公司可以无限期地递延且没有任何支付被递延的利息的合同义务，只要可以自主决定是否支付，经济压力本身并不会导致一项金融工具被划分为负债

续表

项目	主要条款	分析
存续期间/续期选择权	本期中票发行金额 10 亿元，在发行人依照发行条款的约定赎回之前长期存续，并在发行人依据发行条款的约定赎回时到期	长期存续，属于"永续"
回购/赎回条件及赎回期	在本期中期票据第 5 个和其后每个付息日，发行人有权按面值加应付利息（包括所有递延支付的利息）赎回本期中期票据	仅发行方有权选择赎回，不构成合同义务
清算偿付顺序	本期中期票据的本金和利息在破产清算时的清偿顺序等同于发行人所有其他待偿还债务融资工具	清算时永续债与发行方发行的普通债券和其他债务处于相同清偿顺序的，应当审慎考虑此清偿顺序是否会导致持有方对发行方承担交付现金或其他金融资产合同义务的预期，并据此确定其会计分类
担保安排	本期中期票据无担保	无其他负债特征
信用评级	经大公国际综合评定，发行人的主体长期信用级别为 AAA、本期中期票据信用级别为 AAA	评级不影响负债与权益的判断

注：主要条款根据审计师出具的会计处理意见整理。

（2）负债与权益划分的分析。

虽然利息累积，但发行人可自行选择将当期利息以及已经递延的所有利息及其孳息推迟至下一个付息日支付，且不受到任何递延支付利息次数的限制；利息递延不构成发行人未能按照约定足额支付利息，即不构成公司违约。另外无强制性回售条款，而是公司有权选择赎回。

尽管公司在向普通股股东进行了分红就需支付中期票据的利息，但对普通股的股利支付是自主决定的，进而对中票的利息支付也是自主决定的。

公司减少注册资本时须支付利息的义务是否构成或有结算事项取决于公司是否能控制减资事项，由于减资需经公司股东大会同意，因此一般认为并非公司不能控制的事项。减少注册资本不是或有结算事项，进而也就不形成公司的合同义务。

清算时该永续中票的清偿顺序等同于发行人所有其他待偿还债务融资工具，应当审慎考虑此清偿顺序是否会导致持有方对发行方承担交付现金或其他金融资产合同义务的预期，并据此确定其会计分类（财会〔2019〕2 号文件生效后）。

3. S 集团可续期债

2014 年 11 月，S 集团发行了"14S 集团可续期债 01"，发行总额 20 亿元。以每 3 个计息年度为 1 个重定价周期，在每个重定价周期末，发行人有权选择将本期债券期限延长 1 个重定价周期（即延续 3 年），或全额兑付本期债券。本期债券采用浮动利率形式，单利按年计息。票面利率由基准利率加上基本利差确定，基准利率在每个重定价周期确定一次，基本利差上限为 3.69%。如果发行人选择延长本期债券期限，则在第 5 个重定价周期内的票面利率调整为当期基准利率加上基本利差再加上 300 个基点；从第 6 个重定价周期开始，每个重定价周期适用的票面利率为当期基准利率加上基本利差再加上 600 个基点。

（1）可续期债发行主要条款如表 6-7 所示。

表 6-7　　　　　　　　　S 集团可续期债发行主要条款

项目	主要条款	分析
发行依据	"可续期公司债券"	发改委审批的企业债
票面利息率	本期债券采用浮动利率形式，单利按年计息。在本期债券存续的前 4 个重定价周期（第 1 个计息年度至第 12 个计息年度）内，票面利率由基准利率加上基本利差确定。基准利率在每个重定价周期确定一次。首期基准利率为发行公告日前 750 个工作日的一周上海银行间同业拆放利率（Shibor）的算术平均数（四舍五入保留两位小数），其后每个重定价周期的当期基准利率为在该重定价周期起息日前 750 个工作日的一周上海银行间同业拆放利率的算术平均数（四舍五入保留两位小数）。基本利差上限为 3.69%。如果发行人选择延长本期债券期限，则在第 5 个重定价周期（第 13 个计息年度至第 15 个计息年度）内的票面利率调整为当期基准利率加上基本利差再加上 300 个基点（1 个基点为 0.01%，下同）；从第 6 个重定价周期开始，每个重定价周期适用的票面利率为当期基准利率加上基本利差再加上 600 个基点。如果发行人在某一计息年度末递延支付利息，则每递延支付一次，本期债券基本利差从下一个计息年度起上调 300 个基点，直到该笔递延的利息及其孳息全部还清的年度为止	附利率跳升安排的固定股息率； 利率设定上限； 但递延支付的利息其基本利差滚动调整未设上限
利息支付方式	本期债券每年付息一次	交付现金的合同义务，需分析是否可以避免
利息发放的条件	本期债券附设发行人延期支付利息权。 除非发生强制付息事件，本期债券的每个付息日，发行人可自行选择将当期利息以及按照本条款已经递延的所有利息及其孳息推迟至下一个付息日支付，且不受到任何递延支付利息次数的限制；前述利息递延不属于发行人未能按照约定足额支付利息的行为。每笔递延利息在递延期间应按当期票面利率累计计息。 强制付息事件：付息日前 12 个月内，发生以下事件的，发行人不得递延当期利息以及按照本条款已经递延的所有利息及其孳息：（1）向普通股东分红；（2）减少注册资本	尽管公司在向普通股东进行了分红就需支付委托贷款的利息，但对普通股的股利支付是自主决定的，进而对可续期债的利息支付也是自主决定的。 公司减少注册资本时须向支付利息的义务是否构成或有结算事项取决于公司是否能控制减资事项，由于减资需要公司股东大会同意，因此一般认为并非公司不能控制的事项。减少注册资本不是或有结算事项，进而也就不形成公司的合同义务

续表

项目	主要条款	分析
股息发放与延迟	如果发行人在某一计息年度末递延支付利息，则每递延支付一次，本期债券基本利差从下一个计息年度起上调300个基点，直到该笔递延的利息及其孳息全部还清的年度为止。利息递延下的限制事项：若发行人选择行使延期支付利息权，则在延期支付利息及其孳息未偿付完毕之前，发行人不得有下列行为：（1）向股东分红；（2）减少注册资本	利息累积，但是公司可以无限期地递延且没有任何支付被递延的利息的合同义务，只要可以自主决定是否支付，经济压力本身并不会导致一项金融工具被划分为负债。股息制动机制不影响判断
存续期间/续期选择权	本期债券以每3个计息年度为1个重定价周期。在每个重定价周期末，发行人有权选择将本期债券期限延长1个重定价周期（即延续3年），或全额兑付本期债券	发行人有权选择续期，属于"永续"
回购/赎回条件及赎回期	在本期债券每个重定价周期末，发行人有权选择将本期债券期限延长1个重定价周期，或全额兑付本期债券	仅发行方有权选择赎回，不构成合同义务
清算偿付顺序	本期债券在破产清算时的清偿顺序等同于发行人普通债务	无优先权，无其他义务
信用增级	本期债券无担保	无担保，无其他义务
信用评级	发行人主体信用等级为AAA，本期债券信用等级为AAA	评级不影响负债与权益的判断

注：主要条款根据公司公告整理。

（2）负债与权益区分的分析。

虽然利息累积，但发行人可自行选择将当期利息以及已经递延的所有利息及其孳息推迟至下一个付息日支付，且不受到任何递延支付利息次数的限制；利息递延不构成发行人未能按照约定足额支付利息，即不构成公司违约。另外无强制性回售条款，而是公司有权选择赎回。

尽管公司在向普通股股东进行了分红就需支付可续期债的利息，但对普通股的股利支付是自主决定的，进而对可续期债的利息支付也是自主决定的。

公司减少注册资本时须支付可续期债利息的义务是否构成或有结算事项取决于公司是否能控制减资事项，由于减资需要公司股东大会同意，因此一般认为并非公司不能控制的事项。减少注册资本不是或有结算事项，进而也就不形成公司的合同义务。

但是，因为递延支付的利息其基本利差滚动调整不设上限，若公司递延次数较多，将会导致利率远超过市场利率，需审慎分析是否构成间接合同义务。

4. K公司无固定期限委托贷款

K公司于2014年12月获得了14亿元无固定期限委托贷款，第一年利率为11.5%/年，第二年为12%/年，第三年为15%/年，第四年及以后为18%/年。公司有权在任何一笔委托贷款到达借款人在受托人的账户满半年之日清偿全部或部分委托贷款本金,每季度可提前还款一次。公司在委托贷款起息日起每满 12 个月之日前付息,若任何一年未出现付息条件则该年应付利息递延至次年支付。

(1) 无固定期限委托贷款发行主要条款如表 6-8 所示。

表 6-8　　　　　　　　K 公司无固定期限委托贷款发行主要条款

项目	主要条款	分析
发行依据	"无固定期限委托贷款"	地产"类永续债"
票面利息率	委托贷款利率第一年为贷款本金的 11.5%/年,第二年为 12%/年,第三年为 15%/年,第四年及以后为 18%/年。如果公司在某一年宣布分红,则借款人必须支付该年的资金成本以及以前年度递延的资金成本。如 N 年公司均未分红,则公司当年支付的利息递延至 N+1 年支付,且 N 年的利率在 N 年的利率基础上上浮 20%;则次年($N+1$ 年)公司均未分红,则 N 年和 $N+1$ 年的利息均递延至 $N+2$ 年支付,且 $N+1$ 年的利率应在上年的基础上上浮 20%。依此类推,但上浮后的利率以 12%/年为限	附利率跳升安排的固定股息率;利率设定上限。有最高票息率限制(即"封顶")且封顶利率未超过同期同行业同类型工具平均的利率水平,不构成间接义务
利息支付方式	公司在委托贷款起息日起每满 12 个月之日前付息,若任何一年未出现付息条件则该年应付利息递延至次年支付	交付现金的合同义务,需分析是否可以避免
利息发放的条件	按照"分红必派息,不分红不派息"的规定。如果公司在某一年宣布分红,则借款人必须支付该年的资金成本以及以前年度递延的资金成本。公司宣布分红后,未能按照约定按期足额支付利息的,委托人有权在当年结息日 30 日内发出书面通知要求公司立即清算。借款人发生清算情况下委托贷款到期,公司应归还委托贷款本金余额及所有应支付但未支付的利息	尽管公司在向普通股股东进行了分红就需支付委托贷款的利息,但对普通股的股利支付是自主决定的,进而对委托贷款的利息支付也是自主决定的。公司未能按照约定按期足额支付利息则导致清算的约定属于或有结算条款中的例外;只有在发行方清算时,才需以现金、其他金融资产或以其他导致该工具成为金融负债的方式进行结算。此约定不构成支付义务
股息发放与延迟	公司在委托贷款起息日起每满 12 个月之日前付息,若任何一年未出现付息条件则该年应付利息递延至次年支付。借款人宣布清算后,借款人未在宣布清算日清偿委托贷款本金余额及利息的,则委托贷款本金余额应按适用的资金成本率继续计算利息直至委托贷款本金余额和应付未付利息全部清偿,且截至宣布清算日应支付未付的委托贷款本金余额还应按每日万分之五计算违约金直至委托贷款本金余额及利息全部清偿	利息累积,但是公司可以无限期地递延且没有任何支付被递延的利息的合同义务,只要可以自主决定是否支付,经济压力本身并不会导致一项金融工具被划分为负债
存续期间/续期选择权	本次委托贷款期限:无固定期限。除委托人和本公司、项目公司另行协商一致外,委托人向本公司提供的委托贷款仅在项目公司或本公司宣布清算时到期	长期存续,属于"永续"

续表

项目	主要条款	分析
回购/赎回条件及赎回期	公司有权在任何一笔委托贷款到达借款人在受托人的账户满半年之日清偿全部或部分委托贷款本金,每季度可提前还款一次,每次还款金额应不低于5,000万元	仅发行方有权选择赎回,不构成合同义务
清算偿付顺序	公司发生清算情况下委托贷款到期,公司应归还委托贷款本金余额及所有应支付但未支付的利息	合同规定发行方清算时永续债与发行方发行的普通债券和其他债务处于相同清偿顺序的,应当审慎考虑此清偿顺序是否会导致持有方对发行方承担交付现金或其他金融资产合同义务的预期,并据此确定其会计分类
信用增级	公司以股权提供质押担保;公司控股股东及实际控制人提供连带责任保证担保	不产生直接的支付义务,担保不影响判断
信用评级	不涉及	评级不影响负债与权益的判断

注:主要条款根据公司公告整理。

(2)负债与权益区分的分析。

虽然利息累积,但发行人可自行选择将当期利息以及已经递延的所有利息及其孳息推迟至下一个付息日支付,且不受到任何递延支付利息次数的限制;利息递延不构成发行人未能按照约定足额支付利息,即不构成公司违约。另外无强制性回售条款,而是公司有权选择赎回。

尽管公司在向普通股股东进行了分红就需支付委托贷款的利息,但对普通股的股利支付是自主决定的,进而对委托贷款的利息支付也是自主决定的。

此外,若合同规定发行方清算时永续债与发行方发行的普通债券和其他债务处于相同清偿顺序的,应当审慎考虑此清偿顺序是否会导致持有方对发行方承担交付现金或其他金融资产合同义务的预期,并据此确定其会计分类(财会〔2019〕2号文件生效后)。

5. M公司永续中票

M公司于2017年1月发行了中期票据。发行总额10亿元,采取"3+N"的方式,即第3年末发行人有一次赎回权,如不赎回,第4年起实行利率跳升机制。前3个计息年度的票面利率将通过集中簿记建档、集中配售方式确定,在前3个计息年度内保持不变。自第4个计息年度起,每3年重置一次票面利率。

(1)长期存续中期票据发行主要条款如表6-9所示。

表 6–9　M 公司长期存续中期票据发行主要条款

项目	主要条款	分析
债券发行依据	中期票据	在银行间债券市场发行的债务融资工具
票面利息率	单利按年计息。前 3 个计息年度的票面利率将通过集中簿记建档、集中配售方式确定，在前 3 个计息年度内保持不变。自第 4 个计息年度起，每 3 年重置一次票面利率。 前 3 个计息年度的票面利率为初始基准利率加上初始利差，其中初始基准利率为簿记建档日前 5 个工作日上海清算所网站（www.shclearing.com.cn）及其他交易商协会认可的网站公布的中债银行间固定利率国债收益率曲线中，待偿期为 3 年的国债收益率算术平均值（四舍五入计算到 0.01%）。 如果发行人不行使赎回权，则从第 4 个计息年度开始，票面利率调整为当期基准利率加上初始利差再加上 300 个基点，在第 4 个计息年度至第 6 个计息年度内保持不变。当期基准利率为票面利率重置日前 5 个工作日上海清算所网站及其他交易商协会认可的网站公布的中债银行间固定利率国债收益率曲线中，待偿期为 3 年的国债收益率算术平均值（四舍五入计算到 0.01%）。此后每 3 年重置票面利率以当期基准利率加上初始利差再加上 300 个基点确定。 如果发行人在某个付息日选择将当期利息以及按照本条款已经递延的所有利息及其孳息推迟至下一个付息日支付，则自下一计息年度起，本期中期票据的票面利率将在上一计息年度基础上再上调 300 基点，直至已递延利息及其孳息全部清偿完毕。 如果未来因宏观经济及政策变化等因素影响导致当期基准利率在利率重置日不可得，票面利率将采用票面利率重置日之前一期基准利率加上初始利差再加上 300 个基点确定。 本期债券采用单利按年计息，如有利息递延，则递延利息按当期票面利率累计计息	附利率跳升安排的固定股息率。 由于"当期基准利率"未包含"初始利差+300 个基点"，利率跳升有上限，可以认为不构成间接义务
利息支付方式	本期中期票据每个付息日前 5 个工作日，由发行人按照有关规定在主管部门指定的信息披露媒体上刊登《付息公告》，并在付息日按票面利率由上海清算所代理完成付息工作；如发行人决定递延支付利息的，发行人及相关中介机构应在付息日前 5 个工作日披露《递延支付利息公告》	交付现金的合同义务，需分析是否可以避免
利息发放的条件	第十一章　投资者保护机制 一、强制付息事件 付息日前 12 个月内，发生以下事件的，发行人不得递延当期利息以及已经递延的所有利息及其孳息： （1）向股东分红； （2）减少注册资本； （3）向偿付顺序劣后于本期中期票据的证券进行任何形式的兑付。 二、利息递延下的限制事项 发行人有递延支付利息的情形时，直至全部已递延利息及其孳息清偿完毕，不得从事下列行为： （1）向股东分红； （2）减少注册资本； （3）向偿付顺序劣后于本期中期票据的证券进行任何形式的兑付	尽管公司在向股东进行了分红就需支付利息，但对股利支付是自主决定的，进而对可续期债的利息支付也是自主决定的。但是，如果不能避免向唯一股东上缴国有收益（如有利润上缴的强制要求），则支付利息的义务不能避免。即，若存在国有股东的强制分红要求，则应修改条款"向股东分红（按规定上缴国有资本收益除外）"。 公司减少注册资本时须支付利息的义务是否构成或有结算事项取决于公司是否能控

续表

项目	主要条款	分析
利息发放的条件		制减资事项,由于减资需要公司股东大会同意,因此一般认为并非公司不能控制的事项。减少注册资本不是或有结算事项,进而也就不形成公司的合同义务。 向偿付顺序劣后于本期中期票据的证券进行任何形式的兑付的约定,要求公司不存在其他劣后证券也无计划发行此类劣后证券,或者其他劣后证券不属于金融负债也不包含负债成分——即向普通股等其他权益工具的任何兑付均需由公司自主决定
违约责任	第十一章 投资者保护机制 三、违约事件 如下列任何一项事件发生及继续,则投资者均可向发行人或主承销商(如有代理追偿责任)发出书面通知,表明应即刻启动投资者保护机制。 1. 拖欠付款: (1) 拖欠存续期内利息: 发行人发生下列任一拖欠行为: ①在未发出递延支付利息公告的情况下,未在付息日足额支付当期利息和全部已递延利息及其孳息; ②在发生强制付息事件的情况下,未在付息日足额支付当期利息和全部已递延利息及其孳息。 (2) 拖欠到期本息: 发行人未在提前赎回公告中确定的赎回日足额支付本期中期票据的应付本息。 2. 解散:发行人于所有未赎回中期票据获赎回前解散或因其他原因不再存在。因获准重组引致的解散除外。 3. 破产:发行人破产、全面无力偿债、拖欠到期应付款项、停止/暂停支付所有或大部分债务或终止经营其业务,或本公司根据《破产法》规定进入破产程序	违约事件为发行方和持有方均不能控制的未来不确定事项,属于或有结算条款。 或有结算条款通常构成合同义务,除非符合 CAS 37.12 的例外条件:(1) 或有结算条款几乎不具有可能性,即相关情形极端罕见、显著异常或几乎不可能发生;(2) 只有在发行方清算时,才需以现金、其他金融资产或以其他导致该工具成为金融负债的方式进行结算;(3) 按照 CAS 37 第三章分类为权益工具的可回售工具。 【注意:违约事件若适用例外条件,须明确:"2. 解散"是指企业的清盘解散,不包括企业陷入偿付能力不足、破产重整等所有其他情况;并且有理由认为"3. 破产"几乎不具有可能性,或明确破产是指进入破产清算程序】

续表

项目	主要条款	分析
应急事件	（一）应急事件 在本期中期票据存续期内单独或同时发生下列应急事件时，可以启动投资者保护应急预案： 1. 发行人发生未能清偿到期债务的违约情况；债务种类包括但不限于中期票据、企业债券、公司债券、可转换债券、可分离债券等公开发行债务，以及银行贷款、承兑汇票等非公开发行债务； 2. 当发生强制付息事件时发行人仍未付息，或发行人违反利息递延下的限制事项，或发生递延支付利息时发行人未按信息披露安排进行公告； 3. 发行人或发行人的高级管理层出现严重违法、违规案件，或已就重大经济事件接受有关部门调查，且足以影响到中期票据的按时、足额兑付； 4. 发行人发生超过净资产 10% 以上重大损失（包括投资损失和经营性亏损），且足以影响到中期票据的按时、足额兑付； 5. 发行人做出减资、合并、分立、解散及申请破产的决定； 6. 发行人受到重大行政处分、罚款或涉及重大诉讼或司法强制执行等事件，且罚款、诉讼或强制执行的标的额较大，且足以影响中期票据的按时、足额兑付； 7. 其他可能引起投资者重大损失的事件。 （二）投资者保护应急预案的启动 本公司和联席主承销商启动应急预案后，可采取下列某项或多项措施保护债权： 1. 公开披露有关事项； 2. 召开持有人大会，商议债权保护有关事宜。 （四）债务融资工具持有人会议 持有人会议应有书面会议记录。持有人会议记录由出席会议的召集人代表和见证律师签名。召集人在会议表决日次一工作日将会议决议公告在上海清算所网站、中国货币网和交易商协会网站披露。 如需要发行人答复的，召集人在会议表决日次一工作日将会议决议提交至发行人，并代表中期票据持有人及时就有关决议内容与发行人及其他有关机构进行沟通。发行人应当在三个工作日内答复是否接受持有人会议通过的决议	或有结算条款通常构成合同义务，除非符合 CAS 37.12 的例外条件：（1）或有结算条款几乎不具有可能性，即相关情形极端罕见、显著异常或几乎不可能发生；（2）只有在发行方清算时，才需以现金、其他金融资产或以其他导致该工具成为金融负债的方式进行结算；（3）按照 CAS 37 第三章分类为权益工具的可回售工具。 "发行人发生未能清偿到期债务的情况""发生超过净资产 10% 以上重大损失"属于或有结算条款，而债务、借款、汇票等是否违约以及是否发生重大损失取决于公司未来经营情况，未来业绩企业不能控制，即发行人不能无条件避免应急事件的出现。 "发行人或发行人的高级管理层出现严重违法、违规"属于或有结算条款，发行人不能无条件避免此类事件的出现。 "其他可能引起投资者重大损失的事件"实质上对中期票据的持有人设定了担保。 需进一步明确债权持有人会议的决议发行人是否必须执行，除非发行人可以拒绝履行债权人会议决议，否则发行人不能无条件避免合同义务
风险提示	第二章　投资风险提示及说明 二、与发行人相关风险 （一）财务风险 2. 未来资本支出较大风险 3. 债务增加风险 5. 营业收入下降风险 6. 净利润下降风险 9. 受限资产金额较大的风险 （二）经营风险 7. 公司治理结构的风险 发行人为国有独资有限责任公司，由内蒙古自治区交通厅 100% 控股。由于历史原因，公司在设立时未设股东大会、董事会与监事会，实行总经理负责制，发行人法人治理结构不完善。 （三）管理风险 5. 突发事件引发公司治理结构突然变化的风险	募集说明书进行风险提示，表明其他债务或借款的清偿或违约、发行人管理层履职等或有结算条款不是"几乎不具有可能性"

续表

项目	主要条款	分析
股息发放与延迟	本次债券附设发行人延期支付利息权,除非发生强制付息事件,本次债券的每个付息日,发行人可自行选择将当期利息以及按照本条款已经递延的所有利息及其孳息推迟至下一个付息日支付,且不受到任何递延支付利息次数的限制;前述利息递延不属于发行人未能按照约定足额支付利息的行为。如发行人决定递延支付利息的,发行人应在付息日前10个工作日披露《递延支付利息公告》。递延支付的金额将按照当期执行的利率计算复息。在下个利息支付日,若发行人继续选择延后支付,则上述递延支付的金额产生的复息将加入已经递延的所有利息及其孳息中继续计算利息。	利息累积,但是公司可以无限期地递延且没有任何支付被递延的利息的合同义务,只要可以自主决定是否支付,经济压力本身并不会导致一项金融工具被划分为负债
存续期间/续期选择权	于发行人依照发行条款的约定赎回之前长期存续,并在发行人依据发行条款的约定赎回时到期	满足条件时为长期存续,属于"永续",需分析赎回条款
回购/赎回条件及赎回期	于本期中期票据第3个及其后每个付息日,发行人有权按面值加应付利息(包括所有递延支付的利息及其孳息)赎回本期中期票据。赎回价格:本期中期票据的面值、当期利息、递延支付利息及其孳息	仅发行方有权选择赎回,不构成合同义务
清算偿付顺序	本期中期票据的本金和利息在破产清算时的清偿顺序等同于发行人所有其他待偿还债务融资工具	清算时永续债与发行方发行的普通债券和其他债务处于相同清偿顺序的,应当审慎考虑此清偿顺序是否会导致持有方对发行方承担交付现金或其他金融资产合同义务的预期,并据此确定其会计分类
信用增级	本期中期票据无担保	无其他负债特征
信用评级	发行人的主体信用等级为AA+,本次债项的信用等级为AA+	评级不影响负债与权益的判断

注:主要条款根据募集说明书整理。

(2) 负债与权益区分的分析。

清算时永续债与发行方发行的普通债券和其他债务处于相同清偿顺序的,应当审慎考虑此清偿顺序是否会导致持有方对发行方承担交付现金或其他金融资产合同义务的预期,并据此确定其会计分类(财会〔2019〕2号文件生效后)。

违约事件及应急事件属于或有结算条款,且不满足例外条件,因此,发行人不能无条件避免债权持有人会议的召开,需进一步明确债权持有人会议的决议发行人是否必须执行,除非发行人可以拒绝履行债权持有人会议决议,否则发行人不能无条件避免合同义务。

6. F公司永续中票

F公司于2017年7月在银行间债券市场发行了中期票据。发行总额8亿元,采取"3+N"的方式于本期中期票据第3个和其后每一个付息日,发行人有权按面值加应付利息(包括所有递延支付的利息及其孳息)赎回本期中期票据。于本期中期票据发行之日第5个及其后每个付息日,发行人如不行使赎回权,需要由发行人按有关规定提前一个月在指定的信息平台上刊登公告。如不赎回,自第4个计息年度起,每3年重置一次票面利率。

(1) 永续中票发行主要条款如表6-10所示。

表6-10　　　　　　　　　F公司永续中票发行主要条款

项目	主要条款	分析
债券发行依据	"长期限含权中期票据"	银行间市场交易商协会注册的中期票据
票面利息率	本期中期票据前3个计息年度的票面利率将通过集中簿记建档、集中配售方式确定,在前3个计息年度内保持不变。自第4个计息年度起,每3年重置一次票面利率。如果发行人不行使赎回权,则从第4个计息年度开始票面利率调整为当期基准利率加上初始利差再加上300个基点,在第4个计息年度至第6个计息年度内保持不变。此后每3年重置票面利率以当期基准利率加上初始利差再加上300个基点确定。票面利率公式为:当期票面利率=当期基准利率+初始利差+300个基点	附利率跳升安排的固定股息率。由于"当期基准利率"未包含"初始利差+300个基点",利率跳升有上限,可以认为不构成间接义务
利息支付方式	本次中期票据采用单利按年计息,不计复利,本次中期票据的利息和本金自兑付首日起不另计息。本期中期票据每次付息日前5个工作日,由发行人按照有关规定在主管部门指定的信息披露平台上刊登《付息公告》,并在付息日按票面利率由上海清算所代理完成付息工作;如发行人决定递延支付利息的,发行人及相关中介机构应在付息日前5个工作日披露《递延支付利息公告》	交付现金的合同义务,需分析是否可以避免
利息发放的条件	付息日前12个月,发生以下事件的,发行人(含合并范围内子公司及集团本部)不得递延当期利息以及按照本条款已经递延的所有利息及其孳息:(1)向股东分红(按规定上缴国有资本收益除外);(2)减少注册资本。发行人(含合并范围内子公司及集团本部)有递延支付利息的情形时,直至已递延利息及其孳息全部清偿完毕,不得从事下列行为:(1)向股东分红(按规定上缴国有资本收益除外);(2)减少注册资本	尽管公司在向普通股股东进行了分红就需支付优先股的股息,但对普通股的股利支付是自主决定的,进而对中票的利息支付也是自主决定的。【注意:发行人须能自主决定子公司是否分红】公司减少注册资本时须向支付利息的义务是否构成或有结算事项取决于公司是否能控制减资事项,由于减资需要公司股东大会同意,因此一般认为并非公司不能控制的事项。减少注册资本不是或有结算事项,进而也就不形成公司的合同义务。尽管公司不向中票持有人支付股息就不能向普通股股东分红,但公司可以自主决定是否递延中票利息

续表

项目	主要条款	分析
违约事件	如下列任何一项事件发生及继续,则投资者均可向公司或主承销商(如有代理追偿责任)发出书面通知,表明应即刻启动投资者保护机制。在此情况下,发行人或主承销商(如有代理追偿责任)应依据本条款有关规定即刻启动投资者保护机制。有关事件在公司或主承销商接获有关通知前已予以纠正的,则另作别论: (一)拖欠付款:拖欠中期票据本金或任何到期应付利息。 (二)解散:公司于所有未赎回中期票据获赎回前解散或因其他原因不再存在。因获准重组引致的解散除外。 (三)破产:公司破产、全面无力偿债、拖欠到期应付款项、停止/暂停支付所有或大部分债务或终止经营其业务,或公司根据《破产法》规定进入破产程序	违约事件为发行方和持有方均不能控制的未来不确定事项,属于或有结算条款。或有结算条款通常构成合同义务,除非符合 CAS 37.12 的例外条件:(1)或有结算条款几乎不具有可能性,即相关情形极端罕见、显著异常或几乎不可能发生;(2)只有在发行方清算时,才需以现金、其他金融资产或以其他导致该工具成为金融负债的方式进行结算;(3)按照CAS 37 第三章分类为权益工具的可回售工具。 【注意:违约事件若适用例外条件,须明确:"(二)解散"是指企业的清盘解散,不包括企业陷入偿付能力不足、破产重整等所有其他情况;并且有理由认为"(三)破产"几乎不具有可能性,或明确破产是指进入破产清算程序】
应急事件	(一)应急事件 应急事件是指发行人突然出现的,可能导致中期票据不能按期、足额兑付,或可能影响到金融市场稳定的事件。 在本期中期票据存续期内单独或同时发生下列应急事件时,可以启动投资者保护应急预案: 1. 发行人发生未能清偿到期债务的情况,且足以影响到中期票据的按时、足额兑付。债务种类包括但不限于中期票据、企业债券等公开发行债务,以及银行贷款、承兑汇票等非公开发行债务; 2. 发行人或发行人的高级管理层出现严重违法、违规案件,或已就重大经济事件接受有关部门调查,且足以影响到中期票据的按时、足额兑付; 3. 发行人发生超过净资产10%以上重大损失(包括投资损失和经营性亏损),且足以影响到中期票据的按时、足额兑付; 4. 发行人做出减资、合并、分立的决定,且足以影响到中期票据的按时、足额兑付; 5. 发行人受到重大行政处分、罚款或涉及重大诉讼或司法强制执行等事件,且罚款、诉讼或强制执行的标的额较大,且足以影响中期票据的按时、足额兑付; 6. 其他可能导致中期票据不能按期、足额兑付的事件。 应急事件发生后,发行人和主承销商可以按照本章的约定启动投资者保护应急预案,保障投资者权益,减小对债券市场的不利影响。	"发行人发生未能清偿到期债务的情况""发生超过净资产10%以上重大损失"属于或有结算条款,而债务、借款、汇票等是否违约以及是否发生重大损失取决于公司未来经营情况,未来业绩企业不能控制,即发行人不能无条件避免应急事件的出现。 "发行人或发行人的高级管理层出现严重违法、违规"属于或有结算条款,发行人不能无条件避免此类事件的出现。 "发行人受到重大行政处分、罚款或涉及重大诉讼或司法强制执行等事件"属于或有结算条款,发行人不能无条件避免此类事件的出现。 "其他可能导致中期票据不能按期、足额兑付的事件"实质上对中期票据的持有人设定了担保。

续表

项目	主要条款	分析
应急事件	（二）投资者保护应急预案的启动 发行人和主承销商启动应急预案后，可采取下列某项或多项措施保护债权： 1. 公开披露有关事项； 2. 召开债权人大会，商议债权保护有关事宜。 （四）债权持有人会议 持有人会议应有书面会议记录。持有人会议记录由出席会议的召集人代表和见证律师签名。 召集人应当在持有人会议表决截止日次一工作日将会议决议公告在交易商协会认可的网站披露。 如需要发行人答复的，召集人在会议表决截止日次一工作日将会议决议提交至发行人，并代表债务融资工具持有人及时就有关决议内容与发行人及其他有关机构进行沟通。发行人应当自收到会议决议之日起3个工作日内答复是否接受持有人会议通过的决议	【或有结算条款仅在几乎不具有可能性，即相关情形极端罕见、显著异常或几乎不可能发生时，才不会导致划分为金融负债（CAS 37.12）】 需进一步明确债权持有人会议的决议发行人是否必须执行，除非发行人可以拒绝履行债权持有人会议决议，否则发行人不能无条件避免合同义务
风险提示	第二章　风险提示及说明 二、与发行人相关风险 （一）财务风险 6. 未来资本支出较大风险 8. 偿债压力较大风险 11. 资金周转的风险 15. 经营性现金流净额波动的风险 16. 偿债压力变大的风险 （二）经营风险 15. 突发事件引发的经营风险 （三）管理风险 2. 第一股东持股比例较小的风险 7. 突发事件可能引发的治理结构变化风险	募集说明书进行风险提示，表明其他债务或借款的清偿或违约、发行人管理层履职等或有结算条款不是"几乎不具有可能性"
交叉保护条款	触发情形：发行人及其合并范围内子公司未能清偿到期应付（或宽限期到期后应付（如有））的其他债务融资工具、公司债、企业债或境外债的本金或利息；或发行人及其合并范围内子公司未能清偿到期应付的任何金融机构借款，且单独或累计的总金额达到或超过：（1）人民币5,000.00万元，或（2）发行人最近一年或一个季度合并财务报表净资产的1%，以较低者为准。 如上述触发情形发生，发行人应在2个工作日内予以公告，且应立即启动如下保护机制： （1）书面通知。 （2）救济与豁免机制。 如果出席持有人会议的债务融资工具持有人所持有的表决权数额未达到本期债务融资工具总表决权的2/3以上，或未经过出席会议的本期债务融资工具持有人所持表决权的3/4以上通过的，视同未获得豁免；则本期债务融资工具本息应在持有人会议召开日的次一日立即到期应付。 （3）宽限期。	其他债务或借款的清偿或违约属于或有结算条款，发行人不能无条件避免交叉违约事件的出现，发行人不能无条件避免合同义务

续表

项目	主要条款	分析
控制权变更条款	触发情形：按照《公司法》等相关法律法规规定，结合企业实际情况，根据发行人律师认定和发行人在募集说明书中确认，发行人的控股股东为福星集团控股有限公司，实际控制人为湖北省汉川市钢丝绳厂，在本期债务融资工具存续期内，若实际控制人发生变更，则应立即启动如下保护机制： (1) 信息披露。 (2) 违反控制权约定事项。 发行人应在下列事项发生之日起 2 个工作日内，及时在中国银行间市场交易商协会认可的网站向市场发布投资者回售公告，包括回售登记的方式、期限、价格、行权日等事项，主承销商应协助发行人进行债券回售登记（回售登记期限不应超过 10 天）。投资者可选择继续持有或回售债券，若选择回售的，应回售登记期内进行登记，将持有的本期债务融资工具以票面价值 101% 的价格全部或部分回售给发行人。 如投资者行使回售选择权，发行人应及时筹措资金，保证在投资者回售登记期结束后一个月内兑付完毕，并按照票面利率支付该部分债务融资工具的应计及未付利息	发行人的控制权是否变更，发行人本身不能控制，发行人不能无条件避免控制权变更的发生，发行人不能无条件避免合同义务
股息发放与延迟	除非发生强制付息事件，本期中期票据的每个付息日，发行人可自行选择将当期利息以及按照本条款已经递延的所有利息及其孳息推迟至下一个付息日支付，且不受到任何递延支付利息次数的限制；前述利息递延不构成发行人未能按照约定足额支付利息。每笔递延利息在递延期间应按当期票面利率累计计息	利息累积，但是公司可以无限期地递延且没有任何支付被递延的利息的合同义务，只要可以自主决定是否支付，经济压力本身并不会导致一项金融工具被划分为负债
存续期间/续期选择权	于发行人依照发行条款的约定赎回之前长期存续，并在发行人依据发行条款的约定赎回时到期	长期存续，属于"永续"
回购/赎回条件及赎回期	于本期中期票据第 3 个和其后每一个付息日，发行人有权按面值加应付利息（包括所有递延支付的利息及其孳息）赎回本期中期票据。 于本期中期票据发行之日第 5 个及其后每个付息日，发行人如不行使赎回权，需要由发行人按有关规定提前一个月在指定的信息平台上刊登公告	仅发行方有权选择赎回，不构成合同义务
清算偿付顺序	本期中期票据的本金和利息在破产清算时的清偿顺序等同于发行人所有其他待偿还债务融资工具	清算时永续债与发行方发行的普通债券和其他债务处于相同清偿顺序的，应当审慎考虑此清偿顺序是否会导致持有方对发行方承担交付现金或其他金融资产合同义务的预期，并据此确定其会计分类
信用增级	无担保；本期中票发行不涉及信用增进事项	无其他负债特征
信用评级	本期中期票据信用评级为 AA 级	评级不影响负债与权益的判断

注：主要条款根据公司募集说明书整理。

(2) 负债与权益区分的分析。

清算时永续债与发行方发行的普通债券和其他债务处于相同清偿顺序的，应当审慎考虑此清偿顺序是否会导致持有方对发行方承担交付现金或其他金融资产合同义务的预期，并据此确定其会计分类（财会〔2019〕2 号文件生效后）。

违约事件及应急事件属于或有结算条款，且不满足例外条件，因此，发行人不能无条件避免债权持有人会议的召开，需进一步明确债权持有人会议的决议发行人是否必须执行，除非发行人可以拒绝履行债权持有人会议决议，否则发行人不能无条件避免合同义务。

交叉保护条款及控制权变更条款，属于或有结算条款，且不满足例外条件，因此，发行人不能无条件避免赎回，该中期票据为金融负债。

需要提醒的是，若存在交叉保护条款或其他投资者保护条款，需谨慎分析。由于发行人不能控制能否按时偿债、是否会发生重大资产损失、财务状况是否发生重大变化、控制权是否会变更、是否会发生其他投资者认定足以影响债权实现的事项等情形，进而可能无法无条件地避免以交付现金或其他金融资产来履行一项合同义务（如发生相应触发情形后必须回购）。因此，包含此类条款的永续债应当被分类为金融负债。

7. 首单银行永续债

经中国银行保险监督管理委员会和中国人民银行批准，Z 银行于 2019 年 1 月 25 日在全国银行间债券市场发行总额为 400 亿元人民币的减记型无固定期限资本债券，并于 2019 年 1 月 29 日发行完毕。本期债券募集的资金将用于补充其他一级资本。

首单无固定期限资本债券的推出，为后续商业银行发行无固定期限资本债券提供了范本，也拓宽了商业银行补充其他一级资本工具渠道。

(1) 永续债发行主要条款如表 6 – 11 所示。

表 6 – 11　　　　Z 银行永续债发行主要条款

项目	主要条款	分析
债券名称	Z 银行 2019 年无固定期限资本债券（第一期）	经银保监会和央行批准的在全国银行间债券市场发行的减记型无固定期限资本债券
赎回条款	自发行之日起 5 年后，发行人有权于每年付息日（含发行之日后第 5 年付息日）全部或部分赎回本期债券。 发行人须在得到银保监会批准并满足下述条件的前提下行使赎回权：（1）使用同等或更高质量的资本工具替换被赎回的本期债券，并且只有在收入能力具备可持续性的条件下才能实施资本工具的替换；或（2）行使赎回权后的资本水平仍明显高于银保监会规定的监管资本要求。 此外，发行人有权于下列情形全部而非部分地赎回本期债券：在本期债券发行后，不可预计的监管规则变化导致本期债券不再计入其他一级资本	未规定固定到期日且同时规定了未来赎回时间，当初始期限不是发行方清算日且发行方能自主决定是否赎回时，应当谨慎分析自身是否能无条件地自主决定不行使赎回权

续表

项目	主要条款	分析
债券期限	本期债券的存续期与发行人持续经营存续期一致	无固定到期日
回售	投资者不得回售本期债券	持有方无权要求发行方赎回
清偿顺序	本期债券本金的清偿顺序在存款人、一般债权人和次级债务之后，股东持有的股份之前；本期债券与发行人其他偿还顺序相同的其他一级资本工具同顺位受偿。如《中华人民共和国破产法》后续修订或相关规定对发行人适用的债务受偿顺序另行约定的，以相关法律法规规定为准	合同规定发行方清算时永续债劣后于普通债券和其他债务的，通常表明发行方没有交付现金或其他金融资产的合同义务
减记条款	1. 当其他一级资本工具触发事件发生时，即发行人核心一级资本充足率降至 5.125%（或以下），发行人有权在报银保监会并获同意但无须获得债券持有人同意的情况下，将届时已发行且存续的本期债券按照票面总金额全部或部分减记，促使发行人核心一级资本充足率恢复到 5.125% 以上……发行人可以进行一次或者多次部分减记…… 2. 当二级资本工具触发事件发生时，发行人有权在无须获得债券持有人同意的情况下将届时已发行且存续的本期债券按照票面总金额全部减记……	发行方有权减记债券
票面利率	本期债券前 5 年票面利率为 4.50%。 本期债券采用分阶段调整的票面利率，自发行缴款截止日起每 5 年为一个票面利率调整期，在一个票面利率调整期内以约定的相同票面利率支付利息。发行时的票面利率通过簿记建档、集中配售的方式确定。本期债券不含有利率跳升机制及其他赎回激励。 本期债券票面利率包括基准利率和固定利差两个部分。基准利率为本期债券申购文件公告前 5 个交易日（不含当日）中国债券信息网（或中央国债登记结算有限责任公司认可的其他网站）公布的中债国债到期收益率曲线 5 年期品种到期收益率的算术平均值（四舍五入计算到 0.01%）。固定利差为本期债券发行时确定的票面利率扣除本期债券发行时的基准利率，固定利差一经确定不再调整。 在基准利率调整日（即发行缴款截止日每满 5 年的当日），将确定未来新的一个票面利率调整期内的票面利率水平，确定方式为根据基准利率调整日的基准利率加发行定价时所确定的固定利差得出。如果基准利率在调整日不可得，届时将根据监管部门要求由发行人和投资者确定此后的基准利率或其确定原则	利率分阶段调整，不含利率跳升机制，无直接义务，也不构成间接义务
付息方式	本期债券的付息日为存续期内每年的 1 月 29 日，如遇法定节假日或休息日，则付息顺延至下一个工作日，顺延期间应付利息不另计息。 本期债券采用每年付息一次的付息方式，计息本金为届时已发行且存续的本期债券票面总金额，计息起始日为本期债券发行缴款截止日	交付现金的义务，需分析是否可以避免

续表

项目	主要条款	分析
利息发放条件	本期债券派息来自可分配项目，不与发行人自身的评级挂钩，也不随未来评级变化而调整。 发行人有权部分或全部取消本期债券的派息，且不构成违约事件。发行人可以自由支配取消派息的收益用于偿付其他到期债务。取消本期债券派息除构成对发行人普通股的收益分配限制以外，不构成对发行人的其他限制。若取消部分或全部本期债券派息，需由股东大会审议批准，并应在付息日前至少5个工作日通知本期债券持有人。 如发行人全部或部分取消本期债券的派息，自股东大会决议通过次日起，直至决定恢复派发全额利息【恢复派发全额利息，指在取消派息期间，发行人决定重新开始派发全额利息的情形。由于本期债券采取非累积利息支付方式，因此上述情形并不意味着发行人会派发以前年度已经被取消的利息】前，发行人将不会向普通股股东进行收益分配	有权无条件取消利息的支付，即发行方可以无条件避免以交付现金或其他金融资产来履行一项合同义务；"股息制动机制"本身不会导致相关金融工具被分类为金融负债
利息累积方式	本期债券采取非累积利息支付方式，即在发行人决议取消部分或全部本期债券利息的情形下，当期未向本期债券持有人足额派发利息的差额部分不累积至之后的计息期	非累积，不影响会计分类
投资者保护条款	【无】	若存在交叉保护条款或其他投资者保护条款，需谨慎分析
评级安排	发行人主体评级为AAA，本期债券评级为AAA	评级不影响会计分类
担保安排	【无担保等其他增信】 发行人承诺，发行人及受其控制或重大利益关联方不购买本期债券，且发行人不会直接或间接为购买本期债券提供融资	无其他负债特征
历史分红情况	2015年，集团实现净利润1,794.17亿元，其中归属于母公司所有者的净利润1,708.45亿元。根据股东大会审议批准的2014年度利润分配方案，派发年度现金股利559.34亿元；发行人派发优先股股息50.12亿元。 2016年，集团实现净利润1,840.51亿元。根据股东大会审议批准的2015年度利润分配方案，派发年度现金股利515.18亿元；发行人派发优先股股息67.18亿元。 2017年，集团实现净利润1,849.86亿元。根据股东大会审议批准的2016年度利润分配方案，派发年度现金股利494.57亿元；发行人派发优先股股息67.54亿元	判断金融工具会计分类，不受下列因素的影响：以前实施分配的情况；未来实施分配的意向；相关金融工具如果不发放股息对普通股股价可能产生的负面影响

注：主要条款根据《Z银行2019年无固定期限资本债券（第一期）募集说明书》整理。

(2) 负债与权益区分的分析。

未规定固定到期日且发行方能自主决定是否赎回，持有方无权要求发行方赎回，清算时永续债劣后于普通债券和其他债务，不含利率跳升机制，无交叉保护条款或其他投资者保护条款，无担保等其他增信导致的负债特征；利率分阶段调整，发行方有权部分或全部取消利息，且不构成违约事件。

"股息制动机制"要求发行方如果不宣派或支付永续债的利息，则其也不能宣派或支付普通股股利,由于发行方根据相应的议事机制能够自主决定普通股股利的支付,则"股息制动机制"本身不会导致相关金融工具被分类为金融负债。

发行方没有交付现金或其他金融资产或交换金融资产或金融负债结算的合同义务,因此该永续债属于权益工具。

需要注意的是,由于该减记型无固定期限资本债券要补充银行的其他一级资本,因此某些条款较为严格,如不含有利率跳升机制、存在减记条款。

8. S 公司永续中票

S 公司于 2019 年 10 月发行了中期票据。发行总额 20 亿元,采取"3 + N(3)年"的方式,即第 3 年末发行人有一次赎回权,如不赎回,第 4 年起实行利率跳升机制。前 3 个计息年度的票面利率将通过集中簿记建档方式确定,在前 3 个计息年度内保持不变。自第 4 个计息年度起,每 3 年重置一次票面利率。

(1)长期存续中期票据发行主要条款如表 6-12 所示。

表 6-12　　　　　　　　S 公司长期存续中期票据发行主要条款

项目	主要条款	分析
债券发行依据	中期票据	在银行间债券市场发行的债务融资工具
票面利息率	本期中期票据的利率为固定利率。 1. 初始票面利率确定方式。 本期中期票据前 3 个计息年度的票面利率将通过集中簿记建档方式确定,在前 3 个计息年度内保持不变。前 3 个计息年度的票面利率为初始基准利率加上初始利差。 2. 票面利率重置日。 第 3 个计息年度末为首个票面利率重置日,第 4 个计息年度起,每 3 年重置一次票面利率。票面利率重置日为首个票面利率重置日起每满 3 年的对应日(如遇法定节假日或休息日,则顺延至其后的第一个工作日,顺延期间不另计息)。 3. 基准利率确定方式。 初始基准利率为簿记建档日前 5 个工作日中国债券信息网(www.chinabond.com.cn)(或中央国债登记结算有限责任公司认可的其他网站)公布的中债银行间固定利率国债收益率曲线中,待偿期为 3 年的国债收益率算术平均值(四舍五入计算到 0.01%);初始利差为票面利率与初始基准利率之间的差值。 4. 利率跳升方式。 如果发行人选择不赎回本期永续票据,则从第 4 个计息年度开始票面利率调整为当期基准利率加上初始利差再加上 300 个基点,票面利率公式为:当期票面利率 = 当期基准利率 + 初始利差 + 300BP,在之后的计息年度内保持不变。本期债券采用单利按年计息,如有利息递延,则递延利息按当期票面利率累计计息	附利率跳升安排的固定股息率; 由于"当期基准利率"未包含"初始利差 + 300 个基点",利率跳升有上限,可以认为不构成间接义务。 《〈企业会计准则第 37 号——金融工具列报〉应用指南(2018)》:"在实务中,相关合同可能包含利率跳升等特征,往往可能构成发行方交付现金或其他金融资产的间接义务。" 《永续债相关会计处理的规定》(财会〔2019〕2 号):如果跳升次数有限、有最高票息限制(即"封顶")且封顶利率未超过同期同行业同类型工具平均的利率水平,或者跳升总幅度较小且封顶利率未超过同期同行业同类型工具平均的利率水平,可能不构成间接义务;如果永续债合同条款虽然规定了票息封顶,但该封顶票息水平超过同期同行业同类型工具平均的利率水平,通常构成间接义务

续表

项目	主要条款	分析
利息支付方式	本期中期票据每个付息日前 5 个工作日，由发行人按照有关规定在主管部门指定的信息披露媒体上刊登《付息公告》，并在付息日按票面利率由上海清算所代理完成付息工作	交付现金的合同义务，需分析是否可以避免
股息发放与延迟	除非发生强制付息事件，本期中期票据的每个付息日，发行人可自行选择将当期利息以及按照本条款已经递延的所有利息及其孳息推迟至下一个付息日支付，且不受到任何递延支付利息次数的限制；前述利息递延不构成发行人未能按照约定足额支付利息。每笔递延利息在递延期间应按当期票面利率非累计计息。如发行人选择利息递延支付，则于付息日前十个工作日，由发行人通过交易商协会认可的网站披露《利息递延支付公告》。 发行人（本部）有利息递延支付的情形时，在已递延利息及其孳息全部清偿完毕之前，不得从事下列行为：（1）向普通股股东分红（国有独资企业上缴利润除外）；（2）减少注册资本。 在本期永续票据付息日前 12 个月内，发生以下事件的，应当在事项发生之日起 2 个工作日内，通过交易商协会认可的网站及时披露，明确该事件已触发强制付息条件，且发行人（母公司）不得递延支付当期利息以及按照本条款已经递延的所有利息及其孳息：（1）向普通股股东分红（国有独资企业上缴利润除外）；（2）减少注册资本。发行人承诺不存在隐性强制分红情况	尽管公司在向普通股股东进行了分红就需支付优先股的股息，但对普通股的股利支付是自主决定的，进而对中票的利息支付也是自主决定的。 公司减少注册资本时须支付利息的义务是否构成或有结算事项取决于公司是否能控制减资事项，由于减资需要公司股东大会同意，因此一般认为并非公司不能控制的事项。减少注册资本不是或有结算事项，进而也就不形成公司的合同义务。 尽管公司不向中票持有人支付股息就不能向普通股股东分红或减少注册资本，但公司可以自主决定是否递延中票利息。 利息累积，但是公司可以无限期地递延且没有任何支付被递延的利息的合同义务，只要可以自主决定是否支付，经济压力本身并不会导致一项金融工具被划分为负债
存续期间/续期选择权	每个票面利率重置日为赎回日（如遇法定节假日或休息日，则顺延至其后的第一个工作日，顺延期间不另计息）	长期存续，属于"永续"
回购/赎回条件及赎回期	每个赎回日，发行人有权按面值加应付利息（包括所有递延支付的利息及其孳息）赎回本期中期票据。 如在前述赎回条款规定的时间，发行人决定行使赎回权，则于赎回日前 20 个工作日，由发行人通过交易商协会认可的网站披露《提前赎回公告》；如发行人不行使赎回权，则于付息日前 20 个工作日，由发行人通过交易商协会认可的网站披露本期债券票面利率以及调整幅度的公告	根据《永续债相关会计处理的规定》，当该初始期限不是发行方清算日且发行方能自主决定是否赎回永续债时，发行方应当谨慎分析自身是否能无条件地自主决定不行使赎回权。如不能，通常表明发行方有交付现金或其他金融资产的合同义务。 如发行方不能无条件地自主决定不行使赎回权，通常表明发行方有交付现金或其他金融资产的合同义务。例如，若持有人大会可以要求发行方赎回或合同条款未明确禁止持有人可以要求发行方赎回，或设置了兜底条款（如投资者保护条款中的某些回购约定）则可能表明发行方不能单方面自主决定是否行使赎回权，从而实质上发行方不能无条件避免交付现金或其他金融资产的合同义务

续表

项目	主要条款	分析
违约责任	如下列任何一项事件发生及继续，则投资者均可向公司或主承销商（如有代理追偿责任）发出书面通知，表明应即刻启动投资者保护机制。在此情况下，公司或主承销商（如有代理追偿责任）应依据本条款有关规定即刻启动投资者保护机制。有关事件在公司或主承销商接获有关通知前已予以纠正的，则另作别论： 1. 拖欠付款：拖欠中期票据本金或中期票据应付利息； 2. 解散：公司于所有未赎回中期票据获赎回前解散或因其他原因不再存在。因获准重组引致的解散除外； 3. 破产：公司破产、全面无力偿债、拖欠到期应付款项、停止/暂停支付所有或大部分债务或终止经营其业务，或公司根据《破产法》规定进入破产程序。 本公司和主承销启动应急预案后，可采取下列某项或多项措施保护债权： 1. 公开披露有关事项； 2. 召开债券持有人会议，商议债权保护有关事宜	违约事件包含发行方和持有方均不能控制的未来不确定事项，属于或有结算条款。或有结算条款通常构成合同义务，除非符合 CAS 37.12 的例外条件：（1）或有结算条款几乎不具有可能性，即相关情形极端罕见、显著异常或几乎不可能发生；（2）只有在发行方清算时，才需以现金、其他金融资产或以其他导致该工具成为金融负债的方式进行结算；（3）按照 CAS 37 第三章分类为权益工具的可回售工具。 【注意：违约事件若适用例外条件，须明确："解散"是指企业的清盘解散，不包括企业陷入偿付能力不足、破产重整等所有其他情况】 《〈企业会计准则第37号——金融工具列报〉应用指南（2018）》：企业还应当注意其他投资者保护条款。在这些合同中，破产往往是指无力偿债、拖欠到期应付款项、停止或暂停支付所有或大部分债务或终止经营其业务，或根据《破产法》规定进入破产程序，因此，由于发行人不能控制财务状况是否发生重大变化，进而无法无条件地避免以交付现金或其他金融资产来履行一项合同义务。因此，包含此类条款的永续债也应当被分类为金融负债
应急事件	应急事件是指本公司突然出现的，可能导致中期票据不能按期、足额兑付，并可能影响到金融市场稳定的事件。在各期中期票据存续期内单独或同时发生下列应急事件时，可以启动投资者保护应急预案： 1. 本公司发生未能清偿到期债务的违约情况；债务种类包括但不限于中期票据、企业债券、公司债券、可转换债券、可分离债券等公开发行债务，以及银行贷款、承兑汇票等非公开发行债务。 2. 本公司或本公司的高级管理层出现严重违法、违规案件，或	"发行人发生未能清偿到期债务的情况""发生超过净资产10%以上重大损失"属于或有结算条款，而债、借款、汇票等是否违约以及是否发生重大损失取决于公司未来经营情况，未来业绩企业不能控制，即发行人不能无条件避免应急事件的出现。

续表

项目	主要条款	分析
应急事件	已就重大经济事件接受有关部门调查，且足以影响到本期中期票据的按时、足额兑付； 3. 本公司发生超过净资产10%以上重大损失（包括投资损失和经营性亏损），且足以影响到本期中期票据的按时、足额兑付； 4. 本公司做出减资、合并、分立、解散及申请破产的决定； 5. 本公司受到重大行政处分、罚款或涉及重大诉讼或司法强制执行等事件，且罚款、诉讼或强制执行的标的额较大，且足以影响中期票据的按时、足额兑付； 6. 本公司发生对本期中票持有人权益有重大影响的其他事项，且事项足以影响到本期中票按时、足额兑付； 7. 中国人民银行或中国银行间交易商协会认定的其他突发事件。 应急事件发生后，本公司和主承销商应立即按照本章的约定启动投资者保护应急预案，保障投资者权益，减小对债券市场的不利影响。 本公司和主承销启动应急预案后，可采取下列某项或多项措施保护债权： 1. 公开披露有关事项； 2. 召开债券持有人会议，商议债权保护有关事宜。 发行人答复接受持有人会议决议的，应按照相关决议切实履行。发行人对相关决议事项可选择递延至后期执行，且不受递延次数限制。发行人未接受持有人会议决议的，由相关各方协商解决。 召集人在会议表决日次一工作日将会议决议提交至发行人，并代表债务融资工具持有人及时就有关决议内容与发行人及其他有关机构进行沟通。发行人应当在3个工作日内答复是否接受持有人会议通过的决议	"发行人或发行人的高级管理层出现严重违法、违规"属于或有结算条款，发行人不能无条件避免此类事件的出现。 "发行人受到重大行政处分、罚款或涉及重大诉讼或司法强制执行等事件"属于或有结算条款，发行人不能无条件避免此类事件的出现。 "其他可能导致中期票据不能按期、足额兑付的事件"实质上对中期票据的持有人设定了担保。 【或有结算条款仅在几乎不具有可能性，即相关情形极端罕见、显著异常或几乎不可能发生时，才不会导致划分为金融负债（CAS 37.12）】 《〈企业会计准则第37号——金融工具列报〉应用指南（2018）》：由于发行人不能控制能否按时偿债、是否会发生超过净资产10%以上重大损失、财务指标承诺能否达标、财务状况是否发生重大变化、控制权是否会变更或信用等级是否会被降级、是否会发生其他投资者认定足以影响债权实现的事项等情形，进而无法无条件地避免以交付现金或其他金融资产来履行一项合同义务。因此，包含此类条款的永续债也应当被分类为金融负债。 需进一步明确债权持有人会议的决议是否会要求发行人回购或提供担保以及发行人是否必须执行，除非发行人可以拒绝履行债权人会议决议或持有人会议无权要求发行人回购或提供担保，否则发行人不能无条件避免合同义务

续表

项目	主要条款	分析
交叉保护条款	触发情形 发行人及其合并财务报表范围内子公司未能清偿到期应付的其他债务融资工具、公司债、企业债或境外债券的本金或利息；或发行人未能清偿本期债务融资工具利息；或发行人及其合并财务报表范围内子公司未能清偿到期应付的任何银行贷款本金或利息，单独或累计的总金额达到或超过：（1）人民币5,000万元，或（2）发行人最近一年经审计的合并财务报表净资产的5%以较低者为准。 处置程序 债务融资工具持有人有权对如下处理方案进行表决： 无条件豁免本期债务融资工具违反约定； 有条件豁免本期债务融资工具违反约定，即持有人会议可就以下救济措施进行表决，持有人会议的每项议案对应以下一项救济措施，持有人会议应就每项议案逐项表决。发行人应按持有人会议全部有效决议采取对应救济措施，则豁免本期债务融资工具违反约定： （1）发行人提高100BP的票面利率（自持有人会议决议生效日的下一付息日起）； （2）发行人可自主选择以票面价值的价格全部赎回本期债务融资工具，或将本期债务融资工具提高100BP的票面利率（自持有人会议决议生效日的下一付息日起）； （3）自公告之日起直至本期债务融资工具本息偿付之日不得新增发行债务融资工具	交叉保护条款的触发情形属于或有结算条款，发行人不能无条件避免此类事件的出现。但是处置程序并不形成发行人的合同义务——并未要求必须回购、利率跳升有上限、由发行人自主选择是否回购、不得新增发行债务融资工具的经济压力并不直接导致合同义务
事先承诺条款	财务指标承诺： 发行人在本期债务融资工具存续期间应当确保发行人的合并财务报表资产负债率不超过85%，其中存续的永续委贷、永续中票等其他权益工具按负债计算。 发行人及主承销商应按年度监测。 处置程序 债务融资工具持有人有权对如下处理方案进行表决： 无条件豁免本期债务融资工具违反约定； 有条件豁免本期债务融资工具违反约定，即持有人会议可就以下救济措施进行表决，持有人会议的每项议案对应以下一项救济措施，持有人会议应就每项议案逐项表决。发行人应按持有人会议全部有效决议采取对应救济措施，则豁免本期债务融资工具违反约定： （1）发行人提高100BP的票面利率（自持有人会议决议生效日的下一付息日起）； （2）发行人可自主选择以票面价值的价格全部赎回本期债务融资工具，或将本期债务融资工具提高100BP的票面利率（自持有人会议决议生效日的下一付息日起）； （3）自公告之日起直至本期债务融资工具本息偿付之日不得新增发行债务融资工具	事先承诺条款的触发情形属于或有结算条款，发行人不能无条件避免此类事件的出现。但是处置程序并不形成发行人的合同义务——并未要求必须回购、利率跳升有上限、由发行人自主选择是否回购、不得新增发行债务融资工具的经济压力并不直接导致合同义务

续表

项目	主要条款	分析
控制权变更条款	触发情形 在本期债务融资工具存续期内，出现下列情形： 1. 控制权变更情形： （1）控股股东发生变更； （2）实际控制人发生变更。 2. 且在上述控制权变更情形发生之日起半年内信用评级发生变化： （1）信用评级级别下调； （2）信用评级展望调为负面。 处置程序 债务融资工具持有人有权对如下处理方案进行表决： 无条件豁免本期债务融资工具违反约定； 有条件豁免本期债务融资工具违反约定，即持有人会议可就以下救济措施进行表决，持有人会议的每项议案对应以下一项救济措施，持有人会议应就每项议案逐项表决。发行人应按持有人会议全部有效决议采取对应救济措施，则豁免本期债务融资工具违反约定： （1）发行人提高100BP的票面利率（自持有人会议决议生效日的下一付息日起）； （2）发行人可自主选择以票面价值的价格全部赎回本期债务融资工具，或将本期债务融资工具提高100BP的票面利率（自持有人会议决议生效日的下一付息日起）； （3）自公告之日起直至本期债务融资工具本息偿付之日不得新增发行债务融资工具	控制权变更条款的触发情形属于或有结算条款，发行人不能无条件避免此类事件的出现。但是处置程序并不形成发行人的合同义务——并未要求必须回购、利率跳升有上限、由发行人自主选择是否回购、不得新增发行债务融资工具的经济压力并不直接导致合同义务
清算偿付顺序	本期中期票据的本金和利息在破产清算时的清偿顺序劣于发行人普通债务之后；本期中期票据与发行人已发行的其他次级债处于同一清偿顺序，与未来可能发行的其他次级债同顺位受偿	《永续债相关会计处理的规定》（财会〔2019〕2号）：合同规定发行方清算时永续债劣后于发行方发行的普通债券和其他债务的，通常表明发行方没有交付现金或其他金融资产的合同义务。合同规定发行方清算时永续债与发行方发行的普通债券和其他债务处于相同清偿顺序的，应当审慎考虑此清偿顺序是否会导致持有方对发行方承担交付现金或其他金融资产合同义务的预期，并据此确定其会计分类
信用增级	本期中期票据不设担保	无其他负债特征

注：主要条款根据募集说明书整理。

(2) 负债与权益区分的分析。

违约事件及应急事件属于或有结算条款，且不满足例外条件，因此，发行人不能无条件避免债权持有人会议的召开，此时，需进一步明确债权持有人会议的决议发行人是否必须执行，除非发行人可以拒绝履行债权持有人会议决议，否则发行人不能无条件避免合同义务。

交叉保护条款、事先承诺条款和控制权变更条款属于或有结算条款，且不满足例外条件，但是由于并未要求必须回购、利率跳升有上限、由发行人自主选择是否回购、不得新增发行债务融资工具的经济压力并不直接导致合同义务，因此处置程序并不形成发行人的合同义务。

（三）实务应用示例

示例6-3　002594.SZ 比亚迪

其他权益工具

（1）期末发行在外的优先股、永续债等其他金融工具基本情况

永续债	发行时间	会计分类	股利率或利率（%）	发行价格（千元）	数量	金额（千元）	到期日或续期情况	转股条件	转换情况
永续债1	2016年2月24日	权益类	5.1	200,000	注1	200,000	注1	注1	注1
永续债2	2016年2月26日	权益类	5.1	400,000	注1	400,000	注1	注1	注1
永续债3	2017年8月22日	权益类	6.3	1,800,000	注2	1,800,000	注2	注2	注2
永续债4	2017年10月18日	权益类	6.16	1,500,000	注2	1,500,000	注2	注2	注2
合计				3,900,000		3,900,000			

注1：本公司于2016年2月24日、2016年2月26日分别按面值发行金额为2亿元和4亿元的中期票据，合计6亿元，扣除发行费用后为5.958亿元，分别由国家开发银行股份有限公司、中国农业银行股份有限公司、中国民生银行股份有限公司和中国建设银行股份有限公司联席主承销。本年中期票据期限为5+N年，于中期票据第五个和其后每个付息日，发行人有权按面值加应付利息（包括递延支付的所有利息及其孳息）赎回本年中期票据。如在前述赎回条款规定的时间，发行人决定行使赎回权，则于赎回日前一个月，由发行人按照有关规定在主管部门指定的信息媒体上刊登《提前赎回公告》，并由上海清算所代理完成赎回工作。

重置固定利率：本年中期票据前5个计息年度的票面利率为5.1%，如果发行人不行使赎回权，则从第6个计息年度开始票面利率调整为当期基准利率加上初始利差再加上300个基点，在第6个计息年度至第10个计息年度内保持不变，每5年重置一次票面利率。

除非发生本合同约定的强制付息事件，发行人在每个利息支付日前可以自行选择将当期利息和已经递延的利息及其孳息推迟至下一利息支付日支付，且不受任何递延支付次数的限制，前述利息递延不应视为发行人未按照本合同约定支付利息的违约事件。发行人决定递延支付利息的，发行人及相关中介机构应在付息日前五个工作日披露递延支付利息公告。

发行人结息日前12个月内，发生以下事件之一，发行人不得递延该计息周期利息以及按照《投资协议》及合同约定已经递延的所有利息及其孳息：（1）借款人向普通股股东分红；（2）借款人减少注册资本。由于发行人有权利避免以交付现金或其他金融资产的方式向出借人支付利息和本金，故将其划分为权益类工具。

注2：本公司分别于2017年8月22日和2017年10月18日获得华澳国际信托有限公司本金金额18亿元和15亿元的可续期委托贷款，各方确认该委托贷款为可持续委托贷款，除非委托人和借款人另有约定或本合同另有规定，初始贷款期限应为三年，自该笔信托贷款实际转入借款人指定账户之日开始起算，并以该日为起息日，初始贷款期限届满以后每一年为一个延续贷款期限。在每个贷款期限届满前一个月，借款人有权选择将本合同

项下借款期限延续一年,或者选择在每个贷款期限届满之日向贷款人全额归还全部委托贷款本金余额及所有应支付但尚未支付的应付利息、孳息、罚息以及其他费用。如借款人在每个借款期限届满前一个月选择延续借款期限的,则应于每个借款期限届满前1个月书面通知委托人及贷款人。如借款人在任何一个借款期限届满前一个月未按照本合同约定选择延续借款期限的,则于该等借款期限届满之日,该笔委托贷款到期,该借款期限到期日为自然到期日。

关于利率合同双方明确,本合同项下的贷款利率为非固定利率,由初始贷款利率及重置贷款利率组成,在每个贷款期限届满之后,贷款利率将根据合同约定发生重置,具体如下:初始贷款利率:第一年的信托贷款年利率分别为6.3%和6.16%,第二年和第三年的信托贷款年利率分别根据上一个利率调整日和起息日当日的一年期Shibor之差加上第一年的信托贷款年利率。

重置贷款利率:初始借款期限届满后,适用重置利率。即每个延续借款期限所适用的信托贷款利率应在前一个借款期限所使用的年利率的基础上跃升300个基点,重置后的年利率以18%为限。除非发生合同约定的强制付息事件,借款人在本合同约定的任一结息日前十日书面通知委托人及贷款人后,在本合同约定的每个付息日,借款人可将当期该计息周期的利息以及按照《投资协议》及本合同约定已经递延的利息及孳息递延支付,且不受任何递延支付次数的限制,前述利息递延不应视为借款人未按照本合同约定支付利息的违约事件。

借款人结息日前12个月内,发生以下强制付息事件之一,借款人不得递延该计息周期利息以及按照《投资协议》及合同约定已经递延的所有利息及其孳息:(1)借款人向股东分配或缴纳利润,或向其股东支付红利或股息;(2)向偿付顺序劣后于本产品的金融工具进行任何形式的兑付;(3)借款人减少注册资本。由于发行人有权利避免以交付现金或其他金融资产的方式向出借人支付利息和本金,故将其划分为权益类工具。

(2) 期末发行在外的优先股、永续债等金融工具变动情况

单位:千元

发行在外的金融工具	期初		本期增加		本期减少		期末	
	数量	账面价值	数量	账面价值	数量	账面价值	数量	账面价值
永续债		3,895,800						3,895,800
合计		3,895,800						3,895,800

截至2018年12月31日,对于以上永续债,本集团累积未分配的其他权益工具持有者的利息为人民币32,202千元(2017年:人民币32,138千元)。

示例6-4 600221.SH 海航控股

其他权益工具

(1) 期末发行在外的优先股、永续债等其他金融工具基本情况

于2015年及2016年,经中国银行间市场交易商协会批准,本公司发行总额为人民币5,000,000千元的中期票据扣除发行相关费用37,500千元后,净募集资金4,962,500千元。

于2016年及2017年,经中国银行间市场交易商协会批准,本公司之子公司天津航空分别发行人民币2,000,000千元和人民币1,300,000千元的中期票据。

于2017年,经中国银行间市场交易商协会批准,本公司之子公司祥鹏航空发行人民币500,000千元的中期票据。于2017年,本公司之子公司北部湾航空自第三方资产管理公司借入可续期委托贷款人民币300,000千元。

本可续期贷款于北部湾航空根据发行条款实际赎回之前长期存续,并在北部湾航

空依据发行条款的约定赎回时到期。本可续期贷款的赎回权为北部湾航空所有，资产管理公司无回售权。除非发生北部湾航空可控的强制付息事件，北部湾航空可于委托贷款的每个付息日自行选择将当期利息以及递延的所有利息及其孳息推迟至下一个付息日支付，且不受到任何递延支付利息次数的限制。本可续期贷款符合权益工具确认条件，计入股东权益。

示例 6-5　601992.SH 金隅集团

其他权益工具

（1）期末发行在外的优先股、永续债等其他金融工具基本情况

单位：元

永续债	发行日期	2019 年	2018 年
2015 年第一期中期票据	2015 年 10 月 15 日	990,000,000.00	990,000,000.00
2016 年第一期中期票据	2016 年 9 月 2 日	1,996,000,000.00	1,996,000,000.00
2016 年第二期中期票据	2016 年 9 月 6 日	1,996,000,000.00	1,996,000,000.00
2017 年第一期中期票据	2017 年 10 月 11 日	2,495,000,000.00	2,495,000,000.00
2017 年第二期中期票据	2017 年 11 月 6 日	2,495,000,000.00	2,495,000,000.00
2018 年第二期中期票据	2018 年 6 月 7 日	1,996,000,000.00	1,996,000,000.00
2018 年第四期中期票据	2018 年 9 月 18 日	1,497,000,000.00	1,497,000,000.00
2018 年第五期中期票据	2018 年 10 月 17 日	1,497,000,000.00	1,497,000,000.00
合计		14,962,000,000.00	14,962,000,000.00

（2）期末发行在外的优先股、永续债等金融工具变动情况

单位：元

发行在外的金融工具	期初		本期增加		本期减少		期末	
	数量	账面价值	数量	账面价值	数量	账面价值	数量	账面价值
永续中票	150,000,000	14,962,000,000.00	—	—	—	—	150,000,000	14,962,000,000.00
合计	150,000,000	14,962,000,000.00	—	—	—	—	150,000,000	14,962,000,000.00

其他权益工具本期增减变动情况、变动原因说明，以及相关会计处理的依据：

到期日	无固定到期日。于本公司依照发行条款的约定赎回之前长期存续,并在本公司依照发行条款的约定赎回时到期
分派递延	除非发生强制付息事件,中期票据的每个付息日,本公司可自行选择将当期利息以及按照发行条款已经递延的所有利息及其孳息推迟至下一个付息日支付,且不受到任何递延支付利息次数的限制;前述利息递延不构成本公司未能按照约定足额支付利息。每笔递延利息在递延期间可按当期票面利率累计计息
强制性分派支付事件	付息日前12个月内,发生以下事件的,本公司不得递延当期利息以及按本条款已经递延的所有利息及其孳息: (1) 向普通股股东分红; (2) 减少注册资本
赎回及购买	于中期票据第3/5个和其后每个付息日,本公司有权按面值加应付利息(包括所有递延支付的利息)赎回中期票据
利率确定方式	中期票据采用固定利率计息 自第4/6个计息年度起,每3/5年重置一次票面利率 如果发行人不行使赎回权,则从第4/6个计息年度开始票面利率调整为当期基准利率加上初始利差再加上300个基点。此后每3/5年重置票面利率以当期基准利率加上初始利差再加上300个基点确定

鉴于该中期票据的上述特点,本公司没有偿还本金或支付债券利息的合同义务,或在潜在不利条件下与永续债持有者交换金融资产或金融负债的合同义务。本公司将其此永续债以发行收入扣除发行费用后的净额入账,并计入其他权益工具,当宣派相关票息时则作为对其权益所有者的分配处理。

本集团中期票据利率水平为4.50%~6.80%,于2019年12月31日累积计提利息人民币799,200,000.00元,向特定投资者支付利息人民币799,200,000.00元。

示例6-6 601668.SH 中国建筑

其他权益工具

永续债

(1) 本公司于2014年9月4日发行起息日为2014年9月5日,并可于2019年及以后期间赎回的2014年度第二期中期票据(以下称"永续债"),发行总额为人民币2,000,000千元,扣除承销费等相关交易费用后实际收到现金为人民币1,996,770千元。根据该中期票据的发行条款,该中期票据于本公司依照发行条款的约定赎回之前长期存续。于该中期票据第5个和其后每个付息日,本公司有权按面值加应付利息(包括所有递延支付的利息及其孳息)赎回该中期票据(以下称"赎回权"),该中期票据的投资者无回售权。除非发生可以由本公司自主决定从而控制其是否发生的强制付息事件,于该中期票据的每个付息日,本公司可自行选择将当期利息以及按照条款已经递延的所有利息及其孳息推迟至下一个付息日支付,且不受到任何递延支付利息次数的限制。本公司将发行总额扣除相关交易费用后实际收到的金额作为其他权益工具核算。

该中期票据于前5个计息年度的票面利率保持不变,为年利率6.2%。自第6个计息年度起,若本公司不行使赎回权,年利率每5年以当期基准利率加上初始利差再加上200个基点重置一次。其中,初始利差为前5个计息年度的票面利率与初始基准利率之间的差值。

前述强制付息事件是指在付息日前12个月内发生以下情形之一:1)向普通股股东分配股利;2)减少注册资本(因股权激励计划导致需要赎回并注销股份的,或通过发行优先股赎回并注销普通股股份的除外)。

(2)本公司于2018年3月6日与中诚信托有限责任公司签订了金额为人民币60亿元的永续债融资合同,实际收到现金为人民币60亿元,起息日为2018年3月7日,本公司可于2018年9月6日及以后期间行使赎回权。根据合同相关条款,除非发生可由本公司自主决定从而控制其是否发生的加速清偿机制触发事件或者本公司行使赎回权,该永续债长期存续;除非发生可由本公司自主决定从而控制其是否发生的强制付息事件,于每个付息日,本公司可自行选择将当期利息以及已经递延的所有利息推迟至下一个付息日支付,且不受到任何递延支付利息次数的限制。本公司将该永续债计入其他权益工具。

该永续债于前2个计息年度的票面利率保持不变,为年利率6.5%。自第3个计息年度起,若本公司不行使赎回权,年利率每2年重置一次,第一次重置利率为前2个计息年度的票面利率加上200个基点,第二次重置利率为第一次重置利率加上200个基点,依此类推,最终重置利率限额不超过10%。

前述加速清偿机制触发事件包括:(一)在递延支付投资收益及其孳息未偿付完毕之前发生以下情形之一:1)向普通股股东分配股利;2)减少注册资本(因股权激励计划导致需要赎回并注销股份的,或通过发行优先股赎回并注销普通股股份的除外)。(二)永续债融资合同约定的违约事件。

前述强制付息事件是指在付息日前12个月内发生以下情形之一:1)向普通股股东分配股利;2)减少注册资本(因股权激励计划导致需要赎回并注销股份的,或通过发行优先股赎回并注销普通股股份的除外)。

于2018年12月31日及2017年12月31日,本公司发行在外的永续债的账面价值分别为人民币7,996,770千元和人民币1,996,770千元。

(3)截至2018年12月31日,本公司下属子公司发行永续债及取得可续期贷款(以下合称"子公司永续债")金额合计为人民币46,446,950千元,扣除承销费等相关交易费用后实际收到现金为人民币46,331,202千元。该等子公司永续债长期存续,且本公司下属子公司可自行决定是否赎回及偿还。除非发生可以由本公司下属子公司自主决定从而控制其是否发生的强制付息事件,于每个付息日,本公司下属子公司可自行选择将当期利息以及已经递延的所有利息及其孳息推迟至下一个付息日支付,且不受到任何递延支付利息次数的限制。本集团将该等子公司永续债作为少数股东权益核算。

四、其他相关问题

1. 复合金融工具的分拆

企业发行的优先股、永续债同时包含金融负债成分和权益工具成分的,应于初始计量时先确定金融负债成分的公允价值(包括其中可能包含的非权益性嵌入衍生工具的公允价值),再从复合金融工具公允价值中扣除负债成分的公允价值,作为权益工具成分的价值。前述方法即"分割会计法"(split accounting),操作过程如下:

首先根据不包含任何权益成分的类似负债的公允价值对负债部分对价的公允价值进行计量,此即为负债部分初始确认的账面价值。具体金额由合同规定的未来现金流量(利息和本金)折现的现值来确定,其中折现率为具有可比信用等级并在相同条件下提供几乎相同的现金流量但不具有权益成分的工具当前适用的利率。任何非权益的嵌入衍生工具的价值均需包含在负债部分中。

然后从复合工具整体的公允价值中扣除单独确定的负债部分的金额,其余额作为权益部分的价值。权益部分初始确认后不再重新计量。

2. 反稀释条款中转股价格调整的公式

可转债、可转换优先股发行中都会有一个转股价格调整的反稀释条款,该条款规定如果在可转换债券或可转换优先股存续期间内公司有分红或派息、发行新股或配股、送股或转增股本等情况,转股价格将做出相应调整,以保证可转债、可转换优先股的价值不会受影响,即"反稀释特征"。反稀释条款如果使得可转债、可转换优先股持有方相对于现有普通股股东的经济地位与之前相同,则不违反"固定换固定"的标准。

只要在送股、转增、增发、配股以及派送现金红利时将转股价格和股票价格进行同比例的除权处理,可转债、可转换优先股的价值就不会受到影响,即可转债、强制可转换优先股就是红利保护的。此时,转股价格调整公式体现了维护可转债、可转换优先股持有方与普通股股东之间的相对利益的情况,对转股价格以及相应的转股数量的调整不违反"固定换固定"的标准。换句话说,当转股权体现了和普通股同样的收益机会和风险敞口时,转股权的合同权利实质上和普通股权没有区别,也就不应该有会计分类上的不同处理。

(1) 送红股或转增股本。

公式 I: $P_1 = P_0/(1+n)$

其中:n 为该次送股率或转增股本率,P_0 为初始转股价格,P_1 为调整后转股价格。

(2) 派送现金股利。

公式 II: $P_1 = P_0 - D$

公式 III: $P_1 = P_0 \times (M-D)/M = P_0 \times (1-d)$

其中:D 为每股派送现金股利,d 为现金红利率,M 为该次派息前每股普通股市价。

就公式Ⅱ而言,派送现金红利前股票价格低于原来的转股价格时,派送现金红利会使投资者受损;派送现金红利前股票价格高于原来的转股价格时,派送现金红利会使投资者获利。因此公式Ⅱ不是红利保护的。

而公式Ⅲ可以使转股价格和股票价格同比例调整,满足"反稀释特征"。但若现金红利金额或红利率较小,则影响不大。

(3)增发新股或配股。

公式Ⅳ:$P_1 = P_0 \times (N + (A \times Q)/P_0)/(N+Q) = P_0 \times \dfrac{N + \dfrac{A \times Q}{P_0}}{N+Q}$

$= (P_0 + A \times k)/(1+k)$

或:$P_1 = \dfrac{P_0}{1+K} \times \left(1 + \dfrac{A}{P_0} \times K\right) = \dfrac{P_0}{1+K} \times \left(1 + A \times k \times \dfrac{1}{P_0}\right)$

公式Ⅴ:$P_1 = P_0 \times (N + (A \times Q)/M)/(N+Q) = P_0 \times \dfrac{N + \dfrac{A \times Q}{M}}{N+Q}$

$= (P_0 + A \times k \times P_0/M)/(1+k)$

或:$P_1 = \dfrac{P_0}{1+K} \times \left(1 + \dfrac{A}{M} \times K\right) = \dfrac{P_0}{1+K} \times \left(1 + A \times k \times \dfrac{1}{M}\right)$

其中:P_0 为初始转股价格,P_1 为调整后转股价格,Q 为该次增发新股或配股的数量,N 为该次增发新股或配股前公司普通股总股本数,k 为增发新股或配股率(Q/N),A 为增发新股价或配股价,M 为该次增发新股或配股的新增股份登记日前一交易日普通股市价。

就公式Ⅳ而言,未考虑现行股价。增发或配股前股票价格低于原来的转股价格时,增发或配股会使投资者获利,而当股票价格高于原来的转股价格时,增发或配股会使投资者受损。

而公式Ⅴ可以使转股价格和股票价格同比例调整,满足"反稀释特征"。

(4)增发与配股、送股或转增与派息同时发生时。

公式Ⅵ:$P_1 = (P_0 - D + A \times k)/(1+n+k)$

公式Ⅶ:$P_1 = (P_0 \times (1-d) + A \times k \times P_0/M)/(1+k)(1+n)$

如前所述,公式Ⅶ可以使股价和转股价格同比例调整,从而保证可转债、可转换优先股是红利保护的。

3. 每股收益的计算

无论优先股是作为负债还是权益,在计算普通股股东的每股收益时,均要先扣除归属于此类股份的股息及其他分配和调整的金额,以得出归属于普通股股东的利润。其中,对于发行的不可累积优先股应扣除当期宣告发放的股利,对于发行的累积优先股,无论当期是否宣告发放股利,均应予以扣除。

对于同普通股股东一起参与剩余利润分配的优先股,在计算普通股每股收益时,归属于普通股股东的净利润不应包含根据可参与机制计算的应归属于优先股持有者的净利润。

企业发行的优先股中包含转股条款的,即存在潜在稀释性的,在计算稀释每股收益时考虑的因素与发行可转换公司债券、认股权证相同。

需要强调的是,对于商业银行发行的优先股,只有在发生损失吸收触发事件时,才被强制转换成普通股,因而属于或有可发行普通股。于资产负债表日,如果损失吸收触发事件已经发生,那么优先股必将转成普通股,所以在计算普通股基本每股收益时,应考虑优先股被转成普通股的股数;如果损失吸收触发事件尚未发生,那么稀释每股收益的计算并不考虑优先股可能转成普通股的影响。因为截至资产负债表日,损失吸收触发事件尚未发生,意味着因优先股转股而发行普通股的条件尚未满足,从而优先股的转股特征不包含在稀释每股收益的计算中。

第三节 特殊金融工具会计分类的实务应用

一、可回售工具和仅在清算时按比例交付净资产的义务

可回售工具,是指根据合同约定,持有方有权将该工具回售给发行方以获取现金或其他金融资产的权利,或者在未来某一不确定事项发生或者持有方死亡或退休时,自动回售给发行方的金融工具。

仅在清算时才有义务按比例交付净资产的工具是指,某些金融工具的发行合同约定,发行方仅在清算时才有义务向另一方按比例交付其净资产,这种清算确定将会发生并且不受发行方的控制(如发行方本身是有限寿命主体),或者发生与否取决于该工具的持有方。

实务中判断上述特殊金融工具是否满足分类为权益工具的条件较为复杂,只有同时具有如表 6-13 中列示的条件的非衍生可回售工具或仅在清算时才有义务按比例交付净资产的工具才可以分类为权益(虽然其符合金融负债的定义)。

表 6-13　　　　　　　　特殊金融工具分类为权益工具的条件

序号	条件	备注
1	该金融工具属于最次级的工具——所属的类别次于其他所有工具类别。即:	该工具在清算时的清偿权是假设企业在分类日即清算的情况下评估的
	清算时对企业资产没有优先于其他工具的要求权	如果企业拥有级别相等但条款不同的两类次级工具,则均不能划分为权益
	在归属于该最次级的类别前无须转换为另一种工具	

续表

序号	条件	备注
2	对于可回售工具而言，所有此类工具均应具有完全相同的特征	例如必须都具有可回售特征，并且用于计算回购或赎回价格的公式或其他方法都相同、在清算时级别相同、具有相同的表决权、相同的其他特征（如看涨期权、管理费、计价货币）
	对清算产生的义务而言，所有此类工具清算义务需完全相同	发行方对该类别中所有工具都应当在清算时承担按比例份额交付其净资产的同等合同义务
3	赋予持有方在企业清算时按比例份额获得该企业净资产的权利。这里所指企业净资产是为除所有优先于该工具对企业资产要求权之后的剩余资产；这里所指按比例份额是清算时将企业的净资产分拆为金额相等的单位，并且将单位金额乘以持有方所持有的单位数量	清算时具有优先权的工具不是有权按比例获得企业净资产的工具。所以，如果一个可回售工具在清算时除了有权获得企业净资产之外还有权获得固定股利，而同类其他工具不具有相同的权利，则该类别的股份不属于权益
4	没有同时具备下列特征的其他金融工具或合同：	
	实质上限制或固定了可回售工具或仅在清算时才有义务按比例交付净资产的工具的持有方所获得的剩余回报；以及	如果一项工具因为与企业所发行的其他工具之间的相互作用而提供固定或有限的回报（例如另一工具参与净资产的分配），则不是权益工具
	现金流量总额实质上基于企业的损益、已确认净资产的变动、已确认和未确认净资产的公允价值变动（不包括该工具或合同的任何影响）	对于非金融合同，如果不能判定与可回售工具持有方签订的非金融合同是否与非工具持有方签订的同等合同类似，则不应将该可回售工具划分为权益
5	仅就可回售工具而言，该工具在存续期内的预计现金流量总额，应当实质上基于该工具存续期内企业的损益、已确认净资产的变动、已确认和未确认净资产的公允价值变动（不包括该工具的任何影响）	在其存续期内归属于该工具的现金流量应取决于企业整体的损益或净资产的变化，而不是企业业务的一部分。在回售义务是获取企业如下项目的等价现金的情况下，该条件即满足：①公允价值；②账面价值；或③采用基于净利润的公式所得的公允价值的近似值（例如企业价值倍数）
6	仅就可回售工具而言，除了回售义务本身外，该工具不满足金融负债定义中的任何其他特征	划分为权益的可回售工具除了回售义务外不能有其他的合同义务，因此，不会是复合工具
	对于含有因清算产生的义务的工具而言，并不要求其不能具有其他合同义务，因此这种工具可能是复合工具	

注：本表的规定仅限于非衍生工具合同。通过发行固定数量的按本表可被划分为权益的金融工具以换取固定金额的现金或其他金融资产的衍生工具合同（如认股权证）本身不能作为权益。

需要强调的是，对于子公司发行的符合上述条件，因而在其单独财务报表被划分为权益的工具，从集团的角度看不应被视为是最次级的，而且该工具在其存续期内的总预计现金流量不是在很大程度上取决于整个集团的损益或净资产的变动。因此，即使在子公司自身财务报表中被划分为权益，可回售非控制性权益或仅在清算时才有义务按比例交付净资产的工具在合并报表中也总是被划分为负债。

二、实务案例分析

有限合伙企业通常会约定当然退伙条款以及有限合伙人的提前退出条款。在有限合伙企业个别财务报表的角度，需要判断有限合伙人的出资是属于权益还是负债。这主要涉及特殊金融工具的会计分类判断。以下以某一个有限合伙企业的合伙协议为例，分析有限合伙人的出资是否可以作为权益列报。

1. 合伙协议的主要条款

（1）合伙成立及期限。

各方同意并承诺，为合伙企业登记注册之目的，将签署所需的全部文件，履行所需全部程序。合伙企业取得营业执照之日为合伙企业设立完成之日，即合伙企业成立之日。合伙企业存续期限为6年，经全体合伙人一致同意，可以提前清算。

（2）收益分配的顺序。

合伙企业经合伙人会议决议进行收益分配的，按照如下顺序进行分配：

①向有限合伙人（LP）某资产管理有限公司（代表某产业基金1号专项资产管理计划）分配，使其优先获得其在该项目对应的预期收益（预期收益＝6.3%，按季分配）；

②如有超额收益，则剩余部分由普通合伙人（GP）获得。

（3）有限合伙人发生下列情形时，当然退伙：

①有限合伙人依法被吊销营业执照、责令关闭撤销，或者被宣告破产；但有限合伙人终止时，其继承人或者权利承受人经普通合伙人同意取得该有限合伙人在合伙企业中的资格除外；

②合伙人在合伙企业中的全部财产份额被人民法院强制执行；

③发生根据《合伙企业法》规定被视为当然退伙的其他情形。

（4）普通合伙人发生下列情形时，当然退伙：

①依法被吊销营业执照、责令关闭撤销，或者被宣告破产；

②合伙人在合伙企业中的全部财产份额被人民法院强制执行；

③发生根据《合伙企业法》适用于普通合伙人的规定被视为当然退伙的其他情形。

（5）解散：

当下列任何情形之一发生时，合伙企业应被终止并清算：

①（略）

②合伙企业经营期限届满……

2. 有限合伙人出资属性分析

由于合伙企业存续期固定，且存在合伙企业或合伙人不能控制的当然退伙条款，使得合伙企业不能无条件地避免以交付现金或其他金融资产来履行分配或清算的义务,因此有限合伙人的出资符合金融负债的定义。此时,需要进一步分析该金融负债是否满足 CAS 37.17 中"特殊金融工具"划分为权益工具的条件,具体而言:

符合金融负债定义,但同时具有如表 6-14 列示条件的发行方仅在清算时才有义务向另一方按比例交付其净资产的金融工具,应当分类为权益工具。

表 6-14　　　　　　　　　　　有限合伙人出资属性分析

"特殊金融工具"划分为权益工具的条件	分析
(一)赋予持有方在企业清算时按比例份额获得该企业净资产的权利	不满足:LP 优先取得预期收益,超额收益归 GP,并非按持有份额的比例分配
(二)该工具所属的类别次于其他所有工具类别	不满足:LP 的出资优先于 GP 的出资

由于清算时并非按比例份额分配,且有限合伙人的出资不是最次级的,因此不满足"特殊金融工具"划分为权益工具的条件。对合伙企业个别报表及普通合伙人合并报表(假设 GP 控制合伙企业)而言,有限合伙人的出资均属于金融负债。

三、实务应用示例

示例 6-7　600094.SH 大名城

其他非流动负债

单位:元

项目	期末余额	期初余额
其他	46,082,400.00	64,262,336.30
合计	46,082,400.00	64,262,336.30

其他说明:

期初其他非流动负债系纳入公司合并范围的特殊目的主体中应归属于其他投资人份额的净资产部分。

示例 6-8　002301.SZ 齐心集团

其他非流动负债

单位：元

项目	期末余额	期初余额
上海和君投资咨询有限公司	2,528,000.00	2,528,000.00
诺安资产管理有限公司	50,560,000.00	50,560,000.00
合计	53,088,000.00	53,088,000.00

其他说明：

本公司与诺安资产管理有限公司和上海和君投资咨询有限公司共同出资成立了深圳市齐心和君产业股权投资基金合伙企业（有限合伙），其他合伙人投入资金在本合并报表中作为其他非流动负债列报。

根据深圳市齐心和君产业股权投资基金合伙企业（有限合伙）合伙协议和补充协议，本公司作为有限合伙人出资16%，另两名合伙人分别为诺安资产管理有限公司和上海和君投资咨询有限公司，两名合伙人出资比例分别为80%和4%，基金管理人为上海和君投资咨询有限公司。根据相关协议，本公司对该合伙企业具备实际控制权，已将其纳入合并报表范围。

示例 6-9　600136.SH 当代明诚

其他非流动负债

单位：元

项目	期末余额	期初余额
子公司发行的可转债划分至金融负债部分	500,000,000.00	
子公司优先级合伙人出资额划分至金融负债部分	66,500,000.00	
合计	566,500,000.00	

示例6-10 600502.SH 安徽建工

其他非流动负债

单位：元

项目	期末余额	期初余额
信托融资款		300,000,000.00
重分类广德安建（有限合伙）优先级股东投入资本	183,750,000.00	183,750,000.00
合计	183,750,000.00	483,750,000.00

其他说明：

期末其他非流动负债系重分类上海浦银安盛资产管理有限公司向广德安建（有限合伙）投入资本18,375.00万元。

第七章

套期会计

第一节 套期保值与套期会计

2017年新修订的套期会计准则将准则名称由"套期保值"改为"套期会计",核心理念是将套期会计和风险管理紧密结合,使企业的风险管理活动能够恰当地体现在财务报告中。套期保值是企业的风险管理活动,套期会计是一种在财务报表中列报的方法,是一般原则之外的特殊确认原则。套期会计是自愿运用的。

一、套期保值

套期(套期保值),是指企业为管理外汇风险、利率风险、价格风险、信用风险等特定风险引起的风险敞口,指定金融工具为套期工具,以使套期工具的公允价值或现金流量变动,预期抵销被套期项目全部或部分公允价值或现金流量变动的风险管理活动。

例如,期货套期保值业务是以规避企业所需原材料及产品的价格风险为目的,从事卖出产品类或买入原材料类标准化期货合约,实现抵销现货市场交易中存在的价格风险的交易活动。

企业运用商品期货进行套期时,其套期策略通常是,买入(卖出)与现货市场数量相当但交易方向相反的期货合同,以期在未来某一时间通过期货合同的公允价值变动来补偿现货市场价格变动所带来的价格风险。例如,某石油公司签订一项6个月后以固定价格购买原油的合同(尚未确认的确定承诺),为规避原油价格风险,该公司签订一项未来卖出原油的期货合约,对该确定承诺的价格风险引起的公允价值变动风险敞口进行套期。又如,某橡胶制品公司签订一项未来买入橡胶的远期合同,对3个月后预期极可能发生的与购买橡胶相关的价格风险引起的现金流量变动风险敞口进行套期。

外汇套期保值业务，是为满足国际贸易及投资业务需要，在金融机构办理的以规避和防范汇率风险为目的的远期外汇交易业务，包括远期结售汇业务、人民币及其他外汇掉期业务等。

例如，某企业签订一项购入外币的外汇远期合同，对以固定外币价格买入原材料（需支付外币）的极可能发生的预期交易的外汇风险引起的现金流量变动风险敞口进行套期。

二、套期会计

新修订的《企业会计准则第 24 号——套期会计》（以下简称"新套期会计准则"）与 2006 年发布的《企业会计准则第 24 号——套期保值》（以下简称"原套期会计准则"）套期会计机制相同，将套期分为公允价值套期、现金流量套期和境外经营净投资套期三类。

套期会计方法，是指企业将套期工具和被套期项目产生的利得或损失在相同会计期间计入当期损益（或其他综合收益）以反映风险管理活动影响的方法。

1. 公允价值套期

公允价值套期，是指对已确认资产或负债、尚未确认的确定承诺，或上述项目组成部分的公允价值变动风险敞口进行的套期。该公允价值变动源于特定风险，且将影响企业的损益或其他综合收益。

新套期会计准则对于影响其他综合收益的情形，明确了仅限于企业对指定为以公允价值计量且其变动计入其他综合收益的非交易性权益工具投资的公允价值变动风险敞口进行的套期。对此类非交易性权益工具投资进行公允价值套期时，套期工具的公允价值变动也计入其他综合收益。

2. 现金流量套期

现金流量套期，是指对现金流量变动风险敞口进行的套期。该现金流量变动源于与已确认资产或负债、极可能发生的预期交易，或与上述项目组成部分有关的特定风险，且将影响企业的损益。

对确定承诺的外汇风险进行的套期，企业可以将其作为公允价值套期或现金流量套期处理。

3. 境外经营净投资套期

境外经营净投资套期，是指对境外经营净投资外汇风险敞口进行的套期。境外经营净投资，是指企业在境外经营净资产中的权益份额。境外经营净投资套期中的被套期风险是指境外经营的记账本位币与母公司的记账本位币之间的折算差额。新套期会计准则没有对净投资套期模型进行任何改动。

三、期权的时间价值

对于期权，可以将期权的内在价值和时间价值分开，只将期权的内在价值变动指定为套期工具（需追溯调整）。

期权合同的时间价值要素的公允价值变动暂时计入其他综合收益（与被套期项目相关的部分）；然后根据被套期项目的性质分别进行会计处理（如图 7-1 所示）。

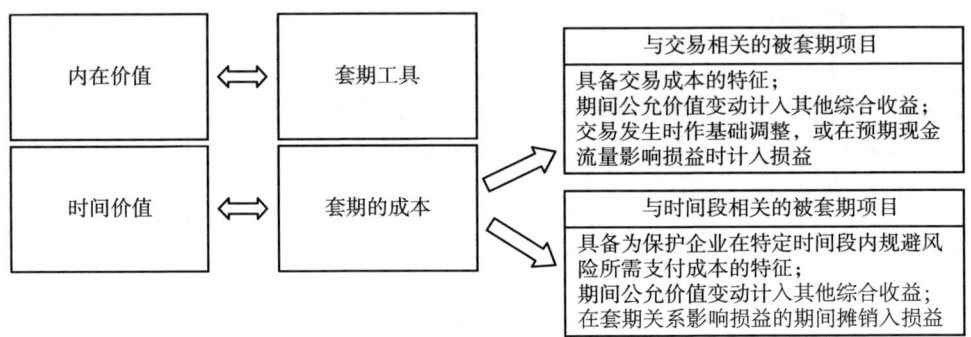

图 7-1　期权的时间价值的会计处理

1. 与交易相关的被套期项目

例如，2019 年 1 月，记账本位币为人民币的企业计划于当年 9 月份采购一台机器设备用于生产过程，预期采购价格 500 万美元。企业仅希望对下行风险进行套期，因此买进了 500 美元的看涨期权，期权的期限与该项预期交易的期限相匹配。企业在该设备很可能发生的预期采购现金流量套期中仅指定了看涨期权的内在价值。

期权的时间价值在开始时为 3 万元人民币，2019 年 3 月 31 日为 1.6 万元人民币，而 2019 年 6 月 30 日为 0.7 万元人民币。

与交易相关的被套期项目有关的期权时间价值的累计金额在其他综合收益及权益储备中的变动如表 7-1 所示。

表 7-1　　与交易相关的被套期项目有关的期权时间价值　　单位：万元

项目	指定套期时	2019 年 3 月 31 日	2019 年 6 月 30 日	2019 年 9 月 30 日
期初套期储备		3.0	1.6	0.7
期权时间价值的变动		-1.4	-0.9	-0.7
对固定资产的基础调整		—	—	3.0
期末套期储备	3.0	1.6	0.7	—

2. 与时间段相关的被套期项目

例如，甲公司发行了一项7年期浮动利率债券，并希望在前2年内使其免于因利率上升而导致利息费用增加所带来的风险。因此，甲公司买进了一份为期2年的利率上限期权。在现金流量套期中，仅将利率上限期权的内在价值指定为套期工具。

假定该期权被指定时的实际时间价值为200,000元，甲公司将该金额按照系统、合理的方法在保护期（即前2年）内分摊至当期损益。为简化核算，本例中以直线法分摊至当期损益（如表7-2所示）。

表7-2 与时间段相关的被套期项目有关的期权时间价值 单位：元

项目	指定套期时	第1年末	第2年末	合计
期权的时间价值	200,000	130,000	0	—
计入其他综合收益的公允价值变动	—	70,000	130,000	200,000
从其他综合收益转出（分摊）的金额	—	100,000	100,000	200,000

第二节 套期工具和被套期项目

一、套期工具

套期工具，是指企业为进行套期而指定的、其公允价值或现金流量变动预期可抵销被套期项目的公允价值或现金流量变动的金融工具，包括：（1）以公允价值计量且其变动计入当期损益的衍生工具；（2）以公允价值计量且其变动计入当期损益的非衍生金融资产或非衍生金融负债。

签出期权（包括嵌入在其他金融工具中的签出期权）一般不能作为套期工具，因为企业签出期权的潜在损失可能会远远超过相关被套期项目价值的潜在利得，所以签出期权在减少被套期项目损益敞口方面是无效的。企业只有在对购入期权（包括嵌入在混合合同中的购入期权）进行套期时，签出期权才可以作为套期工具。

新套期会计模型消除了单独的签出期权和单独的购入期权形成的组合与一项同时包含签出期权和购入期权的合同的区别。一项单独的签出期权如果与其他套期工具共同被指定且该组合不会导致一项净签出期权，那么该单独的签出期权可以被指定为套期工具。

企业可以将套期工具的一定比例指定为套期工具，但不能将套期工具剩余期限内某一时段的公允价值变动部分指定为套期工具。

新套期会计准则对套期工具的确定更加清晰，同时明确企业自身权益工具不属于企业的金融资产或金融负债，不能作为套期工具。另外，还明确了混合合同中未分拆的衍生工具不能作为单独的套期工具。主要的变化如表7-3所示。

表7-3　　　　新套期会计准则新旧对比——套期工具

新套期会计准则	原套期会计准则
非衍生金融工具继续适用于外汇风险套期。 此外，如果非衍生金融工具以公允价值计量且其变动计入损益的，还适用于除外汇风险以外的风险套期	非衍生金融工具仅适用于外汇风险套期
金融资产的嵌入衍生工具不再单独进行会计核算。因此，仅金融负债或非金融合同的（分拆单独核算的）嵌入衍生工具可被指定为套期工具	嵌入衍生工具可用作套期工具
明确自身权益工具不能作为套期工具	未明确
期权的时间价值不包含在套期关系指定中时，期权的校准时间价值（与被套期项目的关键条款完全匹配的假定期权的时间价值）的变动通过其他综合收益予以递延（不属于现金流量套期储备）。 重分类至损益或作基础调整的时点取决于被套期项目的性质（与交易相关还是与时间段相关）	期权的时间价值的变动计入损益
增加了另一种确认远期点数公允价值变动的方法——仅指定即期价格部分时与期权时间价值的会计处理类似的一种可选方法。但与期权的要求不同，远期的这一会计处理方法是不是会计政策上的选择，而是针对每个指定的选择	远期点数公允价值变动的确认有两种方法： (1) 将远期合同的全部公允价值用于套期； (2) 仅将即期要素的价值变动指定为套期工具，远期点数引起的公允价值变动立即计入损益
外汇基准利差视作套期关系的成本，因此其变动可计入其他综合收益	未明确规定外汇基准利差的会计处理方法

二、被套期项目

被套期项目，是指使企业面临公允价值或现金流量变动风险，且被指定为被套期对象的、能够可靠计量的项目，包括已确认资产或负债、尚未确认的确定承诺、极可能发生的预期交易、境外经营净投资。

确定承诺，是指在未来某特定日期或期间，以约定价格交换特定数量资源、具有法律约束力的协议。例如，公司签订了一份在法律上具有约束力的采购协议，约定于2019年12月5日按每吨13,000元的价格购买100吨铝；公司与银行签订了一份具有法律约束力的协议，约定于2019年12月31日接受1,500万元债券的交割。

预期交易，是指尚未承诺但预期会发生的交易。预期交易必须是极可能发生的。评估预期交易发生的可能性不能仅依靠企业管理人员的意图，而应当基于可观察的事实和相关因素。例如，2019年6月，公司预期将购买10,000桶原油，用于当年8月份的生产；公司预计将于2020年3月31日从银行借入1,000万元的借款。

被套期的预期交易必须可以通过足够的特征进行辨认，并且这些特征有书面文件进行支持。例如，在特定的 6 个月内，销售某一产品最初的 10,000 个单位可以确认为预期交易；但在 6 个月内销售这种产品的最后 10,000 个单位不能确认为预期交易，因为难以确定最后 10,000 个单位的足够特征。同样，预期交易不能仅限定为某一期间销售量或购买量的一定百分比。

新套期会计准则拓宽了可以被指定为被套期项目的范围，增加了以下符合条件的被套期项目：一是允许将非金融项目的组成部分指定为被套期项目；二是允许将一组项目的风险总敞口和风险净敞口指定为被套期项目，并且对于风险净敞口套期的列报作出了单独的要求；三是允许将包括衍生工具在内的汇总风险敞口指定为被套期项目。主要的变化如表 7-4 所示。

表 7-4　　　　　　　　　　新套期会计准则新旧对比——被套期项目

新套期会计准则	原套期会计准则
在符合一定的条件下，企业可以将项目组合或其组成部分指定为被套期项目。对"项目组成部分"进行了定义并限定了范围	未涉及
在风险成分可单独识别且能可靠计量的前提下，还可将非金融项目的风险成分指定为被套期项目	仅可对金融项目的风险成分进行套期，非金融项目仅能针对外汇风险或所有风险指定为被套期项目
允许将汇总风险敞口（一项符合被套期项目条件的风险敞口与衍生工具的组合）作为被套期项目	不允许将衍生工具指定为被套期项目（或作为被套期项目的一部分）
在现金流量套期中，企业对一组项目的风险净敞口（存在风险头寸相互抵销的项目）进行套期时，仅可以将外汇风险净敞口指定为被套期项目	外汇风险净敞口不可以指定为现金流量套期的被套期项目
净敞口为零的项目组合满足条件时，可以指定为不含套期工具的套期会计	不允许将净敞口为零的项目组合作为被套期项目
在某些情况下，层级可用于现金流量套期，也可用于公允价值套期。 但对于包含提前还款权的层级部分而言，如果提前还款权的公允价值受被套期风险变动的影响，则该层级部分不能被指定为公允价值套期中的被套期项目	相对限制层作为被套期项目。 层级只能用于现金流量套期，不允许指定公允价值套期的层级部分
采用权益法核算的股权投资不能在公允价值套期中作为被套期项目	未明确规定
合并财务报表层面，符合《企业会计准则第 33 号——合并财务报表》规定的投资性主体与其以公允价值计量且其变动计入当期损益的子公司之间的交易，可以运用套期会计	未明确规定

第三节　套期关系评估

一、运用套期会计的条件

企业只有满足一定条件时，才能采用套期会计。表7-5对比总结了新套期会计准则和原套期会计准则中规定的符合适用套期会计的条件。

表7-5　　　　新套期会计准则新旧对比——运用套期会计的条件

新套期会计准则	原套期会计准则
正式指定及书面记录： （1）风险管理的目标及策略； （2）套期工具性质及其数量； （3）被套期项目性质及其数量； （4）被套期风险性质及其认定； （5）对套期有效性的评估方法（包括被套期项目与套期工具的经济关系、套期比率的确定方法、套期无效部分产生的原因分析）	正式指定及书面记录： （1）风险管理的目标及策略； （2）套期工具； （3）被套期项目； （4）被套期风险的性质； （5）套期有效性
套期有效性的要求（预期性）： （1）被套期项目和套期工具之间存在经济关系； （2）被套期项目和套期工具经济关系产生的价值变动中，信用风险的影响不占主导地位； （3）套期关系的套期比率，应当等于企业实际套期的被套期项目数量与对其进行套期的套期工具实际数量之比，但不应当反映被套期项目和套期工具相对权重的失衡，这种失衡会导致套期无效，并可能产生与套期会计目标不一致的会计结果	套期有效性的要求（预期性及回顾性）： （1）套期有效性能够可靠计量； （2）套期预计会非常有效（预期性测试）； （3）持续地对套期有效性进行评估，且确实高度有效（回顾性测试及80%~125%的标准）
套期关系再平衡： （1）允许主体在不终止套期关系的情况下完善套期比率，以减少套期无效性的来源，前提是风险管理的目标未改变； （2）符合套期有效性要求的再平衡应当作为套期关系的延续进行处理	当套期比率被修改时，主体必须终止套期关系，并可重新开始新的套期关系
企业应当在套期开始日及以后期间持续地对套期关系是否符合套期有效性要求进行评估，强调了尤其应当分析在套期剩余期限内预期将影响套期关系的套期无效部分产生的原因	企业应当持续地对套期有效性进行评价，并确保该套期在套期关系被指定的会计期间内高度有效
企业至少应当在资产负债表日及相关情形发生重大变化将影响套期有效性要求时对套期关系进行评估	企业至少应当在编制中期或年度财务报告时对套期有效性进行评价

原套期会计准则中要求套期关系必须预期高度有效，并对套期高度有效性提供了80%~125%的量化指标及回顾性评估要求。新套期会计准则取消了80%~125%的

硬性规定，代之以定性的套期有效性要求，更加注重预期有效性评估。

套期会计适用标准及有效性评价可利用图 7-2 进行判断。

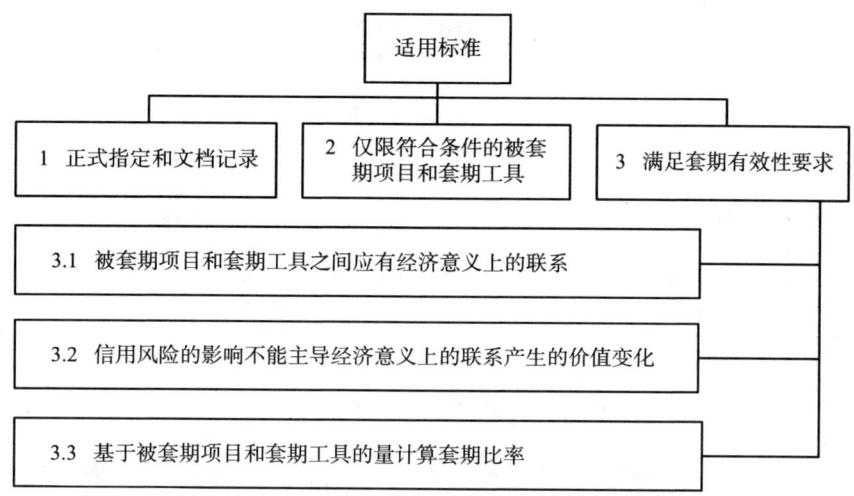

图 7-2　套期会计适用标准及有效性评价

（一）符合条件的套期工具和被套期项目

在确立套期关系时，企业应当将符合条件的金融工具整体指定为套期工具。

企业可以将下列单个项目、项目组合或其组成部分指定为被套期项目：

（1）已确认资产或负债。

（2）尚未确认的确定承诺。确定承诺，是指在未来某特定日期或期间，以约定价格交换特定数量资源、具有法律约束力的协议。

（3）极可能发生的预期交易。预期交易，是指尚未承诺但预期会发生的交易。

（4）境外经营净投资。

企业可以将符合被套期项目条件的风险敞口与衍生工具组合形成的汇总风险敞口指定为被套期项目。

（二）正式指定的书面文件

在套期开始时，企业正式指定了套期工具和被套期项目，并准备了关于套期关系和企业从事套期的风险管理策略和风险管理目标的书面文件。该文件至少载明了套期工具、被套期项目、被套期风险的性质以及套期有效性评估方法（包括套期无效部分产生的原因分析以及套期比率确定方法）等内容。

风险管理策略与风险管理目标的对比如表 7-6 所示。

表7-6　　　　　　　　　风险管理策略与风险管理目标

风险管理策略	风险管理目标
(1) 建立在公司层面上； (2) 识别企业总体上面临的风险以及企业如何应对这些风险； (3) 通常适用于较长时期； (4) 可能包含一定的灵活性以适应环境的变化； (5) 通常在纲领性文件中阐述	(1) 建立在某一特定套期关系具体层面上； (2) 描述一项特定的套期工具如何对被套期项目的特定风险敞口进行套期； (3) 是套期文件的一部分
例如，将40%的金融负债保持在浮动利率水平	例如，指定一项利率互换合约，对1亿英镑的固定利率债务进行公允价值套期
例如，在12个月的期间内，对以70%为限的黄金的预期销售的价格风险进行套期	例如，指定一项期货合约，对当年3月首批1,000万元黄金现货销售的价格风险进行套期

(三) 套期关系符合套期有效性要求

套期有效性，是指套期工具的公允价值或现金流量变动能够抵销被套期风险引起的被套期项目公允价值或现金流量变动的程度。套期工具的公允价值或现金流量变动大于或小于被套期项目的公允价值或现金流量变动的部分为套期无效部分。

1. 经济关系

被套期项目和套期工具之间应存在经济关系。该经济关系使得套期工具和被套期项目的价值因面临相同的被套期风险而发生方向相反的变动。

可以进行定性分析：例如套期工具和被套期项目的关键条款（名义金额、到期期限和基础变量等）相互匹配或大致相符。

若套期工具和被套期项目的主要条款并非基本匹配，企业可能需要进行定量评估（如采用回归分析法分析套期工具和被套期项目价值变动的相关性、比较被套期风险引起的套期工具和被套期项目公允价值或现金流量变动的比率）。

2. 信用风险不占主导地位

因为套期会计模型建立在套期工具和被套期项目的价值变动能够相互抵销这一基本概念之上，信用风险的影响不得主导被套期风险引起的价值变动；否则，相互抵销的程度可能变得不规律。

例如，当企业计划对其预期采购的黄金的商品价格风险进行套期时，其与X银行签订了一份衍生合同，约定在未来某日以固定价格购进黄金。如果该衍生合同无担保，而X银行的信用状况发生严重恶化，则衍生合同公允价值的变化中，由信用风险变动所产生的影响同由商品价格变化所产生的影响相比可能并不相称；然而，被套期项目（预期采购的存货）的价值变动将在很大程度上取决于商品价格的变动，且不受X银行信用风险变化的影响。

3. 套期比率

套期关系的套期比率，应当等于企业实际套期的被套期项目数量与对其进行套期的套期工具实际数量之比,但不应当反映被套期项目和套期工具相对权重的失衡,这种失衡会导致套期无效,并可能产生与套期会计目标不一致的会计结果。

当采用设定合同规模的标准化合约(例如,伦敦金属交易所一份标准的铝期货合约的合同规模为25吨)时,企业希望用标准的铝期货合约对购买90吨的铝进行套期,由于标准合同规模的限制,企业将采用3份或者4份期货合约(总量分别相当于75吨和100吨)。这一指定将使套期比率为0.83:1或者1.11:1。在此情况下,企业指定其实际所采用的套期比率,由于该不配比所引发的套期无效并不导致与套期会计目的不一致的会计结果。但套期无效部分仍需计量并计入损益。

二、套期关系再平衡

新套期会计准则引入套期关系再平衡机制。套期关系再平衡是指对已经存在的套期关系中被套期项目或套期工具的数量进行调整,以使套期比率重新符合套期有效性要求。而原套期会计准则要求先终止原先的套期关系,再重新指定套期关系。

套期有效性评价和再平衡可利用图7-3进行判断。

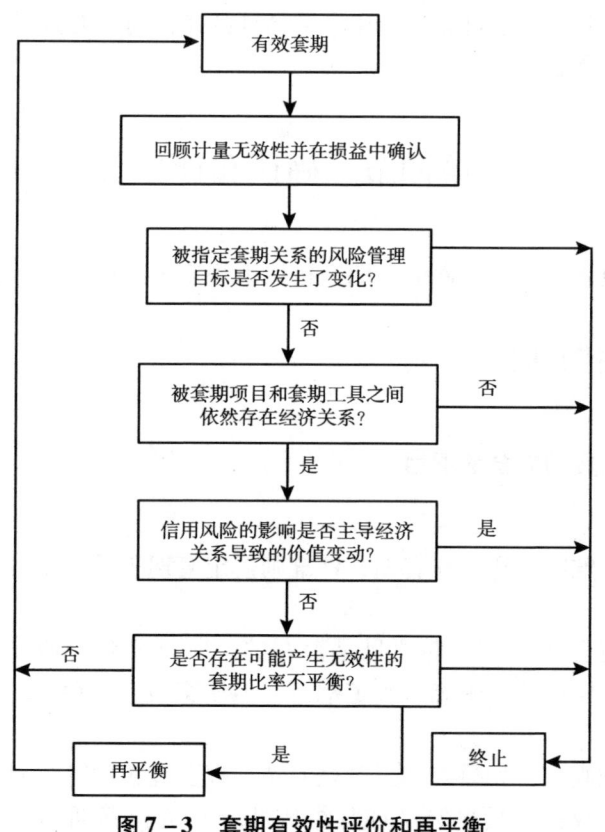

图7-3 套期有效性评价和再平衡

三、套期会计的终止确认

套期关系仍然满足风险管理目标及本准则运用套期会计方法的其他条件时，企业不得撤销套期关系的指定并由此终止套期关系。

企业发生下列情形之一的，应当终止运用套期会计：

（1）因风险管理目标发生变化，导致套期关系不再满足风险管理目标。

（2）套期工具已到期、被出售、合同终止或已行使。

（3）被套期项目与套期工具之间不再存在经济关系，或者被套期项目和套期工具经济关系产生的价值变动中，信用风险的影响开始占主导地位。

（4）套期关系不再满足套期会计准则所规定的运用套期会计方法的其他条件。在适用套期关系再平衡的情况下，企业应当首先考虑套期关系再平衡，然后评估套期关系是否满足本准则所规定的运用套期会计方法的条件。

原套期会计准则允许企业撤销对套期关系的指定从而终止套期会计。新套期会计准则则禁止企业撤销指定并终止一项继续满足套期风险管理目标并在再平衡之后继续符合套期会计条件的套期关系。

当只有部分套期关系不再满足运用套期会计的条件时，套期关系将部分终止，其余部分将继续适用套期会计。

第四节 确认和计量

满足运用套期会计方法条件的套期，按以下规定进行确认和计量：

一、公允价值套期

（一）套期工具和被套期项目

1. 套期工具

与原套期会计准则一致，新套期会计准则规定套期工具产生的利得或损失应当计入当期损益。

由于公允价值套期的被套期项目是存在的，所以公允价值套期不适用"孰低"测试。虽然根据准则可能尚未确认确定承诺，但该交易已经存在。反之，预期交易尚不存在，而仅会在将来发生。

新套期会计准则下，如果套期工具是对选择以公允价值计量且其变动计入其他综合收益的非交易性权益工具投资（或其组成部分）进行套期的，套期工具产生的利得或损失应当计入其他综合收益。同时，被套期项目的账面价值已经按公允价值计量且变动计入其他综合收益,不需要调整至损益。

2. 被套期项目

被套期项目因被套期风险敞口形成的利得或损失应当计入当期损益,同时调整未以公允价值计量的已确认被套期项目的账面价值。

被套期项目为按照《企业会计准则第22号——金融工具确认和计量》第十八条分类为以公允价值计量且其变动计入其他综合收益的金融资产(或其组成部分)的,其因被套期风险敞口形成的利得或损失应当计入当期损益,其账面价值已经按公允价值计量,不需要调整;被套期项目为企业选择以公允价值计量且其变动计入其他综合收益的非交易性权益工具投资(或其组成部分)的,其因被套期风险敞口形成的利得或损失应当计入其他综合收益,其账面价值已经按公允价值计量,不需要调整。

被套期项目为尚未确认的确定承诺(或其组成部分)的,其在套期关系指定后因被套期风险引起的公允价值累计变动额应当确认为一项资产或负债,相关的利得或损失应当计入各相关期间损益。当履行确定承诺而取得资产或承担负债时,应当调整该资产或负债的初始确认金额,以包括已确认的被套期项目的公允价值累计变动额。

(二)通过衍生工具对存货市场价格变动风险进行套期的案例

1. 业务背景描述

20×9年1月1日,X公司持有账面价值和成本均为1,000,000元的存货,存货的公允价值是1,100,000元。

X公司为规避所持有存货的公允价值变动风险,签订了一项衍生工具合同(如期货合同),并将其指定为20×9年上半年存货价格变化引起的公允价值变动风险的套期。衍生工具的标的资产与被套期项目存货在数量、质次、价格变动和产地方面相同。

20×9年1月1日,衍生工具的公允价值为零。20×9年6月30日,衍生工具的公允价值上涨了22,500元,存货的公允价值下降了25,000元。当日,X公司将存货出售,并将衍生工具结算(平仓)。

2. 指定为对存货价格变动风险的公允价值套期

X公司满足运用套期会计的条件:

(1)套期关系仅由符合条件的套期工具和被套期项目组成。

套期工具:期货合同,属于以公允价值计量且其变动计入当期损益的衍生工具。

被套期项目:X公司持有存货的公允价值随存货价格变化。当出售存货或存货发生减值时,存货公允价值的变化将影响损益。因此,该项存货符合公允价值套期会计的条件(即属于符合条件的敞口)。

(2)正式指定并准备的书面文件(概要)如表7-7所示。

表 7-7　　　　　　　　　　　　　公允价值套期关系指定

风险管理目标与被套期风险的性质	由于商品市场价格变化而对存货公允价值变动进行公允价值套期
指定日期	20×9 年 1 月 1 日
套期工具	20×9 年 1 月 1 日签订的于 20×9 年 6 月 30 日以 1,100,000.00 元出售存货的期货合同
被套期项目	20×9 年 1 月 1 日账面价值为 1,000,000 元的存货
评价套期有效性	主要条款比较法。套期工具的标的资产与被套期项目存货在数量、质次、价格变动和产地方面相同，因此预计套期关系有效
计量套期无效性	假定衍生工具法。实际套期工具与假定的期货合同的条款基本匹配

（3）套期关系符合套期有效性要求（如表 7-8 所示）。

表 7-8　　　　　　　　　　　　　公允价值套期有效性

套期有效性要求	分析
经济关系	套期工具与被套期项目的关键条款（数量、质次、价格变动和产地方）相互匹配。因为同一被套期风险，套期工具和被套期项目的价值总体上呈相反方向变动，因此，被套期项目与套期工具之间存在经济关系
信用风险的影响不占主导地位	长期合作，预计被套期项目和套期工具经济关系产生的价值变动中，信用风险的影响不占主导地位。公司将于每期评估交易对方的信用风险
套期比率	实际套期的被套期项目数量与对其进行套期的套期工具实际数量之比为 1:1，与用于风险管理目的的套期比率相同

3. 会计分录

（假定不考虑衍生工具的时间价值、商品销售相关的增值税及其他因素）

（1）20×9 年 1 月 1 日。被套期商品在指定关系确认后由原存货科目转入"被套期项目"科目（如有已计提减值准备也应一并转入）。

借：被套期项目——库存商品　　　　　　　　1,000,000
　　贷：库存商品　　　　　　　　　　　　　　　　　1,000,000

（2）20×9 年 6 月 30 日。套期工具公允价值变动损益计入当期损益。

借：套期工具——期货合同　　　　　　　　　　22,500
　　贷：套期损益　　　　　　　　　　　　　　　　　22,500

被套期存货因公允价值变动形成的利得或损失应当调整存货的账面价值，同时计入当期损益。

借：套期损益　　　　　　　　　　　　　　　　25,000

贷：被套期项目——库存商品　　　　　　　　　　　25,000

　　确认存货销售收入 1,075,000 元（1,100,000 - 25,000），并结转成本 975,000 元（1,000,000 - 25,000）。

　　借：应收账款　　　　　　　　　　　　　1,075,000
　　　　贷：主营业务收入　　　　　　　　　　　　　1,075,000
　　借：主营业务成本　　　　　　　　　　　　975,000
　　　　贷：被套期项目——库存商品　　　　　　　　　975,000

结算套期工具。

　　借：银行存款　　　　　　　　　　　　　　22,500
　　　　贷：套期工具——期货合同　　　　　　　　　　22,500

4. 计量套期无效性

套期工具公允价值变动 22,500 元与被套期项目公允价值变动 25,000 元的差额，即套期无效部分为 2,500 元。

由于公司采用了套期策略，规避了部分存货公允价值变动风险，因此其存货公允价值下降对预期毛利额 100,000 元（1,100,000 - 1,000,000）产生的不利影响仅为 2,500 元（25,000 - 22,500）。

5. 报表列示

资产负债表日（如 3 月 31 日），应当将"套期工具"科目借方余额在"交易性金融资产""衍生金融资产"项目中列示。应当将归属于存货的"被套期项目"科目余额在"存货"项目中列示。

需要说明的是，存货的账面金额反映的不是全部公允价值，而是成本（成本与可变现价值孰低）与源于自套期关系产生后市场价格变动的公允价值的混合。

应当将"套期损益"科目当期发生额在"公允价值变动收益"项目中列示。

二、现金流量套期

（一）套期工具和被套期项目

1. 套期工具

新套期会计准则对现金流量套期中套期工具产生的利得或损失的处理与原套期会计准则一致。套期工具产生的利得或损失中属于套期有效的部分，作为现金流量套期储备，应当计入其他综合收益。现金流量套期储备的金额，应当按照下列两项的绝对额中较低者确定：（1）套期工具自套期开始的累计利得或损失；（2）被套期项目自套期开始的预计未来现金流量现值的累计变动额。

"孰低"原则是为了确保企业不确认不存在的资产或负债。尽管被套期项目预计将来会发生，但其实尚不存在。因此，如果被套期项目确认的利得和损失超过了套期工具的利得和损失，这无异于对尚不存在的项目确认利得和损失（而非递延套期工具的利得或损失）。

每期计入其他综合收益的现金流量套期储备的金额应当为当期现金流量套期储备的变动额。

套期工具产生的利得或损失中属于套期无效的部分（即扣除计入其他综合收益后的其他利得或损失），应当计入当期损益。

2. 被套期项目

现金流量套期的被套期项目包括已确认资产或负债、极可能发生的预期交易，或与上述项目组成部分有关的特定风险。

3. 现金流量套期储备的后续处理

（1）被套期项目为预期交易，且该预期交易使企业随后确认一项非金融资产或非金融负债的，或者非金融资产或非金融负债的预期交易形成一项适用于公允价值套期会计的确定承诺时，企业应当将原在其他综合收益中确认的现金流量套期储备金额转出，计入该资产或负债的初始确认金额。

（2）对于不属于上述（1）涉及的现金流量套期，企业应当在被套期的预期现金流量影响损益的相同期间，将原在其他综合收益中确认的现金流量套期储备金额转出，计入当期损益。

（3）如果在其他综合收益中确认的现金流量套期储备金额是一项损失，且该损失全部或部分预计在未来会计期间不能弥补的，企业应当在预计不能弥补时，将预计不能弥补的部分从其他综合收益中转出，计入当期损益。

（4）当企业对现金流量套期终止运用套期会计时，在其他综合收益中确认的累计现金流量套期储备金额，应当按照下列规定进行处理：

①被套期的未来现金流量预期仍然会发生的，累计现金流量套期储备的金额应当予以保留，并按照上述的规定进行会计处理。

②被套期的未来现金流量预期不再发生的，累计现金流量套期储备的金额应当从其他综合收益中转出，计入当期损益。被套期的未来现金流量预期不再极可能发生但可能预期仍然会发生，在预期仍然会发生的情况下，累计现金流量套期储备的金额应当予以保留，并按照上述的规定进行会计处理。

（二）通过期货合同对预期销售的市场价格风险进行套期的案例

1. 业务背景描述

20×0年1月5日，X公司预计将于20×0年12月31日或该日前后销售500吨阴极铜。

20×0年1月5日，X公司将这项预期销售的现金流量指定为被套期项目，并签订了一份于20×0年12月31日以2,000万元出售500吨阴极铜的期货合同（即40,000元/吨）。

套期开始时，阴极铜预期销售的价格为40,000元/吨，衍生工具为平价合同（公允价值为零）。预期销售的条款与衍生工具的条款相匹配。

20×0年6月30日,阴极铜商品期货合同公允价值为31,000元。阴极铜预期销售价格为39,950元/吨,预期销售额1,997.50元,被套期项目预计未来现金流量现值变动为-25,000元[(39,950-40,000)×500]。

20×0年12月31日,公允价值为50,000元(即衍生工具的公允价值上涨了50,000元)的阴极铜商品期货合同终止。X公司以1,995万元销售阴极铜存货(即预期销售额下降了50,000元)。

2. 指定为对预期销售市场价格风险的现金流量套期

X公司满足运用套期会计的条件:

(1)套期关系仅由符合条件的套期工具和被套期项目组成。

套期工具:期货合同,属于以公允价值计量且其变动计入当期损益的衍生工具。

被套期项目:X公司预期销售的现金流量随市场价格变化。当出售存货时,存货市场价格的变化将影响损益。因此,该项预期销售符合现金流量套期会计的条件(即属于符合条件的敞口)。

(2)正式指定并准备了书面文件(概要)如表7-9所示。

表7-9　　　　　　　　　　现金流量套期关系指定

风险管理目标与被套期风险的性质	由于阴极铜市场价格变动而对预期现货销售交易的现金流量变动进行现金流量套期
指定日期	20×0年1月1日
套期工具	20×0年1月5日签订于2020年12月31日以2,000万元出售500吨阴极铜的期货合同
被套期项目	20×0年12月31日发生的、500吨阴极铜的预期销售
评价套期有效性	主要条款比较法。套期工具与被套期项目的关键条款(到期日、数量、质量、等级、类别及名义金额)相互匹配,因此预计套期关系有效。该预期销售极可能发生
计量套期无效性	假定衍生工具法。实际套期工具与假定的期货合同的条款基本匹配

(3)套期关系符合套期有效性要求(如表7-10所示)。

表7-10　　　　　　　　　　现金流量套期有效性

套期有效性要求	分析
经济关系	套期工具与被套期项目的关键条款(到期日、数量、质量、等级、类别及名义金额)相互匹配。 因为同一被套期风险,套期工具和被套期项目的价值总体上呈相反方向变动,因此,被套期项目与套期工具之间存在经济关系
信用风险的影响不占主导地位	长期合作,预计被套期项目和套期工具经济关系产生的价值变动中,信用风险的影响不占主导地位。 公司将于每期评估交易对方的信用风险
套期比率	实际套期的被套期项目数量与对其进行套期的套期工具实际数量之比为1:1,与用于风险管理目的的套期比率相同

3. 会计分录

（假定不考虑衍生工具的时间价值、商品销售相关的增值税及其他因素）

(1) 20×0年1月5日，无须进行账务处理，因为期货合同当日公允价值为零。

(2) 20×0年6月30日，以公允价值确认商品期货合同。

借：套期工具——期货合同　　　　　　　　　　　　31,000
　　贷：公允价值变动损益　　　　　　　　　　　　　　31,000

套期工具累计产生的利得或损失31,000元，被套项目累计预计现金流量变动-25,000元。套期工具利得或损失中属于有效套期的部分（绝对额中较低者）为25,000元，计入所有者权益：

借：公允价值变动损益　　　　　　　　　　　　　　25,000
　　贷：其他综合收益——套期储备　　　　　　　　　　25,000

(3) 20×0年12月31日，以公允价值确认商品期货合同。

借：套期工具——期货合同　　　　　　　　　　　　19,000
　　贷：公允价值变动损益　　　　　　　　　　　　　　19,000

套期工具累计产生的利得或损失50,000元，被套项目累计预计现金流量变动-50,000元。套期工具利得或损失中属于有效套期的部分（绝对额中较低者）为50,000元，与套期储备账面余额（25,000元）的差额计入所有者权益。

借：公允价值变动损益　　　　　　　　　　　　　　25,000
　　贷：其他综合收益——套期储备　　　　　　　　　　25,000

确认商品期货合同到期净额结算。

借：银行存款　　　　　　　　　　　　　　　　　　50,000
　　贷：套期工具——期货合同　　　　　　　　　　　　50,000

确认对成本为18,000,000元的存货的销售。

借：应收账款　　　　　　　　　　　　　　　　19,950,000
　　贷：主营业务收入　　　　　　　　　　　　　　19,950,000

借：主营业务成本　　　　　　　　　　　　　　18,000,000
　　贷：存货　　　　　　　　　　　　　　　　　　18,000,000

将套期工具的利得从其他综合收益重分类计入收入。

借：其他综合收益——套期储备　　　　　　　　　　50,000
　　贷：主营业务收入　　　　　　　　　　　　　　　　50,000

4. 计量套期无效性（如表7-11所示）

表7-11　　　　　　　　　　计量套期无效性　　　　　　　　　　单位：元

项目	20×0年1~6月	20×0年7~12月	合计
直接在其他综合收益中反映的套期工具公允价值变动额	25,000.00	50,000.00	50,000.00

续表

项目	20×0年1~6月	20×0年7~12月	合计
当期套期工具公允价值变动中的有效部分（计入其他综合收益）	25,000.00	25,000.00	50,000.00
当期套期工具公允价值变动中的无效部分（计入当期损益）	6,000.00	-6,000.00	—
当期套期工具公允价值变动	31,000.00	19,000.00	50,000.00

确认收入合计2,000万元，该金额包括阴极铜销售现货价1,995万元及衍生工具利得5万元，两部分的总额相当于公司按被套期的价格（40,000元/吨）销售阴极铜。

5. 报表列示

资产负债表日（如6月30日），应当将"套期工具"科目借方余额在"交易性金融资产""衍生金融资产"项目中列示。

应当将"其他综合收益——套期储备"科目余额在"其他综合收益"项目中列示。

应当将"其他综合收益——套期储备"科目当期发生额在"将重分类进损益的其他综合收益"项目下以"现金流量套期储备"单独列示。

三、境外经营净投资套期

（一）会计处理

对境外经营净投资的套期，包括对作为净投资的一部分进行会计处理的货币性项目的套期，应当按照类似于现金流量套期会计的规定处理。

套期工具形成的利得或损失中属于套期有效的部分，应当计入其他综合收益。全部或部分处置境外经营时，上述计入其他综合收益的套期工具利得或损失应当相应转出，计入当期损益。

套期工具形成的利得或损失中属于套期无效的部分，应当计入当期损益。

（二）通过非衍生工具对境外经营净投资的外汇风险进行套期

1. 业务背景描述

2019年12月31日，X公司（记账本位币为人民币）在其境外子公司F有一项境外净投资9,000万美元。

为规避境外经营净投资外汇风险，X公司将其向银行取得的2023年12月31日到期的8,000万美元长期借款指定为对与F公司净资产的最初8,000万美元相关的即期汇率折算风险的套期工具。

2020 年 3 月 31 日，X 公司享有 F 公司的净资产份额为 7,500 万美元。

2019 年 12 月 31 日及 2020 年 3 月 31 日美元/人民币的即期汇率分别是 6.119 和 6.142。

2. 指定为对境外经营净投资外汇风险的套期

(1) 套期关系仅由符合条件的套期工具和被套期项目组成。

套期工具：外币借款。对于外汇风险套期，可以将非衍生金融资产（选择以公允价值计量且其变动计入其他综合收益的非交易性权益工具投资除外）或非衍生金融负债的外汇风险成分指定为套期工具。

被套期项目：X 公司境外经营净投资的价值随美元/人民币外汇汇率变化。当处置子公司时，境外经营净投资价值的变化将影响损益。因此，该项境外经营净投资的外汇风险符合现金流量套期会计的条件（即属于符合条件的敞口）。

(2) 正式指定并准备了书面文件（概要）如表 7-12 所示。

表 7-12　　　　　　　　　境外经营净投资套期关系指定

风险管理目标与被套期风险的性质	由于美元/人民币的汇率变动而对境外经营净投资的价值变动进行境外经营净投资套期
指定日期	2019 年 12 月 31 日
套期工具	2023 年 12 月 31 日到期的 8,000 万美元长期借款
被套期项目	与对境外子公司的最初 8,000 万美元投资相关的即期汇率变动的外汇折算风险
评价套期有效性	主要条款比较法。套期工具与被套期项目的关键条款（币种及名义金额）相互匹配，因此预计套期关系有效。公司将评估交易对方的信用风险
计量套期无效性	假定衍生工具法。实际套期工具与假定的期货合同的条款基本匹配。套期无效性产生于公司享有 F 公司的净资产份额的变动

(3) 套期关系符合套期有效性要求（如表 7-13 所示）。

表 7-13　　　　　　　　　境外经营净投资套期有效性

套期有效性要求	分析
经济关系	套期工具与被套期项目的关键条款（到期日、数量、质量、等级、类别及名义金额）相互匹配。 因为同一被套期风险，套期工具和被套期项目的价值总体上呈相反方向变动，因此，被套期项目与套期工具之间存在经济关系

续表

套期有效性要求	分析
信用风险的影响不占主导地位	长期合作,预计被套期项目和套期工具经济关系产生的价值变动中,信用风险的影响不占主导地位。 公司将于每期评估交易对方的信用风险
套期比率	实际套期的被套期项目数量与对其进行套期的套期工具实际数量之比为1∶1,与用于风险管理目的的套期比率相同

3. 会计分录

(1) 2019年12月31日。

借:长期借款　　　　　　　　　　　　　　　　489,520,000
　　贷:套期工具——长期借款　　　　　　　　　　　　489,520,000
借:被套期项目——境外经营净投资　　　　　　489,520,000
　　贷:长期股权投资　　　　　　　　　　　　　　　489,520,000

(2) 2020年3月31日,确认按即期汇率折算净资产的汇兑差额。

借:其他综合收益——折算储备　　　　　　　　28,870,000
　　贷:被套期项目——境外经营净投资　　　　　　　28,870,000

确认借款的汇兑损益。

借:其他综合收益——折算储备　　　　　　　　1,725,000
　　财务费用　　　　　　　　　　　　　　　　　　115,000
　　贷:套期工具——长期借款　　　　　　　　　　　1,840,000

4. 计量套期无效性

与指定的有效套期工具相关的外汇损失(7,500万美元上的外汇损失),计入其他综合收益,而无效部分计入损益。

无效性是由于境外经营净资产低于对该等净资产进行套期的借款而引起的,可以通过监控境外经营净资产以及再平衡来降低此类无效性。

5. 报表列示

资产负债表日,应当将"套期工具"科目贷方余额在"交易性金融负债""衍生金融负债"项目中列示。

应当将归属于长期股权投资的"被套期项目"科目余额在"长期股权投资"项目中列示。

应当将"其他综合收益——折算储备"余额在"其他综合收益"项目中列示。

应当将"其他综合收益——折算储备"当期发生额在"将重分类进损益的其他综合收益"项目下以"外币财务报表折算差额"单独列示。

四、关于信用风险敞口的公允价值选择权

新套期会计准则规定,符合一定条件时,企业可以在金融工具初始确认时、后续计量中或尚未确认(如贷款承诺)时,将金融工具的信用风险敞口指定为以公允价值计量且其变动计入当期损益的金融工具;当条件不再符合时,应当撤销指定。

第五节 实务应用示例

示例 7-1 600362.SH 江西铜业

会计政策

衍生金融工具

本集团使用衍生金融工具,例如以商品期货合约、商品远期合同、商品期权合约、远期外汇合约、汇率互换合约和利率互换合约,分别对商品价格风险、汇率风险和利率风险进行套期。衍生金融工具初始以衍生交易合同签订当日的公允价值进行计量,并以其公允价值进行后续计量。公允价值为正数的衍生金融工具确认为一项资产,公允价值为负数的确认为一项负债。

除与套期会计有关外,衍生工具公允价值变动产生的利得或损失直接计入当期损益。

套期会计

就套期会计方法而言,本集团的套期保值分类为:

(1) 公允价值套期,是指对已确认资产或负债,尚未确认的确定承诺(除汇率风险外)的公允价值变动风险进行的套期。

(2) 现金流量套期,是指对现金流量变动风险进行的套期,此现金流量变动源于与已确认资产或负债、很可能发生的预期交易有关的某类特定风险,或一项未确认的确定承诺包含的汇率风险。

在套期关系开始时,本集团对套期关系有正式指定,并准备了关于套期关系、风险管理目标和风险管理策略的正式书面文件。该文件载明了套期工具、被套期项目,被套期风险的性质,以及本集团对套期有效性评估方法。套期有效性,是指套期工具的公允价值或现金流量变动能够抵销被套期风险引起的被套期项目公允价值或现金流量的程度。此类套期在初始指定日及以后期间被持续评价符合套期有效性要求。

如果套期工具已到期、被出售、合同终止或已行使(但作为套期策略组成部分的展期或替换不作为已到期或合同终止处理),或因风险管理目标发生变化,导致套期关系不再满足风险管理目标,或者该套期不再满足套期会计方法的其他条件时,本集团终止运用套期会计。

套期关系由于套期比率的原因不再符合套期有效性要求的,但指定该套期关系的风险管理目标没有改变的,本集团对套期关系进行再平衡。

本集团对套期有效性的评估方法、风险管理策略以及如何应用该策略来管理风险的详细信息,参见附注五、3(略)。

满足套期会计方法的严格条件的,按如下方法进行处理:

公允价值套期

套期工具产生的利得或损失计入当期损益。如果是对指定以公允价值计量且其变动计入其他综合收益的非交易性权益工具投资进行套期的,套期工具产生的利得或损失计入其他综合收益。被套期项目因套期风险敞口形成利得或损失,计入当期损益,如果被套期项目是指定以公允价值计量且其变动计入其他综合收益的非交易性权益工具投资,因套期风险敞口形成利得或损失,计入其他综合收益,同时调整未以公允价值计量的被套期项目的账面价值。

就与按摊余成本计量的债务工具有关的公允价值套期而言,对被套期项目账面价值所作的调整,在套期剩余期间内采用实际利率法进行摊销,计入当期损益。按照实际利率法的摊销可于账面价值调整后随即开始,并不得晚于被套期项目终止根据套期风险而产生的公允价值变动而进行的调整。被套期项目为以公允价值计量且其变动计入其他综合收益的债务工具,按照同样的方式对累积已确认的套期利得或损失进行摊销,并计入当期损益,但不调整金融资产账面价值。如果被套期项目终止确认,则将未摊销的公允价值确认为当期损益。

被套期项目为尚未确认的确定承诺的,该确定承诺的公允价值因被套期风险引起的累计公允价值变动确认为一项资产或负债,相关的利得或损失计入当期损益。套期工具的公允价值变动亦计入当期损益。

现金流量套期

套期工具利得或损失中属于套期有效的部分,直接确认为其他综合收益,属于套期无效的部分,计入当期损益。

如果被套期的预期交易随后确认为非金融资产或非金融负债,或非金融资产或非金融负债的预期交易形成适用公允价值套期的确定承诺时,则原在其他综合收益中确认的现金流量套期储备金额转出,计入该资产或负债的初始确认金额。其余现金流量套期在被套期的预期现金流量影响损益的相同期间,如预期销售发生时,将其他综合收益中确认的现金流量套期储备转出,计入当期损益。

本集团对现金流量套期终止运用套期会计时,如果被套期的未来现金流量预期仍然会发生的,则以前计入其他综合收益的金额不转出,直至预期交易实际发生或确定承诺履行;如果被套期的未来现金流量预期不再发生的,则累计现金流量套期储备的金额应当从其他综合收益中转出,计入当期损益。

财务报表项目注释
衍生金融资产

单位：元

项目	2019 年	2018 年
指定套期关系的衍生金融资产（注1）	—	97,636,783
公允价值套期	—	94,236,067
临时定价安排	—	94,236,067
现金流量套期	—	3,400,716
商品期货合约	—	3,400,716
未指定套期关系的衍生金融资产（注2）	323,662,896	166,268,660
商品期货合约	304,929,389	84,348,327
远期外汇合约	18,733,507	81,920,333
合计	323,662,896	263,905,443

注1：套期保值

本集团使用商品期货合约和从铜精矿采购协议中分拆的嵌入式衍生工具-临时定价安排来对本集团承担的商品价格风险进行套期保值。本集团使用的商品期货合约主要为上海期货交易所或伦敦金属交易所的阴极铜期货标准合约。就套期会计方法而言，本集团的套期保值分类为现金流量套期及公允价值套期。在对应套期关系开始时，本集团对其进行了正式指定，并准备了关于套期关系、风险管理目标和套期策略等的正式书面文件。具体套期安排如下：

现金流量套期

于2019年12月31日，本集团使用阴极铜商品期货合约对阴极铜等铜产品的预期销售进行套期，以此来规避本集团承担的随着阴极铜市场价格的波动，阴极铜等铜产品的预期销售带来的预计未来现金流量发生波动的风险。具体套期安排如下：

被套期项目	套期工具	套期方式
阴极铜预期销售	阴极铜商品期货合约	商品期货合约锁定阴极铜预期销售合约价格波动

于2019年12月31日，该等铜产品的未来销售预期发生的时间为2020年1月至2020年3月（2018年12月31日：2019年1月至2019年3月）。

于2019年12月31日，本集团累计计入其他综合收益的现金流量套期储备为亏损人民币1,392,887元（2018年12月31日：收益人民币3,400,716元），并预期将在资产负债表日后3个月（预期阴极铜商品销售期间）内逐步转入本集团利润表，参见附注五、28及附注五、46（略）。

公允价值套期

本集团从事铜产品的生产加工业务，其持有的铜产品面临铜的价格变动风险。本集团使用从铜精矿采购协议中分拆的嵌入式衍生工具-临时定价安排对本集团持有的存货进行套期，以此来规避本集团承担的随着阴极铜市场价格的波动，存货公允价值发生波动的风险。本集团生产加工的铜产品中所含的标准阴极铜与临时定价安排中对应的标准阴极铜相同，套期工具（临时定价安排）与被套期项目（本集团所持有的铜产品中的标准阴极铜）的基础变量均为标准阴极铜价格。套期无效部分主要来自基差风险、现货或期货市场供求变动风险以及其他现货或期货市场的不确定性风险等。本年度和上年度确认的套期无效的金额并不重大。本集团针对此类套期采用公允价值套期，具体套期安排如下：

被套期项目	套期工具	套期方式
存货（国外采购）	临时定价安排	临时定价安排锁定阴极铜存货的价格波动

于2019年12月31日，本集团上述公允价值套期工具临时定价安排产生的公允价值变动损失人民币117,478,025元（于2018年12月31日：公允价值变动收益人民币94,236,067元），以及被套期项目公允价值变动收益人民币107,840,896元（于2018年12月31日：公允价值变动损失人民币88,200,855元）已经计入本集团利润表。

注2：非有效套期及未被指定为套期的衍生工具

本集团使用阴极铜商品期货合约、商品远期合同及商品期权合约对阴极铜等铜产品的采购，铜杆、铜线及铜相关产品的未来销售等进行风险管理，以此来规避本集团承担的随着阴极铜市场价格的波动，铜相关产品的价格发生重大波动的风险。

本集团使用黄金T+D合约及白银T+D合约对黄金、白银等相关产品的未来销售和部分黄金租赁业务进行风险管理，以此来规避本集团承担的随着黄金和白银市场价格的波动，相关产品的价格发生重大波动的风险。

本集团使用远期外汇合约、汇率互换合约及利率互换合约进行风险管理，以此来规避本集团承担的汇率风险及利率风险。

以上商品期货合约、商品远期合同、商品期权合约、远期外汇合约、汇率互换合约和利率互换合约未被指定为套期工具或不符合套期会计准则的要求，其公允价值变动而产生的收益或损失直接计入本集团利润表，参见附注五、58（略）。

示例7-2 601899.SH 紫金矿业

会计政策

衍生金融工具

本集团使用衍生金融工具，例如以外汇远期合同、商品远期合同和利率互换，分别对汇率风险、商品价格风险和利率风险进行套期。衍生金融工具初始以衍生交易合同签订当日的公允价值进行计量，并以其公允价值进行后续计量。公允价值为正数的衍生金融工具确认为一项资产，公允价值为负数的确认为一项负债。

除与套期会计有关外，衍生工具公允价值变动产生的利得或损失直接计入当期损益。

套期会计

就套期会计方法而言，本集团的套期保值分类为公允价值套期，是指对已确认资产或负债、尚未确认的确定承诺（除汇率风险外）的公允价值变动风险进行的套期。

在套期关系开始时，本集团对套期关系有正式指定，并准备了关于套期关系、风险管理目标和风险管理策略的正式书面文件。该文件载明了套期工具、被套期项目、被套期风险的性质，以及本集团对套期有效性的评估方法。套期有效性，是指套期工具的公允价值或现金流量变动能够抵销被套期风险引起的被套期项目公允价值或现金流量的程度。此类套期在初始指定日及以后期间被持续评价符合套期有效性要求。

如果套期工具已到期、被出售、合同终止或已行使（但作为套期策略组成部分的展期或替换不作为已到期或合同终止处理），或因风险管理目标发生变化，导致套期关系不再满足风险管理目标，或者该套期不再满足套期会计方法的其他条件时，本集团终止运用套期会计。

套期关系由于套期比率的原因不再符合套期有效性要求的，但指定该套期关系的风险管理目标没有改变的，本集团对套期关系进行再平衡。

本集团对套期有效性的评估方法、风险管理策略以及如何应用该策略来管理风险的详细信息，参见附注五、66（略）。

满足套期会计方法的严格条件的，按如下方法进行处理：

公允价值套期

套期工具产生的利得或损失计入当期损益。如果是对指定以公允价值计量且其变动计入其他综合收益的非交易性权益工具投资进行套期的,套期工具产生的利得或损失计入其他综合收益。被套期项目因套期风险而敞口形成利得或损失,计入当期损益,如果被套期项目是指定以公允价值计量且其变动计入其他综合收益的非交易性权益工具投资,因套期风险敞口形成利得或损失,计入其他综合收益,同时调整未以公允价值计量的被套期项目的账面价值。

就与按摊余成本计量的债务工具有关的公允价值套期而言,对被套期项目账面价值所作的调整,在套期剩余期间内采用实际利率法进行摊销,计入当期损益。按照实际利率法的摊销可于账面价值调整后随即开始,并不得晚于被套期项目终止根据套期风险而产生的公允价值变动而进行的调整。被套期项目为以公允价值计量且其变动计入其他综合收益的债务工具,按照同样的方式对累计已确认的套期利得或损失进行摊销,并计入当期损益,但不调整金融资产账面价值。如果被套期项目终止确认,则将未摊销的公允价值确认为当期损益。

被套期项目为尚未确认的确定承诺的,该确定承诺的公允价值因被套期风险引起的累计公允价值变动确认为一项资产或负债,相关的利得或损失计入当期损益。套期工具的公允价值变动亦计入当期损益。

财务报表项目注释

交易性金融资产

单位:元

以公允价值计量且其变动计入当期损益的金融资产	2019 年	2018 年
债券工具投资(注1)	1,764,856	8,767,740
权益工具投资(注2)	394,728,960	357,294,790
衍生金融资产(注3)	59,055,417	107,539,834
其他(注4)	232,402,292	313,531,996
合计	687,951,525	787,134,360

注1:本集团对债券的投资。
注2:本集团以短期获利为目的进行的股票投资。
注3:衍生金融资产明细如下:

单位:元

项目	2019 年	2018 年
未指定套期关系的衍生金融资产	29,178,947	79,720,776
其中:远期合约	21,073,375	31,087,405
期货合约	8,105,572	48,633,371
套期工具——远期合约	29,876,470	27,819,058
合计	59,055,417	107,539,834

注4:本集团以短期获利为目的进行的基金等投资。

交易性金融负债

单位：元

以公允价值计量且其变动计入当期损益的金融负债	2019 年	2018 年
黄金租赁（注1）	32,262,397	74,841,064
衍生金融负债——商品套期保值（注2）	265,382,070	165,871,253
衍生金融负债——外汇衍生工具（注3）	28,494,587	1,770,265
合计	326,139,054	242,482,582

注1：本集团从银行租入黄金，通过上海黄金交易所卖出所租赁黄金融得资金，到期日通过上海黄金交易所买入相同数量和规格的黄金偿还银行并支付约定租金，租赁期为1年以内（包括1年）。于2019年12月31日，该金融负债的成本为人民币33,440,074元，公允价值变动收益为人民币1,177,677元。此外对于本集团的其他黄金租赁已计入短期借款，详见附注五、24（略）。

注2：衍生金融负债——商品套期保值明细如下：

单位：元

项目	2019 年	2018 年
未指定套期关系的衍生金融负债	98,806,788	36,096,792
其中：远期合约	54,482,869	10,858,519
期货合约	44,323,919	25,238,273
套期工具——远期合约	166,575,282	129,774,461
合计	265,382,070	165,871,253

注3：本集团使用交叉货币互换交易合约规避汇率及利率波动的风险，于2019年12月31日，该交叉货币互换合约的公允价值变动损失为人民币28,494,587元（2018年12月31日：公允价值变动损失为人民币1,770,275元）。

套期

公允价值套期

本集团从事金、银、铜和锌（以下简称"贵金属"）产品的生产加工业务，持有的贵金属产品生产原料面临贵金属的价格变动风险。因此本集团采用期货交易所的贵金属期货合约和远期合约管理持有的部分贵金属产品原料所面临的商品价格风险。本集团生产加工的贵金属产品中与贵金属期货合约和远期合约中对应的标准贵金属产品相同，套期工具（贵金属期货合约和远期合约）与被套期项目（本集团生产贵金属产品所需的精矿）的基础变量均为标准贵金属价格，信用风险不占主导地位。确定套期工具与被套期项目白银、铜、锌的数量比例为1.13：1（含增值税影响），套期工具与被套期项目黄金的数量比例为1：1。套期无效部分主要来自现货和远期汇率差异。本年度确认的套期无效的金额并不重大。本集团针对此类套期采用公允价值套期。

于2019年12月31日，本集团签订了名义金额为330,000,000美元（折合人民币2,302,146,000元）的货币互换协议，根据该协议本集团以固定汇率的美元负债换取浮动汇率美元负债。货币互换的目的是对该美元负债的公允价值变动风险进行套期。本集团通过定性分析，确定套期工具与被套期项目的数量比例为1:1。套期无效部分主要来自浮动汇率的市场价格波动等。本年度公允价值套期无效部分并不重大。

套期工具的名义金额的时间分布以及平均价格或利率如下：

2019年

单位：元

项目	6个月内	6~12个月	1年以后	合计
黄金期货名义金额	186,811,150	—	—	186,811,150
黄金期货平均价格（元/克）	345	—	—	345
白银期货名义金额	148,227,465	—	—	148,227,465
白银期货平均价格（元/千克）	4,410	—	—	4,410
铜期货名义金额	564,925,110	—	—	564,925,110
铜期货平均价格（元/吨）	47,156	—	—	47,156
锌期货名义金额	58,895,775	—	—	58,895,775
锌期货平均价格（元/吨）	18,122	—	—	18,122
黄金远期名义金额	—	77,510,934	—	77,510,934
黄金远期平均价格（元/克）	—	375	—	375
锌远期名义金额	144,380,133	—	—	144,380,133
锌远期平均价格（元/吨）	16,595	—	—	16,595
货币互换名义金额	1,883,574,000	418,572,000	—	2,302,146,000
货币互换平均汇率（美元折人民币）	7	7	—	7

套期工具的账面价值以及公允价值变动如下：

2019年

单位：元

公允价值套期	套期工具的名义金额	套期工具的账面价值		包含套期工具的资产负债表列示项目	2019年用作测试套期无效性的套期工具公允价值变动
		资产	负债		
外汇风险——外币负债	2,302,146,000	—	98,620,555	交易性金融负债	—
商品价格风险——存货	1,180,750,567	29,876,4706	67,954,727	交易性金融资产/负债	14,505,510

被套期项目的账面价值以及相关调整如下：
2019 年

单位：元

公允价值套期	被套期项目的账面价值		被套期项目公允价值套期调整的累计金额（计入被套期项目的账面价值）		包含被套期项目的资产负债表列示项目	2019 年用作确认套期无效部分基础的套期工具公允价值变动	现金流量套期储备
	资产	负债	资产	负债			
公允价值套期外汇风险——外币负债（注1）	—	2,211,908,037	196,980,159	—	长期应付款	—	不适用
商品价格风险——存货	1,190,769,300		63,421,692	—	存货	(26,370,125)	不适用

注1：该被套期项目为集团之内交易对手形成的负债，该交易形成的货币性项目的汇兑损益不能在合并财务报表中抵销，企业可在合并报表层面将其指定为被套期项目。为真实公允地反映套期会计处理，我们使用该交易抵销前数据列示被套期项目。

套期工具公允价值变动中套期无效部分列示如下：
2019 年

单位：元

公允价值套期	计入当期损益的套期无效部分	计入其他综合收益的套期无效部分	包含套期无效部分利润表列示项目
商品价格风险	(943,939)	—	公允价值变动损益

2018 年

单位：元

公允价值套期	计入当期损益的套期无效部分	计入其他综合收益的套期无效部分	包含套期无效部分利润表列示项目
外汇风险	(86,194)		公允价值变动损益
商品价格风险	1,046,852		公允价值变动损益

另外，本集团运用远期合约、期货合约对冶炼加工金属的采购和销售以及其他矿产金属的销售进行风险管理，以此来规避相关产品价格发生重大波动的风险；运用货

币衍生合约对汇率风险和利率风险进行风险管理，以此来规避本集团的汇率风险和利率风险。以上远期合约、期货合约、货币衍生合约未被指定为套期工具或不符合套期会计准则的要求，其公允价值变动而产生的收益或损失，直接计入当期损益。本年度未指定套期关系的衍生工具公允价值变动损益和投资收益金额请详见附注五、55及54（略）。

示例7-3　002202.SZ 金风科技

会计政策

套期会计

就套期会计方法而言，本集团的套期分类为：

（1）公允价值套期，是指对已确认资产或负债，尚未确认的确定承诺（除汇率风险外）的公允价值变动风险进行的套期。

（2）现金流量套期，是指对现金流量变动风险进行的套期，此现金流量变动源于与已确认资产或负债、很可能发生的预期交易有关的某类特定风险，或一项未确认的确定承诺包含的汇率风险。

在套期关系开始时，本集团对套期关系有正式指定，并准备了关于套期关系、风险管理目标和风险管理策略的正式书面文件。该文件载明了套期工具、被套期项目，被套期风险的性质，以及本集团对套期有效性评估方法。套期有效性，是指套期工具的公允价值或现金流量变动能够抵销被套期风险引起的被套期项目公允价值或现金流量的程度。此类套期在初始指定日及以后期间被持续评价符合套期有效性要求。

如果套期工具已到期、被出售、合同终止或已行使（但作为套期策略组成部分的展期或替换不作为已到期或合同终止处理），或因风险管理目标发生变化，导致套期关系不再满足风险管理目标，或者该套期不再满足套期会计方法的其他条件时，本集团终止运用套期会计。

套期关系由于套期比率的原因不再符合套期有效性要求的，但指定该套期关系的风险管理目标没有改变的，本集团对套期关系进行再平衡。

满足套期会计方法条件的，按如下方法进行处理：

<u>公允价值套期</u>

套期工具产生的利得或损失计入当期损益。如果是对指定为以公允价值计量且其变动计入其他综合收益的非交易性权益工具投资进行套期的，套期工具产生的利得或损失计入其他综合收益。被套期项目因套期风险敞口形成利得或损失，计入当期损益，如果被套期项目是指定为以公允价值计量且其变动计入其他综合收益的非交易性权益工具投资，因套期风险敞口形成利得或损失，计入其他综合收益，同时调整未以公允价值计量的被套期项目的账面价值。

就与按摊余成本计量的债务工具有关的公允价值套期而言，对被套期项目账面价值所作的调整，在套期剩余期间内采用实际利率法进行摊销，计入当期损益。按照实际利率法的摊销可于账面价值调整后随即开始，并不得晚于被套期项目终止根据套期风险而产生的公允价值变动而进行的调整。被套期项目为以公允价值计量且其变动计入其他综合收益的债务工具，按照同样的方式对累计已确认的套期利得或损失进行摊销，并计入当期损益，但不调整金融资产账面价值。如果被套期项目终止确认，则将未摊销的公允价值确认为当期损益。

被套期项目为尚未确认的确定承诺的，该确定承诺的公允价值因被套期风险引起的累计公允价值变动确认为一项资产或负债，相关的利得或损失计入当期损益。套期工具的公允价值变动亦计入当期损益。

现金流量套期

套期工具利得或损失中属于套期有效的部分，直接确认为其他综合收益，属于套期无效的部分，计入当期损益。

如果被套期的预期交易随后确认为非金融资产或非金融负债，或非金融资产或非金融负债的预期交易形成适用公允价值套期的确定承诺时则原在其他综合收益中确认的现金流量套期储备金额转出，计入该资产或负债的初始确认金额。其余现金流量套期在被套期的预期现金流量影响损益的相同期间，如预期销售发生时，将其他综合收益中确认的现金流量套期储备转出，计入当期损益。

本集团对现金流量套期终止运用套期会计时，如果被套期的未来现金流量预期仍然会发生的，则以前计入其他综合收益的金额不转出，直至预期交易实际发生或确定承诺履行；如果被套期的未来现金流量预期不再发生的，则累计现金流量套期储备的金额应当从其他综合收益中转出，计入当期损益。

套期成本

本集团将期权的内在价值和时间价值分开，只将期权的内在价值变动指定为套期工具；或本集团将远期合同的远期要素和即期要素分开，只将即期要素的价值变动指定为套期工具；或将金融工具的外汇基差单独分拆、只将排除外汇基差后的金融工具指定为套期工具的，本集团将期权的时间价值、远期合同的远期要素以及金融工具的外汇基差的公允价值变动中与被套期项目相关的部分计入其他综合收益，如果被套期项目的性质与交易相关，则按照与现金流量套期储备的金额相同的会计方法进行处理，如果被套期项目的性质与时间段相关，则将上述公允价值变动按照系统、合理的方法在被套期项目影响损益或其他综合收益的期间内摊销，从其他综合收益转出，计入当期损益。

财务报表项目注释

衍生金融资产/衍生金融负债

单位：元

衍生金融资产		2019年12月31日	2018年12月31日
电价掉期合约——非流动资产	注1	136,460,083.96	52,929,396.47
利率互换合约——非流动资产	注3	904,149.64	—

续表

衍生金融资产		2019年12月31日	2018年12月31日
远期外汇合约——非流动资产	注2	6,436,205.50	—
非流动资产部分小计		143,800,439.10	52,929,396.47
远期外汇合约——流动资产	注2、注7	9,028,452.48	25,331,481.65
购买选择权——流动资产	注4	90,677,590.37	—
流动资产部分小计		99,706,042.85	25,331,481.65
合计		243,506,481.95	78,260,878.12
衍生金融负债		2019年12月31日	2018年12月31日
利率互换合约——非流动负债	注5、注7	35,825,068.04	126,417,157.39
远期外汇合约——流动负债	注6	15,745,240.33	—
合计		51,570,308.37	126,417,157.39

注1：于2017年4月，本集团与Citigroup Energy INC签订电价掉期合约，以换取未来固定的电价回报。该合约为现金流量有效套期，其公允价值变动计入其他综合收益，期限为2018年10月1日至2031年10月1日。于2019年12月31日，上述电价掉期合约的公允价值为人民币136,460,083.96元（2018年12月31日：人民币52,929,396.47元）。该合约要求子公司将其100%的资产作为抵质押。

注2：截至2019年12月31日，本公司与中国农业银行签订一笔远期外汇合约，该合约为公允价值套期，本集团分别与法国兴业银行、西太平洋银行、Standard Chartered Bank、法国巴黎银行等签订数笔远期外汇合约，该合约为现金流量套期。上述现金流量套期工具的有效性部分公允价值变动计入其他综合收益，剩余部分公允价值变动计入当期损益。本集团与西太平洋银行、法国巴黎银行签订数笔远期外汇合约，未指定为套期，其公允价值变动计入当期损益。于2019年12月31日，上述远期外汇合约的公允价值为人民币15,464,657.98元（2018年12月31日：人民币12,285,195.48元），其中，于一年内到期的部分为人民币9,028,452.48元（2018年12月31日：人民币12,285,195.48元）。

注3：截至2019年12月31日，本集团与中国银行、新加坡发展银行签订数笔利率互换合约，上述合约为现金流量有效套期，其公允价值变动计入其他综合收益。于2019年12月31日，上述利率互换合约的公允价值为人民币904,149.64元。

注4：截至2019年12月31日本集团持有的对Clark Creek风电场81%股权的购买选择权的公允价值为人民币90,677,590.37元。

注5：于2018年6月，本集团与Standard Chartered Bank（Hong Kong）Limited及BNP Paribas签订利率互换合约，该合约为现金流量有效套期，其公允价值变动计入其他综合收益。于2019年12月31日，上述利率互换合约的公允价值为负值人民币35,825,068.04元，确认为衍生金融负债（2018年12月31日：人民币12,463,516.50元）。

注6：截至2019年12月31日，本集团与法国兴业银行、西太平洋银行、汇丰银行、Standard Chartered Bank、法国巴黎银行等签订数笔远期外汇合约，该合约为现金流量套期，其有效性部分公允价值变动计入其他综合收益，剩余部分公允价值变动计入当期损益。本集团与法国兴业银行、西太平洋银行、Standard Chartered Bank、德商银行等签订数笔远期外汇合约，未指定为套期，其公允价值变动计入当期损益。于2019年12月31日，上述远期外汇合约的公允价值为负值人民币15,745,240.33元，确认为衍生金融负债。

注7：于2018年7月，本公司子公司Stockyard Hill Wind Farm（Holding）Pty Ltd与ABN AMRO N.V.，Singapore Branch、Westpac Banking Corporation等签订利率互换合约。于2018年12月31日，该利率掉期的公允价值为负值人民币113,953,640.89元。于2018年8月，本公司子公司Stockyard Hill Wind Farm Pty Ltd.与National Australi Bank Limited签订远期外汇合约。于2018年12月31日，该远期外汇合约的公允价值为人民币13,046,286.17元。截至2019年12月31日，本集团对Stockyard Hill Wind Farm Pty Ltd.的股权投资处置尚未完成，管理层将持有的Stockyard Hill的资产及负债分类到持有待售资产及负债。因此，上述远期外汇合约公允价值余额人民币4,717,088.42元分类至持有待售资产，利率互换合约公允价值余额负值人民币288,342,419.68元分类至持有待售负债。

示例7-4　600029.SH 南方航空

会计政策
套期会计

套期会计方法，是指将套期工具和被套期项目产生的利得或损失在相同会计期间计入当期损益（或其他综合收益）以反映风险管理活动影响的方法。

被套期项目是使本集团面临公允价值或现金流量变动风险，且被指定为被套期对象的、能够可靠计量的项目。本集团指定为被套期项目有使本集团面临现金流量变动风险的浮动利率借款等。

套期工具是本集团为进行套期而指定的、其公允价值或现金流量变动预期可抵销被套期项目的公允价值或现金流量变动的金融工具。

本集团在套期开始日及以后期间持续地对套期关系是否符合套期有效性要求进行评估。套期同时满足下列条件时，本集团认定套期关系符合套期有效性要求：

- 被套期项目和套期工具之间存在经济关系；
- 被套期项目和套期工具经济关系产生的价值变动中，信用风险的影响不占主导地位；
- 套期关系的套期比率，应当等于企业实际套期的被套期项目数量与对其进行套期的套期工具实际数量之比。

套期关系由于套期比率的原因而不再符合套期有效性要求，但指定该套期关系的风险管理目标没有改变的，本集团进行套期关系再平衡，对已经存在的套期关系中被套期项目或套期工具的数量进行调整，以使套期比率重新符合套期有效性要求。

发生下列情形之一的，本集团终止运用套期会计：

- 因风险管理目标发生变化，导致套期关系不再满足风险管理目标；
- 套期工具已到期、被出售、合同终止或已行使；
- 被套期项目与套期工具之间不再存在经济关系，或者被套期项目和套期工具经济关系产生的价值变动中，信用风险的影响开始占主导地位；
- 套期关系不再满足运用套期会计方法的其他条件。

现金流量套期

现金流量套期是指对现金流量变动风险敞口进行的套期。套期工具产生的利得或损失中属于套期有效的部分，本集团将其作为现金流量套期储备，计入其他综合收益。现金流量套期储备的金额为下列两项的绝对额中较低者：

- 套期工具自套期开始的累计利得或损失；
- 被套期项目自套期开始的预计未来现金流量现值的累计变动额。

每期计入其他综合收益的现金流量套期储备的金额为当期现金流量套期储备的变动额。

套期工具产生的利得或损失中属于套期无效的部分，计入当期损益。

被套期项目为预期交易，且该预期交易使本集团随后确认一项非金融资产或非金融负债的,或者非金融资产或非金融负债的预期交易形成一项适用于公允价值套期会计的确定承诺时,本集团将原在其他综合收益中确认的现金流量套期储备金额转出,计入该资产或负债的初始确认金额。

对于不属于上述情况的现金流量套期,本集团在被套期的预期现金流量影响损益的相同期间,将原在其他综合收益中确认的现金流量套期储备金额转出,计入当期损益。

当本集团对现金流量套期终止运用套期会计时,在其他综合收益中确认的累计现金流量套期储备金额,按照下列会计政策进行处理:

- 被套期的未来现金流量预期仍然会发生的,累计现金流量套期储备的金额予以保留,并按照上述现金流量套期的会计政策进行会计处理;
- 被套期的未来现金流量预期不再发生的,累计现金流量套期储备的金额从其他综合收益中转出,计入当期损益。

公允价值套期

公允价值套期是指对已确认资产或负债、尚未确认的确定承诺,或上述项目组成部分的公允价值变动风险敞口进行的套期。

套期工具产生的利得或损失计入当期损益。被套期项目因被套期风险敞口形成的利得或损失计入当期损益,同时调整未以公允价值计量的已确认被套期项目的账面价值。

被套期项目为以摊余成本计量的金融工具(或其组成部分)的,本集团对被套期项目账面价值所作的调整按照开始摊销日重新计算的实际利率进行摊销,并计入当期损益。

财务报表项目注释

套期工具

单位:百万元

项目	2019年12月31日	2018年12月31日
利率互换	3	75

本集团通过利率互换合同以应对市场利率变动的风险。于2019年12月31日及2018年12月31日,固定年利率为1.64%~1.72%,主要浮动年利率为伦敦银行同业拆息利率。于2019年12月31日,仍未结算的利率互换合同名义本金约为325,000,000美元(2018年12月31日:约为393,000,000美元)。

第七章 套期会计

示例 7-5　600115. SH 东方航空

会计政策

衍生金融工具

本集团使用衍生金融工具，例如以外汇远期合同和利率互换，分别对汇率风险和利率风险进行套期。衍生金融工具初始以衍生交易合同签订当日的公允价值进行计量，并以其公允价值进行后续计量。公允价值为正数的衍生金融工具确认为一项资产，公允价值为负数的确认为一项负债。

除与套期会计有关外，衍生工具公允价值变动产生的利得或损失直接计入当期损益。

套期会计

就套期会计方法而言，本集团的套期分类为：

（1）公允价值套期，是指对已确认资产或负债，尚未确认的确定承诺（除汇率风险外）的公允价值变动风险进行的套期。

（2）现金流量套期，是指对现金流量变动风险进行的套期，此现金流量变动源于与已确认资产或负债、很可能发生的预期交易有关的某类特定风险，或一项未确认的确定承诺包含的汇率风险。

在套期关系开始时，本集团对套期关系有正式指定，并准备了关于套期关系、风险管理目标和风险管理策略的正式书面文件。该文件载明了套期工具、被套期项目、被套期风险的性质，以及本集团对套期有效性评估方法。套期有效性，是指套期工具的公允价值或现金流量变动能够抵销被套期风险引起的被套期项目公允价值或现金流量的程度。此类套期在初始指定日及以后期间被持续评价符合套期有效性要求。

如果套期工具已到期、被出售、合同终止或已行使（但作为套期策略组成部分的展期或替换不作为已到期或合同终止处理），或因风险管理目标发生变化，导致套期关系不再满足风险管理目标，或者该套期不再满足套期会计方法的其他条件时，本集团终止运用套期会计。

套期关系由于套期比率的原因不再符合套期有效性要求的，但指定该套期关系的风险管理目标没有改变的，本集团对套期关系进行再平衡。

本集团对套期有效性的评估方法、风险管理策略以及如何应用该策略来管理风险的详细信息，参见附注五、64（略）。

满足套期会计方法条件的，按如下方法进行处理：

<u>公允价值套期</u>

套期工具产生的利得或损失计入当期损益。被套期项目因套期风险敞口形成利得或损失，计入当期损益，同时调整未以公允价值计量的被套期项目的账面价值。

就与按摊余成本计量的债务工具有关的公允价值套期而言，对被套期项目账面价值所作的调整，在套期剩余期间内采用实际利率法进行摊销，计入当期损益。按照实际利率法的摊销可于账面价值调整后随即开始，并不得晚于被套期项目终止根据套期风险而产生的公允价值变动而进行的调整。被套期项目为以公允价值计量且其变动计入其他综合收益的债务工具，按照同样的方式对累积已确认的套期利得或损失进行摊销，并计入当期损益，但不调整金融资产账面价值。如果被套期项目终止确认，则将未摊销的公允价值确认为当期损益。

被套期项目为尚未确认的确定承诺的，该确定承诺的公允价值因被套期风险引起的累计公允价值变动确认为一项资产或负债，相关的利得或损失计入当期损益。套期工具的公允价值变动亦计入当期损益。

现金流量套期

套期工具利得或损失中属于套期有效的部分，直接确认为其他综合收益，属于套期无效的部分，计入当期损益。

如果被套期的预期交易随后确认为非金融资产或非金融负债，或非金融资产或非金融负债的预期交易形成适用公允价值套期的确定承诺时，则原在其他综合收益中确认的现金流量套期储备金额转出，计入该资产或负债的初始确认金额。其余现金流量套期在被套期的预期现金流量影响损益的相同期间，如预期销售发生时，将其他综合收益中确认的现金流量套期储备转出，计入当期损益。

本集团对现金流量套期终止运用套期会计时，如果被套期的未来现金流量预期仍然会发生的，则以前计入其他综合收益的金额不转出，直至预期交易实际发生或确定承诺履行；如果被套期的未来现金流量预期不再发生的，则累计现金流量套期储备的金额应当从其他综合收益中转出，计入当期损益。

财务报表项目注释

套期

现金流量套期

本集团将部分外汇远期合同指定为以美元计价结算的未来采购的套期工具，本集团对这些未来采购有确定承诺及很可能发生的预期交易。这些外汇远期合同的余额随预期外币采购的规模以及远期汇率的变动而变化。本集团将利率互换合同指定为以美元计价结算的未来飞机租赁支付的套期工具，本集团对这些未来飞机租赁款支付有确定承诺。这些利率互换合同的余额随预期租金支付及远期利率的变动而变化。外汇远期及利率互换合同的关键条款已进行商议从而与所作承诺的条款相匹配，并无现金流量套期无效部分。

套期工具的名义金额的时间分布以及平均价格或利率如下：

项目	6个月内	6~12个月	1年以后	合计
美元远期外汇合约名义金额（人民币百万元）	628	2,093	—	2,721
人民币兑美元的平均汇率——未确认的确定承诺	7.0151	6.9657	—	6.9771

续表

项目	6个月内	6~12个月	1年以后	合计
美元远期合同名义金额（人民币百万元）	—	2,693	—	2,693
人民币兑美元的平均汇率——极可能发生的预期交易	—	6.9368	—	6.9368
美元远期利率互换合约名义金额（人民币百万元）	61	—	6,133	6,194
利率互换合约的平均换入利率（%）	1.9634	—	1.6803	1.6831

套期工具的账面价值以及公允价值变动如下：

单位：百万元

现金流量套期	套期工具的名义金额	套期工具的账面价值		包含套期工具的资产负债表列示项目	2019年用作测试套期无效性的套期工具公允价值变动
		资产	负债		
汇率风险——远期购汇					
——未确认的确定承诺	2,721	17	9	套期工具	141
——很可能发生预期交易	2,693	26	4	套期工具	22
——债券利息本金支付	—	—	—	套期工具	14
利率风险——未来利息支出	6,194	27	10	套期工具	(137)

被套期项目的账面价值以及相关调整如下：

单位：百万元

现金流量套期	包含被套期项目的资产负债表列示的项目	2019年用作测试套期无效性的被套期项目公允价值变动	现金流量套期储备
汇率风险——未确认的确定承诺	无	(141)	8
汇率风险——很可能发生的预期交易	无	(22)	22
外汇风险——债券利息本金支付	无	(14)	—
利率风险——未来利息支出	无	163	17

套期工具公允价值变动在当期损益及其他综合收益列示如下：

单位：百万元

现金流量套期	计入其他综合收益的套期工具的公允价值变动	计入当期损益的套期无效部分	包含已确认的套期无效部分的利润表列示项目	从现金流量套期储备重分类至当期损益的金额	包含重分类调整的利润表列示项目
汇率风险					
——未确认的确定承诺	141	—	无	(104)	财务费用
——很可能发生的预期交易	22	—	无	—	财务费用
——债券本金支付	14	—	无	(14)	财务费用
利率风险——未来利息支出	(137)	—	无	(68)	财务费用

示例 7-6 601988.SH 中国银行

会计政策

衍生金融工具及套期会计

衍生金融工具以衍生交易合同签订当日的公允价值进行初始确认，并以公允价值进行后续计量。公允价值从活跃市场上的公开市场报价中取得（包括最近的市场交易价格等），或使用估值技术确定（例如，现金流量折现法、期权定价模型等）。本集团对场外交易的衍生工具作出了信用风险估值调整，以反映交易对手和集团自身的信用风险。有关调整根据每一个交易对手未来预期敞口、违约率等确定。当公允价值为正数时，衍生金融工具作为资产反映；当公允价值为负数时，则作为负债反映。

衍生金融工具公允价值变动的确认方式取决于该项衍生金融工具是否被指定为套期工具并符合套期工具的要求以及此种情况下被套期项目的性质。未指定为套期工具或不符合套期工具要求的衍生金融工具，包括以为特定利率和汇率风险提供套期保值为目的，但不符合套期会计要求的衍生金融工具，其公允价值的变动计入利润表的"公允价值变动收益"。

本集团在套期开始时，准备了关于被套期项目与套期工具的关系和开展套期交易的风险管理策略和目标的书面文件。本集团也在套期开始日及以后期间持续地评估套期关系是否符合套期有效要求，即套期工具的公允价值或现金流量变动抵销被套期风险引起的被套期项目公允价值或现金流量的变动的程度。

同时满足下列条件的套期关系符合套期有效性要求：

i) 被套期项目和套期工具之间存在经济关系。该经济关系使得套期工具和被套期项目的价值因面临相同的被套期风险而发生方向相反的变动。

ii) 被套期项目和套期工具经济关系产生的价值变动中，信用风险的影响不占主导地位。

iii) 套期关系的套期比率，应当等于本集团实际套期的被套期项目数量与对其进行套期的套期工具实际数量之比，但不应当反映被套期项目和套期工具相对权重的失衡，这种失衡会导致套期无效，并可能产生与套期会计目标不一致的会计结果。

以下原因可能导致套期无效：

i) 套期工具和被套期项目的增加或减少；

ii) 交易对手信用风险重大变化等。

如果套期工具已到期、被出售、合同终止或已行使（但作为套期策略组成部分的展期或替换不作为已到期或合同终止处理），或因风险管理目标发生变化，导致套期关系不再满足风险管理目标，或者该套期不再满足套期会计方法的其他条件时，本集团终止运用套期会计。

套期关系由于套期比率的原因不再符合套期有效性要求的，但指定该套期关系的风险管理目标没有改变的，本集团对套期关系进行再平衡。

（a）公允价值套期。

公允价值套期为对已确认资产或负债、尚未确认的确定承诺，或上述项目组成部分的公允价值变动风险敞口进行的套期。该类公允价值变动源于某类特定风险，并将对损益产生影响。

对于被指定为套期工具并符合公允价值套期要求的套期工具，其公允价值的变动连同被套期项目因被套期风险形成的公允价值变动均计入当期利润表，二者的净影响作为套期无效部分计入利润表。

若套期关系不再符合套期会计的要求，对以摊余成本计量的被套期项目的账面价值所作的调整，应在调整日至到期日的期间内按照实际利率法进行摊销并计入当期利润表。

（b）现金流量套期。

现金流量套期为对现金流量变动风险敞口进行的套期。该类现金流量变动源于与已确认资产或负债（如可变利率债务的全部或部分未来利息偿付额）、极可能发生的预期交易，或与上述项目组成部分有关的某类特定风险，且将对损益产生影响。

对于被指定为套期工具并符合现金流量套期要求的套期工具，其公允价值变动中属于有效套期的部分，应计入"其他综合收益"。属于无效套期的部分计入当期利润表。

原已计入所有者权益中的累计利得或损失，应当在被套期的预期现金流量影响损益的相同期间转出并计入当期利润表。

本集团对现金流量套期终止运用套期会计时，如果被套期的未来现金流量预期仍然会发生的，累计现金流量套期储备的金额应当予以保留；如果被套期的未来现金流量预期不再发生的，则累计现金流量套期储备的金额应当从其他综合收益中转出，计入当期损益。

（c）净投资套期。

境外经营净投资套期为对境外经营净投资外汇风险敞口进行的套期。

对境外经营净投资的套期，按照类似于现金流量套期会计的方式处理。套期工具利得或损失中属于有效套期的部分，直接计入其他综合收益；属于无效套期的部分，计入当期利润表。处置境外经营时，原已计入所有者权益的累计利得或损失作为处置损益的一部分计入利润表。

本集团将远期合约的远期要素和即期要素分开，只将即期要素的价值变动指定为套期工具，在此类套期关系中，本集团将远期合约远期要素的公允价值变动中与被套期项目相关的部分计入其他综合收益。如果被套期项目的性质与交易相关，则按照与现金流量套期储备相同的会计方法进行处理；如果被套期项目的性质与时间段相关，则将远期合约被指定为套期工具当日的远期要素中与被套期项目相关的部分按照系统、合理的方法在被套期项目影响损益的期间内摊销，从其他综合收益转出。

财务报表项目注释

套期会计

（1）公允价值套期。

本集团利用交叉货币利率互换及利率互换对汇率和利率变动导致的公允价值变动进行套期保值，汇率及利率风险通常为影响公允价值变动中最主要的部分。被套期项目包括应付债券和金融投资等。

i) 下表列示了本集团公允价值套期策略中所用的衍生套期工具的具体信息：

中国银行集团

单位：百万元

项目	被指定为公允价值套期工具的衍生产品			
	名义金额	公允价值		资产负债表项目
		资产	负债	
2019年12月31日				
利率风险				
利率互换	113,883	372	(2,366)	衍生金融资产/负债
外汇和利率风险				
交叉货币利率互换	4,351	—	(711)	衍生金融负债
合计	118,234	372	(3,077)	
2018年12月31日				
利率风险				
利率互换	117,618	1,788	(624)	衍生金融资产/负债
外汇和利率风险				
交叉货币利率互换	4,280	—	(660)	衍生金融负债
合计	121,898	1,788	(1,284)	

上述套期工具的到期日及平均汇率/利率信息如下：

中国银行集团

单位：百万元

项目	公允价值套期					
	1个月以内	1~3个月	3个月至1年	1~5年	5年以上	合计
2019年12月31日						
利率风险						
利率互换						
名义金额	760	2,806	11,014	63,807	35,496	113,883
平均固定利率	2.89%	3.12%	2.29%	3.05%	3.17%	不适用
外汇和利率风险						
交叉货币利率互换						
名义金额	1,309	—	1,062	1,980	—	4,351
平均固定利率	5.38%	—	4.50%	5.28%	—	不适用
美元/人民币平均汇率	—	—	6.5717	6.1217	—	不适用
澳元/美元平均汇率	0.9381	—	—	0.9294	—	不适用
2018年12月31日						
利率风险						
利率互换						
名义金额	206	2,127	11,529	71,852	31,904	117,618
平均固定利率	2.95%	2.10%	3.34%	2.86%	3.23%	不适用
外汇和利率风险						
交叉货币利率互换						
名义金额	—	—	—	3,939	341	4,280
平均固定利率				5.09%	5.50%	不适用
美元/人民币平均汇率	—	—	—	6.4848	6.0350	不适用
澳元/美元平均汇率				0.9337	—	不适用

ii）下表列示了本集团公允价值套期策略中被套期项目的具体信息：

中国银行集团

单位:百万元

项目	公允价值套期				资产负债表项目
	被套期项目的账面价值		被套期项目公允价值调整的累计金额		
	资产	负债	资产	负债	
2019年12月31日					
利率风险					
应付债券	—	(11,962)	—	(75)	应付债券
金融投资	105,905	—	2,520	—	金融投资
外汇和利率风险					
应付债券	—	(3,640)	—	711	应付债券
合计	105,905	(15,602)	2,520	636	
2018年12月31日					
利率风险					
应付债券	—	(15,638)	—	174	应付债券
金融投资	101,287	—	(1,956)	—	金融投资
外汇和利率风险					
应付债券	—	(3,621)	—	660	应付债券
合计	101,287	(19,259)	(1,956)	834	

iii) 本集团公允价值套期产生的净收益/损失如下:

单位:百万元

项目	中国银行集团	
	2019年	2018年
净收益/损失		
——套期工具	(3,097)	192
——被套期项目	3,291	115
公允价值变动收益及汇兑收益中确认的套期无效部分	194	307

(2) 净投资套期。

本集团的合并资产负债表受到本集团记账本位币与其分支机构和子公司的记账本位币之间折算差额的影响。本集团在有限的情况下对此类外汇敞口进行套期保值。本集团以与相关分支机构和子公司的记账本位币同币种或汇率关联币种的吸收存款、向中央银行借款以及外汇远期及掉期合约对部分境外经营进行净投资套期。在以吸收存款、向中央银行借款以及外汇远期及掉期合约组合作为套期工具的套期关系中,本集团将远期合约的远期要素和即期要素分开,只将即期要素的价值变动指定为套期工具。2019年度无套期无效部分(2018年:无)。

i) 本集团净投资套期策略中所用的吸收存款和向中央银行借款的具体信息:

截至2019年12月31日,本集团此类吸收存款和向中央银行借款的账面价值分别为人民币1,044.19亿元(2018年12月31日:人民币550.34亿元)和人民币14.07亿元(2018年12月31日:无),本行此类吸收存款的账面价值为人民币253.43亿元(2018年12月31日:人民币99.48亿元)。

ii) 下表列示了本集团净投资套期策略中所用的衍生套期工具的具体信息:

中国银行集团

单位:百万元

项目	被指定为净投资套期工具的衍生产品			
	名义金额	公允价值		资产负债表项目
		资产	负债	
2019年12月31日				
外汇远期及掉期合约	41,128	29	(308)	衍生金融资产/负债
2018年12月31日				
外汇远期及掉期合约	2,157	—	(68)	衍生金融负债

上述套期工具的到期日及平均汇率如下:

中国银行集团

单位:百万元

项目	净投资套期					
	1个月以内	1~3个月	3个月至1年	1~5年	5年以上	合计
2019年12月31日						
外汇风险						
外汇远期及掉期合约						
名义金额	—	1,246	39,882	—	—	41,128
美元/港币平均汇率	—	—	7.8355	—	—	不适用
美元/兰特平均汇率	—	15.0995	15.2113	—	—	不适用
美元/卢比平均汇率	—	—	73.2963	—	—	不适用

续表

项目	净投资套期					
	1个月以内	1~3个月	3个月至1年	1~5年	5年以上	合计
美元/墨西哥比索平均汇率	—	—	20.1698	—	—	不适用
新西兰元/美元平均汇率	—	0.6909	—	—	—	不适用
美元/智利比索平均汇率	—	—	723.0169	—	—	不适用
美元/新加坡元平均汇率	—	—	1.3597	—	—	不适用
2018年12月31日						
外汇风险						
外汇远期合约						
名义金额	—	—	2,157	—	—	2,157
美元/兰特平均汇率	—	—	15.8892	—	—	不适用
美元/里拉平均汇率	—	—	5.9104	—	—	不适用

ii) 本集团净投资套期工具产生的净收益/损失对其他综合收益影响如下：

单位：百万元

项目	中国银行集团	
	2019年	2018年
套期工具公允价值变动计入其他综合收益的金额	(849)	(475)
套期工具远期要素从其他综合收益中转出至损益的金额	172	16
套期工具公允价值变动转入其他综合收益的净额	(677)	(459)

示例7-7 601939.SH 建设银行

会计政策

衍生金融工具和套期会计

本集团持有或发行的衍生金融工具主要用于管理风险敞口。衍生金融工具初始以衍生交易合同签订当日的公允价值进行确认，并以其公允价值进行后续计量。当公允价值为正数时，作为资产反映；当公允价值为负数时，作为负债反映。

衍生金融工具公允价值变动的确认方式取决于该项衍生金融工具是否被指定为套期工具并符合套期工具的要求，以及此种情况下被套期项目的性质。未指定为套期工具及不符合套期工具要求的衍生金融工具，包括以为特定利率和汇率风险提供套期保值为目的但不符合套期会计要求的衍生金融工具，其公允价值的变动计入利润表。

本集团于套期开始时为套期工具与被套期项目之间的关系、风险管理目标和进行各类套期交易时的策略准备了正式书面文件。本集团书面评估了套期业务中使用的衍生金融工具在抵销被套期项目的公允价值变动或现金流量变动方面是否高度有效。本集团在套期初始指定日及以后期间持续评估套期关系是否符合套期有效性要求。

(i) 公允价值套期

公允价值套期为对已确认资产或负债、尚未确认的确定承诺,或该资产或负债、尚未确认的确定承诺中可辨认部分的公允价值变动风险进行的套期。该类价值变动源于某类特定风险,并将对当期利润表产生影响。

对于被指定为套期工具并符合公允价值套期要求的套期工具,其公允价值的变动连同被套期项目因被套期风险形成的公允价值变动均计入当期利润表,二者的净影响作为套期无效部分计入当期利润表。

若套期关系不再符合套期会计的要求,对以摊余成本计量的被套期项目的账面价值所作的调整,在终止日至到期日的期间内按照实际利率法进行摊销并计入当期利润表。当被套期项目被终止确认时,尚未摊销的对账面价值所作的调整直接计入当期利润表。

(ii) 现金流量套期

现金流量套期为对现金流量变动风险进行的套期。该类现金流量变动源于与已确认资产或负债(如可变利率债务的全部或部分未来利息偿付额)、很可能发生的预期交易有关的某类特定风险,最终对利润表产生影响。

对于被指定为套期工具并符合现金流量套期要求的套期工具,其公允价值变动中属于有效套期的部分,计入其他综合收益。属于无效套期的部分计入当期利润表。

原已计入其他综合收益中的累计利得或损失,当在被套期项目影响利润表的相同期间转出并计入当期利润表。

当套期工具已到期、被出售,或不再被指定为套期,或者套期关系不再符合套期会计的要求时,原已计入其他综合收益中的套期工具的累计利得或损失暂不转出,直至预期交易实际发生时才被重分类至当期利润表。如果预期交易预计不会发生,则原已计入其他综合收益中的累计利得或损失应转出,计入当期利润表。

财务报表项目注释

衍生金融工具及套期会计

(1) 按合约类型分析。

本集团

单位:百万元

合约类型	注释	2019年12月31日		
		名义金额	资产	负债
利率合约		535,745	1,187	2,088
汇率合约		3,727,006	31,681	29,726

续表

合约类型	注释	2019年12月31日		
		名义金额	资产	负债
其他合约	(a)	85,784	1,773	1,968
合计		4,348,535	34,641	33,782

（2）按交易对手信用风险加权资产分析。

单位：百万元

交易对手违约风险加权资产	注释	本集团	
		2019年12月31日	2018年12月31日
——利率合约		2,670	1,365
——汇率合约		37,124	21,402
——其他合约	(a)	1,500	2,276
小计		41,294	25,043
信用估值调整风险加权资产		14,194	12,493
合计		55,488	37,536

衍生金融工具的名义金额仅指在资产负债表日尚未到期结算的交易量，并不代表风险金额。本集团自2013年1月1日起施行《商业银行资本管理办法（试行）》及相关规定。按照银监会制定的规则，交易对手信用风险加权资产新增了信用估值调整风险加权资产，根据交易对手的状况及到期期限的特点进行计算，并包括以代客交易为目的的背对背交易。本集团自2019年1月1日起按照《衍生工具交易对手违约风险资产计量规则》计量衍生工具交易对手违约风险加权资产。

（a）其他合约主要由贵金属及大宗商品合约构成。

（3）套期会计。

上述衍生金融工具中包括的本集团及本行指定的套期工具如下：

本集团

单位：百万元

套期工具	2019年12月31日		
	名义金额	资产	负债
公允价值套期工具			
利率互换	39,801	83	(344)

续表

套期工具	2019年12月31日		
	名义金额	资产	负债
货币掉期	35	—	—
现金流量套期工具			
外汇掉期	39,146	640	(193)
货币掉期	—	—	—
利率互换	13,608	25	(78)
合计	92,590	748	(615)

(a) 公允价值套期

本集团利用利率互换、货币掉期对利率及汇率导致的公允价值变动进行套期保值。被套期项目包括以公允价值计量且其变动计入其他综合收益的金融资产、已发行债务证券、吸收存款及发放贷款和垫款。

公允价值套期产生的净收益/损失如下：

本集团

单位：百万元

净收益/损失	2019年度	2018年度
——套期工具	(664)	72
——被套期项目	661	(69)

于2019年度及2018年度公允价值变动损益中确认的套期无效部分产生的损益不重大。

(b) 现金流量套期

本集团利用外汇掉期、货币掉期以及利率互换对利率、汇率风险导致的现金流量波动进行套期保值。被套期项目为吸收存款、发放贷款和垫款、已发行债务证券、拆入资金、拆出资金、以公允价值计量且其变动计入当期损益的金融资产及以公允价值计量且其变动计入其他综合收益的金融资产。套期工具及被套期项目的剩余到期日均为五年以内。

于2019年度，本集团现金流量套期产生的净损失计人民币2.92亿元计入其他综合收益，本行现金流量套期产生的净损失计人民币2.40亿元计入其他综合收益（于2018年度本集团及本行净损失为人民币2.67亿元），现金流量套期中确认的套期无效部分产生的损益不重大。

示例7-8　601998.SH 中信银行

会计政策

衍生工具和套期工具

衍生工具于合同签订之日进行初始确认并按公允价值进行初始和后续计量。衍生工具的公允价值为正反映为资产，为负反映为负债。

某些衍生工具被嵌入混合合同中，如可转换债券中的转股权。对于主合同是金融资产的混合合同，本集团对其整体进行分类和计量。对于主合同并非金融资产的混合合同，在符合以下条件时，将嵌入衍生工具拆分为独立的衍生工具处理：

（i）嵌入衍生工具与主合同的经济特征和风险并非紧密相关；

（ii）具有相同条款但独立存在的工具满足衍生工具的定义；且

（iii）混合工具并未以公允价值计量且其变动计入损益。

本集团可以选择将被拆分的嵌入式衍生工具以公允价值计量且其变动计入损益，或者选择将混合合同指定为以公允价值计量且其变动计入损益。

衍生工具的公允价值变动的确认方法取决于该衍生工具是否被指定为且符合套期工具的要求，以及被套期项目的性质。本集团将某些衍生工具指定用于对已确认资产或负债或尚未确认的确定承诺，进行公允价值套期。

在套期开始时，本集团完成了套期相关文档，内容包括被套期项目与套期工具的关系，以及各种套期交易对应的风险管理目标和策略。本集团也在套期开始时和开始后持续地记录了套期是否有效的评估，即套期工具是否能够很大程度上抵销被套期项目公允价值或现金流量的变动。

公允价值套期

对于被指定作为公允价值套期的套期工具且符合相关要求的衍生工具，其公允价值变动计入损益。同时作为被套期项目的资产或负债的公允价值变动中与被套期风险相关的部分也计入损益。

如果某项套期不再满足套期会计的标准，对于采用实际利率法的被套期项目，对其账面价值的调整将在到期前的剩余期间内摊销，并作为净利息收入计入损益。

财务报表项目注释

衍生金融资产/负债

衍生金融工具主要为本集团在外汇、利率、贵金属及信用衍生交易市场进行的以交易、资产负债管理及代客为目的开展的远期、掉期和期权交易。本集团作为衍生交易中介人，通过分行网络为广大客户提供适合个体客户需求的风险管理产品。本集团通过与外部交易对手进行对冲交易来主动管理风险头寸，以确保本集团承担的风险净值在可接受的风险水平以内。本集团也运用衍生金融工具进行自营交易，以管理其自身的资产负债组合和结构性头寸。衍生金融工具，除指定为有效套期工具的衍生金融工具以外，被划分为持有作交易目的。划分为持有作交易目的的衍生金融工具包括用于交易目的的衍生产品，以及用于风险管理目的但未满足套期会计确认条件的衍生金融工具。

衍生金融工具的合同/名义金额仅为表内所确认的资产或负债的公允价值提供对比的基础，并不代表所涉及的未来现金流量或当前公允价值，因而并不反映本集团所面临的信用风险或市场风险。

本集团

单位：百万元

项目	2019年12月31日		
	名义金额	资产	负债
套期工具［附注9（3）］（略）			
——利率衍生工具	2,890	15	17
非套期工具			
——利率衍生工具	2,883,406	5,188	5,159
——货币衍生工具	1,513,070	11,700	10,928
——贵金属衍生工具	12,715	214	732
——信用衍生工具	—	—	—
合计	4,412,081	17,117	16,836

（1）名义本金按剩余期限分析。

单位：百万元

剩余期限	本集团	
	2019年12月31日	2018年12月31日
3个月内	1,746,119	1,921,744
3个月至1年	1,753,923	2,033,875
1~5年	896,911	542,276
5年以上	15,128	2,875
总额	4,412,081	4,500,770

（2）信用风险加权金额。

信用风险加权金额依据银保监会于2012年颁布的《商业银行资本管理办法（试行）》的规定，根据交易对手的状况及到期期限的特点进行计算，包括代客交易。于2019年12月31日，本集团交易对手的信用风险加权金额总计人民币146.31亿元（2018年12月31日：人民币201.58亿元）。

(3) 公允价值套期。

本集团的子公司利用公允价值套期来规避由于市场利率变动导致金融资产和金融负债公允价值变化所带来的影响。以利率掉期合约作为套期工具对冲其他债权投资的债券投资、已发行存款证券及次级债券的利率风险。

第八章

首次施行日衔接的会计处理

在境内外同时上市的企业以及在境外上市并采用 IFRS 或 CAS 编制财务报告的企业,自 2018 年 1 月 1 日起施行新金融工具准则;其他境内上市企业自 2019 年 1 月 1 日起施行;执行 CAS 的非上市企业自 2021 年 1 月 1 日起施行。鼓励企业提前执行。

企业应当追溯应用新金融工具准则,但存在某些豁免规定和例外情况。

新金融工具准则不适用于在首次执行日已终止确认的金融资产或金融负债。

第一节 准则规定与解析

一、对分类和计量的过渡要求

企业无须重述比较信息,如果企业重述前期信息,应当能够以前期的事实和情况为依据,且比较信息反映新金融工具准则的所有要求。如果企业对比较期间不进行重述,则应将原账面价值和首次执行日新账面价值之间的差额计入首次执行日所在年度报告期间的期初留存收益或其他综合收益。

(一)追溯调整的具体要求

1. SPPI 测试

企业基于金融资产初始确认时的事实和情况评估是否能够通过 SPPI 测试,这项要求有如表 8-1 所示的两种例外情况。

表 8-1　　　　　　　　　　SPPI 测试——追溯调整的例外

例外	说明
经修正的货币时间价值	如果基于金融资产初始确认时存在的事实和情况评估经修正的货币时间价值要素并不切实可行，则企业在进行 SPPI 测试时无须考虑关于货币时间价值要素修正的要求
提前还款特征公允价值的重要性	如果基于金融资产初始确认时存在的事实和情况评估提前还款特征的公允价值是否重要并不切实可行，则企业在进行 SPPI 测试时无须考虑针对提前还款特征的例外情形

2. 混合合同

在首次执行日，企业存在根据新金融工具准则相关规定应当以公允价值计量的混合合同，但之前未以公允价值计量的，该混合合同在前期比较财务报表期末的公允价值应当等于其各组成部分在前期比较财务报表期末公允价值之和。企业应将整项混合工具的公允价值与该混合工具各组成部分公允价值总和之间的差额，计入报告期间的期初留存收益或其他综合收益。

（二）追溯调整的例外要求

1. 业务模式评估

该项评估以首次执行日的事实和情况为基础，由此确定的分类应进行追溯调整，而不考虑企业在以前报告期间的业务模式。

2. 公允价值选择权

企业可基于首次执行日的事实和情况对金融资产和金融负债再次行使公允价值选择权（见表 8-2）。

表 8-2　　　　　　　　　公允价值选择权的过渡要求

金融资产		向新金融工具准则过渡要求	
		为了减少会计不匹配而采用公允价值选择权	
	原准则下的公允价值选择权	首次执行日得以满足	首次执行日不满足
原准则	未进行指定	允许指定	不能指定
	为了减少会计不匹配进行指定	可以撤销之前的指定	必须撤销之前的指定
	因为一组金融资产以公允价值进行管理而指定	须撤销之前的指定，允许进行新的指定	必须撤销之前的指定，不允许进行新的指定
	因为一项金融资产包含嵌入衍生工具而指定		

续表

金融负债		向新金融工具准则过渡要求		负债以公允价值进行管理或者包含嵌入衍生工具
		为了减少会计不匹配而采用公允价值选择权		
	原准则下的公允价值选择权	首次执行日得以满足	首次执行日不满足	
原准则	未进行指定	允许指定	不能指定	不能指定
	为了减少会计不匹配进行指定	可以撤销之前的指定	必须撤销之前的指定	不能指定
	因为一组金融负债以公允价值进行管理而指定	不允许撤销之前的指定		
	因为一项金融负债包含嵌入衍生工具而指定			

3. 权益工具投资

企业应以首次执行日存在的事实和情况为基础选择在其他综合收益中列报非为交易而持有的权益工具投资的公允价值变动。

4. 实际利率法

对某些金融工具进行追溯调整采用实际利率法可能并不切实可行。在这种情况下，金融工具在首次执行日的公允价值应被认为是其在当天新的账面总额（如果是资产）或摊余成本（如果是负债）。

5. 无报价的权益投资

如果无报价的权益投资或相关的衍生工具在前期按成本计量，则在首次执行日这些投资应以公允价值计量。原账面价值与公允价值之间的差额计入期初留存收益或其他综合收益。

6. 指定为 FVTPL 的负债的自身信用风险

企业以在首次执行日存在的事实和情况为基础评估在其他综合收益中列报金融负债信用风险变动的影响是否会产生或扩大损益的会计不匹配，但对相关会计处理进行追溯调整。

二、对减值的过渡要求

除下述的某些豁免外，企业应对新的减值要求进行追溯调整。

在确定自初始确认后信用风险是否显著增加时，企业可以应用：

（1）低信用风险的例外规定；以及

（2）合同付款逾期超过 30 天的可推翻的假设，如果企业基于逾期信息来判断信用风险是否显著增加。

（一）不当的成本或努力

企业在首次执行日应通过考虑在无须付出不当成本或努力的情况下可合理获得的信息，来估计初始确认时的信用风险。

如果在首次执行日须付出不当的成本或努力来确定一项金融工具自初始确认后信用风险是否显著增加，则企业在每个报告日所确认的损失准备金额或准备金额应相当于整个存续期的预期信用损失金额，直至该金融工具被终止确认，除非该金融工具的信用风险较低。

（二）原计提的坏账准备是否会冲回

预期信用损失要求企业对历史准备率（即历史平均结果）进行调整来体现有关现状、合理及可支持的预测及其对预期信用损失影响、货币的时间价值的信息。在未来经济状况及欠款人信用状况没有发生大的变化的情况下，采用预期信用损失法不会比原准则下的已发生损失法计提的坏账准备少，预期信用损失法的逻辑就是改变已发生损失法计提坏账准备太晚、太少的缺陷。如 IASB 所述，最初确认 12 个月预期信用损失在信用风险显著增加之前高估预期信用损失（IFRS 9. BC5. 203）。因此，除非预计未来状况会显著改善，否则不可能因为采用预期信用损失法而导致坏账准备大额冲回。

三、原可供出售权益工具的衔接转换

原金融工具准则下，对被投资单位不具有控制、共同控制和重大影响的权益工具投资可以作为"以公允价值计量且其变动计入当期损益的金融资产"或"可供出售金融资产"进行核算。其中在活跃市场中没有报价且其公允价值不能可靠计量的权益工具投资（"三无投资"），以及与该权益工具挂钩并须通过交付该权益工具结算的衍生金融资产，应当按照成本计量。也就是说，若公允价值不能可靠估计，即该权益性投资公允价值合理估计数的变动区间较大，且变动区间内各种用于确定公允价值估计数的概率不能合理地确定，此时划分为可供出售金融资产，并按照成本计量（可供出售权益类投资的成本法豁免）。

新金融工具准则下，减少了金融资产分类，取消了贷款和应收款项、持有至到期投资和可供出售金融资产等三个原有分类。CAS 22 要求企业根据其管理金融资产的业务模式和金融资产的合同现金流量特征，将金融资产划分为三类：①以摊余成本计量的金融资产（AC）；②以公允价值计量且其变动计入其他综合收益的金融资产［FVOCI（债务工具）］；③以公允价值计量且其变动计入当期损益的金融资产（FVTPL）。

（一）权益工具投资的分类

新金融工具准则下，"三无投资"一般不符合本金加利息的合同现金流量特征（即不能通过 SPPI 测试），不属于按照 CAS 22 第十七条分类为以摊余成本计量的金融资产和按照 CAS 22 第十八条分类为以公允价值计量且其变动计入其他综合收益的金融资产，因此企业应当将其分类为以公允价值计量且其变动计入当期损益的金融资产（FVTPL）。但是，在初始确认时，企业可以将非交易性权益工具投资指定为以公允价值计量且其变动计入其他综合收益的金融资产 [FVOCI（权益工具）]。

"非交易性"即不是"交易性"的（主要是为了近期出售或回购；近期实际存在短期获利模式；属于衍生工具）。"权益工具投资"是指对于工具发行方来说，满足 CAS 37 中权益工具定义的工具，即不包括符合金融负债定义但是被分类为权益工具的特殊金融工具（如可回售工具和发行方仅在清算时才有义务向另一方按比例交付其净资产的金融工具）。

非交易性权益工具投资可以逐项工具为基础，指定为 FVOCI（权益工具）。需要强调的是，上述指定一经做出，不得撤销，即 FVOCI（权益工具）不存在重分类（无论是划入还是划出）。对于 FVOCI（权益工具），仅满足条件的股利收入才能计入损益，不涉及减值计提。其他相关的利得和损失（包括汇兑损益）均应当计入其他综合收益，且后续不得转入损益。

CAS 22.69 规定：企业根据本准则第十九条规定将非交易性权益工具投资指定为以公允价值计量且其变动计入其他综合收益的金融资产的，当该金融资产终止确认时，之前计入其他综合收益的累计利得或损失应当从其他综合收益中转出，计入留存收益。即对于选择划分为 FVOCI（权益工具）的原可供出售权益工具投资，累计公允价值变动（包括适用新金融工具准则之前及之后的），转换为新金融工具准则之时及之后，均不能计入损益（即使在适用新金融工具准则之后出售或视同出售）。

（二）新旧准则衔接的处理

在新金融工具准则下，所有的权益工具投资均需以公允价值计量。

CAS 22.81 规定：在本准则施行日，对于之前以成本计量的、在活跃市场中没有报价且其公允价值不能可靠计量的权益工具投资或与该权益工具挂钩并须通过交付该工具进行结算的衍生金融资产，企业应当以其在本准则施行日的公允价值计量。原账面价值与公允价值之间的差额，应当计入本准则施行日所在报告期间的期初留存收益或其他综合收益。

CAS 22.81 规定：在本准则施行日，对于之前以成本计量的、在活跃市场中没有报价且其公允价值不能可靠计量的权益工具投资或与该权益工具挂钩并须通过交付该工具进行结算的衍生金融资产，企业应当以其在本准则施行日的公允价值计量。原账面价值与公允价值之间的差额，应当计入本准则施行日所在报告期间的期初留存收益或其他综合收益。

1. 转换为 FVTPL

原成本法计量的可供出售权益工具投资，新金融工具准则下若分类为以公允价值计量且其变动计入当期损益的金融资产（FVTPL），则原账面价值（成本）与公允价值之间的差额应当计入新准则施行日所在报告期间的期初留存收益。

假设某可供出售金融资产初始入账价值1,000元，后续计提减值准备300元（计入减值损失体现为未分配利润负数）。新金融工具准则施行日，按其公允价值500元确认FVTPL（列报为"交易性金融资产"或"其他非流动金融资产"），原账面价值700元与公允价值500元之间的差额200元计入期初留存收益（盈余公积和未分配利润）。

若原可供出售权益工具投资按公允价值计量，则衔接处理还需要考虑其他综合收益的余额。例如，某可供出售金融资产初始入账价值1,000元，后续公允价值下跌200元（计入其他综合收益借方）、计提减值准备300元（计入减值损失体现为未分配利润负数）。新金融工具准则施行日，按其公允价值500元确认FVTPL（列报为"交易性金融资产"或"其他非流动金融资产"）；同时，将原计入其他综合收益的200元结转期初留存收益——即假设全面追溯调整（假设自开始即使用新金融工具准则）时，按FVTPL核算不会影响其他综合收益，但由于不调整前期比较财务报表数据，因此将原其他综合收益调整新金融工具准则施行日所在年度报告期间的期初留存收益。

可以看出，无论原可供出售金融资产是按成本计量还是按公允价值计量，新金融工具准则施行日的会计处理及影响是相同的。即FVTPL为500元，期初留存收益累积影响 –500元。

FVTPL后续按公允价值计量，且公允价值变动计入"公允价值变动损益"。

2. 转换为 FVOCI（权益工具）

原成本法计量的可供出售权益工具投资，若对于工具发行方来说满足CAS 37中权益工具的定义，且是非交易性的，则可以在新准则施行日指定为以公允价值计量且其变动计入其他综合收益的金融资产［FVOCI（权益工具）］。则原账面价值（成本）与公允价值之间的差额应当计入新准则施行日所在报告期间的其他综合收益。

假设某可供出售权益工具初始入账价值1,000元，后续计提减值准备300元（计入减值损失体现为未分配利润负数）。新金融工具准则施行日，满足指定为FVOCI（权益工具）的条件，企业选择指定该指定，则按其公允价值500元确认FVOCI（权益工具）（列报为"其他权益工具投资"），原账面价值700元与公允价值500元之间的差额200元计入其他综合收益；同时，将原计入未分配利润的300元结转期初其他综合收益——即假设全面追溯调整时，按FVOCI（权益工具）核算公允价值变动不会影响损益且不适用减值会计，但由于不调整前期比较财务报表数据，因此将原未分配利润负数调整新金融工具准则施行日所在年度报告期间的期初其他综合收益。

若原可供出售权益工具投资按公允价值计量，则衔接处理与原按成本计量相同。例如，某可供出售金融资产初始入账价值1,000元，后续公允价值下跌200元（计入其他综合收益借方)、计提减值准备 300 元(计入减值损失体现为未分配利润负数)。新金融工具准则施行日,满足指定为 FVOCI(权益工具)的条件,企业选择指定该指定,则按其公允价值 500 元确认 FVOCI(权益工具)(列报为"其他权益工具投资");同时,将原计入未分配利润的 300 元结转期初其他综合收益——即假设全面追溯调整时,按 FVOCI(权益工具)核算公允价值变动不会影响损益且不适用减值会计,但由于不调整前期比较财务报表数据,因此将原未分配利润负数调整新金融工具准则施行日所在年度报告期间的其他综合收益;原其他综合收益借方 200 元保持不变。即新金融工具准则施行日 FVOCI(权益工具)为 500 元,其他综合收益累积为 −500 元。

简单而言,原可供出售金融资产转换为 FVTPL,需要将原计入其他综合收益的金额结转期初留存收益——即假设追溯调整但不调整前期比较财务报表数据,因此调整期初留存收益。同样,转换为 FVOCI(权益工具)的,需要将原计入未分配利润的减值金额结转期初其他综合收益。

另外,根据会计准则委员会发布的会计准则实务问答,该权益工具投资原来计入损益的累计减值损失,原则上应当转入其他综合收益,实务上出于简化考虑,允许不对累计减值损失做出处理。

(三)权益工具投资的公允价值计量

CAS 22.44 要求企业对权益工具的投资和与此类投资相联系的合同应当以公允价值计量。公允价值计量虽然会带来不确定性,但是成本作为一个可靠(和客观)的金额,只有(即便有)很少的相关性。并且如果采用恰当的估值技术和输入值,信息就是可靠的。技术上讲,权益投资的估值方法发展得比较成熟,而且通常远不如其他要求以公允价值计量的金融工具、包括许多复杂的衍生产品所要求的那么复杂(IFRS 9 – BC5.17)。

虽然在初始入账时,交易价格(取得成本)可能是公允价值的最佳证据,但是后续计量时,成本通常无法提供关于权益工具所产生的未来现金流量的有用信息(IFRS 9 – BC5.15),而简化的计量方法会增加分类方法的复杂性,并降低信息对财务报表使用者的有用性(IFRS 9 – BC5.19),因此新金融工具准则不再提供成本法豁免的简化方法。

根据 CAS 39,公允价值是指市场参与者在计量日发生的有序交易中,出售一项资产所能收到或者转移一项负债所需支付的价格。企业以公允价值计量相关资产或负债,应当采用在当前情况下适用并且有足够可利用数据和其他信息支持的估值技术。使用的估值技术主要包括市场法、收益法和成本法。

原金融工具准则下,在活跃市场中没有报价且其公允价值不能可靠计量的权益工具投资,以及与该权益工具挂钩并须通过交付该权益工具结算的衍生金融资产,应当按照成本计量(成本法豁免)。需要强调的是,没有报价不等于公允价值不能可靠计量,也可以采用估值技术确定公允价值。公允价值不能可靠估计,即该权益性投资公允价值合理估计数的变动区间较大,且变动区间内各种用于确定公允价值估计数的概率不能合理地确定。鉴于估值技术的成熟,即使在原金融工具准则下,可以按成本计量的可供出售权益工具也并不多见。

(四)成本是否可代表对公允价值的恰当估计

CAS 22.44 指出,在有限情况下,如果用以确定公允价值的近期信息不足,或者公允价值的可能估计金额分布范围很广,而成本代表了该范围内对公允价值的最佳估计的,该成本可代表其在该分布范围内对公允价值的恰当估计。

可以看出,用成本代表公允价值的前提非常严格,与此前按成本计量的要求基本类似,即应当使用可获得的有关被投资方业绩和经营状况的所有信息而不能直接认定信息不足,或先要有估计的区间,再判断成本是否可代表对公允价值的恰当估计。不能直接简单认为可以将成本作为对公允价值的估计。

CAS 22.44 还列举了可能表明成本不代表相关金融资产的公允价值的七种情形,包括被投资方业绩、经济环境、市场发生重大变化,以及被投资方权益发生了外部交易并有客观证据等。

需要注意的是,CAS 22.45 指出,权益工具投资或合同存在报价的,企业不应当将成本作为对其公允价值的最佳估计。此外,将成本作为对其公允价值的最佳估计不适用于诸如金融机构和投资基金的特定主体所持有的权益投资(IFRS 9 – BC5.18)。

(五)使用估值技术确定公允价值

企业在估值技术的应用中,应当优先使用相关可观察输入值,只有在相关可观察输入值无法取得或取得不切实可行的情况下,才可以使用不可观察输入值。不可观察输入值,是指不能从市场数据中取得的输入值。该输入值应当根据可获得的市场参与者在对相关资产或负债定价时所使用假设的最佳信息确定。

对于持有的非上市公司股权,应在被投资方整体股权价值的基础上,考虑持股比例并结合流动性折扣等因素评估确定。股权流动性折扣通常可参考看跌期权法的分析结果确定,或参考第三方机构的统计分析数据,结合行业经验确定。常用的期权模型有欧式看跌期权以及亚式看跌期权。

市场法,是利用相同或类似的资产、负债或资产和负债组合的价格以及其他相关市场交易信息进行估值的技术。常用方法包括市场乘数法(如市盈率法、市净率法、企业价值倍数法等)、最近融资价格法(如投资本身是在近期取得且交易日后未发生影响公允价值计量的重大事件、被投资方最近融资价格等)等。

收益法,是将未来金额转换成单一现值的估值技术。常用方法包括自由现金流折现法、股利折现法等。

成本法,是反映当前要求重置相关资产服务能力所需金额的估值技术。常用方法主要为重置成本法、净资产法。重置成本法或净资产法适用于企业价值主要来源于其资产的公允价值的情形,例如银行、房地产公司、商业及酒店业公司和投资公司的价值。

部分企业可能没有轻易确定持有权益投资的公允价值的内部系统或专业知识，但是，基本的股东权利通常可确保其获得进行估值所需的必要信息（IFRS 9 – BC5.17）。因此通常不能直接认为用以确定公允价值的近期信息不足，从而使用成本代表公允价值。

第二节 实务应用示例

示例 8 – 1 601390.SH 中国中铁

根据新金融工具准则的相关规定，本集团及本公司对于首次执行该准则的累积影响数调整 2018 年年初留存收益以及财务报表其他相关项目金额，2017 年度的比较财务报表未重列，其采用的会计政策与本集团编制 2017 年度财务报表所采用的会计政策一致。

（i）于 2018 年 1 月 1 日，本集团合并财务报表中金融资产按照原金融工具准则和新金融工具准则的规定进行分类和计量的结果对比表：

单位：千元

原金融工具准则			新金融工具准则		
科目	计量类别	账面价值	科目	计量类别	账面价值
货币资金	摊余成本	130,392,403	货币资金	摊余成本	130,392,403
以公允价值计量且其变动计入当期损益的金融资产	以公允价值计量且其变动计入当期损益	2,962,726	交易性金融资产	以公允价值计量且其变动计入当期损益	2,960,631
			衍生金融资产	以公允价值计量且其变动计入当期损益	2,095
应收票据及应收账款	摊余成本	135,921,916	应收票据及应收账款	摊余成本	136,180,769
其他应收款	摊余成本	44,742,693	其他流动资产	摊余成本	13,310,425
			其他应收款	摊余成本	31,335,022
一年内到期的非流动资产	以公允价值计量且其变动计入其他综合收益（债务工具）	1,271,691	交易性金融资产	以公允价值计量且其变动计入当期损益	1,271,691
	摊余成本	35,842,387	一年内到期的非流动资产	摊余成本	35,658,490

续表

原金融工具准则			新金融工具准则		
科目	计量类别	账面价值	科目	计量类别	账面价值
可供出售金融资产	以公允价值计量且其变动计入其他综合收益（债务工具）	6,187,239	其他非流动金融资产	以公允价值计量且其变动计入当期损益	5,809,807
			一年内到期的非流动资产	以公允价值计量且其变动计入其他综合收益	279,000
	以公允价值计量且其变动计入其他综合收益（权益工具）	2,661,023	交易性金融资产	以公允价值计量且其变动计入当期损益	66,976
			其他非流动金融资产	以公允价值计量且其变动计入当期损益	1,378,819
			其他权益工具投资	以公允价值计量且其变动计入其他综合收益	1,215,228
	以成本计量（权益工具）	4,569,397	其他权益工具投资	以公允价值计量且其变动计入其他综合收益	4,685,411
			一年内到期的非流动资产	以公允价值计量且其变动计入其他综合收益	75,000
			其他非流动金融资产	以公允价值计量且其变动计入当期损益	696,262
长期应收款	摊余成本	40,581,118	长期应收款	摊余成本	36,987,763
			其他非流动金融资产	以公允价值计量且其变动计入当期损益	735,553
			债权投资	摊余成本	4,012,441
其他非流动资产	摊余成本	4,040,040	其他非流动资产	摊余成本	3,614,777
			债权投资	摊余成本	397,765

于2017年12月31日及2018年1月1日，本集团没有指定为以公允价值计量且其变动计入当期损益的金融资产。

(ii) 于2018年1月1日，本公司财务报表中金融资产按照原金融工具准则和新金融工具准则的规定进行分类和计量的结果对比表：

单位：千元

原金融工具准则			新金融工具准则		
科目	计量类别	账面价值	科目	计量类别	账面价值
货币资金	摊余成本	50,712,512	货币资金	摊余成本	50,712,512
以公允价值计量且其变动计入当期损益的金融资产	以公允价值计量且其变动计入当期损益	390	衍生金融资产	以公允价值计量且其变动计入当期损益	390
应收票据及应收账款	摊余成本	12,491,114	应收票据及应收账款	摊余成本	12,417,808
其他应收款	摊余成本	54,313,497	其他流动资产	摊余成本	46,095,119
			其他应收款	摊余成本	8,222,727
一年内到期的非流动资产	摊余成本	1,419,500	一年内到期的非流动资产	摊余成本	1,419,500
可供出售金融资产	以公允价值计量且其变动计入其他综合收益（债务工具）	714,850	其他非流动金融资产	以公允价值计量且其变动计入当期损益	714,850
	以公允价值计量且其变动计入其他综合收益（权益工具）	65,905	交易性金融资产	以公允价值计量且其变动计入当期损益	65,905
	以成本计量（权益工具）	2,000,000	其他权益工具投资	以公允价值计量且其变动计入其他综合收益	2,447,334
长期应收款	摊余成本	7,338,384	长期应收款	摊余成本	2,714,200
			债权投资	摊余成本	4,785,000

于2017年12月31日及2018年1月1日，本公司没有指定为以公允价值计量且其变动计入当期损益的金融资产。

（iii）于2018年1月1日，本集团及本公司根据新金融工具准则下的计量类别，将原金融资产账面价值调整为新金融工具准则下的账面价值的调节表：

新金融工具准则下的计量类别	注释
以摊余成本计量的金融资产	表1
以公允价值计量且其变动计入当期损益的金融资产	表2
以公允价值计量且其变动计入其他综合收益的金融资产	表3

表1　新金融工具准则下以摊余成本计量的金融资产　　　　　　　　　　　　单位：千元

项目	注释	账面价值 合并	账面价值 公司
货币资金			
2017年12月31日		130,392,403	50,712,512
调节项		—	—
2018年1月1日		130,392,403	50,712,512
小计		130,392,403	50,712,512
应收款项（注释1）			
2017年12月31日		261,128,154	75,562,495
减：转出至债权投资（新金融工具准则）	i)	25,612,627	50,880,119
减：转出至以公允价值计量且其变动计入当期损益的金融资产（新金融工具准则）	ii)	735,553	—
减：重新计量预期信用损失合计		135,463	96,666
加：重新计量应收质保金折现转回	iii)	1,497,519	188,525
2018年1月1日		236,142,030	24,774,235
债权投资（含其他流动资产和一年内到期的非流动资产）			
2017年12月31日		—	—
加：自应收款项转入（原金融工具准则）	i)	25,612,627	50,880,119
减：重新计量预期信用损失		257,205	—
2018年1月1日		25,355,422	50,880,119
以摊余成本计量的金融资产合计（新金融工具准则）		391,889,855	126,366,866

注释1：于2017年12月31日和2018年1月1日，应收款项余额包括以摊余成本计量的应收票据及应收账款、其他应收款、长期应收款、一年内到期的非流动资产和其他非流动资产等报表项目。

表2　新金融工具准则下以公允价值计量且其变动计入当期损益的金融资产　　　单位：千元

项目	注释	账面价值 合并	账面价值 公司
交易性金融资产（含其他非流动金融资产）			
2017年12月31日		2,960,631	—
加：自可供出售金融资产转入（原金融工具准则）	iv), v)	9,249,827	780,755

续表

项目	注释	账面价值	
		合并	公司
加：自应收款项转入（原金融工具准则）	ii)	735,553	—
减：重新计量由摊余成本计量变为公允价值计量		26,272	—
2018年1月1日		12,919,739	780,755
衍生金融资产			
2017年12月31日		2,095	390
调节项		—	—
2018年1月1日		2,095	390
以公允价值计量且其变动计入当期损益的金融资产合计（新金融工具准则）		12,921,834	781,145

表3 新金融工具准则下以公允价值计量且其变动计入其他综合收益的金融资产

单位：千元

项目	注释	账面价值	
		合并	公司
其他债权投资（含其他流动资产和一年内到期的非流动资产）			
2017年12月31日		—	—
加：自可供出售金融资产转入（原金融工具准则）	vi)	354,000	—
2018年1月1日		354,000	—
其他权益工具投资			
2017年12月31日		—	—
加：自可供出售金融资产转入（原金融工具准则）	vii)	5,085,523	2,000,000
加：重新计量由成本计量变为公允价值计量	vii)	815,116	447,334
2018年1月1日		5,900,639	2,447,334
可供出售金融资产			
2017年12月31日		14,689,350	2,780,755
减：转出至以公允价值计量且其变动计入公允价值变动损益的金融资产（新金融工具准则）	iv), v)	9,249,827	780,755

续表

项目	注释	账面价值	
		合并	公司
减：转出至以公允价值计量且其变动计入其他综合收益的金融资产（新金融工具准则）	vi), vii)	5,439,523	2,000,000
2018 年 1 月 1 日		—	—
以公允价值计量且其变动计入其他综合收益的金额资产合计（新金融工具准则）		6,254,639	2,447,334

i) 债权投资

于 2017 年 12 月 31 日，本集团及本公司持有的有息拆借及委托贷款账面价值分别为人民币 25,612,627 千元和人民币 50,880,119 千元。本集团及本公司执行新金融工具准则后，由于管理该组债权投资的业务模式是以收取合同现金流为目标，且其合同现金流量特征与基本借贷安排相一致，故于 2018 年 1 月 1 日，本集团及本公司将该债权投资从应收款项重分类至以摊余成本计量的金融资产，列示为债权投资、其他流动资产和一年内到期的非流动资产。相应地，本集团按照预期信用损失计量损失准备人民币 257,205 千元转出至期初留存收益，本公司无按照预期信用损失计量损失准备转出至期初留存收益。

ii) 信托贷款

于 2017 年 12 月 31 日，本集团持有的信托贷款账面价值为人民币 735,553 千元。本集团执行新金融工具准则后，由于该等信托贷款的合同现金流量特征不符合基本借贷安排，故于 2018 年 1 月 1 日，本集团将此等信托贷款从应收款项重分类为以公允价值计量且其变动计入当期损益的金融资产，列示为其他非流动金融资产。于 2017 年 12 月 31 日，本公司无该等信托贷款。

iii) 应收质保金折现转回

于 2017 年 12 月 31 日，本集团及本公司持有的应收质保金账面价值分别为人民币 46,677,690 千元和人民币 3,216,112 千元，应收质保金折现息的账面价值分别为人民币 1,497,519 千元和人民币 188,525 千元。本集团及本公司执行新金融工具准则和新收入准则后，由于该等应收质保金不包含重大融资成分，故于 2018 年 1 月 1 日，本集团及本公司将应收质保金折现息的账面价值调整期初留存收益。

iv) 非上市信托产品

于 2017 年 12 月 31 日，本集团及本公司持有非上市信托产品账面价值分别为人民币 7,179,930 千元和人民币 714,850 千元。本集团及本公司执行新金融工具准则后，由于该等信托产品的合同现金流量特征不符合基本借贷安排，故于 2018 年 1 月 1 日，本集团及本公司将该等信托产品从可供出售金融资产重分类为以公允价值计量且其变动计入当期损益的金融资产，列示为交易性金融资产及其他非流动金融资产。相应地，本集团将累计计入其他综合收益的盈利人民币956千元转出至期初留存收益。本公司无累计计入其他综合收益的金额转出至期初留存收益。

v）上市权益工具投资

于2017年12月31日，本集团及本公司持有上市权益工具投资账面价值分别为人民币2,069,897千元和人民币65,905千元。本集团及本公司执行新金融工具准则后，由于该等权益工具投资不符合本金加利息的合同现金流量特征，故于2018年1月1日，本集团及本公司将此等权益投资从可供出售金融资产重分类为以公允价值计量且其变动计入当期损益的金融资产，列示为交易性金融资产及其他非流动金融资产。相应地，本集团将累计计入其他综合收益的亏损人民币322,953千元转出至期初留存收益。本公司无累计计入其他综合收益的金额转出至期初留存收益。

vi）可供出售金融资产重分类至其他债权投资

于2017年12月31日，本集团持有的非上市信托产品投资账面价值为人民币354,000千元。本集团执行新金融工具准则后，由于该等信托产品投资的业务模式为既以收取合同现金流量为目标又以出售为目标，且其合同现金流量特征与基本借贷安排相一致，故于2018年1月1日，本集团将其重分类至其他债权投资及一年内到期的非流动资产。本公司无该等非上市信托产品投资。

vii）将权益工具投资指定为以公允价值计量且其变动计入其他综合收益的金融资产

于2017年12月31日，本集团持有的以成本计量的非上市股权投资，账面价值为人民币3,870,295千元，累计计提减值准备31,844千元；本公司持有的以成本计量的非上市股权投资，账面价值为人民币2,000,000千元。于2018年1月1日，出于战略投资的考虑，本集团及本公司选择将该等股权投资指定为以公允价值计量且其变动计入其他综合收益的金融资产，列示为其他权益工具投资。相应地，本集团将公允价值与原账面价值的差额人民币815,116千元调整期初其他综合收益；将累计计提的减值准备人民币31,844千元从期初留存收益转入其他综合收益；本公司将公允价值与原账面价值的差额人民币447,334千元调整期初其他综合收益。

于2017年12月31日，本集团持有的以公允价值计量的上市股权投资，账面价值为人民币1,215,228千元。于2018年1月1日，出于投资管理的考虑，本集团选择将该股权投资指定为以公允价值计量且其变动计入其他综合收益的金融资产，列示为其他权益工具投资。本公司无该等以公允价值计量的上市股权投资。

(iv) 于2018年1月1日，本集团将原金融资产减值准备调整为按照新金融工具准则规定的损失准备的调节表：

单位：千元

计量类别	按原金融工具准则计提的损失准备	重分类	重新计量	按新金融工具准则计提的损失准备
以摊余成本计量的金融资产——应收票据及应收账款减值准备	4,782,537	—	(258,853)	4,523,684
其他应收款减值准备	5,814,859	(1,315,042)	11,023	4,510,840
债权投资减值准备	—	1,578,230	257,205	1,835,435
长期应收款减值准备	361,447	(361,447)	25,157	25,157
以公允价值计量且其变动计入其他综合收益的金融资产——其他权益工具投资减值准备	—	31,844	(31,844)	—
可供出售金融资产减值准备	135,565	(135,565)	—	—
以公允价值计量且其变动计入当期损益的金融资产——其他非流动金融资产	—	141,229	(141,229)	—
交易性金融资产	—	60,751	(60,751)	—
合同资产减值准备	—	—	568,575	568,575
其他非流动资产减值准备	25,750	—	358,136	383,886
合计	11,120,158	—	727,419	11,847,577

（v）于2018年1月1日，本公司将原金融资产减值准备调整为按照新金融工具准则规定的损失准备的调节表：

单位：千元

计量类别	按原金融工具准则计提的损失准备	重分类	重新计量	按新金融工具准则计提的损失准备
以摊余成本计量的金融资产——应收票据及应收账款减值准备	1,436	—	73,306	74,742
其他应收款减值准备	34,758	—	(4,349)	30,409
长期应收款减值准备	—	—	27,709	27,709
合同资产减值准备	—	—	5,349	5,349
合计	36,194	—	102,015	138,209

（vi）因执行新金融工具准则，本集团相应调整2018年1月1日递延所得税资产人民币68,189千元、递延所得税负债人民币203,780千元。相关调整对本集团合并

财务报表中归属于母公司股东权益的影响金额为人民币 1,057,806 千元，其中盈余公积为人民币 7,404 千元、未分配利润为人民币 221,449 千元、其他综合收益为人民币 828,953 千元；对少数股东权益的影响金额为人民币 4,654 千元。本公司相应调整 2018 年 1 月 1 日递延所得税资产为人民币 12,470 千元、递延所得税负债为人民币 111,834 千元。相关调整对本公司财务报表中股东权益的影响金额为人民币 409,540 千元，其中盈余公积为人民币 7,404 千元、未分配利润为人民币 66,635 千元、其他综合收益为人民币 335,501 千元。

示例 8－2 601898.SH 中煤能源

新金融工具准则

金融资产分类与计量方面，新金融工具准则要求金融资产基于其合同现金流量特征及企业管理该等资产的业务模式分类为"以摊余成本计量的金融资产""以公允价值计量且其变动计入其他综合收益的金融资产"和"以公允价值计量且其变动计入当期损益的金融资产"三大类别。取消了贷款和应收款项、持有至到期投资和可供出售金融资产等原分类。权益工具投资一般分类为以公允价值计量且其变动计入当期损益的金融资产，也允许企业将非交易性权益工具投资指定为以公允价值计量且其变动计入其他综合收益的金融资产，但该指定不可撤销，且在处置时不得将原计入其他综合收益的累计公允价值变动额结转计入当期损益。

金融资产减值方面，新金融工具准则有关减值的要求适用于本集团以摊余成本计量以及分类为以公允价值计量且其变动计入其他综合收益的金融资产（债务工具）、租赁应收款、合同资产以及未提用的贷款承诺和财务担保合同。新金融工具准则要求采用预期信用损失模型以替代原先的已发生信用损失模型。新减值模型要求采用三阶段模型，依据相关项目自初始确认后信用风险是否发生显著增加，信用损失准备按 12 个月内预期信用损失或者整个存续期的预期信用损失进行计提。对于由收入准则规范的交易形成的应收账款、合同资产及租赁应收款存在简化方法，允许始终按照整个存续期预期信用损失确认减值准备。

本集团自 2018 年 1 月 1 日起施行上述新金融工具准则，并自该日起按照新金融工具准则的规定确认、计量和报告本集团的金融工具。本集团变更后的会计政策详见附注五、10（略）。

于 2018 年 1 月 1 日之前的金融工具确认和计量与新金融工具准则要求不一致的，本集团按照新金融工具准则的要求进行衔接调整。涉及前期比较财务报表数据与新金融工具准则要求不一致的，本集团不进行调整。金融工具原账面价值和在新金融工具准则施行日的新账面价值之间的差额，计入 2018 年 1 月 1 日的留存收益或其他综合收益。于 2018 年 1 月 1 日本集团采用新金融工具准则的影响详见下表。

2018年1月1日首次施行新金融工具准则的影响汇总表

单位：千元

| 项目 | 按原金融工具准则列示的账面价值 2017年12月31日（已重述） | 施行新金融工具准则影响 ||||| 按新金融工具准则列示的账面价值 2018年1月1日 |
| | | 重分类 ||| 重新计量 || |
		自原分类为贷款和应收款项类金融资产转入（注1）	自原分类为可供出售金融资产转入（注2）	预期信用损失（注3）	从摊余成本计量变为公允价值计量（注1）	从成本计量变为公允价值计量（注2）	
应收票据及应收账款	15,838,564	(9,038,690)	—	—	—	—	6,799,874
其他流动资产	3,750,129	9,038,690	—	—	(130,265)	—	12,658,554
可供出售金融资产	3,420,028	—	(3,420,028)	—	—	—	—
其他权益工具投资	—	—	3,420,028	—	—	249,008	3,669,036

注1：自原分类为贷款和应收款项类金融资产转入。

本集团管理企业流动性的过程中会在部分应收票据到期前进行贴现或背书转让，并基于本集团已将相关应收票据几乎所有的风险和报酬转移给相关交易对手之后终止确认已贴现或背书的应收票据。本集团管理应收票据的业务模式是既以收取合同现金流量为目标又以出售该金融资产为目标。因此，于2018年1月1日，人民币9,038,690千元的应收票据被重分类为以公允价值计量且其变动计入其他综合收益的金融资产，在资产负债表中其他流动资产项目下列报。原先以摊余成本计量的应收票据改按公允价值计量导致其他流动资产账面价值减少人民币130,265千元，递延所得税资产增加人民币28,373千元，其他综合收益减少人民币79,341千元，少数股东权益减少人民币22,551千元。

注2：自原分类为可供出售金融资产转入。

从可供出售金融资产转入其他权益工具投资

于2018年1月1日，人民币3,420,028千元的可供出售金融资产被指定为以公允价值计量且其变动计入其他综合收益的金融资产，在资产负债表中其他权益工具投资项目下列报，该部分投资属于非交易性权益工具并且本集团预计不会在可预见的未来出售。其中，人民币3,386,942千元可供出售金融资产为在活跃市场中没有报价且其公允价值不能可靠计量的权益工具，于以前期间根据原金融工具准则按照成本计量。于2018年1月1日对该部分股权投资采用公允价值计量导致其他权益工具投资账面价值增加人民币249,008千元，递延所得税负债增加人民币64,505千元，其他综合收益增加人民币184,503千元。此外，以前期间确认的可供出售金融资产减值损失税后金额为人民币131,259千元于2018年1月1日从留存收益转入其他综合收益。

注3：于2018年1月1日，本集团对分类为以摊余成本计量的金融资产、分类为以公允价值计量且其变动计入其他综合收益的金融资产（债务工具）、合同资产等项目根据原金融工具准则确认的损失准备与根据新金融工具准则确认的信用损失准备的调节情况详见下表。

2018年1月1日信用损失准备的调节表

单位：千元

项目	按原金融工具准则确认的减值准备	重分类	按新金融工具准则确认的信用损失准备
金融资产减值准备：			
应收票据及应收账款坏账准备	503,240	—	503,240
其他应收款坏账准备	407,366	—	407,366

续表

项目	按原金融工具准则确认的减值准备	重分类	按新金融工具准则确认的信用损失准备
其他流动资产减值准备	25,930	—	25,930
其他非流动资产减值准备	6,150	—	6,150

示例 8-3　601633.SH 长城汽车

新金融工具准则

本集团自 2018 年 1 月 1 日起执行财政部 2017 年修订的《企业会计准则第 22 号——金融工具确认和计量》、《企业会计准则第 23 号——金融资产转移》、《企业会计准则第 24 号——套期会计》和《企业会计准则第 37 号——金融工具列报》（以下简称"新金融工具准则"）。

在金融资产分类与计量方面，新金融工具准则要求金融资产基于其合同现金流量特征及企业管理该等资产的业务模式分类为"以摊余成本计量的金融资产""以公允价值计量且其变动计入其他综合收益的金融资产"和"以公允价值计量且其变动计入当期损益的金融资产"三大类别，取消了原金融工具准则中贷款和应收款项、持有至到期投资和可供出售金融资产等分类。权益工具投资一般分类为以公允价值计量且其变动计入当期损益的金融资产，也允许将非交易性权益工具投资指定为以公允价值计量且其变动计入其他综合收益的金融资产，但该指定不可撤销，且在处置时不得将原计入其他综合收益的累计公允价值变动额结转计入当期损益。

在减值方面，新金融工具准则有关减值的要求适用于以摊余成本计量的金融资产、以公允价值计量且其变动计入其他综合收益的金融资产和租赁应收款。新金融工具准则要求采用预期信用损失模型确认信用损失准备，以替代原先的已发生信用损失模型。新减值模型采用三阶段模型，依据相关项目自初始确认后信用风险是否发生显著增加，信用损失准备按 12 个月内预期信用损失或者整个存续期的预期信用损失进行计提。对于应收账款、合同资产及租赁应收款存在简化方法，允许始终按照整个存续期预期信用损失确认减值准备。

套期会计方面，新金融工具准则提升了套期会计的适用性，将套期会计和企业风险管理更加紧密结合。

根据财政部通知，在境内外同时上市的企业以及在境外上市并采用国际财务报告准则或企业会计准则编制财务报告的企业，自 2018 年 1 月 1 日起施行新金融工具准则。因此，作为境内外同时上市的公司，自 2018 年 1 月 1 日起本集团施行上述新金融工具准则，并自该日起按照新金融工具准则的规定确认、计量和报告本集团的金融工具。本集团变更后的会计政策详见附注（三）、9（略）。

于 2018 年 1 月 1 日之前的金融工具确认和计量与新金融工具准则要求不一致的，本集团按照新金融工具准则的要求进行追溯调整。涉及前期比较财务报表数据与新金融工具准则要求不一致的，本集团不进行调整。金融工具原账面价值和在新金融工具准则施行日的新账面价值之间的差额，计入 2018 年 1 月 1 日的留存收益或其他综合收益。于 2018 年 1 月 1 日本集团采用新金融工具准则的影响详见附注（三）、30.3（略）。

首次执行新金融工具准则或新收入准则调整首次执行当年年初财务报表相关项目情况

首次执行新金融工具准则与新收入准则对本集团资产、负债和所有者权益的影响汇总于 2018 年 1 月 1 日，本集团首次施行上述新收入准则与新金融工具准则对本集团资产、负债和所有者权益的影响汇总如下：

单位：元

项目	2017 年 12 月 31 日	施行新收入准则影响	施行新金融工具准则影响	2018 年 1 月 1 日
交易性金融资产（注1）		—	317,994,432.00	317,994,432.00
以公允价值计量且其变动计入当期损益的金融资产（注1）	317,994,432.00	—	(317,994,432.00)	—
应收票据及应收账款（注2）	49,948,553,567.36	—	(49,075,108,590.70)	873,444,976.66
其他流动资产（注2）	267,000,053.72	—	49,075,108,590.70	49,342,108,644.42
可供出售金融资产（注3）	7,700,000.00	—	(7,700,000.00)	—
其他权益工具投资（注3）		—	7,700,000.00	7,700,000.00
发放贷款和垫款（注4）	4,428,694,699.29	—	(494,368,396.06)	3,934,326,303.23
递延收益（注4）	1,963,520,037.00	—	(494,368,396.06)	1,469,151,640.94
预收款项（注5）	5,457,772,639.50	(5,457,772,639.50)	—	
其他应付款（注5）	2,512,899,879.29	927,298,728.19	—	3,440,198,607.48
合同负债（注5、注6）		5,305,335,381.83	—	5,305,335,381.83

续表

项目	2017年12月31日	施行新收入准则影响	施行新金融工具准则影响	2018年1月1日
其他流动负债（注6）	1,653,117,141.98	(774,861,470.52)	—	878,255,671.46

注1：于2018年1月1日，人民币317,994,432.00元的以公允价值计量且其变动计入当期损益的金融资产，为本集团持有的上市公司股权，被重分类至交易性金融资产。

注2：本集团管理企业流动性的过程中会在部分应收票据到期前进行贴现或背书转让，并基于本集团已将几乎所有的风险和报酬转移给相关交易对手之后终止确认已贴现或背书的应收票据。本集团管理应收票据的业务模式既以收取合同现金流量为目标又以出售该金融资产为目标。因此，于2018年1月1日，人民币49,075,108,590.70元的应收票据被重分类至其他流动资产，原先以摊余成本计量的应收票据改按公允价值计量，未导致其他流动资产账面价值变动。

注3：于2018年1月1日，人民币7,700,000.00元的可供出售金融资产被重分类至其他权益工具投资，该部分投资属于非交易性权益工具并且本集团预计不会在可预见的未来出售，于以前期间按照成本扣除减值计量。于2018年1月1日对该部分股权投资采用公允价值计量，未导致其他权益工具投资账面价值变动。

注4：于2018年1月1日，人民币494,368,396.06元的递延收益，为本公司之子公司天津长城滨银汽车金融有限公司的预收利息，被重分类至发放贷款和垫款。

注5：于2018年1月1日，本集团根据合同从客户预收的货款人民币5,457,772,639.50元，根据新收入准则由预收账款重分类至合同负债人民币4,530,473,911.31元，重分类至其他应付款人民币927,298,728.19元。

注6：于2018年1月1日，本集团为客户提供的保养服务识别为一项单项履约义务，确认合同负债人民币774,861,470.52元。

示例8-4 600688.SH 上海石化

金融工具

根据新金融工具准则的相关规定，本集团及本公司首次执行该准则对2018年年初留存收益及财务报表其他相关项目不产生重大影响，2017年度的比较财务报表未重列。

（i）于2018年1月1日，本集团合并财务报表中金融资产按照原金融工具准则和新金融工具准则的规定进行分类和计量的结果对比表：

单位：千元

原金融工具准则			新金融工具准则		
科目	计量类别	账面价值	科目	计量类别	账面价值
货币资金	摊余成本	9,504,266	货币资金	摊余成本	9,504,266
应收票据及应收账款	摊余成本	3,426,439	应收票据及应收账款	摊余成本	1,965,868
				以公允价值计量且其变动计入其他综合收益	1,460,571
其他应收款	摊余成本	71,550	其他应收款	摊余成本	71,550

续表

原金融工具准则			新金融工具准则		
科目	计量类别	账面价值	科目	计量类别	账面价值
其他流动资产（委托贷款）	摊余成本	12,000	其他流动资产（委托贷款）	摊余成本	12,000

于2018年1月1日，本公司财务报表中金融资产按照原金融工具准则和新金融工具准则的规定进行分类和计量的结果对比表：

单位：千元

原金融工具准则			新金融工具准则		
科目	计量类别	账面价值	科目	计量类别	账面价值
货币资金	摊余成本	8,268,493	货币资金	摊余成本	8,268,493
应收票据及应收账款	摊余成本	2,573,172	应收票据及应收账款	摊余成本	1,757,945
				以公允价值计量且其变动计入其他综合收益	815,227
其他应收款	摊余成本	126,546	其他应收款	摊余成本	126,546

于2017年12月31日及2018年1月1日，本集团均没有指定为以公允价值计量且其变动计入当期损益的金融资产。

（ii）于2018年1月1日，本集团及本公司根据新金融工具准则下的计量类别，将原金融资产账面价值调整为新金融工具准则下的账面价值的调节表：

新金融工具准则下的计量类别	注释
以摊余成本计量的金融资产	表1
以公允价值计量且其变动计入其他综合收益的金融资产	表2

表1　新金融工具准则下以摊余成本计量的金融资产

单位：千元

项目	注释	账面价值	
		合并	公司
应收票据及应收账款2017年12月31日		3,426,439	2,573,172
减：转出至以公允价值计量且其变动计入其他综合收益的金融资产（新金融工具准则）	i)	(1,460,571)	(815,227)
2018年1月1日		1,965,868	1,757,945

表 2　　新金融工具准则下以公允价值计量且其变动计入其他综合收益的金融资产

单位：千元

项目	注释	账面价值	
		合并	公司
以公允价值计量且其变动计入其他综合收益的金融资产			
2017 年 12 月 31 日		—	—
加：自应收票据及应收账款转入（原金融工具准则）	i)	1,460,571	815,227
2018 年 1 月 1 日		1,460,571	815,227

本集团下属子公司中国金山联合贸易有限责任公司和上海金贸国际贸易有限公司视其日常资金管理的需要将一部分应收账款进行无追索权的福费廷业务，该子公司管理应收账款的业务模式既包括收取合同现金流量为目标又包括出售为目标，故于 2018 年 1 月 1 日，本集团将该子公司的第三方应收账款人民币 309,518 千元，分类为以公允价值计量且其变动计入其他综合收益的金融资产，仍列示于应收票据及应收账款［附注四（4）］（略）。

本集团视日常资金管理的需要将一部分银行承兑汇票进行了贴现和背书，管理银行承兑汇票的业务模式既包括收取合同现金流量为目标又包括出售为目标，故于 2018 年 1 月 1 日，本集团将银行承兑汇票人民币 1,151,053 千元，分类为以公允价值计量且其变动计入其他综合收益的金融资产，仍列示于应收票据及应收账款［附注四（4）］（略）。

上述以公允价值计量且其变动计入其他综合收益的金融资产公允价值与原账面价值无重大差异，故本集团未调整留存收益和其他综合收益。

（iii）于 2018 年 1 月 1 日，本集团对以摊余成本计量的金融资产以及以公允价值计量且其变动计入其他综合收益的金融资产的减值按照新金融工具准则要求进行了测算，测算的损失准备与原准则下计提的坏账准备无重大差异。

示例 8-5　　601899.SH 紫金矿业

新金融工具准则

新金融工具准则改变了金融资产的分类和计量方式，确定了三个主要的计量类别：摊余成本；以公允价值计量且其变动计入其他综合收益；以公允价值计量且其变动计入当期损益。企业需考虑自身业务模式，以及金融资产的合同现金流特征进行上述分类。权益类投资需按公允价值计量且其变动计入当期损益，但在初始确认时可选择按公允价值计量且其变动计入其他综合收益（处置时的利得或损失不能回转到损益，但分红计入损益），且该选择不可撤销。

新金融工具准则要求金融资产减值计量由"已发生损失模型"改为"预期信用损失模型"，适用于以摊余成本计量的金融资产、以公允价值计量且其变动计入其他综合收益的金融资产,以及贷款承诺和财务担保合同。

本集团持有的某些理财产品,其收益取决于标的资产的收益率。本集团于2018年1月1日之前将其分类为可供出售金融资产。2018年1月1日之后,本集团分析其合同现金流量代表的不仅仅为对本金和以未偿本金为基础的利息的支付,因此将该等理财产品重分类为以公允价值计量且其变动计入当期损益的金融资产。本集团在日常资金管理中将部分银行承兑汇票背书,管理上述应收票据的业务模式既以收取合同现金流量为目标又以出售为目标,因此本集团2018年1月1日之后将该等应收票据重分类为以公允价值计量且其变动计入其他综合收益金融资产。

在首次执行日,金融资产按照修订前后金融工具确认计量准则的规定进行分类和计量结果对比如下:

单位:元

本集团	修订前的金融工具确认计量准则		修订后的金融工具确认计量准则	
	计量类别	账面价值	计量类别	账面价值
应收账款	贷款和应收款	1,292,864,505	摊余成本	1,292,864,505
应收票据	贷款和应收款	1,519,375,541	以公允价值计量且其变动计入其他综合收益(准则要求)	1,519,375,541
理财产品	可供出售金融资产	2,510,982,823	以公允价值计量且其变动计入当期损益(准则要求)	2,510,982,823
股权投资	可供出售金融资产	778,201,186	以公允价值计量且其变动计入其他综合收益(指定)	1,015,392,343
股权投资	以公允价值计量且其变动计入当期损益	853,357,262	以公允价值计量且其变动计入当期损益(准则要求)	853,357,262
股权投资	以公允价值计量且其变动计入当期损益	1,700,570,459	以公允价值计量且其变动计入其他综合收益(指定)	1,700,570,459

在首次执行日,原金融资产账面价值调整为按照修订后金融工具确认计量准则的规定进行分类和计量的新金融资产账面价值的调节表:

单位:元

计量类别	按原金融工具准则列示的账面价值 2017年12月31日	重分类	重新计量	按新金融工具准则列示的账面价值 2018年1月1日
以摊余成本计量的金融资产				
应收账款				

续表

计量类别	按原金融工具准则列示的账面价值 2017年12月31日	重分类	重新计量	按新金融工具准则列示的账面价值 2018年1月1日
按原金融工具准则列示的余额	1,292,864,505	—	—	1,292,864,505
重新计量：预期信用损失准备	—	—	(9,495,496)	(9,495,496)
按新金融工具准则列示的余额	1,292,864,505	—	(9,495,496)	1,283,369,009
以公允价值计量且其变动计入其他综合收益的金融资产				
应收票据				
按原金融工具准则列示的余额	1,519,375,541	(1,519,375,541)	—	—
减：转出至以公允价值计量且其变动计入其他综合收益（新金融工具准则）	—	1,519,375,541	—	1,519,375,541
按新金融工具准则列示的余额	1,519,375,541	—	—	1,519,375,541
股权投资				
按原金融工具准则列示的余额	2,478,771,645	(2,478,771,645)	—	—
减：转出至以公允价值计量且其变动计入其他综合收益（指定）	—	2,478,771,645	—	2,478,771,645
加：公允价值调整	—	—	237,191,157	237,191,157
按新金融工具准则列示的余额	2,478,771,645	—	237,191,157	2,715,962,802
以公允价值计量且其变动计入当期损益的金融资产				
股权投资				
按原金融工具准则列示的余额	853,357,262	(853,357,262)	—	—

续表

计量类别	按原金融工具准则列示的账面价值 2017年12月31日	重分类	重新计量	按新金融工具准则列示的账面价值 2018年1月1日
减：转出至以公允价值计量且其变动计入当期损益（新金融工具准则）	—	853,357,262	—	853,357,262
按新金融工具准则列示的余额	853,357,262	—	—	853,357,262
理财产品				
按原金融工具准则列示的余额	2,510,982,823	(2,510,982,823)	—	—
减：转出至以公允价值计量且其变动计入当期损益（新金融工具准则）	—	2,510,982,823	—	2,510,982,823
按新金融工具准则列示的余额	2,510,982,823	—	—	2,510,982,823

在首次执行日，原金融资产减值准备2017年12月31日金额调整为按照修订后金融工具准则的规定进行分类和计量的新损失准备调节表：

单位：元

计量类别	按原金融工具准则计提损失准备	重分类	重新计量	按新金融工具准则计提损失准备
贷款和应收款（原金融工具准则）				
以摊余成本计量的金融资产（新金融工具准则）				
应收账款	11,196,522	—	9,495,496	20,692,018

第九章

列报与披露

第一节 准则规定与解析

一、列报

新金融工具准则对财务报表列报的影响如下：
（1）不再强调合理确定列报金融工具的详细程度；
（2）资产负债表：企业应当在资产负债表或相关附注中列报以摊余成本计量的金融资产或金融负债、分类为FVOCI的金融资产的账面价值。
（3）利润表：
①对于指定为FVTPL的金融负债，企业应当分别披露本期在其他综合收益中确认的和在当期损益中确认的利得或损失。
②对于分类为FVOCI的金融资产，企业应当分别披露当期在其他综合收益中确认的以及当期终止确认时从其他综合收益转入当期损益的利得或损失。
③对于指定为FVOCI的非交易性权益工具投资，企业应当分别披露在其他综合收益中确认的利得和损失以及在当期损益中确认的股利收入。
CAS 22规定，金融资产在区分了债务工具还是权益工具投资后，将根据计量属性分类为以摊余成本计量的金融资产、以公允价值计量且其变动计入其他综合损益（FVOCI）和以公允价值计量且其变动计入当期损益（FVTPL）。而金融负债按照计量属性分类为FVTPL的金融负债和以摊余成本计量的其他金融负债。
根据CAS 22应用指南，企业执行新金融工具准则，一般需要增设"债权投资""债权投资减值准备""其他债权投资""其他权益工具投资""信用减值损失""其他综合收益——信用减值准备"等科目，同时，应用指南就这些科目的核算内容及主要账务处理提供了具体指引。

《关于修订印发 2019 年度一般企业财务报表格式的通知》(财会〔2019〕6号)针对新金融工具准则的有关规定对一般企业财务报表格式进行了修订。结合一般企业实务情况，对不同计量属性的金融资产、金融负债在财务报表中的具体列报项目和内容如下：

1. 以摊余成本计量的金融资产

常见的贸易应收款在"应收票据""应收账款"中列报；对于以摊余成本计量的长期金融资产，"长期应收款"中明确核算的内容为融资租赁产生的应收款项、具有融资性质的销售商品和提供劳务等产生的应收款项等，以及实质上构成对被投资单位净投资的长期权益，除此之外均在"债权投资"中列报；对于自资产负债表日起一年内到期的债权投资，则列示为"其他流动资产"或"一年内到期的非流动资产"，而预期持有期限短于 1 年的长期的应收款，则列示为"其他应收款"或"一年内到期的非流动资产"。

2. 以公允价值计量且其变动计入当期损益的金融资产（FVTPL）

根据流动性分类列示为"交易性金融资产""衍生金融资产""其他非流动金融资产"。此处的其他非流动金融资产，仅列报非流动的 FVTPL。

对于本应以公允价值计量且其变动计入损益的特定权益工具投资，企业可在初始确认时作出不可撤销的选择，将其公允价值的后续变动在其他综合收益中列报。即满足条件时将非交易性权益工具投资指定为 FVOCI（权益工具），列示为"其他权益工具投资"，其公允价值变动计入其他综合收益中的"其他权益工具投资公允价值变动"，终止确认时，前期在其他综合收益中的累计公允价值变动将直接转入留存收益，列报于"其他综合收益结转留存收益"。可以逐项工具（即，逐项股份）为基础指定，这是对整体分类和计量方法的一个例外。

3. 以公允价值计量且其变动计入其他综合收益的金融资产（FVOCI）

对于债务工具投资，此类持有目的为收取合同现金流和出售兼而有之，列示为"其他债权投资"。若预期持有期限或剩余期限短于 1 年的，列示为"其他流动资产"或"一年内到期的非流动资产"。但分类为 FVOCI 的应收票据和应收账款列示为"应收款项融资"。此外，利润表的影响项目包括其他综合收益类的"其他债权投资公允价值变动""其他债权投资信用减值准备"，以及损益类的"信用减值损失"。

4. 关于金融负债的分类和列报

（1）金融负债按照计量属性分类为 FVTPL 的金融负债和以摊余成本计量的其他金融负债，因此在资产负债表列报方面，并无变化。

（2）新金融工具准则的主要变化为指定 FVTPL 非衍生金融负债中由自身信用风险变动引起的公允价值变动将直接计入其他综合收益，在"企业自身信用风险公允价值变动"中列示。

5. 套期会计

企业应当将"套期工具"科目借方余额在"交易性金融资产""衍生金融资产"

项目中列示,贷方余额在"交易性金融负债""衍生金融负债"项目中列示。

企业应当将归属于存货的"被套期项目"科目余额在"存货"项目中列示;将归属于确定承诺的"被套期项目"科目借方余额在"其他流动资产"项目中列示,贷方余额在"其他流动负债"项目中列示。

应当将"其他综合收益——套期储备"科目余额在"其他综合收益"项目中列示。

企业应当将"套期损益"科目当期发生额在"公允价值变动收益"项目中列示。

应当将"其他综合收益——套期储备"科目当期发生额在"将重分类进损益的其他综合收益"项目下以"现金流量套期储备"单独列示。

综上所述,一般企业财务报表格式中新增及修订的列报项目如表9-1所示。

表9-1　　　　　　　新金融工具准则影响的财务报表列报项目

列报项目	说明
资产负债表	
流动资产	
交易性金融资产	反映资产负债表日企业分类为以公允价值计量且其变动计入当期损益(FVTPL)的金融资产,以及企业持有的直接指定为以公允价值计量且其变动计入当期损益的金融资产的期末账面价值。包括:未能通过SPPI测试的、到期日不超过一年或预期持有不超过一年的债务工具投资(含嵌入衍生工具);以其他业务模式持有的债务工具投资(含嵌入衍生工具);未指定为有效套期工具的衍生工具;到期日不超过一年或预期持有不超过一年的权益工具投资(不包括指定为FVOCI的权益工具投资);到期日不超过一年或预期持有不超过一年的、直接指定为FVTPL的债务工具投资(含嵌入衍生工具)
衍生金融资产	反映资产负债表日分类为FVTPL的衍生工具
应收款项融资	反映资产负债表日分类为FVOCI的应收票据和应收账款等
其他应收款	其中的"应收利息"仅反映相关金融工具已到期可收取但于资产负债表日尚未收到的利息。基于实际利率法计提的金融工具的利息应包含在相应金融工具的账面余额中
一年内到期的非流动资产	(1)自资产负债表日起一年内到期的长期债券投资(以摊余成本计量)的期末账面价值。 (2)自资产负债表日起一年内到期的长期债务投资(以FVOCI计量)的期末账面价值(不包括分类为FVOCI的应收票据和应收账款等应收债权融资)
其他流动资产	(1)企业购入的以摊余成本计量的一年内到期的债权投资的期末账面价值。 (2)企业购入的一年内到期的FVOCI(债务工具)的期末账面价值(不包括分类为FVOCI的应收票据和应收账款等应收债权融资)
非流动资产	
债权投资	反映资产负债表日企业以摊余成本计量的长期债权投资的期末账面价值(不包括一年内到期部分)

续表

列报项目	说明
其他债权投资	反映资产负债表日企业分类为 FVOCI 的长期债权投资的期末账面价值（不包括分类为 FVOCI 的应收票据和应收账款等应收债权融资）（不包括一年内到期部分）
其他权益工具投资	反映资产负债表日企业指定为 FVOCI 的非交易性权益工具投资的期末账面价值
其他非流动金融资产	自资产负债表日起超过一年到期且预期持有超过一年的 FVTPL 的期末账面价值（包括债务工具、权益工具和衍生工具）
流动负债类	
交易性金融负债	反映资产负债表日企业承担的交易性金融负债，以及企业持有的直接指定为 FVTPL 的金融负债的期末账面价值
衍生金融负债	反映资产负债表日 FVTPL 的衍生工具
其他应付款	其中的"应付利息"仅反映相关金融工具已到期应支付但于资产负债表日尚未支付的利息。基于实际利率法计提的金融工具的利息应包含在相应金融工具的账面余额中
非流动负债类	
预计负债	包括按照新金融工具准则的相关规定对贷款承诺、财务担保合同等项目计提的损失准备
利润表类	
投资收益（损失以"-"号填列）其中：以摊余成本计量的金融资产终止确认收益（损失以"-"号填列）	反映企业因转让等情形导致终止确认以摊余成本计量的金融资产而产生的利得或损失
净敞口套期收益	反映净敞口套期下被套期项目累计公允价值变动转入当期损益的金额或现金流量套期储备转入当期损益的金额
信用减值损失	反映企业按照 CAS 22 的要求计提的各项金融工具减值准备所形成的预期信用损失
其他综合收益类	
其他权益工具投资公允价值变动	反映企业指定为 FVOCI 的非交易性权益工具投资发生的公允价值变动
企业自身信用风险公允价值变动	反映企业指定为以 FVTPL 的金融负债，由企业自身信用风险变动引起的公允价值变动而计入其他综合收益的金额
其他债权投资公允价值变动	反映企业分类为 FVOCI 的债权投资发生的公允价值变动。企业将一项 FVOCI 的金融资产重分类为以摊余成本计量的金融资产，或重分类为 FVTPL 的金融资产时，之前计入其他综合收益的累计利得或损失从其他综合收益中转出的金额作为该项目的减项
金融资产重分类计入其他综合收益的金额	反映企业将一项以摊余成本计量的金融资产重分类为 FVOCI 的金融资产时，计入其他综合收益的原账面价值与公允价值之间的差额

续表

列报项目	说明
其他债权投资信用减值准备	反映企业按照 CAS 22 第十八条分类为 FVOCI 的金融资产的损失准备
现金流量套期储备	反映企业套期工具产生的利得或损失中属于套期有效的部分
所有者权益变动表	
其他综合收益结转留存收益	主要反映： （1）企业指定为 FVOCI 的非交易性权益工具投资终止确认时，之前计入其他综合收益的累计利得或损失从其他综合收益中转入留存收益的金额； （2）企业指定为 FVTPL 的金融负债终止确认时，之前由企业自身信用风险变动引起而计入其他综合收益的累计利得或损失从其他综合收益中转入留存收益的金额等

《关于修订印发 2018 年度金融企业财务报表格式的通知》（财会〔2018〕36 号）对已执行新金融工具准则的金融企业的财务报表格式进行了规范。执行新金融工具准则的金融企业财务报表格式不再区分金融机构类型，提供一套通用的金融企业财务报表格式，但标注了证券公司、保险公司和银行专用项目，无方括号和角标的项目为通用项目，适用于两类及两类以上金融企业。资产负债表修订、新增与新金融工具准则相关的项目包括：金融投资（交易性金融资产、债权投资、其他债权投资、其他权益工具投资）、其他资产、交易性金融负债、预计负债等。利润表修订、新增与新金融工具准则相关的项目包括：净敞口套期收益、信用减值损失等。现金流量表增加"为交易目的而持有的金融资产净增加额"项目，反映企业因买卖为交易目的而持有的金融资产所支付与收到的经营活动净现金流量。所有者权益变动表修订、新增项目包括：其他综合收益结转留存收益等。

《关于修订印发合并财务报表格式（2019 版）的通知》（财会〔2019〕16 号）在"财会〔2019〕6 号"和"财会〔2018〕36 号"的基础上，对合并财务报表格式进行了修订。"财会〔2019〕16 号"适用于执行企业会计准则的企业 2019 年度合并财务报表及以后期间的合并财务报表。合并财务报表格式的主要变动如下：

一是根据新租赁准则和新金融工具准则等规定，在原合并资产负债表中增加了"使用权资产""租赁负债"等行项目，在原合并利润表中"投资收益"行项目下增加了"其中：以摊余成本计量的金融资产终止确认收益"行项目。

二是结合企业会计准则实施有关情况调整了部分项目，将原合并资产负债表中的"应收票据及应收账款"行项目分拆为"应收票据""应收账款""应收款项融资"三个行项目，将"应付票据及应付账款"行项目分拆为"应付票据""应付账款"两个行项目，将原合并利润表中"资产减值损失""信用减值损失"行项目的列报行次进行了调整，删除了原合并现金流量表中"为交易目的而持有的金融资产净增加额""发行债券收到的现金"等行项目，在原合并资产负债表和合并所有者权益变动表中分别增加了"专项储备"行项目和列项目。

二、披露

新金融工具准则修订了披露要求，引入了一系列与分类和计量及减值相关的新披露。总体变化如下：

（1）修改金融工具会计政策、计量基础的披露要求，不再要求披露为避免金融资产逾期或减值而重新议定条款的金融资产所适用的会计政策；

（2）删除已经取消的金融资产分类的相关要求。

（一）分类和计量

新增的分类和计量披露要求如下：

（1）以摊余成本计量的金融资产终止确认时应披露利得和损失金额及其相关分析（包括原因）。

（2）FVOCI（债务工具）应披露损失准备，但损失准备不作为账面金额的扣减项目单独列示。

（3）FVOCI（权益工具）。

①应披露单项项目、指定原因、期末公允价值、股利收入、累计利得和损失转入留存收益的金额及其原因；

②终止确认时应披露处置原因、终止确认时的公允价值、累计利得或损失。

（4）金融资产重分类。

①应披露对业务模式变更的具体说明及其对财务报表影响的定性描述，以及该重分类前后的金额；

②划出 FVTPL 应持续披露在重分类日确定的实际利率和当期已确认的利息收入。

（5）指定为 FVTPL 的金融负债。

①自身信用风险变动计入 OCI 的，需要披露信用风险变动引起的公允价值变动额，以及累计利得或损失本期转入留存收益的金额和原因；

②全部利得或损失计入当期损益的，应披露自身信用风险变动及支付差额；

③要求披露用于自身信用风险变动计入其他综合收益是否会造成或扩大会计错配的方法，及与预期抵销自身信用风险变动的金融工具之间的经济关系。

（6）公允价值信息可以不披露的范围不再包括权益工具及与该工具挂钩的衍生工具，可披露的范围增加租赁负债。

（二）减值

新增的减值披露要求主要体现在信用风险披露方面，具体信息如下：

（1）使用简化方法计提减值的，适用特殊披露规定；

（2）租赁应收款不适用有关担保物和其他信用增级的描述的规定；

（3）要求披露信用风险管理实务、计量金融工具预期信用损失的方法、假设、

信息、变动及其原因、信用风险敞口;

（4）要求披露与信用风险管理实务有关的信息：评估信用风险自初始确认后是否已显著增加的方法、低信用风险的确定依据、推翻逾期30天假设的依据、对违约的界定及其原因、组合方法、确定已发生信用减值的依据、直接减记金融工具的政策、对修改或重新议定合同信用风险的评估方法;

（5）要求披露减值所采用的输入值、假设和估值技术;

（6）要求以表格形式按类别编制损失准备调节表;

（7）要求对本期发生损失准备变动的金融工具账面余额显著变动情况作出定性和定量说明;

（8）未导致终止确认的修改应披露修改或重新议定前的摊余成本及修改的净利得或净损失、转回减值时金融资产的账面余额;

（9）不再要求按类别披露已逾期未减值的账龄分析;

（10）要求按类别披露最大信用风险敞口、所持有担保物的性质和质量的描述及发生显著变化的说明、由于存在担保物而未确认损失准备的信息、持有的担保物和其他信用增级为已发生减值的金融资产作抵押的定量信息;

（11）要求按照信用风险等级披露账面余额以及贷款承诺和财务担保合同的信用风险敞口;并对"信用风险等级"进行了定义;

（12）不适用新金融工具准则减值规定的金融工具应披露最大信用风险敞口、可利用担保物或其他信用增级的信息及其对最大信用风险敞口的财务影响;

（13）要求披露本期通过取得担保物或其他信用增级所确认的资产及政策;

（14）信用风险信息无须重复列报。

第二节 实务应用示例

一、非金融企业会计政策年报披露示例

示例9-1 600660.SH 福耀玻璃

金融工具，是指形成一方的金融资产并形成其他方的金融负债或权益工具的合同。当本集团成为金融工具合同的一方时，确认相关的金融资产或金融负债。

（a）金融资产

（i）分类和计量

本集团根据管理金融资产的业务模式和金融资产的合同现金流量特征，将金融资产划分为：（1）以摊余成本计量的金融资产；（2）以公允价值计量且其变动计入其他综合收益的金融资产；（3）以公允价值计量且其变动计入当期损益的金融资产。

金融资产在初始确认时以公允价值计量。对于以公允价值计量且其变动计入当期损益的金融资产，相关交易费用直接计入当期损益；对于其他类别的金融资产，相关交易费用计入初始确认金额。因销售产品或提供劳务而产生的、未包含或不考虑重大融资成分的应收账款或应收票据，本集团按照预期有权收取的对价金额作为初始确认金额。

债务工具

本集团持有的债务工具是指从发行方角度分析符合金融负债定义的工具，分别采用以下三种方式进行计量：

以摊余成本计量：

本集团管理此类金融资产的业务模式为以收取合同现金流量为目标，且此类金融资产的合同现金流量特征与基本借贷安排相一致，即在特定日期产生的现金流量，仅为对本金和以未偿付本金金额为基础的利息的支付。本集团对于此类金融资产按照实际利率法确认利息收入。此类金融资产主要包括货币资金、应收票据及应收账款、其他应收款、债权投资和长期应收款等。本集团将自资产负债表日起一年内（含一年）到期的债权投资和长期应收款，列示为一年内到期的非流动资产；取得时期限在一年内（含一年）的债权投资列示为其他流动资产。

以公允价值计量且其变动计入其他综合收益：

本集团管理此类金融资产的业务模式为既以收取合同现金流量为目标又以出售为目标，且此类金融资产的合同现金流量特征与基本借贷安排相一致。此类金融资产按照公允价值计量且其变动计入其他综合收益，但减值损失或利得、汇兑损益和按照实际利率法计算的利息收入计入当期损益。此类金融资产列示为其他债权投资，自资产负债表日起一年内（含一年）到期的其他债权投资，列示为一年内到期的非流动资产；取得时期限在一年内（含一年）的其他债权投资列示为其他流动资产。

以公允价值计量且其变动计入当期损益：

本集团将持有的未划分为以摊余成本计量和以公允价值计量且其变动计入其他综合收益的债务工具，以公允价值计量且其变动计入当期损益，列示为交易性金融资产。在初始确认时，本集团为了消除或显著减少会计错配，将部分金融资产指定为以公允价值计量且其变动计入当期损益的金融资产。自资产负债表日起超过一年到期且预期持有超过一年的，列示为其他非流动金融资产。

权益工具

本集团将对其没有控制、共同控制和重大影响的权益工具投资按照公允价值计量且其变动计入当期损益，列示为交易性金融资产；自资产负债表日起预期持有超过一年的，列示为其他非流动金融资产。

此外，本集团将部分非交易性权益工具投资指定为以公允价值计量且其变动计入其他综合收益的金融资产，列示为其他权益工具投资。该类金融资产的相关股利收入计入当期损益。

(ii) 减值

本集团对于以摊余成本计量的金融资产、以公允价值计量且其变动计入其他综合收益的债务工具投资、合同资产和财务担保合同等，以预期信用损失为基础确认损失准备。

本集团考虑有关过去事项、当前状况以及对未来经济状况的预测等合理且有依据的信息，以发生违约的风险为权重，计算合同应收的现金流量与预期能收到的现金流量之间差额的现值的概率加权金额，确认预期信用损失。

于每个资产负债表日，本集团对于处于不同阶段的金融工具的预期信用损失分别进行计量。金融工具自初始确认后信用风险未显著增加的，处于第一阶段，本集团按照未来12个月内的预期信用损失计量损失准备；金融工具自初始确认后信用风险已显著增加但尚未发生信用减值的，处于第二阶段，本集团按照该工具整个存续期的预期信用损失计量损失准备；金融工具自初始确认后已经发生信用减值的，处于第三阶段，本集团按照该工具整个存续期的预期信用损失计量损失准备。

对于在资产负债表日具有较低信用风险的金融工具，本集团假设其信用风险自初始确认后并未显著增加，按照未来12个月内的预期信用损失计量损失准备。

本集团对于处于第一阶段和第二阶段以及较低信用风险的金融工具，按照其未扣除减值准备的账面余额和实际利率计算利息收入。对于处于第三阶段的金融工具，按照其账面余额减已计提减值准备后的摊余成本和实际利率计算利息收入。

对于应收票据及应收账款和合同资产，无论是否存在重大融资成分，本集团均按照整个存续期的预期信用损失计量损失准备。

当单项金融资产无法以合理成本评估预期信用损失的信息时，本集团依据信用风险特征将应收款项划分为若干组合，在组合基础上计算预期信用损失，确定组合的依据如下：

应收票据组合

应收账款组合

其他应收款组合

对于划分为组合的应收票据，本集团参考历史信用损失经验，结合当前状况以及对未来经济状况的预测，通过违约风险敞口和整个存续期预期信用损失率，计算预期信用损失。

对于划分为组合的应收账款，本集团参考历史信用损失经验，结合当前状况以及对未来经济状况的预测，编制应收账款逾期天数与整个存续期预期信用损失率对照表，计算预期信用损失。

对于划分为组合的其他应收款，本集团参考历史信用损失经验，结合当前状况以及对未来经济状况的预测，通过违约风险敞口和未来12个月内或整个存续期预期信用损失率，计算预期信用损失。

本集团将计提或转回的损失准备计入当期损益。对于持有的以公允价值计量且其变动计入其他综合收益的债务工具，本集团在将减值损失或利得计入当期损益的同时调整其他综合收益。

终止确认

金融资产满足下列条件之一的,予以终止确认:(1)收取该金融资产现金流量的合同权利终止;(2)该金融资产已转移,且本集团将金融资产所有权上几乎所有的风险和报酬转移给转入方;(3)该金融资产已转移,虽然本集团既没有转移也没有保留金融资产所有权上几乎所有的风险和报酬,但是放弃了对该金融资产控制。

其他权益工具投资终止确认时,其账面价值与收到的对价以及原直接计入其他综合收益的公允价值变动累计额之和的差额,计入留存收益;其余金融资产终止确认时,其账面价值与收到的对价以及原直接计入其他综合收益的公允价值变动累计额之和的差额,计入当期损益。

(b)金融负债

金融负债于初始确认时分类为以摊余成本计量的金融负债和以公允价值计量且其变动计入当期损益的金融负债。

本集团的金融负债主要为以摊余成本计量的金融负债,包括应付票据及应付账款、其他应付款、借款及应付债券等。该类金融负债按其公允价值扣除交易费用后的金额进行初始计量,并采用实际利率法进行后续计量。期限在一年以下(含一年)的,列示为流动负债;期限在一年以上但自资产负债表日起一年内(含一年)到期的,列示为一年内到期的非流动负债;其余列示为非流动负债。

当金融负债的现时义务全部或部分已经解除时,本集团终止确认该金融负债或义务已解除的部分。终止确认部分的账面价值与支付的对价之间的差额,计入当期损益。

(c)金融工具的公允价值确定

存在活跃市场的金融工具,以活跃市场中的报价确定其公允价值。不存在活跃市场的金融工具,采用估值技术确定其公允价值。在估值时,本集团采用在当前情况下适用并且有足够可利用数据和其他信息支持的估值技术,选择与市场参与者在相关资产或负债的交易中所考虑的资产或负债特征相一致的输入值,并尽可能优先使用相关可观察输入值。在相关可观察输入值无法取得或取得不切实可行的情况下,使用不可观察输入值。

示例9-2 601390.SH 中国中铁

金融工具

金融工具,是指形成一方的金融资产并形成其他方的金融负债或权益工具的合同。当本集团成为金融工具合同的一方时,确认相关的金融资产或金融负债。

(a)金融资产

(i)分类和计量

本集团根据管理金融资产的业务模式和金融资产的合同现金流量特征,将金融资产划分为:(1)以摊余成本计量的金融资产;(2)以公允价值计量且其变动计入其他综合收益的金融资产;(3)以公允价值计量且其变动计入当期损益的金融资产。

金融资产在初始确认时以公允价值计量。对于以公允价值计量且其变动计入当期损益的金融资产,相关交易费用直接计入当期损益;对于其他类别的金融资产,相关交易费用计入初始确认金额。因销售产品或提供劳务而产生的、未包含或不考虑重大融资成分的应收账款或应收票据,本集团按照预期有权收取的对价金额作为初始确认金额。

债务工具

本集团持有的债务工具是指从发行方角度分析符合金融负债定义的工具,分别采用以下三种方式进行计量:

以摊余成本计量:

本集团管理此类金融资产的业务模式为以收取合同现金流量为目标,且此类金融资产的合同现金流量特征与基本借贷安排相一致,即在特定日期产生的现金流量,仅为对本金和以未偿付本金金额为基础的利息的支付。本集团对于此类金融资产按照实际利率法确认利息收入。此类金融资产主要包括货币资金、应收票据、应收账款、其他应收款、债权投资和长期应收款等。本集团将自资产负债表日起一年内(含一年)到期的债权投资和长期应收款,列示为一年内到期的非流动资产;取得时期限在一年内(含一年)的债权投资列示为其他流动资产。

以公允价值计量且其变动计入其他综合收益:

本集团管理此类金融资产的业务模式为既以收取合同现金流量为目标又以出售为目标,且此类金融资产的合同现金流量特征与基本借贷安排相一致。此类金融资产按照公允价值计量且其变动计入其他综合收益,但减值损失或利得、汇兑损益和按照实际利率法计算的利息收入计入当期损益。此类金融资产主要包括应收款项融资、其他债权投资等,本集团自资产负债表日起一年内(含一年)到期的其他债权投资,列示为一年内到期的非流动资产;取得时期限在一年内(含一年)的其他债权投资列示为其他流动资产。

以公允价值计量且其变动计入当期损益:

本集团将持有的未划分为以摊余成本计量和以公允价值计量且其变动计入其他综合收益的债务工具,以公允价值计量且其变动计入当期损益,列示为交易性金融资产。在初始确认时,本集团为了消除或显著减少会计错配,将部分金融资产指定为以公允价值计量且其变动计入当期损益的金融资产。自资产负债表日起超过一年到期且预期持有超过一年的,列示为其他非流动金融资产。

权益工具

本集团将对其没有控制、共同控制和重大影响的权益工具投资按照公允价值计量且其变动计入当期损益,列示为交易性金融资产;自资产负债表日起预期持有超过一年的,列示为其他非流动金融资产。

此外,本集团将部分非交易性权益工具投资指定为以公允价值计量且其变动计入其他综合收益的金融资产,列示为其他权益工具投资。该类金融资产的相关股利收入计入当期损益。

(ii) 减值

本集团对于以摊余成本计量的金融资产、以公允价值计量且其变动计入其他综合收益的债务工具投资、合同资产、应收租赁款和财务担保合同等,以预期信用损失为基础确认损失准备。

本集团考虑有关过去事项、当前状况以及对未来经济状况的预测等合理且有依据的信息,以发生违约的风险为权重,计算合同应收的现金流量与预期能收到的现金流量之间差额的现值的概率加权金额,确认预期信用损失。

于每个资产负债表日,本集团对于处于不同阶段的金融工具的预期信用损失分别进行计量。金融工具自初始确认后信用风险未显著增加的,处于第一阶段,本集团按照未来12个月内的预期信用损失计量损失准备;金融工具自初始确认后信用风险已显著增加但尚未发生信用减值的,处于第二阶段,本集团按照该工具整个存续期的预期信用损失计量损失准备;金融工具自初始确认后已经发生信用减值的,处于第三阶段,本集团按照该工具整个存续期的预期信用损失计量损失准备。

对于在资产负债表日具有较低信用风险的金融工具,本集团假设其信用风险自初始确认后并未显著增加,按照未来12个月内的预期信用损失计量损失准备。

本集团对于处于第一阶段和第二阶段以及较低信用风险的金融工具,按照其未扣除减值准备的账面余额和实际利率计算利息收入。对于处于第三阶段的金融工具,按照其账面余额减已计提减值准备后的摊余成本和实际利率计算利息收入。

i) 对于因销售商品、提供劳务等日常经营活动形成的应收票据、应收账款、应收款项融资和合同资产,无论是否存在重大融资成分,本集团均按照整个存续期的预期信用损失计量损失准备。

当单项应收票据、应收账款、应收款项融资和合同资产无法以合理成本评估预期信用损失的信息时,本集团依据信用风险特征将应收票据、应收账款、应收款项融资和合同资产划分为若干组合,在组合基础上计算预期信用损失,确定组合的依据如下:

应收账款组合1　应收中央企业客户
应收账款组合2　应收中铁工合并范围内客户
应收账款组合3　应收地方政府/地方国有企业客户
应收账款组合4　应收中国国家铁路集团有限公司
应收账款组合5　应收海外企业客户
应收账款组合6　应收其他客户

对于划分为组合的应收账款,本集团参考历史信用损失经验,结合当前状况以及对未来经济状况的预测,编制应收账款账龄与整个存续期预期信用损失率对照表,计算预期信用损失。

应收票据组合1　商业承兑汇票
应收票据组合2　银行承兑汇票

应收款项融资组合　　银行承兑汇票
合同资产组合 1　　　基础设施建设项目
合同资产组合 2　　　土地一级开发项目
合同资产组合 3　　　处于建设期的金融资产模式的 PPP 项目
合同资产组合 4　　　未到期的质保金

对于划分为组合的应收票据、应收款项融资和合同资产，本集团参考历史信用损失经验，结合当前状况以及对未来经济状况的预测，通过违约风险敞口和整个存续期预期信用损失率，计算预期信用损失。

ii）当单项其他应收款、长期应收款无法以合理成本评估预期信用损失的信息时，本集团依据信用风险特征将其他应收款、长期应收款划分为若干组合，在组合基础上计算预期信用损失，确定组合的依据如下：

其他应收款组合 1　　应收押金和保证金
其他应收款组合 2　　应收代垫款
其他应收款组合 3　　应收其他款项
长期应收款组合 1　　应收工程款、应收租赁款
长期应收款组合 2　　应收其他款项

对于长期应收工程款、应收租赁款，本集团参考历史信用损失经验，结合当前状况以及对未来经济状况的预测，通过违约风险敞口和整个存续期预期信用损失率，计算预期信用损失。除长期应收工程款、应收租赁款之外的划分为组合的其他应收款和长期应收款，通过违约风险敞口和未来 12 个月内或整个存续期预期信用损失率，计算预期信用损失。

iii）本集团将计提或转回的应收款项和合同资产损失准备计入当期损益。对于持有的以公允价值计量且其变动计入其他综合收益的债务工具，本集团在将减值损失或利得计入当期损益的同时调整其他综合收益。

（iii）终止确认

金融资产满足下列条件之一的，予以终止确认：（1）收取该金融资产现金流量的合同权利终止；（2）该金融资产已转移，且本集团将金融资产所有权上几乎所有的风险和报酬转移给转入方；（3）该金融资产已转移，虽然本集团既没有转移也没有保留金融资产所有权上几乎所有的风险和报酬，但是放弃了对该金融资产控制。

其他权益工具投资终止确认时，其账面价值与收到的对价以及原直接计入其他综合收益的公允价值变动累计额之和的差额，计入留存收益；其余金融资产终止确认时，其账面价值与收到的对价以及原直接计入其他综合收益的公允价值变动累计额之和的差额，计入当期损益。

（b）金融负债

金融负债于初始确认时分类为以摊余成本计量的金融负债和以公允价值计量且其变动计入当期损益的金融负债。

本集团的金融负债主要为以摊余成本计量的金融负债，包括应付票据、应付账

款、其他应付款、借款、应付债券及租赁负债等。该类金融负债按其公允价值扣除交易费用后的金额进行初始计量,并采用实际利率法进行后续计量。期限在一年以下(含一年)的,列示为流动负债;期限在一年以上但自资产负债表日起一年内(含一年)到期的,列示为一年内到期的非流动负债;其余列示为非流动负债。

财务担保合同是指当特定债务人到期不能按照最初或修改后的债务工具条款偿付债务时,要求发行方向蒙受损失的合同持有人赔付特定金额的合同。不属于指定为以公允价值计量且其变动计入当期损益或金融资产转移不符合终止确认条件或继续涉入被转移金融资产所形成的金融负债的财务担保合同,以公允价值进行初始确认,在初始确认后按照所确定的损失准备金额以及初始确认金额扣除依据《企业会计准则第14号——收入》相关规定所确定的累计摊销额后的余额孰高进行计量。

当金融负债的现时义务全部或部分已经解除时,本集团终止确认该金融负债或义务已解除的部分。终止确认部分的账面价值与支付的对价之间的差额,计入当期损益。

(c) 金融工具的公允价值确定

存在活跃市场的金融工具,以活跃市场中的报价确定其公允价值。不存在活跃市场的金融工具,采用估值技术确定其公允价值。在估值时,本集团采用在当前情况下适用并且有足够可利用数据和其他信息支持的估值技术,选择与市场参与者在相关资产或负债的交易中所考虑的资产或负债特征相一致的输入值,并尽可能优先使用相关可观察输入值。在相关可观察输入值无法取得或取得不切实可行的情况下,使用不可观察输入值。

套期会计——现金流量套期

套期工具产生的利得和损失中属于套期有效的部分作为现金流量套期储备计入其他综合收益,属于无效套期部分计入当期损益。

如果被套期项目为预期交易,且该预期交易使本集团随后确认一项非金融资产或非金融负债,则将原计入其他综合收益的金额转出,计入该资产或负债的初始确认金额。不属于前述的现金流量套期,在被套期的预期现金流量影响损益的相同期间,将原计入其他综合收益的金额转出计入当期损益。如果原直接在其他综合收益中确认的净损失全部或部分在未来会计期间不能弥补的,则将不能弥补的部分转出,计入当期损益。

当本集团撤销了对套期关系的指定、套期工具已到期或被出售、合同终止、已行使或不再符合套期会计条件时,终止运用套期会计。本集团对现金流量套期终止运用套期会计时,被套期的未来现金流量仍会发生的已计入其他综合收益的累计利得或损失予以保留,并按照前述现金流量套期储备的后续处理方式进行会计处理,被套期的未来现金流量预期交易不再发生的,则将计入其他综合收益的累计利得或损失立即转出,计入当期损益。

示例 9-3　600011.SH 华能国际

金融工具

金融工具，是指形成一个企业的金融资产，并形成其他单位的金融负债或权益工具的合同。本公司及其子公司的金融工具包括货币资金、除长期股权投资以外的股权投资、应收款项、应付款项、借款、应付债券、股本及其他权益工具等。

(1) 金融资产及金融负债的确认和初始计量

金融资产和金融负债在本公司及其子公司成为相关金融工具合同条款的一方时，于资产负债表内确认。

除不具有重大融资成分的应收账款外，在初始确认时，金融资产及金融负债均以公允价值计量。对于以公允价值计量且其变动计入当期损益的金融资产或金融负债，相关交易费用直接计入当期损益；对于其他类别的金融资产或金融负债，相关交易费用计入初始确认金额。本公司及其子公司按照其根据附注五、38 的会计政策确定的交易价格进行初始计量。

(2) 金融资产的分类和后续计量

(a) 本公司及其子公司金融资产的分类

本公司及其子公司在初始确认时根据管理金融资产的业务模式和金融资产的合同现金流量特征，将金融资产分为不同类别：以摊余成本计量的金融资产、以公允价值计量且其变动计入其他综合收益的金融资产及以公允价值计量且其变动计入当期损益的金融资产。

除非本公司及其子公司改变管理金融资产的业务模式，在此情形下，所有受影响的相关金融资产在业务模式发生变更后的首个报告期间的第一天进行重分类，否则金融资产在初始确认后不得进行重分类。

本公司及其子公司将同时符合下列条件且未被指定为以公允价值计量且其变动计入当期损益的金融资产，分类为以摊余成本计量的金融资产：

● 本公司及其子公司管理该金融资产的业务模式是以收取合同现金流量为目标；

● 该金融资产的合同条款规定，在特定日期产生的现金流量，仅为对本金和以未偿付本金金额为基础的利息的支付。

本公司及其子公司将同时符合下列条件且未被指定为以公允价值计量且其变动计入当期损益的金融资产，分类为以公允价值计量且其变动计入其他综合收益的金融资产：

● 本公司及其子公司管理该金融资产的业务模式既以收取合同现金流量为目标又以出售该金融资产为目标；

● 该金融资产的合同条款规定，在特定日期产生的现金流量，仅为对本金和以未偿付本金金额为基础的利息的支付。

对于非交易性权益工具投资，本公司及其子公司可在初始确认时将其不可撤销地指定为以公允价值计量且其变动计入其他综合收益的金融资产。该指定在单项投资的基础上作出,且相关投资从发行者的角度符合权益工具的定义。

除上述以摊余成本计量和以公允价值计量且其变动计入其他综合收益的金融资产外,本公司及其子公司将其余所有的金融资产分类为以公允价值计量且其变动计入当期损益的金融资产。在初始确认时,如果能够消除或显著减少会计错配,本公司及其子公司可以将本应以摊余成本计量或以公允价值计量且其变动计入其他综合收益的金融资产不可撤销地指定为以公允价值计量且其变动计入当期损益的金融资产。

管理金融资产的业务模式,是指本公司及其子公司如何管理金融资产以产生现金流量。业务模式决定本公司及其子公司所管理金融资产现金流量的来源是收取合同现金流量、出售金融资产还是两者兼有。本公司及其子公司以客观事实为依据、以关键管理人员决定的对金融资产进行管理的特定业务目标为基础,确定管理金融资产的业务模式。

本公司及其子公司对金融资产的合同现金流量特征进行评估,以确定相关金融资产在特定日期产生的合同现金流量是否仅为对本金和以未偿付本金金额为基础的利息的支付。其中,本金是指金融资产在初始确认时的公允价值;利息包括对货币时间价值、与特定时期未偿付本金金额相关的信用风险,以及其他基本借贷风险、成本和利润的对价。此外,本公司及其子公司对可能导致金融资产合同现金流量的时间分布或金额发生变更的合同条款进行评估,以确定其是否满足上述合同现金流量特征的要求。

(b) 本公司及其子公司金融资产的后续计量

● 以公允价值计量且其变动计入当期损益的金融资产

初始确认后,对于该类金融资产以公允价值进行后续计量,产生的利得或损失(包括利息和股利收入)计入当期损益,除非该金融资产属于套期关系的一部分。

● 以摊余成本计量的金融资产

初始确认后,对于该类金融资产采用实际利率法以摊余成本计量。以摊余成本计量且不属于任何套期关系的一部分的金融资产所产生的利得或损失,在终止确认、按照实际利率法摊销或确认减值时,计入当期损益。

● 以公允价值计量且其变动计入其他综合收益的债权投资

初始确认后,对于该类金融资产以公允价值进行后续计量。采用实际利率法计算的利息、减值损失或利得及汇兑损益计入当期损益,其他利得或损失计入其他综合收益。终止确认时,将之前计入其他综合收益的累计利得或损失从其他综合收益中转出,计入当期损益。

● 以公允价值计量且其变动计入其他综合收益的权益工具投资

初始确认后,对于该类金融资产以公允价值进行后续计量。股利收入计入损益,其他利得或损失计入其他综合收益。终止确认时,将之前计入其他综合收益的累计利得或损失从其他综合收益中转出,计入留存收益。

(3) 金融负债的分类和后续计量

本公司及其子公司将金融负债分类为以公允价值计量且其变动计入当期损益的金

融负债、财务担保合同负债及以摊余成本计量的金融负债。

- 以公允价值计量且其变动计入当期损益的金融负债

以公允价值计量且其变动计入当期损益的金融负债，包括交易性金融负债（含属于金融负债的衍生工具）和初始确认时指定为以公允价值计量且其变动计入当期损益的金融负债。交易性金融负债（含属于金融负债的衍生工具），按照公允价值进行后续计量，除与套期会计有关外，所有公允价值变动均计入当期损益。对于指定为以公允价值计量且其变动计入当期损益的金融负债，按照公允价值进行后续计量，除由本公司及子公司自身信用风险变动引起的公允价值变动计入其他综合收益之外，其他公允价值变动计入当期损益；如果由本公司及子公司自身信用风险变动引起的公允价值变动计入其他综合收益会造成或扩大损益中的会计错配，本公司及子公司将所有公允价值变动（包括自身信用风险变动的影响金额）计入当期损益。

只有符合以下条件之一，金融负债才可在初始计量时指定为以公允价值计量且其变动计入当期损益的金融负债：

i) 能够消除或显著减少会计错配。

ii) 风险管理或投资策略的正式书面文件已载明，该金融工具组合以公允价值为基础进行管理、评价并向关键管理人员报告。

iii) 包含一项或多项嵌入衍生工具的混合工具，除非嵌入衍生工具对混合工具的现金流量没有重大改变，或所嵌入的衍生工具明显不应当从相关混合工具中分拆。

iv) 包含需要分拆但无法在取得时或后续的资产负债表日对其进行单独计量的嵌入衍生工具的混合工具。

- 财务担保负债

财务担保合同指当特定债务人到期不能按照最初或修改后的债务工具条款偿付债务时，要求本公司及其子公司向蒙受损失的合同持有人赔付特定金额的合同。

初始确认后，财务担保合同相关收益分摊计入当期损益。财务担保负债以按照依据金融工具的减值原则所确定的损失准备金额以及初始确认金额扣除累计摊销额后的余额孰高进行后续计量。

- 以摊余成本计量的金融负债

初始确认后，对其他金融负债采用实际利率法以摊余成本计量。

(4) 抵销

金融资产和金融负债在资产负债表内分别列示，没有相互抵销。但是，同时满足下列条件的，以相互抵销后的净额在资产负债表内列示：

- 本公司及其子公司具有抵销已确认金额的法定权利，且该种法定权利是当前可执行的；
- 本公司及其子公司计划以净额结算，或同时变现该金融资产和清偿该金融负债。

(5) 金融资产和金融负债的终止确认

满足下列条件的，终止确认金融资产（或金融资产的一部分，或一组类似金融资产的一部分），即从其账户和资产负债表内予以转销：

- 收取金融资产现金流量的权利届满；
- 转移了收取金融资产现金流量的权利，或在"过手协议"下承担了及时将收取的现金流量全额支付给第三方的义务；并且（a）实质上转让了金融资产所有权上几乎所有的风险和报酬，或（b）虽然实质上既没有转移也没有保留金融资产所有权上几乎所有的风险和报酬，但放弃了对该金融资产的控制。

如果金融负债的责任已履行、撤销或届满，则对金融负债进行终止确认。如果现有金融负债被同一债权人以实质上几乎完全不同条款的另一金融负债所取代，或现有负债的条款几乎全部被实质性修改，则此类替换或修改作为终止确认原负债和确认新负债处理，差额计入当期损益。

以常规方式买卖金融资产，按交易日会计进行确认和终止确认。常规方式买卖金融资产，是指按照合同条款的约定，在法规或通行惯例规定的期限内收取或交付金融资产。交易日，是指本公司及子公司承诺买入或卖出金融资产的日期。

（6）减值

本公司及其子公司以预期信用损失为基础，对下列项目进行减值会计处理并确认损失准备：

- 以摊余成本计量的金融资产；
- 合同资产；
- 以公允价值计量且其变动计入其他综合收益的债权投资；
- 租赁应收款；
- 非以公允价值计量且其变动计入当期损益的财务担保合同。

本公司及其子公司持有的其他以公允价值计量的金融资产不适用预期信用损失模型，包括以公允价值计量且其变动计入当期损益的债权投资或权益工具投资，指定为以公允价值计量且其变动计入其他综合收益的权益工具投资以及衍生金融资产。

预期信用损失的计量

预期信用损失，是指以发生违约的风险为权重的金融工具信用损失的加权平均值。信用损失，是指本公司及其子公司按照原实际利率折现的、根据合同应收的所有合同现金流量与预期收取的所有现金流量之间的差额，即全部现金短缺的现值。

在计量预期信用损失时，本公司及其子公司需考虑的最长期限为企业面临信用风险的最长合同期限（包括考虑续约选择权）。

整个存续期预期信用损失，是指因金融工具整个预计存续期内所有可能发生的违约事件而导致的预期信用损失。

未来12个月内预期信用损失，是指因资产负债表日后12个月内（若金融工具的预计存续期少于12个月，则为预计存续期）可能发生的金融工具违约事件而导致的预期信用损失，是整个存续期预期信用损失的一部分。

对于应收账款、租赁应收款和合同资产，本公司及其子公司运用简化计量方法始终按照相当于整个存续期内预期信用损失的金额计量其损失准备。本公司及子公司基于历史信用损失经验、损失准备矩阵计算上述金融资产的预期信用损失，相关历史经验根据资产负债表日债务人的特定因素，以及对当前状况和未来经济状况预测的评估进行调整。

本公司及其子公司以应收电费和应收热费两类产品类型并分为国内客户类型及国外客户类型四种组合评估信用减值损失。

除应收账款、租赁应收款和合同资产外，本公司及其子公司对满足下列情形的金融工具按照相当于未来12个月内预期信用损失的金额计量其损失准备，对其他金融工具按照相当于整个存续期内预期信用损失的金额计量其损失准备：

- 该金融工具在资产负债表日只具有较低的信用风险；或
- 该金融工具的信用风险自初始确认后并未显著增加。

具有较低的信用风险

如果金融工具的违约风险较低，债务人在短期内履行其合同现金流量义务的能力很强，并且即便较长时期内经济形势和经营环境存在不利变化但未必一定降低债务人履行其合同现金流量义务的能力，该金融工具被视为具有较低的信用风险。

信用风险显著增加

本公司及其子公司通过比较金融工具在资产负债表日发生违约的风险与在初始确认日发生违约的风险，以确定金融工具预计存续期内发生违约风险的相对变化，以评估金融工具的信用风险自初始确认后是否已显著增加。

在确定信用风险自初始确认后是否显著增加时，本公司及其子公司考虑无须付出不必要的额外成本或努力即可获得的合理且有依据的信息，包括前瞻性信息。本公司及其子公司考虑的信息包括：债务人未能按合同到期日支付本金和利息的情况；已发生的或预期的金融工具的外部或内部信用评级（如有）的严重恶化；已发生的或预期的债务人经营成果的严重恶化；现存的或预期的技术、市场、经济或法律环境变化，并将对债务人对本公司及其子公司的还款能力产生重大不利影响。

根据金融工具的性质，本公司及其子公司以单项金融工具或金融工具组合为基础评估信用风险是否显著增加。以金融工具组合为基础进行评估时，本公司及其子公司可基于共同信用风险特征对金融工具进行分类，例如逾期信息和信用风险评级。

通常情况下，如果逾期超过30日，本公司及其子公司确定金融工具的信用风险已经显著增加。除非本公司及其子公司无须付出过多成本或努力即可获得合理且有依据的信息，证明虽然超过合同约定的付款期限30天，但信用风险自初始确认以来并未显著增加。

本公司及其子公司认为金融资产在下列情况发生违约：

债务人不大可能全额支付其对本公司及其子公司的欠款，该评估不考虑本公司及其子公司采取例如变现抵押品（如果持有）等追索行动。

已发生信用减值的金融资产

本公司及其子公司在资产负债表日评估以摊余成本计量的金融资产和以公允价值计量且其变动计入其他综合收益的债权投资是否已发生信用减值。当对金融资产预期未来现金流量具有不利影响的一项或多项事件发生时，该金融资产成为已发生信用减值的金融资产。金融资产已发生信用减值的证据包括下列可观察信息：
- 发行方或债务人发生重大财务困难；
- 债务人违反合同，如偿付利息或本金违约或逾期等；
- 债权人出于与债务人财务困难有关的经济或合同考虑，给予债务人在任何其他情况下都不会做出的让步；
- 债务人很可能破产或进行其他财务重组；
- 发行方或债务人财务困难导致该金融资产的活跃市场消失。

预期信用损失准备的列报

为反映金融工具的信用风险自初始确认后的变化，本公司及其子公司在每个资产负债表日重新计量预期信用损失，由此形成的损失准备的增加或转回金额，应当作为减值损失或利得计入当期损益。对于以摊余成本计量的金融资产，损失准备抵减该金融资产在资产负债表中列示的账面价值；对于以公允价值计量且其变动计入其他综合收益的债权投资，本公司及其子公司在其他综合收益中确认其损失准备，不抵减该金融资产的账面价值。

核销

如果本公司及其子公司不再合理预期金融资产合同现金流量能够全部或部分收回，则直接减记该金融资产的账面余额。这种减记构成相关金融资产的终止确认。这种情况通常发生在本公司及其子公司确定债务人没有资产或收入来源可产生足够的现金流量以偿还将被减记的金额。但是，按照本公司及其子公司收回到期款项的程序，被减记的金融资产仍可能受到执行活动的影响。

已减记的金融资产以后又收回的，作为减值损失的转回计入收回当期的损益。

(7) 金融资产修改

本公司及其子公司与交易对手修改或重新议定合同，未导致金融资产终止确认，但导致合同现金流量发生变化的，本公司及其子公司根据重新议定或修改的合同现金流按金融资产的原实际利率（或经信用调整的实际利率）折现值重新计算该金融资产的账面余额，相关利得或损失计入当期损益，金融资产修改的成本或费用调整修改后的金融资产账面价值，并在修改后金融资产的剩余期限内摊销。

(8) 金融资产转移

本公司及其子公司已将金融资产所有权上几乎所有的风险和报酬转移给转入方的，终止确认该金融资产；保留了金融资产所有权上几乎所有的风险和报酬的，不终止确认该金融资产。

本公司及其子公司既没有转移也没有保留金融资产所有权上几乎所有的风险和报酬的，分别下列情况处理：放弃了对该金融资产控制的，终止确认该金融资产并确认产生的资产和负债；未放弃对该金融资产控制的，按照其继续涉入所转移金融资产的程度确认有关金融资产，并相应确认有关负债。

通过对所转移金融资产提供财务担保方式继续涉入的，按照金融资产的账面价值和财务担保金额两者之中的较低者,确认继续涉入形成的资产。财务担保金额,是指所收到的对价中,将被要求偿还的最高金额。

(9) 现金流量套期

现金流量套期,是指对现金流量变动风险进行的套期。该类现金流量变动源于与已确认资产或负债、极可能发生的预期交易,或与上述项目组成部分有关的特定风险,且将影响企业的损益。

现金流量套期的被套期项目是本公司及其子公司面临现金流量变动风险,且被指定为被套期对象的、能够可靠计量的项目。现金流量套期工具是本公司及其子公司为进行套期而指定的、其现金流量变动预期可抵销被套期项目的现金流量变动的金融工具。

本公司及其子公司在套期开始日及以后期间持续地对套期关系是否符合套期有效性进行评估。套期关系由于套期比率的原因而不再符合套期有效性要求,但指定该套期关系的风险管理目标没有改变的,本公司及其子公司将进行套期关系再平衡。

现金流量套期工具产生的利得或损失中属于有效套期的部分,作为现金流量套期储备,计入其他综合收益。现金流量套期储备的金额,按照下列两项的绝对额中较低者确定:

● 套期工具自套期开始的累计利得或损失;
● 被套期项目自套期开始的预计未来现金流量现值的累计变动额。

每期计入其他综合收益的现金流量套期储备的金额应当为当期现金流量套期储备的变动额。

套期工具产生的利得或损失中属于套期无效的部分(即扣除计入其他综合收益后的其他利得或损失),则计入当期损益。

本公司及其子公司对套期关系作出再平衡的,将在调整套期关系之前确定套期关系的套期无效部分,并将相关利得或损失计入当期损益。套期关系再平衡可能会导致本公司及其子公司增加或减少指定套期关系中被套期项目或套期工具的数量。本公司及其子公司增加了指定的被套期项目或套期工具的,增加部分自指定增加之日起作为套期关系的一部分进行处理;减少了指定的被套期项目或套期工具的,减少部分自指定减少之日起不再作为套期关系的一部分,作为套期关系终止处理。

在权益中记录的现金流量套期储备于被套期项目影响损益时转出并确认在损益表中。然而,当被套期的预期交易导致一项非金融资产或者非金融负债的确认,之前在权益中记录的现金流量套期储备从权益中转出,并计入该非金融资产或负债初始确认的成本中。如果在其他综合收益中确认的现金流量套期储备金额是一项损失,当本公司及其子公司预期该损失全部或部分在未来会计期间不能弥补时,则会将不能弥补的部分转出并计入当期损益。当本公司及其子公司对现金流量套期终止运用套期会计时,被套期的未来现金流量预期仍然会发生的,累计现金流量套期储备的金额应当予以保留;被套期的未来现金流量预期不再发生的,累计现金流量套期储备的金额应当从其他综合收益中转出,计入当期损益,被套期的未来现金流量预期不再极可能发生但可能预期仍然会发生,在预期仍然会发生的情况下,累计现金流量套期储备的金额应当予以保留。直至预期交易实际发生时,本公司及其子公司才将在套期有效期间直接计入股东权益中的套期工具利得或损失转出,计入当期损益或非金融资产的初始确认成本。如果被套期项目预计不会发生,在套期有效期间直接计入股东权益中的套期工具利得或损失就会转出,计入当期损益。

优先股、永续债等其他金融工具

本公司发行的永续债没有到期日或到期后本公司有权不限次数展期,对于永续债票面利息,本公司及其子公司有权递延支付,本公司及其子公司并无合同义务支付现金或其他金融资产,分类为权益工具。

本公司根据所发行的永续债的合同条款及其所反映的经济实质,结合金融资产、金融负债和权益工具的定义,在初始确认时将这些金融工具或其组成部分分类为金融资产、金融负债或权益工具。

本公司对于其发行的应归类为权益工具的永续债,按照实际收到的金额,计入权益。存续期间分派股利或利息的,作为利润分配处理。按合同条款约定赎回永续债的,按赎回价格冲减权益。

示例 9-4 601898.SH 中煤能源

金融工具

在本集团成为金融工具合同的一方时确认一项金融资产或金融负债。

对于以常规方式购买或出售金融资产的,在交易日确认将收到的资产和为此将承担的负债,或者在交易日终止确认已出售的资产。

金融资产和金融负债在初始确认时以公允价值计量。对于以公允价值计量且其变动计入当期损益的金融资产和金融负债,相关的交易费用直接计入当期损益;对于其他类别的金融资产和金融负债,相关交易费用计入初始确认金额。当本集团按照《企业会计准则第14号——收入》(以下简称"收入准则")初始确认未包含重大融资成分或不考虑不超过一年的合同中的融资成分的应收账款时,按照收入准则定义的交易价格进行初始计量。

实际利率法是指计算金融资产或金融负债的摊余成本以及将利息收入或利息费用分摊计入各会计期间的方法。

实际利率,是指将金融资产或金融负债在预计存续期的估计未来现金流量,折现为该金融资产账面余额或该金融负债摊余成本所使用的利率。在确定实际利率时,在考虑金融资产或金融负债所有合同条款(如提前还款、展期、看涨期权或其他类似期权等)的基础上估计预期现金流量,但不考虑预期信用损失。

金融资产或金融负债的摊余成本是以该金融资产或金融负债的初始确认金额扣除已偿还的本金,加上或减去采用实际利率法将该初始确认金额与到期日金额之间的差额进行摊销形成的累计摊销额,再扣除累计计提的损失准备(仅适用于金融资产)。

1. 金融资产的分类、确认与计量

初始确认后，本集团对不同类别的金融资产，分别以摊余成本、以公允价值计量且其变动计入其他综合收益或以公允价值计量且其变动计入当期损益进行后续计量。

金融资产的合同条款规定在特定日期产生的现金流量仅为对本金和以未偿付本金金额为基础的利息的支付，且本集团管理该金融资产的业务模式是以收取合同现金流量为目标，则本集团将该金融资产分类为以摊余成本计量的金融资产。此类金融资产主要包括货币资金、应收账款、其他应收款、其他流动资产中的贷款以及其他非流动资产中的贷款和委托贷款。

金融资产的合同条款规定在特定日期产生的现金流量仅为对本金和以未偿付本金金额为基础的利息的支付，且本集团管理该金融资产的业务模式既以收取合同现金流量为目标又以出售该金融资产为目标的，则该金融资产分类为以公允价值计量且其变动计入其他综合收益的金融资产。此类金融资产自取得起期限在一年以上的，列示为其他债权投资，自资产负债表日起一年内（含一年）到期的，列示于一年内到期的非流动资产；取得时分类为以公允价值计量且其变动计入其他综合收益的应收账款与应收票据，列示于应收款项融资，其余取得时期限在一年内（含一年）项目列示于其他流动资产。

以公允价值计量且其变动计入当期损益的金融资产包括分类为以公允价值计量且其变动计入当期损益的金融资产和指定为以公允价值计量且其变动计入当期损益的金融资产。不符合分类为以摊余成本计量的金融资产、以公允价值计量且其变动计入其他综合收益的金融资产条件的金融资产均分类为以公允价值计量且其变动计入当期损益的金融资产。

初始确认时，本集团可以单项金融资产为基础，不可撤销地将非同一控制下的企业合并中确认的或有对价以外的非交易性权益工具投资指定为以公允价值计量且其变动计入其他综合收益的资产。此类金融资产作为其他权益工具投资列示。

1.1 以摊余成本计量的金融资产

以摊余成本计量的金融资产采用实际利率法，按摊余成本进行后续计量，发生减值或终止确认产生的利得或损失，计入当期损益。

本集团对以摊余成本计量的金融资产按照实际利率法确认利息收入。除下列情况外，本集团根据金融资产账面余额乘以实际利率计算确定利息收入：

——对于购入或源生的已发生信用减值的金融资产，本集团自初始确认起，按照该金融资产的摊余成本和经信用调整的实际利率计算确定其利息收入。

——对于购入或源生的未发生信用减值、但在后续期间成为已发生信用减值的金融资产，本集团在后续期间，按照该金融资产的摊余成本和实际利率计算确定其利息收入。若该金融工具在后续期间因其信用风险有所改善而不再存在信用减值，并且这一改善可与应用上述规定之后发生的某一事件相联系，本集团转按实际利率乘以该金融资产账面余额来计算确定利息收入。

1.2 为以公允价值计量且其变动计入其他综合收益的金融资产

分类为以公允价值计量且其变动计入其他综合收益的金融资产相关的减值损失或利得、采用实际利率法计算的利息收入及汇兑损益计入当期损益,除此以外该金融资产的公允价值变动均计入其他综合收益。该金融资产计入各期损益的金额与视同其一直按摊余成本计量而计入各期损益的金额相等。该金融资产终止确认时,之前计入其他综合收益的累计利得或损失从其他综合收益中转出,计入当期损益。

指定为以公允价值计量且其变动计入其他综合收益的非交易性权益工具投资的公允价值变动在其他综合收益中进行确认,该金融资产终止确认时,之前计入其他综合收益的累计利得或损失从其他综合收益中转出,计入留存收益。本集团持有该等非交易性权益工具投资期间,在本集团收取股利的权利已经确立,与股利相关的经济利益很可能流入本集团,且股利的金额能够可靠计量时,确认股利收入并计入当期损益。

2. 金融工具及其他项目减值

本集团对以摊余成本计量的金融资产、分类为以公允价值计量且其变动计入其他综合收益的金融资产、租赁应收款、合同资产、不属于以公允价值计量且其变动计入当期损益的金融负债的贷款承诺、不属于以公允价值计量且其变动计入当期损益的金融负债以及因金融资产转移不符合终止确认条件或继续涉入被转移金融资产所形成金融负债的财务担保合同以预期信用损失为基础进行减值会计处理并确认损失准备。

本集团对由收入准则规范的交易形成的合同资产和应收账款,以及由《企业会计准则第21号——租赁》规范的交易形成的租赁应收款按照相当于整个存续期内预期信用损失的金额计量损失准备。

对于其他金融工具,除购买或源生的已发生信用减值的金融资产外,本集团在每个资产负债表日评估相关金融工具的信用风险自初始确认后的变动情况。若该金融工具的信用风险自初始确认后已显著增加,本集团按照相当于该金融工具整个存续期内预期信用损失的金额计量其损失准备;若该金融工具的信用风险自初始确认后并未显著增加,本集团按照相当于该金融工具未来12个月内预期信用损失的金额计量其损失准备。信用损失准备的增加或转回金额,除分类为以公允价值计量且其变动计入其他综合收益的金融资产外,作为减值损失或利得计入当期损益。对于分类为以公允价值计量且其变动计入其他综合收益的金融资产,本集团在其他综合收益中确认其信用损失准备,并将减值损失或利得计入当期损益,且不减少该金融资产在资产负债表中列示的账面价值。

本集团在前一会计期间已经按照相当于金融工具整个存续期内预期信用损失的金额计量了损失准备,但在当期资产负债表日,该金融工具已不再属于自初始确认后信用风险显著增加的情形的,本集团在当期资产负债表日按照相当于未来12个月内预期信用损失的金额计量该金融工具的损失准备,由此形成的损失准备的转回金额作为减值利得计入当期损益。

2.1 信用风险显著增加

本集团利用可获得的合理且有依据的前瞻性信息,通过比较金融工具在资产负债表日发生违约的风险与在初始确认日发生违约的风险，以确定金融工具的信用风险自初始确认后是否已显著增加。对于贷款承诺和财务担保合同，本集团在应用金融工具减值规定时，将本集团成为做出不可撤销承诺的一方之日作为初始确认日。

本集团在评估信用风险是否显著增加时会考虑如下因素：

（1）同一金融工具或具有相同预计存续期的类似金融工具的信用风险的外部市场指标是否发生显著变化。

（2）金融工具外部信用评级实际或预期是否发生显著变化。

（3）对债务人实际或预期的内部信用评级是否下调。

（4）预期将导致债务人履行其偿债义务的能力发生显著变化的业务、财务或经济状况是否发生不利变化。

（5）债务人经营成果实际或预期是否发生显著变化。

（6）同一债务人发行的其他金融工具的信用风险是否显著增加。

（7）债务人所处的监管、经济或技术环境是否发生显著不利变化。

（8）作为债务抵押的担保物价值或第三方提供的担保或信用增级质量是否发生显著变化。这些变化预期将降低债务人按合同规定期限还款的经济动机或者影响违约概率。

（9）预期将降低借款人按合同约定期限还款的经济动机是否发生显著变化。

（10）借款合同的预期是否发生变更，包括预计违反合同的行为可能导致的合同义务的免除或修订、给予免息期、利率跳升、要求追加抵押品或担保或者对金融工具的合同框架做出其他变更。

（11）债务人预期表现和还款行为是否发生显著变化。

（12）本集团对金融工具信用管理方法是否发生变化。

于资产负债表日，若本集团判断金融工具只具有较低的信用风险，则本集团假定该金融工具的信用风险自初始确认后并未显著增加。如果金融工具的违约风险较低，借款人在短期内履行其合同现金流量义务的能力很强，并且即使较长时期内经济形势和经营环境存在不利变化但未必一定降低借款人履行其合同现金义务，则该金融工具被视为具有较低的信用风险。

2.2 已发生信用减值的金融资产

当本集团预期对金融资产未来现金流量具有不利影响的一项或多项事件发生时，该金融资产成为已发生信用减值的金融资产。金融资产已发生信用减值的证据包括下列可观察信息：

（1）发行方或债务人发生重大财务困难；

（2）债务人违反合同，如偿付利息或本金违约或逾期等；

（3）债权人出于与债务人财务困难有关的经济或合同考虑，给予债务人在任何其他情况下都不会做出的让步；

（4）债务人很可能破产或进行其他财务重组；

（5）发行方或债务人财务困难导致该金融资产的活跃市场消失；

(6) 以大幅折扣购买或源生一项金融资产，该折扣反映了发生信用损失的事实。

2.3 预期信用损失的确定

本集团对租赁应收款在单项资产的基础上确定其信用损失，对应收账款、合同资产、债权投资除对发生重大财务困难的债务人在单项资产的基础上确定其信用损失外，对其余款项在组合基础上采用减值矩阵确定相关金融工具的信用损失。本集团以共同风险特征为依据，将金融工具分为不同组别。本集团采用的共同信用风险特征包括：金融工具类型、信用风险评级、担保物类型、初始确认日期、剩余合同期限、债务人所处行业、债务人所处地理位置、担保品相对于金融资产的价值等。

本集团按照下列方法确定相关金融工具的预期信用损失：

(1) 对于金融资产，信用损失为本集团应收取的合同现金流量与预期收取的现金流量之间差额的现值。

(2) 对于租赁应收款项，信用损失应为本集团应收取的合同现金流量与预期收取的现金流量之间差额的现值。

(3) 对于未提用的贷款承诺，信用损失为在贷款承诺持有人提用相应贷款的情况下，本集团应收取的合同现金流量与预期收取的现金流量之间差额的现值。本集团对贷款承诺预期信用损失的估计，与其对该贷款承诺提用情况的预期保持一致。

(4) 对于财务担保合同，信用损失为本集团就该合同持有人发生的信用损失向其做出赔付的预计付款额，减去本集团预期向该合同持有人、债务人或任何其他方收取的金额之间差额的现值。

(5) 对于资产负债表日已发生信用减值但并非购买或源生已发生信用减值的金融资产，信用损失为该金融资产账面余额与按原实际利率折现的估计未来现金流量的现值之间的差额。

本集团计量金融工具预期信用损失的方法反映的因素包括：通过评价一系列可能的结果而确定的无偏概率加权平均金额；货币时间价值；在资产负债表日无须付出不必要的额外成本或努力即可获得的有关过去事项、当前状况以及未来经济状况预测的合理且有依据的信息。

2.4 本集团依据信用风险特征将应收票据及应收账款和合同资产划分为若干组合，在组合基础上计算预期信用损失，确定组合的依据如下：

(1) 应收账款/合同资产组合A，信用优良。在未来的信用风险很低，自身抗风险能力很强，不确定性因素对其经营与发展的影响很小。

(2) 应收账款/合同资产组合B，信用较好。在未来的信用风险较低，自身有一定抗风险能力，但是可能存在一些影响其未来经营与发展的不确定性因素。

(3) 应收账款/合同资产组合C，信用一般。在未来存在一定的信用风险，经营状况、盈利水平及未来发展易受不确定因素的影响。

(4) 应收账款/合同资产组合D，信用较差。在未来的信用风险较高，未来前景不明朗或不安全，可能出现逾期非常严重的应收账款、合同资产。

对于划分为组合的应收账款，本集团参考历史信用损失经验，结合当前状况以及对未来经济状况的预测，编制应收账款账龄与整个存续期预期信用损失率对照表，计算预期信用损失。

对于划分为组合的合同资产，本集团参考历史信用损失经验，结合当前状况以及对未来经济状况的预测，通过违约风险敞口和整个存续期预期信用损失率，计算预期信用损失。

2.5 减记金融资产

当本集团不再合理预期金融资产合同现金流量能够全部或部分收回的，直接减记该金融资产的账面余额。这种减记构成相关金融资产的终止确认。

3. 金融资产的转移

满足下列条件之一的金融资产，予以终止确认：（1）收取该金融资产现金流量的合同权利终止；（2）该金融资产已转移，且将金融资产所有权上几乎所有的风险和报酬转移给转入方；（3）该金融资产已转移，虽然本集团既没有转移也没有保留金融资产所有权上几乎所有的风险和报酬，但是未保留对该金融资产的控制。

若本集团既没有转移也没有保留金融资产所有权上几乎所有风险和报酬，且保留了对该金融资产控制的，则按照其继续涉入被转移金融资产的程度继续确认该被转移金融资产，并相应确认相关负债。本集团按照下列方式对相关负债进行计量：

（1）被转移金融资产以摊余成本计量的，相关负债的账面价值等于继续涉入被转移金融资产的账面价值减去本集团保留的权利（如果本集团因金融资产转移保留了相关权利）的摊余成本并加上本集团承担的义务（如果本集团因金融资产转移承担了相关义务）的摊余成本，相关负债不指定为以公允价值计量且其变动计入当期损益的金融负债。

（2）被转移金融资产以公允价值计量的，相关负债的账面价值等于继续涉入被转移金融资产的账面价值减去本集团保留的权利（如果本集团因金融资产转移保留了相关权利）的公允价值并加上本集团承担的义务（如果本集团因金融资产转移承担了相关义务）的公允价值，该权利和义务的公允价值为按独立基础计量时的公允价值。

金融资产整体转移满足终止确认条件的，将所转移金融资产在终止确认日的账面价值及因转移金融资产而收到的对价与原计入其他综合收益的公允价值变动累计额中对应终止确认部分的金额之和的差额计入当期损益。若本集团转移的金融资产是指定为以公允价值计量且其变动计入其他综合收益的非交易性权益工具投资，之前计入其他综合收益的累计利得或损失从其他综合收益中转出，计入留存收益。

金融资产部分转移满足终止确认条件的，将转移前金融资产整体的账面价值在终止确认部分和继续确认部分之间按照转移日各自的相对公允价值进行分摊，并将终止确认部分收到的对价和原计入其他综合收益的公允价值变动累计额中对应终止确认部分的金额之和与终止确认部分在终止确认日的账面价值之差额计入当期损益。若本集团转移的金融资产是指定为以公允价值计量且其变动计入其他综合收益的非交易性权益工具投资，之前计入其他综合收益的累计利得或损失从其他综合收益中转出，计入留存收益。

金融资产整体转移未满足终止确认条件的，本集团继续确认所转移的金融资产整体，并将收到的对价确认为金融负债。

4. 金融负债的分类

本集团根据所发行金融工具的合同条款及其所反映的经济实质而非仅以法律形式，结合金融负债和权益工具的定义，在初始确认时将该金融工具或其组成部分分类为金融负债或权益工具。

4.1 金融负债的分类、确认及计量

金融负债在初始确认时划分为以公允价值计量且其变动计入当期损益的金融负债和其他金融负债。

（1）其他金融负债。

除金融资产转移不符合终止确认条件或继续涉入被转移金融资产所形成的金融负债、财务担保合同及贷款承诺外的其他金融负债分类为以摊余成本计量的金融负债，按摊余成本进行后续计量，终止确认或摊销产生的利得或损失计入当期损益。本集团按摊余成本计量的金融负债包括应付款项、借款、吸收存款及应付债券等。

①财务担保合同及贷款承诺。

财务担保合同是指当特定债务人到期不能按照最初或修改后的债务工具条款偿付债务时，要求发行方向蒙受损失的合同持有人赔付特定金额的合同。对于不属于指定为以公允价值计量且其变动计入当期损益的金融负债或者因金融资产转移不符合终止确认条件或继续涉入被转移金融资产所形成的金融负债的财务担保合同，以及不属于以公允价值计量且其变动计入当期损益的金融负债的以低于市场利率贷款的贷款承诺，在初始确认后按照损失准备金额以及初始确认金额扣除依据收入准则相关规定所确定的累计摊销额后的余额孰高进行计量。

4.2 金融负债的终止确认

金融负债的现时义务全部或部分已经解除的，终止确认该金融负债或其一部分。本集团（借入方）与借出方之间签订协议，以承担新金融负债方式替换原金融负债，且新金融负债与原金融负债的合同条款实质上是不同的，本集团终止确认原金融负债，并同时确认新金融负债。

金融负债全部或部分终止确认的，将终止确认部分的账面价值与支付的对价（包括转出的非现金资产或承担的新金融负债）之间的差额，计入当期损益。

4.3 权益工具

权益工具是指能证明拥有本集团在扣除所有负债后的资产中的剩余权益的合同。本集团发行（含再融资）、回购、出售或注销权益工具作为权益的变动处理。本集团不确认权益工具的公允价值变动。与权益性交易相关的交易费用从权益中扣减。

本集团对权益工具持有方的分配作为利润分配处理，发放的股票股利不影响股东权益总额。

5. 金融资产和金融负债的抵销

当本集团具有抵销已确认金融资产和金融负债的法定权利,且该种法定权利是当前可执行的,同时本集团计划以净额结算或同时变现该金融资产和清偿该金融负债时,金融资产和金融负债以相互抵销后的金额在资产负债表内列示。除此以外,金融资产和金融负债在资产负债表内分别列示,不予相互抵销。

示例 9-5　600548.SH 深高速

金融工具

金融工具,是指形成一个企业的金融资产,并形成其他单位的金融负债或权益工具的合同。

<u>金融工具的确认和终止确认</u>

本集团于成为金融工具合同的一方时确认一项金融资产或金融负债。

满足下列条件的,终止确认金融资产(或金融资产的一部分,或一组类似金融资产的一部分),即从其账户和资产负债表内予以转销:

(1) 收取金融资产现金流量的权利届满;

(2) 转移了收取金融资产现金流量的权利,或在"过手协议"下承担了及时将收取的现金流量全额支付给第三方的义务;并且(a)实质上转让了金融资产所有权上几乎所有的风险和报酬,或(b)虽然实质上既没有转移也没有保留金融资产所有权上几乎所有的风险和报酬,但放弃了对该金融资产的控制。

如果金融负债的责任已履行、撤销或届满,则对金融负债进行终止确认。如果现有金融负债被同一债权人以实质上几乎完全不同条款的另一金融负债所取代,或现有负债的条款几乎全部被实质性修改,则此类替换或修改作为终止确认原负债和确认新负债处理,差额计入当期损益。

以常规方式买卖金融资产,按交易日会计进行确认和终止确认。常规方式买卖金融资产,是指按照合同条款的约定,在法规或通行惯例规定的期限内收取或交付金融资产。交易日,是指本集团承诺买入或卖出金融资产的日期。

<u>金融资产分类和计量</u>

本集团的金融资产于初始确认时根据本集团企业管理金融资产的业务模式和金融资产的合同现金流量特征分类为:以公允价值计量且其变动计入当期损益的金融资产、以摊余成本计量的金融资产、以公允价值计量且其变动计入其他综合收益的金融资产。金融资产在初始确认时以公允价值计量,但是因销售商品或提供服务等产生的应收账款或应收票据未包含重大融资成分或不考虑不超过一年的融资成分的,按照交易价格进行初始计量。

对于以公允价值计量且其变动计入当期损益的金融资产,相关交易费用直接计入当期损益,其他类别的金融资产相关交易费用计入其初始确认金额。

金融资产的后续计量取决于其分类:

以摊余成本计量的债务工具投资

金融资产同时符合下列条件的,分类为以摊余成本计量的金融资产:集团管理该金融资产的业务模式是以收取合同现金流量为目标;该金融资产的合同条款规定,在特定日期产生的现金流量仅为对本金和以未偿付本金金额为基础的利息的支付。此类金融资产采用实际利率法确认利息收入,其终止确认、修改或减值产生的利得或损失,均计入当期损益。

以公允价值计量且其变动计入其他综合收益的债务工具投资

金融资产同时符合下列条件的,分类为以公允价值计量且其变动计入其他综合收益的金融资产:本集团管理该金融资产的业务模式是既以收取合同现金流量为目标又以出售金融资产为目标;该金融资产的合同条款规定,在特定日期产生的现金流量仅为对本金和以未偿付本金金额为基础的利息的支付。此类金融资产采用实际利率法确认利息收入。除利息收入、减值损失及汇兑差额确认为当期损益外,其余公允价值变动计入其他综合收益。当金融资产终止确认时,之前计入其他综合收益的累计利得或损失从其他综合收益转出,计入当期损益。

以公允价值计量且其变动计入当期损益的金融资产

对于分类为以公允价值计量且其变动计入当期损益的金融资产,采用公允价值进行后续计量,所有公允价值变动计入当期损益。

只有能够消除或显著减少会计错配时,金融资产才可在初始计量时指定为以公允价值计量且其变动计入当期损益的金融资产。

企业在初始确认时将某金融资产指定为以公允价值计量且其变动计入当期损益的金融资产后,不能重分类为其他类金融资产;其他类金融资产也不能在初始确认后重新指定为以公允价值计量且其变动计入当期损益的金融资产。

按照上述条件,本集团指定的这类金融资产主要包括交易性金融资产和其他非流动金融资产。

<u>金融负债分类和计量</u>

本集团的金融负债于初始确认时分类为:以公允价值计量且其变动计入当期损益的金融负债、其他金融负债。对于以公允价值计量且其变动计入当期损益的金融负债,相关交易费用直接计入当期损益,其他金融负债的相关交易费用计入其初始确认金额。

金融负债的后续计量取决于其分类:

以公允价值计量且其变动计入当期损益的金融负债

以公允价值计量且其变动计入当期损益的金融负债,包括交易性金融负债(含属于金融负债的衍生工具)和初始确认时指定为以公允价值计量且其变动计入当期损益的金融负债。交易性金融负债(含属于金融负债的衍生工具),按照公允价值进行后续计量,除与套期会计有关外,所有公允价值变动均计入当期损益。对于指定为以公允价值计量且其变动计入当期损益的金融负债,按照公允价值进行后续计量,除由本集团自身信用风险变动引起的公允价值变动计入其他综合收益之外,其他公允价值变动计入当期损益；如果由本集团自身信用风险变动引起的公允价值变动计入其他综合收益会造成或扩大损益中的会计错配，本集团将所有公允价值变动（包括自身信用风险变动的影响金额）计入当期损益。

只有符合以下条件之一，金融负债才可在初始计量时指定为以公允价值计量且其变动计入当期损益的金融负债：

（1）能够消除或显著减少会计错配。

（2）风险管理或投资策略的正式书面文件已载明，该金融工具组合以公允价值为基础进行管理、评价并向关键管理人员报告。

（3）包含一项或多项嵌入衍生工具的混合工具，除非嵌入衍生工具对混合工具的现金流量没有重大改变，或所嵌入的衍生工具明显不应当从相关混合工具中分拆。

（4）包含需要分拆但无法在取得时或后续的资产负债表日对其进行单独计量的嵌入衍生工具的混合工具。

企业在初始确认时将某金融负债指定为以公允价值计量且其变动计入当期损益的金融负债后，不能重分类为其他金融负债；其他金融负债也不能在初始确认后重新指定为以公允价值计量且其变动计入当期损益的金融负债。

其他金融负债

对于此类金融负债，采用实际利率法，按照摊余成本进行后续计量。

<u>金融工具减值</u>

本集团以预期信用损失为基础，对以摊余成本计量的金融资产及合同资产进行减值处理并确认损失准备。

对于不含重大融资成分的应收款项以及合同资产，本集团运用简化计量方法，按照相当于整个存续期内的预期信用损失金额计量损失准备。

对于租赁应收款、包含重大融资成分的应收款项以及合同资产，本集团运用简化计量方法，按照相当于整个存续期内的预期信用损失金额计量损失准备。

除上述采用简化计量方法以外的金融资产，本集团在每个资产负债表日评估其信用风险自初始确认后是否已经显著增加。如果信用风险自初始确认后未显著增加，处于第一阶段，本集团按照相当于未来12个月内预期信用损失的金额计量损失准备，并按照账面余额和实际利率计算利息收入；如果信用风险自初始确认后已显著增加但尚未发生信用减值的，处于第二阶段，本集团按照相当于整个存续期内预期信用损失的金额计量损失准备，并按照账面余额和实际利率计算利息收入；如果初始确认后发生信用减值的，处于第三阶段，本集团按照相当于整个存续期内预期信用损失的金额计量损失准备，并按照摊余成本和实际利率计算利息收入。对于资产负债表日只具有较低信用风险的金融工具，本集团假设其信用风险自初始确认后未显著增加。

本集团基于单项和组合评估金融工具的预期信用损失。本集团考虑了不同客户的信用风险特征，以账龄组合为基础评估应收账款的预期信用损失。详见下表：

按信用风险特征组合计提坏账准备的计提方法	
组合1 应收政府及应收关联方	其他方法
组合2 应收除组合1和组合3之外的所有其他第三方	账龄分析法
组合3 应收风机销售行业客户	账龄分析法

当本集团不再合理预期能够全部或部分收回金融资产合同现金流量时,本集团直接减记该金融资产的账面余额。

<u>金融工具抵销</u>

同时满足下列条件的,金融资产和金融负债以相互抵销后的净额在资产负债表内列示:具有抵销已确认金额的法定权利,且该种法定权利是当前可执行的;计划以净额结算,或同时变现该金融资产和清偿该金融负债。

<u>衍生金融工具</u>

本集团使用衍生金融工具,例如以外汇远期合同和外汇掉期合同,对汇率风险进行套期。衍生金融工具初始以衍生交易合同签订当日的公允价值进行计量,并以其公允价值进行后续计量。公允价值为正数的衍生金融工具确认为一项资产,公允价值为负数的确认为一项负债。

除与套期会计有关外,衍生工具公允价值变动而产生的利得或损失直接计入当期损益。

<u>金融资产转移</u>

本集团已将金融资产所有权上几乎所有的风险和报酬转移给转入方的,终止确认该金融资产;保留了金融资产所有权上几乎所有的风险和报酬的,不终止确认该金融资产。

本集团既没有转移也没有保留金融资产所有权上几乎所有的风险和报酬的,分别下列情况处理:放弃了对该金融资产控制的,终止确认该金融资产并确认产生的资产和负债;未放弃对该金融资产控制的,按照其继续涉入所转移金融资产的程度确认有关金融资产,并相应确认有关负债。

通过对所转移金融资产提供财务担保方式继续涉入的,按照金融资产的账面价值和财务担保金额两者之中的较低者,确认继续涉入形成的资产。财务担保金额,是指所收到的对价中,将被要求偿还的最高金额。

二、金融企业会计政策年报披露示例

示例9-6 601318.SH 中国平安

金融工具

金融工具,是指形成一方的金融资产并形成其他方的金融负债或权益工具的合同。当本集团成为金融工具合同的一方时，确认相关的金融资产或金融负债。

金融资产

金融资产在初始确认时以公允价值计量。对于以公允价值计量且其变动计入当期损益的金融资产，相关交易费用直接计入当期损益；对于其他类别的金融资产，相关交易费用计入初始确认金额。金融资产的后续计量取决于其分类。

<u>分类和计量</u>

本集团根据管理金融资产的业务模式和金融资产的合同现金流量特征，将金融资产划分为：

（1）以摊余成本计量的金融资产；

（2）以公允价值计量且其变动计入其他综合收益的金融资产；或

（3）以公允价值计量且其变动计入当期损益的金融资产。

债务工具的投资，按照该笔投资的业务模式以及合同现金流量特征决定分类，不通过现金流量特征测试（"SPPI"）的直接分类为以公允价值计量且其变动计入当期损益的金融资产；通过测试的则取决于其业务模式决定其最终分类；权益工具的投资，其公允价值变动通常计入损益，但本集团指定为以公允价值计量且其变动计入其他综合收益的除外。

债务工具

本集团持有的债务工具是指从发行方角度分析符合金融负债定义的工具，如贷款，政府及企业债券等，根据管理金融资产的业务模式和金融资产的合同现金流量特征分别采用以下三种方式进行计量：

• 以摊余成本计量：本集团管理此类金融资产的业务模式为以收取合同现金流量为目标，且此类金融资产的合同现金流量特征与基本借贷安排相一致，即在特定日期产生的现金流量，仅为对本金和以未偿付本金金额为基础的利息的支付，同时并未指定此类金融资产为以公允价值计量且其变动计入当期损益。本集团对于此类金融资产按照实际利率法确认利息收入。此类金融资产因终止确认产生的利得或损失以及因减值导致的损失直接计入当期损益。本集团持有的此类金融资产主要包括货币资金、应收账款、债权投资、买入返售金融资产、定期存款、长期应收款和以摊余成本计量的发放贷款及垫款等。

• 以公允价值计量且其变动计入其他综合收益：本集团管理此类金融资产的业务模式为既以收取合同现金流量为目标又以出售为目标，且此类金融资产的合同现金流量特征与基本借贷安排相一致，同时并未指定此类金融资产为以公允价值计量且其变动计入当期损益。此类金融资产按照公允价值计量且其变动计入其他综合收益，但减值损失或利得、汇兑损益和按照实际利率法计算的利息收入计入当期损益。此类金融资产终止确认时，累计计入其他综合收益的公允价值变动将结转计入当期损益。本集团持有的此类金融资产主要包括其他债权投资及以公允价值计量且其变动计入其他综合收益的发放贷款及垫款等。

• 以公允价值计量且其变动计入当期损益：本集团将持有的未划分为以摊余成

本计量和以公允价值计量且其变动计入其他综合收益的债务工具,以公允价值计量且其变动计入当期损益,分类为以公允价值计量且其变动计入当期损益的金融资产。在初始确认时,本集团为了消除或显著减少会计错配,将部分金融资产指定为以公允价值计量且其变动计入当期损益的金融资产。

权益工具

本集团所有的权益工具后续以公允价值计量,如果本集团管理层选择将权益工具的公允价值变动计入其他综合收益,则之后不可再将公允价值变动结转至当期损益。该类金融资产的相关股利收入计入当期损益。

减值

预期信用损失,是指以发生违约的风险为权重的金融工具信用损失的加权平均值。信用损失,是指企业按照原实际利率或按照已发生信用减值的金融资产经信用调整的实际利率折现的、根据合同应收的所有合同现金流量与预期收取的所有现金流量之间的差额,即全部现金短缺的现值。

本集团对于以摊余成本计量的金融资产、以公允价值计量且其变动计入其他综合收益的债务工具投资、贷款承诺和除适用于保险合同会计核算方法外的财务担保合同等,考虑有关过去事项、当前状况以及对未来经济状况的预测等合理且有依据的信息,以发生违约的风险为权重,计算合同应收的现金流量与预期能收到的现金流量之间差额的现值的概率加权金额,确认预期信用损失。预期信用损失计量中,重要的假设和判断列示如下:

i)选择预期信用损失计量适当的模型和参数,如违约概率、违约损失率和风险敞口等;

ii)信用风险显著变化的判断标准;

iii)预期信用损失计量使用的前瞻性情景数量和权重。

对于纳入预期信用损失计量的金融资产,本集团评估相关金融资产的信用风险自初始确认后是否显著增加或发生实际违约,构建预期信用损失"三阶段"减值模型,并对每一种类型资产的不同减值阶段进行定义,结合前瞻性信息,明确资产在不同情境下对应的减值阶段,分别计量其减值准备,确认预期信用损失及其变动。

于每个资产负债表日,本集团对于纳入预期信用损失计量范围处于不同阶段的金融工具分别进行计量。金融工具自初始确认后信用风险未显著增加的,处于第一阶段,本集团按照未来12个月内的预期信用损失计量损失准备;金融工具自初始确认后信用风险已显著增加但尚未发生信用减值的,处于第二阶段,本集团按照该工具整个存续期的预期信用损失计量损失准备;金融工具自初始确认后已经发生信用减值的,处于第三阶段,本集团按照该工具整个存续期的预期信用损失计量损失准备。购入或源生已发生信用减值的金融资产是指在初始确认时即存在信用减值的金融资产,这些资产的减值准备为自初始确认后整个存续期的预期信用损失累计变动。

本集团对于处于第一阶段和第二阶段的金融工具,按照其未扣除减值准备的账面余额和实际利率计算利息收入。对于处于第三阶段的金融工具,按照其账面余额减已计提减值准备后的摊余成本和实际利率计算利息收入。

本集团将计提或转回的损失准备计入当期损益。对于持有的以公允价值计量且其变动计入其他综合收益的债务工具,本集团在将减值损失或利得计入当期损益的同时调整其他综合收益。

对于应收款项,本集团参考历史信用损失经验,结合当前状况以及对未来经济状况的预测,通过违约风险敞口和未来整个存续期预期信用损失率,计算预期信用损失准备。

信用承诺的信用损失准备列报在预计负债中。但如果一项工具同时包含贷款和未使用的承诺,且本集团不能把贷款部分与未使用的承诺部分产生的预期信用损失区分开,那么两者的损失准备一并列报在贷款的损失准备中,除非两者的损失准备合计超过了贷款账面余额,则将损失准备列报在预计负债中。

终止确认

金融资产满足下列条件之一的,予以终止确认:

(1) 收取该金融资产现金流量的合同权利终止;

(2) 该金融资产已转移,且本集团将金融资产所有权上几乎所有的风险和报酬转移给转入方;

(3) 该金融资产已转移,虽然本集团既没有转移也没有保留金融资产所有权上几乎所有的风险和报酬,但是放弃了对该金融资产控制。

以公允价值计量且其变动计入其他综合收益的权益工具投资终止确认时,其之前计入其他综合收益的累计利得或损失应当从其他综合收益中转出,计入留存收益;其余金融资产终止确认时,其之前计入其他综合收益的累计利得或损失应当从其他综合收益中转出,计入当期损益。

当本集团执行了所有必要的程序后仍认为预期不能收回金融资产的整体或者一部分时,则将其进行核销。表明无法合理预期可收回款项的迹象包括:

(1) 强制执行已终止;以及

(2) 本集团的收回方法是没收并处置担保品,但仍预期担保品的价值无法覆盖全部本息。

金融负债

分类和计量

本集团的金融负债于初始确认时分类为以公允价值计量且其变动计入当期损益的金融负债及其他金融负债。对于以公允价值计量且其变动计入当期损益的金融负债,相关交易费用直接计入当期损益,其他金融负债的相关交易费用计入其初始确认金额。

当金融负债的现时义务全部或部分已经解除时,本集团终止确认该金融负债或义务已解除的部分。终止确认部分的账面价值与付的对价之间的差额,计入当期损益。

以公允价值计量且其变动计入当期损益的金融负债

以公允价值计量且其变动计入当期损益的金融负债,包括交易性金融负债和初始确认时指定为以公允价值计量且其变动计入当期损益的金融负债。以公允价值计量且其变动计入当期损益的金融负债,是指满足下列条件之一的金融负债:

(1) 承担该金融负债的目的是为了在近期内回购;

(2) 属于进行集中管理的可辨认金融工具组合的一部分,且有客观证据表明本集团近期采用短期获利方式对该组合进行管理;

(3) 属于衍生工具,但是,被指定且为有效套期工具的衍生工具以及属于财务担保合同的衍生工具除外。

对于此类金融负债,按照公允价值进行后续计量,所有已实现和未实现的损益均计入当期损益。

只有符合以下条件之一,金融负债才可在初始计量时指定为以公允价值计量且其变动计入当期损益的金融负债:

(1) 该项指定可以消除或明显减少由于金融工具计量基础不同所导致的相关利得或损失在确认或计量方面不一致的情况。

(2) 风险管理或投资策略的正式书面文件已载明,该金融负债组合以公允价值为基础进行管理、评价并向关键管理人员报告。

(3) 包含一项或多项嵌入衍生工具的混合工具且主合同不属于新金融工具会计准则范围内的资产,其嵌入衍生工具对混合工具的现金流量产生重大改变。

在初始确认时将某金融负债指定为以公允价值计量且其变动计入当期损益的金融负债后,不能重分类至其他金融负债。对于指定为以公允价值计量且变动计入当期损益的金融负债,其公允价值变动中源于自身信用风险变动的部分计入其他综合收益,其余部分计入当期损益。金融负债源于本集团自身信用风险变动产生的计入其他综合收益的累计利得或损失,在终止确认时不得转入当期损益。

其他金融负债

对于此类金融负债,采用实际利率法,按照摊余成本进行后续计量。本集团的其他金融负债主要包括吸收存款、短期借款、长期借款、应付债券等。

财务担保合同

财务担保合同,是指根据合同约定,当债务人不履行债务时,财务担保合同的签发人按照约定向持有人补偿相关损失的合同。这些财务担保合同为债权人提供偿还保障,即在债务人不能按照债务工具、贷款或其他负债的原始或修改后的条款履行义务时,代为偿付债权人的损失。本集团对该等合同按公允价值进行初始计量,其最初的公允价值很可能等于所收取的费用。该公允价值在担保期内按比例摊销,计入手续费及佣金收入。后续按以下两项孰高进行计量:按照本附注中的预期信用损失模型计算的减值准备金额;初始确认金额减去按照《企业会计准则第14号——收入》确认的收入。

除本集团银行业务提供的财务担保合同是根据财政部于2017年修订的《企业会计准则第22号——金融工具确认和计量》核算外,本集团其他业务提供的财务担保合同视作保险合同,并采用适用于保险合同的会计核算方法,因此,对该等合同选用

《企业会计准则第 25 号——原保险合同》进行核算。

衍生工具及嵌入衍生工具

本集团的衍生工具主要包括利率掉期、货币远期及掉期交易、信用掉期以及股指期货等。衍生工具初始以衍生交易合同签订当日的公允价值进行计量,并以其公允价值进行后续计量。公允价值为正数的衍生工具确认为衍生金融资产,公允价值为负数的确认为衍生金融负债。

本集团衍生工具公允价值变动而产生的利得或损失,直接计入当期损益。

嵌入衍生工具是同时包含非衍生工具主合同的混合(组合)工具的一个组成部分,并导致该混合(组合)工具中的某些现金流量以类似于单独存在的衍生工具的变动方式变动。

嵌入衍生工具相关的混合工具包含的主合同不是新金融工具会计准则范围内的资产,当且仅当符合下述条件时,嵌入衍生工具应当与主合同分拆,并作为衍生工具核算:

(1) 与主合同在经济特征及风险方面不存在紧密关系;

(2) 与嵌入衍生工具条件相同,单独存在的工具符合衍生工具定义;及

(3) 混合合同不以公允价值计量,公允价值的变动也不计入损益(即,嵌在以公允价值计量且其变动计入当期损益的金融资产或负债中的衍生工具不予拆分)。

对于上述资产,本集团可以选择将被拆分的嵌入式衍生工具以公允价值计量且其变动计入损益,或者选择将混合工具整体以公允价值计量且其变动计入当期损益。

金融工具的公允价值

存在活跃市场的金融资产或金融负债,采用活跃市场中的报价确定其公允价值。不存在活跃市场的,本集团采用估值技术确定其公允价值。在估值时,本集团采用在当前情况下适用并且有足够可利用数据和其他信息支持的估值技术,选择与市场参与者在相关资产或负债的交易中所考虑的资产或负债特征一致的输入值,并尽可能优先使用相关可观察输入值。在相关可观察输入值无法取得或取得不切实可行的情况下,使用不可观察输入值。

估值技术包括参考市场参与者最近进行的有序交易中使用的价格、参照实质上相同的其他金融工具的当前公允价值、现金流量折现法和期权定价模型等。对于现金流量折现分析,估计未来现金流量乃根据管理层最佳估计,其所使用的折现率乃类似工具的市场折现率。若干金融工具(包括衍生金融工具),使用考虑合约及市场价格、相关系数、货币时间价值、信用风险、收益曲线变化因素及/或提前偿还比率的定价模型进行估值。使用不同定价模型及假设可能导致公允价值估计的重大差异。

对于在估值方法中,使用了重大不可观察输入值的金融工具,将其在公允价值层次中分类为第三层级。

金融工具的抵销

在本集团拥有现在可执行的法定权利抵销已确认的金额,且交易双方准备按净额进行结算,或同时变现该金融资产和清偿该金融负债时,金融资产和金融负债以抵销

后的净额在资产负债表中列示。法定可执行权利必须不得依赖未来事件而定,而在一般业务过程中以及倘若本集团或对手方一旦出现违约、无偿债能力或破产时,这也必须具有约束力。

示例 9-7　601211.SH 国泰君安

金融工具

金融工具,是指形成一个企业的金融资产,并形成其他单位的金融负债或权益工具的合同。

1. 金融工具的确认和终止确认

本集团于成为金融工具合同的一方时确认一项金融资产或金融负债。

满足下列条件的,终止确认金融资产(或金融资产的一部分,或一组类似金融资产的一部分),即从其账户和资产负债表内予以转销:

(1) 收取金融资产现金流量的权利届满;

(2) 转移了收取金融资产现金流量的权利,或在"过手协议"下承担了及时将收取的现金流量全额支付给第三方的义务;并且(a)实质上转让了金融资产所有权上几乎所有的风险和报酬,或(b)虽然实质上既没有转移也没有保留金融资产所有权上几乎所有的风险和报酬,但放弃了对该金融资产的控制。

如果金融负债的责任已履行、撤销或届满,则对金融负债进行终止确认。如果现有金融负债被同一债权人以实质上几乎完全不同条款的另一金融负债所取代,或现有负债的条款几乎全部被实质性修改,则此类替换或修改作为终止确认原负债和确认新负债处理,差额计入当期损益。

以常规方式买卖金融资产,按交易日会计进行确认和终止确认。常规方式买卖金融资产,是指按照合同条款的约定,在法规或通行惯例规定的期限内收取或交付金融资产。交易日,是指本集团承诺买入或卖出金融资产的日期。

2. 金融资产分类和计量

本集团的金融资产于初始确认时根据本集团企业管理金融资产的业务模式和金融资产的合同现金流量特征分类为:以公允价值计量且其变动计入当期损益的金融资产、以摊余成本计量的金融资产及以公允价值计量且其变动计入其他综合收益的金融资产。金融资产在初始确认时以公允价值计量,但是因销售商品或提供服务等产生的应收账款未包含重大融资成分或不考虑不超过一年的融资成分的,按照交易价格进行初始计量。

对于以公允价值计量且其变动计入当期损益的金融资产,相关交易费用直接计入当期损益,其他类别的金融资产相关交易费用计入其初始确认金额。

金融资产的后续计量取决于其分类:

以摊余成本计量的债务工具投资

金融资产同时符合下列条件的,分类为以摊余成本计量的金融资产:管理该金融资产的业务模式是以收取合同现金流量为目标;该金融资产的合同条款规定,在特定日期产生的现金流量仅为对本金和以未偿付本金金额为基础的利息的支付。此类金融资产采用实际利率法确认利息收入，其终止确认、修改或减值产生的利得或损失，均计入当期损益。

以公允价值计量且其变动计入其他综合收益的债务工具投资

金融资产同时符合下列条件的，分类为以公允价值计量且其变动计入其他综合收益的金融资产：本集团管理该金融资产的业务模式是既以收取合同现金流量为目标又以出售金融资产为目标；该金融资产的合同条款规定，在特定日期产生的现金流量，仅为对本金和以未偿付本金金额为基础的利息的支付。此类金融资产采用实际利率法确认利息收入。除利息收入、减值损失及汇兑差额确认为当期损益外，其余公允价值变动计入其他综合收益。当金融资产终止确认时，之前计入其他综合收益的累计利得或损失从其他综合收益转出，计入当期损益。此类金融资产列报为其他债权投资。

以公允价值计量且其变动计入其他综合收益的权益工具投资

本集团不可撤销地选择将部分非交易性权益工具投资指定为以公允价值计量且其变动计入其他综合收益的金融资产，仅将相关股利收入（明确作为投资成本部分收回的股利收入除外）计入当期损益，公允价值的后续变动计入其他综合收益，不需计提减值准备。当金融资产终止确认时，之前计入其他综合收益的累计利得或损失从其他综合收益转出，计入留存收益。此类金融资产列报为其他权益投资。

满足下列条件之一的，属于交易性金融资产：取得相关金融资产的目的主要是为了在近期内出售或回购；属于集中管理的可辨认金融工具组合的一部分，且有客观证据表明企业近期采用短期获利方式模式；属于衍生工具，但是，被指定且为有效套期工具的衍生工具、符合财务担保合同的衍生工具除外。

以公允价值计量且其变动计入当期损益的金融资产

上述以摊余成本计量的金融资产和以公允价值计量且其变动计入其他综合收益的金融资产之外的金融资产，分类为以公允价值计量且其变动计入当期损益的金融资产。对于此类金融资产，采用公允价值进行后续计量，所有公允价值变动计入当期损益。

此类金融资产列报为交易性金融资产。

只有能够消除或显著减少会计错配时，金融资产才可在初始计量时指定为以公允价值计量且变动计入当期损益的金融资产。

企业在初始确认时将某金融资产指定为以公允价值计量且其变动计入当期损益的金融资产后，不能重分类为其他类金融资产；其他类金融资产也不能在初始确认后重新指定为以公允价值计量且其变动计入当期损益的金融资产。

当且仅当本集团改变管理金融资产的业务模式时，才对所有受影响的相关金融资产进行重分类。

3. 金融负债分类和计量

本集团的金融负债于初始确认时分类为：以公允价值计量且其变动计入当期损益的金融负债及其他金融负债。对于以公允价值计量且其变动计入当期损益的金融负债,相关交易费用直接计入当期损益,其他金融负债的相关交易费用计入其初始确认金额。

金融负债的后续计量取决于其分类:

以公允价值计量且其变动计入当期损益的金融负债

以公允价值计量且其变动计入当期损益的金融负债,包括交易性金融负债(含属于金融负债的衍生工具)和初始确认时指定为以公允价值计量且其变动计入当期损益的金融负债。

满足下列条件之一的,属于交易性金融负债:

(1)承担相关金融负债的目的主要是为了在近期内出售或回购;

(2)属于集中管理的可辨认金融工具组合的一部分,且有客观证据表明企业近期采用短期获利方式模式;

(3)属于衍生工具,但是,被指定且为有效套期工具的衍生工具、符合财务担保合同的衍生工具除外。

交易性金融负债(含属于金融负债的衍生工具),按照公允价值进行后续计量,除与套期会计有关外,所有公允价值变动均计入当期损益。

只有符合以下条件之一,金融负债才可在初始计量时指定为以公允价值计量且变动计入当期损益的金融负债:

(1)能够消除或显著减少会计错配;

(2)风险管理或投资策略的正式书面文件已载明,该金融工具组合以公允价值为基础进行管理、评价并向关键管理人员报告;

(3)包含一项或多项嵌入衍生工具的混合工具,除非嵌入衍生工具对混合工具的现金流量没有重大改变,或所嵌入的衍生工具明显不应当从相关混合工具中分拆;

(4)包含需要分拆但无法在取得时或后续的资产负债表日对其进行单独计量的嵌入衍生工具的混合工具。

对于此类金融负债,按照公允价值进行后续计量,除由本集团自身信用风险变动引起的公允价值变动计入其他综合收益之外,其他公允价值变动计入当期损益。除非由本集团自身信用风险变动引起的公允价值变动计入其他综合收益会造成或扩大损益中的会计错配,本集团将所有公允价值变动(包括自身信用风险变动的影响金额)计入当期损益。

企业在初始确认时将某金融负债指定为以公允价值计量且其变动计入当期损益的金融负债后,不能重分类为其他金融负债;其他金融负债也不能在初始确认后重新指定为以公允价值计量且其变动计入当期损益的金融负债。

其他金融负债

对于此类金融负债,采用实际利率法,按照摊余成本进行后续计量。

4. 金融工具抵销

同时满足下列条件的,金融资产和金融负债以相互抵销后的净额在资产负债表内列示:具有抵销已确认金额的法定权利,且该种法定权利是当前可执行的;计划以净额结算,或同时变现该金融资产和清偿该金融负债。

5. 衍生金融工具

衍生金融工具初始以衍生交易合同签订当日的公允价值进行计量,并以其公允价值进行后续计量。公允价值为正数的衍生金融工具确认为一项资产,公允价值为负数的确认为一项负债。

除与套期会计有关外,衍生工具公允价值变动产生的利得或损失直接计入当期损益。

6. 可转换债券

本集团发行可转换债券时依据条款确定其是否同时包含负债和权益成分。发行的可转换债券既包含负债也包含权益成分的,在初始确认时将负债和权益成分进行分拆,并分别进行处理。在进行分拆时,先确定负债成分的公允价值并以此作为其初始确认金额,再按照可转换债券整体的发行价格扣除负债成分初始确认金额后的金额确定权益成分的初始确认金额。交易费用在负债成分和权益成分之间按照各自的相对公允价值进行分摊。负债成分作为负债列示,以摊余成本进行后续计量,直至被撤销、转换或赎回。权益成分作为权益列示,不进行后续计量。

7. 金融资产修改

本集团与交易对手修改或重新议定合同,未导致金融资产终止确认,但导致合同现金流量发生变化的,本集团根据重新议定或修改的合同现金流按金融资产的原实际利率(或经信用调整的实际利率)折现值重新计算该金融资产的账面余额,相关利得或损失计入当期损益,金融资产修改的成本或费用调整修改后的金融资产账面价值,并在修改后金融资产的剩余期限内摊销。

8. 金融资产转移

本集团已将金融资产所有权上几乎所有的风险和报酬转移给转入方的,终止确认该金融资产;保留了金融资产所有权上几乎所有的风险和报酬的,不终止确认该金融资产。

本集团既没有转移也没有保留金融资产所有权上几乎所有的风险和报酬的,分别下列情况处理:放弃了对该金融资产控制的,终止确认该金融资产并确认产生的资产和负债;未放弃对该金融资产控制的,按照其继续涉入所转移金融资产的程度确认有关金融资产,并相应确认有关负债。

通过对所转移金融资产提供财务担保方式继续涉入的,按照金融资产的账面价值和财务担保金额两者之中的较低者,确认继续涉入形成的资产。财务担保金额,是指所收到的对价中,将被要求偿还的最高金额。

9. 金融资产及其他项目预期信用损失确认与计量

本集团以预期信用损失为基础,对以摊余成本计量的金融资产及以公允价值计量且其变动计入其他综合收益的债务工具投资进行减值处理并确认损失准备。

对于不含重大融资成分的应收款项以及合同资产,本集团运用简化计量方法,按照相当于整个存续期内的预期信用损失金额计量损失准备。

除上述采用简化计量方法以外的金融资产，本集团在每个资产负债表日评估其信用风险自初始确认后是否已经显著增加，如果信用风险自初始确认后未显著增加，处于第一阶段，本集团按照相当于未来12个月内预期信用损失的金额计量损失准备，并按照账面余额和实际利率计算利息收入；如果信用风险自初始确认后已显著增加但尚未发生信用减值的，处于第二阶段，本集团按照相当于整个存续期内预期信用损失的金额计量损失准备，并按照账面余额和实际利率计算利息收入；如果初始确认后发生信用减值的，处于第三阶段，本集团按照相当于整个存续期内预期信用损失的金额计量损失准备，并按照摊余成本和实际利率计算利息收入。对于资产负债表日只具有较低信用风险的金融工具，本集团假设其信用风险自初始确认后未显著增加。

本集团基于单项或组合评估金融工具的预期信用损失。

关于本集团对信用风险显著增加判断标准、已发生信用减值资产的定义、预期信用损失计量的参数等披露参见本节"十七、风险管理2.信用风险"（略）。

当本集团不再合理预期能够全部或部分收回金融资产合同现金流量时，本集团直接减记该金融资产的账面余额。

示例9-8 600036.SH 招商银行

金融工具

(a) 金融工具的确认和计量

在本集团成为金融工具合同的一方时确认一项金融资产或金融负债。

对于以常规方式购买或出售金融资产的，在交易日确认将收到的资产和为此将承担的负债，或者在交易日终止确认已出售的资产。

金融资产和金融负债在初始确认时以公允价值计量。对于以公允价值计量且其变动计入当期损益的金融资产和金融负债，相关的交易费用直接计入当期损益；对于其他类别的金融资产和金融负债，相关交易费用计入初始确认金额。当本集团按照《企业会计准则第14号——收入》（以下简称"新收入准则"）确认未包含重大融资成分或不考虑不超过一年的合同中的融资成分的应收账款，初始确认时则按照新收入准则定义的交易价格进行初始计量。

实际利率法是指计算金融资产或金融负债的摊余成本以及将利息收入或利息费用分摊计入各会计期间的方法。

实际利率，是指将金融资产或金融负债在预计存续期的估计未来现金流量，折现为该金融资产账面余额或该金融负债摊余成本所使用的利率。在确定实际利率时，在考虑金融资产或金融负债所有合同条款（如提前还款、展期、看涨期权或其他类似期权等）的基础上估计预期现金流量，但不考虑预期信用损失。

金融资产或金融负债的摊余成本是以该金融资产或金融负债的初始确认金额扣除已偿还的本金，加上或减去采用实际利率法将该初始确认金额与到期日金额之间的差额进行摊销形成的累计摊销额，再扣除累计计提的损失准备（仅适用于金融资产）。

金融资产的分类及后续计量

初始确认后，本集团对不同类别的金融资产，分别以摊余成本、以公允价值计量且其变动计入其他综合收益或以公允价值计量且其变动计入当期损益进行后续计量。

满足下列要求的债务工具将以摊余成本进行后续计量：

● 本集团管理该金融资产的业务模式是以收取合同现金流量为目标；且

● 金融资产的合同条款规定在特定日期产生的现金流量，仅为对本金和以未偿付本金金额为基础的利息的支付。

满足下列要求的债务工具将以公允价值计量且其变动计入其他综合收益进行后续计量：

● 本集团管理该金融资产的业务模式既以收取合同现金流量为目标又以出售该金融资产为目标；且

● 金融资产的合同条款规定在特定日期产生的现金流量，仅为对本金和以未偿付本金金额为基础的利息的支付。

除上述以外的金融资产及本集团在首次执行日或者初始确认时将非交易性的权益工具不可撤销地指定为以公允价值计量且其变动计入其他综合收益计量外，其他金融资产均以公允价值计量且其变动计入当期损益进行后续计量。以公允价值计量且其变动计入当期损益的金融资产包括分类为以公允价值计量且其变动计入当期损益的金融资产和指定为以公允价值计量且其变动计入当期损益的金融资产：

● 不符合分类为以摊余成本计量的金融资产或分类为以公允价值计量且其变动计入其他综合收益的金融资产条件的金融资产均分类为以公允价值计量且其变动计入当期损益。

● 在初始确认时，为消除或显著减少会计错配，以及符合条件的包含嵌入衍生工具的混合合同，本集团可将金融资产不可撤销地指定为以公允价值计量且其变动计入当期损益的金融资产。

满足下列条件之一的，表明本集团持有该金融资产的目的是交易性的：

● 取得相关金融资产的目的，主要是为了近期出售；或

● 相关金融资产在初始确认时属于集中管理的可辨认金融工具组合的一部分，且有客观证据表明近期实际存在短期获利模式；或

● 相关金融资产属于衍生工具。但符合财务担保合同定义的衍生工具以及被指定为有效套期工具的衍生工具除外。

以摊余成本计量的金融资产

以摊余成本进行计量的金融资产，采用实际利率法进行后续计量，其摊销或减值产生的利得或损失，均计入当期损益。本集团按金融资产的账面余额乘以实际利率计算利息收入，除非该金融资产已发生信用减值。对于购入或源生的未发生信用减值，但在后续期间成为已发生信用减值的金融资产，本集团在后续期间，按照该金融资产的摊余成本和实际利率计算确定其利息收入。此种情形下，若该金融资产在后续期间因其信用风险有所改善而不再存在信用减值，并且这一改善可与应用上述规定之后发

生的某一事件相联系，本集团转按实际利率乘以该金融资产账面余额来计算确定利息收入。

分类为以公允价值计量且其变动计入其他综合收益的金融资产

分类为以公允价值计量且其变动计入其他综合收益的金融资产相关的减值损失或利得、采用实际利率法计算的利息收入及汇兑损益计入当期损益，除此以外该金融资产的公允价值变动均计入其他综合收益。该金融资产计入各期损益的金额与视同其一直按摊余成本计量而计入各期损益的金额相等。该金融资产终止确认时，之前计入其他综合收益的累计利得或损失从其他综合收益中转出，计入当期损益。

指定为以公允价值计量且其变动计入其他综合收益的金融资产

本集团在首次执行日或者初始确认时可能做出不可撤销的选择，将非交易性权益工具公允价值的后续变动在其他综合收益中列报。该类金融资产以公允价值加上相应交易费用作为初始入账价值，后续以公允价值计量并将公允价值变动计入其他综合收益，且该类金融资产不适用减值测试规定。当处置时，在其他综合收益中累计确认的公允价值变动将不会重分类至损益，而是直接重分类至留存收益。本集团持有该权益工具投资期间，在本集团收取股利的权利已经确立，与股利相关的经济利益很可能流入本集团，且股利的金额能够可靠计量时，确认股利收入并计入当期损益。

以公允价值计量且其变动计入当期损益的金融资产

以公允价值计量且其变动计入当期损益的金融资产以公允价值进行后续计量，变动计入当期损益。对于该类金融资产产生的股利或利息收入，列报于利润表"投资收益"项目中。

预期信用损失模型

本集团对适用《企业会计准则第22号——金融工具确认和计量》（以下简称"新金融工具准则"）减值相关规定的金融资产（包括以摊余成本计量的金融资产、分类为以公允价值计量且其变动计入其他综合收益的金融资产）、租赁应收款、贷款承诺和财务担保合同等按预期信用损失模型评估减值。本集团会在每个报告日更新预期信用损失的金额，以反映金融资产自初始确认后的信用风险变化。

本集团结合前瞻性信息评估金融资产的预期信用损失。12个月预期信用损失代表金融工具因报告日后12个月内可能发生的金融工具拖欠事件而导致的预期信用损失。整个存续期内的预期信用损失是指因金融工具整个预计存续期内所有可能发生的拖欠事件而导致的预期信用损失。预期信用损失的评估是根据债务人特有的因素、一般经济状况、对报告日期当前状况的评估以及对未来状况的预测进行的。

对于以上适用新金融工具准则减值相关规定的金融工具，本集团按照这些金融工具自初始确认后信用风险是否显著增加来判断是否确认整个存续期预期信用损失。当这些金融工具在初始确认后信用风险未显著增加时，本集团按照相当于12个月预期信用损失来计提损失准备；当信用风险显著增加时，本集团按照整个存续期预期信用损失来计提损失准备。

信用风险显著增加

在评估自初始确认后信用风险是否显著增加时，本集团将比较金融工具在报告日的违约风险与金融工具初始确认时的违约风险。在进行此评估时，本集团会考虑合理且可支持的定量和定性信息，包括历史经验和无须过多的成本或努力即可获得的前瞻性信息。信用风险显著增加的判断标准详细见附注 57（a）（略）。

已发生信用减值的金融资产

本集团基于内部针对相关金融工具的信用风险管理体系的评估结果，界定是否发生信用减值：当金融资产逾期 90 天以上，或依据行内五级分类管理规定被分类为次级、可疑或损失，则认定金融资产已发生信用减值。

预期信用损失的计量和确认

预期信用损失的计量基于违约概率、违约损失率和违约风险暴露，有关预期信用损失的计量和确认详细见附注 57（a）（略）。

一般而言，预期信用损失为本集团根据合约应收的所有合约现金流量与本集团预期将收取的所有现金流量之间的差额，并按初时确认时厘定的实际利率折现。

就应收租赁款而言，用以确定预期信用损失之现金流量与根据《企业会计准则第 21 号——租赁》计量应收租赁款所用之现金流量一致。

就财务担保合同而言，只有在债务人根据担保合同条款违约的情况下，本集团才需付款。因此，预期信用损失为就该合同持有人发生的信用损失向其赔付的预计付款额，减去本集团预期向该合同持有人、债务人或任何其他方收取的金额之差的现值。

对于未使用的贷款承诺，信用损失应为下列两者之间差额的现值：

- 如果贷款承诺的持有人提取相应贷款，本集团应收的合同现金流量；以及
- 如果提取相应贷款，本集团预期收取的现金流量。

贷款承诺和财务担保合同的信用损失准备列报在预计负债中，以及分类为以公允价值计量且其变动计入其他综合收益的金融资产的信用损失准备不减少其账面金额外，其他适用新金融工具准则减值规定的资产通过调整其账面金额确认其预期信用损失。

<u>金融负债的分类和后续计量</u>

以公允价值计量且其变动计入当期损益的金融负债

以公允价值计量且其变动计入当期损益的金融负债，包括交易性金融负债（含属于金融负债的衍生工具）和初始确认时指定为以公允价值计量且其变动计入当期损益的金融负债。

满足下列条件之一的，表明本集团承担该金融负债的目的是交易性的：

- 承担相关金融负债的目的主要是为了在近期内回购以获取价差；或
- 属于集中管理的可辨认金融工具组合的一部分，且有客观证据表明企业近期采用短期获利方式模式；或
- 属于衍生工具。但符合财务担保合同定义的衍生工具以及被指定为有效套期工具的衍生工具除外。

交易性金融负债（含属于金融负债的衍生工具），按照公允价值进行后续计量，除与套期会计有关外，所有公允价值变动均计入当期损益。

符合以下一项或一项以上标准的金融工具（不包括为交易目的而持有的金融工具），在初始确认时，本集团将其指定为以公允价值计量且其变动计入当期损益的金融负债：

- 本集团的该项指定能够消除或明显减少会计错配；或
- 根据本集团正式书面文件载明的企业风险管理或投资策略，以公允价值为基础对金融负债组合或金融资产和金融负债组合进行管理和业绩评价，并在本集团内部以此为基础向关键管理人员报告；或
- 符合条件的包含嵌入衍生工具的混合合同。

其他金融负债

除金融资产转移不符合终止确认条件或继续涉入被转移金融资产所形成的金融负债、财务担保合同及贷款承诺外的其他金融负债分类为以摊余成本计量的金融负债，按摊余成本进行后续计量，终止确认或摊销产生的利得或损失计入当期损益。

权益工具

权益工具是指能证明拥有本集团在扣除所有负债后的资产中的剩余权益的合同。本集团发行（含再融资）、回购、出售或注销权益工具作为权益的变动处理。本集团不确认权益工具的公允价值变动。与权益性交易相关的交易费用从权益中扣减。

本集团对权益工具持有方的分配作为利润分配处理，发放的股票股利不影响股东权益总额。

套期会计

本集团会指定若干衍生工具作为现金流量套期工具。本集团的套期会计政策，包括在套期开始时记录对冲工具及被对冲项目之间的关系，以及管理层进行对冲的目标及策略，同时也需要在开始进行对冲时及在对冲期间持续地记录及评价对冲工具是否高度有效地对冲了相关被对冲项目的现金流量变化所产生的风险。

现金流量套期

被指定及符合条件的现金流量对冲衍生工具，其公允价值变动中的有效套期部分，将于其他综合收益中确认。无效部分则于合并利润表中确认。

当被对冲项目的现金流量影响损益时，其他综合收益中累计的套期储备金额将随之转出并于合并利润表内确认。当对冲工具到期或售出时，或对冲工具不再符合采用套期会计的条件时，但未来现金流量预期仍然会发生，其他综合收益中的累积套期储备仍将继续保留，直至最终于合并利润表确认。如未来现金流量预计不再发生，累计现金流量套期储备的金额从其他综合收益转出于合并利润表确认。

套期有效性测试

对于套期有效性而言，本集团考虑套期工具是否有效抵销被套期项目所对应的公允价值或现金流量变动，即套期关系满足下列所有套期有效性要求：

- 被套期项目与套期工具之间存在经济关系；

- 被套期项目和套期工具经济关系产生的价值变动中,信用风险的影响不占主导地位;
- 套期关系的套期比率应当等于本集团被套期项目的实际数量与对其进行套期的套期工具实际数量之比。

如果套期关系由于套期比率的原因而不再符合套期有效性要求,但指定该套期关系的风险管理目标保持不变,则本集团通过调整套期关系的套期比率(即套期关系再平衡),使其重新满足套期有效性要求。

不符合采用套期会计条件的衍生工具

与指定为以公允价值计量且其变动计入当期损益的金融工具一并管理的衍生工具,凡是不符合采用套期会计条件的,其公允价值变动而产生的任何收益或亏损,于合并利润表中确认。

(b) 金融资产及金融负债的列报

金融资产和金融负债在资产负债表内分别列示,不相互抵销。但是,同时满足下列条件的,以相互抵销后的净额在资产负债表内列示:

- 本集团具有抵销已确认金额的法定权利,且该种法定权利当前是可执行的;
- 本集团计划以净额结算,或同时变现该金融资产和清偿该金融负债。

(c) 金融工具的终止确认

<u>金融资产</u>

当满足下列条件时,某项金融资产(或某项金融资产的一部分或某组相类似的金融资产的一部分)将被终止确认:

- 收取该金融资产现金流量的合同权利终止;或
- 转移了收取金融资产现金流量的权利;或
- 保留了收取金融资产现金流量的权利,但在"过手"协议下承担了将收取的现金流量无重大延误地全额支付给第三方的义务;且本集团已转移几乎所有与该金融资产有关的风险和报酬,或虽然没有转移也没有保留该金融资产所有权上几乎所有的风险和报酬,不过已转移对该金融资产的控制。

当本集团转移了收取金融资产现金流量的权利,或保留了收取金融资产现金流量的权利,但承担了上述"过手"协议的相关义务,且既没有转移也没有保留金融资产所有权上几乎所有的风险和报酬,也没有放弃对该金融资产的控制,则本集团会根据继续涉入所转移金融资产的程度确认有关金融资产。

如果本集团采用为所转移金融资产提供担保的形式继续涉入,则本集团的继续涉入程度是下述二者中的孰低者:该金融资产的初始账面金额;本集团可能被要求偿付对价的最大金额。

当本集团已经进行了所有必要的法律或其他程序后,贷款仍然不可收回时,本集团将决定核销贷款及冲销相应的损失准备。核销构成金融资产的终止确认,如在期后本集团收回已核销的贷款,则收回金额冲减减值损失,计入当期损益。

资产证券化

作为经营活动的一部分,本集团将部分信贷资产证券化,一般是将这些资产出售给结构化主体,然后再由其向投资者发行证券。证券化金融资产的权益以优先级资产支持证券或次级资产支持证券,或其他剩余权益("保留权益")的形式体现。

对于未能符合终止确认条件的信贷资产证券化,相关金融资产不终止确认并维持原来的分类,从第三方投资者筹集的资金以融资款处理。

当证券化导致金融资产终止确认或部分终止确认时,本集团将已转让金融资产的账面价值按照终止确认的金融资产与保留权益的金融资产各自的公允价值进行分配。证券化的收益或亏损,即收到的对价与终止确认的金融资产的分配账面金额之间的差额,计入"投资收益"。保留的权益的计量方式与证券化之前一致。

在应用证券化金融资产的会计政策时,本集团已考虑转移至另一实体的资产的风险和报酬转移程度,以及本集团对该实体行使控制权的程度:

- 当本集团已转移该金融资产所有权上几乎全部风险和报酬时,本集团将终止确认该金融资产;
- 当本集团保留该金融资产所有权上几乎全部风险和报酬时,本集团将继续确认该金融资产;及
- 如本集团并未转移或保留该金融资产所有权上几乎全部风险和报酬,本集团将考虑对该金融资产是否存在控制。如果本集团并未保留控制权,本集团将终止确认该金融资产,并把在转移中产生或保留的权利及义务分别确认为资产或负债。如本集团保留控制权,则根据对金融资产的继续涉入程度确认金融资产。

附回购条件的资产转让

附回购条件的金融资产转让,根据交易的经济实质确定是否终止确认。对于将予回购的资产与转让的金融资产相同或实质上相同、回购价格固定或是原转让价格加上合理回报的,本集团不终止确认所转让的金融资产。对于在金融资产转让后只保留了优先按照公允价值回购该金融资产权利的(在转入方出售该金融资产的情况下),本集团终止确认所转让的金融资产。

金融负债

如果金融负债的责任已履行、撤销或届满导致金融负债的现时义务全部或部分已经解除的,本集团终止确认该金融负债或其一部分。

(d) 主要金融工具项目

存放同业和其他金融机构款项及拆出资金

同业指经中国人民银行批准的银行同业。其他金融机构指已于中国银行保险监督管理委员会(以下简称"银保监会")注册及受银保监会监督的财务公司、投资信托公司、租赁公司、保险公司及已于其他监管机构注册、受其他监管机构监督的证券公司和投资基金公司等。

金融投资

本集团的权益工具投资分类为以公允价值计量且其变动计入当期损益的金融投资

和指定为以公允价值计量且其变动计入其他综合收益的权益工具投资。债务工具投资在购入时按业务模式和现金流量特征并考虑公允价值选择权，分类为以摊余成本计量的金融投资、以公允价值计量且其变动计入其他综合收益的债务工具投资和以公允价值计量且其变动计入当期损益的金融投资。

买入返售金融资产与卖出回购金融资产款

买入返售金融资产按实际发生额扣除损失准备列账，卖出回购金融资产款按实际发生额列账。买入返售金融资产与卖出回购金融资产款的利息收入和支出按权责发生制确认。

贷款和垫款

本集团直接向客户发放贷款和垫款、参与银团贷款及应收融资租赁款均按贷款和垫款核算。

本集团在贷款和垫款业务初始确认时按业务模式和现金流量特征并考虑公允价值选择权，分类为以摊余成本计量的贷款和垫款、以公允价值计量且其变动计入其他综合收益的贷款和垫款及以公允价值计量且其变动计入当期损益的贷款和垫款。

衍生工具

本集团进行的衍生工具交易主要是因本集团风险管理需要或应客户要求而产生，当中包括即期合约、远期合约、外汇掉期合约、利率掉期合约和期权等。为了抵销与客户进行衍生工具交易的潜在风险，本集团和其他可以进行此类业务的银行同业和金融机构达成了相似的衍生工具合同。

衍生工具均以公允价值记账，有关损益除用作现金流量套期工具的衍生工具外，均在利润表内确认。用作现金流量套期的衍生工具，其有效套期部分的利得或损失计入其他综合收益。

嵌入衍生工具

对包含嵌入衍生工具的混合工具，如其主合同属于新金融工具准则规范的资产的，本集团将整个混合工具作为一个整体适用新金融工具准则关于金融资产分类的相关规定；如其主合同不属于新金融工具准则规范的资产，且未指定为以公允价值计量且其变动计入当期损益的金融资产或金融负债，嵌入衍生工具与该主合同在经济特征及风险方面不存在紧密关系，且与嵌入衍生工具条件相同，单独存在的工具符合衍生工具的定义的，嵌入衍生工具从混合工具中分拆，作为单独的衍生金融工具处理。如果无法在取得时或后续的资产负债表日对嵌入衍生工具进行单独计量，则将混合工具整体指定为以公允价值计量且其变动计入当期损益的金融资产或金融负债。

永久性债务资本

本集团根据所发行的永久性债务资本的合同条款及其所反映的经济实质，结合金融负债和权益工具的定义，在初始确认时将这些金融工具或其组成部分分类为金融负债或权益工具。

当且仅当同时满足下列条件的，应当将发行的金融工具分类为权益工具：

(i) 该金融工具不包括交付现金或其他金融资产给其他方、或在潜在不利条件下与其他方交换金融资产或金融负债的合同义务；

（ii）将来须用或可用自身权益工具结算该金融工具的，如该金融工具为非衍生工具，不包括交付可变数量的自身权益工具进行结算的合同义务；如为衍生工具，只能通过以固定数量的自身权益工具交换固定金额的现金或其他金融资产结算该金融工具。

归类为权益工具的永久性债务资本，利息支出或股利分配作为本集团的利润分配，其回购、注销等作为权益的变动处理，相关交易费用从权益中扣减。

<u>优先股</u>

本集团根据所发行的优先股的合同条款及其所反映的经济实质，结合金融负债和权益工具的定义，在初始确认时将这些金融工具或其组成部分分类为金融负债或权益工具。本集团将发行的优先股分类为权益工具，发行优先股发生的手续费、佣金等交易费用从权益中扣除。优先股股息在宣告时，作为利润分配处理。

示例9–9 600016.SH 民生银行

金融工具

8.1 金融工具的确认和初始计量

当本集团成为金融工具合同的一方时，确认相关的金融资产或金融负债。

对于以常规方式购买或出售金融资产的，在交易日确认将收到的资产和为此将承担的负债，或者在交易日终止确认已出售的资产，同时确认处置利得或损失以及应向买方收取的应收款项。交易日，是指本集团承诺买入或卖出金融资产的日期。

于初始确认时，本集团按公允价值计量金融资产或金融负债，对于不是以公允价值计量且其变动计入损益的金融资产或金融负债，则还应该加上或减去可直接归属于获得或发行该金融资产或金融负债的交易费用。以公允价值计量且其变动计入损益的金融资产和金融负债的交易费用作为费用计入损益。

（1）金融资产

本集团根据管理金融资产的业务模式和金融资产的合同现金流量特征，将金融资产划分为以下三类：

- 以摊余成本计量的金融资产；
- 以公允价值计量且其变动计入其他综合收益的金融资产；
- 以公允价值计量且其变动计入损益的金融资产。

业务模式反映了本集团如何管理其金融资产以产生现金流。也就是说，本集团的目标是仅为收取资产的合同现金流量，还是既以收取合同现金流量为目标又以出售金融资产为目标。如果以上两种情况都不适用（例如，以交易为目的持有金融资产），那么该组的金融资产的业务模式为"其他"，并分类为以公允价值计量且其变动计入损益。本集团在确定一组金融资产业务模式时考虑的因素包括：以往如何收取该组资产的现金流、该组资产的业绩如何评估并上报给关键管理人员、风险如何评估和管理，以及业务管理人员获得报酬的方式。

如果业务模式为收取合同现金流量，或包括收取合同现金流量和出售金融资产的双重目的，本集团将评估金融工具的现金流量是否仅为对本金和利息支付。进行该评估时，本集团考虑合同现金流量是否与基本借贷安排相符，即利息仅包括货币时间价值、信用风险、其他基本借贷风险以及与基本借贷安排相符的利润率的对价。若合同条款引发了与基本借贷安排不符的风险或波动敞口，则相关金融资产分类为以公允价值计量且其变动计入损益。

对于含嵌入式衍生工具的金融资产，在确定合同现金流量是否仅为本金和利息的支付时，应将其作为一个整体分析。

本集团对债务工具和权益工具的分类要求如下：

（i）债务工具

债务工具是指从发行方角度分析符合金融负债定义的工具，例如贷款、政府债券和公司债券等。债务工具的分类与计量取决于本集团管理该金融资产的业务模式及该金融资产的现金流量特征。

基于这些因素，本集团将其债务工具划分为以下三种计量类别：

● 以摊余成本计量：如果管理该金融资产的业务模式是以收取合同现金流量为目标，且该金融资产的合同条款规定，在特定日期产生的现金流量，仅为对本金和以未偿付本金金额为基础的利息的支付，同时并未指定该金融资产为以公允价值计量且其变动计入损益，那么该金融资产按照摊余成本计量。

● 以公允价值计量且其变动计入其他综合收益：如果管理该金融资产的业务模式既以收取合同现金流量为目标又以出售该金融资产为目标，且该金融资产的合同条款规定，在特定日期产生的现金流量，仅为对本金和以未偿付本金金额为基础的利息的支付，同时并未指定该金融资产为以公允价值计量且其变动计入损益，那么该金融资产按照以公允价值计量且其变动计入其他综合收益。

● 以公允价值计量且其变动计入损益：不满足以摊余成本计量的金融资产和以公允价值计量且其变动计入其他综合收益的金融资产，以公允价值计量且其变动计入损益。

在初始确认时，如果能够消除或显著减少会计错配，可以将金融资产指定为以公允价值计量且其变动计入损益的金融资产。该指定一经做出，不得撤销。

（ii）权益工具

权益工具是指从发行方角度分析符合权益定义的工具，即不包含付款的合同义务且享有发行人净资产和剩余收益的工具，例如普通股。本集团的权益工具投资以公允价值计量且其变动计入损益，但管理层已做出不可撤销指定为公允价值计量且其变动计入其他综合收益的除外。

（2）金融负债

金融负债于初始确认时分类为以摊余成本计量的金融负债和以公允价值计量且其变动计入损益的金融负债。以公允价值计量且其变动计入损益的金融负债适用于衍生金融负债、交易性金融负债以及初始确认时指定为以公允价值计量且其变动计入损益的其他金融负债。

在初始确认时,为了提供更相关的会计信息,本集团可以将金融负债指定为以公允价值计量且其变动计入损益的金融负债,但该指定应当满足下列条件之一:
- 能够消除或显著减少会计错配。
- 根据正式书面文件载明的企业风险管理或投资策略,以公允价值计量为基础对金融负债组合或金融资产和金融负债组合进行管理和业绩评价,并在企业内部以此为基础向关键管理人员报告。
- 包含一项或多项将显著改变其现金流的嵌入衍生工具的金融负债。

由于金融资产转让不符合终止确认条件或应用继续涉入法进行核算而确认的金融负债。当该转让不符合终止确认条件时,本集团根据该转让收取的对价确认金融负债,并在后续期间确认因该负债产生的所有费用;在应用继续涉入法核算时,对相关负债的计量参见"附注四、8.7 金融资产的终止确认"(略)。

8.2 金融资产的重分类

本集团改变其管理金融资产的业务模式时,将对所有受影响的相关金融资产进行重分类,且自重分类日起采用未来适用法进行相关会计处理,不得对以前已经确认的利得、损失(包括减值损失或利得)或利息进行追溯调整。重分类日,是指导致本集团对金融资产进行重分类的业务模式发生变更后的首个报告期间的第一天。

8.3 公允价值确定方法

公允价值,是指市场参与者在计量日发生的有序交易中,出售一项资产所能收到或者转移一项负债所需支付的价格。金融工具存在活跃市场的,本集团采用活跃市场中的报价确定其公允价值。活跃市场中的报价是指易于定期从交易所、行业协会、定价服务机构等获得的价格,且代表了在有序交易中实际发生的市场交易的价格。如不能满足上述条件,则被视为非活跃市场。非活跃市场的迹象主要包括:存在显著买卖价差、买卖价差显著扩大或不存在近期交易。金融工具不存在活跃市场的,本集团采用估值技术确定其公允价值。估值技术包括参考市场参与者最近进行的有序交易中使用的价格、参照实质上相同的其他金融工具当前的公允价值、现金流量折现法、期权定价模型及其他市场参与者常用的估值技术等。在估值时,本集团采用在当前情况下适用并且有足够可利用数据和其他信息支持的估值技术,选择与市场参与者在相关资产或负债的交易中所考虑的资产或负债特征相一致的输入值。这些估值技术包括使用可观察输入值和/或不可观察输入值,并尽可能优先使用相关可观察输入值。

8.4 金融工具的后续计量

金融工具的后续计量取决于其分类:

(1) 以摊余成本计量的金融资产和金融负债

对于金融资产或金融负债的摊余成本,应当以该金融资产或金融负债的初始确认金额经下列调整后的结果确定:(i) 扣除已偿还的本金;(ii) 加上或减去采用实际利率法将该初始确认金额与到期日金额之间的差额进行摊销形成的累计摊销额;(iii) 扣除累计计提的损失准备(仅适用于金融资产)。本集团采用实际利率法计算该资产和负债的利息收入及利息支出，并分别列示为"利息收入"及"利息支出"。

实际利率，是指将金融资产或金融负债在预计存续期的估计未来现金流量，折现为该金融资产账面余额（即扣除损失准备之前的摊余成本）或该金融负债摊余成本所使用的利率。计算时不考虑预期信用损失，但包括交易费用、溢价或折价，以及支付或收到的属于实际利率组成部分的费用。对于源生或购入已发生信用减值的金融资产［定义参见附注十四、2 信用风险（略）］，本集团根据该金融资产的摊余成本（而非账面余额）计算经信用调整的实际利率，并且在估计未来现金流量时将预期信用损失的影响纳入考虑。

本集团根据金融资产账面余额乘以实际利率计算确定利息收入并列报为"利息收入"，但下列情况除外：

● 对于购入或源生的已发生信用减值的金融资产，自初始确认起，按照该金融资产的摊余成本和经信用调整的实际利率计算确定其利息收入；

● 对于购入或源生的未发生信用减值、但在后续期间成为已发生信用减值的金融资产，按照该金融资产的摊余成本（即账面余额扣除预期信用损失准备之后的净额）和实际利率计算确定其利息收入。若该金融工具在后续期间因其信用风险有所改善而不再存在信用减值，并且这一改善在客观上可与应用上述规定之后发生的某一事件相联系，应转按实际利率乘以该金融资产账面余额来计算确定利息收入。

（2）以公允价值计量且其变动计入其他综合收益的金融资产

（i）债务工具

与该金融资产摊余成本相关的减值损失或利得、采用实际利率法计算的利息和汇兑损益计入当期损益。除此之外，账面价值的变动均计入其他综合收益。该金融资产终止确认时，之前计入其他综合收益的累计利得或损失应当从其他综合收益中转出，计入当期损益。本集团采用实际利率法计算该资产的利息收入，并列示为"利息收入"。

（ii）权益工具

本集团将非交易性权益工具投资指定为以公允价值计量且其变动计入其他综合收益。进行指定后，公允价值变动在其他综合收益中进行确认，且后续不得重分类至损益（包括处置时）。股利收入在本集团确定对其收取的权利成立时进行确认，并计入损益。

（3）以公允价值计量且其变动计入损益的金融资产

该金融资产以公允价值计量，其产生的所有利得或损失计入损益。

（4）以公允价值计量且其变动计入损益的金融负债

该金融负债以公允价值计量，其产生的所有利得或损失计入损益，除非是将金融负债指定为以公允价值计量且其变动计入损益的金融负债的，则该金融负债所产生的利得或损失应当按照下列规定进行处理：

● 由本集团自身信用风险变动引起的该金融负债公允价值的变动金额，应当计入其他综合收益；

● 该金融负债的其他公允价值变动计入损益。按照上一段对该金融负债的自身信用风险变动的影响进行处理会造成或扩大损益中的会计错配的，本集团应当将该金融负债的全部利得或损失（包括自身信用风险变动的影响金额）计入损益。

被指定为以公允价值计量且其变动计入损益的金融负债终止确认时，之前计入其他综合收益的累计利得或损失应当从其他综合收益中转出，计入留存收益。

8.5　金融工具的减值

对于摊余成本计量和以公允价值计量且其变动计入其他综合收益的债务工具金融资产，以及部分贷款承诺和财务担保合同，本集团结合前瞻性信息进行预期信用损失评估。

预期信用损失，是指以发生违约的风险为权重的金融工具信用损失的加权平均值。信用损失，是指本集团按照原实际利率折现的、根据合同应收的所有合同现金流量与预期收取的所有现金流量之间的差额，即全部现金短缺的现值。其中，对于本集团购买或源生的已发生信用减值的金融资产，应按照该金融资产经信用调整的实际利率折现。

本集团对预期信用损失的计量反映了以下各种要素：

● 通过评价一系列可能的结果而确定的无偏概率加权平均金额；

● 货币时间价值；

● 在资产负债表日无须付出不必要的额外成本或努力即可获得的有关过去事项、当前状况以及未来经济状况预测的合理且有依据的信息。

对于纳入预期信用损失计量的金融工具，本集团评估相关金融工具的信用风险自初始确认后是否已显著增加，运用"三阶段"减值模型分别计量其损失准备、确认预期信用损失：

● 阶段一：自初始确认后信用风险并未显著增加的金融工具，其损失阶段划分为阶段一。

● 阶段二：自初始确认后信用风险显著增加，但并未将其视为已发生信用减值的金融工具，其损失阶段划分为阶段二。信用风险显著增加的判断标准，参见附注十四、2 信用风险。

● 阶段三：对于已发生信用减值的金融工具，其损失阶段划分为阶段三。已发生信用减值资产的定义，参见"附注十四、2 信用风险"（略）。

阶段一金融工具按照相当于该金融工具未来 12 个月内预期信用损失的金额计量其损失准备，阶段二和阶段三金融工具按照相当于该金融工具整个存续期内预期信用损失的金额计量其损失准备。预期信用损失计量中所使用的参数、假设及估计，参见"附注十四、2 信用风险"（略）。

以公允价值计量且其变动计入其他综合收益的债务工具投资，本集团在其他综合收益中确认其损失准备，并将减值损失或利得计入当期损益，且不应减少该金融资产在资产负债表中列示的账面价值。

在前一会计期间已经按照相当于金融工具整个存续期内预期信用损失的金额计量了损失准备，但在当期资产负债表日，该金融工具已不再属于自初始确认后信用风险显著增加的情形的，本集团在当期资产负债表日按照相当于未来12个月内预期信用损失的金额计量该金融工具的损失准备，由此形成的损失准备的转回金额作为减值利得计入当期损益；但购买或源生的已发生信用减值的金融资产除外。对于购买或源生的已发生信用减值的金融资产，本集团在当期资产负债日仅将自初始确认后整个存续期内预期信用损失的累计变动确认为损失准备。

8.6 贷款合同修改

本集团有时会重新商定或修改客户贷款的合同，导致合同现金流发生变化。出现这种情况时，本集团会评估修改后的合同条款是否发生了实质性的变化。

如果修改后合同条款发生了实质性的变化，本集团将终止确认原金融资产，并以公允价值确认一项新金融资产，且对新资产重新计算一个新的实际利率。在这种情况下，对修改后的金融资产应用减值要求时，包括确定信用风险是否出现显著增加时，本集团将上述合同修改日期作为初始确认日期。对于上述新确认的金融资产，本集团也要评估其初始确认时是否已发生信用减值，特别是当合同修改发生在债务人不能履行初始商定的付款安排时。账面价值的改变作为终止确认产生的利得或损失计入损益。

如果修改后合同条款并未发生实质性的变化，则合同修改不会导致金融资产的终止确认。本集团根据修改后的合同现金流量重新计算金融资产的账面余额，并将修改利得或损失计入损益。在计算新的账面余额时，仍使用初始实际利率（或购入或源生的已发生信用减值的金融资产经信用调整的实际利率）对修改后的现金流量进行折现。

8.7 金融资产的终止确认

满足下列条件之一的金融资产，予以终止确认：（1）收取该金融资产现金流量的合同权利终止；（2）该金融资产已转移，且将金融资产所有权上几乎所有的风险和报酬转移给转入方；（3）该金融资产已转移，虽然本集团既没有转移也没有保留金融资产所有权上几乎所有的风险和报酬，但是放弃了对该金融资产的控制。

该金融资产已转移，若本集团既没有转移也没有保留金融资产所有权上几乎所有的风险和报酬，且并未放弃对该金融资产的控制，则按照继续涉入所转移金融资产的程度确认有关金融资产，并确认相应的负债。

金融资产终止确认时，将所转移金融资产的账面价值及因转移而收到的对价与原计入其他综合收益的公允价值变动累计额之和的差额计入当期损益。

8.8 金融负债的终止确认

金融负债的现时义务已经全部或部分得以履行、取消或到期的，终止确认该金融负债或义务已解除部分。本集团（债务人）与债权人之间签订协议，以承担新金融负债方式替换现存金融负债，且新金融负债与现存金融负债的合同条款实质上不同的，终止确认现存金融负债，并同时确认新金融负债。

金融负债终止确认的,将终止确认金融负债的账面价值与支付的对价(包括转出的非现金资产或承担的新金融负债)之间的差额,计入当期损益。

8.9 衍生金融工具

衍生金融工具于相关合同签署日以公允价值进行初始计量,并以公允价值进行后续计量。衍生金融工具的公允价值变动计入当期损益。

8.10 嵌入衍生金融工具

某些衍生工具被嵌入混合合同中,如可转换债券中的转股权。对于主合同是金融资产的混合合同,本集团对其整体进行分类和计量。对于主合同并非金融资产的混合合同,在符合以下条件时,将嵌入衍生工具拆分为独立的衍生工具处理:

- 嵌入衍生工具与主合同的经济特征和风险并非紧密相关;
- 具有相同条款但独立存在的工具满足衍生工具的定义;且
- 混合工具并未以公允价值计量且其变动计入损益。

本集团可以选择将被拆分的嵌入式衍生工具以公允价值计量且其变动计入损益,或者选择将混合合同指定为以公允价值计量且其变动计入损益。

8.11 金融资产与金融负债的抵销

当本集团具有抵销已确认金融资产和金融负债的法定权利,且目前可执行该种法定权利,同时本集团计划以净额结算或同时变现该金融资产和清偿该金融负债时,金融资产和金融负债以相互抵销后的金额在资产负债表内列示。除此以外,金融资产和金融负债在资产负债表内分别列示,不予相互抵销。抵销权应当不取决于未来事项,而且在本集团和所有交易对手方的正常经营过程中,或在出现违约、无力偿债或破产等各种情形下,本集团均可执行该法定权利。

8.12 买入返售金融资产和卖出回购金融资产款

具有固定回购日期和价格的标准回购合约中,作为抵押品而转移的金融资产无须终止确认,其继续按照出售或借出前的金融资产项目分类列报,向交易对手收取的款项作为卖出回购金融资产款列示。未终止确认的项目在附注十、3担保物中披露(略)。

为按返售合约买入的金融资产所支付的对价作为买入返售金融资产列示,相应买入的金融资产无须在合并资产负债表中确认。

买入返售或卖出回购业务的买卖价差,在交易期间内采用实际利率法摊销,产生的利得或损失计入当期损益。

三、银行存款和银行借款的列报示例

示例 9-10　601880.SH 大连港

货币资金

单位：元

项目	期末余额	期初余额
库存现金	324,984.10	727,300.45
银行存款	4,045,417,861.05	5,722,956,776.43
其他货币资金	239,710.14	5,601,793.47
银行存款应收利息	5,430,619.42	28,544,638.32
合计	4,051,413,174.71	5,757,830,508.67
其中：存放在境外的款项总额	55,911,813.54	136,345,848.6

银行活期存款按照银行活期存款利率取得利息收入。短期定期存款的存款期分为七天至六个月不等，依本集团的现金需求而定，并按照相应的银行定期存款利率取得利息收入。

短期借款

单位：元

项目	期末余额	期初余额
质押借款	—	26,036,753.89
信用借款	497,000,000.00	3,373,500,000.00
短期借款应付利息	660,595.83	4,534,676.42
合计	497,660,595.83	3,404,071,430.31

1 年内到期的非流动负债

单位：元

项目	期末余额	期初余额	上年期末
1 年内到期的长期借款	169,639,042.19	736,969,979.52	736,969,979.52
1 年内到期的应付债券	—	—	—
1 年内到期的长期应付款	7,500,000.00	66,616,470.17	66,616,470.17

续表

项目	期末余额	期初余额	上年期末
1年内到期的租赁负债	61,418,218.86	67,638,650.00	—
应付债券应付利息	162,221,889.64	162,221,889.64	162,221,889.64
合计	400,779,150.69	1,033,446,989.33	965,808,339.33

示例 9-11　600600.SH 青岛啤酒

货币资金

单位：元

	2019年12月31日	2018年12月31日
库存现金	203,723	238,749
银行存款	1,262,542,417	618,149,108
存放同业款项（i）	13,408,414,018	11,034,213,907
存放中央银行款项（ii）	591,561,976	834,000,000
其他货币资金（iii）	39,261,274	49,135,254
	15,301,983,408	12,535,737,018
其中：存放在境外的款项（iv）	94,112,833	111,474,640

注：（i）系本公司之子公司财务公司存放于境内银行的银行存款及其应收利息。

（ii）系本公司之子公司财务公司存放于中央银行的法定准备金及其应收利息，于2019年12月31日，缴存比例为吸收存款余额的6%（2018年12月31日：7%）。

（iii）于2019年12月31日，其他货币资金中包括存入银行的住房维修基金31,852,379元（2018年12月31日：31,763,816元）；本集团质押给银行用以开具银行承兑汇票（附注四（21））的保证金存款6,630,000元（2018年12月31日：15,032,000元）；其他保证金778,895元（2018年12月31日：其他保证金2,339,438元）。

（iv）于2019年12月31日，存放在境外的款项系本公司之子公司香港公司和澳门公司分别存放在香港和澳门的库存现金和银行存款及其应收利息。

列示于现金流量表的现金及现金等价物：

单位：元

现金及现金等价物	2019年12月31日	2018年12月31日
货币资金	15,301,983,408	12,535,737,018

续表

现金及现金等价物	2019年12月31日	2018年12月31日
其他应收款——存放非金融机构款项	924,748	686,564
减:受到限制的存放中央银行款项	(591,270,000)	(834,000,000)
受到限制的其他货币资金	(39,261,274)	(49,135,254)
存款应收利息	(114,983,527)	—
合计	14,557,393,355	11,653,288,328

短期借款

单位:元

项目	币种	2019年12月31日	2018年12月31日
信用借款	港币	268,740,000	296,155,600
应付利息	港币	2,166,631	—
合计		270,906,631	296,155,600

于2019年12月31日,短期借款系银行发放给本公司之子公司香港公司的借款,本金为人民币268,740,000元(港币原币300,000,000元)[2018年12月31日:人民币本金为296,155,600元(港币原币338,000,000元)]。

于2019年12月31日,短期借款的年利率为3.50%(2018年12月31日:3.00%)。

示例9-12 601138.SH 工业富联

货币资金

单位:千元

项目	期末余额	期初余额
库存现金	543	783
银行存款	66,581,115	60,148,973
其他货币资金	108,311	2,143,376
存款应收利息	211,164	—
合计	66,901,133	62,293,132
其中:存放在境外的款项总额	8,197,052	12,569,396

其他说明:

于2019年12月31日,其他货币资金2,082千元为本集团向银行存入并由银行向海关开具保函的保证金（2018年12月31日：10,294千元），106,229千元为本集团向银行存入用以进行远期结售汇业务的保证金。

于2018年12月31日，其他货币资金2,133,082千元为本集团将定期存款质押给银行作为1,723,444千元短期借款的担保。

上述保函保证金、结汇保证金和作为借款质押物的定期存款为受限制存款。

短期借款

单位：千元

项目	期末余额	期初余额
质押借款——美元	—	73,444
质押借款——人民币	—	1,650,000
信用借款——美元	25,952,581	16,777,376
信用借款——人民币	800,000	2,460,000
信用借款——捷克克朗	642,479	517,773
信用借款——新台币	778,205	951,418
信用借款——欧元	11,686	60,205
应付利息——美元	70,917	—
应付利息——人民币	14,640	—
应付利息——新台币	777	—
合计	28,271,285	22,490,216

短期借款分类的说明：

（a）2019年度，人民币短期借款的利率区间为3.90%~4.99%，非人民币短期借款的利率区间为0.45%~4.50%。

2018年度，人民币短期借款的利率区间为3.92%~5.66%，非人民币短期借款的利率区间为0.45%~4.50%。

（b）于2018年12月31日，银行质押借款1,723,444千元系由2,133,082千元定期存款作为质押物。上述借款已于2019年度内到期偿还。

示例9-13 600012.SH 皖通高速

货币资金

单位：元

项目	期末余额	期初余额
库存现金	4,426.75	2,652.63
银行存款	1,905,257,489.66	2,453,472,023.58

续表

项目	期末余额	期初余额
其他货币资金	208,488,179.31	72,827,993.23
合计	2,113,750,095.72	2,526,302,669.44
其中：存放在境外的款项总额	2,035,701.42	1,981,603.12

其他说明：

(1) 于2019年12月31日，本集团银行存款中包括到期日在三个月以上的定期存款200,000,000.00元、2,000,000.00港币（折合人民币1,791,560.00元）、定期存款应收利息6,682,028.16元及定期存款应收利息16,288.76港币（折合人民币14,591.15元）（2018年12月31日：到期日在三个月以上的定期存款60,000,000.00元及定期存款应收利息12,827,993.23元）。

(2) 存放在境外的款项系本公司存放于香港派息户的活期港币存款、皖通香港的活期港币存款及定期港币存款。

长期借款

单位：元

项目	期末余额	期初余额
质押借款	1,409,550,588.22	600,000,000.00
保证借款	538,042,588.24	942,658,000.00
信用借款	160,303,500.00	165,926,700.00
应付利息	2,344,109.38	4,986,469.96
减：一年内到期的长期借款	-297,543,232.90	-150,674,493.48
合计	1,812,697,552.94	1,562,896,676.48

长期借款分类的说明：

(a) 于2019年12月31日，银行质押借款580,000,000.00元系以本集团进行合宁高速公路改扩建工程完工后享有的通行费收入作为质押，利息每季支付一次，本金于2020年至2027年偿还，固定年利率为1.2%。银行质押借款829,550,588.22元系以本集团享有的宁宣杭高速公路（安徽段）之狸桥至宣城段通行费收入作为质押，利息每季支付一次，本金于2020年至2035年偿还，长期借款利率按借款合同规定随中国人民银行基准利率每年调整一次。

(b) 于2019年12月31日，银行保证借款332,372,000.00元系由安徽交通控股集团提供保证，利息每季支付一次，本金于2020～2025年偿还；银行保证借款205,670,588.24元系由宣城市交通投资有限公司提供保证，利息按贷款合同相关规定不同，每月或每季支付一次，本金于 2020～2035 年偿还。上述长期借款利率按借款合同规定随中国人民银行基准利率每年调整一次。

(c) 于 2019 年 12 月 31 日，银行信用借款 160,303,500.00 元系由本公司为宁宣杭公司提供担保，利息每季支付一次，本金于 2020～2025 年偿还。上述长期借款利率按借款合同规定随中国人民银行基准利率每年调整一次。

于 2019 年 12 月 31 日，长期借款的利率区间为 1.2%～4.9%（2018 年 12 月 31 日：1.2%～4.9%）。

于 2019 年 12 月 31 日，本集团尚未使用的银行借款授信额度为 1,649,890,000.00 元（2018 年 12 月 31 日：5,544,890,000.00 元）。

示例 9-14　002352.SZ 顺丰控股

货币资金

单位：元

项目	2019 年 12 月 31 日	2018 年 12 月 31 日
库存现金	188,281.28	1,333,057.53
银行存款（a）	17,654,474,529.50	15,181,388,700.85
集团财务公司存放中央银行款项	792,594,922.81	886,346,294.94
其中：存放中央银行款项——法定准备金（b）	785,012,298.46	873,705,941.98
存放中央银行款项——超额准备金（c）	7,582,624.35	12,640,352.96
其他货币资金（a）	51,599,389.56	62,052,680.22
应计利息	22,134,613.95	—
合计	18,520,991,737.10	16,131,120,733.54
其中：存放在境外的款项总额	967,339,663.84	1,539,296,677.54

注：（a）于 2019 年 12 月 31 日，其他货币资金中 30,000,000.00 元为本集团向银行申请银行承兑汇票的保证金，为受限资金。于 2018 年 12 月 31 日，其他货币资金中 139,907.00 元为本集团向银行申请保函的保证金存款，为受限资金。

于 2018 年 12 月 31 日，银行保证借款 86,400,000.00 元以本集团的 30,000,000.00 元定期存款作为质押，该笔质押已于本报告期内解除。

（b）于 2016 年 9 月 18 日，本集团设立顺丰控股集团财务有限公司（以下简称"集团财务公司"）。集团财务公司存放中央银行法定准备金为金融企业按规定缴存中国人民银行的法定存款准备金，按人民币吸收存款之 6% 缴存，该等款项不能用于日常业务运作，为受限资金。

（c）集团财务公司存放中央银行的超额准备金为金融机构存放在中央银行超出法定存款准备金的部分，该等款项为可随时用于支付的银行存款。

示例 9-17　000708.SZ 中信特钢

短期借款

单位：元

项目	期末余额	期初余额（经重列）
保证借款本金		2,000,000,000.00
信用借款本金	2,563,943,500.00	3,876,236,500.00
信用借款利息	2,364,310.53	
合计	2,566,307,810.53	5,876,236,500.00

2018 年 12 月 31 日，银行保证借款 2,000,000,000 元系由泰富投资提供保证。

于 2019 年 12 月 31 日短期借款的加权平均年利率分别为 3.65%（2018 年 12 月 31 日：4.14%）。

一年内到期的非流动负债

单位：元

项目	期末余额	期初余额（经重列）
一年内到期的长期借款本金	100,000,000.00	174,000,000.00
一年内到期的长期借款利息	9,662,699.27	
合计	109,662,699.27	174,000,000.00

长期借款

单位：元

项目	期末余额	期初余额（经重列）
质押借款本金（i）		328,000,000.00
信用借款本金	8,485,000,000.00	7,815,000,000.00
信用借款利息	9,662,699.27	
减：一年内到期的长期借款——信用借款	100,000,000.00	100,000,000.00
减：一年内到期的长期借款——抵押借款		74,000,000.00
减：信用借款利息	9,662,699.27	
合计	8,385,000,000.00	7,969,000,000.00

（i）于 2018 年 12 月 31 日，银行抵押借款 328,000,000.00 元系由本集团账面价值 833,966,182.18 元（原价 1,177,933,706.00 元）的固定资产以及 159,620.00

平方米账面价值 45,689,458.90 元（原价 50,543,964.00 元）的土地使用权作为抵押物。利息每 3 个月支付一次，本金应于 2022 年 5 月 20 日偿还，已经于 2019 年 12 月 31 日前偿还借款并解除抵押。

于 2019 年 12 月 31 日，信用借款 5,915,000,000.00 元系由关联方中信财务公司提供的信用借款（2018 年 12 月 31 日：7,015,000,000.00 元）。

2019 年 12 月 31 日长期借款的加权平均年利率为 4.50%。（2018 年 12 月 31 日：4.36%）。

示例 9-18 601326.SH 秦港股份

货币资金

单位：元

项目	期末余额	期初余额
库存现金	27,704.54	45,370.83
银行存款	2,798,722,280.85	2,607,026,536.81
其他货币资金	6,322,400.00	
合计	2,805,072,385.39	2,607,071,907.64
其中：存放在境外的款项总额	61,962,648.95	63,582,115.68

其他说明：

银行活期存款按照银行活期存款利率取得利息收入。短期定期存款的存款期分为三个月至一年不等，依本集团的现金需求而定，并按照相应的银行定期存款利率取得利息收入。

短期借款

单位：元

项目	期末余额	期初余额
信用借款	151,581,786.20	890,000,000.00
短期借款应付利息	229,711.11	1,126,629.86
合计	151,811,497.31	891,126,629.86

1 年内到期的非流动负债

单位:元

项目	期末余额	期初余额
1 年内到期的长期借款	680,284,000.00	403,324,000.00
长期借款的应付利息	9,365,033.78	8,839,247.66
1 年内到期的长期应付款	400,000.00	400,000.00
1 年内到期的租赁负债	8,219,266.69	8,383,118.41
合计	698,268,300.47	420,946,366.07

示例 9-19　601298.SH 青岛港

1 年内到期的非流动负债

单位:元

项目	期末余额	期初余额
1 年内到期的长期借款	28,591,308	27,380,000
1 年内到期的应付债券		3,500,000,000
1 年内到期的应付债券利息	56,122,334	
1 年内到期的租赁负债	150,919,886	98,529,154
合计	235,633,528	3,625,909,154

长期借款

单位:元

项目	期末余额	期初余额
信用借款——人民币	85,160,687	112,540,687
信用借款——欧元	75,632,301	75,632,301
应付利息	681,308	
减:1 年内到期的长期借款	-28,591,308	-27,380,000
合计	132,882,988	160,792,988

于 2019 年 12 月 31 日,长期借款的利率区间为 2.60%~4.90%(2018 年 12 月 31 日:2.90%~4.90%)。

示例 9-20 003816.SZ 中国广核

货币资金

单位：元

项目	期末余额	期初余额
库存现金	3,588.14	5,812.41
银行存款	19,499,941,828.31	15,177,713,030.31
其他货币资金	71,703,357.13	418,667,545.23
合计	19,571,648,773.58	15,596,386,387.95
其中：存放在境外的款项总额	1,180,296,776.84	1,097,805,361.03
因抵押、质押或冻结等对使用有限制的款项总额	21,750,129.76	30,217,919.80

其他说明

于 2019 年 12 月 31 日，上述其他货币资金中本集团作为供应商根据供销合同存放于银行的保函保证金为人民币 21,750,129.76 元（2018 年 12 月 31 日：人民币 30,217,919.80 元），其使用受到限制。

于 2019 年 12 月 31 日，本集团三个月以上的定期存款金额为人民币 4,645,827,800.00 元（2018 年 12 月 31 日：人民币 3,540,000,000.00 元），相应的定期存款应收利息金额为人民币 49,953,227.37 元（2018 年 12 月 31 日：人民币 388,449,625.43 元）。

于 2019 年 12 月 31 日，本集团无因抵押或质押等使用受限制的款项，以及存放在境外且资金汇回受到限制的款项。

短期借款

单位：元

项目	期末余额	期初余额
信用借款	14,246,581,618.90	16,296,240,042.13
短期借款应付利息	16,691,839.58	70,502,215.22
合计	14,263,273,458.48	16,366,742,257.35

一年内到期的非流动负债

单位：元

项目	期末余额	期初余额
一年内到期的长期借款	19,409,032,724.59	15,792,525,241.13
一年内到期的应付债券	2,499,772,044.29	2,500,000,000.00
一年内到期的租赁负债	278,363,939.11	277,947,496.13
长期借款应付利息	318,957,134.52	331,672,129.46
应付债券应付利息	238,679,631.17	226,984,986.30
一年内到期的离职后福利计划负债	2,783,999.04	2,583,999.04
合计	22,747,589,472.72	19,131,713,852.06

第十章

审计应对

第一节 分类和计量相关的审计应对

一、审计工作

（一）计划审计工作

本次金融工具准则修订对企业财务报表以及与财务报告相关的内部控制流程的影响非常重大，特别是金融工具分类和计量的新规，将最直接地影响实施新金融工具准则后的财务报表列报。注册会计师需要根据被审计单位采用新金融工具准则的时间表，至少从采用新准则日期前一次的中期审阅或者预审开始，通过实施与管理层的访谈等程序，关注被审计单位对实施新金融工具准则所做的准备工作，了解在新旧衔接过程中与财务报告相关的内控流程。

1. 应对金融资产的分类和计量的新旧衔接处理所执行的程序

（1）了解被审计单位与新金融工具准则相关的会计政策和会计估计变更。

根据《中国注册会计师审计准则第1211号——通过了解被审计单位及其环境识别和评估重大错报风险》的相关规定，注册会计师应在计划审计阶段了解的内容包括："被审计单位对会计政策的选择和运用，包括变更会计政策的原因。注册会计师应当根据被审计单位的经营活动，评价会计政策是否适当，并与适用的财务报告编制基础、相关行业使用的会计政策保持一致。"

审计中，应关注以下与金融工具的分类与计量有关的重大会计政策、会计估计的选择和应用是否恰当，是否存在重大错报风险，相关交易或事项是否拟识别为关键审计事项并在审计报告中沟通：

①企业进行合同现金流量特征测试以及业务模式测试中使用的重要性标准，例如，对货币时间价值要素修正进行评估时，与基准现金流量相比是否具有显著差异；对包含提前偿还特征的金融资产，提前还款特征的公允价值是否非常小；金融资产出售是否频繁及出售金额是否非常小等；

②对于合同经过修改或重新议定的金融资产如何核算，例如，如何判断是否导致终止确认以及如何考虑预期信用损失；

③企业对非交易性权益工具是否使用选择权将其指定为以公允价值计量且其变动计入其他综合收益的金融资产；

④企业对金融资产以及金融负债运用公允价值选择权的考虑等。

⑤新旧衔接的影响和披露等。

执行新金融工具准则对公众公司和非公众公司、金融企业及非金融企业均有不同程度和不同方式的影响，注册会计师应在计划阶段通过执行访谈、查阅相关文件等程序，从以下方面了解被审计单位与金融工具相关的会计政策和会计估计的变更情况：

①审阅董事会、股东会或者类似的权力机构批准采用新金融工具准则的决议文件；

②了解被审计单位变更后的会计政策是否完整采纳了新金融工具准则修订或更新的准则规定，首次施行日的确定是否符合被审计单位的性质和准则的新旧衔接要求；

③除执行修订后的金融工具准则的一般性规定之外，被审计单位的会计政策是否与其自身业务状况衔接，具体包括基于业务模式和合同现金流量特征的分类、重分类和直接指定、撤销指定的具体判断依据所需的前台业务信息，并据此形成能够体现企业特色的分类、计量的具体会计处理方法；

④涉及金融工具分类、计量定量判断标准：新金融工具准则将金融资产分类的判断维度由管理层的意图转化为企业的业务模式和合同现金流量，分类依据相对客观且较易取得控制文件，但仍然需要结合一些定量分析，因此需要新增的会计估计包括不限于：业务模式分类中可能涉及的出售频率和金额标准，合同现金流量分析中可能审计的特定货币时间价值要素修正及提前还款特征等。

（2）了解被审计单位财务报表体系的更新。

根据财政部《关于修订印发2019年度一般企业财务报表格式的通知》（财会〔2019〕6号）要求，已执行新金融工具准则的一般企业财务报表的多项列报项目发生变化，其中与金融工具准则变化相关的有：资产负债表中新增"交易性金融资产""应收款项融资""债权投资""其他债权投资""其他权益工具投资""其他非流动金融资产""交易性金融负债"项目，取代了与原金融工具准则有关的项目；利润表中，新增"投资收益"子项目"以摊余成本计量的金融资产终止确认收益"，以及"净敞口套期收益""信用减值损失"行项目，在"其他综合收益"项目下，新增与新金融工具准则有关的子项目"其他权益工具投资公允价值变动""企业自身信用风险公允价值变动""其他债权投资公允价值变动""金融资产重分类计入其他综合收益的金额""其他债权投资信用减值准备""现金流量套期储备"，并删除与原金融工具准则有关的子项目"可供出售金融资产公允价值变动损益""持有至到期投资重分类为可供出售金融资产损益""现金流量套期损益的有效部分";所有者(股东)权益变动表中,在"所有者权益内部结转"行项目下增设"其他综合收益结转留存收益"子项目。

已执行新金融工具准则的金融企业的财务报表格式参见《关于修订印发2018年度金融企业财务报表格式的通知》(财会〔2018〕36号)的相关规定。

实务中,企业一般不会以直接调整财务报表项目的方式来生成新金融工具准则的财务报表。财务报表的生成流程通常是:从明细账到总账,再到科目余额表,最后根据科目余额表形成财务报表。而每个企业的财务系统中的明细科目、账套的设置也不尽相同,因此,注册会计师首先要了解被审计单位财务系统的升级更新情况,获取新金融工具准则实施后的科目余额表与财务报表间的映射关系,并测试新的财务系统生成的财务报表是否符合新金融工具准则的列报要求。

(3)走访各相关部门和第三方服务机构。

对于金融工具涉入程度较高的企业,无论是金融企业还是非金融企业,实施新金融工具准则将是一个巨大的系统工程,其不仅影响财务部门,而且要求企业管理层和风险管理、信息系统、业务部门、公司报告、投资者关系等部门的参与和整合。新金融工具准则不仅影响企业的财务指标,而且对于企业风险管理、投资策略、融资安排、员工薪酬、公司股价和股利政策,以及内部控制和信息系统等诸多方面都可能产生影响。

因此,审计计划阶段对被审计单位在新旧衔接过程中,除了与财务部门沟通之外,还需要走访其他相关部门,特别是与金融工具核算相关的业务部门、信息系统管理部门,获取更新后的内部控制规章等文件;此外,还需要访谈人力资源等部门,了解与新金融工具准则实施相关的绩效考评政策的调整(如涉及),并关注企业为迎接新金融工具准则而对财务人员、业务人员所做的培训工作。

很多大型企业(特别是金融机构)会聘任专业的咨询机构或者会计师事务所作为第三方服务机构协助梳理现存业务模式和合同的类别,参与内控制度和信息系统的修订,并提供培训和管理建议等服务。在此种情形下,注册会计师与第三方专业服务机构进行沟通来了解新旧衔接的相关内控情况,是一种效率较高的审计程序。

(4)利用信息系统测试团队的工作。

金融工具的分类、计量通常涉及较频繁的交易和较复杂的数据计算。特别是在金融机构,金融工具核算中可能涉及的业务系统与财务系统接口、SPPI测试模型、摊余成本计算、公允价值计量模型以及投资收益的计算等流程通常通过系统自动控制的方式实现。因此,计划阶段的项目组内讨论会以及走访信息系统管理部门程序应有信息系统测试团队参与,并初步厘定信息系统测试的范围。

2. 在制定总体审计策略时考虑与新金融工具准则实施相关的重大错报风险

金融工具因其影响范围的广泛性、内容的复杂性等因素,对审计人员的专业胜任能力要求较高。在制定总体审计策略时,需要考虑与金融工具分类、计量相关的重大错报风险,并据此安排有足够专业知识和经验的审计项目组成员,确定需要利用专家工作的范围(如涉及)。

与金融工具分类、计量相关的风险涉及分类、初始计量、后续计量、列报与披露等各个环节，但是对财务报表存在影响的常见重大错报风险包括：

（1）管理层于首次执行日滥用会计政策变更或准则新旧转换错误，对期初持有的各类金融工具分类不当、计量不准确，进而导致对期初未分配利润影响数的计算错误。

（2）金融资产分类中债务工具和权益工具的区分不当，导致直接指定为FVOCI的投资分类及后续计量不正确，例如将特殊金融工具误认为是满足指定条件的权益工具。

（3）在区分摊余成本计量和FVTPL的考虑时，因业务部门对准则理解不深入，或者业务部门与财务部门之间的信息传递不畅，混淆了业务模式与管理层投资时的主观意图，导致分类不当。

（4）对于满足直接指定为FVTPL条件的金融工具，未在初始确认日及时指定，或者指定后又撤销，在财务报表报出之前进行账务调整。

（5）混合金融工具（金融负债+衍生工具或权益及负债+衍生工具）的拆分方法不正确，以及因企业自身信用风险变化导致的金融负债公允价值变动的会计处理不当。

对于以上可能存在的重大错报风险，应根据风险评估结果和对财务报表的影响，在具体审计计划中确定相应的审计应对程序，并制定合理的工时预算。

在集团审计中，可能存在不同的组成部分在执行新金融工具准则进程不一致的情况。如果母公司已执行新金融工具准则，而子公司尚未执行，即使该组成部分财务上不重大，注册会计师也应将准则差异识别为一项特别风险，取得相关组成部分会计师复核后的组成部分准则转换的计算过程；对于某些金融工具，还需要在集团合并层面统一考虑业务模式，可能导致单体报表和合并报表中的分类不一致。

对于上市实体的审计，如果上述重大错报风险被识别为拟在审计报告中沟通的关键审计事项，则注册会计师在计划阶段还需要就这些事项与治理层沟通。

（二）识别、了解并测试内部控制

1. 金融企业的业务模式及合同现金流量测试

金融企业受新金融工具准则实施的影响较为明显。即使是在金融行业中，对于不同的业务细分，在金融工具的分类、计量方面的影响程度也不同，例如对投资类别较为复杂的证券公司、基金公司和PE/VC等风险投资机构的影响更为明显，对商业银行、财务公司等以固定收益类投资为主的金融企业则最终体现在财务核算结果上的影响相对有限。但是无论影响程度如何，作为金融机构的常规业务，与投融资、中间业务相关的内控流程（包括财务报告内部控制流程和非财务报告内部控制流程）均需要作出一些调整来适应新金融工具准则的要求。

从提高审计效率、明确审计思路的角度，注册会计师需要首先从金融企业的业务模式出发，了解各类业务模式下的内控流程的更新情况，并在此基础上对以收取合同现金流量为主的业务模式涉及的金融工具的 SPPI 测试模型进行了解、评价和测试。

（1）信贷业务。

信贷业务是商业银行和财务公司最重要的资产业务，通过放款收回本金和利息，扣除成本后获得利润，是金融企业目前主要的盈利手段。信托公司管理的信托投资计划，其基础资产也大多类似于信贷合同。大部分贷款的业务模式是以收取合同现金流量为目标，但需要注意的是，即便符合收取合同现金流量为主的业务模式，也需要建立适当的内控流程来对单项信贷合同执行 SPPI 测试，并关注合同中浮动利率、提前还款权等条款可能造成的影响。

（2）固定收益业务。

固定收益业务是金融企业常见的投资类业务（有些情况下被称为"资金业务"），主要是在资金运用端，将自有资金投资于银行存款、货币市场基金、国债、公司债券、金融债券的业务。一般情况下，固定收益类产品的收益率波动主要受基础资产的信用风险和市场利率变化的影响。从业务模式看，固定收益业务通常以收取合同现金流量为目标。

（3）银行间业务。

银行间业务本质上是金融机构同业业务中的一种，主要是金融机构和信用水平较好的非金融企业在银行间市场通过信用拆借、债券回购（包括质押式回购和买断式回购）、债券远期交易等途径管理资金头寸、调整资产负债结构和进行投资理财。一般来说，银行间业务中形成的金融资产，业务模式是以收取合同现金流量为目标。

（4）自营投资业务和直投业务。

与固定收益业务和银行间业务的投资标的主要集中于债券等低风险的债务工具不同，自营投资业务和直投业务的投资范围更为复杂，通常可能包括债券、股票、基金、非上市股权、委托贷款和结构化主体等。自营投资业务的投资标的主要是二级市场公开交易的债券、股票、开放式基金，而直投业务（目前主要集中于证券公司的直投子公司和 PE/VC 等风投机构）的投资标的偏向于非标准化产品。这两种投资业务的共同点是：业务模式通常既以收取合同现金流量为目标又以出售为目标，直投业务中对非上市股权的投资也可能存在"其他策略"。

（5）中间业务形成的金融工具。

金融企业的中间业务主要是指金融企业作为代理人参与的交易，如经纪业务、托管业务、代理销售业务、承销保荐业务、资产管理业务等。此类业务形成的金融工具通常是应收手续费佣金，类似于非金融企业提供劳务形成的应收款项，因此可视同为以收取合同现金流量的业务模式。需要注意的是，证券承销业务中包销模式下形成的证券投资，以及资产管理业务中管理人跟投的结构化主体份额，很难认定为以收取合同现金流量或是以出售为目标，因此可能认定为"其他策略"的投资较为合理。

注册会计师在了解上述各类业务的内部控制时，不能仅通过负责这些业务的部门名称和职责来判断业务模式，还需要结合历史数据、近期经营计划和预算等梳理业务流程。在此基础上，主要关注以下流程的关键控制点：

①被审计单位对权益工具、债务工具和衍生金融工具的识别机制和相关控制；

②直接指定为 FVTPL 的金融资产和金融负债，以及直接指定为的 FVOCI 的非交易性权益工具的判断标准、审批流程、复核手续；

③对各类业务的业务模式的判断流程，在评价控制有效性时，需注意控制流程是否能有效区分业务模式和交易意图，是否可精确至单项金融资产而非按大类组合简单评估，以及是否形成了可重复验证的控制文件；

④对业务模式为收取合同现金流量的金融工具，SPPI 测试模型是否可识别不能通过 SPPI 测试的合同。

上述对 SPPI 测试模型的相关控制点的了解，核心内容是模型的原理、合同信息的归集、相关参数的设置和修订、定量分析标准是否清晰明确等，可通过在测试环境中以合同样本进行穿行测试的方式评价其设计的有效性。

2. 非金融企业的业务模式及合同现金流量测试

非金融企业的金融资产通常以销售商品和提供服务形成的应收款项为主，因此其业务模式的分析和合同现金流量测试较为直观和简单。审计中需要注意的是，企业通过保理、证券化、贴现、背书转让及转贴现等方式，将持有的应收账款和票据进行转让并终止确认以提前收取现金流的，这类交易的实质为应收账款和票据的处置（出售）。在进行业务模式测试时，应当考虑该类处置的金额和频繁程度，判断其业务模式是"为收取合同现金流量和出售为目标"或"其他策略"，而无论哪种模式，此类应收账款和票据均以公允价值计量。对于存在此类情形的企业，需要关注被审计单位建立的识别常规业务的机制和相关控制流程，是否可通过历史数据等信息区分不同业务模式。

在对手方信用状况发生恶化的情况下处置或部分处置应收款项，通常不会导致业务模式评估结果的变化，但需要关注被审计单位是否建立了对合同约定的提前还款权、展期权等因素定量分析的相关内控。

如存在结算金额与特定商品价格挂钩的应收账款，作为非紧密相关嵌入衍生工具的商品价格挂钩条款将不再与主合同进行拆分，而是将该金融资产作为一个整体进行现金流量测试。该类应收账款的合同现金流量并非仅为对本金和以未偿付本金金额为基础的利息的支付。因此，该类应收账款不能通过现金流量测试，应当分类为以公允价值计量且其变动计入当期损益的金融资产。如果被审计单位存在此类交易，需关注其内部控制是否可有效识别上述合同条款并在财务系统中作出适当的处理。

除了以收取合同现金流量为目的的应收款项之外，非金融企业可能涉及的金融工具还包括利用闲置资金进行短期投资、无固定期限的关联方资金拆借等，通常属于以收取合同现金流量和以出售为目标的业务模式或"其他策略"。此类业务的相关控制流程可能散见于投融资管理、资金管理、关联方管理等内控制度中。对于一些中小型非金融企业，对这些非常规交易可能不存在可识别的内部控制。在此种情形下，对此类业务产生的金融工具，直接实施实质性测试程序也是可接受的方式。

(三)实质性审计程序

1. 金融工具确认的实质性程序

(1) 首次执行日的实质性程序。

首次执行日新旧转换的重大错报风险主要是被审计单位滥用会计政策变更或适用新旧衔接错误导致的错报。在实质性测试阶段,注册会计师需要执行抽样检查,对金融资产和金融负债的分类变化做出实质性判断,复核历史存量金融工具在首次执行日的财务报表列报是否体现了新金融工具准则的分类要求,并且与历史数据和近期的财务预算、经营计划相吻合。同时,还需要结合金融资产减值、公允价值计量等计价准确性认定相关的审计程序,对期初未分配利润的影响数进行重新计算。

(2) 对报告期新增金融工具的实质性程序。

对于首次执行新金融工具准则的第一个报告期内新增的金融工具,注册会计师应根据对相关内部控制的了解、评价和控制测试的结果,决定是否需要对计划结算重大错报风险的评估结果和计划的审计程序进行调整。针对前述的可能存在的重大错报风险,可考虑的针对性的审计程序如表10-1所示。

表10-1 可能存在的重大错报风险及其针对性实质性程序

重大错报风险	针对性的实质性程序
金融资产分类中债务工具和权益工具的区分不当	(1) 获取并抽样检查合同,分析合同中的关键条款; (2) 获取交易对手的财务报表,检查其中的对称财务信息; (3) 如果被审计单位投资比例太小导致无法获得被投资方的财务报表,则可执行访谈交易对手的财务负责人等替代性审计程序
混淆了业务模式与管理层投资时的主观意图,导致分类不当	(1) 检查初始确认日的财务记录依据,是否经过了恰当的授权审批; (2) 对同一组成部分或者业务部门所经办的业务产生的同类金融资产,对比报告期内的初始确认分类,检查是否存在异常
对于满足直接指定为FVTPL条件的金融工具,未在初始确认日及时指定,或者指定后又撤销,在财务报表报出之前进行账务调整	(1) 检查初始确认日直接指定的财务记录依据,是否经过了恰当的授权审批; (2) 对报告期内的财务记录执行分录细节测试,筛选其中的延迟记账、红字冲销、临近资产负债表日的调整等特殊分录,并检查账务处理是否有充分依据
复合金融工具(负债+权益)、混合金融工具(主合同+衍生工具)的拆分方法不正确	获取复合金融工具、混合金融工具的合同,分析其合同条款,对拆分的过程进行复核和重新计算
因企业自身信用风险变化导致的金融负债公允价值变动的会计处理方式不当	获取因企业自身信用风险变化导致的金融负债公允价值变动金融负债清单,对公允价值变动执行重新计算,并与其他综合收益对应项目的变动金融进行勾稽核对

2. 金融工具计量的实质性程序

(1) 初始计量的实质性程序。

初始计量的实质性程序主要是获取并检查公允价值证据,并确认被审计单位确定

示例 9-15 300788.SZ 中信出版

货币资金

单位：元

项目	期末余额	期初余额
库存现金	113,517.56	43,291.17
银行存款	1,227,013,440.41	642,129,099.75
其他货币资金	55,076,798.71	32,013,671.53
合计	1,282,203,756.68	674,186,062.45
其中：存放在境外的款项总额	6,544,499.55	7,978,634.12
因抵押、质押或冻结等对使用有限制的款项总额	555,973,202.74	472,000.00

其他说明

于 2019 年 12 月 31 日及 2018 年 12 月 31 日，本集团不存在将银行存款向银行质押作为取得借款之担保的情况。

其他货币资金主要包括票据保证金、存放于第三方支付平台账户的款项等。

于 2019 年 12 月 31 日，本集团银行存款中到期日为 3 个月以上的定期存款金额为人民币 504,000,000.00 元（2018 年 12 月 31 日：无）。

受到限制的存款主要包括 3 个月以上的定期存款及应计利息、票据保证金等。于 2019 年 12 月 31 日，受到限制的存款及其他货币资金金额为人民币 555,973,202.74 元（2018 年 12 月 31 日，人民币 472,000.00 元）。

示例 9-16 601811.SH 新华文轩

货币资金

单位：元

项目	期末余额	期初余额
库存现金	2,569,899.73	3,311,719.53
银行存款	3,469,147,784.04	2,573,388,011.72
其他货币资金	40,386,109.26	31,912,840.76
合计	3,512,103,793.03	2,608,612,572.01

注1：本年末，银行存款余额中包含不属于现金及现金等价物的一年期定期存款和未到付息期利息人民币 81,760,506.83 元。

注2：本年末，其他货币资金包含"支付宝"应用程序账户、"微信"应用程序账户余额人民币 3,949,048.74 元，其余为受限货币资金，受限货币资金情况参见附七、81（略）。

的市场利率是否准确；同时关注交易费用的处理是否符合准则的要求。

需要注意的是，某些金融工具的交易价格不等于公允价值（例如政府补助事项形成的金融工具或者与关联方交易产生的金融工具），此种情形需要执行重新计算等审计程序，验证被审计单位对首日损益（折价或溢价）的处理是否正确。

（2）后续计量的实质性程序。

新金融工具准则下的后续计量相关的审计程序，主要是复核摊余成本计算的结果，并对分类为FVOCI和FVTPL的金融工具检查其报告期末公允价值数据来源，或测试其估值模型。此阶段的审计程序与修订前的金融工具准则对比变化不大，但是需要考虑以下因素可能的影响：

①购买或源生的已发生减值损失的金融资产，需要检查其后续计量的实际利率是否经过了恰当的信用调整。

②对于摊余成本计量的金融资产，在预期信用损失模型的不同阶段，是否按照恰当的基数（未扣减值的余额，或按净值）进行计算。

③检查分类为FVOCI的金融资产计入当期损益的股利收入是否满足确认条件，例如应获取被投资方宣告股利的文件，但同时需要结合初始投资合同，判断其中是否存在作为投资成本分回的部分。这种情形在私募股权、产业投资基金中较为常见。

④对于被审计单位历史上形成的非上市、非交易性的股权投资（"三无投资"），在符合权益工具定义的前提下，新旧转换时一般会分类为FVOCI。注册会计师需要关注此类投资后续公允价值的取得依据，如果被审计单位几乎无法获取对方的财务报表或者其他公允价值的证据，甚至无法联系到被投资方，则需要考虑计提的减值准备是否充分（详见本章第二节和第三节）。

对金融工具计量的实质性程序，如果被审计单位运用了系统自动控制的流程执行计算，注册会计师需要安排信息系统测试团队运用计算机辅助审计技术（CAATs）对相关流程执行测试，并识别出其中的异常迹象，考虑对进一步审计程序的影响。

（四）特殊事项的考虑

1. 重分类

新金融工具准则下的重分类条件比修订前的准则更加严格，不能因后续出售或者管理层持有意图的变化而改变既定的业务模式。在审计过程中，注册会计师如遇报告期内存在金融资产重分类的事项，应基于可观察到的事实来判断是否属于准则规定的业务模式变更。这些可观察到的事实通常指企业架构的变化、对当前业务线或组成部分的处置等，并需要获取相关的会议纪要、批准文件、交易合同等作为审计证据。需要注意的是，对某一部分业务的处置或收购，并非一定会改变其他既有的业务模式。例如，商业银行收购一直投子公司，新增的子公司的业务模式可能是收取合同现金流量和出售或"其他策略"，但是银行本级的信贷业务仍为收取合同现金流量为主，不会仅仅因该收购事项而变化。

2. 改变合同现金流量时间或金额的合同条款对 SPPI 测试的影响

改变合同现金流量时间或金额的合同条款（如展期权、变动的利率等）广泛地存在于信贷业务和与客户订立的授信合同中，具有这些情形的合同仍可能是可以通过 SPPI 测试的。在审计过程中，注册会计师首先应关注被审计单位的内部控制流程是否能够有效识别、归集此类条款，并在 SPPI 测试模型中考虑了这些因素的影响。对于合同现金流量因或有事项的发生而改变的，注册会计师还需要抽样复核此类事项发生的相关文件依据作为审计证据。

3. 非金融合同适用金融工具会计的事项

按照新金融工具准则的要求，对于满足"自用例外"的净额结算的非金融合同，也可以指定为 FVTPL，前提是该指定可以消除或显著减少会计错配。如被审计单位存在此类交易，注册会计师需获取相关合同，复核其中的条款，并结合交易实质判断是否满足直接指定的条件。

（五）列报与披露

在与金融工具分类和计量相关的列报、披露的认定方面，注册会计师需要在报告阶段关注以下要点：

（1）首次执行新金融工具准则的期初未分配利润影响数的计算、比较数据的列报是否符合新旧衔接的要求。对于某些特定行业，需要关注监管机构对注册会计师的要求。例如，按照证监会的要求，证券公司应在新金融工具准则施行前一年度的年度报告"管理层讨论与分析"部分，分析和披露执行新金融工具准则后可能发生的会计政策变更、会计估计变更及其对证券公司财务状况和经营成果的影响；证券公司应在报送新金融工具准则施行前一年度的年度报告时，向监管机构报送《证券公司实施新金融工具准则调节表》，以及反映新会计准则对公司财务报表的影响，该调节表须由执行证券公司年报审计的注册会计师审阅并发表审阅意见。

（2）复核所有者（股东）权益变动表中其他综合收益、未分配利润的变动与金融工具分类、计量相关的部分，包括归类是否准确、转出是否恰当、弥补亏损的处理是否正确等。

（3）对非金融企业，关注管理层是否对交易性金融资产、衍生金融资产、交易性金融负债、衍生金融负债按其流动性和非流动性进行正确划分，并在适当的报表项目列报。

（4）复核财务报表附注中披露的金融工具分类、计量的会计政策和会计估计是否恰当，是否体现了企业的实际情况。

（5）检查被审计单位（特别是非金融企业）财务报表附注中的风险披露是否充分恰当，所披露的数据与审计中了解到的情况是否一致。

（6）检查被审计单位是否按照《企业会计准则第 37 号——金融工具列报》应用指南的要求，在首次执行日报告期的财务报表附注中披露了修订前后金融工具确认计量准则的规定进行分类和计量结果对比。

二、实务应用示例

示例 10-1 601398.SH 工商银行

关键审计事项	在审计中如何应对该事项
新金融工具准则转换的过渡调整及披露 请参阅"财务报表附注三、39. 会计政策变更"所述的会计政策。 贵集团自 2018 年 1 月 1 日起适用《企业会计准则第 22 号——金融工具确认和计量（修订）》《企业会计准则第 23 号——金融资产转移（修订）》《企业会计准则第 24 号——套期会计（修订）》《企业会计准则第 37 号——金融工具列报（修订）》（以上有关准则统称"新金融工具准则"）。 新金融工具准则修改了此前使用的金融工具分类与计量的要求，并要求对有关金融资产和信贷承诺计提预期信用损失减值准备，此外，还对套期会计适用的交易类型提供了更大的灵活性。贵集团需要按照新金融工具准则的规定，对金融工具的分类与计量、减值准备以及套期会计进行追溯调整。 由于新金融工具准则转换的过渡调整是一个较为复杂的流程，涉及与其相关的财务报告内部控制流程的变更、会计核算变更及新的系统数据的采用，同时在该过程中也涉及管理层判断，我们将新金融工具准则转换的过渡调整及披露识别为关键审计事项。	与新金融工具准则转换的过渡调整相关的审计程序中包括以下程序： ● 了解和评价与新金融工具准则转换相关的关键财务报告内部控制的设计和运行有效性，包括与会计政策和预期信用损失模型方法论的选择及审批相关的内部控制流程、信息系统相关控制等。 ● 评价金融工具分类的准确性，包括获取管理层于 2018 年 1 月 1 日的金融工具分类清单，选取样本检查其合同现金流量特征，同时了解并评价相关金融工具组合的业务模式。 ● 利用我们的内部估值专家的工作，评估由于分类与计量改变而需以公允价值计量的金融资产的估值方法以及采用的关键参数，并选取样本对其公允价值进行独立验证。 ● 利用我们的内部估值专家的工作，测试预期信用损失模型设计及方法，对预期信用损失模型进行独立评估及验证，评价关键参数，包括违约概率、违约损失率、违约风险暴露、折现率、前瞻性调整及其他调整因素，并评价其中所涉及的关键管理层判断的合理性。 ● 获取 2018 年 1 月 1 日套期会计项目清单，并抽取样本检查相关套期文档等支持性文件，以确定其是否满足《企业会计准则第 24 号——套期会计（修订）》有关套期会计的相关规定。 ● 获取管理层在 2018 年 1 月 1 日新金融工具准则转换时做出的账务调整分录，将该账务调整分录与金融工具分类结果清单、金融工具估值结果、预期信用损失准备计提金额等进行比对，评价调整分录的完整性和准确性，并评价该调整分录是否满足相关企业会计准则的要求。 ● 评价财务报表中与 2018 年 1 月 1 日新金融工具准则转换相关的披露是否符合相关企业会计准则的披露要求。

示例 10-2 601318.SH 中国平安

关键审计事项	我们在审计中如何应对关键审计事项
债权投资分类 请参阅合并财务报表附注四 8、附注八 14。 于 2018 年 12 月 31 日，中国平安集团持有债权投资余额在合并资产负债表中占总资产的比例为 29%。 由于在以下方面存在复杂性，并涉及管理层判断，我们将对此类债务金融工具在新金融工具准则下的分类评估作为一项关键审计事项：	我们复核了中国平安集团对债权投资分类的相关会计政策，并执行了以下程序评估金融工具分类是否恰当： ——我们了解并评价了中国平安集团对于合同现金流特征是否满足仅仅为对本金和以未偿付本金金额为基础的利息的支付的测试和业务模式评估的方法和流程。 ——我们测试了合同现金流特征是否满足仅仅为对本金和以未偿付本金金额为基础的利息的支付的相关控制的设计和运行有效性。

第十章 审计应对

续表

关键审计事项	我们在审计中如何应对关键审计事项
1) 为测试合同现金流特征是否满足仅仅为对本金和以未偿付本金金额为基础的利息的支付而诠释合同条款； 2) 为确定在中国平安集团业务活动的多样性下的债务工具组合的业务模式。	——我们复核了测试合同现金流特征是否满足仅仅为对本金和以未偿付本金金额为基础的利息的支付的设计逻辑，并通过抽样方法对此类债务金融工具的投资合同进行检查，重新执行合同现金流特征是否满足仅仅为对本金和以未偿付本金金额为基础的利息的支付的测试。 ——我们对中国平安集团在各类业务活动中此类债务金融工具的业务模式是否恰当进行了评估，并根据抽样方法，对于支持性证据进行了测试。 基于我们执行的工作，管理层在对债权投资的分类过程中采用的判断和方法是可接受的。

示例 10-3　601998.SH 中信银行

关键审计事项	我们在审计中如何应对关键审计事项
金融资产的终止确认 参见财务报表附注 4 以及附注 62。 2018 年度，中信银行进行了不同类型的金融资产转让交易，包括资产证券化和贷款转让。 管理层分析金融资产转让交易中约定的合同权利和义务，按照模型评估金融资产转让中所有权的风险和报酬转移的程度，判断是否满足金融资产终止确认的条件；在适当的情况下，分析判断是否已失去对金融资产的控制，以决定是否满足终止确认条件。 在确定转让的金融资产是否可以被终止确认的过程中，涉及管理层做出重大的判断。基于上述原因，金融资产转让的终止确认是我们审计关注的重点。	我们评估并测试了管理层针对金融资产转让实施的相关内部控制设计和执行的有效性，包括交易架构的设计和合同条款的复核和审批，所有权的风险和报酬转移测试的模型、关键参数和所采用假设的审批，及其会计处理评估结果的复核和审批。 我们抽取了交易样本，阅读交易合同，评估中信银行的权利和义务；判断金融资产转让是否转移了收取合同现金流的权利或满足"过手"的要求，将合同现金流转移至独立第三方的最终收款人。 我们检查了管理层的"风险和报酬转移"测试中使用的模型、参数、假设、折现率、可变因素波动性，以及测试了数据运算的准确性。 对于既没有转移也没有保留所有权上几乎所有的风险和报酬的金融资产，我们分析中信银行是否放弃了对金融资产的控制，以判断其是否继续涉入已转让的金融资产。 根据执行的上述审计程序，管理层对金融资产转让的终止确认判断是可接受的。

第二节　减值相关的审计应对

一、审计工作

（一）计划审计工作

1. 应对减值有关的新旧衔接所执行的程序

（1）了解被审计单位减值相关的会计政策和会计估计的更新情况。

不管是金融企业还是非金融企业，金融资产减值的修订都会对其产生重大影响。

新金融工具准则要求，属于减值范围的所有项目的减值均应采用相同的减值方法，包括特定贷款承诺和财务担保合同也采用相同的减值方法，而该等项目此前按照《企业会计准则第 13 号——或有事项》以不同的方式计量。另外，以公允价值计量且其变动计入当期损益的金融资产以及以公允价值计量且其变动计入其他综合收益的权益工具投资不适用减值相关规定。

注册会计师在对新旧衔接进行审计时，主要需关注实施新金融工具准则后被审计单位对减值政策的调整。由于准则要求企业在确定金融工具初始确认日的信用风险，应当使用无须付出不必要的额外成本或努力即可获得的合理且有依据信息，因此注册会计师可以结合以前年度审计中获取的信息，判断管理层对施行日信用风险的评估是复核修订后准则的要求。

对于摊余成本计量的金融资产，第 3 阶段（已发生信用减值）与原准则已减值金融资产的标准类似，已发生减值相关的事件如发行人财务困难、违约、破产或重组等。因此对新旧衔接的难点，主要需关注第 1 阶段与第 2 阶段的划分。例如，对于银行等金融机构，注册会计师需关注管理层是否考虑了违约概率的变化、内部信用评级的变化、逾期天数（例如逾期 30 天）和"预警清单"等无须付出不必要的额外成本或努力即可获得的合理且有依据的信息；对于非金融企业因销售商品或提供劳务产生的应收款项，需关注管理层是否基于历史经验（例如近几年不同账龄期间的损失率或核销率）来判断预期信用损失率，并对这些历史数据所基于的事实基础进行验证。

审计中，应关注以下与金融资产的减值有关的重大会计政策、会计估计的选择和应用是否恰当，是否存在重大错报风险，相关交易或事项是否拟识别为关键审计事项并在审计报告中沟通：

①为减值目的，企业如何将具有相同风险特征的金融资产进行组合；

②企业确定金融资产信用风险显著增加的考虑，例如，如何使用内部评级或外部评级确定信用风险是否显著增加；企业是否使用简化方法，如具有较低的信用风险以及逾期超过 30 日的可推翻假定等；

③企业在首次执行日是否能获取合理且有依据的信息来确定金融资产的初始信用风险，是否采用过渡衔接中始终确认整个存续期的预期信用损失的简化操作；

④企业为计算预期信用损失而采用的模型和方法；

⑤企业在计算预期信用损失时涵盖的期间，尤其是对于循环授信等不具有固定合同存续期的风险敞口；

⑥企业计算预期信用损失时对于前瞻性信息的考虑，包含多种情形的假设；

⑦企业对于违约的定义（例如是否使用逾期超过 90 日的可推翻假定），信用减值的定义以及核销的定义等；

⑧新旧衔接的影响和披露等。

（2）复核减值准备调整金额对期初未分配利润的影响金额。

由于新金融工具准则的衔接规定并未要求重述比较报表，因此注册会计师仅需要复核金融工具减值的差异调整期初未分配利润的金额是否准确。

2. 与金融工具减值相关的重大错报风险

一般来说，对于金融企业和应收款项较为重大的非金融企业，坏账准备的计提通常是重大错报风险之一。由于新金融工具准则引入了预期信用损失模型，其中的前瞻性信息对减值模型的影响涉及较多的专业判断，因此在施行新金融工具准则的财务报表期间，需要考虑以下重大错报风险：

（1）管理层滥用会计政策和会计估计变更，人为降低预期信用损失率，或者通过提前适用第 3 阶段模型、不恰当的"组合"划分来计提秘密准备，达到调节利润的目的。

（2）预期信用损失概率计算不准确，或者未适当考虑前瞻性信息，造成减值模型的参数、假设不符合被审计单位业务情况。

（3）不恰当地适用低信用风险的减值政策或应收账款、合同资产及租赁应收款的简化方法，造成报告期坏账准备计提不准确。

（二）识别、了解并测试内部控制

1. 商业银行等金融机构与金融工具减值相关的内部控制

注册会计师在计划审计阶段需要了解商业银行、财务公司等金融机构在实施新金融工具准则后，信贷业务流程的主要变化，并重点关注以下内容：

（1）信贷业务系统是否能够为减值计提模型提供足够的历史数据信息。

（2）被审计单位是否建立了前瞻性信息采集和分析的数据库，且相关信息来源、标准与金融机构的信贷业务具有关联性，如充分考虑地理区域、客户类型和行业，以及担保物信息等；对于利用第三方服务机构或外部专家来采集和分析前瞻性信息的金融企业，还需要关注是否建立了定期评价第三方服务机构或外部专家的专业素质和胜任能力的机制。

（3）对调整后的减值模型进行信息系统审计，并在测试环境下执行穿行测试。

2. 非金融企业应收账款坏账准备相关的内部控制

对于非金融企业来说，以摊余成本计量的金融资产主要是因销售商品或提供劳务产生的应收款项。注册会计师在了解相关内部控制时，需要关注减值模型适用的范围是否合理界定并经过财务负责人复核，相关控制流程是否可以有效识别合同中的重大融资成分。其他对于预期信用损失率计算和前瞻性信息的相关控制流程，与前述金融机构的关注点类似。

3. 考虑将金融工具减值计提作为关键审计事项

对于商业银行等金融机构以及应收款项在资产总额中占比较大的非金融企业，注册会计师在计划阶段需要考虑将金融工具减值计提识别为拟在审计报告中沟通的关键审计事项，并与治理层进行沟通。

（三）实质性审计程序

1. 商业银行等金融机构与金融工具减值相关的实质性程序

为了应对金融机构与金融资产减值准备计提相关的重大错报风险，注册会计师可以考虑执行以下针对性程序：

(1) 基于报告期内贷款、应收款项类投资和其他摊余成本计量的金融工具的地域、行业和各级次的分布，评价修订后的减值准备计提模型以及所采用假设的可靠性和审慎性，包括：涉及管理层判断的输入参数、信用风险显著增加的标准、预期信用损失率计算的历史数据、贷款各个级次迁移数据的准确性、逾期统计数据的完整性和准确性等。

(2) 考虑将减值模型中采集的前瞻性信息与市场信息进行比较，评价其是否与市场以及经济发展情况相符。

(3) 基于风险导向的方法选取样本进行信贷审阅，并执行函证程序，评价公司类贷款及垫款按单项评估方式计提的减值准备。选取样本时考虑选取受目前经济下行影响较大的行业。关注高风险领域的贷款并选取不良贷款、逾期非不良贷款、存在负面预警信号或负面媒体消息的借款人作为信贷审阅的样本，重点判断已进入第3阶段的样本按照单项计提的减值准备的准确性。

(4) 评价担保物的变现时间和方式，并考虑管理层提供的担保物等其他还款来源。在相关数据可获取的情况下，考虑资产负债表日后发生的事项来评估相关贷款的资产质量。

(5) 利用信息系统测试团队的工作，并对模型计算进行验证。

2. 非金融企业应收账款坏账准备相关的实质性程序

对于非金融企业因销售商品或提供劳务产生的应收款项，注册会计师首先应根据企业所处行业的特点，对比同行上市公司实施新金融工具准则后的减值准备的会计政策和会计估计，判断是否存在无合理理由的差异，在此基础上判断减值政策的合理性。

对相关重大错报风险的针对性的应对程序主要包括：

(1) 借助公开市场信息，复核减值模型中前瞻性信息的合理性，并复核预期信用损失率的计算。

(2) 结合函证程序执行的结果，判断进入第3阶段的应收款项坏账准备计提是否充分。

(3) 对被审计单位管理层根据客户风险特征划分的组合进行复核，判断组合划分标准是否体现了业务实际情况。例如，"账龄"不一定在任何情况下是最合理的组合划分标准，还应考虑客户类型、地域和行业分布等因素。

(4) 根据执行新金融工具准则后的减值准备计提结果，与比较期间对比，判断对财务状况、经营成果的影响是否在正常的范围内。特别是对在执行新金融工具准则后，总体坏账准备计提比例反而降低的情况，应执行补充审计程序判断结果是否合理。

（四）特殊事项的考虑

1. 购买或源生的已发生信用减值的金融资产

对于所购买或源生的已发生信用减值的金融资产，新金融工具准则制定了特殊的规定，用以记录其损失准备以及确认相关的利息收入。在计算实际利率时，需将初始的整个存续期预期信用损失纳入预计现金流量中,从而产生经信用调整的实际利率。这意味着初始确认时的公允价值已经包含了整个存续期预期信用损失,因此没有额外的 12 个月预期信用损失准备。在每一报告日,企业更新其预计现金流量并相应地调整减值准备。

注册会计师应当了解被审计单位制定的识别金融资产在初始确认时已经发生信用减值的政策,询问并获取被审计单位关于金融资产在初始确认时已发生信用减值的相关内部文件,如发行人或借款人发生重大财务困难、破产或债务重组的相关外部文件,以及被审计单位的内部评级记录等。在执行实质性程序的阶段,应当关注已发生信用减值的金融资产的实际利率计算是否正确,是否考虑了整个存续期间的预期信用损失。

2. 低信用风险的金融资产

作为预期信用损失一般模型的例外,如果在报告日金融工具的信用风险较低,管理层可以使用 12 个月预期信用损失计量减值,而无须评估信用风险是否显著增加。在评估金融工具的信用风险时不考虑担保品。

注册会计师应当了解被审计单位制定的识别低信用风险金融资产的政策,关注其政策的合理性。对于被审计单位识别出的具有低信用风险的单项金融资产,注册会计师应当获取相关的支持性资料,如外部评级数据等,关注其评估为低信用风险的理由是否充分。此外,注册会计师还应当关注整个报告期内低信用风险的金融资产信用风险的变化,当金融工具的信用风险不再是低风险时,检查被审计单位是否按照一般要求对其进行减值测试。

3. 应收账款、合同资产及租赁应收款的简化方法

按照新的金融工具准则,对于不包含重大融资成分的应收账款或合同资产,企业应采用简化方法。对于包含重大融资成分的应收账款或合同资产以及租赁应收款,企业可选择采用简化方法或一般方法。简化方法不要求企业跟踪信用风险的变化,而要求企业始终确认整个存续期预期信用损失。作为变通,新金融工具准则允许使用准备矩阵模型确认应收账款的预期信用损失。

注册会计师应当了解被审计单位对于包含重大融资成分的应收账款或合同资产以及租赁应收款制定的政策,是否采用简化方法,同时关注被审计单位采用准备矩阵模型计算其当前减值准备时,如何考虑违约率,是否考虑了前瞻性信息调整其客户的历史违约率,并评估其调整后的违约率的合理性。被审计单位将应收款按照不同的信用风险特征(例如,根据地理区域、产品类型、客户评级或抵押类型)进行分组的,注册会计师应当关注分组的合理性。

(五)列报与披露

在与金融资产减值相关的列报、披露的认定方面,注册会计师需要在报告阶段关注以下要点:

(1)首次执行新金融工具准则的期初未分配利润影响数的计算、比较数据的列报

是否符合新旧衔接的要求。新金融工具准则对于减值的过渡要求,除了某些特定豁免外,要求进行追溯调整。关注首次执行日企业是否编制了金融资产减值准备调节表。

(2) 对非金融企业,关注管理层是否以表格形式按类别编制损失准备调节表,信用损失金额是否与其他相关科目相关勾稽一致。

(3) 复核财务报表附注中对于使用简化方法计提减值的应收账款、合同资产和租赁应收款等是否采用了特殊披露规定,是否体现了企业的实际情况。

(4) 检查被审计单位(特别是非金融企业)财务报表附注中的对于信用风险管理实务、计量金融工具预期信用损失的方法、假设、信息、变动及其原因、信用风险敞口的披露是否充分恰当,所披露的数据与审计中了解到的情况是否一致。

(5) 检查被审计单位(特别是非金融企业)财务报表附注中的对于评估信用风险自初始确认后是否已显著增加的方法、低信用风险的确定依据、推翻逾期30天假设的依据、对违约的界定及其原因、组合方法、确定已发生信用减值的依据、直接减记金融工具的政策、对修改或重新议定合同信用风险的评估方法的披露是否充分恰当,所披露的数据与审计中了解到的情况是否一致。

二、实务应用示例

(一) 应收账款和合同资产的减值

示例 10-4　601828.SH 美凯龙

关键审计事项	该事项在审计中是如何应对的
应收票据及应收账款、其他应收款、长期应收款及合同资产减值准备的估计 截至2018年12月31日,应收票据及应收账款、其他应收款、长期应收款及合同资产的原值分别为人民币28.39亿元、人民币22.21亿元、人民币18.11亿元和人民币8.55亿元。坏账准备余额分别为人民币11.51亿元、人民币2.84亿元、人民币0.15亿元和人民币0.48亿元。 根据《企业会计准则第22号——金融工具的确认和计量》的要求,集团在对应收款项和合同资产的减值准备进行估计时,以预期信用损失作为基础。 管理层根据应收款项和合同资产的构成以及近年来不同类型的客户回款及信用情况,将应收款项和合同资产划分成不同的信用风险特征组合类别。针对每个信用风险特征组合类别,管理层根据以前年度与之具有类似信用风险特征的应收款项和合同资产的实际损失率为基础,结合前瞻性考虑,分别估计应收款项和合同资产的预期信用损失率。对于各个不同的风险等级分别制定不同的坏账准备计提比例,据此计提坏账准备。 对于应收款项的不同信用风险特征组合类别的划分、预期信用损失率和前瞻性调整的估计等,都涉及重大的管理层的判断和估计,存	我们实施的审计程序包括: (1) 了解集团应收款项及合同资产减值准备的政策和管理层估计减值金额的方法,并测试与应收款项和合同资产减值流程有关的内部控制; (2) 复核并评价管理层用以估计应收款项和合同资产减值准备的"预期信用损失模型"的合理性,以及计提的坏账准备的充分性;评估预期信用损失所采用的关键假设和参数,包括根据行业情况评价前瞻系数选取的合理性; (3) 与管理层讨论、评估存在违约、减值迹象的应收款项和合同资产。检查相关的支持性证据,包括期后收款、评价客户的信用历史、经营情况和还款能力等,判断集团管理层计提减值准备的合理性; (4) 复核管理层对应收款项及合同资产坏账准备相关披露的充分性。

续表

关键审计事项	该事项在审计中是如何应对的
在较大的估计不确定性。并且,各种参数的设定需要基于较为复杂的历史数据的统计和分析。因此,我们将该事项判断为关键审计事项。 财务报表附注中对该事项的披露详见财务报告五、11.应收票据及应收账款,财务报告五、14.合同资产,财务报告五、40.重要会计政策和会计估计的变更,财务报告七、4.应收票据及应收账款,财务报告七、6.其他应收款,财务报告七、8.合同资产,财务报告七、14.长期应收款,财务报告七、62.资产减值损失,财务报告七、63.信用减值损失。	

示例 10-5 601800.SH 中国交建

关键审计事项	该事项在审计中是如何应对的
合同资产、应收账款及长期应收款预期信用损失 自 2018 年 1 月 1 日起,中国交通建设股份有限公司采用新金融工具相关会计准则。合同资产、应收账款及长期应收款减值准备以预期信用损失为基础确认,涉及重大判断和估计。中国交通建设股份有限公司管理层分析应收账款和长期应收款的历史回款情况及合同资产的历史结算情况、交易对方的信用等级及未来经济状况,以评估合同资产、应收账款及长期应收款的信用风险。 合同资产、应收账款及长期应收款减值准备会计政策及披露信息见财务报表附注三、9 及 37,附注五、4、8 及 12 以及附注十五、2。	我们评价和测试了中国交通建设股份有限公司合同资产、应收账款及长期应收款减值准备流程的内部控制; 复核了管理层对应收账款和长期应收款历史回款情况及合同资产历史结算情况的分析; 对选定的样本检查相关文件以复核应收账款账龄的准确性; 评价了管理层对合同资产、应收账款及长期应收款的信用风险的评估。

示例 10-6 601618.SH 中国中冶

事项描述	审计应对
应收账款和合同资产的减值 如财务报表附注五 10(2)及附注五 27(5)(b)(ii)所示,中国中冶以预期信用损失为基础,对应收账款和合同资产进行减值会计处理并确认损失准备。管理层考虑所有可获得的合理且有依据的信息(包括前瞻性信息)进行预期信用损失的评估,涉及管理层运用重大会计估计和判断,因此,应收账款和合同资产的减值被视为关键审计事项。	我们针对应收账款和合同资产的减值执行的审计程序主要包括: 1)测试管理层对于应收账款和合同资产日常管理及减值测试相关的内部控制; 2)复核管理层对应收账款和合同资产预期信用损失进行评估的相关考虑及客观证据; 3)对于单独计提信用损失的应收账款和合同资产选取样本,复核管理层对预期收取的现金流量做出估计的依据及合理性; 4)对于管理层按照组合计量预期信用损失的应收账款和合同资产,复核和评价管理层使用的预期信用损失模型的适当性及管理层参照历史信用损失经验并结合前瞻性信息确定的损失准备计提比例的合理性。

示例 10-7　601186.SH 中国铁建

事项描述	审计应对
应收账款与合同资产的减值 如财务报表附注三、32"应收账款与合同资产减值"所示，中国铁建对应收账款与合同资产按照相当于整个存续期内预期信用损失的金额计量损失准备。对单项金额重大且已发生信用减值的应收账款与合同资产，管理层基于已发生信用减值的客观证据并考虑前瞻性信息，通过估计预期收取的现金流量单独确定信用损失。除单独确定信用损失之外的应收账款与合同资产，管理层基于共同信用风险特征采用减值矩阵确定信用损失，预期信用损失率基于中国铁建的历史实际损失率并考虑前瞻性信息确定。应收账款与合同资产信用损失准备的确定涉及管理层运用重大会计估计和判断，且应收账款与合同资产的减值对于财务报表整体具有重要性。基于上述原因，我们将应收账款与合同资产的减值认定为关键审计事项。	我们针对应收账款与合同资产的减值执行的审计程序主要包括： (1) 测试和评价与应收账款及合同资产日常管理及减值测试相关的关键内部控制的有效性； (2) 复核管理层对应收账款与合同资产预期信用损失进行评估的相关考虑及客观证据； (3) 对于单独确定信用损失的应收账款与合同资产，选取样本复核管理层对预计未来可获得的现金流量所做评估的依据及合理性； (4) 对于以共同信用风险特征为依据采用减值矩阵确定信用损失的应收账款与合同资产，抽样检查其在减值矩阵中分类的适当性。同时，结合历史实际损失率和前瞻性信息，评价管理层确定的预期信用损失率的合理性。

示例 10-8　002594.SZ 比亚迪

关键审计事项	该事项在审计中是如何应对的
应收款项和合同资产的预期信用损失 比亚迪股份有限公司于2018年1月1日起执行修订的《企业会计准则第22号——金融工具确认和计量》、《企业会计准则第23号——金融资产转移》、《企业会计准则第24号——套期保值》以及《企业会计准则第37号——金融工具列报》（简称"新金融工具准则"）。比亚迪集团对于首日执行新准则与现行准则的差异追溯调整了本报告期期初分配利润或其他综合收益。 截至2018年12月31日，比亚迪集团合并财务报表中应收账款余额人民币49,283,534千元，合同资产余额人民币6,300,286千元，长期应收款余额人民币2,134,405千元，对合并财务报表总资产而言金额重大。 比亚迪集团采用减值矩阵对金融工具的减值进行评估，应用减值矩阵需要做出重大判断和估计，需考虑所有合理且有依据的信息。在做出该等判断和估计时，比亚迪集团考虑了应收款项对应行业指数、宏观经济指标、客户财务能力、是否存在回款纠纷、以往付款历史等信息。 该会计政策、重大会计判断和估计以及相关财务报表披露参见附注五、10、23、31，以及附注七、4、8、12。	我们在审计过程中对应收账款、合同资产和长期应收款的预期信用损失执行的审计工作主要包括： ● 对预期信用损失估计的内部控制的设计和运行有效性进行测试； ● 复核应用减值矩阵计算预期信用损失的关键假设的合理性，包括检查应收账款的账龄分析、复核管理层对重大逾期应收账款和具有特别风险的应收款项做出估计的合理性； ● 邀请内部专家对预期信用损失矩阵模型所使用的重要参数进行复核； ● 重新测算应收款项、合同资产和长期应收款减值的计算过程，复核减值准备的金额。

第十章 审计应对

示例 10-9　000063.SZ 中兴通讯

关键审计事项	该事项在审计中是如何应对的
应收账款与合同资产的预期信用损失 应收账款（包括长期应收款，下同）和合同资产于 2018 年 12 月 31 日在合并财务报表的账面价值为人民币 30,897,980 千元，占资产总额的 24%；在公司财务报表的账面价值为人民币 38,499,976 千元，占资产总额的 33%。 中兴通讯股份有限公司 2018 年实施《企业会计准则第 22 号——金融工具确认和计量（2017 年修订）》，应收账款和合同资产的减值由已发生损失模型变更为预期损失模型，且中兴通讯股份有限公司选择对包含重大融资成分的应收账款和合同资产按照其整个存续期内预期信用损失金额计量损失准备，故对所有应收账款和合同资产均始终按照整个存续期内预期信用损失的金额计量其损失准备。管理层基于单项应收账款和合同资产或应收账款和合同资产的组合评估预期信用损失。 对于单项应收账款或合同资产金额重大且存在客观证据表明该单项应收账款或合同资产的信用风险与其他的应收账款和合同资产的信用风险有显著不同的，按照该单项合同下应收的所有合同现金流量现值与预期收取的所有现金流量现值之间的差额计提预期信用损失。 对于其他的应收账款和合同资产，管理层考虑了不同客户的信用风险特征，以逾期账龄组合为基础评估这些应收账款和合同资产的预期信用损失。管理层参考历史信用损失经验，编制不同信用等级客户应收账款逾期天数组合准备率的风险矩阵，以此为基础估计预期信用损失。管理层在评估预期信用损失时，考虑有关过去事项、当前状况以及未来经济状况预测的合理且有依据的信息。 应收账款和合同资产的预期信用损失对财务报表影响重大，且涉及管理层的重大判断和估计，因此我们将其识别为关键审计事项。 关于应收账款和合同资产减值准备会计政策的披露参见财务报表附注三、9；关于应收账款和合同资产减值的重大会计判断和估计的披露参见附注三、35；关于会计政策变更的披露参见附注三、36；关于应收账款和长期应收款坏账准备的披露参见附注五、4 和 11；关于合同资产减值准备的披露参见附注五、8。	我们执行的审计程序主要包括： 了解了应收账款和合同资产计提预期信用损失流程和相关内部控制，测试了关键内部控制设计和执行的有效性。 对于基于单项应收账款和合同资产评估预期信用损失的，我们抽取样本检查了应收账款和合同资产发生减值的相关客观证据，预期收取的所有现金流量现值的估计时采用的关键假设；我们还检查了期后是否收回款项。 对于其他的应收账款和合同资产，我们评估了管理层编制的风险矩阵是否符合预期损失模型，对于风险矩阵中的关键输入值进行了测算，主要包括：信用等级、历史坏账率、迁徙率、前瞻性信息等。 我们抽取样本，获取与客户资信相关的资料，检查了客户信用等级的分类是否符合公司政策，通过检查原始单据（例如账单和银行进账单等）测试了管理层对逾期账龄的划分。 我们使用风险矩阵重新计算了每类应收账款和合同资产的预计信用损失。

（二）应收账款的减值

示例 10-10　601727.SH 上海电气

关键审计事项	我们在审计中如何应对关键审计事项
应收账款、应收融资租赁款和应收贷款的减值准备计提 截至 2018 年 12 月 31 日，上海电气集团的应收账款账面净额为人民币 21,565,512 千元，已计提减值准备为人民币 6,820,518 千元。 上海电气集团对于应收账款按照整个存续期的预期信用损失计提损失准备。对于存在客观证据表明存在减值，以及其他适用于单项评估的应收账款，单独进行减值测试，确认预期信用损失，计提单项减值准备。对于不存在减值客观证据的应	我们了解、评估了管理层关于应收账款、应收融资租赁款和应收贷款减值准备相关内部控制的设计，并测试了关键控制执行的有效性。 针对应收账款预期信用损失准备，我们还执行了以下程序： ● 我们了解并获取了管理层通过结合当前状况以及未来经济状况而就单项计提减值的应收账款的可回收性所作出的评估，通过抽样检查其与相关客户间的函件往来及其他沟通记录，与相关销售人员进行访谈，向上海电气集团内部律师就与该等客户是否存在纠纷进行了访谈并运用抽样方式检查期后收款等方式对管理层的评估进行了验证。

关键审计事项	我们在审计中如何应对关键审计事项
收账款或当单项应收账款无法以合理成本评估预期信用损失的信息时,上海电气集团依据信用风险特征将应收账款划分为若干组合,在组合基础上计算预期信用损失。对于划分为组合的应收账款,上海电气集团参考历史信用损失经验,结合当期状况以及对未来经济状况的预测,编制应收账款逾期天数与整个存续期预期信用损失率对照模型,计算预期信用损失。 截至 2018 年 12 月 31 日,上海电气集团的应收融资租赁款和应收贷款的账面净额分别为人民币 9,370,471 千元和 6,378,870 千元,已计提的减值准备余额分别是人民币 910,135 千元和 381,630 千元。 上海电气集团通过评估应收融资租赁款和应收贷款的信用风险自初始确认后是否显著增加,运用三阶段减值模型计量预期信用损失。 预期信用损失计量所包含的重大管理层判断和假设主要包括: (1) 将具有类似信用风险特征的业务划入同一个组合,并选择恰当计量模型; (2) 信用风险显著增加、违约已发生信用减值的判断标准; (3) 用于前瞻性计量的经济指标、经济情景和权重及处于阶段三的单项计提减值的应收融资租赁款和应收贷款的未来现金流预测。 上海电气集团的预期信用损失计量,使用了复杂的模型,并涉及重大管理层判断和假设,因此我们确定其为关键审计事项。	● 针对管理层按照组合计算信用损失的模型,我们执行了以下程序: ——评估预期信用损失模型计量方法的合理性; ——运用抽样的方式,对模型中相关历史信用损失数据的准确性进行了测试,评估历史违约损失百分比; ——根据对客户所在行业的了解及参考外部数据源,评估了管理层对前瞻性信息调整的合理性,并对前瞻性信息进行了敏感性测试; ——运用抽样方式对应收账款的账龄准确性进行了测试; ——按照考虑前瞻性信息调整后的违约损失百分比,重新计算了预期信用损失。 针对应收融资租赁款及应收贷款减值准备,我们执行了以下程序: ● 在内部信用损失模型专家的协助下,复核了预期信用损失模型计量方法论,对组合划分、模型选择、关键参数等重大判断和假设的合理性进行了评估; ● 运用抽样的方式,基于借款人的财务和非财务信息及其他外部证据和考虑因素,评估了阶段划分的恰当性; ● 采用抽样方式,检查了预期信用损失模型中所使用的关键数据,包括历史数据和计量日数据,以评估其准确性和完整性。对于处于阶段三的单项计提减值的应收融资租赁款及应收贷款,我们通过抽样的方式,检查并评估了管理层采用的现金流折现模型的合理性; ● 在内部信用损失模型专家的协助下,评估了管理层在预期信用损失模型中采用的前瞻性信息,并对前瞻性信息进行了敏感性测试。 根据我们执行的工作,我们认为相关证据能够支持管理层作出的与应收账款、应收融资租赁款和应收贷款减值准备评估相关的判断。

示例 10 – 11 601390.SH 中国中铁

关键审计事项	我们在审计中如何应对关键审计事项
应收账款的可回收性 中国中铁对应收账款的披露见财务报表附注二(11)(a),附注二(35)(b)以及附注四(5)。 于 2019 年 12 月 31 日,应收账款的账面余额为 103,712,103 千元,已计提的坏账准备为 6,060,541 千元。 中国中铁通过应收账款违约风险敞口和预期信用损失率计算应收账款预期信用损失,并基于违约概率和违约损失率确定预期信用损失率。在确定预期信用损失率时,中国中铁使用内部历史信用损失经验等数据,并结合当前状况和前瞻性信息对历史数据进行调整。在评估前瞻性信息时,中国中铁考虑的因素包括经济政策、宏观经济指标、行业风险和客户情况的变化等。	我们针对管理层对应收账款可回收性评估执行的审计程序主要包括: (1) 了解、评估和测试管理层与应收账款可回收性评估相关的内部控制; (2) 对于按照单项金额评估的应收账款,选取样本复核管理层基于客户的财务状况和资信情况、历史还款记录以及对未来经济状况的预测等对预期信用损失进行评估的依据。我们将管理层的评估与我们在审计过程中取得的证据相验证,包括客户的背景信息、以往的交易历史和回款情况、前瞻性考虑因素等; (3) 对于按照信用风险特征组合计算预期信用损失的应收账款,复核管理层对划分的组合以及基于历史信用损失经验并结合当前状况及对未来经济状况的预测对不同组合估计的预期信用损失率的合理性,包括对迁徙率、历史损

续表

关键审计事项	我们在审计中如何应对关键审计事项
由于在确定预期信用损失时涉及管理层运用重大会计估计和判断,因此,我们将应收账款的可回收性认定为关键审计事项。	失率的重新计算,参考历史审计经验及前瞻性信息,对预期损失率的合理性进行评估,并选取样本测试应收账款的组合分类和账龄划分的准确性,重新计算预期信用损失计提金额的准确性; (4) 选取样本检查期后回款情况。 基于以上程序,我们在执行工作过程中获取的证据支持了管理层针对上述应收账款可回收性作出的重大会计估计和判断。

示例 10-12　601333.SH 广深铁路

关键审计事项	我们在审计中如何应对关键审计事项
应收账款坏账准备 参见后附财务报表附注二(28)及五(2) 于 2018 年 12 月 31 日,广深铁路的应收账款账面余额为人民币 3,861,616,699 元,计提的坏账准备余额为人民币 61,212,790 元。 管理层依据信用风险特征将应收账款划分为若干组合,在组合的基础上参考历史信用损失经验,结合当前状况以及前瞻性信息的预测,通过违约风险敞口和预期信用损失率计算预期信用损失,确认坏账准备。 上述应收账款的余额重大,并且坏账准备的计提涉及重大会计估计与判断,尤其是预期信用损失率的厘定。因此我们将该事项作为关键审计事项。	我执行了下列程序以应对该关键审计事项: (i) 了解、评价及验证广深铁路与应收账款组合划分以及预期信用损失计算相关的关键控制; (ii) 评估管理层使用的预期信用损失计算模型与方法是否符合会计准则要求; (iii) 评估管理层对应收账款组合划分及共同风险特征的判断是否合理; (iv) 评估历史参考期间选取的合理性,并验证历史违约率计算中使用的关键数据的可靠性,包括各组合的历史信用损失数据、应收账款在整个存续期的分布数据及其他参数; (v) 了解管理层在前瞻性信息预测中考虑的因素,包括对未来经济、预期失业率、市场环境以及客户情况等变化的预测,并评估其合理性; (vi) 获取管理层对不同组合预期信用损失的计算文件,验证其计算的准确性。 根据执行的审计工作,管理层对应收账款计提坏账准备时作出的判断及坏账准备的计提结果可以被我们获取的审计证据所支持。

示例 10-13　000338.SZ 潍柴动力

关键审计事项	该事项在审计中是如何应对的
应收账款坏账准备 于 2018 年 12 月 31 日,合并财务报表中应收账款账面余额为人民币 14,580,077,638.48 元,坏账准备余额为人民币 1,424,714,144.28 元。潍柴动力股份有限公司管理层(以下简称"管理层")基于单项和组合评估应收账款的预期信用损失,考虑了有关过去事项、当前状况以及未来经济状况预测的合理且有依据的信息。除已单项计提坏账准备的应收款项外,管理层根据以前年度	在审计中,我们执行了以下程序: 我们对应收账款坏账准备执行了内部控制流程的了解和测试; 我们检查了管理层对于应收账款预期信用损失的计算; 对于单项评估的应收账款,我们抽样复核了管理层评估信用风险以及预期信用损失金额的依据,包括管理层结合客户经营情况、市场环境、历史还款情况等对信用风险作出的评估;

续表

关键审计事项	该事项在审计中是如何应对的
与之相同或相类似的、具有类似信用风险特征的应收款项组合的预期损失率为基础评估应收账款的预期信用损失。应收账款预期信用损失的计算需要管理层的判断和估计。 财务报表对应收账款及坏账准备的披露请参见附第十一节财务报告五、11及七、4。	对于按照组合评估的应收账款,我们复核了管理层对于信用风险特征组合的设定,抽样复核了各组合的账龄、信用优质记录、逾期账龄等关键信息。并以信用风险特征组合为基础复核了管理层评估信用风险以及预期信用损失金额的依据,包括管理层结合客户经营情况、市场环境、历史还款情况等对信用风险作出的评估;我们复核了财务报表中对于应收账款坏账准备的披露。

示例 10-14 601880. SH 大连港

关键审计事项	该事项在审计中是如何应对的
应收款项坏账准备 于 2018 年 12 月 31 日,合并财务报表中应收款项账面余额为人民币 1,251,646,722.53 元,坏账准备余额为人民币 107,176,589.60 元。管理层基于单项和组合并考虑不同客户的信用风险,以账龄组合为基础评估应收款项的预期信用损失。由于在评估预期信用损失时,管理层需要做出重大判断和估计,考虑所有合理且有依据的信息,包括客户历史还款情况、信用状况、行业情况及前瞻性信息等。因此,我们将其确定为关键审计事项。 对应收款项及坏账准备的披露参见财务报告附注七、4 应收票据及应收账款和附注七、6 其他应收款。	我们实施的审计程序包括: ● 对以单项为基础评估预期信用损失的应收款项,我们复核了管理层计算预期信用损失的依据,包括管理层结合公司外部法律顾问意见、客户历史及期后还款情况等对涉诉应收款项的预期的收回可能性及可收回金额的判断和估计,及应收款项预计回款时间对其货币时间价值的影响,并获取了公司外部法律顾问对涉诉应收款项诉讼情况的书面意见; ● 对以账龄组合为基础评估预期信用损失的应收款项,我们评估了管理层对应收款项信用风险组合的划分,抽样检查了应收款项账龄,复核了预期信用损失计算的依据,包括管理层结合历史信用损失率及前瞻性考虑因素对预期信用损失的估计和计算过程; ● 复核了财务报告中对应收款项及坏账准备的披露。

示例 10-15 601298. SH 青岛港

关键审计事项	我们在审计中如何应对关键审计事项
应收账款坏账准备的估计 如财务报表附注二"主要会计政策和会计估计"(9)、(10)、(30)(b)、(31)(a)(iv)及附注四(3)(b)所述,管理层会定期对应收账款坏账准备的合理性进行重新评估。 于 2018 年 12 月 31 日,应收账款原值为 219,764 万元,计提的坏账准备金额为 12,911 万元。 管理层在确定坏账准备计提比例时,通过违约风险敞口和预期信用损失率计算预期信用损失,并基于违约概率和违约损失率确定预期信用损失率。在确定预期信用损失率时,管理层使用内部历史信用损失经验等数据,并结合当前状况和前瞻性信息对历史数据进行调整。在考虑历史信用	(i) 我们评估并测试了青港国际关于应收账款可收回性的内部控制。 (ii) 我们对坏账准备会计估计的合理性进行了评估,包括单独计提坏账准备的判断、确定应收账款组合的依据、管理层关于应收账款账龄、历史信用损失率等情况的分析以及管理层关于结合当前状况和前瞻性信息确定预期信用损失率的分析,并与国内的其他上市港口公司进行了应收账款坏账准备计提方法、计提比例及其他可获得的坏账准备信息的横向比较,同时也评估了应收账款坏账准备在财务报表中披露的充分性。 (iii) 针对金额重大的应收账款余额,我们执行了函证程序,并将函证结果与青港国际记录的金额进行了核对。我们通过核对作业单据、发票等支持性记录文件抽样检查了

第十章 审计应对

续表

关键审计事项	我们在审计中如何应对关键审计事项
损失经验时,管理层综合考虑债务人的财务状况、历史回收情况及应收账款的账龄等信息。在考虑前瞻性信息时,管理层使用的指标包括经济下滑的风险、预期失业率的增长、外部市场环境、技术环境和客户情况的变化等。 考虑应收账款金额重大,且管理层在计提应收账款坏账准备时作出了重大估计和判断,因此我们将其作为关注重点。	应收账款账龄的准确性。 (iv) 我们对管理层进行了访谈,了解管理层对于应收账款余额可回收性的解释。我们对管理层关于余额重大的应收账款可回收性的解释进行了审视,通过执行以下程序对管理层的解释进行了验证: ● 抽样检查历史回款记录; ● 抽样检查期后收回应收账款的情况; ● 采用抽样的方法对主要债务人进行访谈,了解了其与青港国际的业务关系、结算情况及该债务人目前的财务状况; ● 对应收账款余额较大或延期支付的客户,采用抽样的方法查询法院诉讼网站,了解有无存在公开的影响其财务状况的重大诉讼或破产信息。 (v) 获取经济及行业分析信息,对管理层分析前瞻性信息时所使用的行业经济下滑风险数据、预期失业率、外部市场环境及技术环境变化趋势的合理性进行了评估。 (vi) 对管理层计提的坏账准备进行了重新计算。 我们发现,相关证据能够支持管理层计提应收账款坏账准备的判断和估计。

示例 10-16 601808.SH 中海油服

事项描述	审计应对
应收账款的减值评估 如财务报表附注五、3所示,截至2018年12月31日,中海油服应收账款扣除预期信用损失准备后的账面净值为人民币8,015,313,025元,对财务报表具有重要性。 如财务报表附注三、28所述,中海油服对应收账款按照相当于整个存续期内预期信用损失的金额计量损失准备。对于在单项资产基础上确定信用损失的应收账款,管理层主要结合历史回款情况、信用风险变化等并考虑前瞻性信息,对应收账款的预期可收回金额进行估计。对于在组合基础上采用减值矩阵确定其信用损失的应收账款,管理层需要基于历史损失率并考虑信用风险敞口期间经济环境的变化以及前瞻性信息估计不同风险特征组合的损失率。以上均涉及管理层运用重大会计估计和判断。 基于上述原因,我们将应收账款的减值评估识别为关键审计事项。	我们针对应收账款的减值执行的主要审计程序包括: (1) 测试和评价与应收账款减值评估相关关键内部控制设计和运行的有效性; (2) 测试管理层在预期信用损失模型中所使用的关键基础数据; (3) 对于在单项资产的基础上确定其信用损失的应收账款,结合相关客户历史回款情况、信用风险变化情况、期后回款情况以及前瞻性信息,评价管理层预期可收回金额的合理性; (4) 对于在组合基础上采用减值矩阵确定其信用损失的应收账款,评价不同信用风险特征组合划分的恰当性以及不同信用风险特征组合预计损失率的确定依据及其合理性。

示例 10-17　601607.SH 上海医药

关键审计事项	我们在审计中如何应对关键审计事项
应收账款的减值 参见财务报表附注二（29）（a）（v）（重要会计估计和判断）与财务报表附注四（4）应收票据及应收账款。 于 2018 年 12 月 31 日，上海医药合并财务报表中应收账款的账面余额为 44,061,011,816.76 元，坏账准备为 1,908,900,079.84 元。 应收账款的损失准备余额反映了管理层采用《企业会计准则第 22 号——金融工具确认和计量》预期信用损失模型，在报表日对预期信用损失做出的最佳估计。 管理层按照应收账款整个存续期内预期信用损失的金额计量其减值准备。对于存在客观证据表明应收账款存在减值时，管理层通过计算合同应收的现金流量与预期能收到的现金流量之间差额的现值的概率加权金额，确认预期信用损失，计提单项减值准备。对于不存在减值客观证据的应收账款，管理层根据以前年度与之具有类似信用风险特征的应收账款组合的实际损失率及账龄分析为基础，结合当前状况以及对未来经济状况的预测等合理且有依据的信息确定应计提的坏账准备。 由于应收账款金额重大，且管理层在确定应收账款减值时作出了重大判断，我们将应收款项的减值确定为关键审计事项。	我们了解、评价并测试了管理层复核、评估和确定应收账款预期信用损失计量相关的内部控制，包括有关识别减值客观证据和计算减值准备的控制。 我们采用抽样的方法，检查了管理层编制的应收账款账龄分析表的准确性，并测试了与维护账龄分析表相关信息系统自动控制。 我们采用抽样的方法，选取计提了单项减值准备的应收账款，独立测试了其可收回性。我们在评估应收账款的可回收性时，检查了相关的支持性证据，包括期后收款、客户的信用历史、经营情况和还款能力，以及外部律师询证函回函。 我们通过考虑历史上同类应收账款组合的实际坏账发生金额及情况，结合客户回款情况和市场条件等因素，评估了管理层将应收账款划分为若干组合进行减值评估的方法和计算是否适当。 我们评估了管理层在预期信用损失模型中采用的前瞻性信息，包括复核管理层经济指标的选取并评估管理层结合相关关键假设合理且可能的变化，对前瞻性信息执行敏感性测试的分析结果。 基于所执行的审计程序，我们发现管理层在评估应收账款的可收回性时作出的判断可以被我们获取的证据所支持。

示例 10-18　600874.SH 创业环保

关键审计事项	我们在审计中如何应对关键审计事项
应收账款预期信用损失的计量 请参阅财务报表附注四 3。 于 2019 年 12 月 31 日，创业环保应收账款总金额为人民币 2,573,720 千元，管理层确认了人民币 80,956 千元的坏账准备。应收账款坏账准备余额反映了管理层在资产负债表日对预期信用损失做出的最佳估计。 管理层评估应收账款的信用风险自初始确认后是否显著增加，按照整个存续期的预期信用损失计量损失准备。在评估时，管理层需要考虑以前年度的信用违约记录，实施判断以估计债务人的资信状况以及前瞻性经济指标。 预期信用损失的计量主要包括以下重要的管理层判断和假设： (1) 根据信用风险特征将债务人划分成不同的组合以及确定相关重要的计量参数； (2) 信用风险显著增加、违约和已发生信用减值的判断标准； (3) 用于前瞻性计量的经济指标、经济场景及其权重的采用。 我们关注此事项是因为应收账款金额重大且预期信用损失的评估涉及管理层的重大判断和估计。	我们评估和测试了创业环保关于应收账款预期信用损失计量的内部控制程序。 我们检查了预期信用损失计量的模型，评估了信用风险组合划分的方法和模型中关键的参数估计和重大假设的合理性。 我们通过检查主要客户的财务和非财务信息，评估了管理层就信用风险显著增加、违约和已发生信用减值的应收账款识别的恰当性。我们抽样检查了应收账款账龄的准确性。我们检查了历史付款记录、期后收款、期后还款计划及其他相关文件。 对于前瞻性计量，我们检查了管理层经济指标选取、经济场景及权重的模型分析结果，评估了经济指标预测值的合理性，并对经济指标、经济场景及权重进行了敏感性测试。 我们抽样检查了预期信用损失模型的关键数据，包括历史数据和计量日数据，以评估其完整性和准确性。 我们发现通过执行我们的审计程序获取的相关证据能够支持管理层关于应收账款预期信用损失的判断和估计。

第十章 审计应对

示例 10-19　600362.SH 江西铜业

关键审计事项	该事项在审计中是如何应对的
应收账款坏账准备 截至二〇一八年十二月三十一日，贵集团的应收账款账面原值为人民币 10,900,292,351 元，坏账准备为人民币 5,172,572,779 元。贵集团以存续期内预期信用损失金额计提应收账款坏账准备。 管理层运用判断评估预期信用损失。对于已知存在财务困难的客户或回收性存在重大疑问的应收账款用个别认定法计提坏账准备。在估计预期信用损失时，其余应收账款根据账龄组考虑不同客户的类似损失特征按照组合法计提坏账准备。预期信用损失率基于类似应收账款的历史损失经验，并根据当前或前瞻性信息做出调整，例如影响客户还款的宏观经济因素。在运用个别认定法和组合法评估应收账款的预期信用损失时，管理层考虑抵押物的预计可变现价值。 相关信息分别披露于财务报表附注三、35"重大会计判断和估计"及附注五、5"应收票据及应收账款"。	针对应收账款坏账准备，我们实施的程序包括： 1. 理解并验证管理层执行的信用内控程序，包括对定期审阅逾期应收账款及评估应收账款预期信用损失的程序； 2. 通过检查销售发票，以抽样方式测试应收账款账龄的准确性； 3. 评估管理层对应收账款预期信用损失的合理性，具体考虑基于前瞻性因素修正后的客户历史信用情况、宏观经济环境、抵押物预计可变现价值、违约或延迟付款等情况；及 4. 复核抵押物评估报告，测试评估所用主要假设及估计，并聘请安永内部评估专家协助我们进行评估中的复核。 我们也复核了财务报表附注中有关披露的充足性。

示例 10-20　002202.SZ 金风科技

关键审计事项	该事项在审计中是如何应对的
应收账款坏账准备的计提 截至 2018 年 12 月 31 日，新疆金风科技股份有限公司的应收账款账面价值约人民币 14,823,005 千元，占资产总额的 18.22%。新疆金风科技股份有限公司按照新 CAS22 金融工具准则的减值方法，基于历史信用损失，应用债务人和经济环境的特定前瞻性因素调整，建立信用损失矩阵，考虑不同客户的信用风险特征，以单项和账龄组合为基础评估应收账款的预期信用损失，基于整个存续期的预期信用损失对应收账款计提减值准备。确定应收账款坏账准备的金额涉及管理层重大判断及估计。具体披露信息请参见财务报表附注五、9、10 和 36、附注七、5 及附注十、3。	我们通过如下审计程序来评估应收账款坏账准备的充足性和准确性，包括：复核应收款项减值计提的会计政策，评估政策的恰当性和预期信用损失率的合理性，评估管理层假设的合理性，同时考虑前瞻性因素的影响；考虑长账龄、逾期未回款的应收款项是否出现特殊风险导致减值迹象；对于单项计提的减值准备，我们通过复核资产负债表日后收款，评估有关债务人是否面临重大财务困难、拖欠利息或本金付款以评估管理层计提减值准备是否充足；对于按组合计提的减值准备，通过检查应收账款明细账及交付证据测试应收账款账龄的准确性；以及核查无法收回而需要核销的应收账款金额准确性。

示例 10-21　601869. SH 长飞光纤

关键审计事项	在审计中如何应对该事项
应收账款坏账准备 请参阅报告第十一节财务报告五.10 所述的会计政策及财务报告第十一节七.4。 2018 年 12 月 31 日,长飞公司及其子公司（以下简称"长飞集团"）的应收账款余额约为人民币 3,070 百万元,已计提的应收账款坏账准备金额约为人民币 93 百万元,主要包括应收中国电信网络运营商及独立第三方款项。长飞集团应收账款的可收回性主要取决于电信行业客户的财务状况。 管理层始终按照相当于整个存续期内预期信用损失的金额计量应收账款的减值准备,并以逾期天数与违约损失率对照表为基础计算其预期信用损失。违约损失率基于过去 5 年的实际信用损失经验计算,并根据历史数据收集期间的经济状况、当前的经济状况与本集团所认为的预计存续期内的经济状况,三者之间的差异进行调整。在估计预期坏账损失时,根据管理层的历史经验,不同细分客户群体发生损失的情况存在差异,因此管理层根据历史经验区分不同的客户群体根据逾期信息计算减值准备。以上这些因素均涉及重大的管理层判断。 由于财务报表中应收账款的金额重大,并且管理层在评估坏账准备时进行的判断存在固有不确定性,我们将应收账款坏账准备识别为关键审计事项。	与评价应收账款坏账准备相关的审计程序中包括以下程序： ● 了解并评价管理层与客户授信额度、应收账款收回及坏账准备计提相关的关键财务报告内部控制的设计和运行有效性； ● 将应收账款账龄分析报告中的合计余额与总账金额进行核对。选取样本,将账龄分析报告中的特定项目与相关签收单进行核对,评价应收账款账龄分析报告中账龄区间划分是否恰当； ● 了解管理层就个别重大应收账款可收回性的判断基础,询问并了解客户财务状况、逾期账龄及过往结算情况,以评价管理层计提应收款坏账准备所作判断的合理性； ● 通过检查过往已计提减值的应收账款的后续实际核销或转回的情况,评价管理层评估应收账款减值损失的历史准确性； ● 根据长飞集团应收账款坏账准备计提政策,检查应收账款坏账准备金额的计算； ● 评价财务报表的相关披露是否符合企业会计准则的要求。

示例 10-22　601899. SH 紫金矿业

关键审计事项	该事项在审计中是如何应对的
应收账款与其他应收款的减值评估 紫金矿业金锭销售主要采用现销与先款后货方式,现销为交易日结款。阴极铜、锌锭和精矿等则采用先款后货、信用证及赊销等方式,其他下游产品如铜制品（铜管、铜带）采用赊销方式。采用赊销方式信用期通常为 1~6 个月。2018 年 12 月 31 日,紫金矿业应收账款净额为人民币 1,009,871,109 元,约占集团合并总资产的 0.9%。其他应收款主要为押金保证金、应收联合营公司款项、集团外借款、应收资产处置款及应收保险赔偿款等,净额为人民币 1,415,512,562 元,约占集团合并总资产的 1.3%。根据《企业会计准则第 22 号——金融工具确认和计量》,紫金矿业以预期信用损失模型对金融资产进行减值计量,相关会计政策在财务报表附注三中披露。管理层估计该预期信用损失模型是基于集团的历史违约率以及其他具体因素,包括客户类型、期末余额的账龄、历史回款及核销情况和迁移率。同时管理层亦考虑前瞻性信息,包括是否存在争端、预期宏观经济环境等。 由于集团管理层在评估预期信用损失时涉及重大管理层会计估计,因此我们将其列为关键审计事项。 相关信息披露参见财务报表附注三、9、11,附注五、4、6、53。	我们执行的程序如下： 1) 评价紫金矿业对于应收账款及其他应收款信用风险的监控,管理层评估预期信用损失相关的内部控制的设计、实施和运行情况,并评估管理层是否按照《企业会计准则第 22 号——金融工具确认和计量》更新金融工具会计政策； 2) 评价管理层对信用风险变化的判断,复核其他应收款划分不同阶段的合理性； 3) 将应收账款账龄报告和相关销售进行匹配,抽样检查应收账款账龄报告的准确性； 4) 检查历史回款和坏账数据,评估历史损失率的准确性,并结合当前经济状况和其他前瞻性资料来评估管理层利用预期信用损失模型计提应收款与其他应收款坏账准备的合理性； 5) 复核管理层对执行新金融工具准则衔接期间会计处理的正确性； 6) 抽样检查 2018 年 12 月 31 日后应收账款与其他应收款的回收情况及相关支持性文件； 7) 复核财务报表附注中该会计政策变更披露的充分性和完整性。

示例 10-23　601992.SH 金隅集团

关键审计事项	该事项在审计中是如何应对的
应收款项坏账准备 于 2018 年 12 月 31 日，合并财务报表的应收票据及应收账款账面价值为 186.66 亿元，其中应收票据原值人民币 112.92 亿元，预期信用损失人民币 0.66 亿元，应收账款原值人民币 98.64 亿元，预期信用损失人民币 24.24 亿元；其他应收款原值人民币 115.93 亿元，预期信用损失人民币 16.51 亿元。 北京金隅集团股份有限公司自 2018 年 1 月 1 日起适用修订后的《企业会计准则第 22 号——金融工具确认和计量》。北京金隅集团股份有限公司运用预期信用损失模型对应收款项计提坏账准备，以历史违约率为基础，结合宏观经济和行业环境等前瞻性因素进行调整，在评估预期信用损失时，管理层需要做出重大判断和估计，需考虑所有合理且有依据的信息，包括历史还款数据、行业情况及前瞻性信息，且应收款项坏账准备的计提金额对财务报表的影响较大，因此我们将应收款项坏账准备识别为关键审计事项。 财务报表中对该事项的披露请见附注三、重要企业会计政策及会计估计之 9. 金融工具、35. 重大会计判断和估计、36. 会计政策变更，附注五、合并财务报表主要项目注释之 4. 应收票据及应收账款和 6. 其他应收款、55. 信用减值损失以及附注八、与金融工具相关的风险之 3. 金融工具风险。	我们的审计程序主要包括了解和评价与应收款项坏账准备评估和计提相关的内部控制并执行控制测试；通过与管理层讨论以及复核历史数据，评价管理层评估坏账准备时所采用的预期信用损失模型和使用参数（包括前瞻性信息）的合理性；测试应收款项的账龄以及根据预期信用损失模型复核坏账准备的计算；对于信用风险显著增加的重大应收款项，与管理层讨论并复核其可收回金额的估计；通过分析应收款项的账龄和客户信用情况，结合应收款项函证程序及期后回款情况，辅证应收款项预期信用损失的合理性；以及复核有关坏账准备的相关披露。

示例 10-24　601005.SH 重庆钢铁

关键审计事项	该事项在审计中是如何应对的
应收账款预期信用损失准备 于 2018 年 12 月 31 日，合并财务报表应收账款账面余额为人民币 183,195 千元，应收账款预期信用损失准备为人民币 152,855 千元；公司财务报表应收账款账面余额为人民币 182,262 千元，应收账款预期信用损失准备为人民币 152,411 千元。2018 年重庆钢铁股份有限公司采用新金融工具准则，应收账款减值计量由"已发生损失模型"改为"预期信用损失模型"。管理层在评估预期信用损失准备时，考虑了应收账款账龄、历史还款数据及影响交易对手还款能力的前瞻性信息。鉴于应收账款余额及预期信用损失准备金额重大，且评估预期信用损失准备涉及重大判断及估计，我们将应收账款预期信用损失准备作为关键审计事项。 应收账款预期信用损失准备相关的信息披露详见财务报表附注三、8，附注三、10，附注三、28，附注三、29，附注五、2，附注八、3 和附注十五、1。	在审计过程中，我们执行了以下工作： 1）根据历史还款数据结合前瞻性信息，复核管理层对年初及年末应收账款预期信用损失准备的评估； 2）复核应收账款账龄，关注长期未收回款项计提预期信用损失准备的情况； 3）与管理层讨论、评估存在违约、减值迹象的应收账款，检查应收账款的历史回款情况及预期信用损失准备的计提； 4）检查应收账款期后收款情况，与预期收款情况进行比较； 5）检查财务报表中对应收账款预期信用损失准备的披露。

示例 10-25　601865.SH 福莱特

事项描述	审计应对
应收账款的减值 如合并财务报表附注六、3、（2）应收账款中所示，截至 2018 年 12 月 31 日，福莱特集团应收账款账面余额为人民币 864,341,918.91 元，应收账款坏账准备为人民币 43,146,739.59 元。福莱特集团管理层在评估应收账款预计可收回金额时需要运用重大会计估计，结合历史违约情况、当前的信用风险状况以及对未来经济状况的预测等评估应收账款预期信用损失及计算信用减值额，因此我们将应收账款的减值认定为关键审计事项。	我们针对应收账款的减值执行的主要审计程序包括： （1）了解管理层评估应收账款计提减值准备的关键内部控制； （2）测试管理层对应收账款坏账准备评估相关的关键内部控制的设计及执行有效性和运行有效性； （3）了解集团信用评级的方法并评估其合理性，检查管理层用于内部信用评级信息的准确性；复核管理层结合应收账款历史违约情况、当前的信用风险状况以及对未来经济状况的预测分析等评估的预期信用损失率，并据此提取应收账款信用减值额的合理性。

示例 10-26　600808.SH 马钢股份

关键审计事项	该事项在审计中是如何应对的
预期信用损失 于 2018 年 12 月 31 日，合并财务报表中以摊余成本计量的金融资产包括应收账款及应收票据、其他应收款、买入返售金融资产款、发放贷款及垫款和债权投资，以摊余成本计量的金融资产账面余额为人民币 14,566,102,365 元，减值准备金额为人民币 570,435,972 元。管理层以预期信用损失模型为基础，对应收账款和应收票据、其他应收款选择运用简化计量方法，按照相当于整个存续期内的预期信用损失金额对其进行减值处理并确认减值准备；对买入返售金融资产款、发放贷款及垫款和债权投资使用一般信用损失模型计算减值准备。管理层在确定预期信用损失时，涉及选择恰当的信用损失模型、模型假设的应用、确定关键参数和假设以及制定前瞻性调整等因素做出重大判断和估计。 马鞍山钢铁股份有限公司以摊余成本计量的金融资产减值相关的信息披露在财务报告的"附注三、9""附注三、33""注五、4""附注五、6""附注五、8""附注五、9""附注五、12""附注五、13""附注八、4"。	我们了解并测试了管理层与预期信用损失相关的内部控制。我们根据历史损失情况和行业惯例，复核并评估了管理层使用的预期信用损失模型的恰当性，评估了管理层预期信用损失方法和模型中关键参数和假设的合理性，包括违约概率、违约损失率以及违约风险敞口等。此外，我们也关注了财务报告中对以摊余成本计量的金融资产减值相关的披露。

第十章 审计应对

（三）发放贷款及垫款和债权投资的减值

示例 10-27　601318.SH 中国平安

关键审计事项	我们在审计中如何应对关键审计事项
发放贷款及垫款和债权投资的减值评估 请参阅合并财务报表附注四 8、附注八 11 及附注八 14 于 2018 年 12 月 31 日，中国平安集团的发放贷款及垫款和债权投资在合并资产负债表中占总资产的比例为 56%，相应的金融资产减值准备金额分别为人民币 54,187 百万元和人民币 13,305 百万元。 由于在以下方面存在复杂性，并涉及管理层判断，我们将此类债务金融工具在新金融工具准则下的预期信用损失减值评估作为一项关键审计事项： 1) 选择恰当的预期信用损失模型； 2) 阶段划分； 3) 模型假设的应用； 4) 制定前瞻性调整。	我们执行的程序包括： ● 我们评估并测试了中国平安集团与预期信用损失相关的关键控制设计及运行的有效性，包括：模型选取、内部信用评级、减值阶段划分以及对合同现金流的预测等。 ● 我们评估并测试了平安集团制定前瞻性调整的相关控制，包括：对宏观经济指标的选取和多种宏观经济情景权重的决策。 我们在信用模型专家的帮助下，执行了以下程序： ● 我们评估了预期信用损失模型是否恰当覆盖了中国平安集团的发放贷款及垫款和债权投资。 ● 我们根据平安集团历史信用损失经验和行业惯例评估了阶段划分的合理性。 ● 我们评估了中国平安集团预期信用损失模型的方法论，以及预期信用损失模型的关键参数和假设的具体应用，包括：违约概率、违约损失率、违约风险敞口以及折现率等，并评估了所涉及的关键管理层判断的合理性。 ● 我们通过对比行业标准对宏观经济情景的设定及权重分配的总体合理性进行了评估。 ● 我们抽样测试了模型的运算，以检查预期信用损失模型的计量是否与模型方法论一致。 ● 我们根据抽样方法，通过审阅交易对手方的信用信息，如信用风险敞口、信用风险评级、损失率、逾期情况、抵质押情况以及其他相关信息，测试了当期预期信用损失的数据输入的准确性。 基于我们执行的工作，中国平安集团对于发放贷款及垫款和债权投资，在预期信用损失减值计提中采用的输入值、假设和方法论是可接受的。

示例 10-28　601066.SH 中信建投

关键审计事项	我们在审计中如何应对关键审计事项
以摊余成本计量的金融资产（包括融出资金、买入返售金融资产和债权投资）和以公允价值计量且其变动计入其他综合收益的金融资产（包括其他债权投资）预期信用减值准备 请参阅财务报表附注五 8、附注七 3、7、11、14、21 和 52。 截至 2018 年 12 月 31 日，中信建投证券合并资产负债表中债权投资、融出资金、买入返售金融资产和其他债权投资的余额分别为人民币 192.12 百万元、人民币 26,347.21 百万元、人民币 23,916.83 百万元和人民币 27,911.32 百万元，管理层确认的损失准备余额分别为人民币 5.06 百	我们评价和测试了中信建投证券预期信用损失计量相关的内部控制，包括： (1) 预期信用损失计量模型治理，包括模型方法论的选择及审批，以及模型的持续监控和优化。 (2) 管理层重大判断和假设，包括对信用风险显著增加的标准的判断和复核，如对融出资金、买入返售金融资产抵押物价值的定期监测与复核，对债权投资外部信用评级和负面信息的定期更新与复核；对违约的定义和已发生信用减值判断，以及运用经济指标、经济场景及相关权重进行前瞻性计量的复核和审批。

续表

关键审计事项	我们在审计中如何应对关键审计事项
万元、人民币1,199.12百万元、人民币119.60百万元和人民币10.21百万元。合并利润表中确认的2018年度上述金融资产的信用减值损失合计为人民币1,149.11百万元。 上述金融资产损失准备余额反映了管理层采用《企业会计准则第22号——金融工具确认和计量》在2018年12月31日对预期信用损失做出的最佳估计。 管理层运用三阶段减值模型计量预期信用损失。对于阶段一和阶段二的上述金融资产，管理层运用包含违约概率、违约损失率及违约风险敞口等关键参数的风险参数模型法评估损失准备。对于阶段三已发生信用减值的上述金融资产，管理层考虑了前瞻性因素，通过预估未来与该金融资产相关的现金流，计量损失准备。 针对不同类型的产品，预期信用损失计量模型所包含的重大管理层判断和假设主要包括： (1) 判断信用风险显著增加的标准； (2) 选择计量预期信用损失的适当模型和假设； (3) 在计量预期信用时确定需要使用的前瞻性信息和权重。 中信建投证券就预期信用损失计量建立了相关的治理流程和控制机制。 由于中信建投证券的预期信用损失计量使用了复杂的模型，运用了大量的参数和数据，并涉及重大管理层判断和假设，且上述金融资产以及计提的损失准备金额重大，该事项被确认为关键审计事项。	(3) 模型计量使用的关键数据的准确性和完整性相关的内部控制。 我们复核了预期信用损失模型计量方法论，并评估了其合理性。我们抽样检查了模型编码，以测试计量模型恰当地反映了管理层编写的模型方法论。 我们抽样检查了融出资金和买入返售金融资产的抵押物数量，并查看了抵押物的市场价值。我们对债权投资的外部评级、负面信息进行了查询，评估了管理层就信用风险显著增加标准和已发生信用减值金融资产识别的恰当性。 对于前瞻性计量，我们检查了管理层经济指标选取、经济场景及权重的模型分析结果，评估了在不同经济场景下的经济指标预测值的合理性，并对经济指标、经济场景及权重进行了敏感性测试。 我们抽样检查了模型计量所使用的关键数据，包括历史数据和计量日数据，以评估其准确性和完整性。 对于阶段三的已发生信用减值的金融资产，我们抽取样本，检查了管理层基于债务人和担保人的财务信息、抵押物的市场价值而计算的损失准备。 基于上述审计程序的结果，考虑预期信用损失计量的固有不确定性，管理层所使用的模型、运用的关键参数、涉及的重大判断和假设及计量结果是可接受的。

示例 10-29　601211.SH 国泰君安

关键审计事项	该事项在审计中是如何应对的
融出资金及买入返售金融资产减值评估 贵集团于每个资产负债表日，以预期信用损失为基础对融出资金与买入返售金融资产进行减值测试并确认损失准备。如果信用风险自初始确认后未显著增加，贵集团按照相当于未来12个月内预期信用损失的金额计量损失准备。如果信用风险自初始确认后已显著增加，贵集团按照相当于整个存续期内预期信用损失的金额计量损失准备；如果已经发生信用损失，贵集团确认整个存续期内的信用减值。贵集团在评估预期信用损失时，应考虑所有合理且有依据的信息，包括前瞻性信息。 截至2018年12月31日，贵集团融出资金的账面净值为人民币53,655百万元，其中减值准备余额为人民币592百万元，买入返售金融资产账面净值为人民币61,118百万元，其中减值准备余额为人民币1,635百万元。 由于相关资产金额重大，其减值评估需要管理层作出重大判断，包括对减值阶段的划分及未来现金流量的估计等，因此我们将融出资金及买入返售金融资产减值评估认定为关键审计事项。 相关披露请参见本节　七、合并财务报表项目注释3、注释8及注释21。	我们评估和测试了贵集团融出资金及买入返售金融资产减值计提流程的内部控制设计、运行的有效性。 我们对管理层减值阶段划分的标准及用于确定各个阶段减值损失金额采用的预期信用损失模型的合理性进行了评估； 我们通过选取样本，针对贵集团融出资金及买入返售金融资产减值评估执行了以下审计程序： 1) 对样本的减值阶段划分结果与预期信用损失模型的标准进行对比； 2) 对管理层在计算减值损失时使用的关键参数的合理性进行评估，包括违约率、违约损失率、风险敞口、折现率、前瞻性调整因子等；

续表

关键审计事项	该事项在审计中是如何应对的
	3）结合市场惯例和历史损失经验，评估管理层减值模型计算结果的合理性。另外，我们还评价了在财务报表中针对融出资金及买入返售金融资产减值评估的相关披露是否满足会计准则的要求。

示例10-30　600030.SH 中信证券

关键审计事项	我们在审计中如何应对关键审计事项
融资类业务预期信用损失计量 请参阅财务报表附注六、7（6）和27（6），附注八、3、6和55，以及附注十三、1。 截至2018年12月31日，中信证券融资类业务（含融出资金，买入返售金融资产下约定购回式证券及股票质押式回购）原值为961.33亿元，其减值准备余额为人民币22.83亿元。其中融出资金的原值为人民币575.14亿元，其减值准备余额为人民币3.17亿元；股票质押式回购及约定购回式业务原值为人民币386.19亿元，其减值准备余额为人民币19.66亿元。 上述融资类业务的预期信用损失准备余额反映了管理层采用《企业会计准则第22号——金融工具确认和计量》预期信用损失模型，在报表日对预期信用损失做出的最佳估计。 中信证券运用三阶段减值模型计量预期信用损失。对于阶段一和阶段二的融资类业务，管理层运用包含信用风险敞口和考虑前瞻性因子的损失率等关键参数的风险参数模型法评估损失准备。对于阶段三的融资类业务，管理层通过预估考虑前瞻性因子的未来与该笔融资类业务相关的现金流，评估损失准备。 管理层于每个资产负债表日对融资类业务进行减值测试，融资类业务的预期信用损失计量模型中重大管理层判断和假设主要包括： （1）选择恰当的计量模型并确定相关参数； （2）信用风险显著增加的判断标准以及违约和已发生信用减值的定义； （3）用于前瞻性计量的经济情景的数量及其权重的采用。 中信证券就预期信用损失计量建立了相关的治理流程和控制机制。 由于融资类业务金额重大，且预期信用损失计量模型的运用需要管理层作出重大判断，该类资产的减值评估被确认为关键审计事项。	我们评价并测试了与融资类业务的预期信用损失计量相关的内部控制设计和执行情况。这些控制包括： （1）预期信用损失模型的治理，包括模型方法论的选择和审批；以及模型持续监控和优化； （2）对信用风险显著增加的标准，违约和已发生信用减值的认定，以及用于前瞻性计量的经济指标的采用、前瞻性情景和权重确定相关的复核和审批； （3）模型使用的关键参数的完整性和准确性相关的内部控制。 此外，我们还进行了以下程序： （1）我们检查了中信证券预期信用损失模型法，评价了其合理性，我们亦评估了其模型方法的编码数据是否反映了管理层的方法论； （2）我们进行了融资类业务维保比例及逾期天数计算，检查了管理层在确定信用风险显著增加和已发生信用减值的标准； （3）对于前瞻性情景，我们复核了管理层经济指标，经济场景数量及权重的模型选取的基础，评估了不同经济场景下经济指标预测值的合理性，并对经济指标及经济场景权重进行了敏感性测试； （4）我们抽样检查了预期信用损失模型的主要参数，包括信用风险敞口和考虑前瞻性因子的损失率； （5）对于阶段三的已发生信用风险减值的融资类业务，我们抽取样本，检查了管理层基于相关债务人和担保人的财务信息、抵押物的市场价值而计算的损失准备。 基于上述审计程序的结果，考虑到融资类业务的预期信用损失评估的固有不确定性，管理层在减值评估中所使用的模型、所运用的关键参数、所涉及的重大假设和判断及计量结果是可接受的。

示例 10-31　600999.SH 招商证券

关键审计事项	审计应对
信用业务和债券投资业务预期信用损失的计提如财务报表附注三、8、(7) 所述，招商证券自 2018 年 1 月 1 日起执行《企业会计准则第 22 号——金融工具确认和计量》，对金融资产减值采用预期信用损失模型进行计量。采用预期信用损失模型影响的主要项目包括招商证券开展信用业务产生的融出资金和买入返售金融资产，以及以摊余成本计量和以公允价值计量且其变动计入其他综合收益的债权投资。如财务报表附注三、32、(3) 所述，预期信用损失模型的使用中涉及重大的会计估计和管理层判断，主要包括信用风险显著增加的标准、模型和假设的使用、违约率和违约损失率的确定等。 如财务报表附注五、3、五、10、五、11 和五、12 分别所述，于 2018 年 12 月 31 日，招商证券融出资金账面价值为人民币 429.76 亿元、买入返售金融资产账面价值为人民币 330.44 亿元、债权投资账面价值为人民币 18.44 亿元、其他债权投资账面价值为人民币 416.42 亿元。该等金融资产账面价值合计为人民币 1,195.06 亿元，占招商证券年末总资产金额的 39.2%。 由于上述信用减值损失的计量涉及重大的管理层判断和估计，且上述涉及信用减值损失计量的金融资产金额重大，因此我们认为该事项属于合并及母公司财务报表审计的关键审计事项。	针对招商证券金融资产信用减值损失计量的事项，我们实施了以下主要审计程序予以应对： (1) 了解招商证券与计提预期信用减值准备相关的内部控制，并测试相关内部控制的执行有效性； (2) 评估招商证券于 2018 年 1 月 1 日首次采用新金融工具准则的预期信用损失调整是否适当； (3) 在事务所内部减值专家的协助下，评价招商证券预期信用损失模型和所使用的关键假设和参数是否适当，尤其是违约率和违约损失率； (4) 评价管理层确定信用风险显著增加的标准是否合理，并选取样本，检查信用风险显著增加的标准在上述金融资产中的运用是否正确； (5) 选取样本，检查预期信用损失模型的主要数据输入值是否正确，包括信用风险敞口和损失率； (6) 对于已发生信用减值的金融资产，抽取样本，检查管理层基于相关债务人和担保人的财务信息以及抵押物的最新评估价值的预计估计未来现金流而计算的减值准备是否适当。

示例 10-32　600958.SH 东方证券

事项描述	审计应对
融出资金和买入返售金融资产预期信用损失的计量如财务报表附注七、5 所述，截至 2018 年 12 月 31 日，东方证券融出资金的原值为人民币 10,481 百万元，其减值准备余额为人民币 204 百万元。如财务报表附注七、67 所述，2018 年度东方证券融出资金的信用减值损失为人民币 24 百万元。 如财务报表附注七、10 所述，截至 2018 年 12 月 31 日，东方证券买入返售金融资产的原值为人民币 29,002 百万元，其减值准备余额为人民币 834 百万元。如财务报表附注七、67 所述，2018 年度东方证券买入返售金融资产的信用减值损失为人民币 111 百万元。 如财务报表附注五披露，东方证券管理层在计量预期信用损失时需作出重大判断和估计，包括确定信用风险是否显著增加、选择适当的模型和假设以及使用前瞻性信息等。 考虑到东方证券融出资金、买入返售金融资产及其预期信用损失金额重大，在计量时管理层需作出重大判断和估计，因此我们将该事项认定为关键审计事项。	对于上述事项，我们实施了以下主要审计程序予以应对： • 评价和测试管理层确认融出资金和买入返售金融资产预期信用损失相关控制设计及运行有效性； • 评估管理层在确定信用风险是否显著增加时所作出的判断； • 评估管理层所使用的模型及其关键假设、输入值和参数； • 采用抽样的方法，检查预期信用损失模型中管理层所使用的相关数据，包括违约概率、违约损失率以及前瞻性信息； • 采用抽样的方法，评估管理层基于借款人和担保人财务信息、抵押物价值及其他相关因素计算减值准备的准确性。

示例 10-33 000776.SZ 广发证券

关键审计事项	该事项在审计中是如何应对的
债权投资、其他债权投资、融出资金及买入返售金融资产的减值 贵集团自2018年1月1日起采用修订后的《企业会计准则第22号——金融工具确认和计量》，并根据该准则要求将金融资产减值计量由"已发生损失模型"改为"预期信用损失模型"。 采用预期信用损失模型进行减值测算的金融工具主要包括以债权投资、其他债权投资、融出资金及买入返售金融资产，于2018年12月31日上述金融资产合计人民币1,685.82亿元，占总资产的43.3%；上述金融资产的减值准备合计为人民币8.20亿元。由于预期信用损失模型涉及较多判断和假设，且考虑金额的重要性，我们将其作为一项关键审计事项。相关披露请参见财务报表附注四、2及附注七、3、8、11、12、21。	我们评估并测试了与金融工具投资审批、投后管理、信用评级、押品管理以及金融工具减值测试相关的关键内部控制的设计和执行的有效性，包括相关的数据质量和信息系统； 利用我们内部专家对预期信用损失模型及相关参数和假设的合理性进行评估，包括阶段划分、违约概率、违约损失率、违约风险暴露等，并评估其中所涉及的关键管理层判断的合理性； 我们评估并测试了与贵集团预期信用损失相关披露的控制和执行的有效性。

示例 10-34 601788.SH 光大证券

关键审计事项	该事项在审计中是如何应对的
预期信用损失的评估 贵集团及贵公司于每个资产负债表日，以预期信用损失为基础对融出资金、买入返售金融资产、债权投资与其他债权投资等进行减值测试并确认损失准备。 如果信用风险自初始确认后未显著增加，贵集团及贵公司按照相当于未来12个月内预期信用损失的金额计量损失准备。如果信用风险自初始确认后已显著增加，贵集团及贵公司按照相当于整个存续期内预期信用损失的金额计量损失准备；如果已经发生信用损失，贵集团及贵公司确认整个存续期内的信用减值。贵集团及贵公司在评估预期信用损失时，考虑所有合理且有依据的信息，包括前瞻性信息。 于2018年12月31日，贵集团合并财务报表和贵公司个别财务报表中融出资金的账面净值分别为人民币30,337,928千元和人民币22,259,358千元，其中减值准备余额分别为人民币258,858千元和人民币145,484千元。 于2018年12月31日，贵集团合并财务报表和贵公司个别财务报表中买入返售金融资产账面净值分别为人民币33,708,788千元和人民币27,385,234千元，其中减值准备余额分别为人民币427,107千元和人民币427,107千元。 于2018年12月31日，贵集团合并财务报表和贵公司个别财务报表中债权投资的账面净值分别为人民币7,902,881千元和人民币7,769,078千元，其中减值准备余额分别为人民币138,427千元和人民币32,062千元。 于2018年12月31日，贵集团合并财务报表和贵公司个别财务报表中其他债权投资净值分别为人民币8,398,880千元和人民币8,470,542千元，反映在其他综合收益中的减值准备余额分别为人民币84,750千元和人民币84,871千元。 由于相关资产金额重大，其减值评估需要管理层作出重大判断，包括对减值阶段的划分及未来现金流量的估计等，因此我们将预期信用损失评估认定为关键审计事项。 相关披露请参见财务报表附注五、10，29及七、3，7，12，13。	与评估融出资金、买入返售金融资产、债权投资与其他债权投资减值计提主要包括以下程序： ● 了解和测试融出资金、买入返售金融资产、债权投资与其他债权投资减值计提流程的内部控制设计、运行的有效性； ● 获取并评估了管理层对于减值阶段划分的标准及确定减值损失金额所采用的预期信用损失模型的合理性； ● 选取样本，对样本的减值阶段划分结果与预期信用损失模型的标准进行对比； ● 选取样本，对管理层在计算减值损失时使用的关键参数的合理性进行评估，包括违约率，违约损失率、风险敞口、折现率、前瞻性调整因子等； ● 结合市场惯例和历史损失经验，评估管理层减值模型计算结果的合理性； ● 评价财务报表中针对融出资金、买入返售金融资产、债权投资与其他债权投资减值相关披露是否满足企业会计准则的要求。

示例 10-35　601881. SH 中国银河

事项描述	审计应对
金融资产预期信用损失的计量 如财务报表附注八、24 及财务报表附注十四所述，于 2018 年 12 月 31 日，银河证券分类为以摊余成本计量的金融工具和分类为以公允价值计量且其变动计入其他综合收益的金融工具账面余额共计人民币 1,772.86 亿元，已计提的预期信用损失准备余额共计人民币 6.46 亿元，对财务报表具有重大性。如财务报表附注三、9 及附注四、1 所述，银河证券自 2018 年 1 月 1 日起执行《企业会计准则第 22 号——金融工具确认和计量》，对以摊余成本计量的金融工具以及分类为以公允价值计量且其变动计入其他综合收益的金融工具，银河证券按照预期信用损失模型计量其损失准备。在确定上述金融工具的预期信用损失时，银河证券管理层需要对信用风险是否显著增加、具有共同信用风险特征资产组的划分，以及模型中使用的包括未来现金流量预期在内的关键假设作出评估，这涉及管理层运用重大会计估计和判断。 基于上述原因，我们将金融资产预期信用损失的计提作为合并及母公司财务报表审计的关键审计事项。	我们针对金融资产预期信用损失的计提执行的审计程序主要包括： ● 测试和评价管理层与金融资产预期信用损失计提相关的关键内部控制的有效性； ● 抽样测试和评价管理层对信用风险显著增加判断的依据及其合理性； ● 复核管理层使用的减值模型的适当性及相关假设的依据及其合理性； ● 抽样检查管理层在预期信用损失模型中使用的基础数据并复核模型计算的准确性； ● 针对计提重大减值准备的项目，检查和评价预期信用损失计提的依据及其合理性。

示例 10-36　600036. SH 招商银行

关键审计事项	关键审计事项在审计中的应对
以摊余成本计量的贷款和垫款及债权投资预期信用损失准备 我们识别以摊余成本计量的贷款和垫款及债权投资预期信用损失准备为关键审计事项，是因为以摊余成本计量的贷款和垫款及债权投资余额的重要性，贵集团于 2018 年 1 月 1 日采用预期信用损失模型计量预期信用损失准备，管理层在预期信用损失计提过程中存在重大会计判断及估计。 于 2018 年 12 月 31 日，如财务报表附注 9 所示，贵集团以摊余成本计量的贷款和垫款余额为人民币 3,764,074 百万元，相关预期信用损失准备为人民币 191,895 百万元；如财务报表附注 12 所示，贵集团债权投资的余额为人民币 924,138 百万元，相关预期信用损失准备为人民币 8,126 百万元。 管理层在预期信用损失计提过程中存在重大会计判断及估计包括：信用风险是否显著增加需要作出重大判断；是否出现减值迹象需要作出重大判断；预期信用损失准备模型输入参数的确定需要作出重大判断和估计；前瞻性信息的确定需要作出重大判断和估计。 用于确定以摊余成本计量的贷款和垫款及债权投资的预期信用损失准备的主要会计政策、重大判断和会计估计列示在财务报表附注 3（7）（a）和 3（29）（d）。	我们关于以摊余成本计量的贷款和垫款及债权投资预期信用损失准备的程序包括： 我们了解并测试了贵集团信用损失准备相关内部控制的设计和运行有效性。这些控制包括预期信用损失模型的建立和复核；预期信用损失模型数据输入的控制，包括手动录入控制和系统自动传输的控制；预期信用损失计算的自动控制；识别信用风险显著增加和已减值迹象相关的控制等。 我们评估了贵集团所搭建的预期信用损失模型是否覆盖了需计量预期信用损失的所有敞口。针对不同以摊余成本计量的贷款和垫款及债权投资组合，我们在内部信用风险模型专家的协助下审阅了有关预期信用损失模型的方法论，复核了相关文档，评估了预期信用损失模型的适用性和合理性。 我们还在内部信用风险模型专家的协助下对预期信用损失模型的关键定义、参数和假设的应用进行评估，当中包括阶段划分、违约概率、违约损失率、违约风险暴露以及前瞻性信息等。 我们选取样本执行了信贷审阅，以评估信用风险是否显著增加、减值事件是否发生以及是否恰当并及时识别等重大判断的合理性。 我们还抽样检查了预期信用损失模型输入数据，以

关键审计事项	关键审计事项在审计中的应对
	评价数据输入的完整性和准确性,复核了预期信用损失模型相关计算,其中对第三阶段的以摊余成本计量的贷款和垫款及债权投资,我们抽样测试了贵集团就相关借款人未来现金流量的估计,包括抵质押物的预计可回收金额,以评估信用损失准备金额是否存在重大错报。

示例 10-37　601328.SH 交通银行

关键审计事项	我们在审计中如何应对关键审计事项
发放贷款和垫款、金融投资中的债权投资以及财务担保合同和贷款承诺的预期信用损失计量 参见后附财务报表附注二第 10 项、附注二第 30 项（a）、附注四第 6 项、附注四第 8 项、附注四第 17 项、附注九第 3.3.1 项（1）、附注九第 3.3.1 项（2）、附注九第 3.3.1 项（3）、附注九第 3.3.1 项（5）、附注九第 3.3.2 项、附注九第 3.3.3 项（1）。 于 2018 年 12 月 31 日,交通银行发放贷款和垫款总额及应计利息为人民币 4,868,423 百万元,管理层确认的减值准备为人民币 126,051 百万元；金融投资中的债权投资本金及应计利息为人民币 2,003,874 百万元,管理层确认的减值准备为人民币 3,369 百万元。财务担保合同和贷款承诺敞口为人民币 1,456,218 百万元,管理层确认的预计负债为人民币 5,081 百万元。 发放贷款和垫款及金融投资中的债权投资的减值准备余额、财务担保合同和贷款承诺预计负债反映了管理层采用《企业会计准则第 22 号——金融工具确认和计量》预期信用损失模型,在报表日对预期信用损失做出的最佳估计。 交通银行通过评估发放贷款和垫款、金融投资中的债权投资以及财务担保合同和贷款承诺的信用风险自初始确认后是否显著增加,运用三阶段减值模型计量预期信用损失。对于阶段一、阶段二以及不采用现金流贴现模型计算减值准备的阶段三对公贷款、全部对私贷款、金融投资中全部债权投资以及全部财务担保合同和贷款承诺,管理层运用包含违约概率、违约损失率、违约风险敞口和折现率等关键参数的风险参数模型法评估减值准备。对于采用现金流贴现模型计算减值准备的阶段三的对公贷款,管理层通过预估未来与该笔贷款或投资相关的现金流,评估减值准备。 预期信用损失计量模型所包含的重大管理层判断和假设主要包括： 1. 将具有类似信用风险特征的业务划入同一个组合,选择恰当的计量模型,并确定计量相关的关键参数； 2. 信用风险显著增加、违约和已发生信用减值的判断标准；	我们评价和测试了与发放贷款和垫款、金融投资中的债权投资以及财务担保合同和贷款承诺的预期信用损失计量相关的内部控制设计及运行的有效性,主要包括： 1. 预期信用损失计量模型管理,包括模型方法论的选择、审批及应用,以及模型持续监控和优化相关的内部控制； 2. 管理层重大判断和假设相关的内部控制,包括组合划分、模型选择、参数估计、信用风险显著增加、违约和已发生信用减值判断,以及前瞻性及管理层叠加调整的复核和审批； 3. 模型计量使用的关键数据的准确性和完整性相关的内部控制； 4. 阶段三对公贷款的未来现金流预测和现值计算相关的内部控制； 5. 模型计量相关的信息系统内部控制。 我们执行的实质性程序,主要包括： 我们复核了预期信用损失模型计量方法论,对组合划分、模型选择、关键参数的合理性进行了评估。 我们抽样验证了模型的运算,以测试计量模型恰当地反映了管理层编写的模型方法论。 基于借款人的财务和非财务信息及其他外部证据和考虑因素,我们抽取样本评估了管理层就信用风险显著增加、违约和已发生信用减值贷款识别的恰当性。 对于前瞻性计量,我们复核了管理层经济指标选取、经济场景及权重的模型分析结果,评估了经济指标预测值的合理性,并对经济指标、经济场景及权重进行了敏感性测试。 此外,我们评估了管理层叠加调整中重大不确定因素选取、运用和计算的合理性,并检查了其数学计算的准确性。 我们抽样检查了模型计量所使用的关键数据,包括历史数据和计量数据,以评估其准确性和完整性。 对于采用现金流贴现模型计算减值准备的阶段三对公贷款,我们选取样本,检查了管理层基于借款人

续表

关键审计事项	我们在审计中如何应对关键审计事项
3. 采用现金流贴现模型计算减值准备的阶段三对公贷款的未来现金流预测； 4. 针对模型未覆盖的重大不确定因素的管理层叠加调整； 5. 经过复议的阶段三对公贷款的未来现金流预测。 交通银行就预期信用损失计量建立了相关控制机制。 交通银行的预期信用损失计量，使用了复杂的模型，运用了大量的参数和数据，并涉及重大管理层判断和假设。同时，由于发放贷款和垫款、金融投资中的债权投资以及财务担保合同和贷款承诺的合同敞口，以及计提的减值准备金额重大，因此我们确定其为关键审计事项。	和担保人的财务信息、抵质押物的最新评估价值、其他已获得信息得出的预计未来现金流量及折现率而计算的减值准备。 基于我们所执行的程序，考虑发放贷款和垫款、金融投资中的债权投资以及财务担保合同和贷款承诺的预期信用损失计量的固有不确定性，管理层在损失评估中所使用的模型、运用的关键参数、涉及的重大判断和假设及计量结果是可接受的。

示例 10-38 601998.SH 中信银行

关键审计事项	我们在审计中如何应对关键审计事项
发放贷款及垫款和金融投资的预期信用损失计量参见财务报表附注4、附注13以及附注14。 于2018年12月31日，中信银行合并资产负债表中发放贷款及垫款总额人民币36,167.50亿元，管理层确认的损失准备人民币1,011.00亿元；纳入预期信用损失评估的金融投资总额人民币12,919.54亿元，管理层确认的损失准备人民币44.09亿元。发放贷款及垫款和金融投资的损失准备余额反映了管理层采用《企业会计准则第22号——金融工具确认和计量》预期信用损失模型，在报表日对预期信用损失作出的最佳估计。管理层通过评估发放贷款及垫款和金融投资的信用风险自初始确认后是否显著增加，运用三阶段减值模型计量预期信用损失。对于阶段一和阶段二的对公贷款和金融投资、全部个人贷款，管理层运用包含违约概率、违约损失率、违约风险暴露和折现率等关键参数的风险参数模型法评估损失准备。对于阶段三的对公贷款和金融投资，管理层通过预估未来与该笔贷款或金融投资相关的现金流，评估损失准备。 预期信用损失计量模型所包含的重大管理层判断和假设主要包括：信用风险显著增加、违约和已发生信用减值的判断标准；用于前瞻性计量的经济指标、经济情景及其权重的采用；阶段三对公贷款和金融投资的未来现金流预测。 中信银行就预期信用损失计量建立了相关的治理流程和控制机制。 由于预期信用损失计量中，管理层使用了复杂的模型，运用了大量的参数和数据，并涉及重大管理层判断和假设。同时，由于发放贷款及垫款和金融投资敞口以及计提的损失准备金额重大，因此我们确定其为关键审计事项。	我们评价和测试了与发放贷款及垫款和金融投资的预期信用损失计量相关的内部控制设计及运行的有效性，主要包括： • 预期信用损失模型治理，包括模型方法论的选择、审批及应用，以及模型持续监控和优化相关的内部控制； • 管理层重大判断和假设相关的内部控制，包括模型选择、参数估计、信用风险显著增加、违约和已发生信用减值判断，以及前瞻性调整的复核和审批； • 模型计量使用的关键数据的准确性和完整性相关的内部控制； • 阶段三对公贷款和金融投资的未来现金流预测和现值计算相关的内部控制； • 模型计量相关的信息系统内部控制。我们执行的实质性程序，主要包括：我们复核了预期信用损失模型计量方法论，对模型选择、关键参数、重大判断和假设的合理性进行了评估。我们抽样检查了模型编码，以测试计量模型恰当地反映了管理层编写的模型方法论。 基于借款人的财务和非财务信息及其他外部证据和考虑因素，我们抽取样本评估了管理层就信用风险显著增加、违约和已发生信用减值贷款识别的恰当性。 对于前瞻性计量，我们复核了管理层经济指标选取、经济场景及权重的模型分析结果，评估了经济指标预测值的合理性，并对经济指标、经济场景及权重进行了敏感性测试。 我们抽样检查了模型计量所使用的关键数据，包括历史数据和计量日数据，以评估其准确性和完整性。我们对关键数据在模型计量引擎和信息系统间的传输执行穿行测试和对账检查，以验证其准确性和完整性。 对于阶段三的对公贷款和金融投资，我们选取样本，检查了中信银行基于借款人和担保人的财务信息、抵质押物的最新评估价值、其他已获得信息得出的预计未来现金流量及折现率而计算的损失准备。 基于我们所执行的程序，考虑发放贷款及垫款和金融投资的预期信用损失计量的固有不确定性，管理层在损失评估中所使用的模型、运用的关键参数、涉及的重大判断和假设及计量结果是可接受的。

示例 10-39　601988.SH 中国银行

关键审计事项	该事项在审计中是如何应对的
发放贷款和垫款的减值准备 2017年3月，中华人民共和国财政部修订并颁布了《企业会计准则第22号——金融工具确认和计量》，要求金融资产减值计量由"已发生损失模型"改为"预期信用损失模型"。贵集团于2018年1月1日起采用。贵集团在预期信用损失的计量中使用了多个模型和假设，例如： • 信用风险显著增加——选择信用风险显著增加的认定标准高度依赖判断，并可能对存续期较长的贷款的预期信用损失有重大影响； • 模型和参数——计量预期信用损失所使用的模型本身具有较高的复杂性，模型参数输入较多且参数估计过程涉及较多的判断和假设； • 前瞻性信息——运用专家判断对宏观经济进行预测，考虑不同经济情景权重下，对预期信用损失的影响； • 单项减值评估——判断贷款已发生信用减值需要考虑多项因素，单项减值评估将依赖于未来预计现金流量的估计。 由于贷款减值评估涉及较多重大判断和假设，且考虑到其金额的重要性（于2018年12月31日，发放贷款和垫款总额为人民币118,192.72亿元，占总资产的56%；贷款减值准备总额为人民币3,037.81亿元），我们将其作为一项关键审计事项。 相关披露参见合并会计报表注释五、1、注释七、6和注释十一、3。	我们评估并测试了与贷款审批、贷后管理、信用评级、押品管理以及贷款减值测试相关的关键控制的设计和执行的有效性，包括相关的数据质量和信息系统。我们采用风险导向的抽样方法，选取样本执行信贷审阅程序，基于贷后调查报告、债务人的财务信息、抵押品价值评估报告以及其他可获取信息，分析债务人的还款能力，评估贵集团对贷款评级的判断结果。在我所内部信用风险模型专家的协助下，我们对预期信用损失模型的重要参数、管理层重大判断及其相关假设的应用进行了评估及测试，主要集中在以下方面： 1. 预期信用损失模型： • 评估预期信用损失模型方法论以及相关参数的合理性，包括违约概率、违约损失率、风险敞口、信用风险显著增加等； • 评估管理层确定预期信用损失时采用的前瞻性信息，包括宏观经济变量的预测和多个宏观情景的假设； • 评估单项减值测试的模型和假设，分析管理层预计未来现金流量的金额、时间以及发生概率，尤其是抵押物的可回收金额。 2. 关键控制的设计和执行的有效性： • 评估和测试用于确认预期信用损失准备的数据和流程，包括贷款业务数据、内部信用评级数据、宏观经济数据等，还有减值系统的计算逻辑、数据输入、系统接口等； • 评估和测试预期信用损失模型的关键控制，包括模型变更审批、模型表现的持续监测、模型验证和参数校准等。 我们评估并测试了与贵集团信用风险敞口和预期信用损失相关披露的控制设计和执行的有效性。

示例 10-40　601939.SH 建设银行

关键审计事项	我们在审计中如何应对关键审计事项
以摊余成本计量的发放贷款和垫款的预期信用损失计量 参见财务报表附注4（3），4（24）（b），12，及附注58（1）。 于2018年12月31日，建设银行以摊余成本计量的发放贷款和垫款总额人民币134,050亿元，相关的预期信用损失准备余额为人民币4,176亿元。 以摊余成本计量的发放贷款和垫款损失准备的余额反映了管理层在资产负债表日根据修订后的《企业会计准则第22号——金融工具确认和计量》（以下简称"企业会计准则第22号"）建立的预期信用损失模型对预期信用损失作出的最佳估计。修订后的企业会计准则第22号于2018年1月1日正式生效。	我们评价和测试了与发放贷款和垫款的预期信用损失计量相关的内部控制设计及运行的有效性，主要包括： 1. 与模型方法论的选择及应用，以及总体模型持续监控相关的内部控制； 2. 与组合划分和阶段评估、具体模型选择、参数估计，以及前瞻性经济指标确定相关的内部控制； 3. 与模型计量使用的关键数据录入的准确性和完整性相关的内部控制； 4. 与阶段三公司贷款的未来现金流预测和现值计算相关的内部控制； 5. 与模型计量相关的信息系统内部控制。 我们执行的实质性程序主要包括： 1. 我们复核了预期信用损失模型计量方法论，对组合划分、模型选择、关键参数的合理性进行了评估。我们抽样复核了模型的运算，以测试计量模型是否恰当运用了模型方法论。

续表

关键审计事项	我们在审计中如何应对关键审计事项
管理层通过评估发放贷款和垫款的信用风险自初始确认后是否显著增加，运用三阶段减值模型计量预期信用损失。对于阶段一（信用风险无显著增加）和阶段二（信用风险显著增加）的发放贷款和垫款以及阶段三（违约和已发生信用减值）的个人贷款，管理层运用包含违约概率、违约损失率、违约风险暴露和折现率等关键参数的风险参数模型法评估损失准备。对于阶段三的公司贷款，管理层通过预估未来与贷款相关的折现现金流，评估损失准备。 预期信用损失计量涉及的重大管理层判断和假设主要包括： 1. 将具有类似信用风险特征的业务划入同一个组合，选择恰当的计量模型，并确定计量相关的关键参数； 2. 信用风险显著增加、违约和已发生信用减值的判断标准； 3. 用于前瞻性计量的经济指标、经济情景及其权重的采用； 4. 阶段三公司贷款的未来现金流预测。 预期信用损失计量使用了复杂的模型、大量的参数和数据，涉及重大的管理层判断和假设，相关的损失准备余额对合并财务报表影响重大，因此我们确定其为关键审计事项。	2. 基于借款人的财务和非财务信息及其他外部证据和考虑因素，我们抽取样本评估了管理层对信用风险显著增加及违约和已发生信用减值贷款的识别是否恰当。 3. 对于前瞻性计量，我们复核了管理层选取的经济指标、经济场景及权重的模型分析结果；评估了经济指标预测值的合理性；执行了敏感性测试。 4. 我们抽样检查了模型计量所使用关键数据（包括历史数据和计量日数据）的录入，以及关键数据在模型计量系统和相关信息系统间的传输。 5. 对于阶段三的公司贷款，我们选取样本，检查了管理层基于借款人和担保人的财务信息、抵质押物的最新评估价值、其他已获得信息得出的预计未来现金流量及折现率而计算的损失准备。 基于我们所执行的程序，管理层在预期信用损失计量中所使用的模型、运用的关键参数、数据和假设可以被我们获取的证据所支持。

示例 10-41　601818.SH 光大银行

关键审计事项	该事项在审计中是如何应对的
发放贷款和垫款的减值准备 2017 年 3 月，中华人民共和国财政部修订并颁布了《企业会计准则第 22 号——金融工具确认和计量》，要求金融资产减值计量由"已发生损失模型"改为"预期信用损失模型"。贵集团于 2018 年 1 月 1 日起采用。贵集团在预期信用损失的计量中使用了多个模型和假设，例如： ● 信用风险显著增加——选择信用风险显著增加的认定标准高度依赖判断，并可能对存续期较长的贷款的预期信用损失有重大影响； ● 模型和参数——计量预期信用损失所使用的模型本身具有较高的复杂性，模型参数输入较多且参数估计过程涉及较多的判断和假设； ● 前瞻性信息——运用专家判断对宏观经济进行预测，考虑不同经济情景权重下，对预期信用损失的影响； ● 单项减值评估——判断贷款已发生信用减值需要考虑多项因素，单项减值评估将依赖于未来预计现金流量的估计。	我们评估并测试了与贷款审批、贷后管理、信用评级、押品管理以及贷款减值测试相关的关键控制的设计和执行的有效性，包括相关的数据质量和信息系统。 我们采用风险导向的抽样方法，选取样本执行信贷审阅程序，基于贷后调查报告、债务人的财务信息、抵押品价值评估报告以及其他可获取信息，分析债务人的还款能力，评估贵集团对贷款评级的判断结果。我们在内部信用风险模型专家的协助下，对预期信用损失模型的重要参数、管理层重大判断及其相关假设的应用进行了评估及测试，主要集中在以下方面： 1. 预期信用损失模型： ● 评估预期信用损失模型方法论以及相关参数的合理性，包括违约概率、违约损失率、风险敞口、信用风险显著增加等； ● 评估管理层确定预期信用损失时采用的前瞻性信息，包括宏观经济变量的预测和多个宏观情景的假设； ● 评估单项减值测试的模型和假设，分析管理层预计未来现金流量的金额、时间以及发生概率，尤其是抵押物的可回收金额。

续表

关键审计事项	该事项在审计中是如何应对的
由于贷款减值评估涉及较多判断和假设，且考虑到其金额的重要性（于2018年12月31日，发放贷款和垫款总额人民币24,284.87亿元，占总资产的55.73%；贷款减值准备总额人民币676.82亿元），我们将其作为一项关键审计事项。 相关披露参见财务报表附注四、1，附注六、6和附注九、(a)。	2. 关键控制的设计和执行的有效性： • 评估并测试用于确认预期信用损失准备的数据和流程，包括贷款业务数据、内部信用评级数据、宏观经济数据等，还有减值系统涉及的系统计算逻辑、数据输入、系统接口等； • 评估并测试预期信用损失模型的关键控制，包括模型变更审批、模型表现的持续监测、模型验证和参数校准等。 我们评估并测试了与贵集团信用风险敞口和预期信用损失相关披露的控制设计和执行的有效性。

示例10-42　601398.SH 工商银行

关键审计事项	在审计中如何应对该事项
客户贷款及垫款减值准备的确定 请参阅"财务报表附注三、9. 金融资产的减值；38. 重大会计判断和会计估计"所述的会计政策及"财务报表附注四、6. 客户贷款及垫款"。 贵集团自2018年1月1日起适用《企业会计准则第22号——金融工具确认和计量（修订）》，该准则采用预期信用损失模型计提减值准备。 客户贷款及垫款减值准备的确定涉及管理层主观判断。对于贵集团而言，客户贷款及垫款减值准备的确定较大程度依赖于外部宏观环境和贵集团内部信用风险管理策略，以及运用判断确定违约损失率或评估没有设定担保物的或者可能存在担保物不足情况的个别客户贷款及垫款的可收回现金流。 贵集团基于金融工具的信用风险自初始确认后是否已显著增加及是否已发生信用减值，将金融工具划分为三个风险阶段，按照相当于该金融工具未来12个月内或整个存续期内预期信用损失的金额计量其损失准备。 除已发生信用减值的公司类贷款及垫款外，预期信用损失的测试采用风险参数模型法，关键参数包括违约概率、违约损失率及违约风险敞口，参数评估考虑的因素包括历史逾期数据、历史损失率、内部信用评级及其他调整因素。 已发生信用减值的公司类贷款及垫款，采用现金流贴现法评估其预期信用损失。在运用判断确定可回收现金流时，管理层会考虑多种因素，这些因素包括客户贷款及垫款的可行的清收措施、借款人的财务状况、担保物的估值、索赔受偿顺序、是否存在其他债权人及其配合程度。当贵集团聘请外部评估师对特定资产和其他流动性不佳的担保物进行评估时，可执行性、时间和方式也会影响最终的可收回金额并影响资产负债表日的	与评价客户贷款及垫款减值准备的确定相关的审计程序中包括以下程序： • 了解和评价与客户贷款及垫款减值准备相关的内部控制运行的有效性： ——了解和评价信用审批、记录、监控、定期信用等级重评，以及减值准备计提等相关的关键财务报告内部控制的设计和运行有效性；特别地，我们评价与基于各级次客户贷款及垫款的资产质量而进行贷款阶段划分相关的关键内部控制的设计和运行有效性； ——了解和评价相关信息系统控制的设计和运行有效性，包括：系统的一般控制环境、关键内部历史数据的完整性、系统间数据传输、预期信用损失模型参数的映射，以及客户贷款及垫款减值准备的系统计算等。 • 评价贵集团评估减值准备时所用的预期信用损失模型和参数的可靠性，审慎评价违约概率、违约损失率、违约风险暴露、折现率、前瞻性调整及其他调整等，以及其中所涉及的关键管理层判断的合理性。 • 评价涉及主观判断的输入参数，包括从外部寻求支持证据，比对历史损失经验及担保方式等内部记录。作为上述程序的一部分，我们还询问了管理层对关键假设和输入参数所做调整的理由，并考虑管理层所运用的判断是否一致，以及了解和评价与模型内数据输入相关的关键内部控制的有效性。 • 对比模型中使用的经济因素与市场信息，评价其是否与市场以及经济发展情况相符。 • 执行追溯复核，利用实际观察数据检验模型结果及其期间变动，以定量评价模型的预测准确性。 • 选取样本，评价管理层对信用风险自初始确认后是否显著增加的判断以及是否已发生信用减值的判断的合理性。我们按照行业分类对贷款进行分析，选取样本时考虑选取受目前行业周期及调控政策影响较大的行业。关注高风险领域的贷款并选取不良贷款、逾期非不良贷款、存在负面预警信号或负面媒体消息的借款人作为信贷审阅的样本。

关键审计事项	在审计中如何应对该事项
预期信用损失准备金额。 由于客户贷款及垫款减值准备的确定存在固有不确定性以及涉及管理层判断,同时其对贵集团的经营状况和资本状况会产生重要影响,我们将客户贷款及垫款减值准备的确定识别为关键审计事项。	● 对选取的已发生信用减值的公司类贷款及垫款执行信贷审阅时,通过询问、运用职业判断和独立查询等方法,评价其预计可收回的现金流。我们还评价担保物的变现时间和方式并考虑管理层提供的其他还款来源。评价管理层对关键假设使用的一致性,并将其与我们的数据来源进行比较。 ● 评价贵集团在对特定资产和流动性不佳的担保物进行估值时所聘用外部评估师的胜任能力、专业素质和客观性,包括将其估值与外部可获取的数据进行比较,如大宗商品价格和房地产价值等。 ● 评价与客户贷款及垫款减值准备相关的财务报表信息披露是否符合《企业会计准则第37号——金融工具列报(修订)》的披露要求。

示例10-43 601288.SH 农业银行

关键审计事项	我们在审计中如何应对关键审计事项
发放贷款和垫款损失准备 参见财务报表附注四、8(5),附注五、2,附注七、7,附注七、42及附注十三、3。 于2018年12月31日,农业银行合并资产负债表中发放贷款和垫款账面价值人民币114,615.42亿元,其中,以摊余成本计量的发放贷款和垫款账面价值人民币110,273.81亿元,以公允价值计量且其变动计入其他综合收益的发放贷款和垫款账面价值人民币4,339.12亿元;管理层确认的以摊余成本计量的发放贷款和垫款损失准备余额人民币4,791.43亿元,以公允价值计量且其变动计入其他综合收益的发放贷款和垫款损失准备余额人民币74.69亿元。农业银行合并利润表中确认的2018年度发放贷款和垫款信用减值损失为人民币1,301.11亿元。 发放贷款和垫款损失准备反映了管理层采用2018年1月1日起正式生效的《企业会计准则第22号——金融工具确认和计量》中的预期信用损失模型,在报表日对损失准备做出的最佳估计。 农业银行通过评估发放贷款和垫款的信用风险自初始确认后是否显著增加,运用三阶段减值模型计量预期信用损失。对于阶段一和阶段二的对公贷款以及全部个人贷款,农业银行运用包含违约概率、违约损失率、违约风险敞口等关键参数的风险参数模型法评估损失准备;对于已减值的阶段三对公贷款,农业银行通过定期预估未来与贷款相关的现金流,运用现金流折现模型法评估损失准备。	为了对农业银行发放贷款和垫款损失准备计量相关内部控制设计及运行的有效性进行评估,我们针对农业银行以下环节的相关定期复核和审批进行了测试,主要包括: (1)预期信用损失计量模型控制,包括模型方法论的选择、审批及应用,以及模型持续监控和优化相关的内部控制; (2)管理层重大判断和假设相关的内部控制,包括组合划分、模型选择、关键参数估计、信用风险显著增加、违约和已发生信用减值的判断,以及前瞻性计量的复核和审批; (3)模型计量使用的关键数据的准确性和完整性相关的内部控制; (4)阶段三对公贷款的未来现金流预测和现值计算相关的内部控制; (5)预期信用损失计量相关的信息系统内部控制; (6)发放贷款和垫款损失准备计量结果的复核和审批。 我们复核了预期信用损失模型计量方法论,对组合划分、模型选择、关键参数估计(包含违约概率、违约损失率、违约风险敞口等)等重大判断和假设的合理性进行了评估。我们抽样验证了模型的运算,以测试模型计量引擎恰当地反映了管理层的模型方法论。 我们选取了贷款样本执行测试,基于农业银行已获得的借款人财务和非财务信息以及其他相关的外部证据,抽样评估了农业银行对贷款信用风险显著增加、违约和已发生信用减值贷款识别的恰当性。 对于前瞻性计量,我们复核了管理层经济指标选取、经济场景及权重的模型分析结果,对前瞻性及多经济情景模型中使用的参数和假设的合理性进行了评估,并对经济指标、经济场景及权重进行了敏感性测试。 对于阶段三的对公贷款,我们选取样本,检查了农业银行基于借款人和担保人的财务信息、抵质押的最新评估价值、

续表

关键审计事项	我们在审计中如何应对关键审计事项
发放贷款和垫款损失准备计量所包含的重大管理层判断和假设主要包括： （1）将具有类似信用风险特征的贷款划入同一个组合，选择恰当的计量模型，并确定计量相关的关键参数； （2）信用风险显著增加、违约和已发生信用减值的判断； （3）用于预测前瞻性信息以及多经济情景影响的参数和假设； （4）阶段三对公贷款的未来现金流预测。 农业银行就预期信用损失计量建立了相关的内部控制。 农业银行的发放贷款和垫款损失准备计量使用了复杂的模型，涉及管理层关于参数和数据的重大判断和假设，因此我们确定其为关键审计事项。	其他已获得信息得出的预计未来现金流量及折现率而计算的损失准备。 我们抽样检查了模型计量所使用的关键数据，包括历史数据和计量日数据，以评估其准确性和完整性。我们对关键数据在模型计量引擎和信息系统间的传输执行接口测试，以验证其准确性和完整性。 基于我们所执行的程序，考虑发放贷款和垫款的损失准备计量的固有不确定性，管理层在损失准备评估中所涉及的重大判断和假设、所使用的模型、所运用的关键参数及计量结果是可接受的。

示例 10-44　600016.SH 民生银行

关键审计事项	在审计中如何应对该事项
贷款和以摊余成本计量的金融资产减值准备的确定 请参阅财务报表附注"四、主要会计政策"6.5所述的会计政策及"八、财务报表主要项目附注"6、7.3。 贵集团自2018年1月1日起适用《企业会计准则第22号——金融工具确认和计量（修订）》，采用预期信用损失模型计提减值准备。 运用预期信用损失模型确定发放贷款和垫款以及以摊余成本计量的金融资产的减值准备的过程中涉及若干关键参数和假设的应用，包括发生信用减值的阶段划分、违约概率、违约损失率、违约风险暴露、折现率等参数估计，同时考虑前瞻性调整及其他调整因素等，在这些参数的选取和假设的应用过程中涉及较多的管理层判断。 外部宏观环境和贵集团内部信用风险管理策略对预期信用损失模型的确定有很大的影响。在评估关键参数和假设时，贵集团对于公司贷款和垫款以及以摊余成本计量的金融资产所考虑的因素包括历史损失率、内部信用评级、外部信用评级及其他调整因素；对于个人贷款和垫款所考虑的因素包括个人类贷款的历史逾期数据、历史损失经验及其他调整因素。 在运用判断确定违约损失率时，管理层会考虑多种因素。这些因素包括可收回金额、借款人的财务状况、抵押物可收回金额、索赔受偿顺序、是否存在其他债权人及其配合程度。管理层在评估抵押房产的价值时，会参考有资质的第三方评估机构出具的抵押物评估报告，并同时考虑抵押物	与评价发放贷款和垫款以及以摊余成本计量的金融资产减值准备的确定相关的审计程序中包括以下程序： ● 了解和评价与发放贷款和垫款以及以摊余成本计量的金融资产在审批、记录、监控、分类流程以及减值准备计提相关的关键财务报告内部控制的设计和运行有效性。 ● 利用本所金融风险管理专家的工作，评价管理层评估减值准备时所用的预期信用损失模型和参数的可靠性，包括评价发生信用减值的阶段划分、违约概率、违约损失率、违约风险暴露、折现率、前瞻性调整及管理层调整等，并评价其中所涉及的关键管理层判断的合理性。 ● 评价预期信用损失模型的参数使用的关键数据的完整性和准确性。针对与原始档案相关的关键内部数据，我们将管理层用以评估减值准备的发放贷款和垫款以及以摊余成本计量的金融资产清单总额分别与总账进行比较，选取样本，将单项贷款或以摊余成本计量的金融资产的信息与相关协议以及其他有关文件进行比较，以评价清单的准确性；针对关键外部数据，我们将其与公开信息来源进行核对，以检查其准确性。 ● 针对涉及主观判断的输入参数，我们进行了审慎评价，包括从外部寻求支持证据，比对历史损失经验及担保方式等内部记录。作为上述程序的一部分，我们还询问了管理层对关键假设和输入参数相对于以前和准则转换期间所做调整的理由，并考虑管理层所运用的判断是否一致。我们对比模型中使用的经济因素与市场信息，评价其是否与市场以及经济发展情况相符。 ● 利用本所信息技术专家的工作，评价相关信息系统控制的设计，包括：系统的一般控制环境、关键内部历史数据的有效性、系统间数据传输、预期信用损失模型参数的映

续表

关键审计事项	在审计中如何应对该事项
的市场价格、地理位置及用途。另外，抵押物变现的可执行性、时间和方式也会影响抵押物可收回金额。 由于发放贷款和垫款以及以摊余成本计量的金融资产减值准备的确定存在固有不确定性以及涉及管理层判断，同时其对贵集团的经营状况和资本状况会产生重要影响，我们将发放贷款和垫款以及以摊余成本计量的金融资产减值准备的确定识别为关键审计事项。	射以及减值准备的系统计算等。 ● 采用风险导向的方法选取样本，评价管理层作出的关于该类发放贷款和垫款或以摊余成本计量的金融资产的信用风险自初始确认后是否显著增加的判断以及是否已发生信用减值的判断的合理性。我们按行业分类对贷款进行分析，选取样本时考虑选取受目前经济影响较大的行业；我们还依据其他风险标准选取样本，包括存在负面媒体信息和逾期等情况的借款人作为信贷审阅的样本。 ● 对按上述标准选取的发放贷款和垫款以及以摊余成本计量的金融资产样本执行信贷审阅程序，包括询问信贷经理企业经营情况，复核借款人的财务信息，查询有关借款人业务的市场信息，评价管理层对所持担保物的估值，评价已发生信用损失的发放贷款和垫款以及以摊余成本计量的金融资产的预计可收回现金流，将管理层对担保物的估值与其市场价格进行比较，评价担保物的变现时间和方式，以及考虑管理层提出的其他还款来源。 ● 评价与发放贷款和垫款及以摊余成本计量的金融资产减值准备相关的财务报表信息披露是否符合《企业会计准则第37号——金融工具列报》的披露要求。

第三节 公允价值计量相关的审计应对

一、审计工作

（一）计划审计工作

1. 应对新旧衔接所执行的程序

（1）首次执行日的公允价值选择权及非交易性权益工具公允价值的确定。

对于公允价值计量相关的新金融工具准则实施，在首次执行日的最主要变化是对直接指定为以公允价值计量的金融工具的公允价值选择权，以及对非交易性权益工具的公允价值确定。

判断是否满足直接指定为以公允价值计量的金融工具的指定条件的相关审计程序，在本章第一节中已经讨论。基于新金融工具准则对后续计量的要求，最显著的变化是对于选择直接指定为公允价值计量且其变动计入其他综合收益的非交易性权益工具，不再允许将历史成本视同为公允价值，而需要定期获取其公允价值以满足后续计量的要求，除非管理层可以证明用以确定公允价值的近期信息不足，或者公允价值的可能估计金额分部范围很广，成本代表了该范围内对公允价值的最佳估计。如果被审计单位的历史存量投资的新旧衔接中存在此种例外事项，注册会计师应获取并复核相关依据，包括不限于论证成本代表在公允价值分布范围内的最恰当估计值的定量计算过程。

注册会计师在对新旧衔接调整事项执行审计程序时，需要重点关注被审计单位对此类非交易性权益工具公允价值确定的相关流程，其中可能的方式包括：获取市场价格数据并进行必要修正（适用于被投资方为公众公司的情形）、建立内部估值模型、利用管理层专家的估值结果等。同时，对原账面价值与公允价值之间的差额的计算和相关会计处理进行复核。

（2）按实际利率法进行的追溯调整。

对于首次执行日需采用实际利率法进行追溯调整的金融工具，注册会计师应复核实际利率法计算的准确性和会计处理的正确性。如果管理层判断对某些金融工具进行追溯调整采用实际利率法可能不切实可行，注册会计师应对相关部门和负责人员执行访谈等程序，了解不切实可行的理由是否真实、充分，并获取该类金融工具首次执行日的当天新的账面总额或摊余成本的确定依据。

2. 公允价值计量相关的重大错报风险的评估

金融工具的公允价值计量通常涉及一些重大的专业判断、复杂合同条款的分析、估值模型中不可观察输入值的确定和应用等，因此对金融工具（特别是公允价值计量层级属于第二层次和第三层次的金融资产）的估值通常是审计中的重点和难点，如果被审计单位持有金额较为重大的非上市股权（包括全国股转中心挂牌企业的股权）、流通限售股、可转债、可转换优先股、资产证券化份额或基础资产为非标准化投资的结构化主体（如信托投资计划、私募股权基金份额等），则需要考虑将此类金融资产的公允价值计量评估为重大错报风险。

同样地，在上市实体审计中，注册会计师也需要考虑与金融工具公允价值计量相关的重大错报风险可能识别为拟在审计报告中沟通的关键审计事项。

3. 利用专家工作的考虑

较为复杂的估值业务是《中国注册会计师审计准则第1421号——利用专家的工作》所规定的需考虑利用专家工作的常见领域，而管理层在编制财务报表时是否利用了专家的工作，是注册会计师是否需要利用专家工作的判断标准之一。

在金融工具的估值过程中，一般来说对有活跃市场和公开报价的债券、股票、期权和开放式基金等，注册会计师可以从市场公开渠道获取公允价值信息以验证管理层的估值结果，相对直观地取得审计证据。但是对于前述计量层级属于第二层次和第三层次的金融工具，无论管理层运用了内部的估值模型还是利用了外部专家的估值结果，注册会计师均需要利用事务所估值专家的工作，或者在审计项目组中安排有金融工具估值的执业资质及相关经验的成员，对估值适用的假设、参数、不可观察输入值和估值结果进行复核。

（二）识别、了解并测试内部控制

1. 金融机构的公允价值计量的内部控制

一般情况下，金融企业对金融工具的估值流程较为完善，注册会计师应对实施新金融工具准则后被审计单位管理层对相关内部控制流程的修订、新增内容进行了解。

为了应对管理层滥用将成本作为股权投资公允价值最佳估计数的例外情形，注册会计师需要获取更新后的内控制度，并走访相关部门，了解更新后的估值流程是否可以有效识别出以下可能表明成本不代表相关金融资产公允价值的情形：

（1）权益工具投资或合同存在报价；

（2）与预算、计划或阶段性目标相比，被投资方业绩发生重大变化；

（3）对被投资方技术产品实现阶段性目标的预期发生变化；

（4）被投资方的权益、产品或潜在产品的市场发生重大变化；

（5）全球经济或被投资方经营所处的经济环境发生重大变化；

（6）被投资方可比企业的业绩或整体市场所显示的估值结果发生重大变化；

（7）被投资方的内部问题，如欺诈、商业纠纷、诉讼、管理或战略变化；

（8）被投资方权益发生了外部交易并有客观证据，包括发行新股等被投资方发生的交易和第三方之间转让被投资方权益工具的交易等。

在实务中，成本代表公允价值的最佳估计的情形是十分有限的。如存在此类事项，注册会计师还需要关注管理层运用专业判断的过程是否执行了必要的复核、审批手续。

此外，考虑到大多数金融企业均有对结构化主体的投资，注册会计师需要了解并测试的关键控制点还包括：从发行方获取对所投资的结构化主体的定期估值信息，并执行核对的流程。如果按照合同约定，该等结构化主体的发行方不会定期提供估值数据，应关注被审计单位是否对此类投资产品建立了恰当的估值模型。

2. PE/VC等风险投资机构的公允价值计量的内部控制

PE/VC等风险投资机构通常投资较多的非上市股权，或者"明股实债"投资及委托贷款等。从投后风险管理的角度，投资团队一般会持续关注被投资方的经营和财务状况，并形成定期的投后管理报告。

注册会计师需要关注被审计单位是否建立了恰当机制，使财务部门在编制财务报表时可以获取投资团队的投后管理报告作为公允价值计量的基础。如果估值流程中运用了第三方外部机构设计的估值模型，或者利用了专家工作，则需要了解估值中使用的相关数据和假设，是否与投后管理中获取的信息相互一致。

3. 非金融企业的公允价值计量的内部控制

对于非金融企业，以短期获利为投资目的而持有的金融工具一般较少，可能并非常规活动，因此非金融企业较少建立自有的估值模型。注册会计师需要关注非金融企业的财务报告相关内部控制是否具有识别适用公允价值计量模式的金融工具的机制，同时需要关注被审计单位是否建立了对非标准化投资估值所依赖的外部专家的胜任能力、专业资质和客观性的评价机制。

(三) 实质性审计程序

1. 对标准化的金融工具公允价值计量的实质性程序

对于有活跃市场和公开报价的债券、股票、期权和开放式基金等,注册会计师应独立地从外部信息平台获取资产负债表日的市场价格信息,并验证管理层的估值结果。对于限售股、全国股转中心挂牌企业股票等,其临近资产负债表日的成交价格并不一定代表其公允价值,注册会计师需要关注管理层是否考虑了限售期等因素的影响,或者采用了其他恰当的估值方法。

2. 对非标准化的金融工具公允价值计量的实质性程序

对非上市股权（包括全国股转中心挂牌企业的股权）、流通限售股、可转债、可转换优先股、资产证券化份额或基础资产为非标准化投资的结构化主体,注册会计师需要获取投资合同等相关文件,对其中的条款做出实质性分析,在此基础上对管理层的估值结果进行重新计算。

如果管理层利用了较为复杂的内部模型,注册会计师可能需要利用信息系统测试团队的工作,对内部估值模型的原理和所利用的假设、参数进行复核。

如果管理层利用了外部专家工作,注册会计师也需要考虑利用估值专家的工作,结合相关支持性文件,对管理层估值过程中所使用的参数及假设,包括无风险利率、预期波动率、限售期折扣、可比公司的选取和可比公司倍数等合理性进行复核。

对于公允价值估值结果对相关部门的业绩考核评价存在影响的情形,还需要结合职工薪酬的审计,核对金融工具的估值结果和运用于业绩考评的数据是否存在差异,并追查形成差异的原因（如存在）。

3. 对金融负债自身信用风险的实质性程序

如果被审计单位存在将指定为以公允价值计量且其变动计入当期损益的金融负债,应关注公允价值计量过程中是否考虑了自身信用风险变动的因素,且对该部分因素造成的公允价值变动采取了恰当的会计处理。

(四) 特殊事项的考虑

在对金融工具公允价值执行审计的过程中,需要注意公允价值评估流程中出现的异常事项或内控缺陷不仅影响计价认定的判断,同时也可能是其他相关认定存在重大错报风险的迹象。例如,如果被审计单位管理层对直接指定为 FVOCI 的非交易性非上市股权（"三无投资"）无法持续获取公允价值评估的相关必要信息,注册会计师应考虑是否对这部分投资项目的审计范围受限；同时需要考虑,此类迹象可能从一个侧面说明该等投资的其他认定也存在风险。例如,历史形成该等投资的交易是否真实、双方对交易实质和股东身份的争议,以及该等投资可能存在重大的减值迹象等。

(五) 列报与披露

对于与金融工具公允价值相关的列报与披露，注册会计师需关注以下要点：

（1）复核首次执行新金融工具准则的财务报表期间的会计政策，是否披露了更新后的公允价值计量的会计政策和会计估计，并披露了会计政策变更对其他综合收益等项目的影响数。

（2）对以净额列报的金融工具，复核公允价值净额的计算是否准确。

（3）对于存在金融资产或金融负债初始确认时交易价格与公允价值差异产生利得或损失的情形，复核管理层是否按照《企业会计准则第37号——金融工具列报》应用指南的要求披露了相关信息，包括：初始确认后续期间在损益中确认交易价格与初始确认的公允价值之间差额时所采用的会计政策，以反映市场参与者对资产或负债进行定价时所考虑的因素（包括时间因素）的变动；该项差异期初和期末尚未在损益中确认的金额和本期变动额；认定交易价格并非公允价值的最佳证据，以及确定公允价值的证据等。

（4）对于运用复杂估值模型的金融工具，复核管理层是否披露了估值模型的相关假设和参数等要素。

（5）复核财务报表附注中公允价值计量层级的信息是否准确，并与相关报表项目注释勾稽、核对。

（6）复核财务报表附注中市场风险披露的信息，是否与审计过程中获取的相关审计证据相一致。

二、实务应用示例

示例10-45　601398.SH 工商银行

关键审计事项	在审计中如何应对该事项
新金融工具准则转换的过渡调整及披露 请参阅"财务报表附注三、39. 会计政策变更"所述的会计政策。 贵集团自2018年1月1日起适用《企业会计准则第22号——金融工具确认和计量（修订）》《企业会计准则第23号——金融资产转移（修订）》《企业会计准则第24号——套期会计（修订）》《企业会计准则第37号——金融工具列报（修订）》（以上有关准则统称"新金融工具准则"）。 新金融工具准则修改了此前使用的金融工具分类与计量的要求，并要求对有关金融资产和信贷承诺计提预期信用损失减值准备，此外，还对套期	与新金融工具准则转换的过渡调整相关的审计程序中包括以下程序： ● 了解和评价与新金融工具准则转换相关的关键财务报告内部控制的设计和运行有效性，包括与会计政策和预期信用损失模型方法论的选择及审批相关的内部控制流程、信息系统相关控制等。 ● 评价金融工具分类的准确性，包括获取管理层于2018年1月1日的金融工具分类清单，选取样本检查其合同现金流量特征，同时了解并评价相关金融工具组合的业务模式。 ● 利用我们的内部估值专家的工作，评估由于分类与计量改变而需以公允价值计量的金融资产的估值方法以及采用的关键参数，并选取样本对其公允价值进行独立验证。 ● 利用我们的内部估值专家的工作，测试预期信用损失模

续表

关键审计事项	在审计中如何应对该事项
会计适用的交易类型提供了更大的灵活性。贵集团需要按照新金融工具准则的规定,对金融工具的分类与计量、减值准备以及套期会计进行追溯调整。 由于新金融工具准则转换的过渡调整是一个较为复杂的流程,涉及与其相关的财务报告内部控制流程的变更、会计核算变更及新的系统数据的采用,同时在该过程中也涉及管理层判断,我们将新金融工具准则转换的过渡调整及披露识别为关键审计事项。	型设计及方法,对预期信用损失模型进行独立评估及验证,评价关键参数,包括违约概率、违约损失率、违约风险暴露、折现率、前瞻性调整及其他调整因素,并评价其中所涉及的关键管理层判断的合理性。 ● 获取2018年1月1日套期会计项目清单,并抽取样本检查相关套期文档等支持性文件,以确定其是否满足《企业会计准则第24号——套期会计(修订)》有关套期会计的相关规定。 ● 获取管理层在2018年1月1日新金融工具准则转换时做出的账务调整分录,将该账务调整分录与金融工具分类结果清单、金融工具估值结果、预期信用损失准备计提金额等进行比对,评价调整分录的完整性和准确性,并评价该调整分录是否满足相关企业会计准则的要求。 ● 评价财务报表中与2018年1月1日新金融工具准则转换相关的披露是否符合相关企业会计准则的披露要求。

示例 10-46 603259.SH 药明康德

事项描述	审计应对
非上市股权投资的公允价值计量 为取得可持续增长,集团进行了广泛投资,包括对非上市公司或基金的投资。集团从2018年1月1日起执行财政部于2017年修订的《企业会计准则第22号——金融工具确认和计量》,并将该类投资分类为以公允价值计量且其变动计入当期损益的金融资产。如财务报告附注八、13所述,截至2018年12月31日,该类投资的公允价值为人民币1,138,352,544.23元。该类投资由于没有活跃市场报价,估值过程中使用的关键参数涉及管理层的重大假设和估计。因此,我们将该类风险投资的公允价值计量识别为关键审计事项。	我们在审计过程中对该事项执行了以下程序: 了解管理层对于非上市股权投资进行公允价值计量的相关内部控制,评价相关内部控制的设计和是否得到执行; 如果管理层聘请第三方评估机构执行公允价值评估,评估第三方评估机构的客观性、独立性和胜任能力; 复核管理层的评估结果,评价估值技术的适当性,将关键参数与市场数据及其他支持性证据进行核对以考虑其合理性,我们还会利用内部估值专家的协助。

示例 10-47 601211.SH 国泰君安

关键审计事项	该事项在审计中是如何应对的
以公允价值计量且分类为第三层级的金融工具估值 贵集团于每个资产负债表日对持有的以公允价值计量且分类为第三层级的金融工具进行公允价值评估。第三层级金融工具采用重要不可观察输入值作为关键假设计量公允价值,此类参数包括信用价差、波动率、流动性折扣等,需要管理层进行判断。 截至2018年12月31日,贵集团以公允价值计量且分类为第三层级的金融工具包括金融资产人民币7,712百	我们评估和测试了贵集团以公允价值计量且分类为第三层级的金融工具公允价值评估流程的内部控制设计、运行的有效性。 我们对贵集团上述第三层级金融工具公允价值评估时采用的模型的合理性进行了评估; 我们通过选取样本,针对贵集团上述第三层级金融工具公允价值评估执行了以下审计程序: 1)查阅本年度签署的投资协议,了解相关投资条款,

续表

关键审计事项	该事项在审计中是如何应对的
万元,金融负债人民币 5,253 百万元。 由于以公允价值计量且分类为第三层级的金融工具金额重大,其公允价值评估时对不可观察输入值作为关键假设需要管理层作出重大判断,因此我们将上述第三层级的金融工具公允价值评估认定为关键审计事项。 相关披露请参见本节 十二、公允价值的披露。	并识别与金融工具估值相关的条款; 2) 对管理层在计量分类为第三层级金融工具的公允价值时采用的不可观察输入值及可观察输入值的合理性进行评估; 3) 对金融工具进行独立估值并将我们的估值结果与贵集团的估值结果进行比较。 另外,我们还评价了在财务报表中以公允价值计量且分类为第三层级的金融工具公允价值评估的相关披露是否满足会计准则的要求。

示例 10-48   601336. SH 新华保险

关键审计事项	该事项在审计中是如何应对的
在活跃市场无公开市场报价金融资产的公允价值 于 2018 年 12 月 31 日,新华人寿保险股份有限公司持有人民币 3,009.49 亿元分类为可供出售金融资产的投资和人民币 99.40 亿元分类为以公允价值计量且其变动计入当期损益的金融资产的投资。其中以公允价值计量的信托计划、理财产品等在活跃市场无公开报价,共计人民币 1,311.96 亿元。由于在公允价值估值技术中应用了重大的不可观察参数,因此上述在活跃市场无公开报价的金融资产的公允价值归属于第三层级。公允价值评估存在主观性,尤其对于依赖模型估值、流动性差和缺乏成熟市场定价机制的金融资产更是如此。对于该等金融资产,估值技术的选择具有主观性,且评估假设也存在多种选择。估值技术及假设的不同选择及应用可能对公允价值评估结果造成重大影响。 后附财务报表附注 5 估计的不确定性(2) 披露了金融资产公允价值的估计中所采用假设的不确定性,附注 17 披露了这些在活跃市场无公开报价投资的账面价值,附注 77 (1) 披露了这些投资公允价值计量时使用估值技术和重大不可观察参数相关信息及相关的公允价值层级信息。	在审计中,我们评估和测试了新华人寿保险股份有限公司对于在活跃市场无公开市场报价的金融资产公允价值估值流程,包括复核流程与模型审批流程的内部控制设计及运行的有效性。 在我们内部估值专家的协助下,我们执行了相关程序,包括但不限于,通过与行业实践和普遍使用的估值方法进行比较来独立评估新华人寿保险股份有限公司管理层所采用的估值方法;通过与行业基准做比较,对比较结果差异做分析,对估值假设进行独立评估。

示例 10-49   601601. SH 中国太保

关键审计事项	我们在审计中如何应对关键审计事项
第三层次投资资产的估值 参见财务报表附注三、35 "重大会计判断和会计—会计估计的不确定性—运用估值技术估算金融资产的公允价值"和附注十七 "公允价值计量"。 于 2018 年 12 月 31 日,中国太保划分为第三层次的以公允价值计量的投资资产的账面余额为人	我们评价并测试了管理层对投资估值流程实施的内部控制,包括对基于模型的计算所采用的假设与方法的确定和批准,对内部自建估值模型的数据完整性和数据选择的控制,以及管理层对外部数据供应商提供的估值进行复核的控制。 我们在估值专家的协助下对第三层次投资资产公允价值的计量实施的程序包括: ● 根据行业惯例和估值指引,评估了估值模型所使用的方法。

续表

关键审计事项	我们在审计中如何应对关键审计事项
民币约457亿元，占中国太保总资产的3%。 我们重点关注了第三层次投资资产，原因是其公允价值的计量采用了估值模型和非可直接观察的参数及假设。这些估值涉及管理层的重大判断，我们对此执行了大量审计工作	● 针对缺乏活跃市场的投资资产，独立检查了来自外部的非可直接观察输入值。 ● 将估值模型中采用的假设与适当的外部第三方定价数据（如公开市场股价和中债收益率等）进行比较。 根据已执行的审计工作，我们发现管理层采用的估值方法符合行业惯例，估值所使用的数据和假设可以被我们获取的证据所支持。

示例 10-50 600036.SH 招商银行

关键审计事项	关键审计事项在审计中的应对
金融工具公允价值的估值 贵集团以公允价值计量的金融工具的估值以市场数据和估值模型为基础，其中估值模型通常需要大量的参数输入。大部分参数来源于能够可靠获取的数据，尤其是公允价值属于第一层级和第二层级的金融工具，其估值模型采用的参数分别是市场报价和可观察参数。当可观察的参数无法可靠获取时，即公允价值属于第三层级的情形下，不可观察输入值的确定会使用到管理层估计，这当中会涉及管理层的重大判断。 我们识别金融资产公允价值的估值作为关键审计事项，是因为以公允价值计量的金融工具的重要性且部分金融工具公允价值的评估较为复杂，在确定估值方法或估值模型以及估值模型所使用的输入值时涉及管理层的重大判断及会计估计。 2018年12月31日，如附注63（g）所述，贵集团以公允价值计量的金融资产金融负债总额分别为人民币958,339百万元和人民币80,670百万元，占贵集团总资产和总负债比例分别为14%和1%。 适用于金融工具公允价值的重大估计和金融工具公允价值的披露参见财务报表参见财务报表附注3（29）（e）以及63（g）。	我们关于金融工具公允价值的估值的程序包括： 我们了解并测试了贵集团针对金融工具估值模型审批以及金融工具公允价值估值相关的关键内部控制的设计和运行有效性。 我们对贵集团所采用的估值技术、参数和假设进行了评估，包括对比当前市场上同业机构常用的估值技术，将所采用的可观察参数与可获得的外部市场数据进行核对，获取不同来源的估值结果进行比较分析。 我们选取样本，通过比较贵集团采用的公允价值与公开可获取的市场数据，评价公允价值属于第一层级的金融工具的估值。 我们在内部金融工具估值专家的协助下，选取样本对公允价值属于第二层级和第三层级的金融工具进行独立估值，并将我们的估值结果与贵集团的估值结果进行比较。

示例 10-51 600016.SH 民生银行

关键审计事项	在审计中如何应对该事项
金融工具公允价值的评估 请参阅财务报表附注"四、主要会计政策"18所述的会计政策及"十五、金融工具的公允价值"。 以公允价值计量的金融工具是贵集团持有/承担的重要资产/负债。金融工具公允价值调整会影响损益或其他综合收益。 贵集团以公允价值计量的金融工具的估值以市场数据和估值模型为基础，其中估值模型通常需要	贵集团以公允价值计量的金融工具的估值以市场数据和估值模型为基础，其中估值模型通常需要大量的参数输入。大部分参数来源于能够可靠获取的数据，尤其是公允价值属于第一层次和第二层次的金融工具，其估值模型采用的参数分别是市场报价和可观察参数。当估值技术使用重大不可观察参数时，即公允价值属于第三层次的情形下，不可观察输入值的确定会使用到管理层估计，这当中会涉及管理层的重大判断。 此外，贵集团已对特定的第二层级及第三层级金融工具开发

关键审计事项	在审计中如何应对该事项
大量的参数输入。大部分参数来源于能够可靠获取的数据,尤其是公允价值属于第一层次和第二层次的金融工具,其估值模型采用的参数分别是市场报价和可观察参数。当估值技术使用重大不可观察参数时,即公允价值属于第三层次的情形下,不可观察输入值的确定会使用到管理层估计,这当中会涉及管理层的重大判断。 此外,贵集团已对特定的第二层级及第三层级金融工具开发了自有估值模型,这也会涉及重大的管理层判断。 由于金融工具公允价值的评估涉及复杂的流程,以及在确定估值模型使用的参数时涉及管理层判断的程度,我们将评估金融工具公允价值识别为关键审计事项。	了自有估值模型,这也会涉及重大的管理层判断。由于金融工具公允价值的评估涉及复杂的流程,以及在确定估值模型使用的参数时涉及管理层判断的程度,我们将评估金融工具公允价值识别为关键审计事项。 与评价金融工具公允价值相关的审计程序中包括以下程序: ● 评价贵集团与估值、独立价格验证、前后台对账及金融工具估值模型审批相关的关键内部控制的设计和运行有效性; ● 选取样本,通过比较贵集团采用的公允价值与公开可获取的市场数据,评价公允价值属于第一层级的金融工具的估值; ● 利用本所内部估值专家的工作,在选取样本的基础上对公允价值属于第二层次和第三层次的金融工具进行独立估值,并将我们的估值结果与贵集团的估值结果进行比较。我们的程序包括使用平行模型,独立获取和验证参数等; ● 在评价对构成公允价值组成部分的公允价值调整的运用是否适当时,询问管理层计算公允价值调整的方法是否发生变化,并评价参数运用的恰当性;及 ● 评价财务报表的相关披露是否符合企业会计准则的披露要求,恰当反映了金融工具估值风险。

示例 10-52 000776.SZ 广发证券

关键审计事项	该事项在审计中是如何应对的
金融工具公允价值的评估 对于没有活跃市场报价的金融工具,广发证券股份有限公司及其子公司(以下简称"贵集团")采用估值技术确定其公允价值,而估值技术中常包括依赖主观判断的假设和估计,尤其是那些包括了重大不可观察参数的估值技术。采用不同的估值技术或假设,将可能导致对金融工具的公允价值的估计存在重大差异。 于 2018 年 12 月 31 日,以公允价值计量的金融资产和金融负债总额分别为人民币 1,961.29 亿元和人民币 218.13 亿元,占总资产和总负债比例分别为 50.4% 和 7.3%。在估值中采用重大不可观察参数的金融工具,因其估值存在更高的不确定性,被划分为公允价值计量的第三层次。 于 2018 年 12 月 31 日,该等第三层次金融资产和金融负债占以公允价值计量的金融资产和金融负债的比例分别为 9.6% 和 58.9%。 考虑金额的重要性,且估值存在不确定性,涉及较多的主观判断,尤其是未上市的股权和私募股权基金投资,以及场外衍生交易等,我们将其作为一项关键审计事项。 相关披露请参见财务报表附注四、1 及附注十二。	我们评估并测试了与金融工具估值相关的关键控制的设计和执行的有效性。 我们执行了审计程序对贵集团所采用的估值技术、参数和假设进行评估,包括对比当前市场上同业机构常用的估值技术,将所采用的可观察参数与可获得的外部市场数据进行核对,获取不同来源的估值结果进行比较分析等。 对于在估值中采用了重大不可观察参数的金融工具,比如未上市的股权投资、私募股权基金投资及衍生金融工具等,我们利用我所内部估值专家对估值模型进行评估,并重新执行独立的估值。 我们评估并测试了与贵集团金融工具公允价值相关披露的控制设计和执行的有效性。

示例 10-53　601988.SH 中国银行

关键审计事项	该事项在审计中是如何应对的
金融工具的估值 对于没有活跃市场报价的金融工具,包括债券、基金、股权、场外衍生合约等,贵集团采用估值技术确定其公允价值,而估值技术中常包括依赖主观判断的假设和估计,尤其是那些包括了重大不可观察参数的估值技术。采用不同的估值技术或假设,将可能导致对金融工具的公允价值的估计存在重大差异。 于 2018 年 12 月 31 日,贵集团持有的以公允价值计量的金融工具主要为金融投资,其账面价值为人民币 22,502.50 亿元,占总资产比例为 11%。在估值中采用重大不可观察参数的金融工具,因其估值存在更高的不确定性,被划分为公允价值计量的第三层级。于 2018 年 12 月 31 日,第三层级金融投资占以公允价值计量的金融投资比例为 4%。考虑金额的重要性,且估值存在不确定性,涉及较多的主观判断,尤其是未上市股权和基金投资、缺乏流动性的资产支持证券等,我们将其作为一项关键审计事项。 相关披露参见合并会计报表注释五、2 和注释十一、6。	我们评估并测试了与金融工具估值、独立价格验证、估值模型验证和批准等相关的关键控制的设计和执行的有效性。 我们执行了审计程序对贵集团所采用的估值技术、参数和假设进行评估,包括对比当前市场上同业机构常用的估值技术,将所采用的可观察参数与可获得的外部市场数据进行核对,获取不同来源的估值结果进行比较分析等。 对于在估值中采用了重大不可观察参数的金融工具,比如未上市的股权投资和私募股权基金投资等,我们利用我所内部估值专家对估值模型进行评估,重新执行独立的估值,并分析了模型结果对重要参数和假设的敏感性。 我们评估并测试了与贵集团金融工具公允价值相关披露的控制设计和执行的有效性。

示例 10-54　600999.SH 招商证券

关键审计事项	审计应对
第三层级金融工具的公允价值评估 如附注九、1 所述,于 2018 年 12 月 31 日,招商证券以公允价值计量且分类为第三层级的金融工具金融资产为人民币 34.62 亿元。招商证券采用涉及大量输入值的估值技术对第三层级金融工具进行估值,其中部分重大输入值并非基于可观察的市场数据,此类重大不可观察输入值包括波动率及流动性折扣等。由于管理层在对第三层级金融工具估值时,管理层需要对所采用的重大不可观察输入值需要作出重大估计及判断,因此我们认为该事项属于合并财务报表审计的关键审计事项。	针对招商证券第三层级金融工具的公允价值评估的事项,我们实施了以下主要审计程序予以应对:(1) 了解招商证券与金融工具的公允价值评估相关的内部控制,并测试相关内部控制的执行有效性;(2) 基于我们对行业惯例的了解,对评估管理层进行对第三层级金融工具估值中时所采用的模型及假设的是否适当性进行评估;(3) 选取样本,查阅投资协议以理解,了解相关投资条款,并识别是否有与第三层级金融工具估值相关情形的条款;(4) 选取样本,对评估管理层在进行对第三层级金融工具估值中时所采用的不可观察输入值及可观察输入值的是否适当性进行评估;(5) 选取样本,在事务所内部估值专家的协助下(如适当),对第三层级金融工具进行独立估值,并将独立估值结果与招商证券的估值结果进行比较。

示例10-55　601628.SH 中国人寿

关键审计事项	该事项在审计中是如何应对的
金融资产的公允价值 中国人寿保险股份有限公司投资大量包括私募股权基金、优先股、其他股权及债权投资等的金融资产,并以公允价值计量的可供出售金融资产或以公允价值计量且其变动计入当期损益的金融资产对其进行核算。截至2018年12月31日,中国人寿保险股份有限公司持有上述金融资产的账面价值为人民币1,792.5亿元。由于该等金融资产的公允价值通过应用估值技术评估获得,且在评估中应用重大不可观察输入值,因此上述金融资产的公允价值归属于第三层级。公允价值评估存在主观性,尤其对于依赖模型估值或流动性较弱和市场定价能力弱的金融资产的公允价值评估。对于该等金融资产,估值技术使用存在主观性,且估值中应用了大量的假设。选择不同的估值技术和假设可能对公允价值评估结果造成重大影响。 附注6(e)披露了这些金融资产的账面价值以及在公允价值计量时使用估值技术和重大不可观察输入值相关信息。	在审计中,我们的内部估值专家参照估值原则和行业惯例,复核了管理层所采用的估值方法,将使用的假设与行业数据进行比较,调查重大差异,适当时,采取独立评估。 我们测试了估值流程、复核流程与模型审批流程,评价了这些流程内部控制设计、运行的有效性。

示例10-56　601688.SH 华泰证券

关键审计事项	在审计中如何应对该事项
金融工具公允价值的评估 请参阅财务报表附注"三、公司重要会计政策、会计估计"20所述的会计政策及"十、金融工具的公允价值"。 贵公司及其子公司(以下合称"贵集团")金融工具的估值是以市场数据和估值模型相结合为基础,其中估值模型通常需要大量的输入值。大部分输入值来源于能够从活跃市场可靠获取的数据。当可观察的参数无法可靠获取时,即部分金融工具公允价值属于第二层次和第三层次的情况下,输入值的确定会使用管理层估计,这当中会涉及重大的管理层判断。 由于部分金融工具公允价值的评估较为复杂,且在确定估值模型使用的输入值时涉及管理层判断的程度重大,我们将金融工具公允价值的评估识别为关键审计事项。	与评价金融工具公允价值相关的审计程序中包括以下程序: ● 评价与估值、独立价格验证及金融工具估值模型审批相关的关键内部控制的设计和运行有效性; ● 通过将贵集团采用的公允价值与公开可获取的市场数据进行比较,评价贵集团对所有在活跃市场交易的金融工具的估值; ● 就公允价值属于第二层次和第三层次的金融工具,选取样本,查阅本年度签署的投资协议,了解相关投资条款,并识别与金融工具估值相关的条件; ● 利用我们的内部估值专家的工作,协助我们评价贵集团用于公允价值属于第二层次和第三层次的金融工具的估值所使用的模型,同时,选取样本对公允价值属于第二层次和第三层次的金融工具进行独立估值,并将我们的估值结果与贵集团的估值结果进行比较。上述具体程序包括将贵集团的估值模型与我们了解的现行市场做法进行比较,测试公允价值计算的输入值,以及建立平行估值模型进行重估; ● 评价在财务报表中的相关披露是否按照企业会计准则的要求反映了金融工具的估值风险。

示例 10-57　601818. SH 光大银行

关键审计事项	该事项在审计中是如何应对的
金融工具的估值 对于没有活跃市场报价的金融工具，贵集团采用估值技术确定其公允价值，而估值技术中常包括依赖主观判断的假设和估计。采用不同的估值技术或假设，将可能导致对金融工具的公允价值估计存在重大差异。 于 2018 年 12 月 31 日，以公允价值计量的金融资产和金融负债分别为人民币 4,526.43 亿元和人民币 147.03 亿元，以公允价值计量的金融资产和金融负债占总资产和总负债比例分别为 10.39% 和 0.36%；其中估值中采用通过直接（如价格）或者间接（价格衍生）可观察参数而分类为第二层级的金融资产，占以公允价值计量的金融资产比例为 48.82%；估值中采用重大不可观察参数而被分类为第三层级的金融资产，占以公允价值计量的金融资产比例为 0.77%。考虑金额的重要性，且估值存在不确定性，我们将其作为一项关键审计事项。 相关披露参见财务报表附注四、2 和附注十、(c)。	我们评估并测试了与金融工具估值相关的关键控制的设计和执行的有效性，包括相关的数据质量和信息系统。 我们执行了审计程序对贵集团所采用的估值技术、参数和假设进行评估，程序包括：对比当前市场上同业机构常用的估值技术；将所用的可观察参数与可获得的外部市场数据进行核对；获取不同来源的估值结果进行比较分析等。 我们评估并测试了与贵集团金融工具公允价值相关披露的控制设计和执行的有效性。 我们评估了财务报表中关于公允价值和敏感性的披露是否恰当反映了贵集团面临的风险。

示例 10-58　601881. SH 中国银河

事项描述	审计应对
第三层级金融工具的公允价值评估 如财务报表附注十四所述，于 2018 年 12 月 31 日，银河证券持有的以公允价值计量的金融工具为人民币 858.19 亿元，其中分类为第三层级的金融工具为人民币 56.31 亿元，对财务报表具有重大性。银河证券采用估值技术对第三层级金融工具的公允价值进行评估，估值技术的选择以及估值技术中使用的关键假设和不可观察输入值涉及管理层运用重大会计估计。 基于上述原因，我们将第三层级金融工具的公允价值评估作为合并及母公司财务报表审计的关键审计事项。	我们针对第三层级金融工具的公允价值评估执行的审计程序主要包括： ● 测试和评价与管理层第三层级金融工具公允价值评估相关关键内部控制的有效性； ● 评估管理层在第三层级金融工具估值中采用的估值技术的合理性及其一贯性； ● 测试和评价估值技术中使用的相关假设、输入值的依据及合理性； ● 对管理层在估值过程中使用的估值专家的胜任能力进行评估，并选取样本对第三层级金融工具进行独立估值，以评估管理层相关估值的合理性。

示例 10-59　601398.SH 工商银行

关键审计事项	在审计中如何应对该事项
金融工具公允价值的评估 请参阅"财务报表附注三、8.金融工具；38.重大会计判断和会计估计"所述的会计政策及"财务报表附注八、金融工具的公允价值"。 以公允价值计量的金融工具是贵集团持有/承担的重要资产/负债。金融工具公允价值调整会影响损益或其他综合收益。 贵集团以公允价值计量的金融工具的估值以市场数据和估值模型为基础，其中估值模型通常需要大量的参数输入。大部分参数来源于能够可靠获取的数据，尤其是第一层次和第二层次公允价值计量的金融工具，其估值模型采用的参数分别是市场报价和可观察参数。当估值技术使用重大不可观察参数时，即第三层次公允价值计量的金融工具的情形下，不可观察输入值的确定会使用到管理层估计，这当中会涉及管理层的重大判断。 此外，贵集团已对特定的第二层次及第三层次公允价值计量的金融工具开发了自有估值模型，这也会涉及管理层的重大判断。 由于金融工具公允价值的评估涉及复杂的流程，以及在确定估值模型使用的参数时涉及管理层判断的程度，我们将对金融工具公允价值的评估识别为关键审计事项。	与评价金融工具的公允价值相关的审计程序中包括以下程序： ● 了解和评价贵集团与估值、独立价格验证、前后台对账及金融工具估值模型审批相关的关键内部控制的设计和运行有效性。 ● 选取样本，通过比较贵集团采用的公允价值与公开可获取的市场数据，评价第一层次公允价值计量的金融工具的估值。 ● 利用我们的内部估值专家的工作，在选取样本的基础上对第二层次和第三层次公允价值计量的金融工具进行独立估值，并将我们的估值结果与贵集团的估值结果进行比较。我们的程序包括使用平行模型，独立获取和验证参数等。 ● 利用我们的内部估值专家的工作，在选取样本的基础上对复杂金融工具的估值模型进行验证。 ● 在评价对构成公允价值组成部分的公允价值调整的运用是否适当时，询问管理层计算公允价值调整的方法是否发生变化，并评价参数运用的恰当性。 ● 评价财务报表的相关披露，包括公允价值层次和主要参数的敏感性分析，是否符合相关企业会计准则的披露要求，恰当反映了金融工具估值风险。

示例 10-60　600030.SH 中信证券

关键审计事项	我们在审计中如何应对关键审计事项
以公允价值计量且分类为第三层级的金融工具估值 请参阅财务报表附注六、7（4）和27（4），及附注十四、5。 截至2018年12月31日，中信证券的金融工具包括公允价值层级中分类为第三层级的金融工具（"第三层级金融工具"），该等金融工具采用重要不可观察输入值（"不可观察参数"）作为关键假设计量公允价值，此类参数包括流动性折扣、波动率、风险调整折扣以及市场乘数等。截至2018年12月31日，第三层级金融工具包括第三层级金融资产人民币194.95亿元，第三层级金融负债人民币54.26亿元。 由于第三层级金融工具金额重大及管理层在估值时采用不可观察参数作为关键假设需要作出重大判断，第三层级的金融工具的估值被确定为关键审计事项。	我们就中信证券对金融工具估值过程中所使用的数据源输入的内部控制的设计和执行进行了评估和测试，以及模型持续监控和优化。 基于我们对行业惯例的了解，我们对管理层第三层级金融工具估值中采用的模型的合理性进行了评估。同时，基于相关市场数据，我们也对管理层在计量第三层级金融工具的公允价值时所采用的不可观察输入值及可观察输入值的合理性和适当性进行了抽样评估。 我们对第三层级金融工具的部分样本进行了独立估值。 基于上述审计程序的结果，管理层在第三层级金融工具的公允价值的评估中所采用的模型和输入值是可接受的。

附 录

金融工具准则新旧对比

表1 《企业会计准则第22号——金融工具确认和计量》新旧对比

2006年《企业会计准则第22号——金融工具确认和计量》	2017年《企业会计准则第22号——金融工具确认和计量》	新旧差异
第一章 总则	第一章 总则	
第一条 为了规范金融工具的确认和计量，根据《企业会计准则——基本准则》，制定本准则。	第一条 为了规范金融工具的确认和计量，根据《企业会计准则——基本准则》，制定本准则。	新旧一致。
第二条 金融工具，是指形成一个企业的金融资产，并形成其他单位的金融负债或权益工具的合同。	第二条 金融工具，是指形成一方的金融资产并形成其他方的金融负债或权益工具的合同。	基本一致。"企业"改为"一方"。
第五十六条 金融资产，是指企业持有的下列资产： （一）现金； （二）持有的其他单位的权益工具； （三）从其他单位收取现金或其他金融资产的合同权利； （四）在潜在有利条件下，与其他单位交换金融资产或金融负债的合同权利； （五）将来须用或可用企业自身权益工具进行结算的非衍生工具合同，且企业根据该合同将收到可变数量的自身权益工具； （六）将来须用或可用企业自身权益工具进行结算的衍生工具合同，但以固定数量的自身权益工具换取固定金额的现金或其他金融资产的合同权利除外。其中，企业自身权益工具不包括本身就是将来收取或支付企业自身权益工具的合同。	第三条 金融资产，是指企业持有的现金、其他方的权益工具以及符合下列条件之一的资产： （一）从其他方收取现金或其他金融资产的合同权利。 （二）在潜在有利条件下，与其他方交换金融资产或金融负债的合同权利。 （三）将来须用或可用企业自身权益工具进行结算的非衍生工具合同，且企业须据该合同将收到可变数量的自身权益工具。 （四）将来须用或可用企业自身权益工具进行结算的衍生工具合同，但以固定数量的自身权益工具交换固定金额的现金或其他金融资产的合同除外。其中，企业发行的《企业会计准则第37号——金融工具列报》分类为权益工具的可回售金融工具或仅在清算时才有义务向另一方按比例交付其净资产的金融工具，也不包括本身要求在未来收取或支付企业自身权益工具的合同。	基本一致。修改措辞，增项的排除项增加特殊金融工具。

· 681 ·

续表

2006年《企业会计准则第22号——金融工具确认和计量》	2017年《企业会计准则第22号——金融工具确认和计量》	新旧差异
第五十七条 金融负债,是指企业的下列负债: (一)向其他单位交付现金或其他金融资产的合同义务; (二)在潜在不利条件下,与其他单位交换金融资产或金融负债的合同义务; (三)将来须用或可用企业自身权益工具进行结算的非衍生工具的合同义务,且企业根据该合同将交付非固定数量的自身权益工具; (四)将来须用或可用企业自身权益工具进行结算的衍生工具合同,但以固定数量的自身权益工具交换固定金额的现金或其他金融资产的衍生工具合同除外。其中,企业自身权益工具不包括应当按照《企业会计准则第37号——金融工具列报》分类为权益工具的可回售工具,也不包括在未来某一日期将要求或可能要求企业自身权益工具结算的合同。	第四条 金融负债,是指企业符合下列条件之一的合同义务。 (一)向其他方交付现金或其他金融资产的合同义务。 (二)在潜在不利条件下,与其他方交换金融资产或金融负债的合同义务。 (三)将来须用或可用企业自身权益工具进行结算的非衍生工具的合同,且企业根据该合同将交付可变数量的自身权益工具。 (四)将来须用或可用企业自身权益工具进行结算的衍生工具合同,但以固定金额的现金或其他金融资产按固定比例换取固定数量的自身权益工具的衍生工具合同除外。企业对发行配股权、期权或认股权证,使之有权按固定比例以固定金额的任何货币换取固定数量的自身权益工具的持有方同类别现有非衍生自身权益工具的持有方按比例收取或支付其净资产的合同,该方仅在清算时才有义务向另一方按比例交付其净资产的金融工具或发行方仅在清算时才有义务向另一方按比例交付其净资产的金融工具,分类为权益工具。其中,企业自身权益工具不包括应当按照《企业会计准则第37号——金融工具列报》分类为权益工具的可回售工具或发行方仅在清算时才有义务向另一方按比例交付其净资产的金融工具,也不包括本身就是在未来收取或支付企业自身权益工具的合同。	基本一致。修改措辞,权益工具包括同比例外币"固定换固定"股权、期权认股权证,企业自身权益工具的排除项增加特殊金融工具。
第三条 衍生工具或其他具有下列特征的金融工具合同: (一)其价值随特定利率、金融工具价格、商品价格、汇率、价格指数、费率指数、信用等级、信用指数、变量为非金融变量的,该变量与合同的任何一方不存在特定关系; (二)不要求初始净投资,或与对市场情况变化有类似反应的其他类型合同相比,要求很少的初始净投资; (三)在未来某一日期结算,以及具有远期合同、期货合同、互换合同和期权合同,互换合同和期权合同中一种或一种以上特征的工具。	第五条 衍生工具,是指属于本准则范围并同时具备下列特征的金融工具或其他合同。 (一)其价值随特定利率、金融工具价格、商品价格、汇率、价格指数、费率指数、信用等级、信用指数或其他类似变量变动而变动,变量为非金融变量的,该变量与合同任何一方不应与合同任何一方存在特定关系。 (二)不要求初始净投资,或者与对市场因素变化预期有类似反应的其他合同相比,要求较少的初始净投资。 (三)在未来某一日期结算。常见的衍生工具包括远期合同、期货合同、互换合同和期权合同等。	基本一致。

附录 | 金融工具准则新旧对比

续表

2006年《企业会计准则第22号——金融工具确认和计量》	2017年《企业会计准则第22号——金融工具确认和计量》	新旧差异
第四条 下列各项适用其他相关会计准则： （一）由《企业会计准则第2号——长期股权投资》规范的长期股权投资，适用《企业会计准则第2号——长期股权投资》。 （二）由《企业会计准则第11号——股份支付》规范的股份支付，适用《企业会计准则第11号——股份支付》。 （三）债务重组，适用《企业会计准则第12号——债务重组》。 （四）因清偿预计负债而获得补偿的权利，适用《企业会计准则第13号——或有事项》。 （五）企业合并中合并方的或有对价的，适用《企业会计准则第20号——企业合并》。 （六）租赁，适用《企业会计准则第21号——租赁》。 （七）金融资产转移，适用《企业会计准则第23号——金融资产转移》。 （八）套期保值，适用《企业会计准则第24号——套期保值》。 （九）原保险合同，适用《企业会计准则第25号——原保险合同》。 （十）再保险合同，适用《企业会计准则第26号——再保险合同》。 （十一）企业发行的权益工具，适用《企业会计准则第37号——金融工具列报》。 八、融资性担保公司应执行何种会计标准？ 答：融资性担保公司——应用指南》有关规定执行企业会计准则，并按照《企业会计准则》《企业会计准则应用指南》有关规定编制财务报表并对外披露相关信息，不再执行《租赁性担保企业会计核算办法》（财会〔2005〕17号）。 对于融资性担保公司发生的担保业务，应当按照《企业会计准则第25号——原保险合同》《企业会计准则第26号——再保险合同》《保险合同相关会计处理规定》（财会〔2009〕15号）等有关保险合同相关会计规定进行会计处理。	第六条 除下列各项外，本准则适用于所有企业各种类型的金融工具： （一）由《企业会计准则第2号——长期股权投资》规范的对子公司、合营企业和联营企业的投资，适用《企业会计准则第2号——长期股权投资》。但是企业根据《企业会计准则第22号——金融工具确认和计量》对上述投资按照与该投资具有相似风险的金融工具的公允价值进行会计处理的，适用本准则。企业持有的与子公司、合营企业或联营企业中的权益相联系的衍生工具，该衍生工具不符合《企业会计准则第37号——金融工具列报》中权益工具定义的，适用《企业会计准则第37号——金融工具列报》规定。 （二）由《企业会计准则第9号——职工薪酬》规范的职工薪酬计划所形成的企业的权利和义务，适用《企业会计准则第9号——职工薪酬》。 （三）由《企业会计准则第11号——股份支付》规范的股份支付，适用《企业会计准则第11号——股份支付》。但是，股份支付中所涉及的属于本准则第八条范围的买入或卖出非金融项目的合同，适用本准则。 （四）由《企业会计准则第12号——债务重组》规范的债务重组，适用《企业会计准则第12号——债务重组》。 （五）因清偿预计负债而获得补偿的权利，适用《企业会计准则第13号——或有事项》。 （六）由《企业会计准则第14号——收入》规范的合同权利和义务，但该准则要求按照本准则的减值损失和减值利得的规定进行会计处理的，适用本准则的相关规定。 （七）购买方（或合并方）与出售方之间签订的、规范企业合并日其期限不超过企业合并取得批准完成交易所必须的合理期限的远期合同，适用《企业会计准则第20号——企业合并》。 （八）由《企业会计准则第21号——租赁》规范的租赁的权利和义务。	适用范围增加：与在子公司、合营企业或联营企业中的权益相联系的衍生工具，风险投资机构、共同基金以及类似主体选择适用本准则的对联营企业或合营企业的投资，主体对非服务性权益的投资，租赁主体确认的减值，终止确认以及租赁合同中嵌入的衍生保险合同定义的终止保险合同本身不是保险合同（可选择）。 排除范围增加：职工薪酬计划所形成的权利和义务，收入准则规范的合同权利和义务，将在未来购买日形成企业合并的合同。 纳入解释5号中"财务担保合同"的定义。

· 683 ·

续表

2006年《企业会计准则第22号——金融工具确认和计量》	2017年《企业会计准则第22号——金融工具确认和计量》	新旧差异
	利和义务，租赁应收款的减值、终止确认，租赁应付款的终止确认，以及租赁负债中嵌入的衍生工具，适用本准则。 （九）金融资产转移，适用《企业会计准则第23号——金融资产转移》。 （十）套期会计，适用《企业会计准则第24号——套期会计》。 （十一）由保险合同相关会计准则规范的保险合同所产生的权利和义务，适用保险合同相关会计准则。因具有相机分红特征而由保险合同相关会计准则规范的保险合同所产生的衍生工具，适用保险合同相关会计准则。但对于嵌入保险合同的衍生工具本身不是保险合同，发行方之前明确表明将此类合同视作保险合同，并且已按照保险合同相关会计准则进行会计处理的，可以选择适用本准则或保险合同相关会计准则。该选择可以基于单项合同，但选择一经做出，不得撤销。 财务担保合同，是指当特定债务人到期不能按照最初或修改后的债务工具条款偿付债务时，要求债务人对债权人持有的债务工具特定金额的合同。企业发行的按照《企业会计准则第37号——金融工具列报》规定应当分类为权益的金融工具，适用《企业会计准则第37号——金融工具列报》。 第七条 本准则适用于下列贷款承诺： （一）本准则指定为以公允价值计量且其变动计入当期损益的贷款承诺。如果按照出售其所产生的金融资产，即可即出售其所产生的金融资产，应按照出售其所产生的金融资产，应当应用本准则。 （二）能够以现金净额结算，或通过交换或发行其他金融工具净额结算的贷款承诺。此类贷款承诺属于衍生金融工具。企业不得因为相关贷款将分期拨付（如按工程进度分期拨付的按揭建造贷款）而将该贷款分期承诺视为以净额结算。	明确能够以现金或者通过交付或发行其他金融工具净额结算的贷款承诺产生的贷款承诺属于衍生工具。 明确所有贷款承诺均应用本准则关于终止确认的规定，发行方应当适用减值的规定。 明确"贷款承诺"的定义。

第五条 本准则不涉及企业作出的不可撤销贷款承诺（即贷款承诺）。但是，下列贷款承诺除外：
（一）指定为以公允价值计量且其变动计入当期损益的金融负债的贷款承诺。
（二）能够以现金净额结算，或通过交换或发行其他金融工具结算的贷款承诺。
（三）以低于市场利率贷款的贷款承诺。本准则不涉及的贷款承诺，适用《企业会计准则第13号——或有事项》。

续表

2006 年《企业会计准则第 22 号——金融工具确认和计量》	2017 年《企业会计准则第 22 号——金融工具确认和计量》	新旧差异
	（三）以低于市场利率贷款的贷款承诺。所有贷款承诺均适用本准则关于终止确认的规定。企业作为贷款承诺发行方的，还适用本准则关于减值的规定。贷款承诺，是指按照预先规定的条款和条件提供信用的确定性承诺。	
第六条 本准则不涉及按照预定的购买、销售或使用要求所签订、并到期履约买入或卖出非金融项目的合同，能够以现金或其他金融工具净额结算，或通过交换金融工具结算的合同，适用本准则。	第八条 对于能够以现金或其他金融工具净额结算，或者通过交换金融工具结算的买入或卖出非金融项目的合同，除了企业按照预定的购买、销售或使用要求签订并持有以收取非金融项目的合同外，企业应当将该合同视同金融工具，适用本准则。对于金融工具结算的买入或卖出非金融项目的合同，或者企业按照预定并持有以收取非金融项目的合同，即使企业按照预定并持有以公允价值计量且其变动计入当期损益的金融资产或金融负债。企业只能在合同开始时做出该指定，并且必须能够通过指定消除或显著减少会计错配。该指定一经做出，不得撤销。会计错配，是指当企业以不同的会计确认和计量方法对在经济上相关的资产和负债进行确认和计量而产生的利得或损失，对在经济上相关的资产和负债的会计确认和计量上的不一致。	明确"自用例外"的非金融合同不适用本准则。对于满足"自用例外"的净额结算的非金融合同，也可以指定为FVTPL，前提是该指定可以消除或显著减少"会计错配"。明确定义"会计错配"。
第四章 金融工具确认	第二章 金融工具的确认和终止确认	修改章顺序。
第二十四条 企业成为金融工具合同的一方时，应当确认一项金融资产或金融负债。	第九条 企业成为金融工具合同的一方时，应当确认一项金融资产或金融负债。	新旧一致。
	第十条 对于以常规方式购买或出售金融资产的，企业应当在交易日确认将收到的资产和为此将承担的负债，或者在交易日终止确认已出售的资产，同时确认处置利得或损失以及应收买方的应收款项。以常规方式出售金融资产，是指企业按照合同条款规定，并且该合同条款所要求的时间安排来支付金融资产。买卖出售金融资产，是指企业按照合同条款规定，并且该合同条款所要求的时间安排来交付金融资产。	明确使用"交易日会计"，而非"结算日会计"。明确定义"以常规方式购买或出售"。

续表

2006年《企业会计准则第22号——金融工具确认和计量》	2017年《企业会计准则第22号——金融工具确认和计量》	新旧差异
第二十五条 金融资产满足下列条件之一的，应当终止确认： （一）收取该金融资产现金流量的合同权利终止。 （二）该金融资产已转移，且该转移满足《企业会计准则第23号——金融资产转移》规定的金融资产终止确认条件。终止确认，是指将金融资产从企业的账户和资产负债表内予以转销。	第十一条 金融资产满足下列条件之一的，应当终止确认： （一）收取该金融资产现金流量的合同权利终止。 （二）该金融资产已转移，且该转移满足《企业会计准则第23号——金融资产转移》关于金融资产终止确认的规定。本准则所称金融资产或金融负债终止确认，是指企业将之前确认的金融资产或金融负债从其资产负债表中予以转出。	新旧一致。
第二十六条 金融负债的现时义务全部或部分已经解除的，才能终止确认该金融负债或其一部分。企业将用于偿付金融负债的资产设立某个机构或信托，偿付债务的现时义务仍存在的，不能终止确认该金融负债，也不能终止确认所转出的资产。	第十二条 金融负债（或其一部分）的现时义务已经解除的，企业应当终止确认该金融负债（或该部分金融负债）。	基本一致。
第二十七条 企业（债务人）与债权人之间签订协议，以承担新金融负债方式替换现存金融负债，且新金融负债与现存金融负债的合同条款实质上不同的，应当终止确认现存金融负债或其一部分，并同时确认新金融负债。企业对现存金融负债全部或部分的合同条款作出实质性修改的，应当终止确认现存金融负债或其一部分，同时将修改条款后的金融负债确认为一项新金融负债。	第十三条 企业（借入方）与借出方之间签订协议，以承担新金融负债方式替换原金融负债，且新金融负债与原金融负债的合同条款实质上不同的，应当终止确认原金融负债，同时确认一项新金融负债。企业对原金融负债（或其一部分）的合同条款做出实质性修改的，应当终止确认原金融负债（或该部分金融负债），同时按照修改后条款的条件确认一项新金融负债。	基本一致。修改部分措辞，将债务人改为借入方，将债权人改为借出方。
第二十八条 金融负债全部或部分终止确认的，企业应当将终止确认部分的账面价值与支付的对价（包括转出的非现金资产或承担的新金融负债）之间的差额，计入当期损益。	第十四条 金融负债（或其一部分）终止确认的，企业应当将其账面价值与支付的对价（包括转出的非现金资产或承担的新金融负债）之间的差额，计入当期损益。	基本一致。
第二十九条 企业回购金融负债一部分的，应当在回购日按照继续确认部分和终止确认部分的相对公允价值，将该金融负债整体的账面价值进行分配。分配给终止确认部分的账面价值与支付的对价（包括转出的非现金资产或承担的新金融负债）之间的差额，计入当期损益。	第十五条 企业回购金融负债一部分的，应当按照继续确认部分和终止确认部分在回购日各自的公允价值占整体公允价值的比例，对该金融负债整体的账面价值进行分配。分配给终止确认部分的账面价值与支付的对价（包括转出的非现金资产或承担的新金融负债）之间的差额，应当计入当期损益。	基本一致。

续表

2006年《企业会计准则第22号——金融工具确认和计量》	2017年《企业会计准则第22号——金融工具确认和计量》	新旧差异
第十七条 贷款和应收款项，是指在活跃市场中没有报价、回收金额固定或可确定的非衍生金融资产…… 第十一条 持有至到期投资，是指到期日固定、回收金额固定或可确定，且企业有明确意图和能力持有至到期的非衍生金融资产……	第十七条 金融资产同时符合下列条件的，应当分类为以摊余成本计量的金融资产： （一）企业管理该金融资产的业务模式是以收取合同现金流量为目标。 （二）该金融资产的合同条款规定，在特定日期产生的现金流量，仅为对本金和以未偿付本金金额为基础的利息的支付。	从业务模式和合同现金流量特征角度明确以摊余成本计量的金融资产的范围。
第十八条 可供出售金融资产，是指初始确认时即被指定为可供出售的非衍生金融资产，以及除下列各类资产以外的金融资产： （一）贷款和应收款项。 （二）持有至到期投资。 （三）以公允价值计量且其变动计入当期损益的金融资产。	第十八条 金融资产同时符合下列条件的，应当分类为以公允价值计量且其变动计入其他综合收益的金融资产： （一）企业管理该金融资产的业务模式既以收取合同现金流量为目标又以出售该金融资产为目标。 （二）该金融资产的合同条款规定，在特定日期产生的现金流量，仅为对本金和以未偿付本金金额为基础的利息的支付。	从业务模式和合同现金流量特征角度明确FVOCI的范围（仅适用于债务工具），FVOCI不再作为剩余工具。
第九条 金融资产或金融负债满足下列条件之一的，应当划分为交易性金融资产或金融负债： （一）取得该金融资产或承担该金融负债的目的，主要是为了近期内出售或回购。 （二）属于进行集中管理的可辨认金融工具组合的一部分，且有客观证据表明企业近期采用短期获利方式对该组合进行管理。 （三）属于衍生工具。但是，被指定且为有效套期工具的衍生工具、属于财务担保合同的衍生工具，以及在活跃市场中没有报价且其公允价值不能可靠计量的权益工具投资挂钩并须通过交付该权益工具结算的衍生工具除外。	第十九条 按照本准则第十七条和第十八条分类为以公允价值计量的金融资产之外的金融资产，企业应当将其分类为以公允价值计量且其变动计入当期损益的金融资产。 在初始确认时，企业可以将非交易性权益工具投资指定为以公允价值计量且其变动计入其他综合收益的金融资产。该指定一经做出，不得撤销。 准则第六十五条规定的企业在非同一控制下的企业合并中确认的或有对价构成的金融资产或金融负债，应当分类为以公允价值计量且其变动计入当期损益的金融资产，不得指定为以公允价值计量且其变动计入其他综合收益的金融资产。 相关金融资产或金融负债承担的目的满足下列目的之一的，表明企业持有该金融资产或金融负债的目的，主要是： （一）取得相关金融资产或承担相关金融负债的目的是为了近期出售或回购。 （二）相关金融资产或金融负债属于集中管理的可辨认金融工具组合的一部分，且有客观证据表明近期实际存在短期获利模式。 （三）相关金融资产又指定又被指定为有效套期工具的衍生工具以及被指定为有效套期工具的衍生工具除外。	FVTPL作为剩余分类。 非交易性权益工具投资可指定为FVOCI（仅限于对权益工具并不涉及的或有对价构成的非交易性权益工具投资除外）。 交易性的判断标准基本一致。

续表

2006年《企业会计准则第22号——金融工具确认和计量》	2017年《企业会计准则第22号——金融工具确认和计量》	新旧差异
第十条 除本准则第二十一条和第二十二条的规定外，符合下列条件之一的金融资产或金融负债，才可以在初始确认时直接指定为以公允价值计量且其变动计入当期损益的金融资产或金融负债： （一）该指定可以消除或明显减少由于该金融资产或金融负债的计量基础不同所导致的相关利得或损失在确认或计量方面不一致的情况。 （二）企业风险管理或投资策略的正式书面文件已载明，该金融资产组合、该金融负债组合或该金融资产和金融负债组合，以公允价值为基础进行管理、评价并向关键管理人员报告。 第十一条 企业可以将混合工具指定为以公允价值计量且其变动计入当期损益的金融资产或金融负债。但是，下列情况除外……	第二十条 在初始确认时，如果能够消除或显著减少会计错配，企业可以将金融资产或金融负债指定为以公允价值计量且其变动计入当期损益。该指定一经做出，不得撤销。	指定为FVTPL金融资产的情形仅包含"能够消除或显著减少会计错配"，不再包含"以公允价值评价和报告"和"混合工具"。任何以公允价值计量的金融资产都被强制要求作为FVTPL。
	第四章 金融负债的分类	章节拆分
第八条 金融负债应当在初始确认时划分为下列两类： （一）以公允价值计量且其变动计入当期损益的金融负债，包括交易性金融负债和指定为以公允价值计量且其变动计入当期损益的金融负债。 （二）其他金融负债。 《企业会计准则讲解（2010）》第二十一章 金融工具的确认和计量、第二十二章 企业合并 企业合并中的金融工具，按照《企业会计准则第22号——金融工具确认和计量》规定处理，公允价值变化产生的利得和损失应计入所有者权益。	第二十一条 除下列各项外，企业应当将金融负债分类为摊余成本计量的金融负债： （一）以公允价值计量且其变动计入当期损益的金融负债，包括交易性金融负债（含属于金融负债的衍生工具）和指定为以公允价值计量且其变动计入当期损益的金融负债。 （二）金融资产所形成的金融负债不符合终止确认条件或继续涉及被转移金融资产所形成的金融负债。对此类金融负债，企业应当按照《企业会计准则第23号——金融资产转移》相关规定进行计量。 （三）不属于本条（一）或（二）情形的以低于市场利率贷款承诺。对此类金融负债发行方的，应当在初始确认以及按照《企业会计准则第14号——收入》相关规定所确定的累计摊销额的孰高者进行后续计量。 在非同一控制下的企业合并中，企业作为购买方确认的或有对价形成金融负债的，该金融负债应当按照以公允价值计量且其变动计入当期损益进行会计处理。	分类合并。终止确认条件不符合继续涉及所形成的金融负债。 修改措辞，将"以摊余成本计量"改为"其他金融负债"的含义。 明确非同一控制下的企业合并中购买方确认的或有对价需作为FVTPL。

· 689 ·

续表

2006年《企业会计准则第22号——金融工具确认和计量》	2017年《企业会计准则第22号——金融工具确认和计量》	新旧差异
第十条 除本准则第二十一条和第二十二条的规定外，只有符合下列条件之一的金融资产或金融负债，才可以在初始确认时直接指定为以公允价值计量且其变动计入当期损益的金融资产或金融负债： （一）该指定可以消除或明显减少由于该金融资产或金融负债的相关利得或损失在确认和计量方面不一致的情况。 （二）企业风险管理或投资策略的正式书面文件载明，该金融资产组合、该金融负债组合或该金融资产和金融负债组合，以公允价值为基础进行管理、评价并向关键管理人员报告。 其变动计入当期损益的金融资产或金融负债。但是，下列情况除外：……	第二十二条 在初始确认时，为了提供更相关的会计信息，企业可以将金融负债指定为以公允价值计量且其变动计入当期损益的金融负债，但该指定应当满足下列条件之一： （一）能够消除或显著减少会计错配。 （二）根据正式书面文件载明的企业风险管理或投资策略，以公允价值为基础对金融负债组合或金融资产和金融负债组合进行管理和业绩评价，并在企业内部以此为基础向关键管理人员报告。 该指定一经做出，不得撤销。	基本一致。 指定为FVTPL金融资产的条件与指定为FVTPL金融负债的条件不再相同。
第三章 嵌入衍生工具	第五章 嵌入衍生工具	基本一致。 修改表述方式。
第二十条 嵌入衍生工具，是指嵌入到非衍生工具（即主合同）中，使混合工具的全部或部分现金流量随特定利率、金融工具价格、商品价格、汇率、价格指数、费率指数、信用等级、信用指数或其他类似变量的变动而变动的衍生工具。嵌入衍生工具与主合同构成混合工具，如可转换公司债券等。	第二十三条 嵌入衍生工具，是指嵌入到非衍生工具（即主合同）中的衍生工具。嵌入衍生工具与主合同产生的现金流量具有类似影响的方式，使该混合合同的部分或全部现金流量按照独立衍生工具类似的方式变动。且该混合合同包含的全部衍生工具，如果这些衍生工具与嵌入衍生工具具有相同的条款，将被认定为衍生工具。嵌入衍生工具的变量，如果属于非金融变量，该变量应当与该合同的任一方存在特定关系。嵌入衍生工具如果转让，或者具有与该合同不同的交易对手的，应当作为一项单独的衍生工具。	
第二十一条 企业可以将混合工具的金融资产或金融负债。	第二十四条 混合合同包含的主合同属于本准则规范的资产的，企业不应从该混合合同中分拆嵌入衍生工具，而应当将该混合合同作为一个整体适用本准则关于金融资产分类的相关规定。	对于主合同为金融资产的，混合合同应当作为一个整体进行会计处理，不再分拆。

续表

2006 年《企业会计准则第 22 号——金融工具确认和计量》	2017 年《企业会计准则第 22 号——金融工具确认和计量》	新旧差异
第二十二条 嵌入衍生工具相关的混合工具没有指定为以公允价值计量且其变动计入当期损益的金融资产或金融负债，且同时满足下列条件的，该嵌入衍生工具应当从混合工具中分拆，作为单独存在的衍生工具处理： （一）与主合同在经济特征及风险方面不存在紧密关系； （二）与嵌入衍生工具条件相同的工具符合衍生工具定义。 无法在取得时或后续资产负债表日对其进行单独计量的，应当将混合工具整体指定为以公允价值计量且其变动计入当期损益的金融资产或金融负债。	第二十五条 混合合同包含的主合同不属于本准则规范的资产，且同时符合下列条件的，企业应当从混合合同中分拆嵌入衍生工具，将其作为单独存在的衍生工具处理： （一）嵌入衍生工具的经济特征和风险与主合同的经济特征和风险不紧密相关。 （二）与嵌入衍生工具有相同条款的单独工具符合衍生工具的定义。 （三）该混合合同不是以公允价值计量且其变动计入当期损益进行会计处理。 嵌入衍生工具从混合合同中分拆后，企业应当按照适用的会计准则对主合同进行会计处理。企业无法根据嵌入衍生工具的条款和条件对嵌入衍生工具的公允价值进行可靠计量的，该嵌入衍生工具的公允价值应当根据混合合同公允价值和主合同公允价值之间的差额确定。使用了上述方法后，该嵌入衍生工具在取得日或后续资产负债表日的公允价值仍然无法单独计量的，企业应当将该混合合同整体指定为以公允价值计量且其变动计入当期损益的金融工具。	对于包含金融负债主合同以及非金融工具主合同的其他混合合同，仿照评估嵌入衍生工具是否与主合同紧密相关并确定是否分拆。增加按剩余价值确定嵌入衍生工具公允价值的表述。
第二十一条 企业可以将混合工具指定为以公允价值计量且其变动计入当期损益的金融资产或金融负债。但是，下列情况除外： （一）嵌入衍生工具对混合工具的现金流量没有重大改变； （二）类似混合工具所包含的嵌入衍生工具，明显不应当从混合工具中分拆。	第二十六条 混合合同包括一项或多项嵌入衍生工具，且其主合同不属于本准则规范的资产的，企业可以将混合合同整体指定为以公允价值计量且其变动计入当期损益的金融工具。但下列情况除外： （一）嵌入衍生工具不会对混合合同对应的现金流量产生重大改变。 （二）在初次确定类似包含嵌入衍生工具的混合合同是否应当分拆时，几乎不需分析即能明确其包含的嵌入衍生工具不应分拆。如嵌入贷款的提前还款权，允许持有人以接近摊余成本的金额提前偿还贷款，该提前还款权不需要分拆。	除主合同为金融资产的混合合同应当作为一个整体处理外，基本一致。

续表

2006年《企业会计准则第22号——金融工具确认和计量》	2017年《企业会计准则第22号——金融工具确认和计量》	新旧差异
	第六章 金融工具的重分类	
讲解：企业应当于每个资产负债表日对持有至到期投资的意图和能力进行评价。发生变化的，应当将其重分类为可供出售金融资产进行处理。	第二十七条 企业改变其管理金融资产的业务模式时，应当按照本准则的规定对所有受影响的相关金融资产进行重分类。企业对所有金融负债均不得进行重分类。	金融资产重分类的前提是改变管理金融资产的业务模式；金融负债不得重分类。
第三十八条 金融资产或金融负债公允价值变动形成的利得或损失，除与套期保值有关外，应当按照《企业会计准则第24号——套期保值》对套期保值有关的金融资产或金融负债公允价值变动形成的利得或损失的处理，适用《企业会计准则第24号——套期保值》。	第二十八条 企业发生下列情况的，不属于金融资产或金融负债的重分类： （一）按照《企业会计准则第24号——套期会计》相关规定，某金融工具以前被指定为套期工具，但目前已不再满足运用该套期会计方法的条件。 （二）按照《企业会计准则第24号——套期会计》相关规定，某金融工具被指定并成为现金流量套期或境外经营净投资套期中的有效套期工具。 （三）按照《企业会计准则第24号——套期会计》相关规定，运用信用风险敞口公允价值选择权所引起的计量变动。	明确适用套期会计或不运用套期会计，运用信用风险敞口公允价值选择权的，不属于重分类。
	第二十九条 企业对金融资产进行重分类的，应当自重分类日起采用未来适用法进行相关处理，不得对以前已经确认的利息、损失（包括减值损失或利得）或利息总额进行追溯调整。重分类日，是指导致企业对金融资产进行重分类的业务模式发生变更后的首个报告期间的第一天。	基本一致，重分类未采用追溯法。 明确定义"重分类日"。
第十九条 企业在初始确认时将某金融资产或某金融负债划分为以公允价值计量且其变动计入当期损益的金融资产或金融负债，不能重分类也不能将其他金融资产或金融负债以公允价值计量且其变动计入当期损益的金融资产或金融负债。 第三十六条 对按照本准则规定应当以公允价值计量的金融资产或金融负债，企业应当按其公允价值计量，但以前公允价值不能可靠计量的金融资产或金融负债，企业应当在其公允价值能够可靠计量时改按公允价值计量，相关账面价值与公允价值之间的差额按照第三十八条的规定处理。	第三十条 企业将一项以摊余成本计量的金融资产重分类为以公允价值计量的金融资产的，应当按照重分类日该金融资产的公允价值进行计量。原账面余额与公允价值之间的差额计入当期损益。 企业将一项以摊余成本计量的金融资产重分类为以其他综合收益的公允价值计量的金融资产的，应当按照重分类日该金融资产的公允价值进行计量。原账面余额与公允价值之间的差额计入其他综合收益。该金融资产重分类不影响其实际利率和预期信用损失的计量。	类别不同，原理一致。 从摊余成本重分类为以公允价值计量的，按公允价值计量。 从摊余成本重分类为FVOCI，相关损失准备应转入OCI。

续表

2006年《企业会计准则第22号——金融工具确认和计量》	2017年《企业会计准则第22号——金融工具确认和计量》	新旧差异
第三十七条 企业初始确认金融资产或金融负债,应当按照公允价值计量。对于以公允价值计量且其变动计入当期损益的金融资产或金融负债,相关交易费用应当直接计入当期损益;对于其他类别的金融资产或金融负债,相关交易费用应当计入初始确认金额。 第三十一条 交易费用,是指可直接归属于购买、发行或处置金融工具新增的外部费用。新增的外部费用,是指企业不发生该交易就不会发生的费用,包括支付给代理机构、咨询公司、券商等的手续费和佣金及其他必要支出,不包括债券溢价、折价、融资费用、内部管理成本或持有成本等与交易不直接相关的费用。	第三十一条 企业将一项以公允价值计量且其变动计入其他综合收益的金融资产重分类为以摊余成本计量的金融资产的,应当将该金融资产之前计入其他综合收益的累计利得或损失转出,并以调整该金融资产在重分类日的公允价值,即视同该金融资产一直以摊余成本计量的。该金融资产在重分类日的公允价值和调整后的账面价值为新的摊余成本,该项调整影响其他综合收益但不影响当期损益,不影响其实际利率和预期信用损失的计量。 企业将一项以公允价值计量且其变动计入其他综合收益的金融资产重分类为以公允价值计量且其变动计入当期损益的金融资产的,应当继续以公允价值计量该金融资产。同时,企业应当自重分类日起将之前计入其他综合收益的累计利得或损失从其他综合收益转入当期损益。	FVOCI 重分类为摊余成本,视同该金融资产一直以摊余成本计量,自重分类日起不再确认一项减值准备; FVOCI 重分类为 FVTPL,之前计入其他综合收益的累计利得或损失转入当期损益。
	第三十二条 企业将一项以公允价值计量且其变动计入当期损益的金融资产重分类为以摊余成本计量的金融资产或以公允价值计量且其变动计入其他综合收益的金融资产的,应当以其在重分类日的公允价值作为新的账面余额。 按照本条规定对金融资产进行重分类的,应当自重分类日起适用本准则关于金融资产减值的相关规定,并将重分类日视为初始确认日。	以公允价值计入当期损益可重分类为以摊余成本计量; 根据重分类日的公允价值确定实际利率并开始适用减值规定。
第三十条 企业初始确认金融资产或金融负债,应当按照公允价值计量。对于以公允价值计量且其变动计入当期损益的金融资产或金融负债,相关交易费用应当直接计入当期损益;对于其他类别的金融资产或金融负债,相关交易费用应当计入初始确认金额。 第三十一条 交易费用,是指可直接归属于购买、发行或处置金融工具新增的外部费用。新增的外部费用,是指企业不发生该交易就不会发生的费用,包括支付给代理机构、咨询公司、券商等的手续费和佣金及其他必要支出,	第七章 金融工具的计量 第三十三条 企业以公允价值确认金融资产或金融负债,相关交易费用应当直接计入当期损益;对于其他类别的金融资产或金融负债,相关交易费用应当计入初始确认金额。但是,企业初始确认准则第14号——收入》规定不存在重大融资成分或按照该准则规定不考虑不超过一年的融资成分的,应当按照该准则规定的交易价格进行初始计量。	基本一致,按公允价值进行初始确认; 对于不具有重大融资成分或选择采用简化方法进行处理的应收账款按交易价格(而不是公允价值)进行初始确认。

续表

2006年《企业会计准则第22号——金融工具确认和计量》	2017年《企业会计准则第22号——金融工具确认和计量》	新旧差异
不包括债券溢价、折价、融资费用、内部管理成本和其他与交易不直接相关的费用。	增量费用。增量费用是指企业没有发生购买、发行或处置相关金融工具的情形就不会发生的费用，包括支付给代理机构、咨询公司、券商、证券交易所、政府有关部门等的手续费、佣金、相关税费以及其他必要支出，不包括债券溢价、折价、融资费用、内部管理成本和其他与交易不直接相关的费用。	
第五十二条 金融工具的交易价格应当作为其初始确认时的公允价值的最好证据，但有客观证据表明相同金融工具公开市场交易定价的结果或采用公开市场数据参数的估值技术确定的结果更公允的，或应当采用交易价格作为初始确认时的公允价值，而应当采用公允的交易价格或估值结果确认公允价值。 第五十三条 初始取得或承担的金融资产或金融负债，应当以其公允价值为确认其公允价值的基础。 CAS37 第五十八条 金融交易价格存在差异时，如果其公允价值并非基于相同资产或负债在活跃市场中的报价，也非基于仅使用可观察市场数据的估值技术，企业在初始确认金融资产或金融负债时不应确认利得或损失。	第三十四条 企业应当根据《企业会计准则第39号——公允价值计量》的规定，确定金融负债和金融资产的公允价值。公允价值通常为相关金融资产或金融负债交易的公允价格。金融资产或金融负债以公允价值计量的，企业应区别下列情形进行处理： （一）在初始确认时，金融资产或金融负债以仅使用可观察市场数据的估值技术确认的公允价值与交易价格之间存在差额的，企业应当将该差额确认为一项利得或损失。 （二）在初始确认时，金融资产或金融负债公允价值与交易价格之间的差额以其他方式确定的，金融资产或金融负债应当按照交易价格进行初始确认。初始确认后，企业应当将该差额根据相关会计期间内因一因素在相应会计期间的变动、该因素应当为市场参与者在对该金融工具定价时将予考虑的因素，包括时间等）递延。	基本一致。 明确公允价值与交易价格之间的差额不符合确认条件的，应予以递延。
第三十五条 初始确认后，企业应当对不同类别的金融资产，分别以摊余成本、以公允价值计量且其变动计入其他综合收益或以公允价值计量且其变动计入当期损益进行后续计量。	按不同类别分别进行后续计量。
第三十二条 企业应当按照公允价值对金融资产进行后续计量，且不扣除该将来处置该金融资产时可能发生的交易费用。但下列情况除外： （一）持有至到期投资以及贷款和应收款项，应当采用实际利率法，按摊余成本计量。 （二）在活跃市场中没有报价且其公允价值不能可靠计量的权益工具投资，以及与该权益工具挂钩并须通过交付该权益工具结算的衍生金融资产，应当按照成本计量。		

· 694 ·

续表

2006年《企业会计准则第22号——金融工具确认和计量》	2017年《企业会计准则第22号——金融工具确认和计量》	新旧差异
第三十三条 企业会计准则第22号——金融工具确认和计量，按摊余成本对金融负债进行后续计量。但是，下列情况除外： （一）以公允价值计量且其变动计入当期损益的金融负债，应按公允价值计量，且不扣除将来结清金融工具时可能发生的交易费用。 （二）与在活跃市场中没有报价、公允价值不能可靠计量的权益工具挂钩并须通过交付该权益工具结算的衍生金融负债，应当按照成本计量。 （三）不属于指定为以公允价值计量且其变动计入当期损益的财务担保合同，或没有指定为以公允价值计量且其变动计入当期损益并按照以低于市场利率贷款的贷款承诺，应当在初始确认后按照下列两项金额中的较高者进行后续计量： 1. 按照《企业会计准则第13号——或有事项》确认的金额； 2. 初始确认金额扣除按照《企业会计准则第14号——收入》的原则确认的累计摊销额后的余额。	第三十六条 初始确认后，企业应当对不同类别的金融负债，分别以摊余成本、以公允价值计量且其变动计入当期损益或以本准则第二十一条规定的其他适当方法进行后续计量。	按不同类别分别进行后续计量。
第三十八条 金融资产或金融负债公允价值变动形成的利得或损失，除与套期保值有关的外，应适用《企业会计准则第24号——套期保值》规定的下列方式处理： …… 与套期保值有关的处理，适用《企业会计准则第24号——套期保值》。	第三十七条 金融资产或金融负债被指定为被套期项目的，企业应当根据《企业会计准则第24号——套期会计》规定进行后续计量。	一致。 套期会计为特殊计量方式。
第十四条 实际利率法，是指计算金融资产或金融负债（含一组金融资产或金融负债）的摊余成本及各期利息收入或利息费用的方法。实际利率，是指将金融资产或金融负债在预期存续期间或适用的更短期间内的未来现金流量，折现为该金融资产或金融负债当前账面价值所使用的利率。	第三十八条 金融资产或金融负债的摊余成本，应以该金融资产或金融负债的初始确认金额经下列调整后的结果确定： （一）扣除已偿还的本金； （二）加上或减去采用实际利率法将该初始确认金额与到期日金额之间的差额进行摊销形成的累计摊销额； （三）扣除累计计提的损失准备（仅适用于金融资产）。 实际利率法，是指计算金融资产或金融负债的摊余成本以及在各会计期间分摊利息收入或利息费用的方法。实际利率，是指将金融资产或金融负债在预期存续期间的估计	基本一致。 但计提损失准备不再是"已发生的减值损失"，确定实际利率时，同样不考虑预期信用损失。

续表

2006年《企业会计准则第22号——金融工具确认和计量》	2017年《企业会计准则第22号——金融工具确认和计量》	新旧差异
融负债在预期存续期间或适用的更短期间内的未来现金流量，折现为该金融资产或金融负债当前账面价值所使用的利率。在确定实际利率时，应当在考虑金融资产或金融负债所有合同条款（包括提前还款、看涨期权、类似期权等）的基础上预计未来现金流量，但不应当考虑未来信用损失。	未来现金流量，折现为该金融资产账面余额或金融负债摊余成本所使用的利率。在确定实际利率时，应当在考虑金融资产或金融负债所有合同条款（如提前还款、展期、看涨期权或其他类似期权等）的基础上估计预期现金流量，但不应当考虑预期信用损失。	引入"账面余额"（摊余成本+减值准备）；对于购入的已发生信用减值为已发生信用减值的金融资产，计算摊余成本的基数为"经信用调整的实际利率"，估计的合同期预期现金流量中扣除整个存续期预期信用损失。
第四十条 金融资产发生减值后，利息收入应当按照确定减值损失时对未来现金流量进行折现采用的折现率作为利率计算确认。	第三十九条 企业应当按照实际利率法确认利息收入。利息收入应当根据金融资产账面余额乘以实际利率计算确定，但下列情况除外： （一）对于购入或源生的已发生信用减值的金融资产，企业应当自初始确认起，按照该金融资产的摊余成本和经信用调整的实际利率计算确定其利息收入。 （二）对于购入或源生的未发生信用减值，但在后续期间发生信用减值的金融资产，企业应当在后续期间按照其摊余成本乘以实际利率计算确定其利息收入。企业按照上述规定运用实际利率法确定的摊余成本因其信用风险有所改善而不再存在信用减值，并且这一改善在客观上可与上述规定被应用之后发生的某一事件相联系（如债务人的信用评级被上调），企业应当转按该金融资产账面余额乘以实际利率计算确定其利息收入。 经信用调整的实际利率，是指将购入或源生的已发生信用减值的金融资产在预期存续期间估计的未来现金流量（例如提前还款、展期、看涨期权或其他所有类似期权等）以及初始估计预期信用损失的基础上估计的预期现金流量，折现为该金融资产摊余成本所使用的利率。	

·696·

续表

2006 年《企业会计准则第 22 号——金融工具确认和计量》	2017 年《企业会计准则第 22 号——金融工具确认和计量》	新旧差异
第四十一条 表明金融资产发生减值的客观证据，是指金融资产初始确认后实际发生的、对该金融资产的预计未来现金流量有影响，且企业能够对该影响进行可靠计量的事项。金融资产发生减值的客观证据，包括下列各项： （一）发行方或债务人发生严重财务困难； （二）债务人违反了合同条款，如偿付利息或本金发生违约或逾期等； （三）债权人出于经济或法律等方面因素的考虑，对发生财务困难的债务人作出让步； （四）债务人很可能倒闭或进行其他财务重组； （五）因发行方发生重大财务困难，该金融资产无法在活跃市场继续交易； （六）无法辨认一组金融资产中的某项资产的现金流量是否已经减少，但根据公开的数据对其进行总体评价后发现，该组金融资产自初始确认以来的预计未来现金流量确已减少且可计量，如该组金融资产的债务人支付能力逐步恶化，或债务人所在国家或地区失业率提高，担保物在其所在地区的价格明显下降，所处行业不景气等； （七）债务人经营所处的技术、市场、经济或法律环境等发生重大不利变化，使权益工具投资人可能无法收回投资成本； （八）权益工具投资的公允价值发生严重或非暂时性下跌； （九）其他表明金融资产发生减值的客观证据。	第四十一条 当对金融资产预期未来现金流量具有不利影响的一项或多项事件发生时，该金融资产成为已发生信用减值的金融资产。金融资产已发生信用减值的证据包括下列可观察信息： （一）发行方或债务人发生重大财务困难； （二）债务人违反合同，如偿付利息或本金违约或逾期等； （三）债权人出于与债务人财务困难有关的经济或合同考虑，给予债务人在任何其他情况下都不会做出的让步； （四）债务人很可能破产或进行其他财务重组； （五）发行方或债务人财务困难导致该金融资产的活跃市场消失； （六）以大幅折扣购买或源于一项金融资产，该折扣反映了发生信用损失的事实。 金融资产发生信用减值，有可能是多个事件的共同作用所致，未必是可单独识别的事件所致。	"已发生信用减值的证据"与原"发生减值的客观证据"基本一致。 增加"以大幅折扣购买或源于一项金融资产"的情形； 原"发生减值的客观证据"中针对权益工具投资的条款删除，因为所有权益工具均按公允价值计量。
第十四条 金融资产或金融负债合同各方之间支付或收取的、属于实际利率组成部分的各项收费，交易费用及溢价或折价等，应当在确定实际利率时予以考虑。金融资产或金融负债的预计未来现金流量存续期间无法可靠预计时，应当采用该金融资产或金融负债在整个合同期内的合同现金流量。	第四十一条 合同各方之间支付或收取的、属于实际利率组成部分的各项费用，交易费用及溢价或折价等，应当在确定实际利率时予以考虑。 企业通常能够可靠估计金融工具（或一组类似金融工具）的现金流量和预计存续期。在极少数情况下，金融工具（或一组金融工具）的预计未来现金流量或预期存续期无法可靠估计的，企业在计算该金融工具实际利率（或经信用调整的实际利率）时，应当基于该金融工具在整个合同期内的合同现金流量。	基本一致。 交易费用及溢价或折价等调整实际利率。

续表

2006年《企业会计准则第22号——金融工具确认和计量》	2017年《企业会计准则第22号——金融工具确认和计量》	新旧差异
	第四十二条 企业与交易对手方重新议定合同，但导致合同现金流量发生变化的，应当重新计算该金融资产的账面余额，并将相关利得或损失计入当期损益。重新计算的合同现金流量按金融资产的原实际利率（或者购买或源生的已发生信用减值的金融资产的经信用调整的实际利率）或按《企业会计准则第24号——套期会计》（如适用）折现的现值确定。对于修改或重新议定的实际利率（如适用）折现的现值确定。对于调整或重新议定合同所产生的所有成本或费用，企业应当调整修改后金融资产账面价值，并在修改后金融资产的剩余期限内进行摊销。	修改或重新议定未导致终止确认，但合同现金流量发生变化的，应当重新计算或损失计入当期损益。
	第四十三条 企业不再合理预期金融资产合同现金流量能够全部或部分收回的，应当直接减记该金融资产的账面余额。这种减记构成相关金融资产的终止确认。	不再合理预期能够收回的，应当直接减记。
第三十二条 在活跃市场中没有报价且其公允价值不能可靠计量的权益工具投资，以及与该权益工具挂钩并须通过交付该权益工具结算的衍生金融资产，应当按照成本计量。 第四十五条 在活跃市场中没有报价且其公允价值不能可靠计量的衍生金融资产投资，或与该权益工具挂钩并须通过交付该权益工具结算的衍生金融资产发生减值时，应当将该权益工具投资或衍生金融资产的账面价值，与按照类似金融资产当时市场收益率对未来现金流量折现确定的现值之间的差额，确认为减值损失，计入当期损益。	第四十四条 企业对权益工具计量。但在有限情况下，成本可能代表其在该范围内对公允价值的最佳估计。如果公允价值的证据表明成本不足，或者公允价值在该范围内分布范围很广，而成本不代表该范围内公允价值的最佳估计，企业应当对公允价值进行估值。企业应当利用初始确认日后可获得的关于被投资方的业绩和经营的所有信息，判断成本是否代表公允价值。存在下列情形（包含但不限于）之一的，可能表明成本不代表被投资方公允价值，企业应当对其公允价值进行估值。 （一）与预算、计划或阶段性目标相比，被投资方业绩发生重大变化。 （二）对被投资方技术产品实现阶段性目标的预期发生变化。 （三）被投资方的权益、产品或潜在产品的市场发生重大变化。 （四）全球经济或被投资方经营所处的经济环境发生重大变化。 （五）被投资方可比企业的业绩或整体市场所显示的估值结果发生重大变化。 （六）被投资方的内部问题，如欺诈，商业纠纷，诉讼，管理或战略变化。 （七）被投资方权益发生了外部交易并有客观证据，包括发行新股等被投资方权益发生的交易和第三方之间转让被投资方权益工具的交易等。	对权益工具的投资应当以公允价值计量（取消成本法豁免）；在有限情况下，成本可以代表对公允价值的恰当估计；明确公允价值不代表公允价值的具体情形。

续表

2006年《企业会计准则第22号——金融工具确认和计量》	2017年《企业会计准则第22号——金融工具确认和计量》	新旧差异
企业应当在资产负债表日对以公允价值计量且其变动计入当期损益的金融资产以外的账面价值进行检查，有客观证据表明该金融资产发生减值的，应当提取减值准备。	第四十五条 权益工具投资或该合同存在活跃报价的，企业不应当将成本作为对其公允价值的最佳估计。	成本不是有报价权益工具公允价值的最佳估计。
	第八章 金融工具的减值	
第四十条 企业应当在资产负债表日对以公允价值计量且其变动计入当期损益的金融资产以外的金融资产的账面价值进行检查，有客观证据表明该金融资产发生减值的，应当提取减值准备。	第四十六条 企业应当按照本准则规定，以预期信用损失为基础，对下列项目进行减值会计处理并确认损失准备： （一）按照本准则第十七条分类为以摊余成本计量的金融资产和按照本准则第十八条分类为以公允价值计量且其变动计入其他综合收益的金融资产。 （二）租赁应收款。 （三）合同资产。合同资产是指《企业会计准则第14号——收入》定义的合同资产。 （四）企业发行的分类为以公允价值计量且其变动计入当期损益的金融负债以外的贷款承诺以及适用本准则第二十一条规定的财务担保合同。 损失准备，是指针对按照本准则第十七条计量的金融资产、租赁应收款和合同资产的预期信用损失计提的准备，按照本准则第十八条计量的金融资产的预期信用损失减值累计额以及针对贷款承诺和财务担保合同的预期信用损失计提的准备。	采用单一的预期信用损失模型；减值要求适用于所有本计量的金融工具，并非仅适用于以公允价值计量且其变动计入当期损益的金融工具；范围内并定义"损失准备"。
第四十二条 以摊余成本计量的金融资产发生减值时，应当将该金融资产的账面价值减记至预计未来现金流量（不包括尚未发生的未来信用损失）现值，减记的金额确认为资产减值损失，计入当期损益。金融资产确认减值损失后，如有客观证据表明该金融资产价值已恢复，且客观上与确认该损失后发生的事项有关，原确认的减值损失应当予以转回，计入当期损益。但是，该转回后的账面价值不应当超过假定不计提减值准备情况下该金融资产在转回日的摊余成本。第四十六条 可供出售金融资产发生减值时，即使该金融资产没有终止确认，原直接计入所有者权益的因公允价值下降形成的累计损失，应当予以转出，计入当期损益。	第四十七条 金融工具预期信用损失，应按照以下规定计量：金融资产的信用损失，是指按照原实际利率折现的、根据合同应收的所有合同现金流量与预期收取的所有现金流量之间的差额，即全部现金短缺的现值。其中，对于企业购买或源生的已发生信用减值的金融资产，应按照经信用调整的实际利率折现。由于预期信用损失考虑该金融资产经营和时间分布，因此即使企业预计可以全额收回但收款时间晚于合同规定的到期时间，也会产生信用损失。企业应当考虑金融工具整个预计存续期内所有可能发生的违约事件，也就是考虑整个存续期的预期信用损失。企业通常能够可靠估计至合同存续期，以及该金融工具预计存续期内无法可靠估计的，应当基于该金融工具的剩余合同期间。	定义"预期信用损失"。 明确预期信用损失考虑付款的金额和时间分布；并非仅反映最坏的情形或最好的情形，估计预期信用损失时，应当反映信用损失发生的可能性以及不发生信用损失的可能性。

续表

2006年《企业会计准则第22号——金融工具确认和计量》	2017年《企业会计准则第22号——金融工具确认和计量》	新旧差异
第二章 金融资产和金融负债的分类	第三章 金融资产的分类	修改章顺序。
第七条 金融资产应当在初始确认时划分为下列四类： （一）以公允价值计量且其变动计入当期损益的金融资产，包括交易性金融资产和指定为以公允价值计量且其变动计入当期损益的金融资产； （二）持有至到期投资； （三）贷款和应收款项； （四）可供出售金融资产。	第十六条 企业应当根据其管理金融资产的业务模式和金融资产的合同现金流量特征，将金融资产划分为以下三类： （一）以摊余成本计量的金融资产。 （二）以公允价值计量且其变动计入其他综合收益的金融资产。 （三）以公允价值计量且其变动计入当期损益的金融资产。 企业管理金融资产的业务模式，是指企业如何管理其金融资产以产生现金流量。业务模式决定企业所管理金融资产现金流量的来源是收取合同现金流量、出售金融资产还是两者兼有。企业管理金融资产的业务模式，应当以客观事实为基础确定，通常可以按照合理预期不会发生变化的特定业务目标实现方式为基础确定。企业确定管理金融资产的业务模式，应当以关键管理人员决定的对金融资产进行管理的特定业务目标实现方式为基础，并且不得以按照合理预期不会发生的情形为基础确定。 第十七条 金融资产的合同现金流量特征，是指金融工具合同约定的、反映相关金融资产经济特征的现金流量属性。企业分类为本准则规范的金融资产，其合同现金流量特征，应当与基本借贷安排相一致。即相关合同现金流量仅为对本金和以未偿付本金金额为基础的利息的支付。其中，本金是指金融资产在初始确认时的公允价值，本金在金融资产存续期内可能因偿还等原因而发生变动，与特定期末的本金金额相关的利息，包括对货币时间价值、与特定时期内的存续本金金额相关的信用风险，以及其他基本借贷风险、成本和利润而提供对价的部分，但货币时间价值要素可能存在修正。在货币时间价值要素存在修正的情况下，企业应当对相关修正进行评估，以确定其是否能够导致其合同现金流量仅反映对货币时间价值的要求（如评估其包含提前还款特征），企业应当对相关合同条款进行评估，以确定其公允价值是否非常小)的，企业应当对合同分布或金额变更相关的合同条款进行评估，以确定其是否满足上述合同现金流量特征的要求。	将金融资产分为以摊余成本计量的金融资产、以公允价值计量且其变动计入其他综合收益的金融资产和以公允价值计量且其变动计入当期损益的金融资产三类，取消了贷款和应收款项、持有至到期投资和可供出售金融资产三个原有分类。 分类依据不再是规则导向，而是引入业务模式和合同现金流量特征分析。

· 687 ·

续表

2006年《企业会计准则第22号——金融工具确认和计量》	2017年《企业会计准则第22号——金融工具确认和计量》	新旧差异
N/A	第四十八条 除了按照本准则第五十七条和第六十三条的相关规定计量的金融工具损失准备的情形以外，企业应当在每个资产负债表日评估相关金融工具的信用风险自初始确认后是否已显著增加，并按照下列情形分别计量其损失准备，确认预期信用损失及其变动： （一）如果该金融工具的信用风险自初始确认后已显著增加，企业应当按照相当于该金融工具整个存续期内预期信用损失的金额计量其损失准备。无论企业评估信用风险所依据的金融工具还是金融工具组合，由此形成的损失准备的增加或转回金额，应当作为减值损失或利得计入当期损益。 （二）如果该金融工具的信用风险自初始确认后并未显著增加，企业应当按照相当于该金融工具未来12个月内预期信用损失的金额计量其损失准备，无论企业评估信用风险所依据的金融工具还是金融工具组合，由此形成的损失准备的增加或转回金额，应当作为减值损失或利得计入当期损益。 未来12个月内预期信用损失，是指因资产负债表日后12个月内（若金融工具的预计存续期少于12个月，则为预计存续期）可能发生违约的金融工具的违约事件而导致的预期信用损失，是整个存续期预期信用损失的一部分。 企业在进行前瞻性评估时，应当考虑自金融工具初始确认后有依据的信息，包括前瞻性信息。为确保自金融工具初始确认后一些情况下应当及时确认整个存续期预期信用损失，企业在一些情况下应当以组合为基础考虑整个存续期信用风险是否显著增加。整个存续期预期信用损失，是指因金融工具整个预计存续期内所有可能发生的违约事件而导致的预期信用损失。	根据信用风险是否显著增加，分别计量整个存续期内预期信用损失（阶段2）或未来12个月内预期信用损失（阶段1）的金额； 定义"未来12个月内预期信用损失"和"整个存续期预期信用损失"； 未来12个月内预期信用损失并非预计将在未来12个月内违约的金融工具的预期期间损失，也不是预计在未来12个月内将发生的现金短缺。
第四十六条 可供出售金融资产发生减值时，即使该金融资产没有终止确认，原直接计入所有者权益的因公允价值下降形成的累计损失，应当予以转出，计入当期损益……	第四十九条 对于按照本准则第十八条分类为以公允价值计量且其变动计入其他综合收益的金融资产，企业应当在其他综合收益中确认其损失准备，并将减值损失或利得计入当期损益，且不应减少该金融资产在资产负债表中列示的账面价值。	FVOCI（债务工具）适用减值规定，在其他综合收益中确认其损失准备。

续表

2006年《企业会计准则第22号——金融工具确认和计量》	2017年《企业会计准则第22号——金融工具确认和计量》	新旧差异
第四十四条 对以摊余成本计量的金融资产确认减值损失后，如有客观证据表明该金融资产价值已恢复，且客观上与确认原减值损失后发生的事项有关（如债务人的信用评级已提高等），原确认的减值损失应当予以转回，计入当期损益。但是，该转回后的账面价值不应当超过假定不计提减值准备情况下该金融资产在转回日的摊余成本。 第四十七条 对于已确认减值损失的可供出售债务工具，在随后的会计期间公允价值已上升且客观上与原减值损失确认后发生的事项有关的，原确认的减值损失应当予以转回，计入当期损益。 第四十八条 可供出售权益工具投资发生的减值损失，不得通过损益转回。但是，在活跃市场中没有报价且其公允价值不能可靠计量的权益工具投资，或与该权益工具挂钩并须通过交付该权益工具结算的衍生金融资产发生的减值损失，不得转回。	第五十条 企业在前一会计期间已经按照相当于金融工具整个存续期内预期信用损失的金额计量了损失准备，但在当期资产负债表日，该金融工具已不再属于自初始确认后信用风险显著增加的情形的，企业应当在当期资产负债表日按照相当于未来12个月内预期信用损失的金额计量该金融工具的损失准备，由此形成的损失准备的转回金额应当作为减值利得计入当期损益。	减值模型是对称的，资产可以转入或转出按整个存续期内预期信用损失的金额计量其损失准备的类别。
CAS 13 第四条 与或有事项相关的义务同时满足下列条件的，应当确认为预计负债：（一）该义务是企业承担的现时义务；（二）履行该义务很可能导致经济利益流出企业；（三）该义务的金额能够可靠地计量。	第五十一条 对于贷款承诺和财务担保合同，企业在应用金融工具减值规定时，应当将本企业成为做出不可撤销承诺的一方之日作为初始确认日。	非FVTPL的贷款承诺和财务担保合同适用减值规定。
N/A	第五十二条 企业在评估金融工具的信用风险自初始确认后是否已显著增加时，应当考虑金融工具预计存续期内发生违约风险的变化，而不是预计存续期内预期信用损失金额的变化。企业应当在资产负债表日将金融工具在预计存续期内发生违约的风险与该金融工具在初始确认日发生违约的风险进行比较，以确定金融工具预计存续期内发生违约风险的变化情况。 在判定是否发生违约时，应当与其内部针对相关金融工具的信用风险管理目标保持一致，并考虑财务限制性条款等其他定性指标。	有关评估信用风险是否显著增加的评估是以初始确认后违约发生概率的变化为基础（相对概念），而非对绝对信用质量进行评估。

续表

2006年《企业会计准则第22号——金融工具确认和计量》	2017年《企业会计准则第22号——金融工具确认和计量》	新旧差异
N/A	第五十三条　企业通常应当在金融工具整个存续期内以某种方式评估信用风险自初始确认后是否已显著增加。企业在确定信用风险自初始确认后是否显著增加时，应当使用可获得的合理且有依据的前瞻性信息，不得仅依赖逾期信息来确定信用风险自初始确认后是否显著增加；企业无须付出不必要的额外成本或努力即可获得的额外成本或努力即可获得的前瞻性信息，不得仅依赖逾期信息来确定信用风险自初始确认后是否显著增加的，可以采用逾期信息来确定信用风险自初始确认后是否显著增加。 无论企业采用何种方式评估信用风险是否显著增加，通常情况下，如果逾期超过30日，则表明金融工具的信用风险已经显著增加。除非企业在无须付出不必要成本或努力即可获得合理且有依据的信息，证明即使逾期超过30日信用风险自初始确认后仍未显著增加。如果企业在合同付款逾期超过30日前已确定信用风险显著增加，则应当按照合同规定支付时间对手方未按合同规定支付约定的款项，则表明期信用损失确认损失准备。 如果交易对手方未确认未逾期，该金融资产发生逾期。	确定信用风险自初始确认后是否显著增加不得单独依赖逾期信息（除非无成本或努力即可获得的额外成本或努力），且通常应当在金融工具逾期前确认；如果合同付款额逾期超过30天，则可推定为信用风险显著增加。
N/A	第五十四条　企业在评估金融工具的信用风险的相对变化，应当考虑违约风险的绝对值。在同一后续资产负债表日，初始确认时违约风险较低的金融工具比初始确认时违约风险较高的金融工具的信用风险变化更为显著。	相对概念，而非对绝对信用质量进行评估——信用风险是否高于一个适用于所有资产的特定界限。
N/A	第五十五条　企业确定金融工具在资产负债表日只具有较低的信用风险的，可以假设该金融工具的信用风险自初始确认后并未显著增加。 如果金融工具的违约风险较低，借款人在短期内履行其合同现金流量义务的能力很强，并且即便较长时期内经济形势和经营环境存在不利变化但未必一定降低借款人履行其合同现金流量义务的能力，该金融工具被视为具有较低的信用风险。	对一般要求的例外：较低的信用风险。

· 702 ·

续表

2006年《企业会计准则第22号——金融工具确认和计量》	2017年《企业会计准则第22号——金融工具确认和计量》	新旧差异
N/A	第五十六条 企业与交易对手方修改或重新议定合同，未导致金融资产终止确认，但导致合同现金流量发生变化的，企业在评估相关金融工具的信用风险是否已经显著增加时，应当将基于变更后的合同条款在资产负债表日发生违约的风险与基于原始合同条款在初始确认时发生违约的风险进行比较。	修改不导致终止确认的，持续评估违约的风险变化。
N/A	第五十七条 对于购买或源生的已发生信用减值的金融资产，企业应当在资产负债表日仅将自初始确认后整个存续期内预期信用损失的累计变动确认为损失准备。在每个资产负债表日，企业应当将整个存续期内预期信用损失的变动金额作为减值损失或利得计入当期损益。即使该资产负债表日计算的整个存续期内预期信用损失小于初始确认时所反映的现金流量中包含的预期信用损失的金额，企业也应当将预期信用损失的有利变动确认为减值利得。	购买或源生的已发生信用减值的金融资产，应当在初始确认时已发生信用减值，后续按整个存续期内预期信用损失。
N/A	第五十八条 企业计量金融工具预期信用损失的方法应当反映下列各项要素： （一）通过评价一系列可能的结果而确定的无偏概率加权平均金额。 （二）货币时间价值。 （三）在资产负债表日无须付出不必要的额外成本或努力即可获得的有关过去事项、当前状况以及未来经济状况预测的合理且有依据的信息。	预期信用损失的范围，预期可能结果的无偏概率，时间价值及其前瞻性信息。
N/A	第五十九条 对于适用本准则有关金融工具减值规定的各类金融工具，企业应当按照下列方法确定其信用损失： （一）对于金融资产，信用损失应为企业应收取的合同现金流量与预期收取的现金流量之间差额的现值。 （二）对于租赁应收款，信用损失的现金流量，应与按照《企业会计准则第21号——租赁》用于计量租赁应收款的现金流量保持一致。	信用损失是应收取的合同现金流量与预期收取的现金流量之间差额的现值；所有现金短缺（无论正负）都应包含在预期信用损失的计量中。

续表

2006年《企业会计准则第22号——金融工具确认和计量》	2017年《企业会计准则第22号——金融工具确认和计量》	新旧差异
	（三）对于未提用的贷款承诺，信用损失应为在贷款承诺持有人提用相应贷款的情况下，企业应支付的合同现金流量与企业预期收取的现金之间差额的现值。企业对该贷款承诺预期信用损失的估计，应当与其对该贷款承诺提用情况的预期保持一致。 （四）对于财务担保合同，信用损失应为企业就该合同持有人发生的信用损失向其做出赔付的预计付款额，减去企业预期向该合同持有人、债务人或任何其他方收取的金额之间差额的现值。 （五）对于资产负债表日已发生信用减值但并非购买或源生已发生信用减值的金融资产，信用损失应为该金融资产账面余额与按原实际利率折现的估计未来现金流量的现值之间的差额。	
CAS 13第五条 预计负债应当按照履行相关现时义务所需支出的最佳估计数进行初始计量。	第六十条 企业应当以概率加权平均为基础对预期信用损失进行计量。企业对预期信用损失的计量应当反映发生信用损失的各种可能性，但不必识别所有可能的情形。	禁止仅基于最可能的结果或以最佳估计数来估计预期信用损失。
N/A	第六十一条 在计量预期信用损失时，企业需考虑的最长期限为企业面临信用风险的最长合同期限（包括考虑续约选择权），而不是更长期间。	估计预期信用风险的期间为面临信用风险的最长期限。
N/A	第六十二条 如果金融工具同时包含贷款和未提用的承诺，且企业根据合同规定要求还款或取消此类贷款承诺的能力并未将企业对此类金融工具信用损失的计量期间限定在任何合同通知期内的，企业对预期信用损失计量的最长期限（仅限于此类金融工具）应当为其面临信用风险且预期信用风险管理措施不足以缓解的期间，即使该期间超过了最长合同期限。	对于循环信用额度，估计预期信用损失的期间为预期信用损失被信用风险管理措施缓解的期间。
N/A	第六十三条 对于下列各项目，企业应当按照相当于整个存续期内预期信用损失的金额计量其损失准备： （一）由《企业会计准则第14号——收入》规范的交易形成的应收款项或合同资产，且符合下列条件之一： 1.该项目未包含《企业会计准则第14号——收入》所定义的重大融资成分，或企业根据《企业会计准则第14号——收入》规定不考虑不超过一年的合同中的融资成分。	对于应收账款、租赁应收款及合同资产，应当（不包含重大融资成分的应收账款与合同资产）或可以（包含重大融资成分的应收账款与合同资产、租赁应收款）使用简化方法计提减值。

续表

2006年《企业会计准则第22号——金融工具确认和计量》	2017年《企业会计准则第22号——金融工具确认和计量》	新旧差异
基本准则：符合本准则第二十条规定的资产定义的资源，在同时满足以下条件时，确认为资产： （一）与该资源有关的经济利益很可能流入企业； （二）该资源的成本或者价值能够可靠地计量。	第六十五条 企业只有在同时符合下列条件时，才能确认的股利收入并计入当期损益： （一）企业收取股利的权利已经确立； （二）与股利相关的经济利益很可能流入企业； （三）股利的金额能够可靠计量。	明确应收股利的确认条件。
第二十一条 以摊余成本计量的金融资产或金融负债，在终止确认、发生减值或摊销时产生的利得或损失，应当计入当期损益。但是，该金融资产或金融负债被指定为被套期项目的，适用《企业会计准则第24号——套期保值》。	第六十六条 以摊余成本计量的金融资产所产生的利得或损失，应当在终止确认、按照本准则规定进行重分类、按照实际利率法摊销或确认减值时，计入当期损益。如果企业根据本准则第三十条规定将以摊余成本计量的金融资产的一部分的金融资产终止确认的，终止确认部分的账面价值与收到的对价（包括取得的任何新金融资产减去承担的任何新金融负债）之间的差额，应当计入当期损益。 以摊余成本计量的金融资产属于被套期项目不属于任何套期关系的一部分的金融资产或在被套期关系中被套期项目的部分的金融资产或在被套期关系中被套期项目的部分的金融资产，应当按照《企业会计准则第24号——套期保值》相关规定进行处理。	原理一致。 以摊余成本计量时，利息收入、预期信用损失和转回、汇兑损益、终止确认时的利得或损失均计入损益。
第三十九条 ……但是，该金融资产或金融负债被指定为被套期项目的，相关的利得或损失的处理，适用《企业会计准则第24号——套期保值》。	第六十七条 属于套期关系中被套期项目的金融资产或金融负债所产生的利得或损失，应当按照《企业会计准则第24号——套期会计》相关规定进行处理。	新旧一致。
第三十八条 金融资产或金融负债公允价值变动形成的利得或损失，除与套期保值有关外，应当按照下列规定处理： （一）以公允价值计量且其变动计入当期损益的金融资产或金融负债公允价值变动形成的利得或损失，应当计入当期损益。 ……	第六十八条 企业根据本准则第二十二条和第二十三条规定指定为以公允价值计量且其变动计入当期损益的金融负债，该金融负债的自身信用风险变动引起的公允价值变动所产生的利得或损失，企业应当按照下列规定处理： （一）由企业自身信用风险变动引起的该金融负债公允价值变动的金额，应当计入其他综合收益； （二）按照本条（一）规定对该金融负债的其他公允价值变动的金额计入当期损益。 按照本条（一）规定对该金融负债自身信用风险变动造成扩大损益中的会计错配影响进行处理会造成或扩大损益中的会计错配影响的，企业应当将该金融负债的全部利得或损失（包括企业自身信用风险变动的影响金额）计入当期损益。 该金融负债终止确认时，之前计入其他综合收益的累计利得或损失应当从其他综合收益中转出，计入留存收益。	指定为FVTPL金融负债自身信用风险应当引起公允价值变动应当计入其他综合收益，变动非该处理会造成或扩大损益中的会计错配。

续表

2006年《企业会计准则第22号——金融工具确认和计量》	2017年《企业会计准则第22号——金融工具确认和计量》	新旧差异
第三十八条…… （一）以公允价值计量且其变动计入当期损益的金融资产或金融负债公允价值变动形成的利得或损失，应当计入当期损益。……	第六十九条　企业根据本准则第十九条规定将非交易性权益工具投资指定为以公允价值计量且其变动计入其他综合收益的金融资产的，当该金融资产终止确认时，之前计入其他综合收益的累计利得或损失应当从其他综合收益中转出，计入留存收益。	指定为FVOCI的非交易性权益工具投资，终止确认时累计利得或损失转入留存收益。
	第七十条　指定为以公允价值计量且其变动计入当期损益的金融负债的财务担保合同和不可撤销贷款承诺所产生的全部利得或损失，应当计入当期损益。	原理一致。
N/A	第七十一条　按照本准则第十八条分类为以公允价值计量且其变动计入其他综合收益的金融资产所产生的所有利得或损失，除减值损失或利得和汇兑损益外，均应当计入其他综合收益，直至该金融资产终止确认或重分类。但是，采用实际利率法计算的该金融资产的利息应当计入当期损益。该金融资产各期计入当期损益的金额应当与视同其一直按摊余成本计量时计入各期损益的金额相等。 该金融资产终止确认时，之前计入其他综合收益的累计利得或损失应当从其他综合收益中转出，计入当期损益。 企业将该金融资产重分类为其他类别的，应当根据本准则第三十一条规定进行相应处理。	FVOCI（债务工具），利息收入、减值利得或损失和汇兑损益之外的公允价值变动计入其他综合收益——与按摊余成本计量时相同。
	第十章　衔接规定	
CAS 38第四条……编制期初资产负债表时，除按本准则第五条至第十九条规定要求追溯调整的项目外，其他项目不应追溯调整。	第七十二条　本准则施行日之前的金融工具确认和计量与本准则要求不一致的，企业应当追溯调整，但本准则第七十三条至第八十三条另有规定的除外。在本准则施行日已经终止确认的项目不适用本准则。	要求不完全追溯调整——分类追溯，数据累积影响法。

续表

2006年《企业会计准则第22号——金融工具确认和计量》	2017年《企业会计准则第22号——金融工具确认和计量》	新旧差异
N/A	第七十三条 在本准则施行日，企业应当按照本准则的规定对金融工具进行分类和计量。在本准则施行日所作的新旧账面价值之间的差额，在本准则施行日所在年度报告期间的期初留存收益或其他综合收益中进行调整。同时，企业应当按照《企业会计准则第37号——金融工具列报》的相关规定在附注中进行披露。企业如果调整前期比较财务报表数据，应当能够以前期的所有实和情况为依据，且比较数据应当反映本准则的所有要求。	前期比较报表数据无须调整（可以选择调整），涉及前期比较财务报表数据与本准则要求不一致的，无须调整期初账面价值，应调整期初新旧账面价值之间的差额于施行日所在年度报告期间的期初留存收益或其他综合收益。
N/A	第七十四条 在本准则施行日，企业应当根据本准则第十七条（一）或第十八条（一）的相关情况和情况为基础，规定评估其管理金融资产的业务模式，还是以既收取合同现金流量为目标，还是以既收取合同现金流量为目标又出售金融资产为目标，并据此确定金融资产的分类，进行追溯调整，无须考虑企业之前的业务模式。	追溯调整金融资产的分类基于施行日的既有事实和情况评估业务模式，无须考虑之前的业务模式。
N/A	第七十五条 在本准则所述修正的货币时间价值要素对金融资产的合同现金流量特征的影响评估时，企业应当以该金融资产初始确认时存在的事实和情况为基础。该评估不切实可行的，企业不应考虑本准则关于货币时间价值要素的修正的规定。	施行日评估货币时间价值要素的修正的影响时，认定的事实存在时初始确认时存在的事实和情况。
N/A	第七十六条 在本准则所述提前还款特征的公允价值非常小时，企业在考虑该金融资产的合同现金流量特征时，需要对该提前还款特征是否非常小进行评估时，该评估应当以该金融资产初始确认时存在的事实和情况为基础。该评估不切实可行的，企业不应考虑本准则关于提前还款特征的例外情形的规定。	施行日评估提前还款特征的公允价值是否非常小时，应基于非初始确认时存在的事实和情况。

附录 | 金融工具准则新旧对比

续表

2006年《企业会计准则第22号——金融工具确认和计量》	2017年《企业会计准则第22号——金融工具确认和计量》	新旧差异
N/A	第七十七条 在本准则施行日，企业存在根据本准则相关规定应当以公允价值计量的混合合同但之前未以公允价值计量等其各组成部分在本准则施行日的公允价值之和。在本准则施行日，企业应当将整个混合合同在该施行日的公允价值与各组成部分在报告期间的期初留存收益或其他综合收益。	施行日应转按公允价值计量的混合合同，在前期比较报表期末的公允价值之和；施行日整个公允价值与各部分公允价值之和的差额，调整期初留存收益或其他综合收益。
N/A	第七十八条 在本准则施行日，企业应当以该日的既有事实和情况为基础，根据本准则的相关规定，对相关金融资产进行指定或撤销指定，并追溯调整： （一）在满足条件的金融资产指定之前做出的金融资产。但在本准则施行日，企业可以将满足条件为以公允价值计量且其变动计入当期损益的金融资产继续指定或撤销指定之前的指定。 （二）在本准则施行日，企业可以选择撤销指定为以公允价值计量且其变动计入当期损益的金融资产。在本准则施行日，企业可以根据本准则第十九条规定将非交易性权益工具投资指定为以公允价值计量且其变动计入其他综合收益的金融资产。	应基于施行日既有事实和情况，指定或撤销指定，并追溯调整。
N/A	第七十九条 在本准则施行日，企业应当以该日的既有事实和情况为基础，根据本准则的相关规定，对相关金融负债进行指定或撤销指定，并追溯调整： （一）在本准则施行日，为了消除或者显著减少会计错配，企业可以根据本准则第二十二条（一）的规定，将金融负债指定为以公允价值计量且其变动计入当期损益的金融负债。 （二）企业之前初始确认金融负债时，已将该金融负债指定为以公允价值计量且其变动计入当期损益的金融负债，但在本准则施行日不再满足本准则规定的指定条件时，企业应当撤销指定；该金融负债在本准则施行日仍然满足本准则规定的指定条件的，企业可以选择继续指定或撤销之前的指定。	应基于施行日既有事实和情况，指定或撤销指定，并追溯调整。

续表

2006年《企业会计准则第22号——金融工具确认和计量》	2017年《企业会计准则第22号——金融工具确认和计量》	新旧差异
N/A	第八十条 在本准则施行日，企业按照本准则规定对相关金融资产或金融负债以摊余成本进行计量，应当按照以下原则处理： （一）以金融资产或金融负债前期比较财务报表数据时该金融资产或金融负债在本准则施行日的公允价值，作为企业调整前期比较财务报表数据时该金融资产或金融负债的摊余成本； （二）以金融资产或金融负债在本准则施行日的新账面余额作为该金融资产或金融负债在本准则施行日的新账面余额的摊余成本。	实际利率法追溯调整不切实可行的，可以公允价值作为账面余额或摊余成本。
N/A	第八十一条 在本准则施行日，对于之前以成本计量的、在活跃市场中没有报价且其公允价值不能可靠计量的权益工具投资或与该权益工具挂钩并须通过交付该权益工具进行结算的衍生金融资产，企业应当以其在本准则施行日的公允价值进行计量。原账面价值与公允价值之间的差额，应当计入本准则施行日所在报告期间的期初留存收益或其他综合收益。 在本准则施行日，对于之前以成本计量的、在活跃市场中没有报价的权益工具挂钩并须以其权益工具进行结算的衍生金融负债，企业应当以其公允价值进行计量。原账面价值与公允价值之间的差额，应当计入本准则施行日所在报告期间的期初留存收益或其他综合收益。	原适用成本法豁免的可供出售权益工具或与之挂钩的衍生金融资产及衍生金融负债，应当在施行日以公允价值计量，差额计入期初留存收益或其他综合收益。
N/A	第八十二条 在本准则施行日，企业在根据本准则第二十二条规定将金融负债指定为以公允价值计量且其变动计入当期损益的金融负债，并且按照本准则第六十八条规定由企业自身信用风险变动引起的该金融负债公允价值变动金额计入其他综合收益的，企业应以该指定以后该金融负债的既有事实和情况为基础，判断是否会造成或扩大损益的错配，进而确定是否将该规定处理该金融负债的全部利得或损失（包括企业自身信用风险变动的影响金额）计入当期损益。	指定为FVTPL且自身信用风险变动引起的公允价值变动计入其他综合收益的，应基于施行日的既有事实和情况判断是否会造成或扩大损益的会计错配，并按照上述结果追溯调整。

附录 金融工具准则新旧对比

续表

2006年《企业会计准则第22号——金融工具确认和计量》	2017年《企业会计准则第22号——金融工具确认和计量》	新旧差异
N/A	第八十三条 在本准则施行日，企业按照本准则计量金融工具减值的，应当使用无须付出不必要的额外成本或努力即可获得的合理且有依据的信息，确定该金融工具在初始确认日的信用风险，并将该初始确认日的信用风险与本准则施行日的信用风险进行比较。在确定自初始确认后信用风险是否已显著增加时，企业可以应用本准则第五十五条的规定根据其是否具有较低的信用风险进行判断，或者应用本准则第五十五条第二段的规定根据合理的信息、在不必要付出超过30日进行判断。企业在本准则施行日有依据的所有资产负债表日不必要付出额外成本或努力才可获得的信息的，企业应当等于该金融工具整个存续期内的预期信用损失。	初始确认日应确定金融工具在施行日的信用风险，并与确认日的信用风险进行比较；加强须确认出不必要的额外成本或努力时，应当确认整个存续期预期信用损失。
财会〔2006〕3号	第十一章 附则	
自2007年1月1日起在上市公司范围内施行，鼓励其他企业执行。	第八十四条 本准则自2018年1月1日起施行。	自2018年1月1日起分类分批施行。

表2 《企业会计准则第23号——金融资产转移》新旧对比

2006年《企业会计准则第23号——金融资产转移》	2017年《企业会计准则第23号——金融资产转移》	新旧差异
第一章 总则	第一章 总则	
第一条 为了规范金融资产（含单项或一组类似金融资产）转移的确认和计量，制定《企业会计准则——基本准则》，制定本准则。	第一条 为了规范金融资产（包括单项或一组类似金融资产）转移和终止确认的会计处理，根据《企业会计准则——基本准则》，制定本准则。	明确规范的是转移和终止确认的会计处理。
第二条 金融资产转移，是指企业（转出方）将金融资产让与或交付给该金融资产发行方以外的另一方（转入方）。	第二条 金融资产转移，是指企业（转出方）将金融资产（或其现金流量）让与或交付给该金融资产发行方之外的另一方（转入方）。金融资产终止确认，是指企业将金融资产从其资产负债表中予以转出。	明确转移包括现金流量；重新定义"终止确认"。

续表

2006年《企业会计准则第23号——金融资产转移》	2017年《企业会计准则第23号——金融资产转移》	新旧差异
第三条 企业对金融资产转入方具有控制权的，除在该企业财务报表基础上运用本准则外，还应当按照《企业会计准则第33号——合并财务报表》的规定，将转入方纳入合并财务报表范围。	第三条 企业对金融资产转入方具有控制权的，除在该企业财务报表基础上应用本准则外，在编制合并财务报表时，还应当按照《企业会计准则第33号——合并财务报表》（含结构化主体），并在合并财务报表层面应用本准则。	基本一致。强调还应在合并报表层面应用本准则。
第二章 金融资产转移的确认	第二章 金融资产终止确认的一般原则	修改章结构。
第五条 企业应当将金融资产转移区分为金融资产整体转移和部分转移，并分别按照本准则有关规定处理。 第六条 将金融资产部分转移，包括下列三种情形： （一）将金融资产所产生现金流量中特定可辨认部分转移，如企业将某项贷款所产生应收利息转移等。 （二）将金融资产所产生全部现金流量中特定的一定比例转移，如企业将一组类似贷款所产生的本金和应收利息合计的一定比例转移等。 （三）将金融资产所产生现金流量中特定的可辨认部分的一定比例转移，如企业将一组类似贷款所产生的应收利息的一定比例转移等。	第四条 金融资产的一部分满足下列条件之一的，企业应当将终止确认的规定应用于该金融资产部分，除此之外，企业应当将终止确认的规定应用于该金融资产整体： （一）该金融资产部分仅包括金融资产所产生可辨认现金流量。如企业就某债务工具与转入方签订一项利息现金剥离合同，合同规定转入方有权获得该债务工具所产生的特定可辨认现金流量，但无权获得该债务工具本金现金流量，终止确认的规定适用于该债务工具的利息现金流量。 （二）该金融资产部分仅包括与该金融资产所产生现金流量完全成比例的现金流量。如企业就某债务工具与转入方签订合同，合同规定转入方拥有获得该债务工具全部现金流量一定比例的权利，终止确认的规定适用于该债务工具全部现金流量的特定比例部分。 （三）该金融资产部分仅包括与金融资产所产生可辨认现金流量完全成比例的现金流量。如企业就某债务工具与转入方签订合同，合同规定转入方拥有获得该金融资产所产生特定可辨认现金流量一定比例的权利，终止确认的规定适用于该金融资产所产生特定可辨认现金流量完全成比例的份额。 企业发生满足本条（二）或（三）条件的份额与金融资产全部现金流量或某特定可辨认现金流量完全成比例即可，不要求每个转入方均持有成比例的份额。	部分转移的基本原则一致，补充了示例说明。

附录 金融工具准则新旧对比

续表

2006年《企业会计准则第23号——金融资产转移》	2017年《企业会计准则第23号——金融资产转移》	新旧差异
CAS 22 第二十五条 金融资产满足下列条件之一的,应当终止确认: (一) 收取该金融资产现金流量的合同权利终止。 (二) 该金融资产已转移,且符合《企业会计准则第23号——金融资产转移》规定的金融资产终止确认条件。	第五条 金融资产满足下列条件之一的,应当终止确认: (一) 收取该金融资产现金流量的合同权利终止。 (二) 该金融资产已转移,且该转移满足本准则关于终止确认的规定。	终止确认的条件一致(原在CAS 22中表述)。
第四条 企业金融资产转移,包括下列两种情形: (一) 将收取金融资产现金流量的权利转移给另一方。 (二) 将金融资产转移给一方,但保留收取该金融资产现金流量的权利,并承担将收取的现金流量支付给最终收款方的义务,同时满足下列条件: 1. 从该金融资产收到对等的现金流量时,才有义务其支付给最终收款方。企业发生短期垫付款,但有权全额收回垫付款并按照同期市场上同期银行贷款利率计收利息的,视同满足本条件。 2. 根据合同约定,不能出售该金融资产或将其作为担保物,但可以将其作为向最终收款方支付现金流量的保证。 3. 有义务将收取的现金流量及时支付给最终收款方。企业无权将该现金流量进行再投资,但按照合同约定在相邻两次支付日之间将所收取的现金流量进行现金或现金等价物投资的,应当将投资收益按照合同约定支付给最终收款方。	第三章 金融资产转移的情形及其终止确认 第六条 金融资产转移,包括下列情形: (一) 企业将收取金融资产现金流量的合同权利转移给其他方。 (二) 企业保留了收取金融资产现金流量的合同权利,但承担了将收取的该现金流量支付给一个或多个最终收款方的合同义务,且同时满足下列条件: 1. 企业只有从该金融资产收到对等的现金流量时,才有义务其支付给最终收款方。企业提供短期垫付款,但有权全额收回垫付款并按照同期市场利率计收利息的,视同满足本条件。 2. 转让合同禁止企业出售该金融资产或将其用作抵押担保之义务,但企业可以将其作为向最终收款方支付现金流量的保证。 3. 企业有义务代表最终收款方及时划转收到的所有现金流量,且无重大延误。企业无权将该现金流量进行再投资,但在收款日和最终收款方要求的划转日之间将所收取的现金流量进行现金或现金等价类投资的,并且按照合同约定将此投资收益支付给最终收款方的,视同满足本条件。	修改章结构。 金融资产转移的情形及其终止确认一致。 修改了部分措辞。
第七条 企业已将金融资产所有权上几乎所有的风险和报酬转移给转入方的,应当终止确认该金融资产;保留了金融资产所有权上几乎所有的风险和报酬的,不应当终止确认该金融资产。 第九条 企业既没有转移也没有保留金融资产所有权上几乎所有的风险和报酬的(即不属于本准则第七条所指情形),应当分别下列情况处理:	第七条 企业在发生金融资产转移时,应当评估其保留金融资产所有权上几乎所有的风险和报酬的程度,并分别下列情形处理: (一) 企业转移了金融资产所有权上几乎所有的风险和报酬的,应当终止确认该金融资产,并将转移中产生或保留的权利和义务单独确认为资产或负债。 (二) 企业保留了金融资产所有权上几乎所有的风险和报酬的,应当继续确认该金融资产。 (三) 企业既没有转移也没有保留金融资产所有权上几乎所有	金融资产转移是否导致终止确认的三种结果一致; 重新定义"继续涉入被转移金融资产的程度"; 修改部分措辞及结构。

续表

2006年《企业会计准则第23号——金融资产转移》	2017年《企业会计准则第23号——金融资产转移》	新旧差异
（一）放弃了对该金融资产控制的，应当终止确认该金融资产。 （二）未放弃对该金融资产控制的，应当按照其继续涉入所转移金融资产的程度确认有关金融资产，并相应确认有关负债。继续涉入所转移金融资产的程度，是指该金融资产价值变动使企业面临的风险水平。	有风险和报酬的（即除本条（一）、（二）之外的其他情形），应当根据其是否保留了对金融资产的控制，分别下列情形处理： 1. 企业未保留对该金融资产控制的，应当终止确认该金融资产，并将转移中产生或保留的权利和义务单独确认为资产或负债。 2. 企业保留了对该金融资产控制的，应当按照其继续涉入被转移金融资产的程度继续确认有关金融资产，并相应确认有关负债。 继续涉入被转移金融资产的程度，是指企业承担被转移金融资产价值变动风险或报酬的程度。	
第八条 企业在判断是否已将金融资产所有权上几乎所有的风险和报酬转移给了转入方时，应当比较转移前后该金融资产未来现金流量净现值及其时间分布的波动性使其面临的风险。企业面临的风险没有因金融资产转移发生实质性改变的，表明该企业仍将金融资产所有权上几乎所有的风险和报酬转移给了转入方，如不附任何条件地出售金融资产等。企业面临的风险因金融资产出售发生实质性改变的，表明该企业已将金融资产所有权上几乎所有的风险和报酬转移给了转入方，如将该金融资产出售，表明该企业已将金融资产所有权上几乎所有的风险和报酬，或者出售并附全额补偿，如将该金融资产出售并附全额补偿等。企业承担的风险和报酬转移是否显著的，在计算贷款的风险和报酬转移时，应当通过计算转移前后企业承担的金融资产未来现金流量净现值变动，对于更高风险的现金流量波动，并采用适当的现行市场利率作为折现率。	第八条 企业在评估金融资产所有权上风险和报酬的转移程度时，应当比较转移前后其所承担的该金融资产未来净现金流量变动风险。企业承担的金融资产未来净现金流量现值变动风险没有因该金融资产转移而发生变化的，表明该企业仍保留了金融资产所有权上几乎所有风险和报酬，如将贷款出售，或者整体转移一项金融资产但该金融资产以固定价格或者售价加上出借人回报的价格回购。 企业承担的金融资产未来净现金流量现值变动风险不再显著的，表明该企业已经转移了金融资产所有权上几乎所有风险和报酬。如无条件出售金融资产，或者出售金融资产且仅保留以其在到期日前的公允价进行回购的选择权。 企业通常不需要通过计算即可判断其是否已转移或保留了金融资产所有权上几乎所有风险和报酬。在其他情况下，企业需要通过评估企业是否已经转移了金融资产所有权上几乎所有风险和报酬，或者出售金融资产所有权上几乎所有风险和报酬，或者出售金融资产未来现金流量变动，对计算有关的现值的权重，并采用适当的市场利率作为折现率。	评估金融资产所有权上风险和报酬转移程度的原则一致； 强调现值变动分析的是"未来净现金流量变动风险"； 明确"承担的未来净现金流量现值变动风险相对于未来净现金流量现值变动的全部变动风险不再显著"是指"未来净现金流量现值变动风险发生实质性改变"； 补充了示例说明； 修改部分措辞及结构。

续表

2006年《企业会计准则第23号——金融资产转移》	2017年《企业会计准则第23号——金融资产转移》	新旧差异
第十条 企业在判断是否已放弃对所转移金融资产的控制时，应当注重转入方出售该金融资产的实际能力。转入方能够单方面将该金融资产整体出售给与其不存在关联方关系的第三方，且没有额外条件对此项出售加以限制，表明企业已放弃对该金融资产的控制。 应用指南：判断是否已放弃对所转移金融资产的控制，应当重点关注转入方出售该金融资产的实际能力。如果转入方能够单方面将该金融资产整体出售给与其不存在关联方关系的第三方，且没有额外条件对此项出售加以限制，说明转入方有出售该金融资产的实际能力，从而表明企业已放弃对所转移金融资产的控制。 转入方是否能够将出售给转入方的金融资产加以限制，同时应当终止确认所转移的金融资产。 关注转入方是否能够将出售给转入方的金融资产，是否存在活跃市场。如果该金融资产在活跃市场上不存在，即使合同约定转入方有权处置金融资产，也不表明转入方有"实际能力"。 转入方是否能够单独出售转入方的金融资产（是否可以自由地处置所转入金融资产），主要关注是否存在与出售密切相关的约束性条件，且该看涨期权的行权价款，以至于可以认定转入方将来很可能会行权，不表明转入方有出售所转入金融资产的实际能力。	第九条 企业在判断是否保留了对被转移金融资产的控制时，应当根据转入方是否具有出售被转移金融资产的实际能力确定。转入方能够单方面将被转移金融资产整体出售给与其不相关的第三方，且没有额外条件对此项出售加以限制的，表明企业未保留对被转移金融资产的控制。 在判断企业是否保留了对被转移金融资产的控制时，应当注重转入方出售被转移金融资产的实际能力。被转移金融资产不存在活跃市场或者转入方不具有单方面自由地处置被转移金融资产的实际能力，通常表明转入方不具有出售被转移金融资产的实际能力。（转出方）保留了对被转移金融资产出售的控制的，但存在市场上能够自由地获取被转移金融资产整体相同或类似的资产（转出方）将限制了转入方将被转移金融资产出售给第三方，从而限制了转入方以获取被转移金融资产跌期保利偿件的情形下，致使看跌期权或其他限制条件的价值很有价值。如存在看跌期权或其他类似期权条件的情形下，转入方将有被转移金融资产以获取被转移金融资产跌期保利或担保的，企业保留了对被转移金融资产的控制。	判断是否继续控制被转移资产的原则一致； 明确了判断时，考虑转入方能够采取的关键是转入方实际上能够单方面自由处置（存在市场，单方意愿，不考虑看跌期限制）； 修改部分措辞，补充示例说明。
N/A	第十条 企业认定金融资产所有权上几乎所有风险和报酬已经转移，除企业在新的交易中重新获得被转移金融资产或负担的债务外，不应在未期间再次确认该金融资产。	强调终止确认后，不应再次确认（除非重新获得）。
N/A	第十一条 在金融资产终止确认不满足终止确认条件的情况下，如果同时确认衍生工具和被重复确认的金融资产或负债会导致对同一权利或义务的重复确认，则企业（转出方）与金融资产相关的合同权利或义务不应当作为衍生工具进行单独会计处理。	未能终止确认时，对同一权利或义务不能重复确认。

·715·

续表

2006年《企业会计准则第23号——金融资产转移》	2017年《企业会计准则第23号——金融资产转移》	新旧差异
N/A	第十二条 在金融资产转移不满足终止确认条件的情况下，转入方应当将被转移金融资产全部或部分确认为自己的资产。企业（转出方）同时拥有以固定金额回购所售出被转移金融资产的权利和义务的（如以固定金额重新控制整个被转移金融资产），在满足《企业会计准则第22号——金融工具确认和计量》关于摊余成本计量规定的情况下，转入方可以将其应收款项按摊余成本计量。	未能终止确认时，转入方不应当将被转移的资产确认为应收款项。
第十一条 企业在判断金融资产转移是否满足本准则规定的金融资产终止确认条件时，应当注重金融资产转移的实质。 （一）在附回购协议的金融资产出售中，转出方将予以回购的金融资产与售出的金融资产相同或实质上相同，回购价格固定或原售价加上合理回报的，不应当终止确认该项出售，如买断式回购、质押式回购交易所售出债券等。 （二）转出方在金融资产转移后只保留了优先按照公允价值回购该金融资产的权利的，在转入方所有的金融资产（非几乎所有）风险和报酬和所转移金融资产相关的所有权利等上几乎所有的金融资产。 （三）在采用保留次级权益或提供信用担保等进行信用增级的金融资产转移中，转出方只保留了所转移金融资产的次级风险和报酬并且能控制所转移金融资产的程度上继续涉入所转移金融资产的，应当按照其继续涉入所转移金融资产的程度确认有关金融资产和负债。 应用指南：以下例子表明子公司已将金融资产转移给了转入方，应当终止确认出售金融资产。 1. 企业将金融资产出售，同时与买入方签订与该金融资产相同或实质上相同、公允价值的金融资产； 2. 企业将金融资产出售，同时与买入方签订该金融资产返售期权（即从合约的条款设计、该看跌期权深度价外或转入方行使该期权的可能性极小的判断，使得金融资产公允价值大幅下跌时转入方也不可能行权）。	第十三条 企业在判断金融资产转移是否满足本准则规定的金融资产终止确认条件时，应当注重金融资产转移的实质。 （一）企业无条件出售金融资产。 （二）企业出售金融资产，同时与转入方签订按定价回购该金融资产。 3. 转出方有权回购该金融资产，同时与转入方签订回购协议（即转入方有权要求转出方回购该金融资产），且根据合同条款判断，该看跌期权或该看涨期权的条款设计，使得转入方几乎不可能行权（即重大价外看涨期权或小可能行权）。 （二）企业继续确认被转移金融资产并实质上几乎保留了所有权利上几乎所有的风险和报酬的常见情形有： 1. 企业出售金融资产并与转入方签订回购协议，协议规定企业回购原被转移金融资产，或者将予以回购的金融资产敞口转售回给企业的，回购价格相同或实质上相同，回购价格为原售价加上合理回报。 2. 企业融资回购。 3. 企业出售证券或进行证券出借。 4. 企业因转出短期应收款项或将信贷资产并附有将信贷敞口转售回给企业的，并且全额补偿转入方可能因被转移金融资产发生的信用损失。	重新表述了终止确认和继续确认的常见情形； 继续确认的情形不再包含"采用追索权方式出售金融资产"（《解释5号》）； 继续确认的情形增加"出证券或进行证券出借"； 继续确认的情形增加"总回报互换"（讲解）； 继续涉入的重大价内也看跌期权有既非重大价外也非重大价内的看涨期权或看跌期权； 修改非重大价外看跌期权的判断分析条款及结构。

续表

2006年《企业会计准则第22号——金融工具确认和计量》	2017年《企业会计准则第22号——金融工具确认和计量》	新旧差异
	2. 该项目包含《企业会计准则第14号——收入》所定义的重大融资成分，同时企业做出会计政策选择，按照相当于整个存续期内预期信用损失的金额计量损失准备，企业应当将该项会计政策选择适用于所有此类合同资产，但可对应收账项类和合同资产类分别做出会计政策选择。 （二）由《企业会计准则第21号——租赁》规范的交易形成的租赁应收款，同时企业做出会计政策选择，按照相当于整个存续期内预期信用损失的金额计量损失准备，企业应当将该项会计政策选择适用于所有此类租赁应收款，但企业可对应收融资租赁款和应收经营租赁款分别选择该项会计政策。 在适用本条规定时，企业可对应收融资租赁款、合同资产和租赁应收款分别选择适用减值会计政策。	
第三十八条 金融资产或金融负债公允价值变动形成的利得或损失，除与套期保值有关外，应当按照下列规定处理： （一）以公允价值计量且其变动计入当期损益的金融资产或金融负债公允价值变动形成的利得或损失，应当计入当期损益。 （二）可供出售金融资产公允价值变动形成的利得或损失，除减值损失和外币货币性金融资产形成的汇兑差额外，应当直接计入所有者权益，在该金融资产终止确认时转出，计入当期损益。 可供出售金融资产持有期间取得的利息、应当按实际利率法计算确认的利息收入，计入当期损益。可供出售外币货币性金融资产形成的汇兑差额，采用实际利率法计算的摊余成本，适用《企业会计准则第24号——套期保值》。可供出售权益工具投资获得的现金股利，应当在被投资单位宣告发放股利时计入当期损益。	第九章 利得和损失 第六十四条 企业应当将以公允价值计量的金融资产或金融负债的利得或损失计入当期损益，除该金融资产或金融负债属于下列情形之一： （一）属于《企业会计准则第24号——套期会计》规定的套期关系的一部分。 （二）是一项对非交易性权益工具的投资，且企业已按照本准则第十九条规定将其指定为以公允价值计量且其变动计入其他综合收益的金融资产。 （三）是一项被指定以公允价值计量且其变动计入当期损益的金融负债，且该负债由企业自身信用风险变动引起的其公允价值变动应当计入其他综合收益。 （四）是一项按照本准则第十八条规定分类为以公允价值计量且其变动计入其他综合收益的金融资产，且企业根据本准则第七十一条规定，其减值损失或利得和汇兑损益计入当期损益之外的公允价值变动计入其他综合收益。	原理一致。 FVTPL，利得或损失计入当期损益。 FVTPL 金融负债，自身信用用计入 OCI； FVOCI（债务工具），利息收入、减值利得或损失和汇兑损益之外的公允价值变动计入其他综合收益； FVOCI（权益工具），股利收入以外的公允价值变动计入其他综合收益。

附录｜金融工具准则新旧对比

· 705 ·

续表

2006年《企业会计准则第23号——金融资产转移》应用指南	2017年《企业会计准则第23号——金融资产转移》	新旧差异
应用指南：以下例子表明企业保留了金融资产所有权上几乎所有风险和报酬，不应当终止确认相关金融资产： 1. 企业采用附追索权方式出售金融资产； 2. 企业将金融资产出售，同时与买入方签订协议，在约定期限结束时按固定价格将该金融资产回购； 3. 企业将金融资产出售，同时与买入方签订协议判断，但从合约的条款设计，使得该买入方有权将一项重大价内期权（即期权权合约的条款设计，使得金融资产出售方不可能会履行权行权）； 4. 企业（银行）将信贷资产的信用损失进行全额补偿。	5. 企业出售金融资产，同时与转入方签订看跌期权合约或看涨期权合约，且根据合同条款判断，该看跌期权或看涨期权为一项重大价内期权（即期权权合约的条款设计，使得被转入方不会出售该金融资产的行权）； （三）企业应当根据其继续涉入被转移金融资产的程度继续确认被转移金融资产的常见情形有： 1. 企业转移金融资产，并采用保留次级权益或提供信用担保等方式进行信用增级，企业只转移了被转移金融资产所有权上的部分（非几乎所有）风险和报酬，且保留了对被转移金融资产的控制。 2. 企业转移金融资产，并附有既没有重大价内也没有重大价外的看跌期权或看涨期权，导致企业既没有转移金融资产所有权上几乎所有风险和报酬，且保留了对被转移金融资产的控制。	
第三章 金融资产转移的计量	第四章 修改章结构。	修改章结构。
第十二条 金融资产整体转移满足终止确认条件的，应当将下列两项金额的差额计入当期损益： （一）所转移金融资产的账面价值； （二）因转移而收到的对价，与原直接计入所有者权益的公允价值变动累计额（涉及转移的金融资产为可供出售金融资产的情形）之和。因转移金融资产获得了新金融资产或承担了新金融负债的，应当按照该金融资产的公允价值确认该新金融资产或承担的新金融负债，并将下列各项作为上述对价的组成部分：新金融资产减新金融负债、租到期权、担保负债、远期合约、互换等），并将该金融负债的净额作为上述对价的组成部分（包括收取的现金流量等）。企业与金融资产转入方签订服务合同，并就该服务合同确认一项服务资产或服务负债的，应当就该服务资产或服务负债按照公允价值进行初始计量，并作为上述对价的组成部分。	第十四条 金融资产转移整体满足终止确认条件的，应当将下列两项金额的差额计入当期损益： （一）被转移金融资产在终止确认日的账面价值； （二）因转移而收到的对价，与原直接计入其他综合收益的公允价值变动累计额中对应终止确认金融工具及转移金融资产为根据《企业会计准则第22号——金融工具确认和计量》第十八条分类为以公允价值计量且其变动计入其他综合收益的金融资产的情形）之和。企业保留了因该金融资产产生的现金流量的服务权或取得了因该金融资产产生的现金流量的服务权（包括收取的资金保管机构等），应当就该服务合同确认一项服务资产或服务负债。如果企业将收取服务权利作为继续提供服务所收取的费用预计不能充分补偿企业提供服务的，应当就预计对服务的义务确认一项服务负债，并按照公允价值进行初始计量。如果将收取服务所的费用预计超过服务所需的金额，则应当就该超过部分确认一项服务资产，并按公允价值进行初始计量。	终止确认的计量原则一致； 强调账面价值是指"在终止确认日的账面价值"； 明确其他综合收益累计额应为根据CAS 22.18分类为FVOCI所产生的原直接计入其他综合收益的公允价值变动累计额（不包括指定为FVOCI的非交易性权益工具投资）。 明确服务资产和服务负债的确认情形。 服务权本身不是金融工具，但本质上是一系列未来合同约定的预期现金流，与金融工具类似。

续表

2006年《企业会计准则第23号——金融资产转移》	2017年《企业会计准则第23号——金融资产转移》	新旧差异
	企业因金融资产转移导致整体终止确认金融资产,同时获得了新金融资产或承担了新金融负债,应当在转移日确认该金融资产、金融负债(包括看涨期权、看跌期权、担保负债、远期合同、互换等)或服务负债,并以公允价值进行初始计量。该金融资产扣除金融负债后的净额应当作为上述对价的组成部分。	
第十三条 金融资产部分转移满足终止确认条件的,应当所转移金融资产整体的账面价值,在此种情况下,在终止确认部分(涉及将继续确认的服务资产的,包括所保留的服务资产的一部分)与未终止确认部分(涉及保留的服务资产的,包括所保留的服务资产的一部分),按照各自在转移日相对公允价值进行分摊,并将下列两项金额的差额计入当期损益: (一)终止确认部分在终止确认日的账面价值; (二)终止确认部分对价的对价,与原直接计入所有者权益的公允价值变动累计额中对应终止确认部分的金额(涉及可供出售金融资产的情形),之和。原直接计入所有者权益的公允价值变动累计额为可供出售金融资产的,应当按照该金融资产整体的相对公允价值,对该累计额进行分摊后确定。	第十五条 企业转移了金融资产的一部分,且该被转移部分整体满足终止确认条件的,应当将终止确认前金融资产整体的账面价值,在终止确认部分(在此种情况下,所保留的服务资产应当视同继续确认金融资产的一部分),按照各自在转移日的相对公允价值进行分摊,并将下列两项金额的差额计入当期损益: (一)终止确认部分在终止确认日的账面价值; (二)终止确认部分收到的对价,与原直接计入其他综合收益的公允价值变动累计额中对应终止确认部分的金额(涉及分类为以公允价值计量且其变动计入其他综合收益的金融资产的情形)之和。对价中包括获得的所有新资产减去承担的所有新负债的公允价值。原计入其他综合收益的公允价值变动累计额为根据《企业会计准则第22号——金融工具确认和计量》第十八条分类为以公允价值计量且其变动计入其他综合收益的金融资产的,应当按照该金融资产整体的相对公允价值,对该累计额进行分摊后确定。	终止确认的计量原则一致; 强调账面价值为终止确认日的账面价值;明确其他综合收益应计入终止确认变动累计额为根据CAS 22.18分类为FVOCI所产生的(不包括指定为FVOCI的非交易性权益工具投资)。
第十四条 根据本准则第十三条规定将所转移金融资产部分按照相对公允价值在终止确认部分和未终止确认部分之间进行分摊时,应当按照下列规定确定: (一)企业出售过与未终止确认的其他市场交易的,应当按照最近实际交易价格确定。 (二)未终止确认部分在活跃市场没有报价,且最近市场上也没有其他类似的实际交易价格的,应当按照未终止确认部分公允价值扣除终止确认部分公允价值合理确定实难以合理确定的,按照终止确认部分扣除未终止确认部分的余额的账面价值扣除终止确认部分的余额后的差额确定。	第十六条 根据本准则第十五条的规定,将终止确认前金融资产整体的账面价值按相对公允价值在终止确认部分和继续确认部分之间进行分摊时,应当按照下列规定确定部分的公允价值: (一)企业出售过与继续确认部分类似的金融资产,或继续确认部分存在其他市场交易的,近期实际交易价格可作为其公允价值的最佳估计。 (二)继续确认部分没有报价或近期实际没有市场交易的,其公允价值的最佳估计为终止确认前金融资产整体的公允价值扣除转移收到的对价后的余额。	在终止确认部分和继续确认部分之间分摊账面价值的方法一致;修改部分措辞。

附录 金融工具准则新旧对比

续表

2006年《企业会计准则第23号——金融资产转移》	2017年《企业会计准则第23号——金融资产转移》	新旧差异
	第五章 继续确认被转移金融资产的会计处理	修改章结构。
第十五条 企业仍保留与所转移金融资产所有权上几乎所有的风险和报酬的，应当继续确认所转移金融资产整体，并将收到的对价确认为一项金融负债。该金融资产与确认的相关金融负债不得互相抵销。在随后的会计期间，企业应当继续确认该金融资产产生的收入和该金融负债产生的费用。	第十七条 企业保留了被转移金融资产所有权上几乎所有风险和报酬而不满足终止确认条件的，应当继续确认被转移金融资产整体，并将收到的对价确认为一项金融负债。	基本一致。修改表述结构。
第十六条 企业既没有转移也没有保留金融资产所有权上几乎所有的风险和报酬，且未放弃对该金融资产控制的，根据本准则第九条规定确认的相关资产和负债，应当充分反映保留的权利和承担的义务。	第十八条 在继续确认被转移金融资产的情形下，金融资产转移所涉及的金融负债不得与所转移的金融资产相互抵销。在后续会计期间，企业应当继续确认该金融资产产生的收入（或利得）和该金融负债产生的费用（或损失），不得相互抵销。	基本一致。修改表述结构。
	第六章 继续涉入被转移金融资产的会计处理	修改章结构。
	第十九条 企业既没有转移也没有保留金融资产所有权上几乎所有风险和报酬，且保留了对该金融资产控制的，应当按照其继续涉入被转移金融资产的程度继续确认被转移金融资产，并相应确认相关负债。被转移金融资产所保留的权利和承担的义务应当在计量基础上进行计量。企业因继续涉入被转移金融资产所保留的权利和承担的义务按下列规定对相关资产和负债的账面价值进行计量： （一）被转移金融资产以摊余成本计量的，相关负债的账面价值按照企业等继续涉入被转移金融资产因此承担的义务的摊余成本（如果企业承担了相关义务）的摊余成本，加上企业等继续涉入被转移金融资产因转移保留了相关权利（如果企业因金融资产转移保留了相关权利）的公允价值（如果企业承担了相关义务，该负债和义务的公允价值，该权利和义务应分别单独作为计量基础）的公允价值。 （二）被转移金融资产以公允价值计量的，相关负债的账面价值按照企业等继续涉入被转移金融资产因此承担的义务（如果企业承担了相关义务）的公允价值，加上企业等继续涉入被转移金融资产因转移保留了相关权利（如果企业因金融资产转移保留了相关权利）的公允价值（如果企业承担了相关义务，该权利和义务的公允价值应分别单独作为计量基础）的公允价值。	明确继续涉入情况下相关负债的计量方法。 以摊余成本计量的： 相关负债账面价值＝继续涉入承担的义务的摊余成本＋被转移金融资产保留的权利的账面价值－保留的权利的摊余成本； 以公允价值计量的： 相关负债账面价值＝继续涉入承担的义务的公允价值＋被转移金融资产保留的权利的公允价值－保留的权利的公允价值。

续表

2006年《企业会计准则第23号——金融资产转移》	2017年《企业会计准则第23号——金融资产转移》	新旧差异
第十七条 企业通过对所转移金融资产提供财务担保方式继续涉入的，应当在转移日按照所转移金融资产的账面价值和财务担保金额两者之中的较低者，确认继续涉入所形成的资产，同时按照财务担保合同的公允价值（提供担保的对价，通常是指企业所收到的对价）和确认财务担保所形成的负债。财务担保金额，是指企业所收到的对价中，将被要求偿还的最高金额。在随后的会计期间，财务担保合同的初始确认金额应当在该财务担保合同内按照时间比例进行摊销，确认为各期收入。因担保形成的资产，应当在资产负债表日进行减值测试。	第二十条 企业通过对所转移金融资产提供担保方式继续涉入两者之中的较低者，确认继续涉入所形成的资产，同时按照担保合同的公允价值（通常是指提供担保所收到的对价）之和确认相关负债。担保合同的初始确认金额，是指企业所收到的对价中，可被要求偿还的最高金额。 在后续会计期间，担保合同的初始确认金额应当随担保义务的履行进行摊销，计入当期损益。被转移金融资产发生减值的，计提的减值准备应从被转移金融资产的账面价值中抵减。	通过担保继续涉入的计量一致。 修改部分措辞。
第十八条 企业因卖出一项看涨期权或持有一项看跌期权使所转移金融资产不符合终止确认条件，且按照摊余成本计量该金融资产的，应当在转移日按照收到的对价和继续涉入所形成的负债。所转移金融资产在期权到期日的摊余成本和相关负债金额之间的差额，应采用实际利率法摊销，计入各期损益；同时，调整继续涉入所形成的负债的账面价值。相关期权行权时，将继续涉入所形成的负债的账面价值与行权价格之间的差额计入当期损益。	第二十一条 企业因持有看涨期权或签出看跌期权以摊余成本计量的被转移金融资产而继续涉入被转移金融资产的，应当按照摊余成本继续确认被转移金融资产，同时按照收到的对价确认相关负债。 被转移金融资产在期权到期日的摊余成本与相关负债金额之间的差额，应采用实际利率法摊销，计入当期损益。相关期权行权时，应当将继续涉入所形成的负债的账面价值与行权价格之间的差额计入当期损益。	因期权而继续涉入的计量的，强调被转移金融资产，可能回购的金额继续确认被转移金融资产。
第十九条 企业因卖出一项看涨期权或持有一项看跌期权使所转移金融资产不符合终止确认条件，且按照公允价值计量所转移金融资产的，应当在转移日按照公允价值继续确认所转移金融资产，同时按照下列规定计量继续涉入所形成的负债： （一）该期权是价内或价平期权的，应当按照所转移金融资产的公允价值扣除期权时间价值后的余额，计量继续涉入所形成的负债。 （二）该期权是价外期权的，应当按照所转移金融资产的公允价值扣除期权时间价值后的余额，计量继续涉入所形成的负债。	第二十二条 企业因持有看涨期权（或签出看跌期权）而继续涉入的，且以公允价值计量该金融资产，应当分别以下列情形进行处理： （一）该期权继续按照公允价值计量后，应当按照期权的行权价格的公允价值计量相关负债。 1. 该期权是价内或价平期权的，应当按照所转移金融资产的公允价值扣除期权时间价值后的金额，计量相关负债。 2. 该期权是价外期权的，应当按照所转移金融资产的公允价值形成的负债。	因期权而继续涉入且以公允价值计量的处理一致； 修改表述结构。
第二十条 企业因卖出一项看跌期权使所转移金融资产不符合终止确认条件，且按照公允价值计量所转移金融资产的，应当在转移日按照该金融资产行权行权价格之间的较低者，		

续表

2006 年《企业会计准则第 23 号——金融资产转移》	2017 年《企业会计准则第 23 号——金融资产转移》	新旧差异
确认继续涉入形成的资产；同时，按照该期权的行权价格与时间价值之和，确认继续涉入形成的负债。 第二十一条 企业因卖出一项看跌期权和购入一项看涨期权（使所转移金融资产不满足终止确认条件，且按照公允价值计量该金融资产），同时，按照下列规定对在转移日仍按照公允价值计量继续涉入形成的金融资产和看跌期权所形成的公允价值之和，扣除看涨期权的时间价值后的金额，计量继续涉入形成的负债。 （一）该看涨期权是价内或平价期权的，应当按照看跌期权的行权价格和看涨期权的公允价值之和，扣除看涨期权的时间价值后的金额，计量继续涉入形成的负债。 （二）该看涨期权是价外期权的，应当按照继续涉入所转移金融资产的公允价值和看涨期权的公允价值之和，扣除看涨期权的时间价值后的金额，计量继续涉入形成的负债。	者较低者，计量继续涉入形成的资产；同时，按照该期权的行权价格与时间价值之和，计量相关负债。 （三）企业因持有看涨期权和签出看跌期权（即上下限期权）而继续涉入被转移金融资产的，应当按照公允价值下列规定计量继续涉入所形成的金融资产，同时按照下列规定计量相关负债： 1. 该看涨期权是价内或平价期权的，应当按照看跌期权的行权价格和看涨期权的公允价值之和，扣除看涨期权的时间价值后的金额，计量相关负债。 2. 该看涨期权是价外期权的，应当按照继续涉入所转移金融资产的公允价值和看涨期权的公允价值之和，扣除看涨期权的时间价值后的金额，计量相关负债。	
N/A	第二十三条 企业采用基于被转移金融资产的现金结算期权或类似条款的形式继续涉入的，其会计处理方法与本准则第二十一条和第二十二条中规定的以非现金结算期权形式继续涉入的会计处理方法相同。	增加因现金结算期权继续涉入的处理规定。
第二十二条 企业应当对因继续涉入所形成的有关资产确认相关收益，对继续涉入所形成的相关负债确认相关费用。继续涉入所形成的相关资产和负债不得互相抵销。其后续计量适用《企业会计准则第 22 号——金融工具确认和计量》。	第二十四条 企业按继续涉入程度继续确认被转移金融资产以所产生的收入（或利得），对相关负债确认所产生的费用（或损失），两者不得相互抵销。继续计量时对其公允价值变动的，在后续计量时对其公允价值变动的，应根据《企业会计准则第 22 号——金融工具确认和计量》第六十三条的规定进行确认，同时相关资产和负债不得相互抵销。	继续确认的金融资产与相关负债及各自收益和费用不得抵销的要求一致；明确继续确认的金融资产以公允价值计量的，按 CAS 22.64 处理。
第二十三条 企业仅照继续涉入所转移金融资产一部分的，应当比照本准则第十三条的规定处理。	第二十五条 企业应当根据本准则第十六条的规定，对继续涉入部分和不再确认部分的相对公允价值，在两者之间分配继续涉入所转移金融资产的账面价值，并将下列两项金额的差额计入当期损益（以转移日计量的为准）： （一）分配至不再确认部分的账面价值；	分类为 FVOCI 的债务工具，不再确认部分对应的其他综合收益应计入当期损益。

续表

2006 年《企业会计准则第 23 号——金融资产转移》	2017 年《企业会计准则第 23 号——金融资产转移》	新旧差异
	（二）不再确认部分所收到的对价。如果转移及转让权益的金融资产是根据《企业会计准则第 22 号——金融工具确认和计量》第十八条分类为以公允价值计量且其变动计入其他综合收益的金融资产的，不再确认部分的金额对应的原计入其他综合收益的公允价值变动累计收益或损益。	
第七章 向转入方提供非现金担保物的会计处理	第七章 向转入方提供非现金担保物的会计处理	提供非现金担保物的会计处理一致；修改部分措辞及结构。
第二十四条 企业向金融资产转入方提供了非现金担保物（如债务工具或权益工具投资等）的，企业和转入方应当按照下列规定处理： （一）转入方按照合同或惯例有权出售该担保物或将其再作为担保物的，企业应当将该担保物在资产负债表中重新归类，并单独列示。 （二）转入方已将该担保物出售的，转入方应当就归还担保物的义务，按照公允价值确认一项负债。 （三）企业违约，丧失了赎回担保物权利的，应当终止确认该担保物，转入方应当按照公允价值将该担保物确认为一项资产；转入方已出售担保物的，应当终止确认归还担保物的义务。 （四）除上述（三）所涉及的情况外，企业应当继续将担保物确认为一项资产。	第二十六条 转入方或企业应当按照下列规定进行处理： （一）转入方按照合同或惯例有权出售该担保物或将其再作为担保物的，企业应当将该担保物在财务报表中单独列报。 （二）转入方已将该担保物出售的，转入方应当就归还担保物的义务，按照公允价值确认一项负债。 （三）除因违约丧失该担保物赎回权利外，企业因违约丧失赎回担保物权利的，应当终止确认该担保物，并以公允价值确认归还担保物的义务。	
第八章 衔接规定	第八章 衔接规定	继续涉入情况下金融资产在施行日发生重分类时，相关负债的计量需要进行追溯调整。
N/A	第三十七条 在本准则施行日，企业仍继续涉及金融工具被转移金融资产的，应当按照《企业会计准则第 22 号——金融工具确认和计量》及本准则关于敬转移金融资产的规定对其所确认的相关资产和负债进行追溯调整，再按照本准则规定对被转移金融资产的相关负债按照与被转移金融资产一致的方式在本准则施行日进行调整。追溯调整影响重新计量，并将相关影响按照与被转移金融资产一致的方式在本准则施行日进行调整。追溯调整不切实可行的除外。	

附录 | 金融工具准则新旧对比

续表

2006年《企业会计准则第23号——金融资产转移》	2017年《企业会计准则第23号——金融资产转移》	新旧差异
财会〔2006〕3号	第九章 附则	
自2007年1月1日起在上市公司范围内施行，鼓励其他企业执行。	第二十八条 本准则自2018年1月1日起施行。	自2018年1月1日起分类分批施行。

表3 《企业会计准则第24号——套期会计》新旧对比

2006年《企业会计准则第24号——套期保值》	2017年《企业会计准则第24号——套期会计》	新旧差异
第一章 总则	第一章 总则	
第一条 为了规范套期保值的确认和计量，根据《企业会计准则——基本准则》，制定本准则。	第一条 为了规范套期会计处理，根据《企业会计准则——基本准则》，制定本准则。	"套期保值"改为"套期会计"。
第二条 套期保值（以下简称"套期"），是指企业为规避外汇风险、利率风险、商品价格风险、股票价格风险、信用风险等，指定一项或一项以上套期工具，使套期工具的公允价值或现金流量变动，预期抵销被套期项目全部或部分公允价值变动或现金流量变动。	第二条 套期，是指企业为管理外汇风险、利率风险、信用风险、价格风险等特定风险引起的风险敞口，指定金融工具，以使套期工具的公允价值或现金流量变动，预期抵销被套期项目全部或部分公允价值变动或现金流量变动的风险管理活动。	基本一致，修改措辞。
第三条 套期分为公允价值套期、现金流量套期和境外经营净投资套期。 （一）公允价值套期，是指对已确认资产或负债、尚未确认的确定承诺，或该资产或负债、尚未确认的确定承诺中可辨认部分的公允价值变动源于某类特定风险，使类价值变动将影响企业的损益。 （二）现金流量套期，是指对现金流量变动源于与已确认资产或负债、很可能发生的预期交易进行的套期。该类交易有关的某类特定风险，且将影响企业的损益。 （三）境外经营净投资套期，是指对境外经营净投资外汇风险进行的套期，境外经营净投资，是指企业在境外经营净资产中的权益份额。	第三条 套期分为公允价值套期、现金流量套期和境外经营净投资套期。 公允价值套期，是指对已确认资产或负债、尚未确认的确定承诺，或该上述项目组成部分的公允价值变动风险敞口进行的套期。其中，上述公允价值变动源于某类特定风险，且将影响企业损益，或影响其他综合收益的情形，仅限于企业对指定为以公允价值变动计入其他综合收益的非交易性权益工具投资进行的套期。 现金流量套期，是指对现金流量变动源于与已确认资产或负债、极可能发生的预期交易有关的某类特定风险敞口进行的套期，且将影响企业损益的特定风险敞口进行的套期。该现金流量变动源于与已确认资产或负债，或上述项目组成部分有关的预期交易，或该项目组成部分有关的特定风险，且将影响企业损益。	三种套期会计模型不变； 公允价值增加影响其他综合收益的情形（FVOCI非交易性权益工具投资）； 现金流量特定风险包括组成部分； 预期交易由"很可能"改为"极可能"发生； 净投资套期无变化。

· 723 ·

续表

2006年《企业会计准则第24号——套期保值》	2017年《企业会计准则第24号——套期会计》	新旧差异
	境外经营净投资套期，是指对境外经营净投资外汇风险敞口进行的套期。境外经营净投资的外汇风险，是指企业在境外经营净投资中的权益份额。对确定承诺的外汇风险进行的套期，企业可以将其作为公允价值套期或现金流量套期处理。	
第四条 对于满足本准则第三章规定条件的套期，企业可以运用套期会计方法进行处理。套期会计方法，是指在相同会计期间将套期工具和被套期项目公允价值变动的抵销结果计入当期损益的方法。	第四条 对于满足本准则第三章和第二章规定条件的套期，企业可以运用套期会计方法进行处理。套期会计方法，是指企业将套期工具和被套期项目产生的利得或套期损失在相同会计期间计入当期损益（或其他综合收益）以反映风险管理活动影响的方法。	修改"套期会计方法"的定义，强调同时确认及反映风险管理活动。
第二章 套期工具和被套期项目	第二章 套期工具和被套期项目	
第五条 套期工具，是指企业为进行套期而指定的、其公允价值或现金流量变动预期可抵销被套期项目的公允价值或现金流量变动的衍生工具。对外汇风险进行的套期，对外汇风险进行的套期，企业还可以将非衍生金融资产或非衍生金融负债作为套期工具。	第五条 套期工具，是指企业为进行套期而指定的，其公允价值或现金流量变动预期可抵销被套期项目的公允价值或现金流量变动的金融工具。包括： （一）以公允价值计量且其变动计入当期损益的衍生工具。但签出期权除外。企业只有在对购入期权（包括嵌入在混合合同中但未分拆的购入期权）进行套期时，签出期权才可以作为套期工具。 （二）以公允价值计量且其变动计入当期损益的非衍生金融资产或非衍生金融负债，但公允价值变动是由以公允价值计量且其变动计入其他综合收益的非交易性权益工具投资自身信用风险变动引起的除外。企业自身权益工具不属于企业的金融资产或金融负债，不能作为套期工具。	FVTPL的非衍生金融工具可被用作套期工具（不限于外汇风险），自身信用风险计入OCI的除外； 明确混合合同中未分拆的衍生工具不能作为单独的套期工具； 明确自身权益工具不能作为套期工具。
	第六条 对外汇风险套期，企业可以将非衍生金融资产（选择以公允价值计量且其变动计入其他综合收益的非交易性权益工具投资除外）或非衍生金融负债的外汇风险成分指定为套期工具。	非衍生金融工具的外汇风险成分可指定为套期工具。

附录 金融工具准则新旧对比

续表

2006年《企业会计准则第24号——套期保值》	2017年《企业会计准则第24号——套期会计》	新旧差异
第六条 企业在确立套期关系时,应当将套期工具整体或其一定比例(不含套期工具剩余期限内的某一时段)进行指定,但下列情况除外: (一)对于期权,企业可以将期权的内在价值和时间价值分开,只将内在价值变动将期权指定为套期工具; (二)对于远期合同,企业可以将远期合同的利息和即期价格变动分开,只就即期价格变动将远期合同指定为套期工具(即企业收取了净期权费),不能将其指定为套期工具。	第七条 在确立套期关系时,企业应当将套期工具整体或其一定比例指定为套期工具,但下列情形除外: (一)对于期权,企业可以将期权的内在价值和时间价值分开,只将内在价值的变动指定为套期工具。 (二)对于远期合同,企业可以将远期合同的远期要素和即期要素分开,只将远期合同即期要素的价值变动指定为套期工具,企业可以将金融工具的外汇基差单独分拆,只将排除外汇基差后的金融工具指定为套期工具,但不可以将套期工具剩余期限内某一时段的公允价值变动指定为套期工具。 (四)企业可以将套期工具的一定比例指定为套期工具。	可以只将排除外汇基差后的金融工具指定为套期工具(原未明确); 外汇基差视作套期工具的成本,其变动可以计入其他综合收益。
第八条 企业可以将两项或多项衍生工具的组合或该组合的一定比例指定为套期工具。对于非衍生工具组合或该组合的一定比例指定为套期工具,仅限于套期外汇风险组合。对于上下限期权组合或企业发行的一项期权和购买的一项期权组成的上下限期权组合,其实质相当于一项净期权的,不能取得了净期权费,不能将其指定为套期工具。	第八条 企业可以将两项或两项以上金融工具(或其一定比例)的组合指定为套期工具(包括组合内的金融工具形成风险头寸相互抵销的情形)。 对于一项由签出期权和购入期权组成的上金融工具(或其一定比例)的组合,或对于两项或两项以上金融工具(或其一定比例)的组合,其指定为套期工具时,净签出期权才可以作为套期工具。	金融工具的组合或组合的一定比例指定为套期工具的原则一致。 强调净签出期权仅在对购入期权进行套期时,才可以作为套期工具。
第九条 被套期项目,是指使企业面临公允价值或现金流量变动风险,且被指定为套期对象的下列项目: (一)单项已确认资产、负债、确定承诺、很可能发生的预期交易,或境外经营净投资; (二)一组具有类似风险特征的已确认资产、负债、确定承诺、很可能发生的预期交易,或境外经营净投资; (三)分组合同一被套期利率风险公允价值组合套期的一部分(仅适用于利率风险组合套期)。确定承诺,是指在未来某特定日期或期间,以约定价格交换特定数量资源,具有法律约束力的协议。预期交易,是指尚未承诺但预期会发生的交易。	第九条 被套期项目,是指使企业面临公允价值或现金流量变动风险,且被指定为套期对象的,能够可靠计量的项目。企业可以将下列单个项目、项目组合或其组成部分指定为被套期项目: (一)已确认资产或负债。 (二)尚未确认的确定承诺。 (三)极可能发生的预期交易。 (四)境外经营净投资。 确定承诺,是指在未来某特定日期或期间,以约定价格交换特定数量资源,具有法律约束力的协议。预期交易,是指尚未承诺但预期会发生的交易。	强调被套期项目应能可靠计量。 组成部分(风险成分)、组合中的层级、流量组合或组合中其组成部分可指定为被套期项目; 定义"项目组成部分",并限定指定范围,包括非金融项目的风险成分应当能够单独识别并可靠计量;

· 725 ·

续表

2006年《企业会计准则第24号——套期保值》	2017年《企业会计准则第24号——套期会计》	新旧差异
第十四条 企业可以将金融资产或金融负债现金流量的全部指定为被套期项目。但企业将金融资产或金融负债现金流量的一部分指定为被套期项目的，被指定部分的现金流量总额应当少于该金融资产或金融负债现金流量总额。 第十五条 非金融资产或非金融负债指定为被套期项目的，应当将该非金融资产或非金融负债相关的全部风险指定为被套期风险，或仅将该非金融资产或非金融负债的外汇风险指定为被套期风险。	上述项目组成部分是指小于项目整体公允价值或现金流量变动的部分，企业只能将下列项目组成部分或其组合指定为被套期项目： （一）项目整体公允价值或现金流量变动中仅由某一个或多个特定风险引起的公允价值或现金流量变动成分（风险成分）。根据在特定市场环境下作出的评估，该风险成分应当能够单独识别并可靠计量。风险成分也包括被套期项目公允价格或特定变量的变动仅高于或仅低于特定价格或特定变量的部分。 （二）一项或多项选定的合同现金流量。 （三）项目名义金额的组成部分，即项目整体金额的组成部分，也可以是项目整体的一定比例部分，其中以是项目整体的某一层级部分。若某一层级部分包含提前还款权，其提前还款权的公允价值不因被套期风险变化而影响的，企业可以将该层级风险指定为被套期项目，但企业不得将提前还款权指定为公允价值被套期项目的情况除外。企业在计量被套期项目的公允价值时已包含该提前还款权影响的情况除外。	包含提前还款权的某一层级部分指定为被套期项目限于在计量该被套期项目公允价值时已包含该提前还款权影响的情况。
	第十一条 企业可以将符合被套期项目条件的风险敞口与衍生工具组合形成的汇总风险敞口指定为被套期项目。	汇总风险敞口可以作为被套期项目。
第十六条 对具有类似风险特征的资产或负债组合进行套期时，该组合中的各单项资产项或单项负债应当同时承担被套期风险引起的公允价值变动，且该组合内各单项资产项或单项负债由该组合引起的公允价值变动，应当与该组合引起的公允价值变动基本成比例。	第十一条 当企业出于风险管理目的对一组项目（包括构成净头寸的项目组合）进行套期时，可以将该组项目组合指定为被套期项目。单独符合被套期项目条件的项目组成部分（存在风险头寸相互抵销的被套期项目），仅可以将外汇风险敞口指定为被套期项目，并且该套期指定中应当明确预期交易的性质和数量。	符合条件的被套期项目的组合可以作为被套期项目；外汇净现金流量的净头寸可以指定为被套期项目。
N/A	第十二条 企业将一组项目或一组项目的组成部分指定为被套期项目时，应当分别满足下列条件： （一）企业将一组项目名义金额的一定比例指定的组成部分与企业风险管理目标相一致； （二）企业应当同时满足下列条件：	明确将一组指定为被套期项目的组成部分应当满足的条件，定义"风险管理目标"。

续表

2006年《企业会计准则第24号——套期保值》	2017年《企业会计准则第24号——套期会计》	新旧差异
N/A	1. 该层级能够单独识别并可靠计量。 2. 企业的风险管理目标是对该层级进行套期。 3. 该层级所在的整体项目组合中的所有项目均面临相同的被套期风险。 4. 对于已经存在的项目（如已确认资产或负债，尚未确认的确定承诺）进行套期，被套期层级所在的整体项目组合可识别并可追踪。 5. 该层级包含提前还款权的，应当符合本准则第九条项目组名义金额的组成部分中的相关要求。 本准则所称层级，是指企业在某一特定套期关系层面上，确定如何指定套期工具和被套期项目，以及如何运用指定的套期对被套期项目的特定风险敞口进行套期。	
	第十三条 如果被套期项目是净敞口为零的项目组合（即各项目之间的风险完全相互抵销），同时满足下列条件的，可以将该组合指定在不含套期工具的套期关系中： （一）企业的套期风险管理敞口是滚动净敞口不含套期的一部分，在该策略下，企业对同类型的新的净敞口进行套期； （二）在风险敞口类型的滚动套期策略整个过程中，被套期净敞口的规模可能发生变化，当其不为零时，企业使用符合条件的套期工具对净敞口进行套期，并通常采用净额法； （三）如果企业不对净敞口为零的项目组合运用套期会计，将导致不一致的会计结果，因为不运用套期会计方法将不会确认在存续期内对净敞口确认的相互抵销的风险敞口。	净敞口为零的项目组合满足条件时，可以指定为不含套期工具的套期关系。
第十一条 企业集团内部交易形成的汇兑收益或损失，不能在合并财务报表中全额抵销的，该货币性项目的外汇风险可以在合并财务报表中指定为套期项目。企业集团内部的记账本位币不以外的货币发生的预期交易，按照外币标价进行此项交易的主体的记账本位币以外的货币标价（即按外币标价），且相关的外汇风险可能影响合并利润或损失的，该外汇风险可以在合并财务报表中指定为被套期项目。	第十四条 运用套期会计时，在合并财务报表层面，只有与企业集团之外的对手方之间交易形成的资产、负债、尚未确认的确定承诺或很可能发生的预期交易才能被指定为套期项目；在合并财务报表层面，只有与企业集团之外的对手方签订的对同的交易，才能被指定为套期工具。对同一企业集团内不同主体之间的交易，在企业个别财务报表中可以运用套期会计，在合并财务报表层面不得运用套期会计，但下列情形除外：	合并报表层面可以运用套期会计的情形增加投资性主体与其子公司之间的交易；修改表述的结构。

续表

2006年《企业会计准则第24号——套期保值》	2017年《企业会计准则第24号——套期会计》	新旧差异
	（一）在合并财务报表层面，符合《企业会计准则第33号——合并财务报表》规定的投资性主体与其以公允价值计量且其变动计入当期损益的子公司之间的交易，可以运用套期会计。 （二）企业集团内部交易形成的货币性项目的汇兑收益或损失，不能在合并财务报表中全额抵销的，企业可以在合并财务报表层面将该货币性项目的外汇风险指定为被套期项目。 （三）企业集团内部账面本位币以外的货币发生的预期交易，且相关的外汇风险可能影响合并损益的，按照进行此风险的货币标价，企业可以在合并财务报表层面将该外汇风险指定为被套期项目。	
第三章 套期确认和计量	第三章 套期关系评估	调整章节结构。
第十七条 公允价值套期、现金流量套期或境外经营净投资套期同时满足下列条件的，才能运用本准则规定的套期会计方法进行处理： （一）在套期开始时，企业对套期关系（即套期工具和被套期项目之间的关系）有正式指定，并准备了关于套期关系、风险管理目标和套期策略的正式书面文件。该文件至少载明了套期工具、被套期项目、被套期风险的性质以及套期有效性评估方法等内容。 （二）该套期预期高度有效，且符合企业最初对该套期关系所确定的风险管理策略。 （三）对预期交易的现金流量套期，预期交易应当很可能发生，且必须使企业面临最终将影响损益的现金流量变动风险。 （四）套期有效性能够可靠地计量。 （五）企业应当持续地对套期有效性进行评价，并确保该套期在被指定的会计期间内高度有效。	第十五条 公允价值套期、现金流量套期或境外经营净投资套期同时满足下列条件的，才能运用本准则规定的套期会计方法进行处理： （一）套期关系仅由符合条件的套期工具和被套期项目组成。 （二）在套期开始时，企业正式指定了套期工具和被套期项目，并备有关于套期关系和企业从事套期活动的风险管理目标和策略的书面文件。该文件至少载明了套期工具、被套期项目、被套期风险的性质以及套期有效性评估方法（包括套期无效部分产生的原因分析以及套期比率确定方法）等内容。 （三）套期关系符合套期有效性要求。 套期有效性，是指套期工具引起的被套期项目的公允价值或现金流量变动能够抵销被套期风险引起的被套期项目的公允价值或现金流量变动的程度。套期被套期工具的公允价值或现金流量变动大于或小于被套期项目的公允价值或现金流量变动的部分为套期无效部分。	套期文件增加：套期无效部分产生的原因分析以及套期比率确定方法； 取消套期有效性评估要求； 反向回顾性评估以及定义"套期无效部分"。

附录 | 金融工具准则新旧对比

续表

2006 年《企业会计准则第 24 号——套期保值》	2017 年《企业会计准则第 24 号——套期会计》	新旧差异
第十八条 套期同时满足下列条件的,企业应当认定其为高度有效: (一)在套期开始及以后期间,该套期预期会高度有效地抵销套期指定期间被套期风险引起的公允价值或现金流量变动; (二)该套期的实际抵销结果在 80% 至 125% 的范围内。	第十六条 套期同时满足下列条件的,企业应当认定套期有效性要求: (一)被套期项目和套期工具之间存在经济关系。该经济关系使得套期工具和被套期项目面临相同的被套期风险而发生方向相反的价值变动。 (二)被套期项目和套期工具经济关系产生的价值变动中,信用风险的影响不占主导地位。 (三)套期关系的套期比率与企业实际用于套期的被套期项目和套期工具数量之比相对权重的失衡,但不应当反映被套期项目和套期工具相对权重的失衡,这种失衡会导致套期无效,并可能产生与套期会计目标不一致的会计结果。例如,企业确定拟采用的套期比率是为了避免确认被套期项目和套期工具产生的套期无效部分,或是为了创造更多的公允价值调整以达到增加使用公允价值套期会计的目的,可能会产生与套期会计目标不一致的会计结果。	取消 80%~125% 的套期高度有效性量化指标,代之以定性的套期有效性要求(经济关系、信用风险的影响不占主导地位、指定套期比率一致)。
第十九条 企业应当持续地对套期有效性进行评价,并确保该套期在套期被指定的会计期间内高度有效。企业至少应当在编制中期或年度财务报告时对套期有效性进行评价。	第十七条 企业应当在套期开始日及以后期间持续地对套期有效性要求进行评估,尤其应当分析预期内影响套期无效部分产生的原因。企业至少应当在资产负债表日及相关套期有效性要求发生变化时影响套期有效性要求进行评估。	持续评估有效性的要求不变; 强调分析套期无效发生的原因; 要求至少在资产负债表日及发生重大变化时评估有效性。
	第十八条 套期关系由于套期比率的原因而不再符合套期有效性要求,但指定该套期关系的风险管理目标没有改变的,企业应当对套期关系再平衡。 本准则所称套期关系再平衡,是指对已存在的套期关系中被套期项目或套期工具的数量进行调整,以使套期项目或套期工具所称的套期比率重新符合套期有效性要求。基于其他目的对被套期项目或套期工具的数量变动,不构成本准则所称的套期关系再平衡。	引入套期关系"再平衡"机制,在风险管理目标没有改变时,应调整套期比率进行再平衡。

续表

2006年《企业会计准则第24号——套期保值》	2017年《企业会计准则第24号——套期会计》	新旧差异
第二十三条 满足下列条件之一的，企业不应当再按照本准则第二十一条的规定处理： （一）套期工具到期、被出售、合同终止或已行使。套期工具或致被另一项套期工具替换或展期是企业正式书面文件所载明的套期策略组成部分的，不作为已到期或合同终止处理。 （二）该套期不再满足本准则所规定的运用套期会计方法的条件。 （三）企业撤销了对套期关系的指定。	企业在套期关系再平衡时，应当首先确认套期关系调整前的套期无效部分，并更新在套期限内预期余期将影响套期关系的套期无效部分产生原因的分析，同时相应更新套期关系的书面文件。 第十九条 企业发生下列情形之一的，应当终止运用套期会计： （一）因风险管理目标发生变化，导致套期关系不再满足风险管理目标。 （二）套期工具已到期、被出售，合同终止或已行使。 （三）被套期项目与套期工具之间不再存在经济关系，或者被套期项目和套期工具经济关系产生的价值变动中，信用风险的影响开始占主导地位。 （四）套期关系不再满足本准则所规定的其他条件。套期关系在套期关系再平衡后，然后评估套期关系是否满足本准则运用套期会计方法的情况下，企业应当先考虑套期关系再平衡，然后评估套期关系的整体或其中一部分，在终止套期关系可能会影响套期关系的整体或其中一部分，仅影响其中一部分时，剩余未受影响的部分仍应适用套期会计方法。	不再允许主动撤销符合条件的套期关系。
N/A	第二十条 套期关系的指定并此终止运用此套期关系： （一）套期关系仍然满足风险管理目标； （二）套期关系仍然满足本准则运用套期会计方法的其他条件。 在适用套期关系再平衡的情况下，企业应当先考虑套期关系再平衡，然后评估套期关系是否满足本准则运用套期会计方法的条件。	符合条件的，不允许主动撤销套期关系的指定。

附录 | 金融工具准则新旧对比

续表

2006年《企业会计准则第24号——套期保值》	2017年《企业会计准则第24号——套期会计》	新旧差异
则第二十一条的规定再按照本准则第二十一条的规定处理。 （一）套期期限已到期，合同终止或已行使，被出售、被终止或已行使，被转换时的，企业正式书面文件所载明的套期策略组成部分的，不作为到期或终止处理。	第二十一条 企业发生下列情形之一的，不作为套期工具已到期或终止合同处理： （一）套期工具展期或被另一项套期工具替换，而且该展期或替换是企业书面文件所载明的风险管理目标规定的要求，套期工具书面文件所载明的风险管理目标的组成部分。 （二）由于法律法规或其他相关规定的要求，套期工具交易对手方变更为一个或多个清算交易对手方（例如清算机构或其主体），以最终达成由同一中央交易对手方进行清算的目的。如果存在套期工具其他变更的，该变更仅限于达成此类替换交易对手方所必须的变更。	不作为到期或终止处理的情形增加交易对手方变更。
第四章 确认和计量		调整章结构。
第二十一条 公允价值套期满足运用套期会计方法条件的，应当按照下列规定处理： （一）套期工具为衍生工具的，套期工具公允价值变动形成的利得或损失应当计入当期损益；套期工具为非衍生工具的，套期工具账面价值因汇率变动形成的利得或损失应当计入当期损益。 （二）被套期项目因被套期风险形成的利得或损失应当计入当期损益，同时调整被套期项目的账面价值。被套期项目的账面价值，按摊余成本进行后续计量的存货，应当据此规定处理。 第二十五条 被套期项目为尚未确认的确定承诺或其组成部分的，相关的累计公允价值变动额确认为一项资产或负债，相关的利得或损失计入当期损益。 第二十六条 在确认买入资产或承担负债时，应当调整该资产或负债的初始确认金额。	第二十二条 公允价值套期满足运用套期会计方法条件的，应当按照下列规定处理： （一）套期工具产生的利得或损失应当计入当期损益。如果套期工具是为以公允价值计量且其变动计入其他综合收益的非交易性权益工具投资（或其组成部分）进行套期的，套期工具产生的利得或损失应当计入其他综合收益。 （二）被套期项目因被套期风险敞口形成的利得或损失应当计入当期损益，同时调整被套期项目未以公允价值计量的账面价值。被套期项目为按照《企业会计准则第22号——金融工具确认和计量》第十八条规定分类为以公允价值计量且其变动计入其他综合收益的金融资产（或其组成部分）的，其因被套期风险敞口形成的利得或损失应当计入当期损益，其账面价值已经按公允价值计量，不需要调整；被套期项目为企业选择将其非交易性权益工具投资指定为以公允价值计量且其变动计入其他综合收益的，其因被套期风险敞口形成的利得或损失应当计入其他综合收益，其账面价值已经按公允价值计量，不需要调整。 被套期项目为尚未确认的确定承诺（或其组成部分）的，其因被套期风险引起的公允价值累计变动额应当确认为一项资产或负债，相关的利得或损失应当计入当期损益。当确定承诺而确认资产或负债时，应当调整该资产或负债的初始确认金额，以包括已确认的被套期项目的公允价值累计变动额。	FVOCI非交易性权益工具投资，套期工具和被套期风险敞口的利得或损失计入其他综合收益； 修改表述结构。

· 731 ·

续表

2006年《企业会计准则第24号——套期保值》	2017年《企业会计准则第24号——套期会计》	新旧差异
第二十四条 被套期项目是以摊余成本计量的金融工具的，按照本准则第二十一条（二）对被套期项目账面价值所作的调整，应当按照重新计算的实际利率在调整日至到期日的期间内进行摊销，计入当期损益。对实际利率不切实可行的，也应当按照调整日至摊销期间结束日的期间内的相关的重新计算的实际利率进行实际利率法摊销。上述调整金额应当于被套期项目到期日前摊销完毕；对于相关套期关系的公允价值套期，应当于相关套期关系的公允价值套期结束日前摊销完毕。	第二十三条 公允价值套期中，被套期项目为以摊余成本计量的金融工具（或其组成部分）的，企业对被套期项目账面价值所作的调整应当按照被套期项目重新计算的实际利率进行摊销，并计入当期损益。该摊销可以自摊销日开始，但不应当晚于对被套期项目终止进行套期利得和损失调整的时点。该摊销应当按照重新计算的实际利率进行。对于已按照《企业会计准则第22号——金融工具确认和计量》第十八条分类为以公允价值计量且其变动计入其他综合收益的金融资产（或其组成部分）的，企业应当按照摊销，并计入当期损益，并按照上述相同的方式对累计已确认的套期利得或损失进行摊销，但不调整金融资产（或其组成部分）的账面价值。	规定摊销开始日不得晚于终止调整被套期项目的时点。
第二十七条 现金流量套期满足运用套期会计方法条件的，应当按照下列规定处理： （一）套期工具利得或损失中属于有效套期的部分，应当直接确认为所有者权益，并单列项目反映。该有效套期部分的金额，按照下列两项的绝对额中较低者确定： 1.套期工具自套期开始的累计利得或损失； 2.被套期项目自套期开始的预计未来现金流量现值的累计变动额。 （二）套期工具利得或损失中属于无效套期的部分（即扣除直接确认为所有者权益的部分后的利得或损失），应当计入当期损益。 （三）在风险管理策略的正式书面文件中，载明了在评价套期有效性时将排除套期工具的某部分利得或损失后的处理运用《企业会计准则第22号——金融工具确认和计量》。对确定承诺的外汇风险进行的现金流量套期，企业可以作为现金流量套期或公允价值套期处理。	第二十四条 现金流量套期满足运用套期会计方法条件的，应当按照下列规定处理： （一）套期工具产生的利得或损失中属于套期有效的部分，应当计入其他综合收益的累计现金流量套期储备。现金流量套期储备的金额，应当为下列两项的绝对额中较低者： 1.套期工具自套期开始的累计利得或损失； 2.被套期项目自套期开始的预计未来现金流量现值的累计变动额。 每期计入其他综合收益的现金流量套期储备的金额应当为当期现金流量套期储备的变动额。 被套期项目产生的预计未来现金流量现值的累计变动额中属于套期无效的部分，应当计入当期损益。 （二）套期工具产生的利得或损失中属于套期无效的部分（即扣除计入其他综合收益的部分后），应当计入当期损益。	现金流量套期中套期工具产生的利得或损失的处理一致。

续表

2006年《企业会计准则第24号——套期保值》	2017年《企业会计准则第24号——套期会计》	新旧差异
第二十九条 被套期项目为预期交易，且该预期交易使企业随后确认一项非金融资产或非金融负债的，企业可以选择下列方法处理： （一）原直接在所有者权益中确认的相关利得或损失，在该非金融资产或非金融负债影响企业损益的相同期间转出，计入当期损益。但是，企业预期直接在所有者权益中确认的净损失全部或部分在未来会计期间不能弥补的部分，应当将原不能弥补的部分，计入当期损益。 （二）将原直接在所有者权益中确认的相关利得或损失转出，计入该非金融资产或非金融负债的初始确认金额。非金融资产或非金融负债的预期交易承诺满足本准则规定的套期会计方法处理条件的，也应当选择上述两种方法之一处理。企业选择了上述两种方法中的一种作为会计政策后，应当一致地运用于相关损失不能弥补的部分，不得随意变更。 第二十八条 将原确认在所有者权益中的相关利得或损失转出，计入该非金融资产或非金融负债的初始确认金额。非金融资产或非金融负债的预期交易承诺满足本准则规定的，应当按套期会计方法处理。但是，企业预期直接在所有者权益中确认的净损失全部或部分在未来会计期间不能弥补的部分，应当将不能弥补的部分，计入当期损益。 ……	第二十五条 现金流量套期储备的金额，应当按照下列规定处理： （一）被套期项目为预期交易，且该预期交易使企业随后确认一项非金融资产或非金融负债的，或者非金融资产或非金融负债的预期交易形成的确定承诺适用于公允价值套期会计的，企业应当将原在其他综合收益中确认的现金流量套期储备的金额转出，计入该资产或负债的初始确认金额。 （二）对不属于本条（一）涉及的现金流量套期的，企业应当在被套期的预期现金流量影响损益的相同期间，将原套期储备金额转出，计入当期损益。 （三）如果在其他综合收益中确认的现金流量套期储备金额是一项损失，且该损失全部或部分预计在未来会计期间不能弥补的，企业应当将预计不能弥补的部分从其他综合收益中转出，计入当期损益。	当现金流量套期中的预期交易导致确认非金融项目时，或预期非金融项目的预期交易成为适用公允价值套期会计的确定承诺时，须将套期储备金额从其他综合收益中转出，调整该非金融项目的账面价值（基础调整），不再提供政策选择（如在影响损益的同一期间转入损益）；修改表述结构。
第三十一条 在下列情况下，企业应当按照本准则第二十七条至第三十条的规定处理： （一）套期工具已到期、被出售、合同终止或已行使。在套期有效期间，直至套期工具实际发生处理时，直至预期交易实际发生时，再按照本准则第二十九条、第三十条或第三十一条的规定处理。 （二）该套期不再满足本准则规定的套期会计方法的条件。在套期有效期间，直至套期工具实际发生时，再按照本准则第二十九条、第三十条或第三十一条的规定处理。 （三）预期交易预计不会发生。在套期有效期间，直接在所有者权益中确认的相关利得或预期损失应当转出，计入当期损益。 ……	第二十六条 当企业对现金流量套期终止运用套期会计时，在其他综合收益中确认的累计套期储备金额，应当按照下列规定进行处理： （一）被套期的未来现金流量仍然预期会发生的，累计现金流量套期储备的金额应当从其他综合收益中转出，并按照本准则第二十五条的规定进行处理。 （二）被套期的未来现金流量不再预期会发生的，累计现金流量套期储备的金额应当从其他综合收益中转出，计入当期损益。被套期的未来现金流量仍然预期会发生的情况下，累计现金流量套期储备在预期保留，并按照本准则第二十五条的规定进行处理。	终止套期会计的处理原则一致； 增加预期不再极可能发生，但仍可能发生的预期处理表述。

·733·

续表

2006年《企业会计准则第24号——套期保值》	2017年《企业会计准则第24号——套期会计》	新旧差异
第三十二条 对境外经营净投资的套期，应当按照类似于现金流量套期会计的规定处理： （一）套期工具形成的利得或损失中属于有效套期的部分，应当直接确认为所有者权益，并单列项目反映。处置境外经营时，上述在所有者权益中单列项目反映的套期工具利得或损失应当转出，计入当期损益。 （二）套期工具形成的利得或损失中属于无效套期的部分，应当计入当期损益。	第二十七条 对境外经营净投资的套期，包括对作为净投资的一部分货币性项目的套期，应当按照类似于现金流量套期会计的规定处理： （一）套期工具形成的利得或损失中属于套期有效的部分，应当计入其他综合收益，全部或部分处置境外经营时，上述计入其他综合收益的套期工具利得或损失应当相应转出，计入当期损益。 （二）套期工具形成的利得或损失中属于套期无效的部分，应当计入当期损益。	对境外经营净投资套期的处理一致。
N/A	第二十八条 企业根据本准则第十八条规定对套期关系作出再平衡时，应当在调整套期关系之前确定套期关系无效部分，并将相关利得或损失计入当期损益。 套期关系再平衡可能会导致企业增加或减少指定为套期工具的数量。企业增加之日起增加指定的被套期项目或套期工具的数量。企业减少之日起减少指定的被套期工具的，增加部分自指定的被套期工具的一部分或套期关系的一部分，作为套期关系终止处理。	"再平衡"之前应先确定套期关系的套期无效部分。
N/A	第二十九条 对于被套期项目，企业应当按照下列规定对被套期项目进行列报： 被套期项目为风险净敞口的套期，被套期项目相关利润表影响利润表不同列报项目的，企业应当将相关套期利得或损失在损益表中与被套期项目相关的损益列报项目金额（如营业收入或营业成本）对被套期项目不应当列报。 对于被套期项目为风险净敞口的公允价值套期，涉及被套期项目账面价值调整的，企业应当对各组成项目账面价值做相应调整。	对风险净敞口的套期，利得或损失应当单独列报。风险净敞口的公允价值套期，应分别调整各项资产和负债。

续表

2006年《企业会计准则第24号——套期保值》	2017年《企业会计准则第24号——套期会计》	新旧差异
N/A	第三十条 除本准则第二十九条规定外，对于被套期项目为一组项目的公允价值套期，对于被套期关系存续期间，被套期项目组合中各组成项目，分别按照本准则第二十二条的规定对相应处理的相关利得或损失，按照本准则第二十二条的规定计入当期损益或其他综合收益。涉及调整被套期项目组面价值的资产和负债的，对于被套期项目为一组项目的现金流量套期，企业应当对各组成项目的相关套期现金流量转出时，企业在将其他综合收益中确认的相关套期储备转出时，应当按照系统、合理的方法将转出金额在被套期各组成项目中分摊，并按照本准则第二十五条的规定进行相应处理。	组合项目的套期，应分别调整各项被套期资产和负债的性质。
第六条 企业在确立套期关系时，应当将套期工具整体或其一定比例（不含套期工具剩余期限内的某一时段）进行指定，但下列情况除外： （一）对于期权，企业可以将期权的内在价值和时间价值分开，只将内在价值变动指定为套期工具； （二）对于远期合同，企业可以将远期合同的利息即期期价格分开，只将即期期价格变动指定为套期工具。	第三十一条 企业根据本准则第七条规定将期权的内在价值和时间价值分开，只将期权的内在价值变动指定为套期工具时，应当区分被套期项目的性质是与交易相关还是与时间段相关，对其进行以下会计处理：被套期项目与交易相关的，对其进行以下会计处理：被套期项目与交易相关的，在套期关系存续期间内规避风险所需支付的成本的特征；被套期项目具备为保护企业在特定时间段内规避风险所需支付的成本的性质分别进行以下会计处理： （一）企业应当按照本准则第三十二条规定，将期权时间价值相关的被套期项目的公允价值变动。同时，企业应当按照本准则第二十五条规定的方法对其进行处理。 第三十二条 对于与交易相关的被套期项目，将期权时间价值分计入被其他综合收益。对于与套期关系相关的部分，应当按照本准则第二十五条规定的方法对其进行处理。 （二）对于与时间段相关的被套期项目，企业应当按照本准则第三十二条规定，将期权时间价值分计入其他综合收益。同时，企业应当将期权时间价值当期摊销金额从其他综合收益结转计入当期损益或其他综合收益（仅限于企业对指定为以公允价值计量且其变动计入其他综合收益的非交易性权益工具投资，在套期关系下以公允价值计量且其变动风险敞口进行的套期。	期权时间价值的公允价值变动应当首先计入其他综合收益，后续的会计处理取决于被套期项目的性质。

续表

2006年《企业会计准则第24号——套期保值》	2017年《企业会计准则第24号——套期会计》	新旧差异
N/A	期)的期间内摊销,摊销金额从其他综合收益中转出,计入当期损益。若企业终止运用套期会计,则其他综合收益中剩余的相关金额应当转出,计入当期损益。期权的主要条款(如名义金额、期限和标的)与被套期项目相关的,企业应当通过校准时间价值,并确认期权的实际时间价值与被套期项目完全一致的,企业应当通过校准时间价值,并确认期权的实际时间价值中与被套期项目相关的部分。	
N/A	第三十二条 在套期关系开始时,期权的实际时间价值高于校准时间价值的,企业应当以校准时间价值为基础,将其累计公允价值变动差额计入其他综合收益,并将这两个时间价值的实际关系开始时,企业应当将计入其他综合收益的,在套期关系开始时,企业应当将计入其他综合收益的累计公允价值变动额累计计入其他综合收益。如果实际时间价值的累计公允价值变动的较低者计入其他综合收益,累计公允价值变动的较高者计入其他综合收益,应当计入当期损益。	购入期权初始时间价值与被套期项目相关的会计处理仅适用于被套期项目相关的时间价值。
N/A	第三十三条 企业根据本准则第七条规定将远期合同的远期要素和即期要素分开的,只将即期要素单独指定为套期工具的,或者将金融工具指定为套期工具的,可以按照排除外汇基差后的远期合同的远期要素或金融工具的远期合同的外汇基差进行会计处理。	远期要素公允价值变动的处理可参照外汇基差计入其他综合收益。
N/A	第五章 信用风险敞口的公允价值选择权	新增
N/A	第三十四条 企业使用以公允价值计量且其变动计入当期损益的信用衍生工具管理金融工具(或其组成部分)的信用风险敞口时,可以在该未确认(如贷款承诺)初始计量时,将该金融工具(或其组成部分)公允价值变动记录,但应同时满足下列条件:	满足条件时,可以在金融工具初始确认时或后续计量中,将金融工具指定为以公允价值计量且其变动计入当期损益的金融工具。

·736·

续表

2006年《企业会计准则第24号——套期保值》	2017年《企业会计准则第24号——套期会计》	新旧差异
N/A	（一）金融工具信用风险敞口的主体（如借款人或贷款承诺持有人）与信用衍生工具涉及的主体相一致； （二）金融工具的偿付级次与信用衍生工具条款须支付的工具的偿付级次相一致。 上述金融工具（或其组成部分）被指定为以公允价值计量且其变动计入当期损益的，企业应当在指定时将其账面价值（如有）与其公允价值之间的差额计入当期损益。如该金融工具是按照《企业会计准则第22号——金融工具确认和计量》第十八条分类为以公允价值计量且其变动计入其他综合收益的金融资产的，企业应当将之前计入其他综合收益的累计利得或损失转出，计入当期损益。	
N/A	第三十五条 同时满足下列条件的（或其一定比例），企业应当终止以公允价值计量且其变动计入当期损益： （一）本准则第三十四条规定的条件不再适用，例如信用衍生工具或金融工具（或其一定比例）已到期、被出售、合同终止或已行使，或企业的风险管理目标发生变化，不再通过信用衍生工具进行风险管理。 （二）金融工具（或其一定比例）的规定，仍然不满足《企业会计准则第22号——金融工具确认和计量》的规定，终止以公允价值计量的金融工具（或其一定比例）的规定，该金融工具（或其一定比例）在终止计量时其公允价值应当作为其新的账面价值。同时，企业应当采用与该金融工具被指定为以公允价值计量且其变动计量之前相同的方法进行计量。	当条件不再满足时，应当撤销指定。

续表

2006年《企业会计准则第24号——套期保值》	2017年《企业会计准则第24号——套期会计》	新旧差异
	第六章 衔接规定	
N/A	第三十六条 本准则施行日之前套期会计处理与本准则要求不一致的,企业不作追溯调整,但本准则第三十七条所规定的情况除外。 在本准则施行日,企业应当按照本准则规定的运用套期会计方法条件进行评估。在符合本准则规定的情况下可以进行再平衡,再平衡后仍然符合本准则规定的运用套期会计方法条件的,将其视为持续的套期关系,并将再平衡所产生的相关利得或损失计入当期损益。	不要求追溯(期初时间价值,期权时间价值更平衡。
N/A	第三十七条 下列情况下,企业应当按照本准则的规定,对在比较财务报表期间最早的期初之后已经存在的、以及在此之后被指定的套期关系进行追溯调整: (一)企业将期权的内在价值和时间价值变动分开,只将期权的内在价值指定为套期工具。 (二)本准则第二十一条(二)规定的情形。 此外,企业将远期合同的远期要素和即期要素分开,或者将金融工具指定为套期工具的,只将即期要素单独分拆,只将排除外汇基差后的金融工具指定为套期工具的,可以按照与本准则关于期权的时间价值、远期合同的远期要素和金融工具的外汇基差的相同处理方式对追溯调整期间的远期要素进行追溯调整。如果选择追溯调整,企业应当对所有满足该选择条件的套期关系进行追溯调整。	只将期权的内在价值指定为套期工具及交易对手方变更时,应进行追溯调整。
	第七章 附则	
财会[2006]3号 自2007年1月1日起在上市公司范围内施行,鼓励其他企业执行。	第三十八条 本准则自2018年1月1日起施行。	自2018年1月1日起分类分批施行。

附录 金融工具准则新旧对比

表4 《企业会计准则第37号——金融工具列报》新旧对比

2014年《企业会计准则第37号——金融工具列报》	2017年《企业会计准则第37号——金融工具列报》	主要差异
第一章 总则	**第一章 总则**	
第一条 为了规范金融工具的列报，根据《企业会计准则——基本准则》，制定本准则。金融工具列报，包括金融工具列示和金融工具披露。	第一条 为了规范金融工具的列报，根据《企业会计准则——基本准则》，制定本准则。金融工具列报，包括金融工具列示和金融工具披露。	新旧一致。
第二条 金融工具信息的列报，应当有助于财务报表使用者了解发行方发行金融工具如何进行分类，计量和列示，并就金融工具对企业财务状况和经营成果影响的重要程度，以及企业在报告期间和期末所面临风险的性质和程度，以及企业如何管理这些风险作出合理评价。	第二条 金融工具列报应当有助于财务报表使用者了解发行金融工具的信息的分类、计量和列示的情况，并使金融工具对企业财务状况和经营成果影响的重要程度，以及企业在报告期间和期末所面临风险的性质和程度，以及企业如何管理这些风险作出合理评价。	基本一致。修改部分措辞。
第三条 除下列特殊情况外，本准则适用于所有企业各种类型的金融工具。 （一）与子公司、合营企业或联营企业的投资，有关按照《企业会计准则第2号——合并财务报表》《企业会计准则第33号——合并财务报表》规定核算的对子公司的投资，《企业会计准则第40号——合营安排》规定适用《企业会计准则第41号——在其他主体中权益的披露》的投资，但以下情况除外： 1. 与子公司、合营企业或联营企业的衍生工具，适用本准则。 2. 符合《企业会计准则第2号——合并财务报表》《企业会计准则第33号——合并财务报表》有关投资性主体定义的企业，其根据该准则规定对子公司以公允价值计量且其变动计入当期损益的投资，对上述营企业或联营企业的投资适用本准则。 3. 根据《企业会计准则第2号——合营企业准则第22号——长期股权投资》准则的规定，核算的对合营企业或联营企业的投资，其衍生工具的确认和计量适用本准则。 （二）《企业会计准则第11号——股份支付》规范的企业职工和其他方的股份支付安排中涉及的金融工具的权利和义务，适用《企业会计准则第11号——股份支付》。但股份支付安排中涉及的交易和事项以企业发行、回购、出售或注销库存股、股份支付中涉及的金融工具以及其他适用《企业会计准则第37号——金融工具列报》规范的，适用本准则。	第三条 本准则适用于企业各种类型的金融工具，但下列项目适用其他相关会计准则： （一）由《企业会计准则第33号——合并财务报表》、《企业会计准则第2号——长期股权投资》和《企业会计准则第40号——合营安排》规范的对子公司、合营企业和联营企业的投资，其披露适用《企业会计准则第41号——在其他主体中权益的披露》。但企业持有的与子公司、合营企业或联营企业的权益相关的衍生工具，适用本准则。企业按照《企业会计准则第22号——金融工具确认和计量》相关规定对联营企业或合营企业的投资进行会计处理的，有关投资性主体定义的企业，且根据该准则规定对子公司的投资以公允价值计量且其变动计入当期损益的，对上述营企业或联营企业的投资的核算适用本准则。 （二）由《企业会计准则第9号——职工薪酬》规范相关计划形成的企业职工的权利和义务，适用《企业会计准则第9号——职工薪酬》。 （三）由《企业会计准则第11号——股份支付》规范的企业会计准则第11号——股份支付》。但是，股份支付合同和义务，适用《企业会计准则第11号——股份支付》。但是，股份支付中涉及的金融工具以及《企业会计准则规》	适用范围增加股份买入承诺业出非金融项目的合同适用本准则； CAS 17要求在确认和计量相关合同权利和义务时，应当按照CAS 22进行会计处理的金融工具和减值损失属于本准则规范。准则有关信用风险披露的规定； 企业选择按照CAS 22进行会计处理的财务担保合同，适用本准则。

续表

2014年《企业会计准则第37号——金融工具列报》	2017年《企业会计准则第37号——金融工具列报》	主要差异
（三）债务重组，适用《企业会计准则第12号——债务重组》。但债务重组中涉及金融资产转移披露的，适用本准则。 （四）符合原保险合同或再保险合同定义的保险合同，适用《企业会计准则第25号——原保险合同》《企业会计准则第26号——再保险合同》（以下简称相关保险合同准则）。《企业会计准则第22号——金融工具确认和计量》要求从保险合同中分拆后单独核算的嵌入衍生工具，适用本准则。企业选择按照《企业会计准则第22号——金融工具确认和计量》核算的财务担保合同，适用本准则。 （五）因具有相机分红特征而适用相关保险合同准则的金融工具，不适用本准则中关于金融负债和权益工具区分的规定。但嵌入此类金融工具的衍生工具，适用相关保险合同准则。 （六）职工薪酬计划形成的企业的权利和义务，适用《企业会计准则第9号——职工薪酬》。	闭的买入或卖出非金融项目的合同，以及与股份支付相关的企业发行、回购、出售或注销的库存股，适用本准则。 （四）由《企业会计准则第12号——债务重组》规范的债务重组，适用《企业会计准则第12号——债务重组》。但债务重组中涉及金融资产转移披露的，适用本准则。 （五）由《企业会计准则第14号——收入》规范的属于金融工具的合同权利和义务，适用《企业会计准则第14号——收入》。由《企业会计准则第14号——收入》要求在确认和计量相关合同权利的减值损失和利得时，应当按照《企业会计准则第22号——金融工具确认和计量》进行会计处理的，适用本准则中有关信用风险披露的规定。 （六）由保险合同相关会计准则规范的保险合同所产生的合同权利和义务，适用保险合同相关会计准则。但对于嵌入保险合同的衍生工具，该衍生工具本身不是保险合同的，适用本准则；企业选择按照《企业会计准则第22号——金融工具确认和计量》进行会计处理的财务担保合同，适用保险合同相关会计准则。	
第四条 本准则适用于能够以现金或其他金融工具结算的买入或卖出非金融项目的合同，或通过按照预定的购买、销售或使用要求签订并持有，旨在收取或交付非金融项目的合同，应当适用其他相关会计准则。	第四条 本准则适用于能够以现金或其他金融工具净额结算的买入或卖出非金融项目的合同，但是企业根据《企业会计准则第22号——金融工具确认和计量》第八条的规定将该合同指定为以公允价值其变动计入当期损益的金融资产或金融负债的，适用本准则。	对于满足"自用例外"的净额结算的非金融合同，若根据CAS 22可以指定为FVTPL，则适用本准则。

附录 | 金融工具准则新旧对比

续表

2014年《企业会计准则第37号——金融工具列报》	2017年《企业会计准则第37号——金融工具列报》	主要差异
第五条 本准则第六章至第八章的规定除适用于企业已按照《企业会计准则第22号——金融工具确认和计量》确认的金融工具外，还适用于未确认的金融工具，例如某些贷款承诺。	第五条 本准则第六章至第八章的规定，除适用于企业已按照《企业会计准则第22号——金融工具确认和计量》确认的金融工具外，还适用于未确认的金融工具。	基本一致。强调也适用于未确认的金融工具。
第六条 本准则规定的交易或事项涉及所得税的，应当按照《企业会计准则第18号——所得税》进行处理。	第六条 本准则规定的交易或事项涉及所得税的，应当按照《企业会计准则第18号——所得税》进行处理。	新旧一致。所得税适用CAS 18。
第二章 金融负债和权益工具的区分	第二章 金融负债和权益工具的区分	新旧一致。
第七条 企业应当根据所发行金融工具的合同条款及其所反映的经济实质而仅以法律形式，结合金融资产、金融负债和权益工具的定义，在初始确认时将该金融工具或其组成部分分类为金融资产、金融负债或权益工具。	第七条 企业应当根据所发行金融工具的合同条款及其所反映的经济实质而非仅以法律形式，结合金融资产、金融负债和权益工具的定义，在初始确认时将该金融工具或其组成部分分类为金融资产、金融负债或权益工具。	新旧一致。强调"合同条款"。
第八条 金融负债，是指企业符合下列条件之一的负债： （一）向其他方交付现金或其他金融资产的合同义务。 （二）在潜在不利条件下，与其他方交换金融资产或金融负债的合同义务。 （三）将来须用或可用企业自身权益工具进行结算的非衍生工具合同，且企业根据该合同将交付可变数量的自身权益工具。 （四）将来须用或可用企业自身权益工具进行结算的衍生工具合同，但以固定数量的自身权益工具交换固定金额现金或其他金融资产的衍生工具合同除外。企业对全部现有同类别非衍生自身权益工具的持有方同比例发行配股权、期权或认股权证，使之有权按比例固定金额的任何货币换取固定数量的该企业自身权益工具的，该类配股权、期权或认股权证应当分类为权益工具。其中，企业自身权益工具不包括应按照本准则第三章分类为权益工具的金融工具，也不包括本身就要求在未来收取或交付企业自身权益工具的合同。	第八条 金融负债，是指企业符合下列合同条件之一的负债： （一）向其他方交付现金或其他金融资产的合同义务。 （二）在潜在不利条件下，与其他方交换金融资产或金融负债的合同义务。 （三）将来须用或可用企业自身权益工具进行结算的非衍生工具合同，且企业根据该合同将交付可变数量的自身权益工具。 （四）将来须用或可用企业自身权益工具进行结算的衍生工具合同，但以固定数量的自身权益工具交换固定金额现金或其他金融资产的衍生工具合同除外。企业对全部现有同类别非衍生自身权益工具的持有方同比例发行配股权、期权或认股权证，使之有权按比例固定金额的任何货币换取固定数量的该企业自身权益工具的，该类配股权、期权或认股权证应当分类为权益工具。其中，企业自身权益工具不包括应按照本准则第三章分类为权益工具的金融工具，也不包括本身就要求在未来收取或交付企业自身权益工具的合同。	新旧一致。对全部现有持有方同比例发行的按比例以固定数量任何货币换取配股权等应分类为权益工具。

· 741 ·

续表

2014年《企业会计准则第37号——金融工具列报》	2017年《企业会计准则第37号——金融工具列报》	主要差异
第九条 权益工具，是指能证明拥有某个企业在扣除所有负债后的资产中的剩余权益的合同。在同时满足下列条件的情况下，企业应当将发行的金融工具分类为权益工具： （一）该金融工具应当不包括交付现金或其他金融资产给其他方，或在潜在不利条件下与其他方交换金融资产或金融负债的合同义务； （二）将来须用或可用企业自身权益工具结算该金融工具。如为非衍生工具，该金融工具应当不包括交付可变数量的自身权益工具进行结算的合同义务；如为衍生工具，企业只能通过以固定数量的自身权益工具交换固定金额的现金或其他金融资产结算该金融工具。企业自身权益工具不包括按照本准则第三章分类为权益工具的金融工具，也不包括本身就要求在未来收取或交付企业自身权益工具的合同。	第九条 权益工具，是指能证明拥有某个企业在扣除所有负债后的资产中的剩余权益的合同。企业发行的金融工具同时满足下列条件的，符合权益工具的定义，应当将该金融工具分类为权益工具： （一）该金融工具应当不包括交付现金或其他金融资产给其他方，或在潜在不利条件下与其他方交换金融资产或金融负债的合同义务； （二）将来须用或可用企业自身权益工具结算该金融工具。如为非衍生工具，该金融工具应当不包括交付可变数量的自身权益工具进行结算的合同义务；如为衍生工具，企业只能通过以固定数量的自身权益工具交换固定金额的现金或其他金融资产结算该金融工具。企业自身权益工具不包括按照本准则第三章分类为权益工具的金融工具，也不包括本身就要求在未来收取或交付企业自身权益工具的合同。	新旧一致。 权益工具享有剩余权益。
第十条 金融负债与权益工具的区分： （一）如果企业不能无条件地避免以交付现金或其他金融资产来履行一项合同义务，则该合同义务符合金融负债的定义。有些金融工具虽然没有明确地包含交付现金或其他金融资产义务的条款和条件，但有可能通过其他条款和条件间接地形成合同义务。 （二）如果一项金融工具须用或可用企业自身权益工具进行结算，需要考虑用于结算该工具的企业自身权益工具，是作为现金或其他金融资产的替代品，还是为了使该工具持有方享有在发行方扣除所有负债后的资产中的剩余权益。如果是前者，该工具是发行方的金融负债；如果是后者，该工具是发行方的权益工具。一项金融工具合同规定企业须用或可用自身权益工具结算的，该合同权利或该合同义务的数量乘以其结算时的公允价值可获取的金额等于一项金融负债。一项金融工具合同规定企业须用或可用自身权益工具结算的，如果合同中权利或义务的数量是固定的，还是完全或部分地基于除该企业自身权益工具的市场价格以外变量（例如利率、某种商品的价格）的变动而变动的，该合同应当分类为金融负债。	第十条 企业对于一项合同义务，不能无条件地避免以交付现金或其他金融资产来履行的，该合同义务符合金融负债的定义。有些金融工具虽然没有明确地包含交付现金或其他金融资产义务的条款和条件，但有可能通过其他条款和条件间接地形成合同义务。 如果一项金融工具须用或可用企业自身权益工具进行结算，需要考虑用于结算该工具的替代品，还是为了使该工具持有方享有在发行方扣除所有负债后的资产中的剩余权益。如果是前者，该工具是发行方的金融负债；如果是后者，该工具是发行方的权益工具。在某些情况下，一项金融工具合同规定企业须用或可用自身权益工具结算的，该合同权利或该合同义务的数量乘以其结算时的公允价值可获取的金额等于一项金融负债。在某些情况下，该金融工具合同规定企业须用或可用自身权益工具结算的，还是完全或部分地基于除该企业自身权益工具的市场价格以外变量（例如利率、某种商品的价格）的变动而变动的，该合同应当分类为金融负债。	基本一致。 修改表述结构； 明确区分原则： 按权益计算时公允价值结算义务金额分类金融工具应分类为金融负债。

续表

2014年《企业会计准则第37号——金融工具列报》	2017年《企业会计准则第37号——金融工具列报》	主要差异
第十一条 除根据本准则第三章分类为权益工具的金融工具外,如果一项合同使发行方承担了以现金或其他金融资产回购自身权益工具的义务,即使发行方的回购义务取决于合同对手方是否行使回售权,其金额等于回购所需支付金额的现值(如远期回购价格的现值、期权行权价格的现值以其他金融资产回购自身权益工具,应当在合同到期时将该项金融负债按照账面价值重分类为权益工具。	第十一条 除根据本准则第三章分类为权益工具的金融工具外,如果一项合同使发行方承担了以现金或其他金融资产回购自身权益工具的义务,即使发行方的回购义务取决于合同对手方是否行使回售权,其金额等于回购所需支付金额的现值(如远期回购价格的现值、期权行权价格的现值以其他金融资产回购自身权益工具,应当在合同到期时将该项金融负债按照账面价值重分类为权益工具。	新旧一致。或有回购义务构成金融负债。
第十二条 对于附有或有结算条款的金融工具,发行方不能无条件地避免交付现金、其他金融资产或以其他金融资产结算,或者是否以其他金融资产致使该金融工具成为金融负债的方式进行结算,应当分类为金融负债。但是,满足下列条件之一的,发行方应当将其分类为权益工具: (一)要求以现金、其他金融资产进行结算或以其他金融资产致使该金融工具成为金融负债的或有结算条款几乎不具有可能性,即相关情形极端罕见、显著异常或几乎不可能发生。 (二)只有在发行方清算时,才需以现金、其他金融资产或以其他金融资产方式进行结算。 (三)按照本准则第三章分类为权益工具的可回售工具。	第十二条 对于附有或有结算条款的金融工具,发行方不能无条件地避免交付现金、其他金融资产或以其他金融资产结算,或者是否以其他金融资产致使该金融工具成为金融负债的方式进行结算,需要由发行方和持有方均不能控制的未来不确定事项(如股价指数、消费价格指数、利率或税法变动、发行方未来收入、净收益或债务权益比率等)的发生或不发生(或发行方和持有方均不能控制的未来不确定事项的结果)来确定的,发行方应当将其分类为金融负债。但是,满足下列条件之一的,发行方应当将其分类为权益工具: (一)要求以现金、其他金融资产进行结算或以其他金融资产致使该金融工具成为金融负债的或有结算条款几乎不具有可能性,即相关情形极端罕见、显著异常或几乎不可能发生。 (二)只有在发行方清算时,才需以现金、其他金融资产或以其他金融资产方式进行结算。 (三)按照本准则第三章分类为权益工具的可回售工具。	新旧一致。附有或有结算条款的金融工具应分类为金融负债。
第十三条 对于存在结算选择权的衍生工具(例如,合同规定发行方或持有方能选择以现金净额或以发行股份交换现金或其他金融资产等方式进行结算的衍生工具),发行方应当将其确认为金融资产或金融负债,但所有可供选择的结算方式均表明该衍生工具应当确认为权益工具的除外。	第十三条 对于存在结算选择权的衍生工具(例如,合同规定发行方或持有方能选择以现金净额或以发行股份交换现金或其他金融资产等方式进行结算的衍生工具),发行方应当将其确认为金融资产或金融负债,但所有可供选择的结算方式均表明该衍生工具应当确认为权益工具的除外。	新旧一致。存在结算选择权的衍生工具属于金融资产或金融负债。

续表

2014年《企业会计准则第37号——金融工具列报》	2017年《企业会计准则第37号——金融工具列报》	主要差异
第十四条 企业应当对发行的非衍生工具进行评估，以确定所发行的工具是否为复合金融工具。企业所发行的非衍生工具可能同时包含金融负债成分和权益工具成分。对于复合金融工具，发行方应分别将各组成部分分类为金融负债、金融资产或权益工具。 企业发行的一项非衍生工具，应于初始计量时先确定金融负债成分的公允价值（包括其中可能包含的非权益性嵌入衍生工具的公允价值），再从复合金融工具公允价值中扣除金融负债成分的公允价值，作为权益成分的价值。复合金融工具中包含的非权益性嵌入衍生工具的公允价值应当包含在金融负债成分中。	第十四条 企业应当对发行的非衍生工具进行评估，以确定所发行的工具是否为复合金融工具。企业所发行的非衍生工具可能同时包含金融负债成分和权益工具成分。对于复合金融工具，发行方应分别将各组成部分分类为金融负债、金融资产或权益工具。 企业发行的一项非衍生工具，应于初始计量时先确定金融负债成分的公允价值（包括其中可能包含的非权益性嵌入衍生工具的公允价值），再从复合金融工具公允价值中扣除金融负债成分的公允价值，作为权益成分的价值。复合金融工具中包含的非权益性嵌入衍生工具应当包含在金融负债成分的公允价值中，并且按照《企业会计准则第22号——金融工具确认和计量》的规定对该复合金融工具进行会计处理。	基本一致。 按"分割会计法"（split accounting）进行分拆； 强调非权益性嵌入衍生工具的公允价值应当包含在金融负债成分的公允价值中。
第十五条 在合并财务报表中对金融工具（或其组成部分）进行分类时，企业应当考虑集团成员和金融工具的持有方之间达成的所有条款和条件。如果集团作为一个整体，因该工具承担了交付现金、其他金融资产或以其他导致该工具成为金融集团合并财务报表中当于交付现金、其他金融资产的方式进行结算的义务的，则该工具在企业集团合并财务报表中应当分类为金融负债。	第十五条 在合并财务报表中对金融工具（或其组成部分）进行分类时，企业应当考虑集团成员和金融工具的持有方之间达成的所有条款和条件。企业集团作为一个整体，因该工具承担了交付现金、其他金融资产或以其他方式进行结算的义务的，或该工具导致该工具成为金融集团合并财务报表中应当分类为金融负债。	基本一致。 修辞措辞； 要求在合并报表层面重新考虑金融工具的会计归属性。
第三章 特殊金融工具的区分	第三章 特殊金融工具的区分	
第十六条 符合金融负债定义，但同时具有下列特征的可回售工具，应当分类为权益工具： （一）赋予持有方在企业清算时按比例份额获得该企业净资产的权利。这里所指企业净资产，是指扣除所有优先于该工具对企业净资产要求权之后的剩余资产。按比例份额是指清算时将企业的净资产分拆为等额部分，并且将单位所持有的分拆单位数量乘以金额单位所持有的单位数量。 （二）该工具所属的类别次于其他所有工具类别，即该工具在归属所属的类别前无须转换为另一种工具，且在清算时对企业资产没有优先于其他工具的要求权；	第十六条 符合金融负债定义，但同时具有下列特征的可回售工具，应当分类为权益工具： （一）赋予持有方在企业清算时按比例份额获得该企业净资产的权利。这里所指企业净资产，是指扣除所有优先于该工具对企业净资产要求权之后的剩余资产。按比例份额是指清算时将企业的净资产分拆为等额部分，并且将单位所持有的分拆单位数量乘以金额单位所持有的单位数量。 （二）该工具所属的类别次于其他所有工具类别，即该工具在归属所属的类别前无须转换为另一种工具，且在清算时对企业资产没有优先于其他工具的要求权。	新旧一致。 满足条件的非衍生可回售工具，虽然符合分类为权益的定义，但应分类为权益工具。

· 744 ·

续表

2014年《企业会计准则第37号——金融工具列报》	2017年《企业会计准则第37号——金融工具列报》	主要差异
（三）该类别所属的所有工具具有相同的特征（例如它们必须都具有可回售特征，并且用于计算回购或赎回价格的公式或其他方法都相同）； （四）除了合同义务外，该工具不满足本准则规定的金融负债定义中的任何其他特征。 （五）该工具在存续期内的预计现金流量总额，已确认损益、已确认净资产的变动，和未确认的企业公允价值的变动（不包括该工具回售可回售工具，是指根据合同约定，持有方有权将该工具回售给发行方以获取现金或其他金融资产的权利，或者在未来某一不确定事项发生或持有方死亡或退休时，自动回售给发行方的金融工具。	（三）该类别所属的类别次于其他所有工具类别，所有工具具有相同的特征（例如它们必须都具有可回售特征，并且用于计算回购或赎回价格的公式或其他方法都相同）。 （四）除了合同义务外，该工具不满足本准则规定的金融负债定义中的任何其他特征。 （五）该工具在存续期内的预计现金流量总额，已确认损益、已确认净资产的变动，和未确认的企业公允价值的变动（不包括该工具回售可回售工具，是指根据合同约定，持有方有权将该工具回售给发行方以获取现金或其他金融资产的权利，或者在未来某一不确定事项发生或持有方死亡或退休时，自动回售给发行方的金融工具。	
第十七条 符合金融负债定义，但同时具有下列特征的发行方仅在清算时才有义务向另一方按比例份额交付其净资产的金融工具，应当分类为权益工具： （一）赋予持有方在企业清算时按比例份额获得该企业净资产的权利； （二）该工具所属的类别次于其他所有工具类别； （三）在次于该工具所有其他工具类别中，发行方对该类别中所有工具都应当承担按比例份额交付其净资产的同等义务。 产生上述合同义务的清算确定将会发生并且不受发行方的控制（如发行方本身是有限寿命主体），或者发生与否取决于该工具的持有方。	第十七条 符合金融负债定义，但同时具有下列特征的发行方仅在清算时才有义务向另一方按比例份额交付其净资产的金融工具，应当分类为权益工具： （一）赋予持有方在企业清算时按比例份额获得该企业净资产的权利； （二）该工具所属的类别次于其他所有工具类别； （三）该工具对该类别次于其他所有工具类都应当在清算时按比例份额承担交付其净资产的同等义务。 产生上述合同义务的清算确定将会发生并且不受发行方的控制（如发行方本身是有限寿命主体），或者发生与否取决于该工具的持有方。	新旧一致。 虽然符合条件的金融负债产生的清算的义务，但应分类为权益工具的定义。

续表

2014年《企业会计准则第37号——金融工具列报》	2017年《企业会计准则第37号——金融工具列报》	主要差异
第十八条 分类为权益工具的可回售工具，或发行方仅在清算时才有义务向另一方按比例交付其净资产的金融工具，除应当具有本准则第十六条或第十七条所述特征外，其发行方应当同时具备下列特征的其他金融工具或合同： （一）现金流量总额实质上基于企业的损益、已确认资产的变动、已确认和未确认净资产的公允价值变动（不包括该工具或合同的任何影响）； （二）实质上限制或固定了本准则第十六条或第十七条所述工具持有方所获得的剩余回报。 在运用上述条件时，对于发行方与准则第十六条所述工具持有方签订的非金融合同，如果其条款和条件与发行方和其他工具持有方之间可能订立的同等合同类似，则不得将该工具分类为权益工具。但如果持有方能够做出此判断，则应合同的同类的影响。	第十八条 分类为权益工具的可回售工具，或发行方仅在清算时才有义务向另一方按比例交付其净资产的金融工具，除应当具有本准则第十六条或第十七条所述特征外，其发行方应当同时具备下列特征的其他金融工具或合同： （一）现金流量总额实质上基于企业的损益、已确认资产的变动、已确认和未确认净资产的公允价值变动（不包括该工具或合同的任何影响）； （二）实质上限制或固定了本准则第十六条或第十七条所述工具持有方所获得的剩余回报。 在运用上述条件时，对于发行方与准则第十六条所述工具持有方签订的非金融合同，如果其条款和条件与发行方和其他工具持有方之间可能订立的同等合同类似，则不得将该工具分类为权益工具。但如果持有方能够做出此判断，则应合同的同类的影响。	新旧一致。 划分为权益的可回售工具不存在限制或固定其回报基于整体基于净资产公允价值变化的其他金融工具。
第十九条 按照本章规定分类为权益工具的金融工具，自不再具有第十六条或第十七条所述特征，或发行方不再满足第十八条规定条件之日起，发行方应当重分类为金融负债，以重分类日该工具的公允价值计量，重分类日该工具的公允价值和账面价值之间的差额确认为权益。 按照本章规定分类为金融负债的金融工具，自具有本准则第十六条或第十七条所述特征，且发行方满足第十八条规定条件之日起，发行方应当将其重分类为权益工具，以重分类日金融负债的账面价值计量。	第十九条 按照本准则第十六条或第十七条规定分类为权益工具的金融工具，自不再具有本准则第十六条或第十七条所述特征，或发行方不再满足本准则第十八条规定条件之日起，发行方应当将其重分类为金融负债，并将重分类日该工具的公允价值和金融负债的公允价值之间的差额确认为权益。 按照本章规定分类为金融负债的金融工具，自具有本准则第十六条或第十七条所述特征，且发行方满足本准则第十八条规定条件之日起，发行方应当将其重分类为权益工具，以重分类日金融负债的账面价值计量。	新旧一致。 会计属性重分类不产生损益。
第二十条 企业发行的满足本章规定分类为权益工具的金融工具，在其母公司的合并财务报表中对应的少数股东权益部分，应当分类为金融负债。	第二十条 企业集团发行的满足本章规定分类为权益工具的金融工具，应当分类为金融负债。	新旧一致。 划分为权益的特殊金融工具在合并报表中对应的少数股东权益部分，属于金融负债。

续表

2014年《企业会计准则第37号——金融工具列报》	2017年《企业会计准则第37号——金融工具列报》	主要差异
第四章 收益和库存股	第四章 收益和库存股	
第二十一条 金融工具或其组成部分属于金融负债的，相关利息、股利（或股息）、利得或损失，应当计入当期损益。	第二十一条 金融工具或其组成部分属于金融负债的，相关利息、股利（或股息）、利得或损失，以及赎回或再融资产生的利得或损失等，应当计入当期损益。	新旧一致。金融负债利息、利得或损失计入损益。
第二十二条 金融工具或其组成部分属于权益工具的，其发行（含再融资）、回购、出售或注销时，发行方应当作为权益的变动处理。发行方对权益性工具持有方的分配应作利润分配处理，发放的股票股利不影响发行方的所有者权益总额。	第二十二条 金融工具或其组成部分属于权益工具的，其发行（含再融资）、回购、出售或注销时，发行方应当作为权益的变动处理。发行方不应当确认权益工具的公允价值变动。发行方向权益工具持有方的分配应当作为利润分配处理，发放的股票股利不影响发行方的所有者权益总额。	新旧一致。权益工具的发行、赎回、分配计入权益。
第二十三条 与权益性交易相关的交易费用应当从权益中扣减。交易费用，是指可直接归属于购买、发行或处置金融工具的增量费用，是指企业不购买、发行或处置金融工具就不会发生的费用。企业发行或取得自身权益工具时发生的交易费用（例如登记费、承销费、法律、会计、评估及其他专业服务费用、印刷成本和印花税等），可直接归属于权益性交易所发生的交易费用应当从权益中扣减。终止的未完成权益性交易所发生的交易费用应当计入当期损益。	第二十三条 与权益性交易相关的交易费用应当从权益中扣减。企业发行或取得自身权益工具时发生的交易费用（例如登记费、承销费、法律、会计、评估及其他专业服务费用、印刷成本和印花税等），可直接归属于权益性交易所发生的交易费用应当从权益中扣减。终止的未完成权益性交易所发生的交易费用应当计入当期损益。	不再单独定义交易费用（transaction costs），而是由CAS 22定义。
第二十四条 发行复合金融工具发生的交易费用，应当在金融负债和权益成分之间按照各自占总发行价款的比例进行分摊。与多项交易相关的共同交易费用，应当在合理的基础上，采用与其他类似交易一致的方法，在各项交易间进行分摊。	第二十四条 发行复合金融工具发生的交易费用，应当在金融负债和权益成分之间按照各自占总发行价款的比例进行分摊。与多项交易相关的共同交易费用，应当在合理的基础上，采用与其他类似交易一致的方法，在各项交易间进行分摊。	新旧一致。复合金融工具收入的比例分摊。
第二十五条 发行方分类为金融负债的金融工具支付的股利，在利润表中应当确认为费用，与其他负债的利息费用合并列示，并在财务报表附注中单独披露。作为权益扣减项的交易费用，应当在财务报表附注中单独披露。	第二十五条 发行方分类为金融负债的金融工具支付的股利，在利润表中应当确认为费用，与其他负债的利息费用合并列示，并在财务报表附注中单独披露。作为权益扣减项的交易费用，应当在财务报表附注中单独披露。	新旧一致。金融负债利息合并列示，扣减权益的交易费用单独披露。

续表

2014年《企业会计准则第37号——金融工具列报》	2017年《企业会计准则第37号——金融工具列报》	主要差异
第二十六条 回购自身权益工具（库存股）支付的对价和交易费用，应当减少所有者权益，不得确认金融资产。库存股可由企业自身购回和持有，也可由集团内的其他成员购回和持有。	第二十六条 回购自身权益工具（库存股）支付的对价和交易费用，应当减少所有者权益，不得确认金融资产。库存股可由企业自身购回和持有，也可由企业集团合并财务报表范围内的其他成员购回和持有。	新旧一致。库存股作为权益的减项。
第二十七条 企业应当按照《企业会计准则第30号——财务报表列报》的规定在资产负债表中单独列示所持有的库存股金额。企业从关联方——关联方披露》的相关规定进行披露。	第二十七条 企业应当按照《企业会计准则第30号——财务报表列报》的规定在资产负债表中单独列示所持有的库存股金额。企业从关联方购回自身权益工具的，还应当按照《企业会计准则第36号——关联方披露》的相关规定进行披露。	新旧一致。库存股作为权益的减项单独列示。
第五章 金融资产和金融负债的抵销	第五章 金融资产和金融负债的抵销	
第二十八条 金融资产和金融负债应当在资产负债表内分别列示，不得相互抵销。但同时满足下列条件的，应当以相互抵销后的净额在资产负债表内列示： （一）企业具有抵销已确认金融资产和金融负债金额的法定权利，且该种法定权利是当前可执行的； （二）企业计划以净额结算，或同时变现该金融资产和清偿该金融负债。 不满足终止确认条件的金融资产转移，转出方不得将已转移的金融资产和相关负债进行抵销。	第二十八条 金融资产和金融负债应当在资产负债表内分别列示，不得相互抵销。但同时满足下列条件的，应当以相互抵销后的净额在资产负债表内列示： （一）企业具有抵销已确认金融资产和金融负债金额的法定权利，且该种法定权利是当前可执行的； （二）企业计划以净额结算，或同时变现该金融资产和清偿该金融负债。 不满足终止确认条件的金融资产转移，转出方不得将已转移的金融资产和相关负债进行抵销。	新旧一致。满足转销条件的，方能抵销列示：抵销权+净额结算或同时结算的计划。
第二十九条 抵销权是债务人根据合同或其他协议，以应付债权人的金额全部或部分抵销应收债权人的法定权利。在某些情况下，如果债务人拥有该抵销权，债权人和第三方不违反相关法律法规，并且不违反相关法律法规或该协议签署之间的协议明确表示债务人拥有该抵销权，并且不违反相关法律法规或该签署之间的协议明确表示债务人拥有以应收第三方的金额抵销应付债权人的金额的法定权利。	第二十九条 抵销权是债务人根据合同或其他协议，以应付债权人的金额全部或部分抵销应收债权人的法定权利。在某些情况下，如果债务人拥有该抵销权，债权人和第三方不违反相关法律法规，并且不违反相关法律法规或该协议签署之间的协议明确表示债务人拥有该抵销权，并且不违反相关法律法规或该签署之间的协议明确表示债务人拥有以应收第三方的金额抵销应付债权人的金额的法定权利。	新旧一致。抵销权是当前可执行的法定权利。

续表

2014年《企业会计准则第37号——金融工具列报》	2017年《企业会计准则第37号——金融工具列报》	主要差异
第三十条 抵销权利不取决于未来事项，而且在企业和所有交易对手方的正常经营过程中，或在出现违约、无力偿债或破产等各种情形下，企业均可执行该法定权利。在确定抵销权是否可执行时，企业应当充分考虑相关法律法规和其他相关规定以及合同约定等各方面因素。	第三十条 抵销权应当不取决于未来事项，而且在企业和所有交易对手方的正常经营过程中，或在出现违约、无力偿债或破产等各种情形下，企业均可执行该法定权利。在确定抵销权是否可执行时，企业应当充分考虑相关法律法规或其他相关规定以及合同约定等各方面因素。	新旧一致。强调抵销权不取决于未来事项，在出现违约、无力偿债或破产时均可执行。
第三十一条 当前可执行使抵销权的抵销权不构成互相抵销的充分条件，企业既打算行使抵销权（即净额结算），又无计划同时结算有关金融资产和金融负债，该金融资产和金融负债不得抵销。在没有法定权利的情况下，一方或双方即使有意向以净额为基础进行结算或同时结算有关金融资产和金融负债也不得抵销。	第三十一条 当前可执行使抵销权的抵销权不构成相互抵销的充分条件，企业既打算行使抵销权（即净额结算），又无计划同时结算有关金融资产和金融负债，该金融资产和金融负债不得抵销。在没有法定权利的情况下，一方或双方即使有意向以净额为基础进行结算或同时结算有关金融资产和金融负债也不得抵销。	新旧一致。抵销权之外还需有净额结算或同时结算的意图。
第三十二条 企业同时结算金融资产和金融负债的，如果该结算方式相当于净额结算，则满足本准则第二十八条（二）以净额结算的标准。这种结算方式必须在结算过程在一结算周期内处理了相关信用风险和流动性风险，最终消除或几乎消除了信用风险和流动性风险。如果某结算方式同时具备如下特征，可视为满足净额结算标准： （一）符合抵销条件的金融资产和金融负债在同一时点提交处理； （二）金融资产和金融负债一经提交处理，各方即承诺履行结算义务； （三）金融资产和金融负债一经提交处理，除非处理失败，这些资产和负债产生的现金流量不可能发生变动； （四）以证券或其他类似作为担保机制进行结算的金融资产和金融负债，最终结算为几乎消除了结算（例如以券款对付），即如果证券结算失败，则以证券作为抵押的应收款项或应付款项的处理也将失败，反之亦然； （五）若发生本条（四）所述的失败交易，将重新进入处理程序，直至结算完成； （六）由同一结算机构执行； （七）有足够提取的日间履行，并且能够确保该日间信用额度一经申请即可履行，以支持各方能够在结算日进行支付处理。	第三十二条 企业同时结算金融资产和金融负债的，如果该结算方式相当于净额结算，则满足本准则第二十八条（二）以净额结算的标准。这种结算方式必须在结算过程在一结算周期内处理了相关信用风险和流动性风险，最终消除或几乎消除了信用风险和流动性风险。如果某结算方式同时具备如下特征，可视为满足净额结算标准： （一）符合抵销条件的金融资产和金融负债在同一时点提交处理； （二）金融资产和金融负债一经提交处理，各方即承诺履行结算义务； （三）金融资产和金融负债一经提交处理，除非处理失败，这些资产和负债产生的现金流量不可能发生变动； （四）以证券或其他类似作为担保机制进行结算的金融资产和金融负债，最终结算为几乎消除了结算（例如以券款对付），即如果证券结算失败，则以证券作为抵押的应收款项或应付款项的处理也将失败，反之亦然； （五）若发生本条（四）所述的失败交易，将重新进入处理程序，直至结算完成； （六）由同一结算机构执行； （七）有足够提取的日间履行，并且能够确保该日间信用额度一经申请即可履行，以支持各方能够在结算日进行支付处理。	新旧一致。明确净额结算的判断标准。

续表

2014年《企业会计准则第37号——金融工具列报》	2017年《企业会计准则第37号——金融工具列报》	主要差异
第三十三条 在下列情况下，通常认为不满足本准则第二十八条所列条件，不得抵销相关金融资产和金融负债： （一）使用多项不同金融工具来仿效单项金融工具的特征，即"合成工具"。例如，利用浮动利率长期债券与收取浮动利息且支付固定利息的利率互换，合成一项固定利率长期负债。 （二）金融资产和金融负债虽然具有相同的主要风险敞口（例如远期合同或其他衍生工具组合中的资产和负债），但涉及不同的交易对手方。 （三）无追索权金融资产和金融负债。 （四）债务人为解除某项负债而将一定的金融资产进行托管（例如偿债基金或类似安排），但债权人尚未接受这些金融资产以清偿负债。 （五）因某些导致损失的事项而产生的义务预计可以通过保险合同向第三方索赔而得以补偿。	第三十三条 在下列情况下，通常认为不满足本准则第二十八条所列条件，不得抵销相关金融资产和金融负债： （一）使用多项不同金融工具来仿效单项金融工具的特征，即"合成工具"。例如，利用浮动利率长期债券与收取浮动利息且支付固定利息的利率互换，合成一项固定利率长期负债。 （二）金融资产和金融负债虽然具有相同的主要风险敞口（例如远期合同或其他衍生工具组合中的资产和负债），但涉及不同的交易对手方。 （三）无追索权金融资产和金融负债。 （四）债务人为解除某项负债而将一定的金融资产进行托管（例如偿债基金或类似安排），但债权人尚未接受这些金融资产以清偿负债。 （五）因某些导致损失的事项而产生的义务预计可以通过保险合同向第三方索赔而得以补偿。	新旧一致。明确不满足抵销条件的情形。
第三十四条 企业与同一交易对手方进行多项金融工具交易时，可能对手方签订"总互抵协议"。只有满足本准则第二十八条所列条件时，总互抵协议下的相关金融资产和金融负债才能抵销。总互抵协议，是指协议所涵盖的所有金融工具中的任何一合同在发生违约或终止时，就协议所涵盖的所有金融工具按单一净额进行结算。	第三十四条 企业与同一交易对手方进行多项金融工具交易时，可能对手方签订"总互抵协议"。只有满足本准则第二十八条所列条件时，总互抵协议下的相关金融资产和金融负债才能抵销。总互抵协议，是指协议所涵盖的所有金融工具中的任何一合同在发生违约或终止时，就协议所涵盖的所有金融工具按单一净额进行结算。	新旧一致。定义"总互抵协议"。
第三十五条 企业应当区分金融资产和金融负债的抵销与终止确认。抵销相关金融资产和金融负债并在资产负债表中以净额列示，不应当产生利得或损失；终止确认从资产负债表列示的项目中移除相关金融资产或金融负债，有可能产生利得或损失。	第三十五条 企业应当区分金融资产和金融负债的抵销与终止确认。抵销相关金融资产和金融负债并在资产负债表中以净额列示，不应当产生利得或损失；终止确认从资产负债表列示的项目中移除相关金融资产或金融负债，有可能产生利得或损失。	新旧一致。抵销不产生损益，终止确认可能产生损益。

续表

2014年《企业会计准则第37号——金融工具列报》	2017年《企业会计准则第37号——金融工具列报》	主要差异
第六章 金融工具对财务状况和经营成果影响的列报	第六章 金融工具对财务状况和经营成果影响的列报	
第一节 一般性规定	第一节 一般性规定	
第三十六条 企业在对金融工具各项目进行列报时，应当根据金融工具的特点及相关信息的性质对金融工具进行归类，并充分披露与金融工具相关的信息，使得财务报表附注中的披露与财务报表列示的各项目相互对应。	第三十六条 企业在对金融工具各项目进行列报时，应当根据金融工具的特点及相关信息的性质对金融工具进行归类，并充分披露与金融工具相关的信息，使得财务报表附注中的披露与财务报表列示的各项目相互对应。	新旧一致。要求附注的披露与报表列示的各项目相互对应。
第三十七条 在确定金融工具的列报类型时，企业至少应当将本准则范围内的金融工具区分为以摊余成本计量和以公允价值计量的类型。	第三十七条 在确定金融工具的列报类型时，企业至少应当将本准则范围内的金融工具区分为以摊余成本计量和以公允价值计量的类型。	新旧一致。分类摊余成本和公允价值列报类型。
第三十八条 企业应当根据自身实际情况，按照本准则要求，合理确定列报金融工具的详细程度，既不应列报大量过于详细的信息从而掩盖了真正重要的信息，也不得列报过于汇总的信息从而难以区分各项交易或相关风险之间的重要差异。		不再强调合理确定列报金融工具的详细程度。
第三十九条 企业应当披露编制财务报表时对金融工具所采用的重要会计政策、计量基础和与理解财务报表相关的其他会计政策等信息，主要包括： (一)对于指定以公允价值计量且其变动计入当期损益的金融资产或金融负债，应当披露下列信息： 1.指定的金融资产或金融负债的性质。 2.初始确认时对上述金融资产或金融负债做出指定的标准。 3.如何满足指定目的运用指定的标准。对于以消除或显著减少错配为目的的指定，企业应当披露该指定所针对的计量目其变动不一致的描述性说明。对于以反映实质为管理或投资策略的描述符合企业正式书面文件载明的风险管理或投资策略的描述性说明。对于整体指定为以公允价值计量且其变动计入当期损益的混合工具，企业应当披露该指定所针对的计量目其变动计入当期损益的描述性说明。	第三十八条 企业应当披露编制财务报表时对金融工具所采用的重要会计政策、计量基础和与理解财务报表相关的其他会计政策等信息，主要包括： (一)对于指定以公允价值计量且其变动计入当期损益的金融资产，企业应当披露下列信息： 1.指定的金融资产的性质。 2.初始确认时对上述金融资产做出指定的标准。 (二)对于指定以公允价值计量且其变动计入当期损益的金融负债，企业应当披露下列信息： 1.指定的金融负债的性质。 2.初始确认时对上述金融负债做出指定的标准。 3.企业如何满足指定目的指定，企业应当披露该指定所针对的会计错配运用指定的标准。	修改金融工具会计政策、计量基础的披露要求，不再要求披露为避免金融资产与金融资产逾期或已取消的金融资产分类的相关要求。删除已取消的金融资产分类的相关要求。

·751·

续表

2014年《企业会计准则第37号——金融工具列报》	2017年《企业会计准则第37号——金融工具列报》	主要差异
(二) 指定金融资产为可供出售金融资产的标准。 (三) 金融资产日常购买和出售的会计政策。 (四) 核销减值准备并减记金融工具账面价值的原则。 (五) 如何确定每类金融工具的利得或损失。 (六) 存在客观证据表明金融资产已发生减值的适用标准。 (七) 为避免金融资产逾期减值或重新议定条款的金融资产所适用的会计政策。	量不一致的描述性说明。对于以更好地反映组合的管理实质为目的的指定，企业应当披露该指定符合企业正式书面文件载明的风险管理或投资策略的描述性说明。对于整体指定为以公允价值计量且其变动计入当期损益的混合工具，企业应当披露运用指定标准的描述性说明。 (三) 如何确定每类金融工具的利得或损失。	
第二节 资产负债表中的列示及相关披露	第二节 资产负债表中的列示及相关披露	
第四十条 企业应当在资产负债表或相关附注中列报下列金融资产或金融负债的账面价值： (一) 以公允价值计量且其变动计入当期损益的金融资产，并分别反映：(1) 持有至到期投资；(2) 贷款和应收款项；(3) 可供出售金融资产；(4) 以公允价值计量且其变动计入当期损益的金融负债。 (二) 持有至到期投资。 (三) 贷款和应收款项。 (四) 可供出售金融资产。 (五) 以公允价值计量且其变动计入当期损益的金融负债。 (六) 其他金融负债。	第三十九条 企业应当在资产负债表或相关附注中列报下列金融资产或金融负债的账面价值： (一) 以摊余成本计量的金融资产。 (二) 以摊余成本计量的金融负债。 (三) 以公允价值计量且其变动计入其他综合收益的金融工具，并分别反映：(1) 根据《企业会计准则第22号——金融工具确认和计量》第十八条的规定以公允价值计量且其变动计入其他综合收益的金融资产；(2) 根据《企业会计准则第22号——金融工具确认和计量》第十九条的规定分类为以公允价值计量且其变动计入其他综合收益的金融资产；(3) 根据《企业会计准则第22号——金融工具确认和计量》第二十条的规定指定为以公允价值计量且其变动计入其他综合收益的非交易性权益工具投资。 (四) 以公允价值计量且其变动计入当期损益的金融资产，并分别反映：(1) 根据《企业会计准则第22号——金融工具确认和计量》第十六条的规定分类为以公允价值计量且其变动计入当期损益的金融资产；(2) 根据《企业会计准则第22号——金融工具确认和计量》第二十一条的规定指定为以公允价值计量且其变动计入当期损益的金融资产。 (五) 以公允价值计量且其变动计入当期损益的金融负债，并分别反映：(1) 根据《企业会计准则第22号——金融工具确认和计量》第二十一条的规定分类为以公允价值计量且其变动计入当期损益的金融负债；(2) 根据《企业会计准则第22号——金融工具确认和计量》第二十一条的规定指定为以公允价值计量且其变动计入当期损益的金融负债。	根据 CAS 22 的分类及 CAS 24 中的信用风险敞口的允许值选择权规定，修订应在附注中列报账面价值的金融资产或金融负债。

续表

2014 年《企业会计准则第 37 号——金融工具列报》	2017 年《企业会计准则第 37 号——金融工具列报》	主要差异
第四十一条 企业将单项贷款或应收款项或一组贷款或应收款项指定为以公允价值计量且其变动计入当期损益的，应当披露下列信息： （一）资产负债表日该贷款或应收款项使企业面临的最大信用风险敞口，是指贷款或应收款项的一方不履行义务，造成另一方发生财务损失的风险。 （二）相关信用衍生工具或类似工具使得该最大信用风险敞口降低的金额。 （三）该贷款或应收款项因信用风险变动引起的公允价值本期变动额和累计变动额。这些变动额，是该贷款或应收款项公允价值变动扣除由于市场风险因素的变化导致该贷款或应收款项公允价值变动的部分，或是企业以能够更真实地反映公允价值变动的其他方法确定的变动额。市场风险因素的变化包括：基准利率、其他企业信用风险指数、汇率、商品价格、可观察价格指数、利率指数或汇率指数等的变动。 （四）相关信用衍生工具或类似工具自该贷款或应收款项被指定以来的公允价值累计变动额。	金融工具确认和计量》第二十二条的规定在初始确认时指定为以公允价值计量且其变动计入当期损益的金融负债； （3）根据《企业会计准则第 24 号——套期会计》第三十四条的规定在初始确认和后续计量时指定为以公允价值变动计入当期损益的金融负债。 第四十条 企业将本应按摊余成本或以公允价值计量且其变动计入其他综合收益计量的一项或一组金融资产的，应当披露下列信息： （一）资产负债表日该金融资产在资产负债表日使企业面临的最大信用风险敞口； （二）企业通过任何相关衍生工具或类似工具自该金融资产的信用风险敞口降低的金额； （三）该金融资产因信用风险变动引起的公允价值本期变动额和累计变动额； （四）相关信用衍生工具或类似工具自该金融资产被指定以来的公允价值累计变动额。	基本一致。 指定为 FVTPL 的需要披露信用风险变动引起的公允价值变动额的来源。
第四十二条 企业将一项金融负债指定为以公允价值计量且其变动计入当期损益的金融负债的，应当披露下列信息： （一）该变动计入当期损益的公允价值本期变动额和累计变动额。这些变动额，是该金融负债公允价值变动扣除由于市场风险因素的变化导致该金融负债公允价值变动的部分；或是企业以能够更真实地反映公允价值变动的其他方法确定的变动额。对于包含投资连结特征的合同，市场风险因素的变化还包括相关内部或外部投资组合业绩的变动。 （二）该金融负债的账面价值与企业按合同约定到期应付债权人金额之间的差额。	其变动计入当期损益的公允价值计量且其变动计入当期损益的金融负债，且企业自身信用风险变动引起的变动额计入其他综合收益的，应当披露下列信息： （一）该金融负债因自身信用风险变动引起的公允价值本期变动额和累计变动额； （二）该金额之间的差额； （三）该金融负债的累计利得或损失按合同约定从其他综合收益转入留存收益的金额和本期转入留存收益的金额和原因。	基本一致。 指定为 FVTPL 且自身信用风险变动计入 OCI 的需要披露信用风险变动引起的公允价值变动额，以及累计利得或损失本期转入留存收益的金额和原因。

续表

2014年《企业会计准则第37号——金融工具列报》	2017年《企业会计准则第37号——金融工具列报》	主要差异
N/A	第四十二条 企业将一项金融负债指定为以公允价值计量且其变动计入当期损益的金融负债，且该金融负债自身信用风险变动引起的全部利得或损失计入当期损益（包括金融负债自身信用风险变动的影响）的，应当披露下列信息： （一）该金融负债因自身信用风险变动引起的公允价值本期变动额和累计变动额； （二）该金融负债的账面价值与按合同约定到期应支付债权人金额之间的差额。	指定金融负债为FVTPL且全部利得或损失计入当期损益的，应披露自身信用风险变动及支付差额。
第四十三条 企业应当披露本准则第四十一条（三）和第四十四条（一）中金融额的确定方法。如果企业认为披露的信息未能真实反映相关金融工具公允价值变动中由信用风险变动引起的部分，则应当披露企业做出此结论的原因及其他需考虑的因素。	第四十三条 企业应当披露用于确定本准则第四十条（三）和第四十一条（一）所要求披露的金融资产或金融负债的公允价值变动额的估值方法，以及用于确定本准则第四十二条（一）所要求披露的金融负债因自身信用风险变动引起的公允价值变动额的估值方法，并说明选用该方法的原因。如果企业认为披露的信息未能如实反映相关金融工具公允价值变动中由信用风险引起的部分，则应当披露企业得出此结论的原因及其他需考虑的因素。 企业应当披露其用于确定金融负债自身信用风险变动引起的公允价值变动是否会造成扩大损益中的会计错配的方法。企业根据《企业会计准则第22号——金融工具的确认和计量》第六十八条的规定将金融负债自身信用风险变动引起的公允价值变动计入当期损益的，企业应当披露该金融负债自身信用风险变动引起的公允价值变动金额与预期能够抵销其自身信用风险变动的金融工具公允价值变动之间的经济关系。	基本一致。 要求公允价值变动计入其他综合收益引起的金融负债自身信用风险变动的确定方法； 还要求披露计入当期损益的方法、风险是否会造成扩大的会计错配的方法，及与预期抵销的金融工具之间的经济关系。
N/A	第四十四条 企业将非交易性权益工具投资指定为以公允价值计量且其变动计入其他综合收益的，应当披露下列信息： （一）企业每一项指定该项投资为以公允价值计量且其变动计入其他综合收益的权益工具投资； （二）企业做出该指定的原因； （三）企业每一项指定为以公允价值计量且其变动计入其他综合收益的权益工具投资的期末公允价值；	FVOCI（权益工具）应披露：单项项目，指定原因，股利收入，累计利得和损失转入留存收益的金额及其原因。

· 754 ·

附录 | 金融工具准则新旧对比

续表

2014 年《企业会计准则第 37 号——金融工具列报》	2017 年《企业会计准则第 37 号——金融工具列报》	主要差异
N/A	（四）本期确认的股利收入，其中对本期终止确认的权益工具投资相关的股利收入和资产负债表日仍持有的权益工具投资相关的股利收入应当分别单独披露； （五）该权益工具投资的累计利得和损失本期从其他综合收益转入留存收益的金额及其原因。	
N/A	第四十五条 企业处置权益工具投资 企业本期终止确认的非交易性权益工具投资在终止确认时的公允价值、其变动计入其他综合收益的原因，应当披露下列信息： （一）企业处置该权益工具投资的原因； （二）该权益工具投资在终止确认时的公允价值； （三）该权益工具投资在终止确认时的累计利得或损失。	终止确认 FVOCI（权益工具）应披露：处置原因、终止确认时的公允价值、累计利得或损失。
第四十四条 企业将金融资产进行重分类，改变了该金融资产后续计量基础的，应当披露该金融资产重分类前后的公允价值或账面价值和重分类的原因。	第四十六条 企业在当期或以前报告期间将金融资产进行重分类，对于每一项重分类，应当披露重分类日、该金融资产重分类变更的具体说明及其对财务报表影响的定性描述，以及该金融资产自以公允价值计量且其变动计入当期损益重分类为以摊余成本计量或者将以公允价值计量且其变动计入其他综合收益重分类为以摊余成本计量的每一个报告期间，或者将以公允价值计量且其变动计入当期损益的金融资产重分类为其他类别的，应当披露下列信息： （一）该金融资产在资产负债表日的公允价值； （二）如果未被重分类，该金融资产在当期和其他综合收益中确认的公允价值变动利得或损失。 企业将金融资产从以公允价值计量且其变动计入其他综合收益类别，或者将以公允价值计量且其变动计入当期损益类别，自重分类日起终止该金融资产重分类的一个报告期间内，都应当披露该金融资产重分类日确定的实际利率和当期已确认的利息收入。	仅当金融资产的业务模式变更时才可重分类。 重分类时应具体说明定性描述，以及其对财务报表影响，以及该变更的具体定性描述，以及该变更的具体定性金额的金额的说明。 划出 FVTPL 应披露重分类前重分类日持续披露在重分类日确定的实际利率和当期已确认的利息收入。

· 755 ·

续表

2014年《企业会计准则第37号——金融工具列报》	2017年《企业会计准则第37号——金融工具列报》	主要差异
第四十五条 对于所有可执行的总互抵协议或类似协议下的已确认金融工具，以及符合本准则第二十八条抵销条件的已确认金融资产和金融负债，企业应当按报告期末以表格形式分别披露下列定量信息： （一）已确认金融资产和金融负债的总额； （二）按本准则规定抵销的金额； （三）在资产负债表中列示的净额； （四）可执行的总互抵协议或类似协议确认的、未包含在本条（二）中的金额，包括： 1. 不满足抵销条件的已确认金融工具； 2. 与财务担保物（包括现金担保）相关的金额，以在资产负债表中列示的净额扣除本条（四）第1项后的余额为限。 （五）资产负债表中列示的本条（四）所述协议中抵销权的条款及其实质性差异。 企业应当披露本条（四）所述协议的金额基础以计量本条时产生的计量差异。 上述信息未在财务报表同一附注中披露的，企业应当提供本条同等信息，以及不同计量基础的交叉索引。	第四十七条 对于所有可执行的总互抵协议或类似协议下的已确认金融工具，以及符合本准则第二十八条抵销条件的已确认金融资产和金融负债（除非企业有更恰当的披露形式），企业应当按报告期末以表格形式分别披露下列定量信息： （一）已确认金融资产和金融负债的总额； （二）按本准则规定抵销的金额； （三）在资产负债表中列示的净额； （四）可执行的总互抵协议或类似协议确认的、未包含在本条（二）中的金额，包括： 1. 不满足抵销条件的已确认金融工具； 2. 与财务担保物（包括现金担保）相关的金额，以在资产负债表中列示的净额扣除本条（四）第1项后的余额为限。 （五）资产负债表中列示的本条（四）所述协议中抵销权的条款及其实质性差异。 企业应当披露本条（四）所述协议的金额基础以计量本条时产生的计量差异。 上述信息未在财务报表同一附注中披露的，企业应当提供本条同等信息，以及不同计量基础的交叉索引。	新旧一致。明确抵销的披露要求。
第四十六条 按照本准则第三章分类为权益工具的可回售工具，企业应当披露以下信息： （一）可回售工具的汇总定量信息； （二）对于按特有方承担回购或赎回义务，企业的管理目标、政策和程序及其变化； （三）回购或赎回可回售工具的预期现金流出金额以及确定方法。	第四十八条 按照本准则第三章分类为权益工具的可回售工具，企业应当披露以下信息： （一）可回售工具的汇总定量信息； （二）对于按特有方承担回购或赎回义务，企业的管理目标、政策和程序及其变化； （三）回购或赎回可回售工具的预期现金流出金额以及确定方法。	新旧一致。明确分类为权益工具的可回售工具的披露要求。
第四十七条 企业将本准则第三章规定的特殊金融工具在金融负债和权益工具之间重分类的，应当分别披露重分类前后的公允价值或账面价值，以及重分类的时间和原因。	第四十九条 企业将本准则第三章规定的特殊金融工具在金融负债和权益工具之间重分类的，应当分别披露重分类前后的公允价值或账面价值，以及重分类的时间和原因。	新旧一致。特殊金融工具重分类应披露时间和原因。

续表

2014年《企业会计准则第37号——金融工具列报》	2017年《企业会计准则第37号——金融工具列报》	主要差异
第四十八条 企业应当披露作为负债担保物的金融资产的账面价值，以及与该项担保有关的条款和条件。其中，对于已转移金融资产的担保物，转入方有权出售或再抵押的，转出方应当在资产负债表中单独列示该金融资产。	第五十条 企业应当披露作为负债或或有负债担保物的金融资产的账面价值，以及与该项担保有关的条款和条件。根据《企业会计准则第23号——金融资产转移》第二十六条的规定，企业（转出方）向金融资产转入方提供了非现金担保物（如债务工具或权益工具投资等），转入方按照合同或惯例有权出售该担保物或将其再担保的，企业应当将该非现金担保物作为非担保物在财务报表中单独列报。	基本一致。要求披露担保物的信息。
第四十九条 企业取得担保物，在担保物所有人未违约时可出售或再抵押的，应当披露其公允价值，已出售或再抵押担保物的公允价值，以及承担该将其再担保和使用担保物的返还义务和使用担保物的条件。	第五十一条 企业取得担保物（担保物为金融资产或非金融资产），在担保物所有人未违约时可将该担保物出售或再抵押的，应当披露该担保物的公允价值，企业已出售或再抵押担保物的公允价值，以及承担该担保物的返还义务和使用担保物的条款和条件。	基本一致。要求披露担保物的信息。
N/A	第五十二条 对于按照《企业会计准则第22号——金融工具确认和计量》第十八条的规定分类为以公允价值计量且其变动计入其他综合收益的金融资产，企业应当在财务报表中披露其确认的损失准备，但不应当在资产负债表中将损失准备作为金融资产账面金额的扣减项目单独列示。	FVOCI（债务工具）应披露损失准备，但损失准备不作为账面金额的扣减项目单独列示。
第五十条 企业应当设置专门的备抵账户，记录每类金融资产因信用损失发生的减值，并披露减值准备的期初余额、本期计提、转回、转销、核销及其他变动的金额和期末余额等信息。		FVOCI（债务工具）不设备抵账户。
第五十一条 对于企业发行的包含金融负债和权益工具成分的复合金融工具，嵌入了价值相互关联的多项衍生工具的，以及赎回的可转换债务工具的，应当披露相关特征。	第五十三条 对于企业发行的包含金融负债成分和权益工具成分的复合金融工具（如可赎回的可转换债务工具）的，应当披露其成分和价值相互关联的多项衍生工具的特征。	新旧一致。应披露嵌入的多项关联衍生工具的特征。

续表

2014年《企业会计准则第37号——金融工具列报》	2017年《企业会计准则第37号——金融工具列报》	主要差异
第五十二条 除短期应付款项之外的金融负债，企业应当披露下列信息： （一）本期拖欠的金融负债的本金、利息、偿债基金、赎回条款的详细情况。 （二）发生违约的金融负债的期末账面价值； （三）在财务报告批准对外报出前，就拖欠事项已采取的补救措施，对拖欠款的重新议定等情况。 企业本期发生了拖欠以外的其他违约情况，且债权人有权在发生违约或其他相关情况已提前偿还的，企业应当按上述要求披露。如果在期末前违约情况已得到补救或相关合同违约条款已重新议定的，则无须披露。	第五十四条 对于除短期基于正常信用条款的短期贸易应付款项之外的金融负债，企业应当披露下列信息： （一）本期拖欠的金融负债的本金、利息、偿债基金、赎回条款的详细情况； （二）发生违约的金融负债的期末账面价值； （三）在财务报告批准对外报出前，就拖欠事项已采取的补救措施，对拖欠款的重新议定等情况。 企业本期发生了拖欠以外的其他违约情况，且债权人有权在上述违约情况下要求企业提前偿还或其他违反合同情况的，企业应当按上述要求披露已得到补救数或相关合同违反条款或已重新议定债务条款。如果在期末前违约情况已得到补救或相关合同违约条款已重新议定债务条款，则无须披露。	基本一致。 除短期贸易应付款项之外的金融负债，要求披露拖欠或违约情况。

第三节 利润表中的列示及相关披露

第五十三条 企业应当披露与金融工具有关的下列收入、费用、利得或损失。 （一）当期各类金融资产和金融负债所产生的利得或损失。其中，指定为以公允价值计量且其变动计入当期损益的金融资产和金融负债，应当分别披露当期计入其他综合收益中确认的金融资产。 （二）以公允价值计量且其变动计入当期损益以外的金融资产或金融负债产生的利息收入或利息费用总额，按实际利率法计算，以及直接计入当期损益但不包括计算实际利率时包括的手续费收入或支出。 （三）企业通过信托和其他代管活动代他人持有资产所产生的手续费收入。 （四）已发生减值的金融资产本期发生的减值损失。 （五）每类金融资产的利息收入。	第五十五条 企业应当披露与金融工具有关的下列收入、费用、利得或损失。 （一）以公允价值计量且其变动计入当期损益的金融资产和金融负债所产生的利得或损失。其中，指定为以公允价值计量且其变动计入当期损益的金融负债和金融资产，以及根据《企业会计准则第22号——金融工具确认和计量》第十九条的规定必须分类为以公允价值计量且其变动计入当期损益的金融资产和根据《企业会计准则第22号——金融工具确认和计量》第二十一条分类为以公允价值计量且其变动计入当期损益的金融负债的净利得或净损失，应当分别披露。 （二）对于指定为以公允价值计量且其变动计入其他综合收益的金融负债，企业应当分别披露本期计入其他综合收益中确认的和计量》第二十一条所产生的利得或损失。 （三）对于根据《企业会计准则第22号——金融工具确认和计量》第十八条的规定分类为以公允价值计量且其变动计入其他综合收益的金融资产，企业应当分别披露当期计入其他综合收益的利得或损失以及当期终止确认时从其他综合收益中转入当期损益的利得或损失。	原则基本一致，分类披露收入、费用、利得或损失。

续表

2014年《企业会计准则第37号——金融工具列报》	2017年《企业会计准则第37号——金融工具列报》	主要差异
	（四）对于根据《企业会计准则第22号——金融工具确认和计量》第十九条的规定指定为以公允价值计量且其变动计入其他综合收益的非交易性权益工具投资，企业应当分别披露在其他综合收益中确认的利得和损失以及在当期损益中确认的股利收入。 （五）除以公允价值计量且其变动计入当期损益的金融资产或金融负债外，按实际利率法计算的金融资产或金融负债的利息收入或利息费用总额，以及在确定实际利率时未予包括的直接计入当期损益或其他综合收益的利息收入或支出。 （六）企业通过信托和其他托管活动代他人持有资产或行投资而形成的，直接计入当期损益的手续费收入或支出。	
N/A	第五十六条 企业应当分别披露以摊余成本计量的金融资产终止确认时在利润表中确认的利得和损失金额及其相关分析，包括终止确认的金融资产的账面价值及其相关分析。	终止确认以摊余成本计量的金融资产时披露利得和损失的金额及其相关分析（包括原因）。
第四节 套期保值相关披露	第四节 套期会计相关披露	
第五十四条 企业应当披露与每类套期有关的下列信息： （一）每类套期的描述。 （二）对套期工具的描述及其期末公允价值。 （三）被套期风险的性质。	第五十七条 企业应当披露与套期会计有关的下列信息： （一）企业的风险管理策略以及如何应用该策略来管理风险； （二）企业的套期活动可能对其未来现金流量的金额、时间和不确定性的影响； （三）套期会计对企业的资产负债表、利润表及所有者权益变动表的影响。 企业在披露套期会计信息时，应当合理确定披露的详细程度，披露的重点，恰当地汇总或分解信息。以及财务报表使用者需要所需要的信息披露的定量信息。企业按照本准则要求所需要的汇总或分解水平应当和《企业会计准则第39号——公允价值计量》的披露要求所使用的汇总或分解水平相同。	套期会计要求披露套期风险管理策略、套期活动对未来现金流量的影响、套期会计对财务报表的影响。

续表

2014年《企业会计准则第37号——金融工具列报》	2017年《企业会计准则第37号——金融工具列报》	主要差异
N/A	第五十八条 企业应当披露其运用套期会计的各类风险敞口的风险管理策略相关信息，从而有助于财务报表使用者评价：每类风险是如何产生的，企业是如何管理各类风险的（包括企业是否对某一项目整体中的所有风险敞口的某一项目的单个或多个风险成分进行风险管理以及其理由），以及企业管理风险敞口的程度。与风险管理策略相关的信息应当包括： （一）企业指定的套期工具； （二）企业如何运用套期工具对被套期项目的特定风险敞口以评进行套期； （三）企业如何确定套期项目与套期工具的经济关系以评估套期有效性； （四）企业如何确定套期比率的确定方法； （五）套期无效部分的来源。	要求披露风险管理策略，包括：套期工具，如何管理风险，如何确定经济关系，确定套期比率的方法，及套期无效部分的来源。
N/A	第五十九条 企业将某一特定的风险成分指定为被套期项目的，除应当披露本准则第五十八条规定的相关信息外，还应当披露下列定性或定量信息： （一）企业如何确定该风险成分，包括该风险成分与项目整体之间关系性质的说明； （二）风险成分与项目整体的关联程度（例如被指定的风险成分以往平均涵盖项目整体公允价值变动的百分比）。	被套期项目为风险成分的，还需披露该风险成分，风险成分与项目整体的关联程度。
N/A	第六十条 企业应当按照套期风险类型披露相关定量信息，从而有助于财务报表使用者评价使用套期工具及被套期款项的条件如何影响套期未来现金流量的金额、时间分布和不确定性。这些要求披露的明细信息应当包括： （一）套期工具名义金额义金额的时间分布； （二）套期工具的平均价格或价格（如适用）。	要求量披露套期工具名义金额的时间分布，平均价格或利率。

续表

2014年《企业会计准则第37号——金融工具列报》	2017年《企业会计准则第37号——金融工具列报》	主要差异
N/A	第六十一条 在因套期项目频繁变更而导致企业无需披露本风险基本风险管理策略相关的信息，但应当披露下列信息： （一）企业基本风险管理策略； （二）企业如何通过运用套期会计以及指定特定套期关系来反映其风险管理策略的频率。 在因套期项目频繁变更而导致企业频繁地重设套期关系的正常数量，如果套期项目的公允价值变动表这一情况以及数量不代表性的原因。	应披露重设套期关系时，反映基本风险管理策略，如何反映风险管理策略，重设套期关系的频率，及套期关系数量不具代表性的原因。
N/A	第六十二条 企业应当按照被套期风险类型披露影响套期无效部分的来源，如果在套期关系中出现导致套期无效的其他来源，也应当按照被套期风险类型披露相关来源及导致套期无效的原因。	按风险类型披露套期无效部分的来源。
N/A	第六十三条 企业应当披露已运用套期会计但预计不再发生的预期交易及套期的现金流量套期。	披露预计不再发生的预期交易及套期的现金流量套期。
第五十六条 企业应当单独披露下列关于套期会计的信息： （一）在公允价值套期中，套期工具本期形成的利得或损失，以及被套期项目因被套期风险形成的利得或损失。 （二）在现金流量套期中，本期套期无效部分形成的利得或损失。 （三）在境外经营净投资套期中，本期套期无效部分形成的利得或损失。	第六十四条 对于公允价值套期，企业应当以表格形式，按风险类型分别披露与被套期项目相关的下列金额： （一）在资产负债表应当单独列示； （二）资产负债表中已确认的被套期项目的累计的被套期调整金额，其中资产和负债应当分开列示； 被套期项目： （三）包含被套期项目的资产负债表项目； （四）本期确认作被套期项目的公允价值变动； （五）被套期项目为以推余成本计量的金融工具，若已终止针对被套期利得和损失进行调整，则应披露在保留的公允价值套期调整的累计金额。	要求以表格形式，类型披露公允价值套期中与被套期项目相关金额。

续表

2014年《企业会计准则第37号——金融工具列报》	2017年《企业会计准则第37号——金融工具列报》	主要差异
第五十五条 企业应当披露与现金流量套期有关的下列信息： (一) 现金流量套期预期发生变化的期间。 (二) 对于前期运用套期会计方法但预期不再发生的交易的描述。 (三) 本期在其他综合收益中确认的金额。 (四) 本期从所有者权益中转出至利润表各项目的金额。 (五) 本期预期交易形成的非金融资产或非金融负债初始确认时从所有者权益转入的金额。	第六十五条 对于现金流量套期和境外经营净投资套期，企业应当以表格形式，按风险类型分别披露分基础的被套期项目相关的下列金额： (一) 本期用作套期工具的资产和金融负债的公允价值变动。 (二) 根据《企业会计准则第24号——套期会计》第二十四条规定继续按照《企业会计准则第24号——套期会计》处理的现金流量套期储备的余额； (三) 根据《企业会计准则第24号——套期会计》第二十七条的规定继续按照《企业会计准则第24号——套期会计》处理的境外经营净投资套期中计入其他综合收益的余额； (四) 套期会计不再适用的套期中计入其他综合收益和境外经营净投资套期储备中的余额。	要求以表格形式，按风险类型分别披露与被套期项目相关的现金流量套期中被套期项目相关的金额。
第五十六条 企业应当单独披露下列关于套期会计的信息： (一) 在公允价值套期中，套期工具形成的利得或损失，以及被套期项目因套期风险形成的利得或损失。 (二) 在现金流量套期中，本期套期无效部分形成的利得或损失。 (三) 在境外经营净投资套期中，本期套期无效部分形成的利得或损失。	第六十六条 对于每类套期类型，企业应当以表格形式，按风险类型分别披露与套期工具相关的下列金额： (一) 套期工具的账面价值，其中金融资产和金融负债应当分别单独列示； (二) 包含套期工具的资产负债表列示项目； (三) 本期套期无效部分形成的利得或损失； (四) 套期工具的名义金额或数量。	要求以表格形式，按风险类型分别披露与套期工具相关的金额。
第五十七条 企业应当单独披露下列关于套期会计的信息： (一) 在公允价值套期中，套期工具形成的利得或损失，以及被套期项目因套期风险形成的利得或损失。 (二) 在现金流量套期中，本期套期无效部分形成的利得或损失。 (三) 在境外经营净投资套期中，本期套期无效部分形成的利得或损失。	第六十七条 对于公允价值套期，企业应当以表格形式，按风险类型分别披露与套期工具相关的下列金额： (一) 计入当期损益的套期无效部分； (二) 计入其他综合收益的套期无效部分； (三) 包含已确认的套期无效部分的利润表列示项目。	要求以表格形式，按风险类型分别披露与套期工具相关的金额。

续表

2014年《企业会计准则第37号——金融工具列报》	2017年《企业会计准则第37号——金融工具列报》	主要差异
N/A	第六十八条 对于现金流量套期和境外经营净投资套期，企业应当以表格形式，按风险类别分别披露与套期工具相关的下列金额： （一）当期计入其他综合收益的套期利得或损失； （二）计入当期损益的套期无效部分； （三）包含已确认套期储备的利润表列示项目； （四）从现金流量套期储备或境外经营净投资净额计入其他综合收益的利得和损失重分类至当期损益的金额，并应区分之前已运用套期会计但因被套期项目的未来现金流量预计不再发生而转出的金额和因被套期项目影响当期利润表而调整当期利润的金额： （五）包含套期重分类调整项目； （六）对于风险净敞口套期，计入利润表中单列项目的套期利得或损失。	要求以表格形式、按风险类型分别披露与套期工具相关的金额。
N/A	第六十九条 企业按照《企业会计准则第30号——财务报表列报》的规定在提供所有者权益各组成部分的调节信息以及其他综合收益的分析时，应当按照风险类型披露下列信息： （一）分别披露按照本准则第六十八条（一）和（四）的规定披露的金额； （二）分别披露按照《企业会计准则第24号——套期会计》的规定处理的现金流量套期项目进行套期的套期储备的期末金额； （三）分别披露与交易相关的被套期项目进行套期时与对与交易相关的外汇差异所涉及的金额，以及对与交易相关的金融工具进行套期项目进行套期时与对远期合同的远期要素相关的被套期项目进行套期时与远期合同的远期要素相关的被套期项目所涉及的金额； （四）分别披露远期要素和金融工具的外汇基差所涉及的金额。	提供所有者权益各组成部分的调节分析时，应当转出其他综合收益，按风险类型披露现金流量套期储备的金额、期权时间价值所涉及的金额、远期要素和外汇基差所涉及的金额。

续表

2014年《企业会计准则第37号——金融工具列报》	2017年《企业会计准则第37号——金融工具列报》	主要差异
N/A	第七十条 企业因使用信用衍生工具管理金融工具的信用风险敞口而将金融工具（或其一定比例）指定为以公允价值计量且其变动计入当期损益的，应当披露下列信息： （一）第三十四条的规定根据《企业会计准则第24号——套期会计》的规定指定为以公允价值计量且其变动计入当期损益的金融工具信用风险敞口的公允价值的调节表。 （二）根据《企业会计准则第24号——套期会计》第三十四条的规定将金融工具（或其一定比例）指定为以公允价值计量且其变动计入当期损益时，在损益中确认的利得或损失。 （三）当企业根据《企业会计准则第24号——套期会计》第三十五条的规定对该金融工具终止以公允价值计量且其变动计入当期损益和相关的名义金额或本金额，作为其新账面价值的该金融工具的公允价值和相关的名义金额或本金额，《企业会计准则第30号——财务报表列报》的规定继续披露这一信息，除非需要提供比较信息。	运用信用选择权的，应披露与金融工具的名义表，在损益中确认的利得或损失、终止时的公允价值的调节节表，在损益中确认的利得或损失、终止时的公允价值和相关的名义金额或本金额。
第五节 公允价值披露	第五节 公允价值披露	
第五十七条 除了本准则第五十九条规定情况外，企业应当披露每一类金融资产和金融负债的公允价值，并与账面价值进行比较。对于在资产负债表中相互抵销的金融资产和金融负债，其公允价值应当按抵销后的金额披露。	第七十一条 除了本准则第七十三条规定情况外，企业应当披露每一类金融资产和金融负债的公允价值，并与账面价值进行比较。对于在资产负债表中相互抵销的金融资产和金融负债，其公允价值应当按抵销后的金额披露。	新旧一致。要求披露每一类金融资产和金融负债的公允价值。
第五十八条 金融资产或金融负债的公允价值与交易价格存在差异时，如果其公允价值并非基于相同资产或负债在活跃市场中的报价，也非基于仅使用可观察市场数据的估值技术所确定的，企业在初始确认金融资产或金融负债时不应确认利得或损失。在此情况下，企业应当按金融资产或金融负债参与市场者对资产负债价之同差异所采用的会计政策（包括时间因素）进行定价时所考虑的因素； （一）企业在损益中确认交易价格与初始确认的公允价值之间差额所采用的会计政策（包括时间因素）；	第七十二条 金融资产或金融负债的公允价值与交易价格存在差异时，如果其公允价值并非基于相同资产或负债在活跃市场中的报价，也非基于仅使用可观察市场数据的估值技术所确定的，企业在初始确认金融资产或金融负债时不应确认利得或损失。在此情况下，企业应当按金融资产或金融负债参与市场者对资产负债价之同差异所采用的会计政策（包括时间因素）进行定价时所考虑的因素； （一）企业在损益中确认交易价格与初始确认的公允价值之间差额所采用的会计政策（包括时间因素）；	新旧一致。明确确认"首日损益"的披露要求。

续表

2014年《企业会计准则第37号——金融工具列报》	2017年《企业会计准则第37号——金融工具列报》	主要差异
（二）该项差异期初和期末尚未在损益中确认的金额和本期变动额。 （三）企业如何认定交易价格并非公允价值证据，以及确定公允价值的证据。	（二）该项差异期初和期末尚未在损益中确认的总额和本期变动额的调节表； （三）企业如何认定交易价格并非公允价值的最佳证据，以及确定公允价值的证据。	
第五十九条 企业可以不披露下列金融资产或金融负债的公允价值信息： （一）账面价值与公允价值差异很小的金融资产或金融负债（如短期应收账款或应付账款）； （二）活跃市场中没有报价的权益工具投资以及与该工具挂钩的特征目其公允价值无法可靠计量的衍生工具； （三）包含相机分红特征且其公允价值无法可靠计量的合同。	第七十三条 企业可以不披露下列金融资产或金融负债的公允价值信息： （一）账面价值与公允价值差异很小的金融资产或金融负债（如短期应收账款或应付账款）； （二）包含相机分红特征且其公允价值无法可靠计量的合同。	可以不披露公允价值信息的范围不再包括权益工具及与该工具挂钩的衍生工具，范围增加租赁负债。
第六十条 在第五十九条（二）、（三）所述的情况下，企业应当披露下列信息： （一）对金融工具的描述及其账面价值，以及因公允价值无法可靠计量而未披露其公允价值的事实和说明。 （二）金融工具的相关市场信息。 （三）企业是否有意图及如何处置这些金融工具。 （四）已终止确认金融工具的事实，以及终止确认时的账面价值和形成的利得或损失。	第七十四条 在本准则第七十三条（二）所述的情况下，企业应当披露下列信息： （一）对金融工具的描述及其账面价值，以及因公允价值无法可靠计量而未披露其公允价值的事实和说明。 （二）金融工具的相关市场信息。 （三）企业是否有意图及如何处置这些金融工具； （四）之前公允价值无法可靠计量的金融工具终止确认时该金融工具终止确认时的账面价值和所确认的利得或损失金额。	基本一致。 不披露公允价值信息应进行额外的说明。
第七章 与金融工具相关的风险披露	第七章 与金融工具相关的风险披露	
第一节 定性和定量信息	第一节 定性和定量信息	
第六十一条 企业应当披露与各类金融工具风险相关的定性和定量信息，以便财务报表使用者评估期末金融工具所产生的风险的性质和程度，更好地评价企业所面临的风险敞口。相关风险包括信用风险、流动性风险、市场风险等。	第七十五条 企业应当披露与各类金融工具风险相关的定性和定量信息，以便财务报表使用者评估期末金融工具所产生的风险的性质和程度，更好地评价企业所面临的风险敞口。相关风险包括信用风险、流动性风险、市场风险等。	新旧一致。 相关风险包括信用风险、流动性风险、市场风险。

续表

2014年《企业会计准则第37号——金融工具列报》	2017年《企业会计准则第37号——金融工具列报》	主要差异
第六十二条 对金融工具产生的各类风险，企业应当披露下列定性信息： （一）风险敞口及其形成原因，以及在本期发生的变化。 （二）风险管理目标、政策和程序以及计量风险的方法及其在本期发生的变化。	第七十六条 对金融工具产生的各类风险，企业应当披露下列定性信息： （一）风险敞口及其形成原因，以及在本期发生的变化； （二）风险管理目标、政策和程序以及计量风险的方法及其在本期发生的变化。	新旧一致。定性信息包括风险敞口及其形成原因和变化，风险管理目标、政策和程序，风险计量方法及变化。
第六十三条 对金融工具产生的各类风险，企业应当按照类别披露下列定量信息： （一）期末风险敞口的汇总数据。该数据应当以向内部关键管理人员提供的信息为基础。企业运用多种方法计量风险的，披露的信息应当以最相关和可靠的方法为基础。 （二）按照第七十四条至第七十八条披露的信息。 （三）期末风险集中度信息，包括管理层确定风险集中度的说明和参考因素（包括交易对手方、地理区域、货币种类、市场类型等），以及各风险集中度相关的风险敞口金额。 上述定量信息不能代表企业本期相关风险敞口情况的，应当进一步提供相关信息。	第七十七条 对金融工具产生的各类风险，企业应当按照类别披露下列定量信息： （一）期末风险敞口的汇总数据。该数据应当以向内部关键管理人员提供的信息为基础。企业运用多种方法计量风险的，披露的信息应当以最相关和可靠的方法为基础。 （二）按照本准则第七十九条至第八十七条披露的信息。 （三）期末风险集中度信息，包括管理层确定风险集中度的说明和参考因素（包括交易对手方、地理区域、货币种类、市场类型等），以及各风险集中度相关的风险敞口金额。 上述定量信息不能代表企业本期相关风险敞口情况的，应当进一步提供相关信息。	新旧一致。要求按类别披露定量信息。
第二节 信用风险披露	第二节 信用风险披露	
N/A	第七十八条 对于适用《企业会计准则第22号——金融工具确认和计量》企业应当按照本准则第八十条至第八十七条的规定披露。对于始终按照相当于整个存续期预期信用损失的金额计量其损失准备的应收款项、合同资产和租赁应收款，在逾期超过30日后对合同现金流量作出修改的，适用本准则第八十五条（一）的规定。 租赁应收款不适用本准则第八十六条（二）的规定。	使用简化方法计提减值的，适用特殊披露规定；租赁应收款不适用有关担保物和其他信用增级的描述的规定。

续表

2014年《企业会计准则第37号——金融工具列报》	2017年《企业会计准则第37号——金融工具列报》	主要差异
第六十四条 企业应当披露与每类金融工具信用风险有关的下列信息： （一）在不考虑可利用的担保物或其他信用增级的情况下，企业在资产负债表日的最大信用风险敞口。金融工具的账面价值能代表所述最大信用风险敞口的，无需提供此项披露。 （二）可利用担保物或其他信用增级的信息及其对最大信用风险敞口的财务影响。 （三）未逾期且未减值的金融资产的信用质量信息。 金融资产减值损失准备表中资产负债表日的信用风险敞口的金额（已减去根据本准则规定已抵销的金额）。	第七十九条 为使财务报表使用者了解信用风险对未来现金流量的金额、时间和不确定性的影响，企业应当披露与信用风险有关的下列信息： （一）企业信用风险管理实务的相关信息及其与预期信用损失的确认和计量的关系，包括计量预期信用损失金额的方法、假设和信息； （二）有助于财务报表使用者评价在财务报表中确认的预期信用损失金额的定量和定性信息，包括重大信用风险集中度、信用损失金额的定量和定性信息，包括重大信用风险集中度、信用损失金额； （三）企业的信用风险敞口； （四）其他有助于财务报表使用者了解信用风险对未来现金流量的金额、时间和不确定性的影响的信息。	要求披露金融工具预期信用损失的方法、计量方法、假设、信息，变动及其原因及信息、信用风险敞口。
N/A	第八十条 信用风险信息已经在其他报告（例如管理层讨论与分析）中予以披露并与财务报告同时交叉索引，且财务报告无须重复列示。企业应当根据自身实际情况，合理确定相关披露的详细程度，汇总或分解信息水平以是否需要对所披露的定量信息作补充说明。	信用风险信息无需重复列报。
N/A	第八十一条 企业评估信用风险自初始确认后是否已显著增加，并披露下列信息： （一）根据《企业会计准则第22号——金融资产确认和计量》的规定，在资产负债表日只具有较低信用风险情况的金融工具及其确定依据（包括适用该情况的金融工具类别）； 2. 逾期超过30日，而信用风险自初始确认后未被认定为显著增加的金融资产的界定及其原因。 （三）以组合为基础评估信用风险的金融工具的组合方法。	要求披露有关信用风险管理实务有关的下列信息：评估信用风险自初始确认后是否已显著增加的方法、推翻逾期30天的假设及其依据，对违约的确定及其原因、组合的依据，直接减记金融工具的政策、对修改金融资产合同基础评估信用风险的评估方法。

续表

2014年《企业会计准则第37号——金融工具列报》	2017年《企业会计准则第37号——金融工具列报》	主要差异
N/A	（四）确定金融资产已发生信用减值的依据。 （五）企业直接减记金融工具的政策，包括没有合理预期金融资产可以收回的迹象和已经直接减记但仍受执行活动影响的金融资产相关政策的信息。 （六）第五十六条《企业会计准则第22号——金融工具确认和计量》第五十六条的规定评估合同现金流量修改后预期信用损失的评估方法以及下列信息： 1. 对于损失准备相当于整个存续期预期信用损失的金融资产，在发生合同现金流量修改时，评估信用风险是否已下降，从而企业可以按照相当于该金融资产未来12个月内预期信用损失的金额确认计量其损失准备； 2. 对于符合本条（六）1中所述的信用风险是否显著增加，从而披露其如何监控该金融资产后续按照相当于整个存续期预期信用损失的金额重新计量损失准备。	
N/A	第八十二条 企业应当披露《企业会计准则第22号——金融工具确认和计量》第八章的有关信息，具体包括： （一）用于确定下列各事项或数据的输入值、假设和估值技术等相关信息： 1. 未来12个月内预期信用损失和整个存续期预期信用损失的计量； 2. 金融工具的信用风险自初始确认后是否已显著增加； 3. 金融资产是否已发生信用减值。 （二）确定预期信用损失时如何考虑前瞻性信息，包括宏观经济信息的使用。 （三）报告期内估计技术或重大假设的变更及其原因。	要求披露减值所采用的输入值、假设和估值技术。

续表

2014年《企业会计准则第37号——金融工具列报》	2017年《企业会计准则第37号——金融工具列报》	主要差异
N/A	第八十三条 企业应当以表格形式按金融工具的类别分别编制损失准备期初余额与期末余额调节表，分别说明下列项目的金额计量的变动情况。 （一）按相当于未来12个月预期信用损失的金额计量的损失准备； （二）按相当于整个存续期预期信用损失的金额计量的下列各项的损失准备： 1.自初始确认后信用风险已显著增加但并非购买或源生的已发生信用减值的金融工具的； 2.对于资产负债表日已发生信用减值并非购买或源生的已发生信用减值的金融资产； 3.根据《企业会计准则第22号——金融工具确认和计量》第六十三条的规定计量减值准备的应收账款、合同资产和租赁应收款。 （三）购买或源生的已发生信用减值的金融资产。除调节表外，企业还应当披露本期损失准备初始确认时未折现的预期信用损失总额。	要求以表格形式按类别编制损失准备调节表。
N/A	第八十四条 为有助于财务报表使用者了解企业按照本准则第八十三条规定披露的金融工具损失准备变动信息，企业应当对本期发生这些损失准备变动的金融工具账面余额显著变动的信息作出说明，并应当按照本准则第八十三条规定披露损失准备的各项目分别单独披露，具体可包括下列情况下发生损失准备变动的金融工具账面余额变动： （一）本期购买或源生的金融工具所导致的变动； （二）本期终止确认的金融工具（包括直接减记的金融资产）所导致的变动； （三）因修改合同现金流量（包括直接减记的金融资产，还应对修改当期已被减记但仍受执行活动影响的金融资产，披露尚未结算的合同金额。 （四）因按照本期信用损失金额计量的预期损失准备所导致的整个存续期内预期信用损失金额所导致的金融工具账面余额变动信息。	要求对本期发生损失准备变动的金融工具账面余额显著变动的情况作出定性和定量说明。

续表

2014年《企业会计准则第37号——金融工具列报》	2017年《企业会计准则第37号——金融工具列报》	主要差异
N/A	第八十五条 为有助于财务报表使用者了解未导致终止确认的金融资产合同现金流量的性质修改的影响，及其对预期信用损失计量的影响，企业在本期修改了金融资产合同现金流量，且修改损失准备是按照整个存续期预期信用损失金额计量的，应当披露下列信息： （一）企业在本期修改了金融资产合同现金流量，且修改损失准备是按照整个存续期预期信用损失金额计量的，应当披露修改是按照重新议定合同前的摊余成本及修改净利得或净损失； （二）对于之前按照整个存续期内预期信用损失金额计量了损失准备的金融资产，而当期按照未来12个月内预期信用损失计量金融资产的损失准备的，应当披露该金融资产负债表日的摊余成本及修改净利得或净损失，转回减值时金融资产的账面余额。	未导致终止确认的修改应披露修改重新议定前的摊余成本及修改净利得或净损失，转回减值时金融资产的账面余额。
第六十五条 企业应当按类披露在资产负债表日已逾期或已减值的金融资产或非金融资产的下列信息： （一）已逾期未减值的金融资产的账龄分析。 （二）已发生单项减值的金融资产的分析，包括判断该金融资产发生减值所考虑的因素。		不再要求按类别披露已逾期未减值的账龄分析。
第六十六条 企业本期通过取得担保物或其他信用增级所确认的金融资产或非金融资产，应当披露下列信息： （一）所确认资产的性质和账面价值。 （二）对于不易变现的资产，应当披露处置或拟将其用于日常经营的政策等。	第八十六条 为有助于财务报表使用者了解担保物或其他信用增级对预期信用损失金额的影响，企业应当按照金融工具的类别披露下列信息： （一）在不考虑可利用的担保物或其他信用增级的情况下，企业在资产负债表日持有的最大信用风险敞口。 （二）作为抵押持有的担保物和其他信用增级的描述，包括： 1. 所持有担保物的性质和质量的描述； 2. 本期由于信用恶化或其他担保政策变更，导致担保物的质量发生变化的说明； 3. 由于存在担保物而未确认损失准备的金融工具的信用风险敞口的信息。 （三）企业在资产负债表日持有的担保物和其他信用增级作为抵押的金融资产的定量信息（例如对担保物和其他信用增级降低信用风险程度的定量化信息）。	要求按类别披露最大信用风险敞口、所持有担保物的性质和质量的描述及反映其显著变化的说明，由于存在担保物而未确认损失准备的金融工具和持有的担保物和其他信用增级为已发生减值的金融资产作抵押的定量信息。

续表

2014 年《企业会计准则第 37 号——金融工具列报》	2017 年《企业会计准则第 37 号——金融工具列报》	主要差异
N/A	第八十七条 为有助于财务报表使用者评估企业的信用风险敞口并了解其重大信用风险集中度，企业应当按照信用风险等级披露相关金融资产的账面余额以及贷款承诺和财务担保合同的信用风险敞口。这些信息应当按照下列各类金融工具分别披露： （一）按相当于未来 12 个月预期信用损失的金额计量损失准备的金融工具。 （二）按相当于整个存续期预期信用损失的金额计量损失准备的金融工具： 1. 自初始确认后信用风险已显著增加的金融工具（但并非购买或源生已发生信用减值的金融资产）； 2. 在资产负债表日已发生信用减值但并非购买或源生的已发生信用减值的金融资产； 3. 根据《企业会计准则第 22 号——金融工具确认和计量》第六十三条规定计量减值损失准备的应收账款、合同资产或者租赁应收款。 （三）购买或源生的已发生信用减值的金融资产。 信用风险等级是指基于金融工具发生违约风险对信用风险对划分的等级。	要求按照信用风险等级披露账面余额以及贷款承诺和财务担保合同的信用风险敞口；定义"信用风险等级"。
N/A	第八十八条 对于属于本准则范围，但不适用《企业会计准则第 22 号——金融工具确认和计量》金融工具减值规定的各类金融工具，企业应当披露与每类金融工具信用风险有关的下列信息： （一）在资产负债表日的最大信用风险敞口。如企业在资产负债表日的最大信用风险敞口能代表其最大信用风险敞口的，不再要求披露此项信息。 （二）无论是否适用本条（一）中的披露要求，企业都应当披露可利用担保物或其他信用增级的信息及其对最大信用风险敞口的财务影响。	不适用 CAS 22 减值规定的金融工具应披露最大信用风险敞口，可利用担保物或其他信用增级的信息及其对最大信用风险敞口的财务影响。

续表

2014年《企业会计准则第37号——金融工具列报》	2017年《企业会计准则第37号——金融工具列报》	主要差异
N/A	第八十九条　企业本期通过取得担保物或非金融资产，应当披露下列信息： （一）所确认资产的性质和账面价值； （二）对于不易变现的资产，应当披露处置或拟将其用于日常经营的政策等。	要求披露本期通过取得担保物或其他信用增级所确认的资产及政策。
第三节　流动性风险披露	第三节　流动性风险披露	新旧一致。
第六十七条　企业应当披露金融负债按剩余到期期限进行的到期期限分析，以及管理这些金融负债流动性风险的方法： （一）对于非衍生子金融负债（包括财务担保合同），到期期限分析应当基于合同剩余到期期限。对于包含嵌入衍生子金融工具的混合金融工具，应当将其整体视为非衍生子金融负债进行披露。 （二）对于衍生子金融负债，到期期限分析体现管理解现金流量时间分布的关键因素，如果合同到期期限是理解现金剩余到期期限分析所基于合同剩余到期期限。 当企业将所持有的金融资产作为流动性风险管理的一部分，且披露金融资产的到期期限分析使财务报表使用者能够恰当地评估企业流动性风险的性质和范围时，企业应当披露金融资产的到期期限。 流动性风险，是指企业在履行以交付现金或其他金融资产的方式结算的义务时发生资金短缺的风险。	第九十条　企业应当披露金融负债按剩余到期期限进行的到期期限分析，以及管理这些金融负债流动性风险的方法： （一）对于非衍生子金融负债（包括财务担保合同），到期期限分析应当基于合同剩余到期期限。对于包含嵌入衍生子金融工具的混合金融工具，应当将其整体视为非衍生子金融负债进行披露。 （二）对于衍生子金融负债，到期期限分析体现管理解现金流量时间分布的关键因素，如果合同到期期限是理解现金剩余到期期限分析所基于合同剩余到期期限。 当企业将所持有的金融资产作为流动性风险管理的一部分，且披露金融资产的到期期限分析使财务报表使用者能够恰当地评估企业流动性风险的性质和范围时，企业应当披露金融资产的到期期限。 流动性风险，是指企业在履行以交付现金或其他金融资产的方式结算的义务时发生资金短缺的风险。	金融资产不再强制要求披露到期期限分析。
第六十八条　企业在披露到期期限分析时，应当运用职业判断确定适当的时间段，列入各时间段内按本准则第六十七条所披露的合同现金流量金额。企业可以（但不限于）按下列时间段进行到期期限分析： （一）一个月以内（含本数，下同）； （二）一个月至三个月以内； （三）三个月至一年以内； （四）一年至五年以内； （五）五年以上。	第九十一条　企业在披露到期期限分析时，应当运用职业判断确定适当的时间段，列入各时间段内按本准则第九十条所披露的合同现金流量金额。企业可以（但不限于）按下列时间段进行到期期限分析： （一）一个月以内（含一个月，下同）； （二）一个月至三个月以内； （三）三个月至一年以内； （四）一年至五年以内； （五）五年以上。	新旧一致。 按时间段披露未经折现的合同现金流量到期期限分析。

附录 | 金融工具准则新旧对比

续表

2014 年《企业会计准则第 37 号——金融工具列报》	2017 年《企业会计准则第 37 号——金融工具列报》	主要差异
第六十九条 债权人可以选择收回债权时间的，债务人应当将相应的金融负债列入债权人可以要求收回债权的最早时间段内。 债务人应付债务金额不固定的，应当根据资产负债表日的情况确定到期将支付的金额。如分期付款的，应当把每期将支付的款项分别列入相应的金融负债的最早时间段内。 财务担保合同形成的金融负债，担保人应当将最大担保金额列入相关方可以要求支付的最早时间段内。	第九十二条 债权人可以选择收回债权时间的，债务人应当将相应的金融负债列入债权人可以要求收回债权的最早时间段内。 债务人应付债务金额不固定的，应当根据资产负债表日的情况确定到期将支付的金额。如分期付款的，应当把每期将支付的款项分别列入相应的金融负债的最早时间段内。 财务担保合同形成的金融负债，担保人应当将最大担保金额列入相关方可以要求支付的最早时间段内。	新旧一致。 强调财务担保合同形成的金融负债，应按最大担保金额披露。
第七十条 企业披露流动性风险敞口汇总定量信息的确定方法。此类汇总定量信息中的现金（或另一项金融资产）流出符合以下条件之一的，应当说明相关事实，并提供有助于评价该风险程度的额外定量信息： （一）该现金的流出可能显著早于汇总定量信息中所列示的时间。 （二）该现金的流出可能与汇总定量信息中所列示的金额存在重大差异。 如果以上信息已包括在本准则第六十七条规定的到期期限分析中，则无须披露上述额外定量信息。	第九十三条 企业应当披露流动性风险敞口汇总定量信息的确定方法。此类汇总定量信息中的现金（或另一项金融资产）流出符合下列条件之一的，应当说明相关事实，并提供有助于评价该风险程度的额外定量信息： （一）该现金的流出可能显著早于汇总定量信息中所列示的时间。 （二）该现金的流出可能与汇总定量信息中所列示的金额存在重大差异。 如果以上信息已包括在本准则第九十条规定的到期期限分析中，则无须披露上述额外定量信息。	新旧一致。 要求披露流动性风险敞口汇总定量信息。
第四节 市场风险披露	第四节 市场风险披露	
第七十一条 金融工具的市场风险，是指金融工具的公允价值或未来现金流量因市场价格变动而发生波动的风险，包括汇率风险、利率风险和其他价格风险。 汇率风险，是指金融工具的公允价值或未来现金流量因外币汇率变动而发生波动的风险。汇率风险可源于以记账本位币之外的外币进行计价的金融工具。 利率风险，是指金融工具的公允价值或未来现金流量因市场利率变动而发生波动的风险。利率风险可源于已确认的计息金融工具和未确认的金融工具（如某些贷款承诺）。	第九十四条 金融工具的市场风险，是指金融工具的公允价值或未来现金流量因市场价格变动而发生波动的风险，包括汇率风险、利率风险和其他价格风险。 汇率风险，是指金融工具的公允价值或未来现金流量因外币汇率变动而发生波动的风险。汇率风险可源于以记账本位币之外的外币进行计价的金融工具。 利率风险，是指金融工具的公允价值或未来现金流量因市场利率变动而发生波动的风险。利率风险可源于已确认的计息金融工具和未确认的金融工具（如某些贷款承诺）。	新旧一致。 市场风险包括汇率风险、利率风险和其他价格风险。

续表

2014年《企业会计准则第37号——金融工具列报》	2017年《企业会计准则第37号——金融工具列报》	主要差异
其他价格风险，是指金融工具的公允价值或未来现金流量因汇率风险和利率风险以外的市场价格变动而发生波动的风险，无论这些变动是由于与单项金融工具或其发行方有关的因素而引起的，还是由于与市场内交易的所有类似金融工具或市场中的所有商品价格等而引起的。其他价格风险可源于商品价格或权益工具价格等的变化。	其他价格风险，是指金融工具的公允价值或未来现金流量因汇率风险和利率风险以外的市场价格变动而发生波动的风险，无论这些变动是由于与单项金融工具或其发行方有关的因素而引起的，还是由于与市场内交易的所有类似金融工具或市场中的所有商品价格等而引起的。其他价格风险可源于商品价格或权益工具价格等的变化。	新旧一致。
第七十二条　在对市场风险进行敏感性分析时，应当以整个企业为基础，披露下列信息： （一）资产负债表日所面临的各类市场风险的敏感性分析，该项披露应当反映资产负债表日相关风险变量发生变化，可能对企业损益和所有者权益产生的影响。变动时，将对企业损益和所有者权益敞口的每一种币种进行敏感性分析。 （二）本期敏感性分析所使用的方法和假设，以及本期发生的变化和原因。	第九十五条　在对市场风险进行敏感性分析时，应当以整个企业为基础，披露下列信息： （一）资产负债表日所面临的各类市场风险的敏感性分析，该项披露应当反映资产负债表日相关风险变量发生合理变动时，将对企业损益和所有者权益敞口的每一种币种进行敏感性分析。 （二）本期敏感性分析所使用的方法和假设，以及本期发生的变化和原因。	新旧一致。要求对市场风险进行敏感性分析。
第七十三条　企业采用风险价值法或类似方法进行敏感性分析能够反映金融风险变量之间（如利率和汇率之间）的关联性，且企业已采用该种方法进行金融风险管理金融工具管理的，适用该种方法进行披露，但应当披露下列信息： （一）用于该种敏感性分析的方法、适用的主要参数和假设； （二）所用方法的目的，以及该方法提供的信息在反映相关资产和负债公允价值方面的局限性。	第九十六条　企业采用风险价值法或类似方法进行敏感性分析能够反映金融风险变量之间（如利率和汇率之间）的关联性，且企业已采用该种方法进行金融风险管理金融工具管理的，适用该种方法进行披露，但应当按照本准则第九十五条的规定披露，适用的主要参数和假设； （一）用于该种敏感性分析的方法、适用的主要参数和假设； （二）所用方法的目的，以及该方法提供的信息在反映相关资产和负债公允价值方面的局限性。	新旧一致。可采用风险价值法或类似方法进行敏感性分析。
第七十四条　按照第七十二条或第七十三条对敏感性分析披露不能反映金融工具内在的风险的（例如，期末的风险敞口不能反映当期的风险状况），企业应当披露这一事实及其原因。	第九十七条　按照本准则第九十五条或第九十六条对敏感性分析的披露不能反映金融工具内在的市场风险的（例如期末的风险敞口不能反映当期的风险状况），企业应当披露这一事实及其原因。	新旧一致。

附录 金融工具准则新旧对比

续表

2014年《企业会计准则第37号——金融工具列报》	2017年《企业会计准则第37号——金融工具列报》	主要差异
第八章 金融资产转移的披露	第八章 金融资产转移的披露	
第七十五条 企业应当就资产负债表日存在的所有未终止确认的已转移金融资产,以及对已转移金融资产的继续涉入,按本准则要求单独披露。本章所述的金融资产转移,是指下列两种情形: (一)将收取金融资产现金流量的合同权利转移给另一方的合同权利转移给另一方; (二)将金融资产整体或部分转移给一方,但保留收取金融资产现金流量的合同权利,并承担了将收取的现金流量支付给一个或多个最终收款方的合同义务。	第九十八条 企业应当就资产负债表日存在的所有未终止确认的已转移金融资产,以及对已转移金融资产的继续涉入,按本准则要求单独披露。本章所述的金融资产转移,包括下列两种情形: (一)将收取金融资产现金流量的合同权利转移给另一方; (二)企业保留了收取金融资产现金流量的合同权利,但承担了将收取的现金流量支付给一个或多个最终收款方的合同义务。	基本一致。
第七十六条 企业对于金融资产转移所披露的信息,应当有助于财务报表使用者了解未整体终止确认的已转移金融资产与相关负债之间的关系,评价企业继续涉入已终止确认金融资产的性质和相关风险。企业按照本准则第七十八条和第七十九条所披露的信息不能满足本条前款要求的,应当披露其他补充信息。	第九十九条 企业对于金融资产转移所披露的信息,应当有助于财务报表使用者了解未整体终止确认的已转移金融资产与相关负债之间的关系,评价企业继续涉入已终止确认金融资产的性质和相关风险。企业按照本准则第一百条和第一百零二条所披露的信息不能满足本条前款要求的,应当披露其他补充信息。	新旧一致。继续涉入时要求披露其他补充信息。
第七十七条 本章所述的继续涉入,是指企业保留了转让金融资产的合同权利或义务,或者取得了与已转移金融资产相关的新合同权利或义务。转出方与转入方签订的与已转移金融资产相关的协议,都有可能形成对已转移金融资产相关的未支付义务。如果承担了与转移金融资产相关的未支付义务,也不形成继续涉入。下列情形不形成继续涉入: (一)与转移资产的真实性以及合理、诚信和常规声明和保证,这些声明和保证可能因法律行为导致转移无效。 (二)以公允价值回购已转移金融资产的远期、期权和其他合同。 (三)使企业保留了获取金融资产现金流量支付给一个或多个最终收款方的合同义务的安排,且这类安排满足《企业会计准则第23号——金融资产转移》第四条(二)中三个条件。	第一百条 本章所述的继续涉入,是指企业保留了转让金融资产的合同权利或义务,或者取得了与已转移金融资产相关的新合同权利或义务。转出方与转入方签订的与已转移金融资产相关的协议,都有可能形成对已转移金融资产相关的未支付义务。如果承担了与转移金融资产相关的未支付义务,也不形成继续涉入。下列情形不形成继续涉入: (一)与转移资产的真实性以及合理、诚信和常规声明和保证,这些声明和保证可能因法律行为导致转移无效。 (二)以公允价值回购已转移金融资产现金流量的远期、期权和其他合同。 (三)使企业保留了收取金融资产现金流量支付给一个或多个最终收款方的合同义务的安排,且这类安排满足《企业会计准则第23号》第六条(二)中的三个条件。	新旧一致。明确定义继续涉入。

· 775 ·

续表

2014年《企业会计准则第37号——金融工具列报》	2017年《企业会计准则第37号——金融工具列报》	主要差异
第七十八条 对于已转移但未整体终止确认的金融资产，应当按照类别披露下列信息： （一）已转移金融资产的性质； （二）仍保留的与所有权有关的风险和报酬的性质； （三）已转移金融资产与企业使用已转移金融资产与相关负债之间关系的性质，包括因转移引起对企业使用已转移金融资产的限制； （四）在转移金融资产形成的相关负债的交易对手方仅对已转移金融资产有追索权的情况下，应当以表格形式披露所转移金融资产和相关负债的公允价值以及净头寸，即已转移金融资产和相关负债的公允价值之间的差额； （五）继续确认已转移金融资产整体的，披露转移前该金融资产和相关负债的账面价值； （六）按继续涉入程度确认已转移金融资产整体的，按继续涉入程度确认的资产和相关负债的账面价值。	第一百零一条 对于已转移但未整体终止确认的金融资产，企业应当按照类别披露下列信息： （一）已转移金融资产的性质； （二）仍保留的与所有权有关的风险和报酬的性质； （三）已转移金融资产与企业使用已转移金融资产与相关负债之间关系的性质，包括因转移引起对企业使用已转移金融资产的限制； （四）在转移金融资产形成的相关负债的交易对手方仅对已转移金融资产有追索权的情况下，应当以表格形式披露所转移金融资产和相关负债的公允价值以及净头寸，即已转移金融资产和相关负债的公允价值之间的差额； （五）继续确认已转移金融资产整体的，披露转移前该金融资产和相关负债的账面价值； （六）按继续涉入程度确认已转移金融资产整体的，按继续涉入程度确认的资产和相关负债的账面价值。	新旧一致。 金融资产负债转移的披露要求包括与相关负债之间的关系，公允价值以及净头寸。
第七十九条 对于已整体终止确认但转出方继续涉入已转移金融资产的，应继续涉入人确认的资产和负债和披露的账面价值和公允价值，以及对应当确认的项目。 方法： （一）因继续涉入人导致企业发生损失的最大风险敞口及确定方法； （二）因继续涉入人导致企业发生损失的最大风险敞口及确定方法。 （三）应当或可能回购已终止确认的金融资产需要支付的未折现现金流量（如期权协议中的行权价格）或其他应向转入方支付的款项，以及对这些现金流量或赎回现金流量的到期期限分析。如果到期期限为一个区间，应以企业必须或可能支付的到期的最早日期为依据归人相应的时间段（如远期合同）。到期期限分析应当反映企业应当支付的现金流量（如远期合同），企业可选择支付的现金流量（如购入看涨期权），以及企业可能被支付的现金流量（如签出看跌期权）。在现金流量不固定的情形下，上述金额应当基于看每个资产负债日的情况披露。	第一百零二条 企业应当确认的未折现现金流量（如期权协议中的行权价格）或其他应向转入方支付的款项，以及对这些现金流量或赎回现金流量的到期期限分析。如果到期期限为一个区间，应以企业必须或可能支付的到期的最早日期为依据归人相应的时间段（如远期合同）。到期期限分析应当反映企业应当支付的现金流量（如远期合同），企业可选择支付的现金流量（如购入看涨期权），以及企业可能被支付的现金流量（如签出看跌期权）。在现金流量不固定的情形下，上述金额应当基于看每个资产负债日的情况披露。	新旧一致。 明确继续涉入时的信息披露。

续表

2014年《企业会计准则第37号——金融工具列报》	2017年《企业会计准则第37号——金融工具列报》	主要差异
（四）对本条（一）至（三）定量信息的解释性说明，包括继续涉入的性质和目的，以及企业所面临风险的描述以下各项： 1. 对继续涉入已终止确认金融资产的风险进行管理的方法。 2. 企业是否应先于其他方承担有关损失，以及先于本企业承担损失的其他方承担损失的顺序及金额； 3. 向已转移金融资产提供财务支持或回购金融资产的义务的触发条件。 （五）终止确认金融资产当期确认的利得或损失，以及因继续涉入已终止确认金融资产当期和累计确认的收益或费用（如衍生工具的公允价值变动）。 （六）终止确认产生的收款总额在临近报告期末发生（例如大部分转移活动发生的时间段，该段期间所确认的金额（如相关利得或损失）和收款总额。 企业在披露本条所规定的信息时，应当按照其继续涉入金融工具类别，可按金融工具类别、或转让类型（如应收账款保理、证券化和融券）分类总披露。企业对某项终止确认的，可按其中一类汇总披露。	（四）对本条（一）至（三）定量信息的解释性说明，包括继续涉入的性质和目的，以及企业所面临风险的描述以下各项： 1. 对继续涉入已终止确认金融资产的风险进行管理的方法； 2. 企业是否应先于其他方承担有关损失，以及先于本企业承担损失的其他方承担损失的顺序及金额； 3. 企业向已转移金融资产提供财务支持或回购该金融资产的义务的触发条件。 （五）金融资产转移日确认的利得或损失，以及因继续涉入已终止确认金融资产当期和累计确认的收益或费用（如衍生工具的公允价值变动）。 （六）终止确认产生的收款总额在临近报告期末发生（例如大部分转移活动发生的时间段，该段期间所确认的金额（如相关利得或损失）和收款总额。 企业在披露本条所规定的信息时，应当按照其继续涉入金融工具类别，可按金融工具类别、或转让类型（如应收账款保理、证券化和融券）分类总披露。企业对某项终止确认的，可按其中一类汇总披露。	
第八十条 企业按照第七十七条确定是否继续涉入已转移金融资产时，应当以自身财务报告为基础进行考虑。	第一百零三条 企业按照本准则第一百条的规定确定是否继续涉入已转移金融资产时，应当以自身财务报告为基础进行考虑。	新旧一致。
第九章 衔接规定	第九章 衔接规定	
第八十一条 对于本准则施行之前存在的金融工具，其会计处理与本准则规定不一致的，应当按照《企业会计准则第28号——会计政策、会计估计变更和差错更正》的规定采用追溯调整法进行处理。追溯调整不切实可行的，则应当采用未来适用法。	第一百零四条 自本准则施行日起，企业比较财务报表相关信息。企业应当按照本准则的要求列报金融工具相关信息，不需要按照本准则要求进行调整。	不要求追溯调整，比较财务报表无须调整。

续表

2014年《企业会计准则第37号——金融工具列报》	2017年《企业会计准则第37号——金融工具列报》	主要差异
在对外提供比较期间的财务报表时，对于因会计政策变更产生的累积影响数，应当调整比较财务报表最早期间的期初留存收益，涉及财务报表其他相关项目的数字也应当一并调整。		
第十章 附则	第十章 附则	
第八十二条 企业应当在2014年年度及以后期间的财务报告中按照本准则要求对金融工具进行列报。	第一百零五条 本准则自2018年1月1日起施行。	自2018年1月1日起分类分批施行。

后　　记

　　感谢致同会计师事务所（特殊普通合伙）专业技术部韩天佩、孙晶晶、白璐、蒋伶倩、张娟、薛惠、张蕊，以及北京办公室、杭州办公室、郑州办公室同仁参与本书的编写工作。

联系致同

总部
北京市朝阳区建国门外大街 22 号
赛特大厦 1 层
邮编 100004
电话 +86 10 8566 5858
传真 +86 10 8566 5120

北京
北京市朝阳区建国门外大街 22 号
赛特广场 5 层
邮编 100004
电话 +86 10 8566 5588
传真 +86 10 8566 5120

长春
吉林省长春市南关区南湖大路
鸿城国际 B 座 10 楼 1005 室
邮编 130042
电话 +86 431 8869 3555
传真 +86 431 8920 3788

长沙
湖南省长沙市天心区万家丽南路二段 688 号中
南总部基地 9C 栋东单元 102 号
邮编 410000
电话 +86 731 8526 1579
传真 +86 731 8566 4988

成都
四川省成都市
青羊工业集中发展区（东区）
敬业路 229 号 H 区 7 幢 502 号
邮编 610091
电话 +86 28 6150 1466
传真 +86 28 6150 1468

重庆
重庆市南岸区南坪西路 28 号
天福克拉广场 A 栋 44 楼
邮编 400060
电话 +86 23 6298 2647
传真 +86 23 6298 2646

大连
辽宁省大连市中山区鲁迅路 35 号
盛世大厦 1408 室
邮编 116001
电话 +86 411 8273 9275/76
传真 +86 411 8273 9270

福州
福建省福州市台江区
祥坂路口阳光城时代广场 22 层
邮编 350002
电话 +86 591 8727 2662
传真 +86 591 8727 0678

广州
广东省广州市天河区珠江新城
珠江东路 32 号利通广场 10 层
邮编 510623
电话 +86 20 3896 3388
传真 +86 20 3896 3399

哈尔滨
黑龙江省哈尔滨市道里区
经纬五道街 16 号 7 层（右侧）
邮编 150018
电话 +86 451 8420 8418
传真 +86 451 8420 8498

海口
海南省海口市国贸大道
新达商务大厦 803 室
邮编 570125
电话 +86 898 6855 6208
传真 +86 898 6854 2303

杭州
浙江省杭州市江干区城星路 111 号
钱江国际时代广场 2 幢 3308 室
邮编 310016
电话 +86 571 8196 9519
传真 +86 571 8196 9594

香港
香港湾仔轩尼诗道 28 号 12 层
电话 +852 3987 1200
传真 +852 2895 6500

济南
山东省济南市历下区舜海路 219 号
华创观礼中心 4 号楼 11~12 层
邮编 250103
电话 +86 531 6897 8057
传真 +86 531 6897 8060

昆明
云南省昆明市人民西路 315 号
云投财富广场 B3 栋 23 层
邮编 650032
电话 +86 871 6838 3636
传真 +86 871 6837 6929

南京
江苏省南京市秦淮区中山东路 532-1 号
中山坊 A 幢 2 层
邮编 210019
电话 +86 25 6906 3686
传真 +86 25 6906 3667

南宁
南宁市良庆区凯旋路 18 号广西合景国际金融广场 45 层
邮编 530028
电话 +86 771 5556 369
传真 +86 771 5536 576

宁波
浙江省宁波市星海南路 100 号
华商大厦 7 层
邮编 315041
电话 +86 574 8709 2029
传真 +86 574 8768 6747

青岛
山东省青岛市市南区福州南路 16 号
中港大厦 11 楼
邮编 266073
电话 +86 532 5861 5858
传真 +86 532 5861 5861

上海
上海市西藏中路 268 号
来福士广场 45 层
邮编 200001
电话 +86 21 2322 0200
传真 +86 21 6340 3644

深圳
广东省深圳市福田区金田南路
大中华国际交易广场
写字楼 14 层（中区）
邮编 518048
电话 +86 755 3699 0066
传真 +86 755 3299 5566

太原
山西省太原市山西综改示范区
太原学府园区南中环街 426 号
山西国际金融中心 2 栋 B 座 16 层 1605~1608 室
邮编 030012
电话 +86 351 795 5588
传真 +86 351 795 5120

天津
天津市南开区长江道与南开三马路交口
融汇广场 2-1-2808 至 2812
邮编 300100
电话 +86 22 8747 5588

温州
浙江省温州市市府路 525 号
恒玖大厦 1504 室
邮编 325000
电话 +86 577 8898 6388
传真 +86 577 8898 3100

武汉
湖北省武汉市武昌区中北路 58 号
汉街总部国际 E 座 29 层
邮编 430071
电话 +86 27 8781 9677
传真 +86 27 8781 2377

厦门
福建省厦门市思明区湖滨南路 388 号
国贸大厦 16BC 室
邮编 361000
电话　+86 592 5166 881
传真　+86 592 5166 881

郑州
河南省郑州市郑东新区普惠路 80 号绿地之窗云峰座 B 座 2611 室
邮编 450000
电话　+86 371 5526 9186
传真　+86 371 6165 5760

西安
陕西省西安市高新区锦业一路 6 号
陕西永利国际金融中心 5 层
邮编 710000
电话　+86 29 6563 5588
传真　+86 29 6563 5120

珠海
广东省珠海市香洲区兴业路 215 号
邮编 519001
电话　+86 756 2611 335
传真　+86 756 2611 719